宗教文化译丛

印度文献史

佛教文献

〔奥〕莫里斯·温特尼茨 著

宋立道 译

创于1897
The Commercial Press

Maurice Winternitz

A History of Indian Literature

© Motilal Banarsidass, New Delhi, India, 1983

根据印度新德里莫提拉·班那西达斯公司 1983 年版译出

"宗教文化译丛" 总序

遥想远古，文明伊始。散居在世界各地的初民，碍于山高水险，路途遥远，彼此很难了解。然而，天各一方的群落却各自发明了语言文字，发现了火的用途，使用了工具。他们在大自然留下了印记，逐渐建立了相对稳定的家庭、部落和族群。人们的劳作和交往所留下的符号，经过大浪淘沙般的筛选和积淀后，便形成了文化。

在纷纭复杂的文化形态中，有一种形态叫"宗教"。如果说哲学源于人的好奇心和疑问，那么宗教则以相信超自然力量的存在为前提。如果说哲学的功用是教人如何思维，训练的是人的理性认知能力，那么宗教则是教人怎样行为。即把从信仰而来的价值与礼法落实于生活，教人做"君子"，让社会有规范。信而后行，是宗教的一大特点。

宗教现象，极为普遍。亚非拉美，天涯海角，凡有人群的地方，大都离不开宗教生活。自远古及今，宗教虽有兴衰嬗变，但从未止息。宗教本身形式多样，如拜物图腾、万物有灵、通神巫术、多神信仰、主神膜拜、唯一神教，林林总总，构成了纷纭复杂、光怪陆离的宗教光谱。宗教有大有小，信众多者为大，信众寡者为小。宗教有区域性的，也有跨区域性的或世界性的。世界性宗教包括基督教、伊斯兰教、佛教等大教。还有的宗教，因为信众为单一民族，被视为民族性宗教，如犹太教、印度教、祆教、神道教等。宗教犹如一面硕大无朋的神圣之网，笼罩着全世界大大小小的民族和亿万信众，其影响既广泛又久远。

宗教的功能是满足人的宗教生活需要。阶级社会，人有差等，但无人不需精神安顿。而宗教之于酋长与族人、君主与臣民、贵族与平民、总统与公民，皆不分贵贱，一视同仁地慰藉其精神。有时，人不满足于生活的平淡无奇，需要一种仪式感，这时，宗教便当仁不让。个人需要内在的道德，家庭、社会、国家需要伦理和秩序，宗教虽然不能"包打天下"，却可以成为不可多得的选项。人心需要温暖，贫民需要救济，宗教常常能够雪中送炭，带给需要者慈爱、关怀、衣食或资金。人是社会的动物，宗教恰巧有团体生活，方便社交，有利于人们建立互信和友谊。

"太阳照好人，也照歹人。"宗教劝人积德行善，远离邪恶，但并非所有的"善男信女"都是仁人君子，歹徒恶人也不乏其例。宗教也不总是和平的使者。小到个人权斗、"人肉炸弹"，大到"9·11"空难，更大的还有"十字军东征""三十年战争""纳粹大屠杀"。凡此种种大小纷争、冲突、战争和屠戮，都有宗教如影随形。美国学者亨廷顿早在1993年就曾预言：未来的冲突将发生在几大宗教文明之间。姑且不说"文明"之间是否"应该"发生冲突，宗教冲突或与之相关的各种"事件"时有发生，却是一个不争的事实。

既然宗教极其既深且广的影响是事实存在，那么介绍和诠释宗教经典，阐释教义学说，研究宗教历史，宗教与政治经济，以及宗教间的关系等理论和现实问题，就有了"充足的理由"和"必要"。

1873年，马克斯·缪勒出版了《宗教学导论》，其中首次使用了"宗教学"概念。从此，宗教研究成了一门学科，与文学、历史学、哲学、社会学、心理学、民族学等并驾齐驱。在宗教学内部，宗教哲学、宗教人类学、宗教社会学、宗教心理学等分支也随之出现，成就了泰勒、韦伯、蒂利希、詹姆斯、布伯、巴特、莫尔特曼、尼布尔、汉斯·昆等一大批宗教思想家。1964年，根据毛泽东主席批示的精神，中国科学院哲学社会科学学部组建了世界宗教研究所。从此以后，宗教学和更广意义的宗教研究也渐次在社会主义中国生根、开花、结果，在学术界独树一帜，为世人所瞩目。

宗教经典的翻译、诠释与研究，自古有之，时盛时衰，绵延不绝。中国唐代的玄奘、义净，历经千辛万苦西行取经，而后毕生翻译佛典，成为佛教界的佳话；葛洪、寇谦之、陶弘景承续、改革道教，各成一时之盛；早期的犹太贤哲研讨《托拉》、编纂《塔木德》，开启了《圣经》之后的拉比犹太教；奥利金、德尔图良、奥古斯丁等教父，解经释经，对于厘定基督教教义，功莫大焉；斐洛、迈蒙尼德等犹太哲人诠释《圣经》，调和理性与信仰，增益了犹太教；托马斯·阿奎那、邓斯·司各脱、威廉·奥康等神学大师，建立并发展了宏大深邃的经院哲学，把基督教神学推到了顶峰。还须指出，传教士们，包括基督教教士和佛教高僧大德，致力于各自宗教的本土化，著书立说，融通异教，铺设了跨宗教和多元文化对话的桥梁。

学生的学习，学者的研究，都离不开书。而在某个特定的历史时期，外著移译，显得尤为必要和重要。试想，假如没有严复译的《天演论》《法意》，没有陈望道译的《共产党宣言》、傅雷译的法国小说、朱生豪译的莎士比亚诗歌与戏剧，等等，中国的思想文化界乃至政治、经济、社会等各个领域，是一个什么景象？假如没有贺麟、蓝公武、王太庆、苗力田、陈修斋、梁志学、何兆武等前辈学者翻译的西方哲学名著，中国的哲学界将是什么状态？假如没有宗教学以及犹太教、基督教、伊斯兰教、佛教等宗教经典或研究性著作的翻译出版，我们的宗教学研究会是何等模样？虽说"试想"，但实际上根本"无法设想"。无疑，中国自古以来不乏学问和智慧，但是古代中国向来缺少严格意义上的学科和学术方法论。近现代以来中国分门别类的学科和学术研究是"西学东渐"的结果，而"西学东渐"是与外籍汉译分不开的。没有外籍的汉译，就没有现代中国的思想文化和学术。此论一点也不夸张。

众所周知，在出版界商务印书馆以出版学术著作著称，尤其以出版汉译名著闻名于世。远的不说，"文革"后上大学的文科学子，以及众多的人文社科爱好者，无不受益于商务印书馆的"汉译世界学术名著丛书"，我本人就是在这套丛书的滋养熏陶下走上学术之路的。

为了满足众多宗教研究者和爱好者的需要，商务印书馆对以前出版过的"宗教文化译丛"进行了改版，并扩大了选题范围。此次出版的译丛涵盖了宗教研究的诸多领域，所选原作皆为各教经典或学术力作，译者多为行家里手，译作质量堪属上乘。

宗教文化，树大根深，名篇巨制，浩如烟海，非几十本译作可以穷尽。因此，我们在为商务印书馆刊行"宗教文化译丛"而欢欣鼓舞的同时，也期待该丛书秉持开放原则，逐渐将各大宗教和宗教学研究的经典、权威性论著尽收囊中，一者泽被学林，繁荣学术；二者惠及普通读者，引导大众正确认识宗教。能否如愿以偿？是所望焉。谨序。

傅有德

2019 年 9 月 22 日

译者的话

　　《印度文献史》（*Die Geschichte der indischen Literatur / A History of Indian Literature*）原本用德文撰成，全书共三卷。编纂者为德国布拉格大学教授莫里斯·温特尼茨（Maurice Winternitz）。本书在 1905—1922 年刊行。至今仍然为印度学、印度宗教史、印度佛教文献史研究的巨著，是学习印度文学与印度佛教的必备参考书。原书出齐以后，作者又亲自主持了英文本的翻译。本书即根据英文本译出。

　　《印度文献史》一书原分三卷。第一卷收吠陀文献、叙事诗与《往世书》，第二卷收佛教文献、耆那教文献，第三卷收纯文学、学术文献。现在我们能够读到的是在印度再版的重印本。本书称佛教文献，但它只是原来第二卷中的佛教部分（该卷还有耆那教文献）。

　　本书名为《印度文献史——佛教文献》。其在佛教学界久负盛名。译者印象中，在 20 世纪 80 年代，国内老一辈学者在研究生课堂上常常推荐此书。译者最初就是从他们的口中才知道这部作品的。本书在日本由高野山的学问僧人中野义照翻译且增补译注，成为六卷本的『インド文献史』。文献史全集先后在 1964—1978 年译出，当初得日本印度学会之帮助才得付梓。目前已经成为日本印度学佛学研究的经典参考书。译者在东京神保町曾试作搜寻，仅在东阳堂等两家学术旧书店才得以发现。书价也远高于当初出版时的价格。中野先生深具学养，其率领的翻译班子也都学力强悍。日译本的本书中，由于增加了大量附注，篇幅比英文原书扩大了一倍，令人叹为观止。本书仅相当于日译本的《佛教文献》，也适当地吸收并借鉴了日译本增补的一些注释。

本书对巴利文文献的用力明显超过梵文佛教文献。本书作者温特尼茨教授的学术领域是梵语文学。因此，书名虽为佛教文献，但所取材、所研究都多半出自文学欣赏角度。本书对印度语文的佛典大致都已经言及。从印度佛教经典发展晚的角度来看，重要的梵文与巴利文佛经当然不至遗漏。相对而言，其对藏文和汉文佛典虽有所涉及但仍显单薄。本书与汉文佛典有关的是一个世纪前的学术成果，研究者多半是 19 世纪末 20 世纪初日本游学英德的学者，或长住中国的外交官或传教士。另外，本书对于巴利文佛典的研究显然比对梵文佛典的把握更为深入且周全。由于专业学养的缘故，作者对于巴利文本生故事、梵文譬喻故事、梵语诗人和佛经文学作品的研究相当深入，但对大乘佛教经典的发展和思想层面的分析却有阙如。作为印度的佛教文献史，少了一些宗教哲学研究的意味，殊为可惜。

本书汉译本的编排顺序和内容悉从原文，但参考了日译本的章节目录设置，因英文原书的章节尚不及日译本清晰。

最后，本书之得以付梓，要诚恳感谢商务印书馆的总编及编辑。尽管出版这样的学术译著，今天也仍有种种困难，但他们慨然允诺，接受拙译，给我以极大的鼓励，为我增添了勇气和动力。还要感

谢本译著问世的直接因缘——中国社会科学院世界宗教研究所的
周广荣、李建欣、黄夏年诸贤。正是他们的鼓励、督促与推荐才
促成本书的完成。没有他们的关心及督促，译者不可能有这种不
计辛劳、焚膏以继的心气和干劲。

宋立道

2018 年立秋日于贵阳花溪

目　　录

序　言

　　五年前，我在写《印度文献史》第一卷的序言时，我所预期的是用两年的时间完成整个第二卷。可是一旦着手进行佛教文献的工作，我便遭遇了远比预想的要大得多的困难。因此，至今我还纠缠在第二卷的前半部分。尽管我现在期望能够在下一年写完第二卷的后一半。

　　其实我也深深地知道，按我目前的知识水平来说，描述佛教文献——它构成了第二卷的前半部分，是一个相当有风险的工作。

　　对于这部分文献的大部分，迄今为止，几乎没有人碰过它们。绝大部分，尤其是佛教的绝大部分梵文文献，还有部分巴利文文献，都亟待翻译、校审甚至刊行。再者，由于从事汉学的学者寥寥无几，通过汉文佛经译本来揭示佛教文献状况的工作更是遥遥无期。这一方面我只有寄希望于法国和日本的学者助力，但愿目前的状况很快就能改观。由于中亚的调查工作正在进行，我们知道那里有非常丰富的写本，斯坦因从和田就携回了不少，格伦威德尔和勒科克从吐鲁番也发现了很多。我们希望在不远的将来可以大大丰富这方面的知识，并了解那里的佛教及其历史。只是在这些研究成果真正为我们所使用之前，可能还需要几十年的时间。现状既然如此，我的美国同行不久前还在给我的信中说："我很容易理解，你打算进行的佛教文献史的写作是何等的艰苦。"——在当下哪怕只是怀有这样的企图。因为要写作《印度文献史》而跳过佛教文献史，就太说不过去了。对于世界历史而言，佛教作为印度心灵的创造物，是最重要的成果。如果我们连它的文献都不了解，如何去理解佛教呢？正如印度的宗教史，绝对离不开佛所创造的宗教；离开了佛教艺术，也就无从谈起印度艺术史；如果我们拿不出一个佛教的文献库藏，那整个的印度文献也就成了空洞的名称。尽管我们可以说，今天的佛教文献库藏与其说在它的故乡印度，不如说是以锡兰、缅甸、尼泊尔和中国西藏为其家园。但不管怎么说，佛教文献的发生与成长是在印度这块土地上，它始终带有印度心灵产物的特点。它影响印度民众的精神生活达一千多年的历史，在最深层的本质上它同整个生存至今的印度文学保持着最密切的联系。无论我们今天进行的佛教文献的描述工作是如何不完美，从认识进程的角度看，它总不会没有一点意义。我们得有犯错误的勇气。我们所犯的每一个错误，都使我们的知识在将来会进一步地接近真实。

对我在本书中引用过的材料和引述过的学者，我表达诚挚的感谢。每一处引文的注释中我都会详尽地列出相关的完全信息。尽管如此我还是不想漏掉这个机会向其他人表示最诚挚的谢意，他们是我的同事布鲁塞尔的路易斯·得·拉·瓦勒（Louis de La Vallée）教授，以及我亲爱的朋友、我以前的学生、东京的高楠顺次郎（Jyun Takakusu）教授，与他们的通信和邮件往来于我极有价值。

莫里斯·温特尼茨

1912 年 10 月 17 日于布拉格·斯密却夫

第一章 巴利圣典三藏 ①

---

① H.奥登堡在其《律藏》(卷1,伦敦,1879年)校刊本的导论中详尽地讨论了巴利圣典的历史、形成年代以及可靠性。关于这个问题,可比较H.雅各比及H.奥登堡:《德国东方学论文集》卷34,1880年,pp.184ff.,751ff.;H.奥登堡及T.W.李斯·戴维斯:《东方圣书》(牛津)卷13,导言;H.奥登堡:《佛教研究》,载《德国东方学论文集》卷52,1898年,pp.613ff.;T.W.李斯·戴维斯:《佛陀的言教》,载《佛教圣书》卷2,伦敦,1899年,前言;《印度佛教》,伦敦,1903年,pp.167ff.。H.奥登堡的观点遭到了I. P.米纳耶夫的反驳,参见《佛教研究》(*RHA de Pompignan*,俄译版),载《吉美博物馆年鉴:佛教研究材料》第4辑,巴黎,1894年;A.巴斯:《宗教史评论》第5辑(1882年,pp.237ff.)、第28辑(1893年,pp.241, 277ff.)、第42辑(1900年,pp.74ff.);浦山:《佛教:研究及材料》,载《比利时皇家科学院纪念文集》第55辑,布鲁塞尔,1897年,pp.1ff.;《佛教结集·一》,载《博物馆》,1905年,pp.213ff.;《佛教结集》,载《印度古籍》卷37,1908年,pp.Iff., 81ff.;《佛教》,巴黎,1909年,pp.29-53, 155, 166ff., 251;《宗教伦理百科全书》卷4,pp.179ff.。亦参见E.J.拉普森:《大不列颠和爱尔兰皇家学会学报》,1898年,pp.909ff.。B.R.奥托·弗朗克在《巴利圣典学会学报》(1908年,pp.1-80)上发表的《王舍城和吠舍离的佛教结集》的观点是很值得怀疑的。参见A.B.凯思载于《大不列颠和爱尔兰皇家学会学报》第1909年第577页的注释,及第1910号第216页;K.E.纽曼在他的《乔达摩佛陀言教》(卷1-4,莱比锡,1895—1905年)前言中采取了一种特别的立场。另外,我们可以就这些与佛教文献相关的论著中之相关篇章作比较,其中特别值得关注的有H.奥登堡:《佛陀:其生平、学说和教团》,第5版,柏林,1906年,pp.86ff.;T.W.李斯·戴维斯:《印度佛教史》(《赫伯特讲演》,1881年),第3版,伦敦,1897年;《佛教:其历史和文献》(《美国讲演》),第2版,纽约-伦敦,1904年,pp.44ff.;《佛教》(A.普冯斯特,德译版),莱比锡,雷克拉姆出版社;R.S.科尔斯顿:《佛教》,第2版,伦敦,1908年,pp.45f., 167ff.;H.克恩:《佛教及其在印度的历史》(H.雅各比作德译),莱比锡,1882—1884年,卷2,pp.281ff.;《印度佛教纲要》(《概要》III, p.8),斯特拉斯堡,1896年,pp.1ff., 101ff.;R.皮谢尔:《佛陀生平与教义》,第2版,莱比锡,1910年,pp.5ff., 99ff.。(原书为20世纪初的作品,后虽经多次再版,但参考文献的格式仍保留原样。为忠于原书,此次出版依照原书,未统一格式。——译者)

　　吠陀文献属于非常古老的"史前"时代。至于那些印度史诗的开端，也只是很难确定的某个时期。而当佛教文献问世以后，我们才算看见了历史的曙光，也因此看到了驱散吠陀文献幽暗时代背景的光芒。佛陀生活的时代，时间上已是可以确定的。以其为起点，我们也就可以考量佛教文献的起源在什么时候。乔达摩出生在公元前 480 年前后。[①] 可靠史料显示他的生命期有 80 年。

4　29 岁时，作为年轻的游行者致力于苦修以寻求解脱。经历了艰苦的精神上的奋斗，他宣布自己获得了证悟。于是，公元前 525 年至公元前 480 年便成为了佛陀的传道活动期。其间他创立并宣传了日后成为世界三大宗教之一的印度佛教。东北印度的恒河流域是其主要活动舞台。于此诸地——摩揭陀国（比哈尔邦）和憍萨罗国（北方邦）——他由一地向另一地漫游，宣说他的教义，身边聚集了越来越多的追随者。

　　佛陀的宣教活动也包括文献的写作吗？当然不可能。佛教徒相信，巴利圣典中，即佛教三藏中，大多数的讲话与故事格言都是佛陀亲口所说。不过，这些讲话也都原原本本地清楚交代了事情发生的地点与场合，即导师佛陀在什么情况下对哪些听众宣说

———————

　　① 　M. 缪勒指出，A. 坎宁汉将军和 G. 布赫勒都将佛的逝年定在公元前 477 年（特别参见 G. 布赫勒的《印度古籍》卷 6, 1877 年，p.149）。H. 奥登堡、A. 巴斯、J. K. 弗里特以及 V. A. 史密斯的研究认为是在公元前 482 年至公元前 480 年或者公元前 480 年至公元前 470 年。以下诸人的意见不同：李斯·戴维斯认为应为公元前 412 年；H. 克恩认为是公元前 388 年；V. 戈帕拉·艾耶尔认为佛辞世于公元前 487 年（《印度古籍》卷 37, 1908 年，pp.341ff.）。另请见 E. 呼尔希及弗里特（《大不列颠和爱尔兰皇家学会学报》，1909 年，pp.27, 981ff.）。虽然这些人在佛陀生卒年上说法不一，但总的看来都与公元前 488 年相去不远。另外，可见本书附录一。

了如是的讲话。不过所有这些佛所作的言教中，究竟有哪些真正 5
出自佛陀之口恐怕是无法确定的，因为佛陀并未留下诸如耶鞠
那伐基亚（Yājñavalkya，传说中的夜柔吠陀始祖）、香帝利耶
（Śāṇḍilya，古印度一切工匠的始祖）以及学那伽（Śaunaka，吠
陀学术的始祖）这些圣贤那样的著述文字。但是这些圣贤的讲话
与言谈都可以因奥义书而流传下来，佛陀的言谈教说则都保存在
他忠实的弟子的记忆中，并一代代地传下来，以至于后世。类似
其在波罗奈斯的有名说法"四正谛""八正道"那样的谈话，同
样的语句也再三重现于巴利语以及梵语的佛教经典中。《大般涅
槃经》据说是佛在入般涅槃之前对弟子们所作的诀别之语。其中
有的偈颂与简短讲话都作为"佛语"而流传下来，保存在《法句经》
（Dhammapada）、《自说经》（Udāna）、《如是语经》（Itivuttaka）
中。结构上与之相似的语句，也可见于尼泊尔的梵文经典以及藏
文或者汉文的佛经中。我们大概可以认为所有这些都是佛陀本人
的言教，而不必以此为轻信。不过，乔达摩倒也并不仅宣讲了一
种新的苦论以及离苦学说，他还正式创立了一个教团——僧伽。
佛陀的周围集合了一群弟子。这些人按照导师的指点而过一种严
格服从戒律的宗教生活，希望最终达到苦灭的目标，其所期待的
是涅槃境界。因此，僧团中的许多守则与规矩，比如比丘乞士必
须遵守的十戒，或许还有僧伽内部的忏罪仪式，都可以追溯到本
人的创造。①

　　尽管说起来现存的佛教文献中并没有一部是从佛陀时代一直 6

① 参见艾略特：《印度教与佛教》，pp. I, 294f.；奥登堡：《佛陀言教》，pp. xxxiiiff.。

传下来的，但其中有些文本段落可以认为是佛陀当初所说的。可以肯定，佛陀的早期弟子中，有一些是优秀的学者。现存佛教文献中被认为是佛陀所说的谈话、格言和诗歌。[①]

几乎所有的早期佛教文献都是一些集子，汇集了谈话、诗歌、格言和对话。而所谓三藏只是这样的言论集的总汇。显而易见，这样的一些集子只能是经过相当长时期的文献活动之后的总结。其中的不同内容当然属于不同的时期。

按照佛教的传统说法，这些总结是很早就有的。因为据悉第一次佛教文献的总结发生在佛入灭后的几个七日中间。地点是在王舍城。参与这次总结的是佛陀的直系弟子们——这是第一次佛教的结集。目的是确定宗教圣典中的两类——法以及律。[②] 这一信息的可靠性，特别是其以最古老的形式，即三藏教典的形式[③]，一直传递给今天的我们。但此说法，已经受到质疑。事实上，它所传递的信息已经超出了我们能够相信的程度。它告诉我们，今天在巴利三藏中能够看到的两个重要内容——经藏与律藏，是早在佛陀时代，即佛灭后不多久就已经有的。然而，这简直不太可能。[④]这个传统说法完全没有根据，是不能采信的。也许它包含了这么

---

① 从印度诗体学角度看，伽陀（诗歌形态的宣教语）具有非常古老的历史。要按奥登堡的看法，巴利语伽陀的韵步节律的形成，时间上甚至比《罗摩衍那》还要早（参见《月光供养师尊的故事》，pp. 9ff.）。另见奥登堡的《关于偈颂的故事》（p.244）。

② "法"（巴利文：Dhamma，梵文：Dharma）之一语，在佛教指的是佛陀宗教；"律"指"教团之纪律"，也就是规定着修行沙门团体的规章约定。

③ 《律藏·小品》卷11。

④ 除了其他理由，对第一次佛教结集的可信性，奥登堡首先提出质疑。参见其《律藏·导言》，pp.XIVff.；《德国东方学论文集》卷 52, pp.625ff.。

一个古老的记忆，即曾经有这样一个不争的事实：佛教僧伽的上座长老们在佛灭后，的确有过聚会，就佛教的教义要点和僧团的纪律要求达成某种共识。① 因为要编纂一部佛教三藏那样的宗教圣典，像传说中的佛灭后的几个七天，这点时间显然太过于短促了。

相比较而言，第二次佛教结集的说法要可信得多。即说它发生在吠舍离（Vesali），在佛灭后的第一个百年。不过，依据一个更早的记载②，这次集会的目标是要排除事关僧团纪律的十事非法（十种异见）。然而一个时间上更晚的记载声称，这一次结集还同时审定了佛教的教义体系，并且此次集会的会期是八个月。③ 如果我们采信那个更古老的报告，我们便接受了这么一个历史事实④：佛灭后大约一百年，僧团有过一次分裂，造成很大的纷争。结果不得不召开一次比丘大会，建立一定的标准，以判定这些争论，哪些是正确的（如法的），哪些又是错误的（不如法的）。由此可以知道，当时也已经有了关于僧团生活纪律的标准，以衡量律藏中的规定。因此我们可以说，在佛灭后的第一个百年，佛教僧伽已经形成了一整套行为轨范，即使它尚未成为圣典，但也一定

① 参见 H.克恩：《印度佛教纲要》，p.103；R. 皮谢尔：《佛陀生平与教义》卷4，1926年，pp.11, 99f.；E.文舍希：《东亚研究期刊》卷14，pp.I, 284f.；浦山：《印度古籍》卷37, 1908年，pp.2ff.；S.烈维：《亚洲学报》，1915年，s.11, t.V, pp.V, 401ff.。对比了巴利圣典中有关第一次结集的说法如《自说经》《天譬喻经》，又对比了有部和根本有部毗奈耶，他认为从中很难断定可以追溯到这么早的时期。

② 《律藏·小品》卷12，载《东方圣书》（牛津）卷20, pp. 409ff.。

③ 例如《岛史》（卷5, pp.27ff.）、《大史》（卷4）。

④ 如果科尔斯顿所说不误，他认为如果否定哪怕一次结集的真实性，则传统中声称的诸次结集就都没有发生过。因此，奥托·弗朗克声称的印度人惯于想象一切的说法，完全是站不住脚的。

是作为基本经文在使用。

真正圣典形式的佛教经本很可能编纂于第三次结集大会上。按《锡兰编年史》所说（尽管这个编年史充满了种种传说，但其基本内容还是可信的），第三次结集大会是阿育王时代的事。（《锡兰编年史》说）当时的僧伽分裂为许多派别①，因而有必要编纂一套正信佛教徒可以使用的经典全集。正信的佛教徒指的是那些想要遵循原初佛陀教义的人。依据这个道理，结集的事也就很可能发生在阿育王时代。该王是佛教传说中有名的僧伽护持者，自然他是虔诚的佛教徒。他在所发布的敕令中明确地表示，对于佛教僧伽中发生的异见分歧，他是不赞成的。②他的敕令表示要从僧伽中驱逐那些持有异端邪见的比丘。③因此，阿育王要为佛教确立信条，应属理所当然的事。不过，与此同时，我们也注意到他所发布的敕令中，从来没有提到过佛教结集大会的事。自然我们可以相信，阿育王并没有理由要直接干预僧伽内部的事务。即令按传统的说法，在佛灭后第236年于华氏城（Pātaliputra，今称巴特纳，Patna）举行的那个一千位佛教比丘参与的结集大会，也是目犍连·帝沙（Tissa Moggaliputta）而非阿育王本人来主持的。目犍连·帝沙的结集目的是编纂一部上座部长老们——佛教的直系

---

①　所提及的有十八个部派。我们都知道，印度人对于"十八"这个数目有偏爱。因此所有部派数目，无论其超过或是未达，都乐于称为十八部派。

②　V. A. 史密斯：《阿育王》，第2版，牛津，1909年，pp.195ff.。

③　因此阿育王没有必要在他的敕令中提及佛教的结集事。参见费里特：《大不列颠和爱尔兰皇家学会学报》，1908年，p.493。不过史密斯也有可能是对的。他认为阿育王的七个石柱敕令发布以后才有第三次结集的事，所以敕令中自然不会提到尚未发生的事（《宗教伦理百科全书》卷2，p.126）。

弟子——经典集成，亦即是上座部学说。

组织这次结集的目犍连·帝沙长老自己属于分别说部（Vibhaj-javādins）。[①] 该部从属并信奉上座部学说。据说这次结集的会期是九个月。依据传统说法，帝沙长老也编成了一部《论事》（*Kathāvatthu*）。这部书驳斥了当时流行的异端见解。《论事》也收在上座部的圣典中。

传统中关于这次结集的说法，究竟有多少历史依据，历来争论颇大。[②] 从事情的本质来讲，佛教僧团经过了一定的时间，内部总会有不同的意见，为了防止分裂，就有必要编纂一个圣典集，以确立包括教义、僧纪和权威经文在内的稳定制度。要达到这样的目的，就会发生一次或者数次结集活动。但这样的说法仍然在想当然的范围内，如果要寻求基本的核心的历史事实，不可避免地还会有一番争论。从细节上看，传说本身是无从证实的。比较稳妥的说法是，如果历史上没有发生过结集的事，那么结集的传

---

① 编年史中并没有区分上座部与分别说部；而上座部很可能只是泛指"权威的教理"的意思。而在这个意义上，"上座部说"，也可能指佛陀前的先行者的教义（《中部》26，pp.I，164f.）。分别说部论者宣称他们教授过上座比丘们。不过这种事也发生在化地部和说一切有部论者身上（参见 H. 克恩：《印度佛教纲要》，pp.110f.）。《中部》[II，197（99）]中，佛陀自称是分别说部论者，亦是说，无论说明什么事物，都是仔细加以分别的。佛自认不是"一说论者"，即他并不坚持一种唯一的观点。参见《中部》III，208（136）；《增支部》III，67（I），p.297；《弥兰王问经》，pp.144 ff.；李斯·戴维斯夫人：《论事》，p.xi；M. 瓦勒塞尔：《古代佛教部派》，海德堡，1927 年，pp.13f.。

② 参见 H. 克恩：《印度佛教纲要》，pp.101ff.；浦山：《宗教伦理百科全书》卷 4，pp.1911，170ff.；盖格：《大史》（英译本），p.LI；艾略特前所引书 I，pp.254ff.；N. 杜特：《佛教早期传播史及派别》，伦敦，1925 年，载《加尔各答东方丛书》，pp.225ff.，249ff.。另参见本书第 1 页的注释。

说就根本不可能无中生有地流传①。实际上，结集不仅有过，而且不仅只有三次。僧伽罗佛教及北传佛教系统有关"大结集"的传说——据说大众部的分出便与其密切相关——似乎告诉我们：在华氏城的正统派集会之前，就有过一次分裂派的大集会。不同佛教传说的相互矛盾并不否认这个基本事实：三藏圣典的形成绝非一蹴而就，而是好几次佛教比丘结集的结果。华氏城的结集不过是其中最为重要的一次。

同样也是华氏城结集的主持者目犍连·帝沙长老——如果我们相信《锡兰编年史》的说法——在集会以后向四方派出了传法的宣教师。后者使佛教走向印度之外的异国他乡。帝沙长老有一位弟子叫作摩哂陀（Mahinda）。他是阿育王的弟弟（依据另外的传说认为是阿育王的儿子）。将佛法带到锡兰的正是摩哂陀。佛教传说中以摩哂陀为在锡兰岛弘法的使徒可以理解。但我们不至于因此相信他与随行的传法者们是像迦楼洛鸟那样从空中飞到锡兰去的。我们当然也接受摩哂陀到楞伽岛传法的事②，也相信他带去了一定的经典。这些经典最初只是在锡兰岛口口相传。后来在锡兰的伐陀伽摩尼王（Vaṭṭagāmani）时代，即公元一世纪，这些经典才用文字写下来。我们认为摩哂陀传法的事是可以信赖的。③

---

① 科尔斯顿语。见其《佛教》，pp.174f.。

② H. 奥登堡在其《律藏·导言》（pp.LIff.）中这么说。参见持有异议的 H. 克恩的说法（《印度佛教纲要》，pp.116f.）。据史传，摩哂陀被派往锡兰传法，而末示摩被派往雪山边，见《岛史》卷8、10。而我们的确在山奇大塔中看到了这个舍利龛。铭文显示"末示摩（的舍利），雪山教师"。此文物对于锡兰编年史的可信度是有力的支持。

③ 参见本书边码第27页。《佛国记》（理雅各译本，牛津，1886年，第XXXVI章）中，法显说他到印度时（399—414）在北印度并未见到任何《律藏》写本，但口头承传的《律藏》是有的。但在巴连弗（华氏城）的一座大乘寺中他得到了一部毗奈耶写本。

按锡兰佛教徒的说法，佛教圣典的编纂完成于第三次结集，而后由摩哂陀赍来楞伽岛，又在伐陀伽摩尼王时才写定成文。这就是我们今天所见的巴利三藏圣典。所谓"三藏"也就是"三箧"，甚至"三个竹篓"的意思。"藏"即巴利语的 piṭaka。

（1）律藏意为"纪律之筐篋"，其中收藏的是与僧团纪律轨范相关的规定，是对男性比丘和女性比丘尼集体生活的规范。

（2）经藏亦即是"经文的筐篋"。巴利语中的"经"为 sutta，梵语为 sūtra。sutta 在佛教里面已经失去了"短的规定"的意义，只是"说话"的意思，而具有"说教"或"教说"的意义。往往以对话形式出现和"说话 sutta"就某一个法义，按不同层次作一二三四的解明。许多时候，它又被称为 suttanta（梵语则为 sūtranta）。经藏分为五个部分（"部分"或"部"，在巴利语中称为 nikāya），亦即所有经文分为五个大集。

（3）论藏意为"对教义详细分说的筐篋"。其既有经中的文句，也有对文句含义的分别解说，因此同经中有一二三四的条陈，论也是逐一地解说。论尤其具有经院学究的问答教示的特点，因此往往罗列名相，风格很是枯燥。最具有代表性的是论藏中有关佛教伦理的心理学基础的分析。

三藏本身，在佛教中往往又被称为"九分"这样的九个部分。[①]"分"巴利文称作 Aṅga（即分或支或肢）。九分是指：① 经

---

11 （契经），其体裁是散文性质的说教；② 祇夜（Geyya），是韵文
与散文混合的说教；③ 授记或记说（巴利语为 Veyyākaraṇa，梵语
为 Vyākaraṇa），属于说明解释的文字[①]；④ 伽陀（Gāthā），亦即
偈颂；⑤ 优陀那（Udāna/ 自说），有寄寓含义的格言；⑥ 如是语，
这种经文在开始都有这样的话"佛如是说"；⑦ 本生（Jātaka），
一类有关佛的前生往世故事的经文；⑧ 未曾有法（Abhutadhamma），
说种种奇迹异事；⑨ 方广（Vedalla），是问答形式的教义宣说。"九
分"的说法[②]，看不出它们就是完整的圣典形式，或者它们还不构
成九个分册，而只是想说明佛经从内容和形式来看，有九种不同的
体裁。

"九分教"的类列告诉我们，现在我们所见的圣典三藏，当
初在编纂时就已经存在着各种不同的形式。此外，三藏中还有一
些其他类型的经文片断，依据它我们知道，之前的某个时候，曾
经有过大量的篇幅短小的经文、僧团的规则、谈话问答、韵文格言，
甚至还会有一些很小的经文集子。[③]它们被僧人们当作唱赞文使用，

是"经"。另一方面（至少按发音的说法），阿毗达磨的文本是属于预言（veyyākaraṇa）
的，尽管它们也可以包含在方广中。R.恰尔默斯爵士（《东方圣书》卷5，pp.93, 207ff.）
将 vedalla 译成"杂的、综合的"（而不是"方广"）。不过这是非常靠不住的——如果有人
把阿毗达磨曾归在最后一类"方广类"中的话。

   ① 佛教梵文中的"veyyākarana"多半意味着"预言""预记"，即关于未来佛的
预言；而在巴利语中，例如在《譬喻故事》中也是这个意义。参见《本生经》（*Jātakas*），
福司波尔（Fausboll）刊本，pp.34, 44。

   ② 梵语佛教经典中，类似于"九分"的区分，还有一种称"十二分教"的区分法。
参见 H. 克恩前所引书《妙法莲华经》II，p.48（《东方圣书》卷21，p.45）；《悲华经》，
（《东方圣书》卷10 (i)，p.xxxiii）。

   ③ 例如，我们现在可以在《经集》中见到的《八颂经品》，在《律藏》（《大品》
卷5，pp.13, 9）和《自说经》（卷6，p.59）中就已经提及了的。参见《法句经》（pp.19,
20, 102, 185, 352）及《经集》87。

一如今天在印度和锡兰还被人们唱诵的经文。① 在佛教的僧人中，
有专擅于唱经的经师，还有论师（擅长于讲论佛法的比丘僧），
以及称作律师的（精于佛教僧团的律条规定）。② 为了确保佛教的 12
教义传统不至于失坠，也保证僧伽秩序的轨范严整，佛教的有关
经典就必须一再地记忆、背诵、讲解以及发挥。例如，逢雨季时
聚集一处的学问僧人们往往针对难解的经文，相互切磋以发明其
意义。其一位硕学的比丘或者某一寺院的全体比丘，经过充分的
讨论，认为某一种说法是符合"师教"③，就会把它宣布成为法藏
或经藏的内容。从这里可以知道，先于此时已经存在着某种可资
参考的权威经文。传统中当说到某位优秀的比丘时，通常会说他
们"多闻博学，精通阿含，诵持法律，及与摩夷（mātika，本母）"。④
所谓"摩夷"，指一类相关的名数概念，或者提要性的观念叙述，
其可认为是僧团或者佛教本身的理论核心。这样在佛教论藏中，
也就编辑进去一整套的观念类别，它们就称作"本母"或"摩夷"。

---

①　参见李斯·戴维斯：《东方圣书》卷20，pp.72，n.3。背诵者（或一群唱经者的
领头人，即唱导）被称为唱经活动的领唱者。参见《东方圣书》卷20，pp.415ff.。《律
藏·小品》(V，3)中，字面上规定是不能将经文唱成歌咏的。

②　《律藏·小品》卷4，pp.4，14，及其他多处。参见N.杜特：《佛教早期传播史》，
pp.207ff. 优波离被称为僧伽中的第一位律师，见《律藏·小品》卷6，p.13；卷9，p.5；卷
11，pp.7ff.。参见《东方圣书》卷13，p.xiii。

③　《增支部》卷6，p.51；卷4，p.180。《长部》XVI，4，7-11。事实上经典中总
是只说经与律，而不会说到论。这就证明当初在经藏编纂成的时候，公认的经典只有
经与律。

④　《律藏·大品》卷2，pp.21，22；卷5，pp.1，2。《小品》卷1，pp.11，12；卷12，
pp.9f.，21。《长部》卷2，p.125。《增支部》卷1，p.117。这句话叫"bahussuta agata gama
dhammadhara vinayadhara matidadhara"。

本母也是经文形式的文字，在时间上，它比论藏的形成更早。[①]

论藏中有一内容，相传是由目犍连·帝沙长老主持编纂的《论事》。但我们可以证明《论事》是三藏中晚成的部分。这不单是因为它要以律藏经文或经藏中的诸部（尼柯耶，Nikaya）经文为前提，还因为论藏中的某些论书是它的理论基础。[②]另外，依据早期佛教资料的说法，当初在王舍城结集时，形成的经典成果只有法藏与律藏，尚未言及论藏。[③]因而我们很容易会做这样的猜测：当第三次大结集时，与会的比丘们汇集了可资利用的经文，编纂出了论藏。因为时间最晚，所以新出的论藏就放在圣典总集的末尾。而帝沙长老所辑成的《论事》也就放在论藏的最后。

话虽如此，我们不会同意锡兰佛教徒的说法，把我们今天所见的巴利三藏，真的看成是第三次结集时完成的那个圣典总集，认为它与当初结集的成果一模一样。

首先，现在的巴利三藏，其使用的语言就与公元前三世纪的圣典语言不同。佛陀当初宣教时讲的是憍萨罗（今北方邦）方言。很有可能他在初转法轮时就讲的是这种方言。不过后来佛陀四处行

13

---

① 梵语佛教经文中，相当于论藏的一个词语是"mātṛka"。参见 H. 克恩：《印度佛教纲要》，pp.3, 104。H. 奥登堡和李斯·戴维斯：《东方圣书》卷 13, p.273；李斯·戴维斯夫人：《佛教心理学伦理手册》，第 2 版，pp.ix, cv-xiii。

② 参见李斯·戴维斯夫人的英文本《论事》，pp.xxix f., 401ff.。

③ 除了法与律，还会提到"本母"。通常的套话会是这样的："彼研习阿笈摩。彼知法知律及与摩怛理迦。"参见《律藏·大品》卷 2, pp.21, 22; 卷 10, pp.1, 2。《小品》卷 1, p.11; 卷 13, pp.19f.。而这里的摩怛理迦可能"也就是列举法数而已"——算是论藏的内容目录。佛教梵文经文中的 mātṛka（巴利语为 mātika）可用以指"阿毗达磨藏"。参见 H. 克恩：《印度佛教纲要》，pp.3, 104。

走，可能改用了摩揭陀（今比哈尔邦）方言以教人。但我们必须
注意这样一个事实：佛教在传播初期，并未强调用什么语言的重
要性。我们也知道佛陀自己曾经说过，他并不关心佛法宣说时的
语词，他关心的是法义本身。^①在后佛陀时代，随着佛教在很大地
域内扩展开来，各地的比丘们在弘法时所使用的肯定是他们本来
的语言。大抵出身于婆罗门的比丘们会将佛陀的法教转变为梵语
的韵文。不过，说起来，这样的做法按律藏规定来讲，是不合法
的犯戒行为，因为它"既不能使未归信者生起信心，又不能令已
经归信的人增加信心"。而如果说它尚有一定的合法性，那是因
为佛教也允许每个信奉者使用适合自己的语言经本学习教义。^②当
初在华氏城结集的佛教比丘，极有可能就使用的是摩揭陀语这样
的方言。巴利语^③是锡兰佛教徒的经典书面语，尽管它也可以被称
为"摩揭陀语"，但它得到锡兰、缅甸和暹罗佛教徒的认可，并
一直被使用着。但说到底，它也是来自方言的。不然的话，我们
离开了碑铭、经本和语法家们的著作都不会知道这种语言。另一
方面，摩揭陀语又与其他的方言少有共同之处。实际的情况是，
作为书面语，巴利语只有佛教徒才使用。像别的经典书面语一样，
它的形成与发展过程中混合了好几种方言。这样的经典书面语，
虽说是至少两种方言的折中产物，但其中仍然有某种主干的方言。
极有可能这个主干语就是古摩揭陀语。传统上人们认为巴利语同

14

---

① 《中部》103（卷2，p.240）。

② 《小品》卷5，p.33；《东方圣书》卷20，p.1；W. 盖格的《巴利文献及语言》
第5页中对此段有不同的解说。参见附录二。

③ 参见附录二。

摩揭陀语是一回事，尽管其书写系统并不一样。这大概是这种传统经历了不同历史背景的缘故吧。

这种书写语的产生地点和时间是很难确定的。① 极有可能这发生在阿育王以后的时代。当时佛教已经发展到了整个中印度全境以及西北印度。在这个广袤的地带，最后它们形成了某种混合语，通行于那些将它传至上座部流行地区的僧侣中间。正因为如此，巴利语带有许多不同的印度－雅利安方言的痕迹。② 当分别说部的圣典总集在一世纪被用文字写定时，当时也已经有了某种较为古老的稍稍晚近的巴利语形态。③ 所以即令在早期，巴利语也已经是经历了相当发展与变化的语文。而锡兰的比丘只是汲汲乎采用了一种在印度已经较成熟的语言，借以保存和传递佛教的经文。④ 极有可能，这些比丘对于经典与语言的一致性有明确的意识。因此，采用了巴利语来书写经典，保存经典并传递给今天的我们。两千多年来，这种传递性表现了某种罕见的忠实性。只不过，在佛教

15

---

① 参见附录二。

② 参见 S. K. 恰特季：《孟加拉语言的起源及发展》，加尔各答，1825 年，I, pp.55ff.。

③ 参见 W. 盖格前所引书第 1 页。

④ 北印度人知道有巴利文佛教经典存在，是晚至公元二三世纪的事情。此可以从鹿野苑的同时期碑铭上的（Saccasamyutta 疑即指 *Samyuttanikaya*：《相应部》）引文得到证明，其谈的是"四正谛"，参见 S. 科诺夫：《印度碑铭集》卷 9, 1908 年，pp.291 ff.；乔赏必：《印度古籍》卷 39, 1910 年，pp.217。印度极西北部的斯瓦特地区出土的碑铭（时间判定在公元前一世纪末或公元一世纪上半期），我们发现了逐字逐句从巴利文经典转抄过来的《大般涅槃经》。参见 G. 布赫勒：《印度碑铭集》卷 4, pp.133ff.。C. 本达尔（《国际东方学者大会学报》卷 13, 汉堡，1902 年，pp.58ff.）发现的《律藏·小品》残片，应当可以证明在公元八九世纪的尼泊尔有巴利经文存在。不过，很有可能 MS. 也是从锡兰带到西藏的。所以当我们发现汉文和藏文的译经同巴利文经典相去甚远时，很有可能这些是锡兰岛上的译者所译。

经典以巴利语形态保存下来并传递到锡兰之前，它肯定也是经历了一定的变化。

因而，我们今天所见的巴利圣典，就其语言和形式而论，尽管非常接近阿育王时代编纂的那部三藏，但仍然不能说就是当初那部经典的模样。必须承认，在公元前三世纪至公元前一世纪的那个时期，或者也有可能还要晚一些，才发生的口诵经典书写成文，一定会导致巴利三藏经历相当的变化。考虑到后来添加进三藏去的一些经文，最初结集时的圣典发生变化是理所当然的事。我们还可以看到，许多情况下，后出的注释窜入了正文并同原来的经文混到一起。即令经过了千百年的时间，这种相混相窜的痕迹仍然可以看得出来。[1] 为数甚多的经典都存在的这种矛盾与紊乱现象，这就证明了它们是前后不同时期叠加的结果。因此，我们才可以看见，同一地方往往新老不同的说法相并而立，有时同样一段经文会分存在不同的分集中。[2]

16

---

[1] 对这些矛盾与紊乱，B. R. 奥托·弗朗克举出不少例子。另外参见 I. P. 米纳耶夫：《佛教研究》，pp.62ff.；李斯·戴维斯夫人：《佛教心理学伦理手册》，第 2 版，伦敦，1924 年，pp.280f.，291f.。

[2] B.R. 奥托·弗朗克研究了这些伽陀的一致性，参见《德国东方学论文集》卷 63，1909 年，pp.1ff.。《维也纳东方文化论文集》卷 24，1910 年，pp.1f.，225ff.；26，1912 年，pp.171ff.。不过，任何人从这些重复或者矛盾中都不会得到弗朗克的结论（《德国东方学论文集》卷 63，1909 年，pp.8ff.）：这些经文或者不是原初的或者是根本不可靠的。例如，如果有一篇偈颂在一个地方称是佛陀所说，另一个地方称是舍利弗所说，或者一篇经文说是在王舍城宣说的，在另一场合又说是在波罗奈斯所宣说，这些都只能证明不同的说法本身相互混淆冲突，因此自身丧失了准确性，但不能否定这些偈颂或经文本身的真实性。也就是说，它的原始出处是可靠的，然而向后的传递是不准确的。弗朗克的论据和其他的批评家对于正统佛教的信念有破坏性的作用，因为后者认为凡佛陀所说一定是真实的，一定可以回溯到佛陀本人身上。但他们如果仅仅依据经典三藏本身是无法反驳欧洲学者的质疑的。

由于受以上这样一些情况的局限，我们因此可以说，在很大程度上，所谓巴利三藏，其主体部分① 同公元前三世纪的那个圣典集并无太大的区别。首先，从阿育王的石刻敕令可以证明这点。这些敕令说话的语气同巴利圣典中经藏的行文风格是一样的。② 而且圣典中的经文，其语言和引语都让我们联想到语词用语的同一性。这些用语的相似，使我们可以追寻到巴利经藏中的某些经文。③ 另外，如果我们看巴布－拜拉特（Bhābru-Bairat，公元前249年）的石刻敕令，皇帝对摩揭陀的比丘们所说的"一切世尊所说皆是善说"的话，加上他向比丘们推荐并要他们认真研习的七部佛经的名称——我们今天仍然可以在经藏中读到完全相同的或者大致

---

① 对论藏早期性质的质疑是有道理的，因为除了分别说部论者，只有说一切有部才有相应的论藏，而后者的论藏内容与巴利论藏中经文有较大的区别。参见浦山：《佛教》，p.44；法夸尔：《印度宗教文献》，pp.68f.；A. B. 凯思：《佛教心理学》，p.22。在《岛史》中，我们读到，吠舍离的结集大会上，与会比丘们驳斥了经藏中的某些说法，又质疑了律藏中的《随附》《阿毗达磨》《无碍解》《义释》等中的经文，以及一部分《本生经》，作为替代还另外撰写了他们认为应该的经文；值得注意的是，正是这后面的一部分经文，才是我们怀疑很晚才添加到三藏中的。

② 呼尔希依据阿育王的敕告摘出了《法句经》中的对应文句，参见《阿育王法敕刻文》（p.xlviiff.）。我们只能联系到阿育王对世俗臣民的道德期望来对比这些经文中的说法，而不好将它们说成是佛教的哲学及教条。

③ 参见 G. 布赫勒：《德国东方学论文集》卷 48，pp.57ff.；F.W. 托马斯：《大不列颠和爱尔兰皇家学会学报》1903 年，pp.831ff.；K.E. 纽曼：《维也纳东方文化论文集》卷 11，1897 年，pp.156ff.。最后这位学者说"阿育王的思想是在我们的（佛教）经典中浸淫下形成的"时，这只是他的某种论断，而不是证明。E. 哈代（《大不列颠和爱尔兰皇家学会学报》，1901 年，p.314）将《增支部》（卷 3，pp.247，340）中的"Yena, saddhammo ciratthitiko hoti ti"这句同阿育王的《巴布－拜拉特法敕刻文》中的"hevan sa dhammo cilatitiko hasati ti"进行了对比。

相同的经名。① 看来两者之间的确存在联系。

在巴尔护特（Bharhut）和山奇（Sanchi）的佛塔，石头上镌刻的经文字体多半都与阿育王摩崖石刻使用的字体相同。那些石塔以往被认为属于阿育王时代的遗迹。不过近来考古学者们的研究发现，倾向于认为多数的雕刻作品是公元前二世纪和公元前一世纪的遗迹。② 巴尔护特佛塔的遗物，今天作为极珍贵的文物保存在加尔各答博物馆，而山奇大塔上的雕刻作品仍然保存在原址上供人们瞻仰。两处佛塔建筑群中的栏（楯）和大门上，密布精美的浮雕与刻文，其重要的价值根本无法估量。雕刻作品表现的是佛陀生涯中重要的那些场景。今天的巴利文经典中我们讲到的正是这些已经大大丰富了的佛传故事。这些艺术雕刻所反映的内容

18

---

① 参见附录三。

② A.坎宁汉将军在1874年发现巴尔护特大佛塔并在其所撰的《巴尔护特佛塔》（伦敦，1879年）中作了描述。对其铭文翻译并刊行的是 E.呼尔希（《德国东方学论文集》卷40，1886年，pp.58ff.；《印度古籍》卷21，1892年，pp.225ff.）与 B.M.巴鲁阿及辛格（《巴尔护特刻文》，加尔各答，1926年）。另外参见 J.Ph.沃格尔：《大不列颠和爱尔兰皇家学会学报》，1927年，pp.592ff.。按照 A.坎宁汉的说法，这些碑铭的时代应该是公元前250年至公元前150年。佛塔的东门则是公元一二世纪的文物。F.C.梅西描述了山奇大塔的铭文，参见其著作：《山奇及其遗迹》，伦敦，1892年；J.H.马歇尔爵士的《山奇介绍》（加尔各答，1918年）同样对此作了描述。G.布赫勒（《婆罗迷字起源》，p.17）将巴尔护特和山奇的时代定在公元前三世纪（维修和增建则是公元二世纪的事）。另外 V.A.史密斯（《印度锡兰早期美术史》，牛津，1911年，pp.73ff.）将山奇佛塔定为公元前150年至公元100年的建筑。不过他在另一部著作《早期史》（1924年，pp.173f.）中又称其为"阿育王时代的建筑"。也参见格伦威德尔：《印度佛教艺术》，柏林，1900年，pp.22ff.，29ff.；A.福涉尔：《最初的佛教艺术》，伦敦，1917年，pp.29ff.，61ff.；J.H.马歇尔：《剑桥史》卷1，pp.618ff.，627ff.，可以回溯到阿育王时代的遗迹只是很少的一部分。进一步参考格伦威德尔前所引书第24页；A.福涉尔所引书第34页；马歇尔前所引书第627页；拉普森：《剑桥史》卷1，p.523。

可见于诸如《因缘故事》(*Nidānakathā*)、《普曜经》(*Lalitavistara*)以及《大事》(*Mahāvastu*)这样的经典。① 多数浮雕所刻画的题材都属于寓言或者佛教故事。巴尔护特佛塔上的浮雕名称都显示内容来自佛教的本生故事。本生，就是"佛陀前生传奇故事"的意思。大部分故事都可以在佛教经典《本生经》中找到出处。此外，巴尔护特和山奇大塔的遗址石刻上多有祈愿文可以读到，其中也提到了不同称呼的佛教比丘，例如有称 Bhanaka 的颂赞者，有称 Suttantika 的诵经者②，有称为 Pancanekayika 的通五部尼柯耶者，还有知藏者（Petakin）、说法者（Dhammakathika）③ 等。

据此，我们得到这样的结论，公元前二世纪之前的某个时候，佛教中已经形成了经文集。它被称为三藏，三藏又可以分为五部（尼柯耶）。其中被称为"经"的，是佛陀所教诲的"法"；许多"经"所宣说的内容，与我们所说的三藏内容是一致的。而那些被称为"本生"的经典则与现存三藏中的佛陀传记的经文完全一样，这说明在当时本生故事就已经是佛教文献的既有部分。换言之，在公元前二世纪的某个时候，也许这正是阿育王时代或稍晚时期，已经存在着佛教的圣典总集。它虽与我们今天所见的三藏不完全一样，但肯定也是极为相近的。

可以证明当时曾经有佛教三藏或者五部尼柯耶存在的根据，

---

① 参见 B. M. 巴鲁阿：《印度历史季刊》卷 1, 1925 年, pp.50ff., 245ff.。

② 山奇佛塔的一个铭文中有"Sutātikini"，意为"女性的诵经者"。

③ 巴利圣典中也提到这样的宣讲人和唱导者，见前面第 11 页。在觉音的时代还有专门擅长诵念某些经文的僧人，比如诵《长部》者、诵《中部》者。

当然便是《弥兰陀王问经》（*Milindapañha*）了。[1] 此经分前后两个部分，前半部形成于公元前一世纪初。不过本经的其他部分也都可以在巴利圣典中可以寻到。这就说明了时间上比较晚出的经文被放到了上距佛陀时代不太远的早期。无论如何，这些经文可以作为证据，显示其内容都是佛陀所说的真义，也显示了佛陀逝后两百年中的佛教概况。

所以做这样的认定，我们有巴利文本的藏外经典可以作证。它们是《弥兰陀王问经》中的问答，还有锡兰的《岛史》（*Dīpavaṃsa*）和《大史》（*Mahāvaṃsa*），也有附在巴利三藏的丰富文献史料。[2]

佛教梵文文献[3]也从另一侧面揭示了巴利三藏经典的传承年代及其可靠性。这类文献有的是用纯正的梵文来书写的，也有的不那么纯正，是被称作"混合梵文"的书面语。[4] 这一类文献比较庞

20

---

[1]　V. 特伦克纳文第 22 页中提到了"通三藏者"。这样的法师也就是那些能够背诵诸部经藏的人。他们或称通五部者或称通四部者。这样的称号不可以像 F. O. 施罗德声称的那样"是后期窜入的"。梵语的"三藏"在（公元二世纪的）迦腻色迦王的敕告碑文中就已经有了。见 J. Ph. 沃格尔：《印度碑铭集》卷 8，p.176。

[2]　整个巴利文献——无论是藏内藏外的，都被统称为南传佛教的经典，因为今天它已经传播到整个南亚及东南亚，即锡兰、缅甸、暹罗等地。反对作这种称呼的人认为《弥兰王问经》和巴利三藏中的某些经文其实同南方没有任何关系，它们反映的也不是锡兰、缅甸这些地方的社会背景，其完全是北印度的产物。在有的碑铭中这个佛教体系被称作"铜牒部"，其原意为锡兰上座部经典曾经被镂刻在铜板上。参见浦山：《亚洲学报》，s.9, t.XX, 1902 年，p.237。另见李斯·戴维斯：《大不列颠和爱尔兰皇家学会学报》，1896 年，pp.378ff.。

[3]　比"南方佛教"这个称呼更重要的是"北方佛教"的称呼。北方佛教的文献指的是梵语佛教文献。其涵盖了汉文、藏文和日文的佛教经典。而在这个名称下面，其中的佛经既有大乘的也有小乘的。

[4]　参见本书第一卷《吠陀文献》，p.41。

杂，所属的佛教部派亦各不同。这些部派有它们自己各自的三藏圣典集。尽管这一点认识也是前不久我们才依据发现的经典写本残片才得到的。例如，在中亚近来发现的根本说一切有部的梵文经典的残篇就是证据。通常认为所有这些三藏，虽然不是从巴利三藏而来，但并不影响巴利三藏本身可以信赖。譬如，虽然语法和经文的编排顺序不一样，但其语词却有很大的共同性，这说明巴利文三藏与梵文三藏有一个共同的来源。进而得到结论，两者的传承基础是相同的。无论我们看尼泊尔的梵文经典，还是看藏译本或汉译本的经典，哪怕它们属于不同的部派①，我们都能发现，这中间有一个教义的和经文的基本骨干。本质上说，所有这些教义及其文本与巴利三藏有着共生性。越是对佛教的文献进行深入的发明，越是将它们同巴利文本进行比对，也就越能够证明当初奥登堡的正确性。他曾说过："巴利文的复本，尽管不能说它理所

---

① 巴利语的和梵语的经典比较，可以参见 E. 文第希的《魔罗与佛陀》，载《皇家科学学会语言史分部论文集》卷 15, 4，莱比锡，1895 年；《佛陀诞生》，载《皇家科学学会语言史分部论文集》卷 26, 2，莱比锡，1908 年，其中包含很有功德的贡献。另外可见 H. 奥登堡：《德国东方学论文集》卷 52, pp.654ff.。巴斯：*RHE* t.41,1900 年，pp.166ff.。浦山和 T.W. 李斯·戴维斯：1903 年，pp.359ff., 362。以及姊崎：《国际东方学者大会学报》卷 12，汉堡，1902 年，p.61；*N.S.*, VI, 1905 年，pp.23ff.; VII, 1906 年, p.63，姊崎指出了大乘经典中引用的巴利文章句。又见 E. 瓦尔德施密特：《比丘尼戒本分析》，莱比锡，1926 年，其经过客观和详细地研究，对比了六个不同部派的比丘尼戒本以后，得出结论：上座部的巴利文本的这个比丘尼戒本是最接近早期佛教传统的（p.187）。也见 H. 奥登堡：《宗教史档案》13，1910 年，pp.596ff.；《学术论文集》（哥廷根哲学史部），1912 年，pp.171ff.；巴斯：《宗教史评论》第 41 辑，1900 年，pp.166ff.（即《文集》II, pp.300ff.）；浦山和 T.W. 李斯·戴维斯：《大不列颠和爱尔兰皇家学会学报》，1903 年，pp.359ff.。巴利三藏是一部大乘佛教徒同样也承认的圣典，此可参见 H. 克恩：《印度佛教纲要》，p.3；浦山：《佛教》，pp.29f.，大乘佛教经典也假定类似三藏教典的前圣典总集的存在。这种情况类似于基督教中的旧约与新约的关系（H. 克恩：《印度佛教纲要》，pp.3-4）。

当然地毫无瑕疵，但仍必须说，它是极好的（原始材料）。"① 再
说，除了巴利圣典，我们再没有别的凭据。从公元前一世纪一直　21
流传至今的佛教文本或圣典资料只有这些材料。巴利三藏中的确
没有一字提到那位伟大的阿育王。② 从语言风格及圣典内容来看，
巴利三藏是很接近奥义书的；梵文经典则令我们联想到稍晚的《往
世书》（*Purāṇas*）。最后，还有一个事实，从这些书写下来并流
传至锡兰的经本中，我们根本看不到同锡兰有什么联系。这就说
明了圣典完全不是锡兰佛教徒所撰写的，它们只能来自印度。因此，
它们无疑保存了印度佛教的基本概况，虽然不免有后来的修正，
但总体上还是反映了佛陀及其直系弟子们所宣扬的教义。

　　巴利文的佛教三藏明显地不同于其他的任何佛教文献作品。
它不单来自我们所知的一个独特的源泉，（更为重要的是）它自　22
身又是一个纯粹的语文体系。这一点可以由下面几个方面看出。③

---

　　① 《德国东方学论文集》卷52，p.623；A.巴斯本人在他的《宗教史评论》（第42辑，
1900年，p.57）（参见《科学杂志》，1899年，p.631；《宗教史评论》，第41辑，1900年，
p.170）中承认巴利经典的传播，除了北方佛教的大量散乱的经典支持，还应有别的保障。
　　② 说到阿育王，印度人的杜撰功夫可谓非常细致。为了确立这么一个古老的幻象，
他们宁愿弃所有别的证据于不顾。参见李斯·戴维斯：《印度佛教》，p.174。
　　③ 1894年暹罗国王朱拉隆功为了纪念其登基二十五周年而刊印过泰文的三十九卷
本三藏。这部藏经已慷慨地分赠给欧美各大图书馆。参见 R.恰尔默斯：《大不列颠和爱
尔兰皇家学会学报》，1898年，pp.1ff.；兰曼：《美国东方学会学报》卷16，1895年，
汇刊本，pp.CCXLIVff.。巴利圣典学会已经出版了这些经典的大多数。K.E.纽曼翻译了
三藏的全部提要，见《佛教论集》，莱顿，1892年；H.C.瓦伦：《译文中的佛教》，坎
布里奇，马萨诸塞州，1896年（《哈佛东方丛书》卷3）。杜图瓦：《佛陀传》，莱比锡，
1906年。M.温特尼茨：《宗教学研究论文集》，图宾根，1908年；恩泽劳斯加贝，1911年。K.
塞登斯塔克：《译文的巴利语佛教》，布雷斯劳，1911年；第二版，1923年。H.奥登堡：
《佛陀言教》，慕尼黑，1922年。E.J.托马斯：《佛教经典》，伦敦，1913年（《东方
系列智慧》）。F.L.武德沃德：《巴利三藏中所出的佛陀语》，牛津，1925年。

第二章 巴利圣典中的律藏

    三藏中，佛教徒将律藏放在前头。[①]我们在此遵从以往的惯例，并没有认为时间上律藏比经藏更为古老的意思。[②] 以下的经本分类都是律藏中的。

    （1）《经分别》（*Suttavibhaṅga*）：①《婆罗夷》（*Pārājikā*）；②《单堕》（*Pācittiya*）。

    （2）《犍度》（*Khandhaka*）：①《大品》（*Mahāvāgga*）；②《小品》（*Cullāvagga*）。

    （3）《随附》（*Parivāra*）。

    经分别意为对于"经的解说"，因此这里的波罗提木叉中的章句或者各篇都是被看作"经"的。[③]

23

---

    ① 律藏中的全部经文已经由 H. 奥登堡校刊出版，伦敦，1879—1883 年。

    ② H. 克恩：《印度佛教纲要》，p.2；浦山：《佛教：研究及材料》，p.27。两书认为律藏更为古老一些。奥托·弗朗克（《巴利圣典学会学报》，1908 年，pp.8ff., 68 ff.,74）认为律藏的《大品》与《小品》比《长部》经典要年轻。K.E. 纽曼（《佛陀的话》前言至卷 1 和卷 3）认为先有经藏，而后律藏才逐步从经藏中分离出来，而论藏在更晚的时候才形成。支持这种假定的是以下的事实：经藏中的某些经文是讨论毗奈耶律的，还有的在学术风格上是同于后来的论藏经文的。但同样可以确定的是，律藏与经藏极可能是同时编纂出来的。

    ③ 在更古老的意义上它是"经"的本意。

　　律藏的核心部分是《波罗提木叉经》（*Pāṭimokkha*，梵
prātimokṣa 亦称《波罗提木叉戒本》）。[①] 它针对僧伽中的各种纪
律规定可能被违犯的情况，一一条列了种种罪过，又规定相应的
赎罪仪轨。戒经中的所有纪律条款规定着僧伽成员的生活，也就
成为了维系僧团的力量。[②] 这对于佛教修行团体的稳定具有无比重
大的意义。阿难曾说过："世尊并未指定其继承人，也未赋予什
么人以至高的权威性。而整个僧伽仍然如是持守法律。"[③] 所以能
够如此，因为如来向比丘们晓喻了十种学处（Sikkhāpada）以及波
罗提木叉戒法。用佛教的术语来说，这种情况属于"善比丘以波罗
提木叉戒法规训正命"。[④] 据戒经，比丘们在每半月一次的集会中
要"诵戒"——背诵整套的戒法规定。这个半月集会指每当新月
初现或月满之日时要举行的布萨诵戒仪式。逢布萨日，比丘们聚

　　① S.杜特（前所引书第90页）认为从词源上看，波罗提木叉意味着"束缚""捆绑"
《巴-英辞典》（s.v.）。另外R.C.恰尔德（《巴利语辞典》s.v.）将"波罗提木叉"解
释为"被用来捆绑的""必须的""义务责任"。联系到《本生经·五》p.25，它解释
saṃgaraṃ paṭimokhaṃ是"约束性的承诺"。这个用语的正确解释应该是"待救赎的承诺"。
相应的"波罗提木叉"也就意味着"某种待救赎的承诺"。关于它还具有的其他词源意义，
参见李斯·戴维斯和H.奥登堡：《东方圣书》卷12，pp.xxviif（解缚，得自在）；H.奥
登堡：《佛陀》，p.419, n.1; H.克恩：《印度佛教纲要》，p.74, n.5（释为"某种精神上
的铠甲"）；而奥托·弗朗克刊本之《长部》（p.66, m.7）认为这个词最早的词源见于《大
品》（II, 3, 4），但他认为觉音也采取此解说，即以"解脱"义是不可能的。
　　② 见《中部》第108经（卷3, pp.9f.）。
　　③ Pātimokkhasaṃvarasaṃvutto，见《长部》卷2，p.42；卷13, p.42；卷26, p.28。
另见《法句经》，185。
　　④ 依据《长部》（卷14, pp.3, 22-28），在更早的时候（此指毗婆尸佛化世的那个大
劫）佛教的比丘们每六年才举行一次布萨集会，会诵《波罗提木叉经》，然后说戒以告白
自己的信心。这种会诵的活动及意义同《中部》77经（卷2, p.8）半月说戒是一致的。

集于庄严的场所，举行名为自恣的仪式（自恣的"自"指自我发露，亦即坦白自己的过犯。而"恣"则指任由他人，即其他的僧伽成员检举揭发自己的罪行）。《波罗提木叉经》分为八品，亦称"八聚"（八类）或轻或重的罪行，也列出了对治这些罪过的手段，每当一品背诵完毕，主持者会向聚会的大众发问：是否还有人要做发露？如果有，犯戒者必须当着大众的面进行忏悔。[①] 这里说的布萨仪式，很有可能就是佛陀本人规定的。早期佛教苦修沙门的派别，在举行相类似的集体生活纪律检查时都是按照戒本的规定来实行。[②]

最早的佛教文献集中已经包含了《波罗提木叉经》。[③] 起初，戒经只有 152 条规则。[④] 当上座部的律藏编写时，这些规则已经扩

---

① 《波罗提木叉经》成立的本意，至少初衷是为布萨说戒的。不过即令在律藏中，布萨说戒的程序也有简化和调整，因为它也要迁就比丘们的需要，即后者认为自己有所过错时，需要通过仪式（实行布萨）当众忏悔，洗白罪愆，使自己净化。参见 H. 奥登堡：《佛陀》，pp.381f., 418f.。

② 《大品》（卷 2, p.1）说的那个故事可能是有历史依据的：异行沙门每半月一次，在第十四、十五及第八日集合起来会诵他们的达磨。因此，瓶比沙罗王建议佛陀在他的僧团中也采取这个办法。布萨巴利文为"Uposatha"，梵文则是"Upavasatha"，意思是"斋戒"。从远古时候开始，印度的婆罗门教徒就有逢新月和满月时分集合做祭献、祈祷及斋戒的制度。布萨仪式在锡兰今天仍然可以看到。J.F. 狄克森对此有描述，参见《大不列颠和爱尔兰皇家学会学报》，1875 年；H.C. 瓦伦重刊在他的《译文中的佛教》一书第 405 页及以下。

③ 这是明显可证的事实。我们也已有梵文的《波罗提木叉经》，还有一个藏文本和四个汉文本的本经。参见 L. 菲诺特及 Ed. 胡伯尔：《亚洲学报》，1913 年，s.11, t.XI, pp.462ff.；《梵本翻译名义集》段落第 256—264；H. 奥登堡：《德国东方学论文集》卷，pp.52, 645f.；H. 克恩：《印度佛教纲要》，pp.74f., 85ff.。

④ *Anguttaranik*, Vol.1, pp.236, 280（Vol.3, 83,1; 87, 1）；《弥兰王问经》pp.243, 272，都说到 150 条"戒叉跋陀"。极有可能指的就是波罗提木叉戒。当然很可能这里的

充到了 227 条。尽管《波罗提木叉经》的 227 条规定的文本，一直以手写本的形式独立传承下来，它本身并不构成巴利圣典的一个部分。但在三藏的《经分别》中可以看到附有各条注释的这个内容。《经分别》的意思就是"对经的解释说明"。这里的"经"，自然就指《波罗提木叉经》。具体说"经"应该指的是戒经中的各个纪律条例。《经分别》就是对于这些条例的逐一解释。这一过程中会说到每条纪律当初拟订于何时何地以及何因何缘，也就是佛陀制戒的具体背景及其用意。《大分别》有八品，各各相对于犯戒行为的分类。以后的比丘尼戒也是比照这八个类别而制定的僧伽纪律。相对而言，《比丘尼分别》（*Bhikkhunivībhaṅga*）是篇幅要小得多的戒本注释。

　　至于《犍度》，本意为"门类"。[①] 那是调节僧伽中许多方面行为的训令，也是对僧尼日常生活中仪式规矩的轨范。实际上这是《经分别》的延伸或者补充。《大品》分为十大门类。作为训令，其规定相当明确，所涉及的内容包括如何举行出家仪、如何举行布萨仪式、雨季如何坐夏、坐夏结束时如何行自恣仪，它甚至还详细规定了比丘着装包括穿鞋的细节，比丘的坐具、车乘、医药、

25

"150"是一个概数，指的就是 152 条规则，它只是比丘戒 227 条中的一个部分。而所有的戒条都是从 75 种众学法衍生出来的。这个众学法指的是僧伽集体的礼仪规矩。说一切有部的《波罗提木叉经》列举了波夷提（Pātayantika）有"90"数（巴利 Paccitiya 则有 92 数）。除了众学处（Śaikṣa）外，它所举的总数也是"150"。说一切有部的众学处是 113，根本有部是 106，法藏部是 100，巴利上座部是 75 种。而《翻译名义集》中第 256 条，读作如下：sambahulah śaikṣadharmah。参见菲诺特：《亚洲学报》，1913 年，s.11, t.II, p.469; S. 杜特：《早期佛教修道制度》，pp.92f.。

　　① 李斯·戴维斯和 H. 奥登堡有英译，见《东方圣书》卷 13、17、20。

衣服都有要求。最后它还规定了僧团的，特别是部派分裂以后僧团必须遵循哪些制度与程序才算"如法"（合法）。至于《小品》亦即"较细小的章节门类"，前边的九章是对一些细琐事情的纪律约束，其涉及各种忏悔赎罪的场合、一些纠纷的调解方法，以及僧伽内部的比丘起居和房舍布置的规定，也谈到了比丘之间的相互义务，以及僧人犯戒被逐出僧团时应履行的仪式。总之，凡波罗提木叉仪式未包含的内容都放到这里来交代。《小品》的第十章《犍度》所涉及的是专门谈比丘尼生活仪则应遵守的规定。如同波罗提木叉之成为《经分别》的解说对象，后者对前者加以解说。那规定着《犍度》所记载的行为与仪则作为解说对象的，则是叫作《说事》的某个古本。"说事"的意思是"关于行为举止的话"。《说事》同《波罗提木叉经》一样，都不在三藏总集中，并不是巴利三藏的组成部分。[①]这种情况就像（婆罗门教的）曼陀罗（Mantra，真言）并不是一类单独的文本，而只是包含在吠陀经典和婆罗门书中间一样。《犍度》第十一章和十二章叙述了王舍城和吠舍离城[②]的再次结集大会。这两个章节显然是后来才增补进来的，因此

26

---

　　① Upasampadākammavācā（出家仪法说事）。最初翻译这个出家仪轨的是F.斯皮格尔，参见其《佛典圣事汇编·仪式作法》（*Kammavākya, liber de officiis sacerdorum Buddhiscorum*），Bonnae ad. Rh. 1841，其附有拉丁译文；以后有J.F.狄克森作英译，参见《大不列颠和爱尔兰皇家学会学报》，1875年，pp.1ff.，附英译。后者所描述的出家仪式，直到今天仍然为斯里兰卡佛教僧伽所遵行。其他的有关僧伽仪则的"说事"（仪法规则分说）的翻译刊行者有奥托·弗朗克，参见其《巴利手册》，伦敦，1883年；赫尔伯特·拜恩斯：《大不列颠和爱尔兰皇家学会学报》，1892年，pp.53ff.，380；S.C.达斯文载《孟加拉亚洲学会学报》卷63，第一部分，1894年，pp.20ff.；G.L.M.克劳森：《巴利圣典学会学报》，1906—1907年，pp.1-7。
　　② 参见本书边码第6页。之所以说此二章是后来的增补，还可以从《小品》名称（本义为"较小的部分"）看出。若非后来的成分，它就像《大品》一样，结构上也是十个章节。参见李斯·戴维斯和H.奥登堡：《东方圣书》卷13，p.xxi，注释3。

放到《小品》的附属部分中。既然这两章也都讲的是僧伽的历史，我们可以说，律藏中的全部经文只有一个主题，即规约僧伽事务。从《波罗提木叉经》可以看出，僧伽的组织相当复杂。《犍度》则进一步显示出发展了的佛教僧团。就此中间的纪律而言，令我们吃惊的是，僧团中保留着意义深远的自由精神——如果我们不把它视为某种松散状态的话。按照严格的规定，僧中的比丘是应该只以乞讨为食的，不过他可以应邀受供赴斋。他应该身着别人抛弃的破布片（粪扫衣）当衣物。但也并不是绝对不能穿着葛、麻、布帛甚至丝绸的衣服。他理应在树下过夜，但也不是不可以栖息在条件舒适的房舍、茅棚或者洞穴里。对他而言，可以入药的东西只有尿溺，但如果为了治病，也可以允许食用奶油、油脂、蜂蜜。他甚至也可以食鱼吃肉，只要鱼肉不是专门为他屠宰而取得的。[①]所有这些都显示出，在律藏的最终形式确立以前，曾经有很长一个时期的适应僧伽纪律的阶段。也就是说，戒律条款并不是一开始就一蹴而就地写下来的。它经历了一个逐步增添的过程。我们还看到，佛教僧团中的纪律，在许多地方同佛陀之前的印度苦修的宗教团体的规戒要求是一样的。[②]尽管如此，佛教僧团中的毗奈耶大小律则，仍然被认为是佛陀本人亲自制订的。无论《经分别》也好，《犍度》也好，其中的任何规定都会有一个缘起说明，交代佛陀当初在何等情况下出于何种动机而制订该条规定。再从行文的语言风格来看，《犍度》中的背景说明与《经分别》的叙述

27

---

①　《律藏·大品》卷1, p.30；《律藏·小品》卷7, pp.3, 14f.。

②　S. 杜特：《早期佛教修道制度》，pp.16, 28, 37。

也是极其一致的。因此，我们认为两者应该产生在相差不多的同一个时期。①有的情况下，这些缘起说明中的事，是实际发生过的。更多的则只是后来的想象说明，大体说来，它们读上去千篇一律，因此，可以忽视其作为历史事实的价值。

所幸的是，并非所有三藏文献都是这种情况。即令《大品》的早期篇章中，也保留了最古老的佛陀传的片断。其中，它用漂亮的古老的语言，叙述了佛陀最初的证悟，说到佛陀获得正觉以后的犹豫：究竟要不要向世人公布它的教义，这些片断的章句还叙述了佛陀起初如何劝化他的第一批弟子。这里还说到有一位叫耶舍（Yasa）的。其成长于某个极尽奢华的家庭中，成人以后夜夜笙歌，身边总是簇拥着美妇妖姬，然而某一天他中夜梦醒，看着眼前熟睡中丑态百出的美妇，他终于省悟了：世间的欢乐令人厌倦，而且令人作呕。于是，他从这种浮华中逃离，放弃了这种无聊的欢乐。他来到佛的跟前，受度而成为比丘。而在晚期的佛传故事中，以上的情节转换成了悉达多太子的故事。太子也就是佛陀本人。另外一则故事讲述了一大批青年都皈依佛教的事，呈现出这么一种特殊的文化场景：这批年轻人携带妻子出门寻欢作乐。那些尚未成家的则带淫女（妓女）出行。其中一淫女偷盗了青年的财物。青年们在追拿偷盗女的途中遇见佛陀。向他打听是否见到一位拐带财物的淫女。佛陀的回答是，你们这帮人与其追拿一个妇人，还不如用这点时间听闻佛法更好吧？最终青年们都因此而归信了

_____

① 如果处理"犍度"的尺度与处理"经分别"的尺度是一样的，那么序分中所说的话也就不会是两样的。

佛教，成为了僧伽成员。还有大量的故事讲述种种神通灵异，其中出场的有龙王和天众。在有关佛陀的弟子们如何归信佛教的故事中，最美丽的应当是舍利弗和目犍连这对朋友的皈依了。他们二位以后名列佛陀的门下诸大弟子中。① 正是这一部分的文献材料，保留了佛陀早期的说法内容，例如"波罗奈斯的初转法轮"以及"火焰的说法"，它们都是佛经中最古老的记载。

《大品》中，形成时间较晚的那个部分②，叙述了佛陀归省故乡并接纳他的儿子罗睺罗成为比丘的事。然后，我们又在《小品》中可以读到大富商给孤独长者的故事。长者将他家的园林向佛陀的僧伽作了施舍。另外还有一个故事说到了佛陀的对手及怨敌提婆达多。正是后者造成了佛教僧团的第一次分裂。还有关于佛陀的养母大爱道（Mahāpajāpati）的故事。正是经她的反复请求，佛陀才不情愿地许可她组成最初的比丘尼僧团。助成这件事的还有阿难的高贵品质，以及佛的其他直系弟子们的支持。③

不过在那些显为杜撰的缘起介绍中，尽管它们很难说有什么历史的甚至传说的依据，也还是有一些美丽的值得称道的价值。例如，其中就有这么一个朴实而感人的故事：

28

---

① 《律藏·大品》卷1, pp.7f., 14, 15ff., 23f.；《东方圣书》卷13, pp.102ff., 116ff., 144ff.。所有这些故事的结尾都是得到佛的接纳而成为僧伽一员。因此，说法示要显然也是早期佛教中僧伽自然地加入仪式的一部分。

② 《律藏·大品》卷1, p.54；《东方圣书》卷13, pp.207ff.。

③ 《律藏·小品》卷6, pp.4, 9; 卷7, pp.2-4; 卷10, pp.1f.。《东方圣书》卷20, pp.187ff., 233ff., 320ff.。

时有一比丘病患，腹疾痛恼水泻。遇佛按行僧房，尊者阿难随侍佛侧。至一房中见病比丘卧不能起。世尊见其病卧粪秽。见已近前，启问如是：所患何似，增损云何？比丘答言：我患腹疾，泻痛不止，受大苦恼。佛问比丘：汝此间有和尚相看视不？答曰无有。以我无用于僧，故无有看视。世尊便语尊者阿难：去，阿难。请取水来。我等为是比丘灌洗。阿难答言：诺。便往取水。世尊以水徐灌病比丘体，阿难拭洗。洗毕。世尊举病比丘头，阿难妨其足，举置是比丘于床。用此因缘，世尊令集比丘大众。问言：此有病比丘比房和尚不？答言我是，世尊。佛问：彼何苦恼，比丘？答言：彼有腹疾，世尊。佛问：彼得何人看视不？答言不得。佛问：缘何无人看视？答言：是比丘无用于大众，故大众无有看视。世尊谕言：汝等同梵行人若病患不相看视，谁当看者？汝等若想看视我者，亦当看视是病比丘。[①]

这样的故事其价值所在，正在于它向我们透露了古代印度的和佛教僧伽的日常生活。[②] 例如有文本告诉我们，童子优波离的父母这样商议他以后的职业，说若让他以后以书记为生，手必酸痛；

----

　　① 　《律藏·大品》（卷 8, p.26）中这一大段曾由李斯·戴维斯和 H. 奥登堡译成英文，参见《东方圣书》卷 17, pp.240f.。无论这一大段的内容同《马太福音》中（25, 40：我实在告诉你们，这些事你们既作在我兄弟中最小的身上，也就是作在我身上了）如何相似，但两者的环境其实有很大的不同。因此，这里的相似性只是偶然的。
　　② 　这一方面律藏的内容可以说是婆罗门教《家祭经》的重要补充。参见本书第一卷即《吠陀文献》第 253 页及以下。另一方面，我们要了解古代印度的正义和道德观，本书的某些章节并非没有重大意义（诸如它对杀妄盗淫等罪行的列举）。

为人记账，胸又闷疼；绘写图画，视力大伤。诸般计较以后，决定让他们的优波离出家为僧，因为做沙弥容易得食。[①] 还有那个医者耆婆的故事[②]，从文化史的角度看，甚有含义，从中还透露出浓郁的幽默来。这是一段篇幅短小的经文：

30

　　王舍城与吠舍离城两边竞争，要看谁的名声更为显赫，哪一家更为繁华。吠舍离城的名声当然不是借该城的名妓叫菴波帕尼（Anbapani）建立的，尽管她接客一晚上收五十金币。王舍城为了抬高自己的地位，国王便让美女萨罗伐蒂（Śālavati）做妓女，要求她开价每晚上一百金币。萨罗伐蒂后来怀孕产下一子，让人把婴儿放在竹篮里抛弃。太子阿巴耶拾到婴儿，将他养大，并为他取名"耆婆"（意为长寿、能活）。

　　耆婆长大后到旦叉尸罗城（Takkasilā）跟随某名医学徒。七年以后，他通过了考试。所谓考试，是师父交给他一把锄头，让他在旦叉尸罗城的四周郊野去搜寻，要找到一种不能入药的植物。耆婆最后回到师父跟前，说他实在找不到一种不能入药的植物。师父很满意这个回答，给他盘缠，准他满师可以回家。

　　但耆婆很快花光了所有的路费。只得给人做工设法谋生。他来到某城，听人说城中的富商妻子得了重病。耆婆便告诉

---

① 《律藏·大品》卷 1，p.49。

② 《律藏·大品》卷 8，p.1。这个故事结束部分，名医耆婆向佛陀奉献了三衣。因此，说这个故事是因为在加入僧伽的仪式上有向僧人们奉献袈裟等的仪程。汉文三藏中也有菴婆罗女和耆婆奉献三衣的故事。参见沙畹：《汉文三藏中的五百故事》，pp. 325ff.。

大伙，自己有医术在身，可以治愈绝症。他调合一种酥油灌进病妇的鼻孔。酥油流到妇人的嘴里，而后者马上让奴仆们把嘴里的那点油收集起来。看这光景，耆婆不免为自己治病的资费担心起来：这妇人太吝啬了。但其实妇人只是勤俭，她让人收集嘴里的酥油只是为了拿它点灯。妇人病愈，大为感激，给了耆婆四千金币。妇人的丈夫和儿子也各自再给他四千金币。耆婆临走时，那丈夫还送给他一匹马和一对男女奴仆。

31　　　　耆婆回到王舍城，把金币交给阿巴耶，酬答他的养育之恩。但阿巴耶不接受。只是要求耆婆在王舍城安住下来，不要再离开。老国王瓶比沙罗得了重病，耆婆治愈了他的病，于是成了御医，一连治愈了好多疑难杂症。有一次，城中的一位富商罹患重病，请来的医生全都束手无策。国王特许耆婆前去诊病。作为病资他开口就要十万金币，同时还要国王也给他十万出诊费。到了病人跟前，他问病人，能不能做到七个月中一动不动地左侧而卧，然后再七个月右侧而卧，然后再仰卧七个月。于是耆婆把富商捆在床上，为他在头上开刀，取出头颅内的两条蛆虫，再缝合伤口。但大富商只是在床上一动不动地躺了七天，就觉得再也坚持不下去了。好歹经过了三个七日。富商终于恢复健康可以起床了。然后耆婆向他解释，我要是当初不对你说静躺三个七月的话，你哪能静躺三个七日呢？

关于耆婆的故事在经中还有很多，反正都说他有神奇的医术。① 耆婆也给佛陀治过病。他又是佛陀和僧团的好朋友。

　　这样的故事写在经文中，不过说明律藏的编纂者和写作者，有时不免也会觉得沉闷，也要把写作有关僧团规矩和禁忌的事情放在一边，说几个轻松点的故事。大概佛陀自己也是本着这样的用意，才讲述了下面的这个寓言故事，说明为僧团中的年长者制戒的缘起②：

　　　　乃往古昔，比丘们啦，彼时雪山之麓有一无花果树。树下有三侣共居：一为鹧鸪，又有猿猴及与大象。虽居一处，彼等无有敬爱顺从，亦无律法调节起居。一日念此，便作是 [32] 言：我等应如是思量，谁人生得最早，以序长幼。其年最长者，余人理当恭敬尊重，亦当敬事供养，同意扶持，奉其教诫，依住安居。由是鹧鸪猕猴便问大象：善友，记忆久远如何？大象答言：诸友，昔我年幼，今此大树，所见尚为幼苗，于我两腿之间，上不及我腹。诸友，我忆往昔久远如是。

　　　　鹧鸪大象③ 再问猕猴：善友，汝忆往昔久远如何？

　　　　① 耆婆还被认为是儿童医疗的权威。印度人有称他为小儿医师的。参见乔里《医药》（《概论》卷10, p.68），即令到了晚近时代的佛教，研究医疗的学问（医方明）也是传统的一部分。

　　　　② 《律藏·小品》卷6, pp.6, 3。参见李斯·戴维斯及H.奥登堡译文：《东方圣书》，pp.193ff.。

　　　　③ 《律藏·大品》卷10, pp.2, 3-20；《东方圣书》卷17, pp.293ff.。H.奥登堡的书中摘译了一些片断，参见其《佛陀：其生平、学说和教团》，pp.345ff.。尽管如此，如果像科尔斯顿说的那样（《佛教》，p.103, 注释），这是受到了《圣经》中大卫和扫罗的故事（《撒母耳记上》，24）的影响，但这是不可能的。

忆我昔时年幼，诸友，虽坐地下，亦能食此树顶果实。诸友，我忆往昔久远如是。

猕猴大象复问鹧鸪：汝忆往昔久远如何，善友？

诸友，汝等见彼远处否？昔有无花果树。我食其果，甚觉旷逸。彼时食果，弃籽于地。其后出芽，即今此树。如是诸友，我当为年最长者。

猕猴大象复谓鹧鸪：诺。善友。汝当为齿序最长。我等当恭敬尊重于你。当敬事供养于你。奉汝教诫而为依住。

由是可见，专门讲述僧伽律条规矩时，哪怕很纯粹的佛教伦理教训，也要以故事形式贯穿其中。例如，那个长寿太子的故事，也是颇为感动人的。长寿太子的父母均被婆罗达多（Brahmadatta）杀害。为了复仇，长寿太子历尽千辛万苦，忍人所不能忍，为人所不能为。最终婆罗达多落到太子手中。就在其引颈就死之际，长寿太子收刀入鞘，尽释仇雠。

因此，我们最终看到，无论律藏的道德规定，无论说法讲道，譬喻故事历来都是重要的宣教手段。因此，《小品》中有这么一个用意深刻的譬喻：用大海的八种功德来比拟佛教教理及僧伽戒律的属性。这里我们读到的是一些耳熟能详的句子：

比丘们啦，恰如大海一味，其味皆咸。比丘们啦，此之教法教诫，亦惟解脱一味。

律藏中的经文与吠陀、梵书有某种相似。两者中我们都看到了"规则"（Vidhi，仪、法、轨）和"事说"（arthavada，即解说、说明）相随不离的联系性。就它们两者而言，其中最醒目的地方之一便是，凡释义性的经文中，都有叙事性的偈颂诗歌。在枯燥而乏味的讲经手法的沙漠中，总会有一些赏心悦目的绿洲。[①]

律藏的最后有一个不甚重要且形成时间也很晚的叫"随附"的部分。它大约出自某位僧伽罗僧人[②]之手。其中包含了十九篇短小的经文、问答教示、索引补遗以及表列等。体裁上类似于吠陀或吠陀支分（Vedaṅga，亦名吠陀分册）中的经文编目（arukramani）和补录（pariśiṣṭra）。这中间所包含的教义问答部分，与同一时代的论藏阿毗达磨中的经文是很相似的。

---

① 　本书第一卷《吠陀文献》，pp.187, 193。
② 　参见《东方圣书》卷 13, p.XXIV。

第三章　巴利圣典中的经藏

第一节　谈话与问答对话

34　　如果说律藏给我们提供了最好的情况说明，使我们了解佛教僧伽——这一古代印度的宗教团体，以及比丘们修行集体中的生活，那么，经藏也是我们了解这个宗教教法最可靠的依据。由经藏我们可以知道，佛陀和他的第一代弟子们所宣讲的佛法教义究竟是怎么回事。对我们来说，最重要的是这一发现：经藏中可以看到相当多的散文体的问答对话和譬喻故事。许多譬喻故事和偈颂歌赞都是有意义的文学作品。而所有这些我们都视其为佛教的文化成果。

　　经藏一共有五个大部，称为"五部（尼柯耶）""五集"①，即是《长部》（Dīghanikāya）、《中部》（Majjhimanikāya）、《相应部》、《增支部》、（Aṅguttaranikāya）及《小部》（Khuddanikāya）。《小部》在五部之末，其中包含 15 部经：①《小诵经》（Khuddakapāṭha）；②《法句经》；③《自说经》；④《如是语经》；⑤《经集》；⑥《天宫事》（Vimānavatthu）；⑦《饿鬼事》（Petavatthu）；⑧《长老偈》

---

① 若按觉音的《沙门果经释义》（pp.2ff.）说，整个三藏分为五部，而不仅只是经藏分成五部，但他所举的名目是经部、律部、论部和小部。《香史》中也有相同的说法。

（ *Theragāthā* ）；⑨《长老尼偈》（ *Therigāthā* ）；⑩《本生事》（ *Jātaka* ）；⑪《释经义》（ *Niddesa* ）；⑫《无碍道解》（ *Paṭisambhidāmagga* ）；⑬《譬喻经》（ *Appadāna* ）；⑭《佛种姓经》（ *Buddhavamsa* ）；⑮《所行藏》（ *Cariyāpitaka* ）。

前面四部或四个大集中收入了佛陀的"说法谈话"，也即是"经"的内容。①它或是佛的谈话或者讲论（有的时候谈话的对象只有一个人，即佛的弟子或某个闻法者）。这一类的谈话在开头都有一个缘起交代，说明在何时何地，又以何因缘而佛要作此谈话。经也可以是围绕某个法义而作的对话问答，这样的经文格式也是大致固定的。经的开头总是有"如是我闻"或"闻如是"的话语，意谓"以往我曾经听佛世尊这么说道"，巴利语为 Itīhāsa-samvāda。因此，这类经文的体裁也称为"如是所说的对话体"。其起源远在佛教之前，奥义书和《摩诃婆罗多》这样的史诗中便已经有了这样的对话形式。

不过经的固定格式一般总是散文体的。但在它的行文中，总会插入一些偈颂（又称"伽陀"的诗歌）。伽陀在经文中的功能有的是为了引述，有的是为了复述而作强调。散文中夹杂伽陀也是印度文学作品中常见的手法。凡在散文（汉译佛经通常称为"长行"）中有需要复述和强调的地方，都会用伽陀偈颂的方式表达出来。②

---

① 经，巴利语写作 Sutta，也写作 Suttana。

② 例如，凡需要插入一段偈颂就会说"颂如次"。另外，如果要引述很重要的偈颂，如佛陀的话或者要义，那么会先来一句"如来说如次"。如《长部》卷31，《中部》卷7，pp.39-34。其实这些偈颂是该经作者的作品，并非佛所作的诗偈，但在印度的古代文学作品中，人们从来不会把自己的作品与他人的作品明确地区分开。

（1）《长部》

"长篇经文的集子"①中有 34 经。每一部经集中讲述某一或某几个教义要点，可以视为独立的经典。整个《长部》又分为三个部分（三品或三章），三者都各有特征及内容。第一章中间的经文时间并不属于同一时期，也都有先有后。②《长部》中时间上最早起的经文集在第一章。第三章的经文时间较晚。而第二章的经文篇幅最长，但依据其中所窜入的异文来看，此品是很晚近时才形成的。③

从形式上看，第一章中经文和第二、三章中的部分经文，都主要是长行散文。第二、三章中的经文形式既有散文亦夹杂有诗偈。所有这些诗偈都是歌谣体的（如经号 16、18、19、21）或者仅仅是强调性质的重颂（经号 16、17）。其他的（如经号 30、31）我们可以看到长行与诗偈不断交替。这种形式在梵文经典或佛教的混合梵文经典是经常可以见到的。至于这一章中间的第 20 经和第 23 经，则从头至尾都全是诗歌（伽陀）体。

第一章中经文多半在讲伦理问题。特别强调的是戒定慧三者决定着修行者根本的生活目标。循此三者前进，修行者可以进入阿罗汉位。

其中的第一经名《梵网经》（*Brahmajāla*）。该经的意义不

---

① 李斯·戴维斯和卡彭特：《长部》卷 2，p.1980。
② 巴帕特：《研究所文刊》第 8 辑，1928 年，pp.1ff.
③ 第一品因其内容称为《德聚品》。其主要处理的也就是"德"。第二品称《大品》，因其中的经文篇幅普遍较大，所以都在标题上冠以"大"的字样。第三品称为《波梨品》，因为其开首的第一篇经文是《波梨经》的缘故。

仅仅与佛教相关，其对于整个印度的宗教生活以及宗教观念都有关联。[①]

针对佛弟子们的出家生活，世尊加以种种的道德规范。然后又列举一系列的事物禁忌，后者都是比丘应该远离的婆罗门系的或苦修"外道"的生活习俗或者修行步骤。本经详细地说到了哪些职业、哪些娱乐是邪僻的、不正当的、不合法的。例如，有沙门婆罗门积攒财富、沉溺于歌舞娱乐，或者迷恋博彩——从事文化史研究的人可以发现这些算是当时世俗社会中的娱乐。还有的人过着邪命的生活，奢靡无度，用看手相、算命等作为谋生手段——这也是人类学研究所关注的生活场景。最后还有一类人，成天陷于玄思冥想，考虑的只是孰为断孰为常，孰为有孰为无；或者思索世界有终还是无终，我命是有还是无，如是等等。这种种的见解不少于62种，经中都有详细的列举与讨论。总之，这些都是佛弟子们应该远离的。犹如高明的渔夫，在大江大湖中撒网，一切鱼类大小悉都捕获。佛陀亦如是，以其梵网搜罗一切见解，无有遗漏，无论学者还是辩士，他们所宣讲的各种主张和各种教义，世尊都一律显示了其中的荒谬，无有价值，而只是妨碍出离解脱。

同样，其第2经，即《沙门果经》，目的也在证明佛陀时代的古印度，哪些社会生活方式与思想算是正当的。从本经我们得以了解当时的种种世相。其中，最为生动的描写是本经在前面作为

[①]　李斯·戴维斯在其《佛教·美国讲座系列》中对此有所讨论（pp.30ff.）。F. Q. 施罗德：《大雄和佛陀时代的印度哲学立场》，斯特拉斯堡，1908年，pp.8ff.，亦有讨论。该经的结论部分亦自称本经为"解说"或"释义"的性质。

引子提出来的问题：阿阇世王对佛访问 [①] 时说到印度的种姓制度以
及佛陀对这套种姓制度的看法。这在第三部经典中得到答案。第 3
经为《阿摩昼经》（*Ambaṭṭha-Sutta*），它通过叙述释迦族的历史
和克里希那（Kṛṣṇa/Kanha）仙人，本经表现出对待神话乃至历史
本身的兴趣和态度。第 4 经为《究罗檀头》（*Kūṭadanta-Sutta*），
其意义在于揭示了印度古宗教，即婆罗门教与佛教之间的关系。
该经又名《说利齿婆罗门经》。[②] 第 13 经为《三明经》（*Tevijja-
Sutta*），亦名《三明学者经》。从本经中我们可以读到某种无伤
大雅的讥讽风格。它挖苦了婆罗门教的吠陀血祭的仪式，以及吠陀
三明学者痴迷于追求与大梵合一。所有这些又正好与佛教的自我
牺牲和人生理想形成对照。第 15 经是《大缘经》（*Mahānidāna-
Sutta*），其讨论了佛教哲学的根本缘起理论。第 22 经为《大念处经》
（*Mahāsatipaṭṭhāna-Sutta*），本经所讲的是佛教比丘修行的用功处，
即四种观想思虑活动，称为"四念处"。同时本经又讨论了佛教
的基本教义，详细地联系"四圣谛"加以发挥。[③]

　　至于大众层面上的佛教伦理，有第 29 经《教授尸迦罗越经》
（*Sigāvāda-Sutta*）中的谆谆说教。其中，详细地讲述了在家佛教
徒的家庭责任和社会义务。该经无疑是巴利圣典中最重要的经文

---

　　① 依据 H. 奥登堡的《古代印度散文史》（《哥廷根科学院哲学部论文集》卷 16，
1917 年，p.40）的注释说，这里的引子同《大林间奥义书》（上，卷 4，p.1）中耶鞠那伐
基亚的问答相同。尽管很相似，但作此断定恐怕还是有问题的。

　　② 本经与第 17 经《大善见王经》中都可以见到佛本生经的类型。

　　③ 《中部》的《大念处经》似乎称不上这个评语。F. 海勒尔在其《德国佛教式微》
（第 2 版，慕尼黑，1923 年，p.13）说此经为佛教比丘的修行手册。

之一。

不过，无论如何，全面地观察，《长部》经典中最重要的当然还是《大般涅槃经》（其为长部第 11 经，巴利名是 *Mahapārini-bhāna-Sutta*）。[①] 该经的内容和形式都有与别的巴利经典根本不同的地方。[②] 本经既不是有关教义的问答也不是就某个教义要点所作的谈话。其所连贯加以叙述的，只是佛灭前的那些最后的日子。其中记录了他辞世前的言论和主张。剔除本经中以后扩展的部分，本经原始的内容无疑属于三藏中最早的材料，也属于最早的韵文形式的佛陀传记。值得注意的是，在巴利文经典中并没有专门的佛陀传经本。尽管这种传记的开端，部分地可见于律藏和经藏。佛的弟子们出于对大导师的爱戴之情，将他最后日子中的言行，以及临终前的谈话作为教诲记录下来，忠实地传诸后世。这是完全可以理解的事。我们如果读本经中最古老的部分文句，肯定是可以相信它的确凿性的。不过，就现存的《大般涅槃经》而言，其中真正可称古老的也只有几段。现存的本子并非完整的统一体，这显示它是在不同的时代中积累起来的。可以断定，在最初，即

38

---

　　①　参见 R. C. 恰尔德：《佛教平信徒的集体义务》，载《印度古籍》卷 12，1883 年，pp.23ff.；T.W. 李斯·戴维斯：《佛教》，pp.143ff.；李斯·戴维斯夫人：《佛教圣书》卷 4，pp.168ff.。

　　②　李斯·戴维斯译本，载《东方圣书》卷 2；J. 杜图瓦之德译本载《佛教圣书》卷 2，pp.78ff.；《佛陀生平》，pp.221ff.；K.E. 纽曼，慕尼黑，1911 年；奥托·弗朗克：《长部》，pp.179ff.；H. 伯克，斯图加特，1925 年。本经中摘要内容，以上诸书中都有翻译介绍。另外也可以参见 M. 缪勒：《大不列颠和爱尔兰皇家学会学报》，1913 年，pp.1087ff.；H. 克恩：《东亚研究期刊》卷 2，1913—1914 年，pp.229ff.；P. 奥尔特马：《宗教史评论》第 66 辑，pp.118ff.；艾略特前引书，卷 1，pp.151ff.。

开始的时候曾有过一部短小的"佛之大涅槃"的巴利经文。在以后的各个时代，不断有新的内容窜入而补充和膨胀，最终才形成了现在的巴利语《大般涅槃经》。我们可以肯定，第二诵品以下的章句，应该就是最古老的部分。该诵品说到世尊在游行中罹病，病倒在竹芒村（Belua 或 Beluvana）。佛以巨大的意志力向阿难启示，说自己不是那种将自己的证悟所得私藏不宣的师傅，不是将真理与善法紧握手中不肯示人的宗教者（印度传统的说法，这被称为"师拳"，即老师的教法被攥在握得紧紧的拳头中），他愿向世人明示其所发现的真理，而且拒绝将自己视为僧团的大导师。佛的意思是说，佛教整个僧伽大众所依赖的不是他个人。世尊入灭以后，僧伽将不再有至上的领袖，而只能以他的生前教法为灯明："由是，阿难，你们应当自为灯明自作皈依。法即是灯明，法即是皈依。"第五诵品中也有本经最古老的部分。其中说到阿难因为佛祖将灭而极度悲恸，几乎无能自持。他直到户外，眼泪涌了下来，倚在门框上，失声痛哭。佛陀召唤他进屋，用好言软语安慰他，称赞他对佛的爱敬与忠诚。分散在经文中的这些诗句，明显地看上去非常古老。有些句子显然是佛同弟子们之间的谈话。不过重要的地方在于，这一段文句中，佛陀完完全全地是一个普通人在谈话。而同样是本经中的其他地方，佛又显示为半神的人物，一个能够行神迹的魔法师。事实上，佛陀还炫耀了他的神通力，说只要他愿意，他本可以住寿一劫。佛陀还责备阿难在最重要的时刻仍然懵懵懂懂，竟然没有向佛请求导师继续住世（III.34—47）。末了佛陀决意辞世，于是大地震动。佛也借此机会讲说了地震发生的八种原因。顺着这个话头，佛陀又接着讲了一系列的八种数目的事物现象（III.11—

33）。正是从这里，我们可以看出，这是某位后来拙劣的写经人增添的赘文。赘文者丝毫不具有那激励着古本写作者的精神。多数情况下，我们可以轻而易举地将那些后来窜入的文句分辨出来。比如，构成本经主体的那些文句，我们也都可以同时在其他的经文中寻出来。从内涵上看，这些文句也同本经在当下的主旨并无丝毫关系。①

　　尽管如此，所有这些后来窜入的文句与衍文并不会抹煞本经作为早期佛经的根本特征。这各种情况亦使我们联想到，《大般涅槃经》在三藏中，最具有基督教福音书的气息。②

　　当然后来的佛经写作者所以要摘抄这部无人不知的著名经典的内容，将它放到后来编写的经典中，想要增加后出经典的权威性。例如，《法镜经》（*Dhammadeśa*）这部向三宝告白的经典，其中就明显窜进了《大般涅槃经》的内容。③

①　但在有的场合，也有这样的可能：《大般涅槃经》本身被后来的其他经文所抄袭。李斯·戴维斯曾经做过这方面的工作。他的《佛陀的言教》（卷 2，p.72）中列出了经他对比过的本经与其他佛经的相同段落。不过我们认为，真正要判定本经中有哪些段落是古本的和原初的，恐怕还有待于拿巴利文本同我们能够利用的梵文的本经写本再作对比，同时还需要将汉文和藏文的《大般涅槃经》译本加以对照。参见文第希：《魔罗与佛陀》，pp.33ff.；H. 奥登堡文载《德国东方学论文集》卷 52，1898 年，p.628；J.S. 斯佩耶：《德国东方学论文集》卷 53，1899 年，pp.121ff.；J. 埃金斯：《大不列颠和爱尔兰皇家学会学报》，1881 年，pp.66ff.。《大般涅槃经》的汉文译本可以参见《意大利亚洲学学报》卷 21（1809 年，pp.59ff.）的 C. 普依尼文，以及《意大利亚洲学学报》卷 22（1809 年，pp.1ff.）。M. 普里齐鲁斯基所作的本经不同译本的对比研究成果发表于《亚洲学报》，1918—1920 年，s.2, t.XI, pp.485ff.；XII, pp.401ff.；XV, pp.5ff.。

②　参见 H. 奥登堡：《印度古代文献》，pp.94f.。

③　II.8—10。参见《相应部》（V, p.357）以及《长老偈》（p.395）。H. 拜恩斯曾经校刊过一部增补的《法镜经》。《法镜经》直到今天仍然是佛教僧伽大众在布萨日一定要诵读的经典。

　　不过，《大般涅槃经》最后确定成现在这个模样，一定是很晚的事。本经还提到了经和律的承传以及二者的权威性。①本经的末尾还提到了佛舍利②以及起塔供养的事。换句话说，在佛同阿难交谈的那段经文中，世尊还只表现得像个普通人。他那些感人的话语也不太有神异的色彩。但到了经的末尾，世尊已经具备了被膜拜的神的身份。这种情况应当是阿育王时代对佛起塔崇祀已经

41　成为风俗以后的事。

　　第14经名《大本经》（亦名《佛陀奇迹之经》），也是很晚出的经典。这个"大本初起源的"经典讲述了过去"六佛"的教条也许是巧合，本经中迦叶佛的爱徒也有一名叫"无忧"（Aśoka，阿育或阿输迦）的。六佛是释迦牟尼佛之前过去劫中的诸佛。关于他们的传说中也充满了从入胎降生开始的种种奇迹。③

　　同一传统（的经藏《长部》）中有另一部经《三十二相经》（*Lakkhaṇa-Sutta*，即《长部》第30经），该经列举了作为世间统治者转轮王或者出世间的救世者的三十二种"大人相"（相状特征）。毫无疑问，像他那时代的绝大多数人一样，佛陀同样相信通过持修禅观冥想，可以成就种种神通并进入超人的行列。但

----

　　①　《大般涅槃经》IV.7—11。《长部》卷2，pp.123ff.。参见《增支部》IV.180（卷II，pp.167ff.）；科尔斯顿：《佛教》，p.45，卷4，pp.10f.（卷2，p.125）。该处还到了"知本母者"（本书边码第12页注2）。

　　②　参见 J. 弗里特：《大不列颠和爱尔兰皇家学会学报》，1906年，pp.657ff.。其中（同书 pp.667ff.）试图证明本经不会早于公元前375年，最终确定本则一定是非常晚的。

　　③　L. A. 瓦德尔认为本经标题原名应为《大有经》（关于最高存在的经典）。但这种说法是绝对没有根据的。不过瓦德尔说本经与《普曜经》的源头是同一个，则可能是正确的。他认为本经出现在公元前三世纪至公元前一世纪的说法也是正确的。

佛陀也明确地告诉大众，求神通不是佛教比丘应当有的追求。从佛教教义来讲，这种追求甚至是危险的。因此，借行神迹来传教也是非法的。以非法行化，被称为"神变教诫"。①因此，那部主要内容叙述佛陀以神变工夫同外道斗法，并且还夸耀自己的大神通力的《波梨经》（*Piṭaka-suttanta*，即《长部》第24经，在《波梨品》中）显示已经代表着巴利系经典的对待神异的晚期立场。实际上从本经的编纂水平看比较低劣，除了开头部分读上去觉得历史起源较早，其余的多为拼凑。②

42

许多经文（第17—21经）都有神话性质，将我们带入诸天众神的世界。这些经典的用意在于说明，即令诸天在天界享受美好的生活，这也是他们前生往世中虔诚修行佛教的报应。③

这中间最有意思的是《长部》第21经《帝释所问经》（*Sakkapañha-suttanta*）。帝释是诸天神之主，也称因陀罗。他的武器是闪电（金刚杵）。古时的佛教徒看来，哪怕这样的天神要接近佛陀，听闻佛法也是殊为不易的事。因此，为了取悦于崇高的圣者，大神事先向佛陀敬献了乾达婆（Gandharva）。后者是天

---

①　《长部》第11的《坚固经》（卷I, p.214）类似于第28（卷3, pp.112f.）；《律藏》中（小品5.8, s）明确说到，比丘在俗信众跟前行神异属突吉罗罪。比丘若犯这种罪过，好比人以色相卖钱。

②　参见韦勒《亚洲专刊》卷1（pp.620ff., 莱比锡，1923年）上所说："汉文《法集经》，在《阿含经》中，相当于《长部》的《三十二相经》。"中野义照：《波梨经》（《南传大藏经》卷8, pp.1-45），《阿菟逸经》，《长阿含经》卷3（《大正藏》第一册, pp.1, 5）。

③　这种说法与《往世书》或印度古代史诗中所说的是一样的。因陀罗的地位也是往昔曾向湿婆和毗斯奴加以礼敬而获致功德的结果。因此这些佛教经文中，李斯·戴维斯称其为"Tenderzchriften"（《佛教圣书》卷3, p.299），亦即"劝善的小册子"，用意在使人恭敬佛陀，一如我们所见的因陀罗与诸天或半天神。

上的音乐之神。这位乐神向佛陀敬献了一首虔敬而炽烈的赞歌[1]，于是佛陀慈祥地允许因陀罗近前，许可他启问佛法。由于问题得到世尊的答复，因陀罗被佛法开启了眼目，也就达到了法眼净的思想高度。众神之神于是对佛再加赞叹。《转轮圣王狮子吼经》（*Cakkavattisīhanāda-Sutta*，即《长部》第26经）讲到了佛教未来世的救主弥勒佛，因此这部经应当是晚出的。经中讲到了人类道德伦理的起源。叙述中间，回忆、预言和佛法教谕都交织在一起。而讲说世界最初起源的《起世因本经》（*Aggañña-Sutta*，即《长部》第27经），叙述则非常详尽。其关于宇宙和生命的起源、文化与社会的形成，都可以看出好多臆想直接来自《往世书》。该经的目的与《长部》第3经，亦即《阿昼摩经》（*Ambaṭṭha-Sutta*）相同。后者想要说明的是阿罗汉的修道生活决定着他能否入涅槃，而与其种姓出身并无关系。《长部》第23经《弊宿经》（*Pāyāsī*）讲述了某个弊宿（Pāyāsī）王与叫迦叶童子的比丘的对话。弊宿王不相信有来世有灵魂，抱定一种断灭空的态度。另一方面我们也看到，经中的问答体经文，有时虽然充当论主的是佛陀，但他也会被发问者打断，于是佛祖也只是保持缄默，不发一言。这种场合令人想起柏拉图也采取过的论辩方法。不过，本经也不是原初时代的佛说。而只是从"如是语对话"中稍稍勉强地引申并加以扩展的文本。它的最初来源甚至是其他的宗教派别。我们猜想是从耆那教那里移借过来的。[2]《长部》第32经《阿吒曩胝经》（*Āṭānāṭiya-suttanta*）

---

[1] 经中此处的诗歌似乎就不是佛教的。

[2] 迦叶童子想向弊宿王证明灵魂实有——尽管佛教其实并不同意灵魂说。参见

只是一篇关于驱蛇辟邪的短经。但因此它显示出《长部》完成编纂是相当晚的事情。第 26 经和最后两部经（即第 33 经《等诵经》，*Saṅgīti-suttanta*；第 34 经《十上经》，*Dasuttara-suttanta*）都显示了很晚的时代性。第 26 经讲未来佛弥勒的事。它和《长部》最后两部经，在风格上极类似《增支部》经典。内容上又显示为类似阿毗达磨中的章句，像是论藏中谈教义的问答体裁。[①]

　　无论什么人，只要大致读过《长部》经典，都不太会相信它完全出自某个巴利语大学者的编纂之手。[②] 而且它也确实看不出有首尾一致的统一风格。[③] 毋庸置疑的是，经藏的编纂者或结集的主持长老比丘，他们的心目中是有某种预定标准的，其行文与观念看上去也都自有章法[④]。不过，三藏圣典中观念的一致性并不说明

<hr />

K.E. 纽曼：《国际东方学者大会学报》卷 6，莱顿，1883 年，III.2, pp.467ff.。同样的对话我们在耆那教经典中可以看到。很有可能，佛教与耆那教两者都不是原创者，它们有一个更早的其他来源。护法在他的《天宫事注释》中说到，这个问答体的经文末了曾写到了佛的入灭及起塔供养事。参见李斯·戴维斯：《佛教圣书》卷 3，p.347。

　　① 在有部的阿毗达磨藏中有一部极为类似《等诵经》的经文，标题就叫 Saṅgīti-paryāya。参见高楠顺次郎：《巴利圣典学会学报》，1904 年，pp.99ff.。（高楠顺次郎：1866—1945 年，日本佛教学者。真宗西本愿寺派僧人。曾留学牛津大学，从穆勒博士习梵文、印度文学、哲学、比较宗教学。亦游学德国、法国、意大利。归国后任东京大学文科讲师、教授，兼任外语学校校长。大正十年（1921）与渡边海旭着手出版大正新修《大藏经》，共完成百卷。其后主编《南传大藏经》六十五卷，刊行现代佛教杂志，创立武藏野女子学院。曾英译《观无量寿经》。——译者）

　　② 奥托·弗朗克：《德国东方学论文集》卷 67，1913 年，pp.409ff.。《维也纳东方文化论文集》卷 27，1913 年，pp.198ff., 276ff.。《长部》刊本，pp.xff.。

　　③ 刊行本《长部》，pp.x, xlii.。

　　④ 不过从汉文三藏看，其中《长阿含》的经文安排顺序与我们在巴利三藏中所见的很不一样。此可参见姊崎正治：《日本亚洲学会学刊》卷 35，第 3 部分，1908 年，pp.35f.。事实上，梵语三藏的编纂者采用了另外的方法。〔（姊崎正治（1873—1949），

整个三藏就只是出自同一个作者之手。编纂者寻求的是那规定着经典基本宗旨的统一观念，即《长部》经典的核心观念。它认为，乔达摩佛陀即是如来，如来走过的解脱之道，是他鼓励佛弟子们同样也要去实践的道路。这里所强调的是导向涅槃解脱的佛教教义——这才是《长部》的核心。换言之，《长部》经典编纂者所做的工作，就是将佛陀的教条具体化为达到理想的修道生活。这里，编纂者实际所做的是把佛教的教法，综合到"统一的规定性的观念"中。全部三藏教典的经文于是被提纲挈领地联系起来。这样统一起来的教法，因此也可以被宣布为只是同一个作者的成就。[①]

如前所说，如果《长部》经典有早期和晚期两个部分，那么在巴利圣典中，《长部》就不可能是最早的部分。而这一点正是奥托·弗朗克竭力要说明的。[②] 而我们也看不到这样的根据，即不能证明他所谓的"佛陀的教义最古老的形式可以从《长部》经典中获得"。只有对比所有古老的经文——它们又只是散布在不同的集子中的——我们才有可能找到真正原始形态的佛教教义。

宗教学者，佛教和基督教学者。明治三十三年（1900）以后三年间先后游学德国、英国和印度。明治三十六年归国。其人治学所涉及范围甚广，若宗教学、社会学、政治学、文化学等。其著作与佛教有关者有以下：《印度宗教史》《印度宗教史考》《上世印度宗教史》《现身佛和法身佛》《法华行者日莲》《根本佛教》《切支丹宗门的迫害和潜伏》《切支丹禁制的终末》《汉文四阿含：其中诸部与巴利文尼柯耶的对照》《日本宗教史：佛教大藏经两附录提要》《日莲：佛教先知》。——译者]

①　奥托·弗朗克的观点是遭受 H. 奥登堡驳斥的。参见《宗教史档案》17，1914 年，pp.626f.。另参李斯·戴维斯：《大不列颠和爱尔兰皇家学会学报》，1914 年，pp.495ff.；W. 盖格：《巴利文献及语言》，pp.11f.；艾略特前所引书 I 册，p.278，注释 1。

②　《德国东方学论文集》卷 69，1915 年，pp.455ff.；《德国东方学论文集》卷 71，1917 年，pp.50ff.。

（2）《中部》

《中部》经典的原意是"中等篇幅的教诫谈话"。[①] 其由 152 篇经文组成，所以称其为"中（适中）"，因为其中所有的经文相对于《长部》中的经文而言要短小一些。《中部》中的每一篇经文，自身都是完整的；各篇的性质并不相同，需要具体而论。《中部》中即令是后面的那些经号数目较大的，内容也比《长部》中经文的内容庞杂。这些经文讨论到了几乎所有的佛陀谈论过的题目，诸如四正谛、业道、少欲知足、有我（灵魂）论的荒诞、涅槃等。所有这些话题往往都是乏味的讲道，但也有的辅以人们喜闻乐见的对话问答。每一篇的前面都会有一个缘起说明，或者 45 我们可以称作结构性问答的形式（Itihāsa dialogues，如是语的故事性问答）。这种讲故事的说理方式，是世俗大众听取传道时乐于接受的形式——无论这些故事各各讲述了一个道理，还是用一组故事连珠式地共同说明一个道理。这些经文在展开过程中总会引用许多神话与传说，目的在配合和增加说服的功能。例如，《中部》第 37 经便说佛的大弟子之一的目犍连用神通力上升到帝释天宫访问。到了天上，目犍连足才着地，天宫便发生剧烈震动。这个细节我们联想到《摩诃婆罗多》和《往世书》中常见的神异传奇。"如是语"的故事，也可能讲述的是实际发生过的历史故事。

---

① V. 特伦克纳与 R. 查尔姆斯，伦敦，巴利圣典学会，1888—1902 年，三卷本。由查尔姆斯爵士作英译。另《佛陀的言教》载《佛教圣书》，三卷本，莱比锡，1896—1902 年。李斯·戴维斯对《中部经》曾作部分英译，《东方圣书》卷 2；德译者有 P. 达尔克：《经藏》卷 3，柏林，1923 年。

比如波古沙底（Pukkusāti）的故事（《中部》第140经《界分别经》，*Dhātuvibhaṅga-Sutta*）中，佛陀在陶师家过夜。佛为热心求道的青年波古沙底解说六道。波古沙底听佛说法后，要求佛为他授具足戒。佛陀拒绝了，告诉他无衣钵者不能受具足戒。于是，波古沙底便外出寻找衣钵，途中便为一头牛所杀。佛告诉众比丘，波古沙底已经摆脱了五下分结而达于涅槃。另一故事（《中部》第144经《教阐陀经》，*Channovāda-Sutta*）中比丘阐陀得重病，舍利弗与大周那前去探望。发现他想自杀。二人竭力劝阻，因此同他讨论了六根六识无我，因之不可久恃，又说人若无有执着，便无有痛苦。但阐陀比丘还是自杀了。舍利弗把这个消息告诉了佛陀。佛告诉大家，若有比丘为了再生而自杀，那是应当受责备的。但阐陀比丘不属于这种情况。文字非常美好的第93经（《阿摄和经》，*Assalāyana-Sutta*）看起来也反映的是佛陀时代的社会状况。婆罗门青年询问佛陀如何看待婆罗门种姓高贵的观念。佛陀问阿摄和（Assalāyana），有刹帝利和婆罗门分别钻木取火，两种火可有区别？阿摄和回答：是一样的哦。佛陀进而便说明，一切种姓理当平等，"所有种姓皆为善好"。经文中最为精彩的一段如下，其中驳斥了婆罗门生而高贵的主张：

　　阿摄和对佛说，乔达摩尊，婆罗门如是说："唯梵种最清净、最善好，余皆下劣；唯梵种白净，余皆秽黑；唯梵种最纯正，非梵种则不如是。梵种出自大梵天神，自其口而生，大梵所产，世世为梵天大神之裔种。乔达摩尊，此何如是？"

于是佛便向阿摄和一一诘问，所有佛陀的反诘，都得到阿摄和的认可，他只能承认所谓婆罗门种姓高贵的说法是没有道理的。例如，佛陀这么发问：

"汝意如何，阿摄和？此有灌顶王刹帝利，集种种生族之百人曰：贤者。是诸人等，有来自刹帝利，或婆罗门，或大长者家，皆携来种种木材，以作火聚。此诸木材，有莎罗树，或莎罗罗树，或旃檀树，或巴多马树（Padmaka）。此诸树木材质不一。此诸人等，有乾陀罗（Caṇḍālas）种，或猎师种，或篾工种，或车师种，亦有补苦沙贱种（Pukkuśa）①，其各携钻木，其木或来自狗槽，或自猪槽，或自渔师槽，或自阉割师槽。诸人钻此诸槽木得成火聚。② 贤者，此诸大火，是刹帝利、婆罗门自高贵木材所生火焉？其火焰灿烂炽烈焉？其火可作各种用途焉？是否若火出自乾陀罗师、渔师或竹师，是否钻木若来自狗槽或猪槽，则虽成火聚，其火无有作用，无焰无烟、无光无热焉？"至此，青年阿摄和不得不回答：两种火聚无有差异。乔达摩于是得出结论，告诉青年阿摄和：所谓种姓，难道不也是如此，原本其间并无差异的吗？③

不过《中部》经典中，有的既不是说法布道，也不是要举譬喻说

---

① 此指一种极低贱的种姓。

② 以下为原经略写。

③ 《中部》卷 2，pp.151ff.，第 84 经（《摩杜罗经》）也有关于种姓问题的讨论。参见 R. 查尔姆斯：《大不列颠和爱尔兰皇家学会学报》，1894 年，pp.341ff.。

明什么，它们就只是讲故事而已。例如，第 86 经（Aṅgulimāla-Sutta，《鸯掘摩罗经》）就是这样一个标准形式的古叙事诗（Ākhyāna）。故事中有散文也有诗偈，讲述的是民间一个可怕的强盗名叫"指鬘"（Aṅgulimāla）的，因放下屠刀成为比丘并最终得成阿罗汉果（笃定可以成就涅槃的佛教修行者）。故事本身是一首极有价值的古代诗歌。另有一部经，即第 83 经（Makhādeva-Sutta，《大天柰林经》）

47　讲述了国王出家修行的传统故事（同一故事也可见于《本生经》中）。其说国王叫大天王的，极享人间富贵后弃世出家，想得到天上的快乐。自他以后，子子孙孙都遵循着大天王的规矩，一旦发现自己的头上有一根白发，便放弃王位进入大柰林修行，从而再生于梵天界。但是到了尼弥王的儿子竭那迦王时，他没有循例出家，于是坏了传统。佛陀告诉阿难，以前的那个传统，只能得到再生梵天界的果报，而现在佛本人创立的八正道才可能达到涅槃。佛要求阿难不要像竭那迦王那样，使传统失坠。所有《中部》经典中的诗歌体经文，最值得观赏的是第 82 经《赖吒和罗经》（Raṭṭhapāla-Sutta），从中可以看出是古代的歌谣风格的作品：

　　　年轻的太子赖吒和罗（Raṭṭhapāla）想要出家做比丘，但他父母不许。太子于是自断饮食以作要挟。父母心疼儿子受苦，只好答应他的请求。出家在外修行几年以后。赖吒和罗回到故国，立在家门口。但其父已经不识儿子现在的模样，便呵斥他走开，还多方斥骂，说"我家本有爱子，缘比丘似汝等，竟为剃除须发，诱其弃于世间"。值家中奴仆出家倾倒残余羹饭，见此比丘，知其即为昔时太子，入报主人。其父复出，

邀赖吒和罗入其家。赖吒和罗不肯。谓今日之食已毕。但允其
父，翌日复来。其父于时善调美食，又备金银珠宝，盈于餐室。
又嘱赖吒和罗昔日之妻，严饰妆扮。至第二日，赖吒和罗再
来其家。如法用斋毕，其父欲施诸宝美物，赖吒和罗不受，
口中但说："惟愿我父听从我言，以诸车乘载此珠宝，尽弃
恒河深不令出。何以如是？以此诸宝，不过苦痛不幸、悲惨
祸害前因，不可恋也。"前彼妻妾，虽尽匍匐于地，顶礼其足，
太子不屑一顾。斋毕起身，自家门出。晋谒拘罗婆那（Koravya）
国君。王曰："人若老病羸弱，又无亲族依恃，便可出家为僧；
人若年轻康健，其心欢快，何必弃家？"赖吒和罗回复国王，
极说人生无常，贪求无边，死神无常而至。

对答之间，宣传了佛教教义。这样的讲论佛法，颇有苏格拉底
教学的论辩之风。正是在这样的经文中，我们既可读到优美的诗歌，48
也常常可读到乏味的千篇一律的说教。其间的文字展开，是就教义
而问答的形式。其中的内容则都是围绕最基本的教义而作说明解释。
例如第 43、44 两经 ①，都是这样的经文。《中部》中有部分这样的
经典（如第 127 经、137 经、140 经、148 经、151 经等）极类似于《增

---

①　此处二经虽然有"大方广"和"小方广"之称，但只是形式上有与方广相似的地方，
就内容而言与"方广"全无关联。Vedalla 亦可译为"方广"，但此处应为"明（学问）"
之义。另见前面本书边码第 11 页之注释。又参见 C. A. 弗雷、李斯·戴维斯夫人：《大
不列颠和爱尔兰皇家学会学报》，1894 年，pp.321ff.。(此二经即《有明大经》《有明小经》。
前者为大拘絺罗与舍利弗问答，其说涉及慧、识、智、受、想、清净、慧眼、正见、根心、
解脱等；后者为优婆塞毗舍佉和比丘尼法授之间的问答，讨论的是有身即五取蕴、有身见、
非有身见、八正道、三行、受想灭、三受、涅槃等。——译者)

支部》中列举法数的形式，而其关于法数的解释说明又很像论藏的处理法。同前面说到的叙事诗完全不同，这些经文并不是散文与诗偈间杂交替的。例如第 116 经（《仙吞山经》，*Isigili-Sutta*），说摩揭陀国王舍城周围有五座山，往昔时曾有五百辟支佛在此修行。于是，经文非常乏味地一一列举了这些辟支佛的名号（辟支佛是指独自修行，获得觉悟以后不向世人宣告所得的修行者）。举名是散文形式的，然后则以诗偈作结。像这样的先长行（散文）后诗偈的经文形式，已经属于后期佛典的组织形式了。这种形式在梵文文献中多有所见。

《中部》经典真实地描绘了古代佛教和佛陀及其直系弟子们的弘教方式。此外，它的重要意义还在于向我们透露了古代社会的而不仅仅是佛教僧团的生活现状（例如，这种状况可以见于第 5 经《无秽经》，*Anangana-Sutta*；第 21 经《锯喻经》，*Kakacūpama-Sutta*；第 22 经《蛇喻经》，*Alagaddūpama-Sutta*）。其中，可以见到当时的许多社会人群的生活状况。第 51 经（《乾达罗伽经》，*Kandaraka-Sutta*）描写了婆罗门的祭祀仪式。该经的价值在于显示出血祭与参与祭祀的统治者和宗教祭司间的关系。从这些经文中，我们可以看到那个时代印度的"苦行外道"，以及随处可见的稀奇古怪的各种苦修方式。从第 12 经 [①]、14 经 [②]、40 经 [③]、45 经 [④]、51 经 [⑤]、60 经 [⑥]，我们还看到了惨不忍睹的苦修行为，以及种种的苦修

---

① 《狮子吼大经》。——译者

② 《苦蕴小经》。——译者

③ 《马邑小经》。——译者

④ 《得法小经》。——译者

⑤ 《乾达罗伽经》。——译者

⑥ 《无戏论经》。——译者

行者。例如，当时的印度有所谓的"狗行者""牛行者"，这些人所模仿的是狗或牛的生存方式。有人问佛陀，像这样的修行者，未来可以得什么果报呢？佛陀回答，修"狗行"的充其量得再生为狗，修"牛行"的充其量得再生为牛。两者都有可能再堕于地狱。

关于佛教与差不多同时期的耆那教的关系，许多经典都提供了有意义的信息。尤其是第56经《优婆离经》（*Upāli-Sutta*）。[①] 还可以参考第57经[②]、101经[③]、104经[④]。许多时候，如果想了解当时的各种迷信情况和社会法律等，都可以求证于这些佛经。同样的道理，第13经[⑤]中可以看出当时的种种酷刑。而第38经[⑥]则透露出当时人们对于生儿育女的观念态度。而第28经[⑦]、37经[⑧]则可以见到公公同儿媳的关系。

经文虽然都在《中部》集子中，但各经文的所出时间前后差距颇大。一方面在许多《中部》经文中及《大般涅槃经》中最古老的那部分，都显示出佛陀说法时仍是普通人的模样，很少有神异的成分。其谈吐中，往往自认为还是凡夫，其知见也还有欠缺，

---

① 列昂·费尔讨论过此问题，参见《国际东方学者大会学报》卷6，莱顿，1883年，t.III, pp.67ff.。《宗教史评论》，第13辑，1886年，pp.74ff.。《亚洲学报》，1887年，s.8，t.IX, pp.309ff.；1888年，s.8,t.XI, pp.113ff., 123ff., t.XII, pp.209ff.。另参见R.恰尔默斯：《大不列颠和爱尔兰皇家学会学报》，1895年，pp.14ff.。

② 《狗行者经》。——译者
③ 《天臂经》。——译者
④ 《舍弥村经》。——译者
⑤ 《苦蕴大经》。——译者
⑥ 《爱尽大经》。——译者
⑦ 《象迹喻大经》。——译者
⑧ 《爱尽小经》。——译者

其所希望的，也还是入于涅槃。例如在第 26 经 ① 和第 36 经 ② 中，佛陀自述其生平时，说话的口气非常朴实，并未显示有何神异能力。然而在别的经文中（如第 12 经《狮子吼大经》），佛陀被附会了所有可能的神通与奇异特点。在《希有未曾有法经》（第 123 经，*Acchariyabhutadhamma-Sutta*），佛的入胎与出生都附会有不少异相。而这些神异性，我们知道，在以后的非巴利圣典中（如《因缘事》，*Nidānakathā*）或者《普曜经》（*Lalitavistara*）中都不乏流露。前面已经说到，就《长部》③ 而言，其《大本经》中已经可以看到类似的说法。

50　　佛陀也好，目犍连的神异也好，都可以表现为"像力士屈臂与伸臂之间"一下子从人们面前消失，然后突然出现在天界，或者现身于帝释天的天宫中。许多经文中也都重复着这样的陈述（如第 37 经 ④、49 经 ⑤）。有一部经典（第 49 经）声称它可以证明世尊远比所有的诸天神都要殊胜得多，哪怕最高的大梵天也比不上佛陀。这些经典中尽管大部分场合都是佛本人在说法，但也有少数经典中演法的人物是佛弟子们（如第 13 经、43 经、44 经）的

———————————

　　① 《圣求经》。——译者

　　② 与此相近的还有《增支部》卷 3，38。参见杜图瓦：《佛陀生平》，pp.14ff.。另补：《萨遮迦大经》。——译者

　　③ 见本书边码第 38 页。文第希：《佛陀诞生》，p.104；《未曾有法经》（《中部》第 123 经）只是《大本经》的一个片断。事实上我们也可以发现两经之间极度相似。唯一不同的地方是《长部》第 14 经《大本经》中说的迦叶佛的诞生。如果说它对后来的佛经有其价值，即是可以在《中部》第 123 经《未曾有法经》上看到发展形态方面的影响。参见文第希上所引书，pp.107ff.。

　　④ 《爱尽小经》。——译者

　　⑤ 《梵天请经》。——译者

译补，即是《苦蕴大经》《有明大经》（*Mahāvedalla-Sutta*）、《有明小经》（*Cūlavedalla-Sutta*）。更多的情况是佛弟子应人的请问而作回答，佛世尊则只在一旁为弟子作证（如第127经《阿那律经》，*Anuruddha-Sutta*）。另外，这些经文也倒没有一律声称说所有的佛经都是出自释迦牟尼佛的金口。例如在第84和94经中[①]，当问及佛陀现世是否住世时，佛弟子之一回答：世尊已经进入无余涅槃了。第108经所说的是紧随佛灭后的时代状况：有比丘问阿难：世尊辞世前是否指定僧团的领导人？阿难作了否定的回答。但他接着解释道：这并不意味着僧伽集团就不再是比丘们的"所依"。因为佛陀的教法还在，这个教法就是比丘所依。[②] 维持了佛教僧团的是佛律即佛祖所制的《波罗提木叉经》[③]，此处偶然间透露出这样的信息：要维系佛教僧团，更需强调律法的作用。强调对律法的态度也可见于其他的经文（如第103经、104经、142经）。[④]

---

① 即《摩杜罗经》和《瞿哆牟经》。——译者

② 显而易见，这会让我们联想到《大般涅槃经》中的著名段落。参见本书边码第40页。另外参见李斯·戴维斯：《大不列颠和爱尔兰皇家学会学报》，1902年，pp.476f.。（李斯·戴维斯，1843—1922年，英国佛学家。1866年在锡兰任殖民主义政府官员时，开始从事巴利文和佛教的研究，校勘和翻译巴利语佛典。1883年任伦敦大学巴利语教授，1908年在伦敦创立佛教协会，出任会长，刊行与翻译巴利语三藏。其著作和翻译很多。与斯特德合编《巴-英词典》。办多种佛教杂志，撰多种佛教著作，其对南传佛教巴利语文献甚有研究。其夫人李斯·戴维斯也是著名的佛学家，曾任牛津大学东方研究院高级讲师，长期从事巴利文佛典的校勘和翻译工作。著有《佛教的起源和传播》《早期佛教徒的行赞》《佛教心理学伦理手册》等。——译者）

③ 参见本书边码第22页及以下。

④ K.E.纽曼：《乔达摩佛陀言教·导言》。其所主张的理由是最初毗奈耶尚在经藏中，未曾独立出来。单独的律藏是后来才形成的。按奥托·弗朗克的说法（《维也纳东方文化论文集》卷29，1915年，p.136），《中部》"是毗奈耶中的最初部分"。他还指出《中部》中有多篇经文涉及佛律的段落。像《如何经》《舍弥村经》《施分别经》等。——译者

这里我们不能讨论，依据经文中某些涉及某种教义的文句，
是否就可以得到结论，判定该经文究竟是早期还是晚期所出。① 例
如，第 129 经（《贤愚经》，*Bālapaṇṇdita-Sutta*）和第 135 经
（《小业分别经》，*Cūlakammavibhaṅga-Sutta*）对于地狱中的种
种惨状有着可怖的感性描写，其目的在说明报应轮回的道理。能
够与之相譬的大概只有《往世书》中关于地狱的描绘。由此可知，
这几部有关地狱惨状的经典，问世时间不会太早。不过也有可能，
这些经文的形成时间反而可以很早。这是因为佛经中总会有一些
非常哲学性的观念，为了让世俗大众接受业报轮回的理论，也总
有这样可怖的感性描写加以衬托说明。当初《中部》经典编纂的
时候，佛教僧团先已存世有时。这一点可以从第 65 经（《跋陀利
经》，*Bhaddāli-Sutta*）可以看出。该经说"昔日学处甚少，比丘
悟入甚多；而今学处甚多，而比丘悟入甚少"。第 93 经（《阿摄
和经》，*Assalāyana-Sutta*）中提到了当时没有种姓分别的"臾那－
甘蒲阇世界"，这说明远在阿育王之前，印度以外的希腊－大夏
（Graeco-Bactria）王国就已经存在且为印度人所知道。

《中部》经典显示在编纂的当时，佛教中已经存在一套既定的
编纂方式。这一点从第 41 经（《萨罗村婆罗门经》，*Sāleyyaka-
Sutta*）和第 42 经（《鞞兰若村婆罗门经》，*Verañjaka-Sutta*）可
以看出。两经中的言谈字句有很大的相似性，几乎像是同一部经
文。所不同的是经文前部的缘起部分所显示的只是不同的听佛法
的对象而已。同样，第 132—134 经也都内容相似而显得像是不

① 参见李斯·戴维斯：《大不列颠和爱尔兰皇家学会学报》，1902 年，pp.474f.。

同的版本。这种情况我们猜测应该是不同的比丘讲经人宣讲同一
部经典。① 如果某位比丘并未圆熟地掌握某一教义演说，他就有可
能借用之前的某篇说法的经文。这中间就会发生一些未必符合逻
辑的改动。对于《中部》的编纂者而言，他只能汇集所有他能够
采集得到的比丘口中诵出的经文。②

52

（3）《相应部》

《相应部》是经藏中的第三大集，意为"各归部类的谈话"，
其中共有 5 部同类（Samyutta）。③ 每一部类各有一个专门的话题
或确定的名称。实际上是对佛陀所说教义的分别讲述。因此，它
算不上是逻辑性的范畴分类，而至多只是谈话内容的分类。因此
《诸天相应 I》这一专门搜集诸天神谈话的类别，其内容却是五花

① 我们从第 115 经可以知道，所有这些讲道的经题都差不多的——有时甚至完全
一样。这一类的讲道题目，阿育王在巴布拉的摩崖石刻敕令中就列举过。

② 奥托·弗朗克曾经设法寻找那规定着《中部》不同经文汇编的统一性标准，
即某种意义的基本观念和思想联系。参见《维也纳东方文化论文集》卷 29，1915 年，
pp.134ff.；《德国东方学论文集》卷 68，1914 年，pp.473ff.。由此他形成了这么一个意
见：《中部》经典中所搜集的讲道与问答并非来源不一，而只是同一个作者的统一作品。
话虽这样说，但他提出的证明理由远不及其对《长部》经典编纂原则的陈述。从我们掌
握的情况看，事实应该是：《中部》经典往往可以看到同一个题目的讲道，又以《大经》
《小经》（比如《大狮子吼经》《小狮子吼经》之类）再作区分。这里就显示了《中部》
经典的某种编纂原则。

③ 列昂·费尔：巴利圣典学会，伦敦，1884—1898 年，索引（李斯·戴维斯编），
1904 年。李斯·戴维斯夫人、E.L. 武德沃德：《经藏中的格言分类》，巴利圣典学会，
第 1 辑，1917 年；第 2、3 辑，1925 年。W. 盖格德译本，载《佛教论文集》卷 4—7，
单行本卷 2，慕尼黑，1925 年；卷 1，1930 年。李斯·戴维斯夫人译：《比丘尼相应品》
及《长老尼偈》，pp.180-191.文第希德译：《魔相应与比丘相应》（*Māra-Samyutta
und Bhikkuni-Samyutta*），即《魔罗与佛陀》（*Māra und Buddha*），pp.88ff., 132ff.

八门。《魔罗相应分》中有 25 经，每一篇都是一个故事，说魔罗如何引诱佛陀或佛弟子偏离正道，放弃求解脱的使命。《比丘尼相应分（Ⅵ）》中有 10 个比丘尼传奇，也都说的是比丘尼不受魔罗诱惑的事；《因缘相应分（Ⅶ）》中有 12 个因缘经文，俱说前因后果事（*Paṭccasamuppāda*）[1]，说的是因果之间首尾相衔循环不已。《无始相应分（ⅩⅤ）》（*Anamagga-samyutta*）中有 20 篇谈话，所有经文开始都是这么一句话"比丘们啦，如此轮回无有始末"。为了解说这样的道理，经中举出种种正反的譬喻，又随时提醒有情众生在无尽轮回中的永恒苦楚。此外，以迦叶为出场人物谈话的是《迦叶相应分（ⅩⅥ）》（*Kassapasamyutta*），其中有 13 篇经文。而以舍利弗为出场人物发表谈话的，同样便称为《舍利弗相应分（ⅩⅩⅧ）》（*Sāriputtasamyutta*）。该集有 10 篇经文。《龙王相应分（ⅩⅩⅨ）》（*Nāgasamyuatta*）有 50 篇经文。其中说因为前世的因行而再生成为龙的各种各样的名称。《禅那相应分（ⅩⅩⅩⅣ）》（*Jhānasamyuatta/Samādhisamyutta*）中有 55 篇经文，叙述禅定的分别。《来生相应（ⅩⅩⅩⅦ）》（*Mātugāmasamyutta*）有 34 篇经文，其中所说的都是女人现在的胜劣善恶决定着她们未来命运的果报。而《目犍连相应分（ⅩⅬ）》（*Moggallāma Samyutta*）有目犍连的传奇以及这位佛弟子的谈话。其中有 11 篇经文。《帝释相应分》（ⅩⅬ）（*Sakkasamyutta*）中的各篇经文主人公都是作为虔诚佛教徒的因陀罗。[2] 如果我们比

---

① 此部分内容也可以称"因果法则"的说明，见 H. 奥登堡：《佛陀》，pp.257ff.。

② 此亦为本书边码第 42 页所说《帝释所问经》中的因陀罗。

较吠陀颂赞中的那位"杀戮者"同《相应部》中的这位帝释的温和性，就可以把握佛教三藏同吠陀经典的巨大差别。在这个集子中的因陀罗声称自己克服了瞋恚的情绪。甚至当魔罗想要夺取他的宝座时，他仍然心平气和地告诉前者："善友，我是因陀罗，诸天的主人。"①《相应部》的最后一部分是《正谛相应分（LVI）》（*Saccasamyutta*），其中包括 131 篇经文。该分集所说的是苦、集、灭、道的四种真理（四谛）。此中我们可以读到有名的《转法轮经》（*Dhammacakrappavana-Sutta*），亦即名为《波罗奈斯初转法轮经》。②

　　我们发现《相应部》经典的编纂至少遵循三个原则：① 其所讨论的是佛教教理的基本主题与内容话题；② 其与经中的说话人相关，例如天神、龙王或者魔罗等；③ 经中主要的说话人本身就是佛教的传奇英雄。《相应部》的 56 种"相应"分类大致归入五个品目（即五章节，巴利语称 vaggas）。《相应部》有经 2889 篇。一般来说，此部中经文的篇幅相对于《长部》和《中部》经典而言，篇幅要短小一些。实际上看，同一话题中的大多数经文不厌其烦地反复申说一个道理、一个主题，其差异也就在变换句式时从不同侧面来说事而已。这中间也有"变化中的不变"，一再出现的是那些固定的表述方式或曰套语。一模一样的句式可以重复再三

54

---

　　①　卷 11、3、2。H. C. 瓦伦：《译文中的佛教》，pp.426ff.。

　　②　参见前面 p.28 注释。本经有许多译本。例如，L. 费尔：《亚洲学报》，1870 年，s.6, t.X, pp.345ff.；H. 奥登堡：《佛陀：其生平、学说和教团》，pp.149ff., 243f.；皮谢尔：《佛陀生平与教义》，pp.28f.；杜图瓦：《佛陀生平》，pp.81f.；温特尼茨：《宗教学研究论文集》，pp.219f.。另外，可见 F.L. 武德沃德的《佛陀格言集》，载《译文集》，pp.7ff.。

再四甚至再五，直到话题说透，令读经人筋疲力尽才会罢休。例如，
《六处缘起相应分（XXXV）》（*Salāyatanasamyutta*）当中至少
有 207 篇经文都借谈话或问答讨论了六种感官的搭配结合。语言
形式千篇一律，枯燥乏味地叙说了见、闻、嗅、味、触、想这六
种感觉的转瞬即逝，不可久住。正因为这样的短暂性，所以存在
被归结为"苦"，从而断定没有"自我"；与诸种感觉相关的受
与想同样倏忽而逝，因此也与自我毫不相干；相应于六种感官（六
根）的六种对象（六境）也是转瞬即灭的，因此也同自我毫不相干。
经文中对于无我论的陈述都按照一个固定的程式，一再地重复六
根、六境与六识了无意义。这样的反复申述一直进行到令读者头
昏脑胀、哑口失言为止。不过，沉闷归沉闷，我们发现，所有经
文的反复申说，就其传教和论道的功能而言，无疑是行之有效的，
也是很实用的。① 不过，即令如此，我们也可以在其中看到许多非
常宝贵的东西。虽然它们本来的目的只在于宣说佛法，但如果从
文学角度着眼，我们的获益就超出了对教理教义的了解。

　　这种情况尤其可以明显地在第一品中体会到。该品包含着《相应
部》的 I—IX 类（相应分 Samyutta）。它称为"有偈品"［Sagātha-vagga/
有诗偈（Gāthās）的章节］。其实其他的章节（品）中也并不是没有
偈颂（伽陀），但《相应部》的第一品中的确多有偈颂，因此才作此
命名。在《诸天相应》中，我们可以读到许许多多的警句与格言一类
的问答。例如下面这样的警句：

---

① 很有可能这些经文，真的是从不同的寺院、不同的居士家汇集起来的，因此才
形成了同一个话题的多样性叙述。

1. （天神问）君无茅棚焉，君无栖巢焉，君无家世之绊焉，君有何解脱之方？

2. （佛陀答）无也，我无茅棚一间，我无栖巢一处，我亦无有家世可牵，然我已得解脱。

3. （天神问）我之所问：汝之茅棚为何？我之所问：汝之栖巢为何？我之所言：汝之家世何续？

55

4. （佛陀答）君言茅棚，乃为母亲。君言其巢，乃指妻妲。君言家世，乃言儿女相继。君言羁绊，即人之所欲。

5. （天神言）善哉，君无茅棚之牵；善哉，君无栖巢之累；君亦无有子嗣之累。此善莫大焉，离于羁绊，君得大喜乐。①

所有这些警句、格言倒也不一定只是讲述佛教的道理，例如下面这些警句：

1. （天子问）人生立世，何为基础，何所依恃？

　　　　　于此下界，善侣之上，更有何情？

　　　　　一切生命，赖其依持，究为何灵？

　　　　　于此世间，支持生命，究竟何神？

2. （世尊答）惟此世间，子女方为人世之基础和依恃；妻子才是善侣中之善侣。②

---

① 卷 1、2、9；李斯·戴维斯：《经藏中的格言分类》（英译本）卷 1, pp.13f.。

② 参见《爱多列雅梵书》中的"伴侣乃是妻子"的说法，s., Vol.I, p.196。

一切生命仰赖风雨之神。在此世间雨水支持

有生之属。[①]

　　此处的这一段问答恰如史诗《摩诃婆罗多》[②] 中的插曲，该处

的郁帝刹（Yudhiṣṭra）回答某夜叉的问话，由此而得到夜叉的感谢

回馈。在《相应部》（X.12）中，佛陀善巧地回答了夜叉的启问。

在《魔罗相应分》和《比丘相应分》[③] 的文本中可以见到特别多的偈

颂体歌谣。这些文本多半属韵文和散文的交替混合。所有的短歌，

有的是魔罗与比丘尼的对话。它们之所以引人注目，就因为风格非

常古老。[④] 其中可以见到足以反映古代印度诗艺的最好作品。例如，

那部讲吉萨·乔答弥（Kisa Gotami）的经文（V, 3）这么说道：

　　如是我闻。一时佛住舍卫城祇树给孤独园。彼时吉萨·乔

答弥比丘尼晨早着衣，持钵入舍卫城乞食。于城中托钵。食

毕净钵而还。日中居于暗林，以俟白日过。坐一大树下。时

有恶魔波旬欲怖畏吉萨·乔答弥，扰乱比丘尼甚深禅定，来

至其所。至已，波旬语比丘尼：

　　阿姊，云何独坐，满面泪痕，有若丧子恸哭之母亲？或

------

　　① 卷1、6、4；李斯·戴维斯：《经藏中的格言分类》（英译本）卷1，p.52。

　　② 卷3、313。参见卷1, pp.335ff.。

　　③ 参见文第希：《魔罗与佛陀》，pp.87ff., 132f.；L. 费尔：《亚洲学报》，1883

年，s.8, t.I, pp.410ff.。

　　④ 这样的语言也见于巴利圣典中的其他部类（尼柯耶），那中间多数都是伽陀形

式（歌谣体）的。这种文体应该是三藏中最古老的语言风格。参见李斯·戴维斯及卡彭

特所编辑的《长部》卷2前言，p.VIII。也见本书边码第12页注1。

欲寻某男于此，故而孤身一人入此深林？

　　于时，乔答弥比丘尼自忖"此为何物，人非人欤？竟作此颂？"转念之间，悟其为何物，知其即魔波旬，欲令我起怖畏，毛发竖立，坏我禅定，故作此颂。比丘尼即以偈颂答魔波旬：

往昔甚久，我失其子。往昔甚久，亦有男子。

我今不悲，亦无泪落。至若善友，我不畏汝。

一切世间乐，皆已失不用；暗冥今已破，魔军已溃灭。　　57

诸漏悉已尽，我住于不动。

魔波旬自知已经被识破，隐遁而去，萎顿大苦。

　　我们所见的这一段诗偈，是宗教性的歌谣。在印度文学传统中，有相对的另外一种叙事性歌谣，它则成为印度史诗的源头。[①] 如果按 J. 恰彭吉耶（Charpentier）的说法 [②]，上面的这段经文是极富戏剧性的，可以称为"小戏剧"。不过，我们也不可就将它当作提炼过的艺术表演。因为佛教的比丘不可能充当这样的演员。我们尤其不同意的是，说在佛教三藏经典集子中，竟然可以找到原始戏剧的影子。甚至进而断定早期佛教中有过"宗教戏剧"活动。从另一面看，我们在此讨论的诗歌作者，无疑都是一些比丘。而这些人不能不遵循所奉宗教的制约。因为佛教戒律一再申言的禁令，要求出家人不可以同歌

---

　　① 参见《吠陀文献》（pp.291, 450, 294, 487f.），不过上面一段并不是散文与诗偈交替而成的韵文。在佛教中，它应该属于祇夜，不算 Ākhyanas。

　　② 《维也纳东方文化论文集》卷 23，1903 年，pp.33ff.。事实上，如我所见，佛教随后是有其戏剧文学的，在早期佛教戏剧虽不多见，然而后来比如在西藏的寺院中，却有大量佛教戏剧演出的。

舞鬘饰这样的活动沾边。尽管如此，如果佛教中真的有过戏剧活动，那上边的这段经文描绘也许可以看作一种证据。我们在后面叙述中还会一再地遇到这样的宗教歌谣，也体会到它们的戏剧色彩。戏剧艺术的前身，当然有民间流传的或世俗或宗教的歌谣的推动。但从这里的诗偈看，将其视为戏剧也好，视为史诗也好，都不免太过牵强。虽然一般而论，戏剧和史诗都同世俗歌谣和宗教歌谣总有些联系。我们在此所质疑的，也仅仅是把这里出现的散文当成与诗偈一样古老的同时代的东西。

58

（4）《增支部》/《增一部》

经藏中的第四部类集成称为《增支部》或《增一部》（Aṅguttaranikāya）①，意思是"一法二法三法法数渐增的经文集"②。《增支部》中的这类经文有 2308 篇。③所有这些经文划分为十一个分集（nīpātas）。结合 "逐一增加" 的法则，第一分集（Ekata-nipāta）中的经文只讲一个法数，第二分集（Duka-nipāta）讲两个法数，第三分集（Tika-nipāta）讲三个法数。以此类推，直

---

① 校刊本，R. 莫里斯辑，伦敦，巴利圣典学会，1885—1900 年，5 卷本，最后附录为第六卷，亨特编写。第五卷（pp.371ff.）中 E. 哈代有内容分析。比丘智三界对《增支部》有德译，请参见莱比锡施普林格出版的《佛教徒》，1911 年。另参见 E. 劳曼：《哥廷根科学通报》，1899 年，pp.586ff.。

② 字面意义是"一数增上的集子"。巴利文：Aṅguttaranikāya. 梵文：Ekottarāgama（《增一阿笈摩》或《增一阿含经》）参见《弥兰王问经》卷 7、3、4、8; Ekottaranikāya, Ekottara 意为"一数递增"，其同义词就是 aṅguttara。《长部》中有一部经称《十上经》（《长部》第 34 经）也是这个构词原理，谓法数在"十"以上，即为"十一""十二""十三"等。

③ 有的情况下，我们拿不准究竟哪些经典应该归入哪个部类。因此又有人主张《增支部》应该有经典 2363 篇。

到第十一分集中经文讲十一个法数。因此，第二个分集中，经文
所言及的必然是两件事物。例如，其中会说到"两黑""两白"。
两白，谓两种光明。两黑，谓两种无知。第三分集中讲三数的事物，
例如"三业"，即身业、口业、意业；或者说三种比丘，即无欲
清净的、尚有贪欲的以及解脱而无欲的出家人；或者说天界的三
种使者：老、病、死三者；或者说世间被死所支配的三种理由；
又说三种沉默无语，或者导致妇人堕入地狱的三种事物，如是等等。
第四分集（Catukka-nipāta）则说可以导人出离烦恼苦难的四种事
物（若德、定、慧与慈悲）；又说使人堕入地狱的四种事物，相
对地也有导人生天的四种行为；以及四种不同的善恶前因。正是
这些原因决定着妇人或长得丑或美丽，或贫或富贵，还有的贫而美，
还有的美且富。第七分集（Sattaka-nipāta）则说七种基本的条件，
可以导人得七种神通或者使人遭遇七种妻子的。第八分集（Aṭṭha-
nipāta）中说妻子缚于丈夫，或者丈夫缚于妻子的八种不同情况；
又说八种乞者的托钵方式上；妇女再生于天界的八种道德品质；
再还有地震的八种成因；等等。第十分集说佛陀的十种异能之力。
该集还根据经文概括了佛陀讲的根本教说十问，以及当初制定波
罗提木叉的十个因缘以及富人的十种，如是等等。①

　　《增支部》的各个分集又再下分为不同的品（vagga）。每一
个品类（vagga）中讨论的多半（但并不绝对只）是同一个话题。
因此，第一分集第一品（Ekavagga，色等品）中有10经，其讨论

① 第五分集为 Pañca-nipāta，第六分集为 Chakka-nipāta，第九分集为 Navaka-
nipāta，第十分集为 Dasaka-nipāta，第十一分集为 Ekādasa-nipāta。——译者

夫妇关系；第一分集第十四品有 80 经，其中列举了品德最为优秀的比丘及比丘尼的姓名及成就；也是此分集中的第二十品（静虑品）有 262 经，主要讲入涅槃的种种禅定功夫。第五分集的第十八品（优婆塞品，Upāsaka-vagga）中有 10 经，均意在说明在家佛教徒理当具有的品行身份等。整个《增支部》与《相应部》同一的地方在于，其中所收入的经文分量均不算大，形式也都要么是谈话要么是问答对话，其中偶尔也有篇幅较大的。这样的情况在巴利五个部类中都有存在。《增支部》尤其如此。经文本身文字形式是长行间或杂有偈颂。为数众多的伽陀与经文互见于五部巴利圣典中，也是常见的情况。有的情况应该是特别的转引 E. 哈代（Hardy）曾对这些互见的经文及引文做汇总工作（Vol.V, p.VIIIf）。当然依据其对比的成果，也不必然得到结论，认为《增支部》的经文就一定是晚出的。举例而言，《增支部》VIII.51 与《律藏·小品》（*Cūllavagga* *X*, 1）中都说到佛许可妇女出家组织最初比丘尼僧团的事。但在此背景下，其历数的八种震动的原因以及六种集会。《增支部》（VIII.70）的叙述次第完全与律部是吻合的，然而，情节相类似的其他经典，如《大般涅槃经》则呈现出不同的上下文。①

　　作为样本，在此挑出《增支部》中的几篇经文作示范。此处的经文出自第二分集（II.4, 1-2）：

　　　　诸比丘，云何成就恶弊之人，云何成就善好之人？我当细说，谛听谛听。

60

————————

① 参见本书边码第 39 页。

诺，尊者请说。众比丘听世尊言。世尊说如是：诸比丘，云何成就恶弊之人？诸比丘，恶弊之人于不知恩不感恩之事，反作称赞。比丘，正此不知恩不感恩是为恶弊之者。善好之人则不如是，其知恩感恩念恩报恩。诸比丘，以是知人之善好，因其知恩感恩故。比丘，正此知恩报恩，是为善好之人。

诸比丘，我今向汝，说有二人行善而报不尽。此二其谁？乃父与母。诸比丘，世有父母，其寿百岁。人若以一肩担父，一肩担母。百岁之中，日日行走，又能日日服侍，沐浴按摩，看护涂油；又使父母于肩上放屎遗尿；犹然不能报父母之恩。诸比丘啦，又若为报父母之恩，以七宝供养，弃塞天地，至以王位贡献父母，令其支配天下，已犹不能报父母之恩。比丘当知，何以如此？父母之恩，远胜儿女所报，以其十月怀胎，一朝出胎，推干就湿，多所哺育，启明世事，呕心沥血，无有怨尤。

诸比丘，世人若有父母不信者，其能劝令生信、住信；若有父母破戒，其能劝令持戒入戒而住于戒；若父母悭吝者，又能劝令多行施舍，入于施舍，住于施舍；若有父母恶慧，能令劝发正慧，入慧住慧。诸比丘，此等报恩，略与父母养育之恩等齐。

61

《增支部》中的许多经文往往有罕见的简洁特点。该部第三分集（III. 129）有佛陀对其追随者的谈话。其劝告弟子们不要听信佛教中的"密说"欺诈师：

诸比丘，世有三事所行隐秘作用隐秘：世间妇人所行隐秘作用隐秘；婆罗门法所行隐秘作用隐秘；外道邪说所行隐秘作用隐秘。诸比丘，此之三事，为秘密行，其用隐晦。诸比丘，何等为三无有隐晦？诸比丘，若空中月轮，皎洁光明，无有隐晦；若空中日轮，光明灿烂，无有隐晦；佛世尊说法及僧戒，光明显露，无有隐晦。诸比丘，月日佛律，三事昭明，无有隐晦。

巴利圣典中涉及妇女的经文相当多。不过，佛教比丘与印度其他宗教的神职者和圣贤们一样，总是不太说妇女的好话。但佛弟子中的阿难，无疑是一位关心妇女的修行者。正是由于他的反复劝谏，佛陀才在不情愿的情况下同意成立比丘尼僧团，使妇女在宗教中有所皈依和庇护。这是佛教传统中一直都有的说法。[①] 后来佛教比丘们在王舍城大集会时，会众还要求阿难对此加以说明。据《增支部》（第四分集，80），阿难曾经问佛陀，其语气如同现代的妇女解放运动的支持者：

世尊，何因何缘，女人不可坐于大众会中？不得贾值贩卖，不得自谋营生？（佛陀回答）阿难，女人因其嗔怒而是，因其嫉妒而是，因其愚痴而是。阿难，女人因其为女人。阿难，以彼因彼缘，女人不可坐于大众会中，不得贾值贩卖，不得自谋营生。

---

① 《律藏·小品》卷11, p.10。参见 H. 奥登堡：《佛陀》, p.190。

第三分集中的一篇经文，语言非常美丽（III. 35）。其说神灵的三种使者，即老、病、死。[①] 他们经常受阎罗王（King Yama）的派遣到人间寻访勘问。依情况将罪人交狱卒押送阴间惩罚。因此，佛教中关于地狱的说法应该来自先前的印度文化。但说实在的，《增支部》中真正有文学价值的篇章并不太多。其中的经文多半只是翻来复去地讲述枯燥的道理。因此，单看每一分集，其中确实找不出言辞美好的说教文字，这是可以理解的。但值得我们注意的是，除了我们上面说的宣扬佛教道理（伦理教条、禅定法数）这样的经文，有时候也会讲到僧伽的纪律和规矩；偶尔，也有这样的情况，经文其实与佛教的道理没有任何关系，而只是依据简单的依法数数目而被安排进来的文本。还有，有的场合，经文也不乏奇言妙语，同时也透出幽默甚至俏皮。只是其中所说的实在支离而不切题。例如，第八分集（VIII. 27）中这么说：

比丘，有八种力。何等为八？诸比丘，彼为小儿啼哭力、妇人瞋恚力、盗贼刀杖力、国王自在力、愚人高慢力、智者谛审力、多闻计数力，以及沙门忍辱力。比丘，此谓八种力。 63

[①]　类似的话题可见《中部》第130经，只是那里说有五使。参见 H. 奥登堡：《佛陀：其生平、学说和教团》，第263页；L. 舍尔曼：《印度异相文学研究材料》，莱比锡，1892年，pp.60f.。欧洲文献中与此相类的有《格林童话》（故事177）。十三世纪人们便知道有死亡使者的说法。法国《拉封丹寓言》（VIII.1）亦有"死与垂死"，这是 R. 莫里斯提出的（《巴利圣典学会学报》1885年，pp.62-75）。另可参见《格林：童话与民间故事》卷3，哥廷根，1856年，p.249。

　　类似这样的内涵并无关联的文句，时不时地也会出现在印度的格言和诗歌中。如此列举的种种譬喻事物，其实是民间较为古老和通俗的语言习惯。有的只是教小儿说话的顺口溜。但是也被编纂经典的僧人吸收到《增支部》中。①

　　当初《增支部》在编纂时，佛陀还未成为半神化的人物（如果还不算完全神化的话）。但人们已经同意所有的真理都可以追溯到创教的佛陀本人。这一点可以从那篇叫作《帝释启问说法比丘》的经典看出。

　　　　帝释天神问：汝等从何闻说如是妙理？无论这些比丘是从别处听来的，还是他们自己领悟出来的。都只会有一个回答：譬若有人，居近大谷仓，从中取谷，或以篮或以筐，或以衣

---

　　①　这种情况其实也可以在耆那教的经典《塔纳分经》（*Thāṇaṅga*）和《和合分经》（*Samavāyāṅga*）中见到。严格按照法数多少来编排经文，某个分集中的论世间智慧，其实是《摩诃婆罗多》（卷 5、33、56—134）中毗杜罗身上的世智名目。不过，还有更古老的婆罗门教的字谜游戏（《摩诃婆罗多》卷 3、134）。依据这部史诗，其中说到了阿悉塔瓦克拉（Aṣṭāvakra）和万丁（Vandin）斗智，后者能够历数从"一"开始逐渐增大的数目的所有事物，但当他数到第 13 时，一下子语塞了。然而阿悉塔瓦克拉却依然流畅地一一列举了所有以"13"开头的事物。这种以数目作引子列举事物的游戏，或者以数目引导的宗教祷文，在其他民族文化中也是常见的。最著名的大概要算天主教中的《晚祷书》了。基督教徒的所有信经要点，都被安排在从一至十二的各个数字之下："好友，我问你。好友，你问何事？告诉我，什么是一？一之为一乃是天主……"如是而问到二，问到三……参见 K. 辛洛克：《德国民间故事》，法兰克福，1851 年，pp.520ff.；J.G. v. 哈恩：《有一个希腊童话》，载《希腊童话和阿尔巴尼亚童话》，莱比锡，1864 年，II，pp.210f.。该故事也使我们联想到这里的 Aṣṭāvakra。犹太人逾越节的祈祷经文也有类似的数目所引的问答内容。参见 K. 科尔：《德国犹太人的希腊因素》卷 3，1889 年，pp.234ff.；《凯尔特评论中的 G. 勒若》，pp.58ff.

兜或以手掬，此之诸法皆自仓中得谷。我等亦如是，世尊善
说一切法义。我等所说，皆出自世尊。

　　像这样的信念，也都可见于阿育王的巴布拉（Bhabra）石刻
敕令中的"一切佛说皆为善说"，即是这个意思。事实上，后期　64
的梵文经典更加强调这一信念。《诸天譬喻经》（*Divyādana*）中说：
"山崩地裂，日月星堕，世成劫灰，佛陀所言，矢无唐捐。"①
　　也正是这种从头至尾贯彻在《增支部》经文中的虔信而独断
的信念，为后来的论藏撰写者——那些发挥义学传统的比丘们的
教条主义奠定了基础。②
　　《增支部》中的多数经文也都以同样的方式见于《相应
部》中。③
　　对于经藏中四大部类或四大经文集之间的相互联系，我们所
知道的共同性也就这么多。至于小部经典则不同于这四部。从内
容上看，总体的感觉是，多数经文或者一次或者多次再现于四部
中。可以说，无论总集或分集中的四大部，其经文中讲的这些教
理是一致的、无差别的。多数情况下，我们根本无从判断哪一个
部类中的哪篇经文是最先出现的原始经典。例如，说有三种原因
导致妇女往往堕于地狱。这种看法同时在《相应部》和《增支部》
都有。前者在《相应部》的"妇人分集"中，后者在《增支部》
"三数分集"中。另一方面，《相应部》中的某些分集中的经文，

----

① 　《增一阿含经》卷 4，pp.163f.。参见浦山：《国际宗教史大会译文集》卷 2, p.36。
② 　参见哈代：卷 5 前言，卷 2, p.36。
③ 　参见本书边码第 53 页。

看上去又像是《增支部》中的某法数集内的解释性扩展。①《长部》中的某些经文反而看上去像是他部中的一些短经扩充而成的。例如，《中部》第 10 经（《念处经》，*Satipaṭṭhāna-Sutta*）与《长部》第 22 经（《大念处经》，*Mahāsatipaṭṭhāna-Sutta*）的关系就很直接。后者像是对前者的扩充增补，或者是某种注释。又如《长部》中的《大般涅槃经》一看就像是经增补而成的大经；《长部》中的某些经文片断也很适合放到《增支部》中去。②我们已经说过，两部晚后形成的经典集（《长部》及《增支部》）中的多数经文，在很大程度上，只是同样的或相似的话题的一再重复。同理，《中部》经典中也有这种情况。③《长部》与《中部》中大量的说法经文，篇幅之大，也是不断重复申说的结果。仅看四部经典集，我们不禁会有这样的印象，这些经文都是实际应用的结果——比丘们为了说法布道，亦即为了回应种种说法的场合：布萨集会、佛教节日、应供赴斋、礼敬忏悔，都必须有固定的说法活动，所以相应的长短不同的经典也就编纂起来。这些经文的共同特征前面也已经指出。换言之，由于一再地重复宣讲，才造成为数颇大的经文，当然也就不免让后来的读者感到不胜其烦。

经文不断重复的语词、句子和段落，只有两个目的。一是加深听众的印象，二是为了出口成诵。一旦这样的说法论道被用文字写下来，被人阅读时自然使人觉得冗繁枯燥。甚至令欧洲的读

---

① 参见《相应部》XXXVII, p.4。同《增支部》（卷 3, p.127；卷 5, p.230）、《相应部》（XXXVII, pp.5-9）中各节相关。

② 参见本书边码第 53 页。

③ 参见本书边码第 51、53—54 页。

者觉得有些抵触。但如果这些经文是通过口头背诵再现的，则这
种重复会产生某种"纯粹音乐性的结构局部"的效果。而对佛教
徒而言，不断在他们耳边反复出现的语句，就会像是"巴赫或瓦
格纳的乐章中的主题"①，佛教的经典既然有这么多的重复，若要
逐字逐句地都翻译出来，就几乎是不可能的。哪怕是像 K. E. 纽曼
（Neumann）那样的伟大学者，有极好的耐心，他在翻译《乔达
摩佛陀传》（*Reden Gotama Buddho's*）时，虽然看上去他是全文
照译未作删节，但德国读者阅读这个印度文献时，未必就是本来
的模样呈现。因为译者仍然不得不删掉一些再三重复的语句。既 　66
然是这么一种情况，若按奥登堡的说法②，这不仅因为比丘们尚未
找到那个魔幻的"以及"和"等等"之类的省略表达，还可能因
为他们甚至不知道有代词可以借代一些所指。但如果我们能够省
略掉巴利文的冗繁部分，再来阅读下面的这段经文，我们会发现
其文字是何等强劲有力，且有感染力：

　　　佛如是说：诸比丘，无始以来，长夜轮回，众生不知长
　　夜无有终始。流浪生死，无明障覆，为欲贪所系；诸比丘，
　　生死长夜，轮回之苦，远甚于此。非汝等所能想象。众生受

---

　　① 引自图克森文，载《印度文学及宗教学论文集》，pp. 98ff.。他还补充道："即
令在一些个别场合，古代作家通过他们写作时的语句节奏而展现出某种音乐性。"这一
说明正好让我们懂得：为什么当佛寺中唱赞巴利文经典时，听众哪怕仅仅跟着重复而并
不知经文的意思，也会产生异乎寻常的感受。图克森在此说的，正是他个人的感受。
　　② H. 奥登堡：《佛陀：其生平、学说和教团》，第 211 页。也参见文第希：《魔
罗与佛陀》，pp.38ff.。

苦，流浪生死，无有尽头。怨恨者聚，恩爱别离，呼号恸泣，泪若洪流，趣入四大海洋。

世尊，如我等所解，佛之教法，谓世间众生，无始以来流浪生死，无有终了，泪若洪流，入于大海。以怨憎聚，亲爱者离，其中大苦，言说不尽。其泪若洪泗，皆入四大海洋。

佛言：善善。汝等比丘，实善解我说法义。诸比丘，汝等流浪生死，无有终了。怨憎者聚，亲爱者离。汝因痛苦，泪若洪流。无量泪洪，甚于四大海洋。汝等比丘，长远以来，丧失父母，丧失儿女，丧失亲族。汝等比丘，又罹病痛，老病胁迫（长远以来，丧失父母，丧失儿女，丧失亲族，丧失种种利益——写本中遗漏此数句，权且补上）。又罹病痛，老病胁迫，因此诸苦，泪若洪流。然犹怨憎者聚，亲爱者离，因此诸苦，泪若洪流。诸比丘，汝等缘何遭此大苦？无始以来流浪生死，长夜轮回，以不能知，以不能晓，世间有情，皆为贪瞋痴三毒所缚故，故而流浪无期。因是之故，诸比丘，以此因缘以此道理，应厌弃此世间，应唾弃此世间，应速求解脱。

此处一段经文，与其他地方的经文相比较，虽然也有重复，但还不算过分。尤其让人高兴的是，经中的文句总体看来，不失简洁明了，音调明亮，朗朗上口，令听说法的人极易共鸣。整个讲道过程，条理分明，语句并不拖泥带水。四部巴利文经典，能够读到这样经文的地方甚多。尤其那些问答式的讲道，其语言风格显然都是这样的。这是四部统一的结论。①

　　因此，也许我们可以假定，那些篇幅较短，语言不曾过分铺
陈的经文就是形成年代较早较古的。理由是它们不曾被后来出现
的重复文句拖累。也因为如此，我们没有必要认为，四部经典中，
或此或彼的有哪一部比其他的更古老。尽管现在看来，《增支部》
的形成，较其他三部，要略晚一些。② 而我们更没有理由假定，认
为《长部》经典"是可能触及的最古老的佛教资料"。③

　　巴利圣典四部的内容都差不多，其经典的性质也基本相同。
各部中每有说法谈话，佛陀的语言风格始终保持温文尔雅和娴
熟流畅的风格。无论听佛说话的是什么人，无论是论争的对手，
还是追随的弟子；无论是婆罗门长者，还是外道行者，佛陀始
终保持了应有的礼貌，态度也极其友善。一开始佛陀总会表明

68

----

　　①　H. 奥登堡曾经描绘过早期佛教经文的散文特点。这些特点在四部经典中都可以
随处看到。参见《古代印度散文史》，载《哥廷根科学院哲学部论文集》，1917 年，
pp.39ff.。

　　②　据姊崎正治：《日本亚洲学会学刊》卷 35，1908 年，第 2 辑，pp.83f.。他认
为巴利文《增支部》与汉译《增一阿含经》中的种种痕迹透露出，它较其他的三个部集
时间上要晚一些。另外，此《增支部》或《增一阿含经》中有大量的引语，很明显是从
他处引述的。这种现象在其他的三部中并未见到，尽管也有一些单篇的经文可以在诸部
中相互见到。例如，《增支部》（X.26，2）中的一个颂子可见于《相应部》，但有以下
的这一句"如是薄伽梵（世尊）作答，以对魔罗女问"。《增支部》（III. 32）亦引《帝
释所问经》并不能说明它一定以《长部》为来源。参见艾略特前引书 I，p.279，n.1；李斯·戴
维斯：《剑桥史 I》，pp.194ff.；亦参见李斯·戴维斯夫人所编写的《〈增支部〉索引前
言说明》，载刊本卷 6。

　　③　奥托·弗朗克文，载《德国东方学论文集》卷 69，1915 年，p.455。艾略特前所引书
（《印度教与佛教》I，p.278）谈到《中部》经典时说："整体上看，它是诸部经典集中
最为深刻和最有激情的，因此也是最古老的。"

自己与对方相同的观点，其展开论说的出发点，通常也都是对方同意的，使用的譬喻或者成语也都双方有所共识的，宗教术语也没有歧义，而往往在不经意中，佛陀的话便将对方带到了始所未料的结论上。可以料想到，李斯·戴维斯的说法是正确的。[①]他认为搜集这些谈话经文的作者所采用的语言，与佛陀时代实际的言谈风格，实在是非常接近的。这就使我们产生了这样的印象，佛陀在布道中使用的教学方法，与苏格拉底传授给柏拉图的论辩术是很相似的。

可以肯定地说，佛教的教学方法也包括了采用日常生活中人们常用的寓言故事，目的在争取对方与说服对方。譬喻故事本身并不是论据，但它可以在感情上甚至思想上有更大的说服能力。就此论，它是胜过了论据证明的力量千倍万倍的。无疑佛陀本人深谙这样的说话艺术，因此他的讲道说法才处处充满机智的譬喻与寓言故事。佛陀的弟子们也继承了老师的谈话方式。因此，四部中所见到的譬喻与故事，简直令人目不暇接。佛教经典中的文学性与艺术性，肯定不会比佛陀生前布道时的语言有些微逊色。

佛陀与摩罗鬘（Māluṅkya）童子[②]的谈话便是用譬喻说服对手的有力证据。面对因为存在与非存在（有与非有）无比困惑的这位长者子，佛陀告诉他，诸如此类的形而上的问题无助于他走向

① 参见《佛陀的言教》卷1，pp.206f.。
② 《中部》第63经。汉译《中阿含经》第221经。参见H.奥登堡：《佛陀：其生平、学说和教团》，pp.334ff.；H.C.瓦伦：pp.117ff.。

离苦得乐的道路。即使回答了他的问题，并不等于他就可以由解 69
脱而进入涅槃。于是佛陀向他作譬喻说明如下：

　　譬若有人身被毒箭，善友为其延请箭医。医者正欲拔箭。
伤者止之，声言不可。彼谓箭医：不可拔箭，若我不知箭为
何人所射，为婆罗门耶，为刹帝耶，抑为吠舍首陀罗家耶；
不可拔箭，若我不知彼射箭人身之长短；不可拔箭，若我不知，
其毒箭为何材质，其箭毒究为何物；童子，汝意如何？不待
彼为所问一一得答千一万一，彼中箭者已死。童子汝之问亦
复如是，不待我为汝一向说世之有常无常，生之有尽无尽，
无常已经来临，死期即在眼前。何及闻说世间苦、聚、苦灭
及灭苦道谛？

　　《三明经》（*Tevijja-Sutta*）① 中也同样采用了这种说法譬喻
的手段。其中佛陀为显示三明婆罗门的骄傲和愚蠢，而以种种方
法加以启发。后者的主张是"我道真正，能得出要，至于梵天"。
而在佛陀的不断诘问下，他也不得不承认，无论是婆罗门自己，
他的老师，还是老师的老师，甚至古代的仙人，谁也没有见过梵
天。于是，世尊说："是诸声称至于梵天犹如盲瞎之人前后相牵，
前之最盲本无所见，中间盲瞎亦无所见，最后盲瞎亦无所见。"
是此盲瞎诸人，渴求根本未见之梵天，如同有人渴求美艳伎者，
其实根本不知此美艳伎者是谁名何，属何种姓，在何家族，更不

---

① 　《长部》卷 3, pp.15ff.。

知其姓氏名称、高矮胖瘦、面黑面白，又居何所。此等盲瞎，又
若有人欲造天梯，攀登天宫楼阁，既不知此天宫楼阁在东在西在
南在北，亦不知楼阁孰大孰小或高或低。

　　另外一部叫作《沙门果经》[①] 的，其中说法的佛陀将已经证得
离欲解脱的比丘的喜乐，比拟为善治生业的负债人，不仅清偿了
旧债，而且还为家人积累了丰衣足食的资财；又比拟为久卧病榻
的患者，一旦痊愈而恢复健康；又譬喻为久系牢狱的囚犯，一朝
获得释放；又譬喻为跋涉生死危途中的旅人，穿过幽暗的密林而
来到通都大邑；以譬喻为清凉的大地，既有流淌不尽的甘泉，其
大池蓄水又不会满溢，既无干涸又无暴雨。大池满盛清凉，来往
旅人无不欣然。得道比丘亦复如此，满心满怀，都是喜悦。

　　除了这一类的譬喻，经文中还处处讲到寓言。借故事来说明
世间欲乐的根本虚妄。为向世人显示，他们所不能舍弃的感官快乐，
其实从根本上说只是痛苦与烦恼。《中部》的第54经描绘了七幅
悲惨的图景。[②] 此诸惨状描写可以参见汉译《中阿含经》（第203经）
《晡利多品晡利多经》：

　　　　世尊答曰：居士，犹如有狗。饥饿羸乏，至屠牛处。彼
　　　屠牛师，屠牛弟子净摘除肉，掷骨与狗。狗得骨已，处处咬啮。
　　　破唇缺齿，或伤咽喉。然狗不得以此除饥。居士，多闻圣弟
　　　子亦复作是思维：欲如骨鏁，世尊说欲如骨鏁，乐少苦多，

　　①　《长部》卷2，pp.63ff., 78ff.。
　　②　《中部》第22经也说过这七种譬喻。

多有灾患，当远离之。若有此舍离欲，离恶不善之法。谓此一切世间饮食永尽无余。当修习彼。

居士，犹去村不远，有小肉脔，堕在露地。或乌或鵄。持彼肉去。余乌鵄鸟竞而逐之。于居士意云何？若此乌鵄不速舍此小肉脔者。致余乌鵄竞而逐耶？居士答曰：唯然，瞿昙。

于居士意云何？若此乌鵄能速舍此小肉脔者，余乌鵄鸟当复竞逐耶？居士答曰：不也，瞿昙。

居士，犹如有人，手把火炬，向风而行。于居士意云何？若使此人不速舍者，必烧其手余肢体耶？居士答曰：唯然，瞿昙。于居士意云何？若使此人速舍炬者，当烧其手余肢体耶？

居士答曰：不也，瞿昙。

居士，犹去村不远，有大火坑，满其中火，而无烟焰。若有人来，不愚不痴，亦不颠倒，自住本心，自由自在。用乐不用苦，甚憎恶苦。用活不用死，甚憎恶死。于居士意云何？此人宁当入火坑耶？居士答曰：不也，瞿昙。所以者何。彼见火坑。便作是思维：若堕火坑，必死无疑。设不死者，定受极苦。

居士，犹去村不远，有大毒蛇，至恶苦毒，黑色可畏。若有人来，不愚不痴，亦不颠倒，自住本心，自由自在，用乐不用苦，甚憎恶苦，用活不用死，甚憎恶死。于居士意云何？此人宁当以手授与及余肢体。作如是说，蜇我蜇我耶？居士答曰：不也，瞿昙……

居士，犹如有人假借乐具，或宫殿楼阁，或园观浴池，

或象马车乘，或缯绵被，或指环、臂钏，或香璎珞颈钳，或
金宝华鬘，或名衣上服，多人见已，而共叹曰：如是为善，
如是为快。若有财物，应作如是极自娱乐。其物主者，随所
欲夺，或教人夺，即便自夺，或教人夺。多人见已。而共说
曰：彼假借者。实为欺诳。非是假借。所以者何。其物主者。
随所欲夺。或教人夺。即便自夺，或教人夺……

　　居士，犹去村不远，有大果树。此树常多有好美果，若
有人来，饥饿羸乏，欲得食果。彼作是念：此树常多有好美果，
我饥羸乏，欲得食果，然此树下无自落果可得饱食及持归去。
我能缘树，我今宁可上此树耶？念已便上树。复有一人来，
饥饿羸乏，欲得食果，持极利斧。彼作是念：此树常多有好
美果，然此树下无自落果可得饱食及持归去。我不能缘树，
我今宁可斫倒此树耶？即便斫倒。先第一人，于地哀号。此
中果实即譬欲贪，岂可久恃？我等凡夫，弃习气贪欲，不可
沦入侵夺他人，受尽亡失之苦。

　　譬喻说法，往往可以烘托气氛，增加说话的感染力。例如，
《中部》第58经载，有无畏（Abhaya）太子受名叫尼乾陀·若提
子（Nigantha Nātaputta）的耆那教师尊的教唆，来至世尊前，想
用困端的问题刁难佛陀。但不管无畏太子如何千方百计地难问，
世尊都从容地回答，而且没有一句不善之语。太子仍然得到了他
的结论：我观世尊与世间凡夫亦无不同。世间凡夫，亦多有言善
语巧如世尊者矣。

（如彼经所说）其时无畏太子膝上有一小儿，年龄幼稚。世尊告太子曰：贤者于意云何？若此小儿，疏忽之间，有细木片或小石子落入其口，汝必为之掬取其木或石，如其是焉？得其：诺，世尊。我必为此小儿掬取或木或石。世尊，我若以手探其哽而不得其便，则必以左手持小儿头，左手以指探其喉，为除其哽。为除哽塞，虽伤其口流其血亦为之。云何如此？世尊，以我哀怜此儿年幼故。（佛说）太子，如来亦如是，虽其所发言，无有一语不真不实，无有一语虚诳矫伪、令人不欢不喜。如来所说，尽皆真实无妄，不诳无害，亦无使人不欢不喜者。若如来知有真实语、无诳语、礼敬语，亦知此语令人不欢不喜者，如来亦作如是语。何以故？如来哀怜众生故。

佛典中最爱使用的譬喻是"灯明"，即油灯或灯盏。例如：

　　诸比丘，譬如油灯，依油及炷（灯芯）而燃。其时有人勤添灯油并续灯炷。诸比丘，以如是故，此之油灯能够久时燃明。诸比丘，若有人于此无常世中，长时耽着，以为快乐，其灯欲亦长时增长。[①]

佛陀深怀慈悲之心，视众生一律平等。然其说法与人，有详说亦有略说。某长者因此问世尊：何以如此？释尊如此作答：譬

---

① 《相应部》XI，p.53。

如农夫于田间耕作，先耕治上田，次耕治中田，再耕治下田。贤者，佛陀说法教人亦如是。先教比丘比丘尼，次教善信男善信女，最后教诲劝化不信之人。[①]

又佛经中的譬喻，往往洋溢着印度的幽默。如《中部》第126经说，若有人欲得胡麻油，却用沙兑水于桶中，无论他如何勤加搅拌，但一定弄不出一滴胡麻油来。若有人欲得牛乳，却把住牛角，殷勤用力，或挤或捏，若望此人能得牛乳，无有是事。

有的譬喻已经成为了暗喻，在佛经中已经化成典故或格言，成为传统风格不可缺少的一部分。也许正是这些譬喻格言才成为佛陀及其弟子们说话的风格。佛经中当他们谈到人世间一切痛苦的根源时，贪婪总是被称为"渴（求）"，渴求的贪欲致使凡夫从今生走向来世。人有贪欲即在无尽的生死长河中再出生，这就被称为"轮回"，就像车轮一样周而复始；流浪于生死的过程，又被譬喻为漂流于生死的"（大）海"；摆脱生活苦海而得涅槃，称作"到彼岸"；欲贪与罪被譬喻成为"洪流"；从漂流的洪水中解脱出来，被譬喻为"得救拔于洪流波涛"；因修习善行或因造恶业，人便作有"业果"。最后结果的"业因"或"业"被喻为"种子"或"种"。只要谈到业道作用，因果对置的譬喻就会出现。一旦世尊开口说法，就会被譬喻为"狮子吼"。[②]

---

① 奥托·弗朗克前所引书：《马可福音》（IV, p.12）及《路加福音》（VIII, p.10）；《德国文学》，1901年，第2759栏。

② 在吐鲁番的某个石窟中，A.格伦威德尔（*Idikutschari, Abh.der k.bayr. Akadd.Wiss.24, Bd.,1 Abt, Munch 1906, p.125*）曾见过一幅壁画，画面上描述某位僧人在说法，而表现说法的是僧人对面空中云端上伏着的一只狮子。

又有一个盲龟木孔的譬喻故事，除了经藏诸部 [①]，佛教中其他 73
材料也往往会说到它。这个譬喻是这样的：

> 诸比丘，若有人掷向大海以一孔之轭。东风吹来其轭漂
> 向西，西风吹来其轭漂向东，北风吹来其轭漂向南，南风吹
> 来其轭漂向北。此大海中又有瞎一眼之龟。每过百年方才一
> 度上浮至海面。比丘，于汝意云何，彼独眼之龟能值遇此轭不？
> 世尊，机会甚渺。惟无尽长时之际，此独眼之龟恐能戴此一孔
> 轭。比丘，若此独眼龟值遇此一孔轭，有如是之难。世有愚人，
> 因其所造业，生下下道而欲出离，上生天界，其所遭遇困难，
> 百倍千倍万倍逾此。何以故？以其下下道中，有命再生，不
> 借善行，惟有相互侵害。

从文化史角度看，所有这些譬喻或寓言具有极重要的意义。
其可以令后来读者深入到古代印度人的社会生活中，借此观察到
当时的工匠、农夫、商人等的状况。这些人的状况在婆罗门教的
材料中通常不会涉及。占据着婆罗门教文化中心的只有祭司或者

---

① 参见《中部》第 129 经；《相应部》LVI，p.47；梵语文献中这个盲龟木孔的譬
喻也是常常可见的。参见温特尼茨：《维也纳东方文化论文集》卷 27，1913 年，pp.43.
ff.。另外在瑜伽谱系中亦有这个譬喻。参见 S.G.A. 雅各布：《大不列颠和爱尔兰皇家学
会学报》，1909 年，pp.1120f.。这个譬喻应当与福音书中说的"骆驼穿过针眼"的譬喻
无关，虽然有 G. 德洛伦佐及 K. E. 纽曼认为后者从前者受影响。参见《乔达摩佛陀言教》
III，p.334，注释。

刹帝利种姓。[①]

　　佛经中的譬喻故事涉及各色人等种种事物，例如战车的驭手，或是马匹或是猴子，有时也说到狂热的赌徒，也有可能说到如何榨取麻油的行业活动，《中部》第14经完整地讲述了某个金匠的劳动；另一个譬喻（《中部》第125经）则显示给我们驯象的过程；《中部》第101经仔仔细细地叙述了某医师为中箭者疗伤的过程。[②]

　　最后，虽然我们不能宣称所有这些譬喻故事或者寓言一定是现实的真实反映，但它们毕竟是我们凭以了解印度古代社会的最好材料。再者，这也因为如果我们想要论证某种教义或主张，离开经本文献，以及其中意义相近的词汇、分门别类的术语和教条，总之若离开名相法数[③]，就不能达到目的；我们想说，如果真的对《增支部》中特有的名相术语不加利用，我们就会陷入一筹莫展的境地。当然，佛教的法数名相并不仅仅局限于《增支部》，巴利三藏中的其他地方也有许多这样的概念名词。

　　对于佛经中说明道理的论证法，不能简单地用柏拉图擅长的论辩术来类比。经文中也有许多问答质疑之处，可以比拟为柏拉

① 参见李斯·戴维斯夫人：《佛教故事及寓言》，公庭出版公司，芝加哥，pp.22，522ff.。该文这么评论是很正确的：它说仅仅根据所有这些寓言和譬喻，搜集其背后原来的材料足以形成一部大书。这方面李斯·戴维斯夫人也做了坚实的基础搜集工作，她甚至编写了一个有关譬喻与寓言的索引表（Similes in The Nikaya, a Classified Index，载《巴利圣典学会学报》，1907—1908年）。

② 佛经中经常用医生作譬喻。佛陀本人就是"大医王"或"大医师"。见本书边码第31页注释1。

③ 李斯·戴维斯就此说过这样的话："这一方面我们也可以看到许多相反的不失为论据和推导的东西。"不过我们还真的没有看到许多这样的证据。

图的教学法。诚然，以前卡尔·弗莱士（Karl Fries）① 曾指出希腊和印度的对话体有惊人的相似处。但在最为核心的特点方面，应该没有可比性。因为我们实在看不出有什么明显的特征，可以让我们联想到希腊与印度的语言论说之间有相互的影响。其实，多数佛经都不是真正意义上的问答体。它们在很多场合下都是某一说话人（通常也就是佛陀本人）的演说或谈话。这一过程中时不时地会被别人打断。这种打断也并不是长篇大论，而仅仅是"诺""诚然""非也"之类的字词，用意仅仅在于向说话人表达自己的同意或者欣赏的态度。要知道，就是在典型的诸部经藏中，我们也没有看到真正对论形式的问答体经文，恐怕更谈不上柏拉图的论辩术。但这一点倒从各方面提醒我们，佛经中的这种"对话形式"是可以在它之前的《摩诃婆罗多》那样的史诗中看到的，那中间的奥义书式的对谈方式是很普通的叙事展开形式。②

第二节 故事、诗歌和格言

《小部》经典通常被视为经藏中的第五个大集。不过，也有人认为它应该归入论藏。由是，它也可以称作"杂集"。因为我

---

① 参见《哲学对话：从约伯到柏拉图》，图宾根，1904 年，pp.65, 76ff.。尽管 K. E.纽曼在柏拉图的《美诺篇》中看到了"非常令人惊异的《中部》第 107 经的影子，而且在一些细微的地方都很相似"。不过我们真的没有看到这方面的"影子"。

② 参见《吠陀文献》，pp.400ff.。所谓 Ithihāsa，梵语中指"诗体的故事或叙事"，印度古代史诗多半都是叙事性的，如《摩诃婆罗多》就是一部 Ithihāsa 体的口头作品。佛教中，Ithihāsa 也表示"如是说"或"（闻）如是说"或者"所说如次"。

们在这个集子中读到的，除了一些篇幅短小的作品，也有在巴利
文圣典中可称得上大部头的文本。但如果从内容和经文特点来看，
75 汇集在这当中的经文，其实相互间的差别很大。有这么一部经典
颇为特别，经中预言了未来佛陀的教法将会遭到灭亡的威胁。① 其
中说到佛法可能遭遇的危险：未来有这么一个时候，佛教比丘不
乐听闻不乐修行"如来所说甚深法味，论说空义久远的经文"②，
反而乐于喜好外道的异论。所关心的只是那些用美丽的言辞包装
起来的东西，只要单调和美，听着悦耳就成。这样的异论正是由"弟
子所说或诗人所作"的东西。这就令我们不免这么猜想，一开始
佛教中并不承认诗歌作品的正当性。诗歌究竟有无神圣性，人们
是有争论的。但无论如何，诗歌以后被编入了各个部类的经藏集
子（尼柯耶）。准确地说，主要被搜集到《小部》经典中。作这
样的假定，我们的依据在于《小部》经典主要都是诗艺性质的作品，
其中包含了大量的格言、诗歌、歌谣、民间故事、寓言等。之所以《小
部》中也有的作品不是诗歌，有可能是这样造成的：较晚时期形
成的一些佛教经文，无法解决其可靠与否，就只好将它们全都放
到《小部》中。因此，整个说来，《小部》中经文的编成时代是
76 比较晚的。③ 毋庸置疑，《小部》中汇集的经文都是各个时代的产物。

---

　　① 这在《相应部》（XX, p.7）、《增支部》（卷 4, p.160；卷 5, pp.7, 95）中可以读到。
另参见李斯·戴维斯：《印度佛教》，pp.110f.；浦山，p.149。此段经文是典型的口传经典，
若非口耳相传，也早就湮灭了。
　　② 所谓的"空"（无独立性的实在），我们在巴利圣典的其他地方可以读到议论
的段落。它们都说到了"空"的观念。这个观念以后在大乘佛教中成为空观的中心思想。
参李斯·戴维斯夫人：《佛教心理学伦理手册》，pp. xliif.。
　　③ 小部中的经文性质的不确定性是非常明显的。缅甸的佛教徒认为《弥兰王问经》《诸

当初编藏时并无成立这个部类的动机^①，尽管《小部》经典是三藏中的晚成部分，其中的作品除了时间上相对后起的那些，仍然包含有很早的佛教歌谣。实际上作为佛教的文学作品集，它也包含有足以显示古代印度诗艺的重要作品。以下我们逐一介绍《小部》中的各个作品，介绍的顺序是依据所假定的这些作品时间的先后，而不是依据文学价值的重要性来安排。具体来说，我们只是依据当初从锡兰佛教徒那里得到的这些写本的时间。

（1）《小诵经》^②

以往此集的题头就标有"小诵"字样。此集有九篇小经。经题若意译便是"小篇幅的诵"或"小篇幅的诵本"。诵，指唱诵、读诵、背诵。这里的九篇小部都是要求新近出家的僧人能够背诵的起码经文。因为佛教僧伽在集会沙仪式上通常都会用到它们。从这个性质来看，这些"小诵"便是仪式当中的真言诵咒。当然，

经会聚》（它也是某种形式的经藏）、《饿鬼释义》和《指导论》四种，但在锡兰，并不承认此诸经文在小部中的合法性。此可见 H. 波德：《缅甸巴利文献》，伦敦，1909，pp.4f；而在泰国的佛教三藏中（参见本书边码第 21 页注释 2），小部中并不包括七部经典，即《天宫事》《饿鬼事》《长老偈》《长老尼偈》《本生经》《佛种姓经》《所行藏》。这种情况看来并不是偶然的疏忽或者失佚。依据《岛史》，当初的大结集者并不承认《无碍解》《义释》和部分《本生》入藏。而就汉译三藏言，其诸部《阿含》中仍然包含了巴利小部的许多经文。此可参见姊崎正治：《日本亚洲学会学报》卷 35，第 3 部分，1908 年，pp.9f。

　① 否则我们就不能说明为什么小部中会有编入《经集》的三经，即《吉祥经》,《三宝经》和《仁慈经》,·而且经的标题会是这么个模样。我们也无法解释，为什么佛陀的本事传记为何既放在《本生经》中讲，又有一个《圣行藏》的分集。

　② R. C. 恰尔德之校刊翻译本，载于《大不列颠和爱尔兰皇家学会学报》，1870 年，pp.309-339；德译本有 K. 塞登斯塔克本，布雷斯劳，1910 年；《小诵经》中多篇，温特尼茨有德译，参见其《宗教史读本》，pp.259f., 261f., 295, 300。

当初编纂时，这个小诵集是当作沙弥手册，还是僧侣大众的祈祷书，我们现在已经无法确定。九篇小经中，前四篇特别短小。开首的是三皈依文，其次为比丘十诫，第三篇则显示三十二种相，以供僧人们冥想人身可厌、世间无常；第四篇是"沙弥所问"，其中有十个问答："一谓云何、二谓云何……"先提问后回答。其开展的方式同《增支部》经文安排，以法数自小向大递增，意在解释佛教中最基础的名相术语。此小集的后半部分有五篇短经。无论就内容还是形式看，其中多有仪轨用语和不断重复的迭句，因此可以断定这是为了在仪式过程中使用的本子。自古以来，印度人就重视"致吉祥"（Mangalas）这回事。即是说某些事物或仪式在开展以前，先达成某些圆满，则成吉祥瑞兆，可以开启好运。诸如此类的"吉祥事物"，可以是良好的愿望、祝福语、对婆罗门的供养礼敬、花朵编成的环状物（花鬘）或者音乐、歌舞。所有这些活动，都是祭献仪、婚礼和诞生礼的必要仪序。①《吉祥经》（Mangalas）中佛陀教授了他所知道的"最吉祥"，佛祖这么说：

> 敬侍父母，养育妻子，安住生业，此为最吉祥。
>
> 乐于布施，慈护亲族，事善生业，此为最吉祥。
>
> 离于诸恶，慎饮酒戒，遵奉教法，不肯放逸，此为最上

----

① 科尔斯顿：《佛教》，p.140，其说锡兰的僧人们直到今天还一再声称：今天的人对此没有了解，实在是一件遗憾的事。在缅甸，每有瘟疫发生，一定会要诵《吉祥经》。这种仪式多在十字街头举行，参加诵经的人有老年男性和女性，皆身着白色的衣服。见《印度古籍》卷8，1879年，pp.82, 329。

吉祥。

其他几篇经文中也都是这种主张高尚行为的道德律条。例如，第六经《三宝经》（*Ratna-Sutta*）中按古来的习俗向三宝作礼敬。同样，第七经《户外经》（*Tirokuddha-Sutta*）是丧葬仪式上用的。直到今天，无论锡兰还是暹罗，凡有丧葬活动，都可以听到僧侣们在仪式中唱诵此经的偈颂。第八经《伏藏经》（*Nidhikanda-Sutta*）说，世间的真宝就是善德懿行，最上最胜的财富莫过佛教徒的好品行。第九经《仁慈经》（*Metta-Sutta*）展示出佛教认为最光辉的善行，这种仁慈的核心是对一切有情的慈护精神。

《小诵经》中的七篇均为佛教仪式中使用的。南传佛教有"护佑仪"（Pāritta-ceremony）。Pāritta 是"护佑、庇护"的意思。在斯里兰卡，人们读作"Pirita"（毗离多）。巴利三藏中也有 Pāritta 一语，意思在是"调伏、息灾"。在今天的斯里兰卡，人们所理解的"Pirita"是指由比丘诵唱三十余篇简短的经文。人们普遍相信通过诵经可以驱邪赶鬼。因此，生活中许多场合都要举行驱邪的仪式。Paritta 或 pirit[1] 中相当古老的咒语，K.塞登斯塔克（Seidenstucker）在《小诵经》的第五至第七篇中有所发现。我们完全同意，从这些咒语的使用情况，以及前四篇的编写形式和当中的复诵迭句看，可以得出这样的结论：《小诵经》的编写，

78

————

① 参见同前塞登斯塔克译本第 3 页，另见 M.格林波及费尔发表于《亚洲学报》（1871, s.6, t.XVIII, pp.225ff.）的《护佑经文提要》一文。在缅甸佛教中也有这么一个从经藏辑出的经本，就称作"护佑经本"或者《大护佑经》，专门供驱邪赶鬼的仪式用。在民间，这个诵本比三藏中所有经典都更普及，更为人们熟知（参见 M.H.波德前所引书）。

目的在提供一个仪式上的课诵本子，一如今天斯里兰卡的护咒仪（Paritta）上还广泛使用着的经本。

（2）《法句经》①

经名意为"佛法语句之经典"②。本经是举世闻名的佛教文献

---

① 《法句经》（巴利校刊本，拉丁文），V. 福司波尔，豪尼（Huaniae），1855 年。此经作巴利语的道德劝诫的诗偈集，其第二版中附有福司波尔 I 的书面拉丁文的译本（伦敦，1900 年）；本经有 A. 韦伯的德译本（《德国东方学论文集》卷 14，1860 年，印第奇·斯特伦芬，卷 1，1868 年）；另有 L.v. 施罗德的译本《真理之言》（*Worte der Wahrheit*），莱比锡，1892 年；亦有 K. E. 纽曼译本《真理之路》（*Wahrheitsfad*），莱比锡，1893 年；本经的英译者有 M. 缪勒（见 T. 罗杰斯所译的《觉音寓言故事集·导言》，伦敦，1870 年；《东方圣书》卷 5，第一部分）及 Th. 舒尔茨据此本所作英译本（第二版，莱比锡，1906 年）。将本经译为法文的是费尔兰多·胡（巴黎，1878 年）；译成意大利文的是帕沃里尼（米林，1908 年）；另有（《佛教伦理语句》*Testi di morale buddhistica*），兰恰诺，1912 年，pp.1-80. 帕沃里尼（*JGAI*, 25, 1912 年，p.324）上还提到有一个 N. 杰拉斯蒂莫夫的俄文译本。

汉译佛经中有《出曜经》正是对《法句经》的譬喻解说。该经 30 卷，印度法救所造。后秦竺佛念（365—384）译。本经由诗颂（优陀那、感兴偈）及注释此诗颂之故事（阿波陀那、譬喻因缘）所组成。关于"出曜"，僧睿在该经序（见《大正藏》第四册）中说："出曜之言，旧名譬喻。即十二部经第六部也。"因此，本经译自十二部经之一的阿波陀那，即谓本经系以譬喻或寓言方式说奈远甚妙之教义。它的解释对象是《法句经》中的偈颂诗歌。本偈与吴·维只难译《法句经》大致相同。随行的是解释偈颂的因缘故事，又晋之法炬、法立共译的《法句譬喻经》相符。据僧睿《出曜经·序》说：当初译出时（398），罽宾沙门僧伽跋澄执梵本，竺佛念宣译，道嶷笔受。僧睿本人亦曾参与校订。与本经同类的经典，巴利系有《法句经注》，觉音所撰；《法句譬喻经》之譬喻部分，作者不详。同此，《出曜经》之偈颂部分为法救所作，但譬喻说明的作者不详。——译者

② 本经名的巴利语 Dhammapada，由 Dhamma（法）和 pada（名或步）两个部分组成。因此这个经名可以译成"佛法的脚步"或"佛法的道路"或"善法之路"或"法之语句"等。本经题目简单地说也只是"词（文、句）之集"而已。作此翻译的依据是 R.C. 恰尔德的《巴利语辞典》（伦敦，1875 年，pp.117f.），另外参见 M. 缪勒：《东方圣书》卷 10，第 1 部分，pp.xlvff.; L.v. 施罗德译本，pp.131ff.; 奥托·弗朗克：《德国东方学论文集》卷 46，1892 年，pp.734f.;《维也纳东方文化论文集》卷 15，1901 年，p.396;《巴 -

之一，也是已知最古老的经文，并被译成多种欧洲文字。所有研 79
究佛教的著作中罕有不引用本经中语句的。本经具有深刻的道德
教训及伦理价值。在斯里兰卡多少世纪以来，本经一直是出家沙
弥的必修课本。直到今天仍然如此。在那里没有认真学习过《法
句经》的沙弥，是不能晋升受具足戒的。因此，在锡兰岛上没有
比丘僧不会背诵《法句经》的。作为讲道时的必备课本，法师们
在说法布道时随时都会引用《法句经》中的偈颂（见善果长老所
写的本经序）。

　　本经作为专门讨论佛教伦理教训的诗歌集，包括偈颂 423 个。
第 10 至 20 偈分为一品。每一品各有一个谈话的主题。每一品的
标题都有一个譬喻事物。例如，第四品就被称为花品。有的情况下，
某一品从头到尾都用一个迭句作为复诵。制作这些迭句并对诗偈
作分品的当然是《小部》的编纂者。不过，每一首诗歌往往由许
多诗节组成，比如下面的这首就涵盖了从第 197 至 200 偈：

　　　　啊，我生欢乐，无有愠怒，世人怀瞋，而我独无。

　　　　啊，我生欢乐，无有病患，世人罹病，而我独无。

　　　　啊，我生欢乐，无有贪欲，世人怀贪，而我独无。

　　　　世人虽贪，而我独无。

　　　　啊，我生欢乐，以无牵挂，清净无为，以乐为食，如在

英辞典》（合作的巴利圣典学会出版），s.5., 毫无疑问这里的"Dhammapada"是集合名词，
就像"Udāna"（自说）或"Itivuttaka"（如是语）这些一样。其所表达意思也就是"佛
教的格言集"或"佛教的语句集""法句"等。

光音天。

80　　又若在《象品》中，亦可以读到这种对偶的偈颂组成的诗歌。以下出自 F. L. 武德沃德（Woodward）的英译本 [①]：

　　　　如象临战场，箭矢亦堪忍。我等于世间，亦当忍诽谤。若不妨诽谤，便成破戒人。（三二〇）

　　　　譬如调伏象，可使入战场。王乘调伏象，驰骋于战场。世人若堪忍，好比调伏象。人若得调伏，最胜无能挡。（三二一）

　　　　骡经调御健，马经调御强。象经调御猛，人自调御良。（三二二）

　　　　人若善思虑，且富于正行。又得贤伴侣，则不遇危难。熟虑与欣乐，相伴安稳行。（三二八）

　　　　人若善思虑，且富于正行。虽无贤伴侣，仍可勇独行。如王乘御象，无畏密林行。（三二九）

　　　　独行者最胜，不与愚侣伍。独行最上善，无有下劣事。善自调伏者，才于欲贪求，如王者御象，密林能独行。（三三〇）

　　《法句经》中第 141 偈以下，还可以读到这样的对偶诗偈：

---

①　其所译《佛陀格言集》，pp.258ff.，第 320—322、328—330 偈。

　　虽持裸形，虽蓄螺髻，虽行断食，或横卧地，尘垢污身，
蹲踞不坐，不能断惑，无有清净。（一四一）

　　若能修德，可庄严身。若行不害，不加刀杖，能住寂静，
可调御心，自制调伏，持修梵行，无偏无颇，诸行平等，是
清净戒，是妙沙门，是善比丘，好出家人。（一四二）①

　　《法句经》中还有很多佛教格言。下面所引的便是佛陀成道
以后发表的美辞睿句（诗偈 153 以下）：

　　往昔多生再再来，孜孜以求筑屋宇。烦恼忧虑戏无边，
轮回因业无以尽。

　　屋宇筑得善自省，造作之业当止息。橡梁已朽屋顶破，
漏若不止无自在。

　　简明质朴的比喻，隽永而耐人寻味的诗句。对世间之人而言，
贪爱欲乐便是造"房屋的人"。"筑房"便是造不善业。所有的
业因是再出生于世、轮回于生死的动因。"屋宇"又喻指五欲炽
盛之身体。"漏失"指的是种种烦恼。诗偈中的格言说理，通过
明喻与暗喻而引人沉思和反省。诗偈若描写智者的清净，会描述
其内心的澄明和宁静，有若平静的湖面像镜子反映着的真实，或
者像是巨大的岩石兀立不可撼动（第 65 偈以下）；或者说是智者
与愚人的差别，如同汤勺之不能辨识美味，愚人即令与智者相处

————————

　　① 参见武德沃德：《法句名经》（英译本），p.26。

也不会受益。只有智者与智者才能惺惺相惜，且互有增益，就像只有舌头才能知道如何鉴味（第 65 偈以下）。又譬喻人的动机与造业行为的关系：若人心意秽，倘有言和行，造业苦相随，如牲畜负轭，拖车载重行；若人心意净，欢逸不离身，有若影随人（第1偈）；又有这样的譬喻描写：人之造恶业，当下虽不显，如同牛乳凝，不知乳变坏，亦如灰覆火，炽热眼不见。①《法句经》中随处可见的印度诗歌的对偶句特征，当然，还有不少机智和俏皮的文字游戏（如第 344 偈）。这就充分显示出，印度人从古以来对于文字游戏真是乐此不疲。

    《法句经》中的诗偈，在巴利三藏的其他经文中也常常可以见到。自然，我们差不多因此可以说，当初编纂《法句经》的人，正是从我们平时可以读到的经文中摘抄出来辑成这个诗歌集的。不过，《法句经》中也有了些并不属于佛教的诗句格言。后者正是印度文化长流不息的源泉，这些格言诗句充满了智慧，往往令人眼前一亮。这些格言用语，我们可以在《摩奴法典》中读到，也可见之于《摩诃婆罗多》或者甚至耆那教的经典中。当然在印度民间文学作品《五寓言书》（*Pañcatantra*）中也可以见到它们。正因为如此，我们如果想要确定这些诗句格言最先出现在哪部作品中，就是不可能的事了。②

---

    ①   参见李斯·戴维斯：《大不列颠和爱尔兰皇家学会学报》，1900 年，pp.559f.。另参见奥托·弗朗克在其英文译本后所附索引，pp.93ff.。

    ②   有的时候，这些格言名句还可以令我们联想到婆罗门教的文字资料，例如《法句经》中的第 109 偈，极有可能就出自婆罗门教典。这个偈颂以及它之后的 110—115 颂都同婆罗门教典有关。

（3）《自说经》

一开始《法句经》只是纯粹的诗歌集。但它问世以后，在流传的过程中就会有人给诗偈加上说明和注释，特别是注释某些典故或历史事实。这些注释文字，起初是不被编纂三藏经典的人接纳的。但归根结底今天的《法句经》还是有了注释。至于《自说经》（Udāna）——称作"感兴的（有感而发的）诗集"——则不同。①它从一开始便是诗歌与散文故事的相并而行。《自说经》分为八品。其中讲述了佛陀的生前经历及他本人的感怀。因为是佛陀自己有感而说的话，并非应什么人的要求才作的谈话，所以本集中说出的诗句都是感兴之语，也是不问自说、非请而作的情感抒发。Udāna 的意思只是"呼出、发出、吐出"，本义只是"呼出气息"而已。在佛教文献中，Udāna 指的是诗偈唱赞被吟诵，按传统印度文献的说法，这种体裁的诗歌称为"颂"（śloka）、"三重赞歌"（Triṣṭuvh）、"韵文"（Jagatī），Udāna 通常不会是散文形式的。圣典中的《自说经》所抒发的感情，主要在赞叹佛教的人生理想，以及圣者们（阿罗汉）内心深处的宁静安详，或者圣者们舍弃了世间一切之后得到的涅槃寂静和永恒的喜悦。

《自说经》是唯一一部佛陀本人"亲自诵出"的集子。这样

82

---

① 保罗·斯腾达尔校刊本，伦敦，巴利圣典学会，1885 年；D.M. 斯特朗（Strong）曾经作英译，伦敦 1902 年；K. 塞登斯塔克有德译本（1920 年）也请参见 E. 文第希刊本巴利圣典学会《巴利圣典学会学报》，1890 年，pp.91f.；K. 塞登斯塔克：《自说经》（Teil: Allgemeine Einteitung）卷 1，莱比锡，1913 年；B.C. 马宗达：《大不列颠和爱尔兰皇家学会学报》，1911 年，pp.197ff.。

形式的"自说"文体，其实在三藏的其他部集中也能看到。它们也都称为 Udāna。但那些 Udāna 不一定是佛陀所说的。许多时候，国王、大臣、天人或其他身份的角色也都可以有他们的"自说"。①大量的经典形式的《自说经》，以及（不在经典中）而单行的《自说经》，都可以在我们这里所介绍的《小部·自说经》集子中或别的集子中看到。②特别是那些与佛传相关的《自说经》，它们同律藏中的佛传故事以及《大般涅槃经》在内容上都有一致的地方。虽然如此，它们极不可能是从后者抄录出来的。更有可能它们出自一个共同的更原始的材料。各个不同的集子都来自那个原始的传承。

按 K. 塞登斯塔克的说法③，我们这里说的这个《自说经》究竟是不是真的出自佛陀之口，尚属一个悬而未决的问题。但我们如果这么样表述，还是不失稳妥的：大多数短小精悍而语言优美的经文，都带有古朴的风格，其中绝大多数应该是佛陀或他的直系弟子们所吟诵出来的。另外，如果我们以这些看上去相当古老的诗歌作为尺度，再去对照它们上下文中的叙述语句，就可以看出这种"自说"的独特性。虽然其中有的"自说"片断来自最原始的传承，当时就附有相关的缘起说明故事。但也应该指出，大多数说明缘起的故事是后来编纂经典的和尚增补进去的。只有作

① 例如《律藏·大品》（卷1, pp.1, 5）；《长部》（卷15, pp.3, 10）；《相应部》（卷1, p.3；卷3, p.3；卷7, p.1；卷22, p.55）。
② 参见 K. 塞登斯塔克：《自说经》卷1，莱比锡，1913 年，pp. 62f.。
③ 前所引书第16页；塞登斯塔克也许并没有说错：他认为《自说经》中被马宗达指出来不符合语法规则的地方，也许刚好说明它们的古老特性。

这样的假定，我们才能理解，为什么有许多《自说经》的经文，仅有一个非常简单的缘起说明，而且这些说明文字看上去非常笨拙，在内容上也与佛陀的"感兴"风马牛不相及。例如，《自说经》[83]（卷3，p.7）告诉我们，纵令天上的神祇也会嫉妒阿罗汉得到的成就。就为这句话，这里也就添加了一段帝释天与臣属嫉妒阿罗汉离欲成就的故事。另有一篇《自说经》（卷6，p.9）则将那些热衷于享乐而不寻求人生意义的人，比作拼命地扑向大火的飞蛾。随附的因缘故事也就说佛陀游化舍卫城时，注意到有大量的飞蛾纷纷扑向火堆，自害身命。

一时世尊，再观舍利弗尊者，为他比丘说法晓义，心中沛然生感，发而成颂曰：

此之阿罗汉，已离却诸欲，若轮辐分散，似河源已枯，水流久已断。

此之破轮辋，再已无回转，比丘苦已尽，堪作大称叹。（卷7，p.5）[①]

《自说经》涉及舍利弗及目犍连两弟子，又有下面的缘起故事说明：

尊者舍利弗于月夜坐闲静处，须发尽除，于露地一心禅定。

---

① "轮"指循环再生的全过程；"河"指感官奔腾造业不止。这是佛教当中最常见的譬喻，几乎成了口头套语。另外参见本书边码第68页以下关于譬喻的解说。

有阿修罗恶鬼，猛击尊者头。"若是寻常世间，此之猛击，以力大故，立毙大象。象虽长七八臂高三四臂，亦颓然堕地；又此大力，堪令大山王化为齑粉。"然彼阿修罗，犹未及收手，立时堕地狱，高声哭喊，苦难作忍，"我为火烧，我为火燎……"。尊者目犍连，以天眼见此惨状，疾步近前，欲观尊者舍利弗安否，问曰："大德无恙乎，大德安详乎？不痛无苦乎？"舍利弗尊者回复："无碍，大德头微疼。"目犍连尊者大作惊异且作称叹。舍利弗接下来再称赞目犍连的神通：以目犍连见恶鬼欲加害道侣，舍利弗于此时对恶鬼的念头尚不知不觉，不能察觉其千分之一万分之一。而佛陀以其天耳，则听到了两个弟子在讲说神通的事，因此有所感兴，自说偈颂如次：

彼若岩石，诸根坚固，疾风暴雨，无有动摇。

彼离诸欲，无有贪爱，彼离瞋恚，无怨无怒。

若人似彼，得坚固根，无有苦痛，能害彼身。（卷4，p.4）

如果从上面的故事中我们读出了幽默，那肯定不是《自说经》的编纂者要传达给我们的意思。另外还有一则故事告诉我们，有离欲的阿罗汉达到清净涅槃，于是以神通立在空中，身上出水，身下出火——尽管他的旁边没有薪亦没有烟。看见这样的神通，佛陀随之也诵出了这番诗句：

若有铁匠，锻炼铁犁，锤打火烧，火花四溅。

彼自何来，又至何去，星火灭后，暗然无迹。

离欲罗汉，制服诸根，得大自在，斩断欲流。

飞行空中，住涅槃乐，无有人知，向何境界。（卷8，p.10）

　　佛陀的感兴之说，本来言辞优美，思想深邃，然而被一些幼稚的传说穿插在诗歌中。《自说经》中像这样的拙劣"故事"比比皆是，它们与佛陀想要发挥的东西，与佛陀的"感兴"真的挨不着边。例如，本经 V.5 和 VII.10 两处都是这种情况。不过，偶尔也能看到《自说经》的故事缘起比诗歌本身还要更有意思。例如，III.2 上面有关阿难陀尊者故事：阿难陀尊者是佛的堂弟，虽然出家做了比丘，但心中一直忘不掉家中的妻子。佛陀带他来到帝释天宫，让他看天宫的天女，阿难陀于是心中生出这样的想法：这里的天女长得如此漂亮，同我家里的妻子相比，我的妻子也就只是丑陋不堪的母猴子罢了。自此以后，阿难陀也就安心修道，笃守戒律，心中所想的也就只是未来得到道果，上生于天，可以亲近天宫的美女。当然这也仍是妄念，最后受到佛的纠正。[1] 又本经 II.8 中的故事也很有意思，因为它告诉我们，过去久远时代，人们对于佛陀之所以虔信热爱，只是因为他有神通之力。当然，人们更加熟悉的故事是"瞎子摸象"。这个故事出自《自说经》（卷4，p.4）：

85

　　　有诸外道及婆罗门相聚一处，遂起争辩。此说世之为常
　　（世界是永恒），彼道世之无常；此说世有终（世界有终结），
　　彼道世无尽；此说身与命为二，彼说身与命为一；有说得道
　　之人死后犹如生时，亦有说人若死便完全消灭；如是等等，

---

① M. D. 斯特朗对此故事的翻译颇有些随意。

百般争吵，骂詈毁侮。有比丘来至佛所，以告佛陀。佛于是
叙说了下面的故事：

昔有国王聚诸盲瞎一处。令人牵一大象立于会前。欲令
诸盲知象形状。众盲闻说，近前扪摸。有得象头者，余他诸
盲有摸象耳，及与象鼻者，亦有得摸象牙者。末后亦有摸象
尾者。① 众扪摸毕，王问诸盲："汝等云何见象？"彼诸摸
象头者答："象若罐。"彼诸得象耳者谓象如箕，触摸象牙
者谓象如犁，触摸象鼻者谓象如犁辕，摸捉象尾者谓象如扫
帚。一时议论骚然，各各自谓"大象若此""大象若彼""大
象非汝言""大象当若是"，争执不下，竟至攘打，国王见此，
大笑不已。

至此，佛陀得到结论：有沙门婆罗门，皆各各自谓见谛（真理）。
86　常如是说"此为实谛而彼非"或"真谛应如是，而非如彼"。②
我们在前面已经说过，《自说经》在佛教圣典中属于最早期
的部分。其中的故事说明大约是后来的编纂者添加进去的，也许
源自别的经文。有的故事则明显可以见到与佛传故事相关。其中
的片断也有的来自律藏中的某些段落。③ 经藏之所以吸收它们，是

---

① 经中原为"（王）示象头于彼等"，此处的"示"当然不是给他们看，而只是
让他们"摸触"的意思。
② 本寓言故事是所有婆罗门学者都耳熟能详的。"瞎子摸象"是印度人家喻户晓的。
参见 J.A. 雅各比：《民间格言二辑》，孟买，1902 年，p.53；T. W. 李斯·戴维斯：《大
不列颠和爱尔兰皇家学会学报》，1911 年，pp.200f.；《耆那教典》中亦收有这个故事。
参见 V. S. 迦特：《印度古籍》卷 42，1913 年，p.251。
③ 例如《律藏》I.4; II.1; IV.I; VII.9; VIII.5 及 6。

因为它们被认为属于古籍，比《法句经》中的注释还古老。不过，也有这样的可能，从经典的明白性考虑，尤其那些小篇幅的《自说经》经文，必须有背景性的缘起说明。

（4）《如是语经》①

与《自说经》一样，《如是语经》②的结构也是长行（散文）及诗歌（偈颂）交错结成的。但两个集子也有它们的不同。此处的《如是语经》，散文并不是承担叙事性的功能。即是说，散文与诗歌都服务于一个目的，表达同样的思想主旨——或是谈话说法的中心意思，或是表达某种警告训诫。散文与诗偈起到相互加强的作用。许多情况下——总数 112 篇的小经中有 50 篇都是散文与诗歌相辅而行的。有的时候先以散文简单宣说一种思想主张，然后再以诗偈重述。散文与诗歌两者之间有什么差异或者偏离，那多半是为了顾及诗歌的韵律效果而造成的。③ 又有的情况下，诸多诗歌中只有一个偈颂是配合散文重说的。其他的偈颂则一贯到底；然后，又会是一段长行一个偈颂以相互说明。于是，长行成了简短的介绍，宣明下面要说的意思。或者我们也可以这样看，对于同一事物，散文和诗偈是从不同的角度来处理的。自然，无论哪一种情况，

---

① 文第希校刊本，伦敦，巴利圣典学会，1889 年；J.H.摩尔英译本《佛陀格言集》，（附有注释及导言），纽约，1908 年；K. 塞登斯塔克德译本，莱比锡，1922 年；帕沃里尼意大利文译本《佛律要义》（*Testini Morale Buddhistica*），兰恰诺，1912 年，pp.97-111。

② "如是语"的意思是：那些以"佛这样说"开头的宣讲。此集中每一篇都在开头说明："佛陀如是说"。

③ 关于如是语经的韵律，参见 J.H.摩尔的讨论，《美国东方学会学报》卷 28；pp.317-330。

散文与诗歌都服从同一个目的。我们往往可以看到，比起偈颂来，
长行的表达要醒目些，说明也更为周全，甚至表达也更优美。即
令在后一种情况下，即长行较偈颂更加具有艺术性和说服力的情
况下，其中依然保持了强烈的佛教特点，即大量采取佛教的程式
化套语。同时，因为它们都属于分量不算大的经文，所以虽有长
行与诗偈的反复说明，但风格有异也还不算啰唆。大体看来，两
者的语言都是质朴而单纯的，通常不会见到玄奥难懂的语句。这
样的经文中看不到发展定型了的暗喻形式的典故。而有的譬喻在
个别场合却是非常美丽的表达。例如，某位慷慨的施主，如果他
能毫不悭吝地款待某苦修乞士，那他就会被描绘成雨量充沛的云，
其雨水无意识地落在山谷中（第 75 经）；又有，既然毒箭都会
污染箭袋，贤智之人就不会与邪恶之徒为伍（第 76 经）；人的
感官（诸根）是我们必须小心看守的门户（第 28、29 经）；佛
陀自称是无可比拟的大医王，既可以用草药为人除病，也能够用
刀刮毒疗伤（第 100 经）。在第 40 经中，其长行中的语言达到
炉火纯青的地步。此篇经文的目的在于赞扬慈悲，祈愿一切众生
因此得益：

> 诸比丘，一切诸行，若只为再生天界，其得利益，不及
> 慈护世间众生所获利益之十六分一，以其能令心解脱故。慈
> 心有胜功德，其光耀过于日月，以日月光明不及解脱心光明
> 故。诸比丘，一切星光不及月光十六分一。然彼月轮光耀天空，
> 明照大地，无有纤影故。诸比丘，若为再生天界，一切诸行，
> 所获功德，不及慈心所获功德十六分一，以能令心得解脱故。

慈心有胜功德，其光耀过于日月星光，解脱之心光明过一切
故。诸比丘，譬如秋天，雨季末月，天空澄朗，万里无云，
阳光彻照天空，驱逐幽暗，光明遍在，无处不满，光辉熠耀，
过于一切。诸比丘，慈护之心，光明犹胜此熠耀日光……慈
愿功德无有通过故。诸比丘，譬如黎明驱逐暗夜，晨星熠耀，
光明充斥天空。诸比丘，慈心慈愿，无胜于此……①

有时经文中的散文往往虽有诗偈但并不包含个人色彩。比如
佛陀在《自说经》的第 30 经中说：人有两种痛，或因不为善，或
因作不善；人又有两事乐，或因不作恶，或因为善乐。但偈颂中
仅仅说到人死以后，因其生前所作之身语意三种不善业会堕于地
狱；只有那些生前作了身语意三种善业的，才可以生天。第 92 经
的长行中，佛陀的语词非常优美：若有比丘捉我裙裾，步步相随，
然彼不能调伏贪欲、瞋恚、愚痴及起恶心者，其犹远离世尊，世
尊亦远离是等比丘。然若有比丘，其身虽在百里千里以外，若能
调伏贪欲、瞋恚、愚痴，且不起恶心者，其犹在我身边，我亦在
比丘身边。散文虽如此，随后的偈颂就有些乏味了，读上去词语
平庸，甚至有些沉闷。所说的内容也仍是贪欲之人、邪僻之人、
怨恨之人距离解脱的贤智之人很远很远；只有为善之人、清净之人、
无我之人，才与善净无我甚近甚近。这就几乎让人觉着编纂者只
是将两篇经文糅到一起，根本没有顾及此两经与佛说的"远"或"近"
并不相干。

88

---

① 皮谢尔：《佛陀生平与教义》，pp.76f.。

　　事实上，之所以发生这样的情况，长行只是独立的一篇经文，而随后的偈颂与前者只是牵强地拴到一块——只是因为语词的发音相近。① 有的情况下，我们真可以遇到这种长行与诗偈根本两不相干却硬被拽到一起的，甚至还有长行的意思与诗偈的意思正相反的！这正好说明它是后世妄作增纂的结果。先用散文叙说某种主张，然后再用偈颂重说一遍，或意在加强，或意在修饰。这种先散文后诗偈的形式，大约是古代佛教诗歌的一般模式。既然在《如是语经》中的经文都具有同一种形式，大约可以说，该集子的编纂完成，应该在首次结集时，或者那之后不久。如果是后一情况，则很可能它从其他体裁的经文中移引借用了别的长行诗歌。我们作这样的推测，依据在玄奘的汉译《如是语经》。那中间看不到巴利文圣典中的本集中末后的经文②，但这些在《如是语经》中看不到的经文却在《增支部》里可以找到。极有可能当初它们就是从那里被抄引过来的。如果我们还可以多说几句的话，可以这么认为，有些偈颂两次出现随附着不同的长行。因此，哪怕是《如是语经》这样的小集子，其中所包含的经文也会分成早期或者晚期两种。在那些后来加添进去的经文中，从内容上看，长行更像是偈颂的注解文字。不过，就那些真正早期的经文而言③，可以肯

────────────────

　　① 译注：《付法藏因缘传》中就有这种因语词相近造成的笑话。见其是阿难纠正某老僧教授小沙弥的事。后者将读音相近的"生灭法"与"水老鹤"当作同一回事。

　　② 参见本书边码第 88 页底注 1。

　　③ 摩尔所宣称的凡是长行皆属后起的看法是错误的。因为哪怕《如果语经》这样的小集中，有一些古老的散文叙述正是佛陀所说的话。与摩尔的立场相反的是过分乐观的 A.J. 埃德蒙的结论：如果连《如是语经》这样的经都不是佛陀的话，那还有什么可以称作佛语的呢？（参见其《从根本源头比较佛教与基督教》卷 1，p.83）塞登斯塔克

定，其中的长行及诗偈都同样古老和具有重要价值。而后来的增补，则是因为经文中古老的长行与晚后的偈颂需要相互搭配的缘故。

（5）《经集》

如果我们假定《小部》经典中的各个分集，包含着一些最古老的佛教经文，那我们就可以确信不疑地断言，《小部》中的《经集》①（亦即《说法小集》②）就包含有最古老的说法内容。须知，尽管不能说整个《经集》完全是最初的佛教内容，但我们肯定可以证明，它属于我们现在所掌握的古代佛教诗歌中的最初部分。《经集》是诗歌体的经文集，一共有五品。前四品（《蛇品》《小品》《大品》《八义品》）均由一些小篇幅的经文组成。第五品称为《到彼岸品》。它是由十六个短篇组成的长诗，自成一个独立的篇章。无论梵文还是巴利文经典中，都提到过《八义品》和《到彼岸品》的篇目，内容也有被引述过。③此两篇的注释书收在经藏中（《小部》

90

也认为长行中包含着佛陀所教的核心内容。极有可能，《如是语经》中最古老的那些段落，大都可以追溯到佛陀本人。

① V. 福斯司尔编订过翻译过《经集》（伦敦，巴利圣典学会，1885 年、1893 年）；英译本，《东方圣书》卷 10，第二部分，1881 年；K.E. 纽曼依据前述英译本再作德译《乔达摩佛陀言教》）；另参见 A. 普冯米特，《印度文化世界》，斯图加特，1904 年，pp.62-85；H. 奥登堡，《古代印度思想》，柏林，1910 年，pp.25-64。另，新校刊本，D. 安德森和 H. 史密斯：伦敦，巴利圣典学会，1913 年；参见李斯·戴维斯：《印度佛教》，pp.177ff.。

② Nipāta 指一个较大集子中的较小部分（品）。例如增支部中的小品就称作 Nipāta（集）。而 K. E. 纽曼译将 Nipāta 译成"分册"；奥登堡在前面所引中（p.25）称其为"单篇的孤立的说法宣集"。

③ 汉译三藏中没有《经集》。但巴利文《经集》中有两篇经文，是有过汉译的。关于此，可以见姊崎正治：《巴利圣典学会学报》，1906—1907 年，pp.50f.；《博物馆》N.S. VII, 1906, pp.33ff.；《日本亚洲学会学报》卷 35, pp.709ff.。

经藏第 11 集），题名为《义释经》。此外，经藏中在不同的地方还收录了《经集》的个别经文及若干偈颂（来自五品中的各处）。[①]

摩崖石刻的阿育王敕令，其中曾有劝谕臣民们认真学习佛教的。敕令中提及的经文名称，有三篇便很有可能出自《经集》。[②]从内容和语言特点判断，我们认为这些经文中，有的属于原始佛教的早期作品，有的是佛陀及其直系弟子们在弘教时就已经使用的材料。换言之，这些经文属于佛陀在世时及他逝去后不久的那个时期。

《经集》中最古老的那些经文，其价值就在于能使我们了解佛教的原初教义。佛教的作品中，人们最常引用的，除了《法句经》，就是《经集》了。一句话，《经集》中的经文之所以备受重视，就因为它包含了原始的佛教思想，也因为它的形式是古代佛教诗歌的范本。

诵念经中的组诗，篇幅有的长有的短，但所有诗偈都围绕着某一个说法主题，因此成为一个诗偈组合。每一组诗偈的末尾一定有复诵的迭句。诗组中间或插有散文，散文长行与诗歌交替进

91

---

① 参见奥托·弗朗克：《德国东方学论文集》卷 63, 1903 年，pp.2ff., 255ff., 551ff.; 64, 1910 年，pp.1ff.,760ff.; 66, 1912 年，pp.204ff., 699ff.; 另，奥托·弗朗克（《维也纳东方文化论文集》卷 28,1914 年，pp.261ff.）竭力想要证明《经集》移借了中部当中的第 92 经《塞罗经》（III.7）以及第 98 经《婆塞塔经》（III.9）。这称不上是确凿之论。即令它可以成立，这也最多可以宣称《经集》的完成在《中部》的纂成之后。既然《中部》和《经集》本身都不算是完整的统一作品，我们也就没有理由说《经集》中的各个部分在时间上比中部经典晚同的话。

② 参见 K.E. 纽曼译：《乔达摩佛陀言教》I, p.567; IV, pp.711f., 226f.; 乔赏必：《印度古籍》卷 41, 1912 年，pp.37ff.; 另见附录三。

行。说法的散文中插有诗偈，许多时候诗歌组合中也插有散文的
说法语句。①我们发现，这样的经文形式属于印度最古老的文学
体裁之一。换言之，它们完全是问答体的对话再加上叙事的诗歌
或者叙事的歌谣的组合搭配。其中的问答，以后演变成为叙事的
故事。在佛教中它最后定型为叙事的歌谣。②也就是说，佛教的
这种叙事方式早在古代婆罗门教经典及印度民间的史诗中就已经
存在了，它以诗歌和散文相辅而行的方式展开。在婆罗门经典文
献中，总是会一再强调某种思想观念，并详尽地分析、思辨、解
说，不厌其烦地旁征博引。试看《经集》中的《婆罗门相应法经》
（*Brāhmaṇadhamma-Sutta*，意为"虔敬者婆罗门的诗歌"），其实
在《往世书》那样的文本中就有同样功能的偈颂。诗颂中描绘了
古代的仙人（Ṛṣis），称赞了这些"真净婆罗门"所过的清苦而自
洁的生活。但婆罗门中也有的因为受到世间诱惑而羡慕君王们的
骄奢淫逸，追求种种欲乐，从甘庶王（Ikṣvaku）那里接受赏赐的
美妇与金钱。他们还参与了血祭牺牲的供天仪式，屠杀了高贵而
清白的牝牛。由于这些污秽的行为，导致了种姓的混淆、道德的
浇离。于是佛教在此提出要恢复真正的清净梵行（Brahminism）。
《经集·塞罗经》（*Sela-Sutta*）说婆罗门塞罗归信佛法的故事。其
中有的段落与《薄伽梵歌》（*Bhagavagītā*）和《随歌》（*Anugītā*）

---

　①　例如，《孙陀利迦婆罗婆阇经》《塞罗经》等都可以见到这种情况。参见奥登堡：
《古代印度散文史》，pp.71ff.。

　②　我们在此称其为 Ākhyāna（叙事诗），并无其他的理由，只是因为其形式上属
于晚期的叙事诗体，而非专指通常所谓的叙事诗的歌谣形态。

中的偈颂非常相似。①所宣扬的同婆罗门的洁净观相近。《经集》
中对那些守誓愿且戒行坚固的比丘，都称之为"真牟尼"。②我们
在《经集·婆舍达》（*Vaseda-Sutta*）中读到这样的思想：所谓的
清净婆罗门，并不是因为他的出身，而是因为其善好的修行。该
经以许多美好的词句来赞扬清净婆罗门。但其实这样的价值观在
原始成分的《摩诃婆罗多》中就可以见到。③《婆舍达经》（No.35）
第63颂的送句中说："如是之人，我称真净婆罗门。"不过，《经
集》中的其他诗歌也有它的批评态度，只是批评的方式很巧妙。
它将佛教徒的理想与婆罗门的价值相对置，称赞前者较后者远为
殊胜。在《经集·臭秽经》（*Āmagandha-Sutta*）中，佛陀说到有
婆罗门严格实行洁净的进食原则，守种种净戒，以食用不净肉为
最大的污秽。佛陀对此评论说，其实，真正的不净污秽并不体现
在食肉的行为上，而是那些：

　　杀生之事。此等恶行于有命者捆绑、捶打及砍杀，还有
偷盗之事，亦有作妄语事、欺骗之事，随学邪行之事，亦有
淫邪之事，觊觎非行他人妻女……
　　如是诸事皆是污秽，而非食肉之事。所谓不净，凶狠暴戾，

---

① 参见《经集》，pp.568ff.。《薄伽梵歌》IX, 30。《阿努吉塔》28, 2; 29, 1。
② 牟尼，本义为静默。通常指立誓不说话的苦修乞士。这样的人最初也是婆罗门
系统的修行沙门，以后才延伸到佛教或耆那教的沙门身上。
③ 见该书卷 I, pp.377ff.；《法句经》中也可见到称赞"真净婆罗门"（第26品
383—423颂），《自说经》（卷1）和《耆那教典》（卷25）也有这样的文句。参见恰
彭吉耶：《维也纳东方文化论文集》卷24, 1910 年, pp.62ff.。

恶语骂詈，背叛陷害，无有慈心，贪瞋自慢，吝于施舍……
此皆不净，而非食肉。

借助《耕者跋罗堕阇经》（*Kāśibharadvāja-Sutta*）这样的经
文（I.4），如同穿越时空一般，我们来到原始佛教的最初岁月。
那个时期的沙门比丘，在当时人看来，在那些农夫、牧人、工匠
人等的眼中，还属于游手好闲之辈。本经的主人公跋罗堕阇是一
位信奉婆罗门教的农夫。他嘲笑乞食的佛陀，并且说，若复有人
不劳不作，不当得食。于是佛陀告诉这位跋罗堕阇，自己也是有
劳有作的，"我所耕耘的是另外一种田土"。又，在《达尼耶经》
（*Dhaniya-Sutta*）中（I.2.），富有的牧者以其广有资财与家中妻
女和乐而欣然自诩。与他这种自足相对置的是佛陀的清净快乐。
尽管世尊身无长物，四处流浪，但佛自己没有一点牵累。《本经》
属于最美丽的古代佛教诗歌之一。富有的牧者达尼耶与佛陀的问
答是一组组漂亮的诗偈。每一组偈颂的末尾都是迭句："天啦，
汝仍仰望祈盼雨水降临。"

93

诗人一再地找到新的韵律经来咏唱老调子，表示只有出家的
比丘才真正地享受着快乐，因为他们没有家室之累，也不受世间
荣辱喜悲的牵动。《达尼耶经》中的诗歌问答也可以见诸《犀角经》
（*Khaggavisana-Sutta*）（I.3.）。其第41颂充满了力量感，精神
上则非常自信："愿我独自漫游，有若犀牛独步。"诗句中透露
出某种执着的追求与淡淡的哀愁。这种情愫肯定可以打动那些与
僧团生活不相关的在家人。

又在诸如《旷野夜叉经》（*Ālavala-Sutta*, No.10）和《针毛夜

叉经》（*Sūciloma-Sutta*, No.17）这些经中，问答形式的偈颂又结合了文字游戏般的机巧诗句。后者可以称为吠陀经典和史诗的特色之一。与《摩诃婆罗多》[①]中的夜叉鬼一样，本经中他们也充当了发问者的角色，回答他问题的则是某个智者。后者站在佛教的伦理立场上发表其谈话与主张。

　　不过《经集》中也不仅是教训式的对话，它还有许多故事性的问答。这当中有三篇值得我们特别重视。它们是《那洛迦经》（*Nalāka*, No.37）、《出家经》（*Pabhajja-Sutta*, No.27）和《精勤经》（*Padhana-Sutta*, No.28），它们看来都属于诗歌–歌谣的残篇。以后佛教中的传记史诗体裁正是从这里发展起来的。这与印度英雄史诗的早期形式都可以回溯到那些世俗的歌谣或者叙事诗[②]一样，经中的对话体形式便是所有这些经典的共同特征。说话及针对性的驳难相互推展，向听众描绘了整个故事的展开过程。当然也不是所有的诗歌都是这种形式。多数经文开头都有一个缘起说明，它用几个简短的散文句子介绍本经的背景，然后进一步发展，即问答体的诗偈作正式的叙述。这样的形式已经是印度古代叙事诗成熟阶段的模样。再往后，这种叙事诗歌就发展成为了史诗。

94　上面说到的三篇经文都讲的是佛陀年轻时代的经历。如我们所见，这些经文中已经预备有佛陀本生传奇的基本特征。《那洛迦经》中所叙述的内容都是佛陀诞生之后的经历。

---

　　① 参见本书边码第 333 页。
　　② 参见本书边码第 39 页下注释 1。另参见《吠陀文献》，p.294。另参见文第希：《魔罗与佛陀》，pp.3ff., 222ff.；奥登堡：《古代印度思想》，pp.45ff.

本经说诸天神因佛陀诞生而非常欢欣。有天眼通能力的阿私陀（Asita）仙人见了，便问诸天何以如何高兴。后者回答说，在释迦族的兰毗尼园，有婴孩——未来的佛陀为世间一切人的利益而降生了。阿私陀于是从天上下来，来到饭净王的宫中，求得一见新生的婴孩。当他的目光落在孩子的脸上，他便宣告了这圣婴"若大火光，若最明亮的星辰，若万里无云的天空中的骄阳"，可以称得上光焰无际。尽管有天神为孩子打扇以送清凉，仙人抱过孩子来，高声称叹"此是人中之最，无可比拟"。也就在此刹那之间，仙人的眼泪夺眶而出，因为他已经想到了这孩子未来的归宿。释迦族人都惊异不止，向他询问是不是这孩子将来有何不吉祥的事。智者于是安慰释迦族人，说这个孩子将来会成就无上圣道。他感伤的是自己活不到那个时候，亲自听佛陀宣讲佛法。阿私陀离去时，吩咐他的侄儿那洛卡要做佛陀的侍者，令佛的名声传扬天下。[①]

第二个诗篇《出家经》中的偈颂，描写乔达摩太子从家族中"出走"，成为流浪的沙门并且际遇了王舍城的国王。第三个诗篇《精勤经》则叙述了这样一个插曲，邪恶的魔罗在出家苦修的乔达摩后面追随不止，前后达七年之久。他一再兴风作浪，想要把精勤求道以成牟尼的太子诱入歧途，使其重回世俗的泥坑。[②] 在本经中，95

① 这个传奇故事令人们常常想到《路加福音》（Ⅱ，pp.22ff.）上的预言者西面的故事。事实上福音书中有一段也与这里的佛教故事有惊人相似之处。此参见皮谢尔：《佛陀生平与教义》，pp.23ff.；E.文第希在论文集（《库恩论文集》，pp.6ff.）整理了有关这个故事的种种说法，并且在婆罗门文献当中寻出了阿私陀仙人的原型——阿私陀·提婆罗。文第希认为"将路加福音中的西面的事说成是对佛教的阿私陀仙人的借鉴，是绝对无法证明的事"。

② 这里也有研究者将佛陀与耶稣都受到魔鬼引诱的事作比较的。

尽管我们读到的佛陀事迹非常富于传奇色彩，甚至有神话性质，但若与后期的颇为夸张的佛传故事相比，本经看来要质朴得多，也更近于事实。

不过，即令就这些诗篇在《经集》中所呈现的歌谣形式而言，它们仍然不能算是佛教传统中最古老的堆积层。因为它们已经预设了一个更为古老的佛陀传奇前史，所以《经集》中的这些佛陀本事，只能算是后起的堆积。至于层积的时代性，如果从《经集》中的歌谣看，不会早于《经集》最后那部分，即《到彼岸品》（*Pārāyanavagga*）的形成时期。《到彼岸品》的开头便是以诗偈形式来说明缘起的故事结构[①]：

> 有婆罗门，曰波婆离，慷慨布施，无有吝惜，家财散尽。
> 复值有他，婆罗门来，索五百金。求索不得，便作咒难：
> 此波婆离，七日之后，头裂七段。时波婆离，闻是语已，
> 深念为忧。有天神来，劝慰无忧，使向佛陀，求破恶咒。

以下便是对佛的礼敬，一一称赞了佛陀的三十二相。其中说到，广长舌可以覆面，又说佛的头发是绀青色。于是，这个波婆离婆罗门派他的十六位弟子前往佛所。这些人都是硕学大德，也是清净婆罗门。十六弟子各各向佛启问。佛亦为之一一作答。十六段问答就是本经的基本内容。最后一段问答以后是一篇散文，强调

[①]　这个故事亦可见于汉译佛经本缘部中的《贤愚经》［卷十二·（五七）波罗离品第五十］。

了十六问答的重要性。其风格完全体现了梵文佛经的意味。散文之后再用偈颂作总结。本经的最末是对佛再作颂赞。结构上本经的末分并不是叙事性的。前面我们已经指出过,《到彼岸品》可以被证明是《经集》的最古老成分。于此我们可以作这样的假定,今天我们看到的这个结构叙事框架并不是原始形态的,它是以后增添改造的结果。

同时我们还可以假定,那些散文结构的故事类型(其中同样也由长行与诗歌相互交替)中,两种文体的掺杂也说明,这样的诗篇并非一开始就如此,也是以后才形成的。福司波尔曾经断言,所有长行都是后来的历史过程中添加进去的。[①] 而纽曼在翻译《经集》时干脆删掉了那些散文与诗偈相并而存的段落,因为如他所宣布的,他坚持那些段落只是"(后来的)注释者为了传教而凭空杜撰的说辞"。在我们看来,在多数情况下,他倒也没有说错。例如,《塞罗经》中称叹佛陀为转轮圣王,因此具有三十二相的那些文句[②],就属于这种情况;另外《沙比耶经》(*Sabhiya-Sutta*, No.32)历数了不同宗教派别的主张;或者诸诗篇中每当有某夜叉出场,就会来一段肤浅的拙劣得要命的教义问答。所有这些情况只能视为后期的注释者所为。[③] 但不管怎么说,《经集》同样也是一个内容既有早期也有晚期内容的集子。它本身绝不可能是一个

96

---

①　见其译本前言,p.vii。——译者

②　浦山在他的《佛教》一书中(pp. 246ff.)将大乘的《妙法莲华经》同《塞罗经》进行了比较。但《塞罗经》也已经是有佛陀崇拜观了。其中的诗颂第314、324偈以下都可以证明佛陀崇拜的宗教经典和思想在那个时代已经形成了。

③　若以下面各处为例的话:I.6, 10; II.4, 5; III.10。

统一的一蹴而就的作品集。^①虽然我们也知道，有少数的经典，例
如《蛇品》中第 12 经那样的，应该就是佛陀亲手所作。

（6）《天宫事经》与《饿鬼事经》

　　巴利三藏中，最晚形成的应该是《天宫事经》与《饿鬼事经》
（ *Petavatta-Sutta* ）。^②这两部经的诗歌说不上怎么令人赏心悦目。
好在篇幅都不算大。其中也说了一些业报轮回的道理。宣说这种
教理有深刻发挥的经典，在婆罗门教典或者佛教中都有不少，其
中许多寓言故事或者传奇中都有不失优美的叙述。^③问题在于本诗
篇中为说明业报轮回而举出的事例，亦即本经中的小故事。因此，
它们实在缺乏艺术性，说它们是诗歌，也就仅只押韵而已。从内容
上看，所有故事也都千篇一律。在《天宫事经》中，目犍连问某
天神："云何汝居天宫，云何天宫诸庄严事？"^④天神于是简略地
回答他，我在前生积有善业，所以得享天乐福报。而在《饿鬼事
97 经》中，某位饿鬼——作为"六道"之一的饿鬼，梵文作 preta，
巴利文 peta，通常意谓人死后所变的鬼魂，由于其生前的不善之

---

　　① 奥托·弗朗克：《文第希纪念文集》，pp.194ff.。
　　② E. R. 古纳拉特纳：《天宫事经》（校刊本），伦敦，巴利圣典学会，1886 年。I.P. 米
纳耶夫：《饿鬼事经》（校刊本），伦敦，巴利圣典学会，1888 年。另参见 L. 舍尔曼：《异
相文学》，pp.56ff.。L. 费尔：《亚洲学报》，s.8, t.III, 1888 年，pp.109ff., 138ff.。H. 奥
登堡：《佛陀》，354 注释。W. 斯泰德：《〈饿鬼事经〉中的鬼类》，莱比锡，1914 年。
B. C. 罗：《佛教的鬼怪精灵》，载《加尔各答东方丛书》，加尔各答，1923 年。
　　③ 参见《吠陀文献》中各处，如 pp.239、396、423、537。
　　④ 依 E. 库思和 R. 伽尔比的看法（《印度与基督教》，pp.142f.），《天宫事经》
是圣托马斯传说中有关宫殿描写的原始来源。

业，只能四处流浪，生存在人世的边地——出场以后，阿难问它，究竟它做了什么恶事，才导致现在的困境。于是这饿鬼便作了无新意的回答，我们摘引如下：

　　（阿难尊者问豚鬼曰）

　　我观汝身，满如金色，辉映十方，惟口如豚，因前世业，受此报焉？

　　（豚鬼答曰）

　　阿难尊者，我之前世，不制身业，不制口业，今恶遭报，赋此丑形。

　　以是尊者，我今告汝：以汝不造，恶口之业，故汝不受，豚口恶形。

　　在《饿鬼事经》（IV. 3）中，有一位名为频伽洛迦（Pingalaka）的国王，按照为本经作注释的法护（Dhammapala）的观点，该王在佛灭后二百年中统治苏拉国（Surat）。这就说明即令是后来的注经人，也认为经文属于佛陀之后相当久远的某个时期。当然，就算是我们承认，诸如天堂、地狱这样的观念可以起源得很早，可以同原始佛教中的"阿罗汉"或"涅槃"这样的观念相并而处，但也不能用来作证据，说明本经中的偈颂必然是非常古老的东西。[①]　98

---

　　① 按 E. 哈代（《德国东方学论文集》卷 53, 1899 年，pp.25 ff.）的说法，《饿鬼事经》和《天宫事经》中的材料大约都是从《小部》经典，比如《本生经》中移借过来的。另参见 E. 哈代：《天宫事经注释》校刊本导言，伦敦，巴利圣典学会，1901 年，p.x。不过相反的可能性，即是说《本生经》从《天宫事经》和《饿鬼事经》中移借材料也不是不可能的。

（7）《长老偈》和《长老尼偈》

下边我们将要介绍的这两部诗篇，即《长老偈》（*Theragāthā*）和《长老尼偈》（*Therigāthā*）显示出，《小部》经典从内容上看，其实是何等的杂乱无章。但这并不影响两部诗篇的重要价值。出家僧人的诗歌说起来是非常枯燥和乏味的作品，然而《长老偈》和《长老尼偈》[①]作为"比丘和比丘尼的诗歌"[②]则完全不是那样的。作为宗教诗歌，它们完全可以称得上光彩夺目，其高贵尊严与优雅美丽，完全可以同古代印度的任何优秀的抒情诗相媲美。可以肯定，印度文学史上，《长老偈》与《长老尼偈》可以当之无愧地同从《梨俱梵陀》到《伽梨陀莎》（*Kalidasa*）、《阿马鲁》（*Amaru*）的任何抒情诗歌齐肩并立。

《长老偈》和《长老尼偈》是《小部》中的两个诗歌集。前者有诗偈 107 首，后者有 73 首。前者的偈颂数目有 1279 节，后者为 522 节。所有这些诗歌的诵出者都是比丘或比丘尼。他们的名

---

① 两者的校刊本，H. 奥登堡及 R. 皮谢尔前所引书：伦敦，巴利圣典学会，1883 年；李斯·戴维斯夫人有英译本《早期佛教徒的诗歌 I》《修道姊妹的诗歌 II》以及《修道兄弟的诗歌》，伦敦，巴利圣典学会，1909 年，1913 年；K.E. 纽曼译有德译本，柏林，1889 年；W. 斯泰德为之制作两偈的索引，载《巴利圣典学会学报》，1924—1927 年，pp.38ff.。另外参见 E. 缪勒：《大不列颠和爱尔兰皇家学会学报》，1910 年，pp.536f.；E. 朱利叶斯：《佛教比丘尼》，莱顿，1915 年，pp.142ff.。

② 这个译名并不太准确。因为归到这些"Thera-"和"Their-"名下的诗歌，一般说来并不是男性沙门或女性沙门。这一批作者的身份都有些特殊，他们中的相当部分都是佛陀时代的人，是佛的弟子。修道沙门被称作"Thera-"和"Their-"，即长老与长老尼，梵文中这两个称号应该拼写作"Sthavira"，即"上座"。这是对出家男女的尊称，并不表示宗教职位。参见 R. 皮谢尔：《佛陀生平与教义》，p.99；T.W. 李斯·戴维斯：《宗教伦理百科全书》卷 5，pp.252f.。

称也都明白地记录下来。证明传统中的这些作者实有其人的依据，
不仅是写本本身，也有《法句经》中的注释。后者大约完成于五世纪。
这些注释中记载了诵出诗歌的比丘与比丘尼的名字与传记故事。不
过，这些故事有的是从《长老偈》和《长老尼偈》中抄的，还有的
是注释者自己的创作，也有的是依据不同的叙述材料摘抄和改编
的。虽然它们都声称自己的历史翔实，但恐怕不能轻易使用和采信。
甚至可以说，哪怕是某诗歌的作者，某某长老、某某长老尼的名称，
都不一定靠得住。[①] 当然传统说法中，如果指称某诗偈的作者并非　99
一人而是好几位者，也有它的道理。再者，所有这些诗偈按长老和
长老尼两类分两个诗集，也是合理的。虽然真实的情况很可能是
这样的：那些被归到不同作者名下的诗歌，其实原本出自一人之口，
而被归到某位僧人名下的恰好又是不同作者诵出的。因此，恐怕不
能断然认定，《长老偈》中就绝对没有长老尼的作品。反之亦然，《长
老尼偈》中也可能有比丘的作品。[②] 尽管如此，我们可以深信不疑
的是，所有这些诗偈不可能仅仅出自一人之口。它们不可能是某

---

　① 例如，那些归到阿难名下的诗歌作品（《长老偈》101—1050 节）中，有的
也仅仅是同阿难有关，比如称赞阿难尊者的；而有的声称属于目犍连尊者的（1146—
1208 节）也出现在《中部》（第 50）中，与说目犍连的故事交织在一起。诸如此类的
情况还有很多。因此我们觉得，那些被判定某诗偈为某僧某尼所诵出的编纂者，其实未
必真的知道它的作者是谁。就像编纂《吠陀经》索引的作者并不知道《梨俱吠陀》中赞
颂的制作者一样。

　② 可以说，《长老偈》和《长老尼偈》的编纂工作做得很粗，甚至说不上多有智慧。
例如，我们经常可以看到，同一首诗歌被武断地剖成两部分，成为两首；或者本来不属
于一个整体的偈颂又被硬拉到一块。我们还可以看到，完全相同的诗节会在不同的地方，
逐字逐句地重新诵出。有的偈颂仅仅因为某些纯粹外在的相似性被拆开来，一部分被放
到《长老偈》中，另一部分则被放到《长老尼偈》中。

一位僧尼的单独作品。如果说诗偈中会有一些词句短语一再出现，或者不同的地方会展现相同的某种诗歌风格，那只是说明这些诗歌的作者都成长于同样的精神氛围，而不是像 K.E. 纽曼说的那样："某人（在创作中）将其思想烙印到了全部的诗歌上面。"①

当然，大部分长老尼们的诗歌的确出自女性之口，这也是毋庸置疑的。特别应当注意的是，大概比丘们不会像我们所预想的那样，会对僧团中的女性成员有深切的同感，以至于他们能够写出唯有女性才能抒发出来的内心感受。这里我们只需要回想一下，佛教的传统告诉我们的，乔达摩佛陀在他的姨母大爱道的再三请求下，是何等的不情愿之余，才许可比丘尼僧团的成立的。其实，巴利语的圣典多处显示，阿难尊者因为替女性出家的事求情，以后还遭到了比丘们的批评清算。正因为如此，绝不会有比丘创作了诗歌而将它归到比丘尼的名下。除非据传统说法，人们已经无可争辩地指明它的确由某比丘尼所诵出。李斯·戴维斯夫人曾经指出比丘与比丘尼们的诗歌在语言、情感和情调上的各种差异。② 我们只要一首一首地品味这两个集子的诗歌，就会发现最能深深打动人们内心情怀的，还是长老尼们的诗诵。《长老偈》中的作品是不太会有这种非常个人的细腻感怀的。换言之，《长老尼偈》中，我们可以倾听到有关外部世界的非常经验的与个人性的体悟；而在《长老偈》中，居于统治地位的多半只是自然描写而已。就

100

---

① 参见 K.E. 纽曼译：《比丘和比丘尼的诗歌·前言》，p.vii；还可以参见奥托·弗朗克：《维也纳东方文化论文集》卷 24，1910 年，pp.15f.。

② 《修道姊妹的诗歌 II》，pp.xxiiiff.。

是说前者是直抒胸臆，后者只能寓情于境。一句话，《长老尼偈》反映的是她们当下自身的生活。[①]

两部诗歌集的共同之处在于它们高度颂扬的宗教理想，以及随处表白出来的宗教伦理教训。为长老和长老尼所引为最高境界的，是他们内心深处的宁静——那是只有圣者才能达到的深刻寂静。这样的心境是诸天之神也要羡慕的。因为只有完全除灭了贪欲、瞋恚和愚痴，人才能摆脱所有感官的桎梏、诱惑以及本能倾向，从而达到至高的喜悦，不再为饥饿寒冷所困扰。因此，得到声乐的比丘尼如是感慨：

> 一切渴求——无论人世，还是天界，悉已断除。
> 而今我已，证得涅槃，得大喜乐，住大寂静。[②]

像这样的宗教理想，连同诸如此类的伦理教诫——四正谛的道理，对一切有情的慈心爱护、无害不杀生、自我禁制等，都是这些诗歌集中的，也是《法句经》和《经集》的主题。《长老偈》和《长老尼偈》的区别，在这里表现为或是自我告白，或是自我感悟的抒发。某位比丘骄傲地宣称，尽管以前，他受到妻子儿女的纠缠，清静被他们扰乱——但现在"此时当下，我心已然解脱"[③]。

---

① H. 奥登堡：《古代印度文学》，p.101。其注释中正确地解释了何以《长老偈》中主要以自然描写为主。认为那些诗歌中所以那么重视自然景致，是因为旷野与森林中的隐修，对于修道比丘有远甚于对比丘尼的影响作用。这个解释再次支持了这样的观点：长老尼的诗歌正是女性修道者之体悟之作。

② 《长老尼偈》，第 76 偈。

③ 《长老偈》，第 299 偈以下。

101　　另一位已得清净的比丘，则自己称赞自己，虽然历时甚久，但终于不再受妻女的羁绊，如同"竹芽迸发，出离竹丛"①。《长老偈》的诗歌中有许多对女性的抨击，把她们看作罗网和枷锁，对于修行比丘一再地形成威胁，要使他们偏离清净的生活。②有某比丘自诩，哪怕有再多的女性来引诱，他都不会有丝毫心动。③有的则相信女人是一切苦的根源，只要自己坚守而远离，就会成为勇敢的大雄（伟大的英雄）。④有某比丘特别提到自己修习不净观，在坟地中目睹女尸的腐败而得以证断烦恼。⑤与性诱惑的丑陋对立的，是一再地对美好修行愿景的羡慕。有某位比丘得到自己母亲的鼓励和指导，因而最终证得清净，于是用美好的言词感谢母亲。⑥另外又有一首诗歌，某比丘安慰他的母亲，说自己还好好地生活在这世上呢。⑦又有一首诗歌说某比丘原来穷弊不堪，靠捡垃圾为生。但他来到佛前，得佛的恩许出家，最终得以解脱。⑧另一首则说某比丘生在婆罗门富贵之家，生活骄奢，气势傲慢，但遇见了佛陀，他才走上了追求解脱的正途。⑨又有比丘以前曾为国王，他把现在的清苦

---

①　《长老偈》，第 72 偈。

②　参见该诗集第 267 偈以下、第 279 偈以下、第 453 偈以下、第 459 偈以下、第 1150 偈以下。

③　《长老偈》，第 1221 偈。

④　《长老偈》，第 738 偈以下。

⑤　《长老偈》，第 315 偈、393 偈以下。

⑥　《长老偈》第 204—212 偈，其中跋陀长老出家得母亲赞许而感到欣慰。但后面的诗偈第 335—339 节，感谢母亲的那几节却是另外一首诗偈。两处本应为一首的。参见本书边码第 99 页的注释 1。

⑦　《长老偈》，第 44 偈。

⑧　《长老偈》，第 620 偈、242 偈以下。

⑨　《长老偈》，第 423 偈以下。

纯洁而快乐的生活同以前的骄奢淫侈的王家生活作了对比。[①] 从诗歌中我们还可以读到，以往曾经是凶恶强盗的现比丘长老，回忆了他往昔的强盗生涯。不过总的说来，比丘长老们的诗歌中重现往日世间经历的还是很稀罕的。一般说来，这些往往只有数节诗行的诗歌，多半只能描写修行者的内心变化。不过，也有的诗歌称得上相当冗长。例如，那首描写多罗子（Talaputta）长老的诗偈（其长度竟有 50 节偈颂）叙述了这位长老为求成圣而遭遇的内心挣扎。[②] 也有的比丘们的诗歌，既不描写其自省的内心生活，也不回顾他们以往的俗世生活，而着意于宣扬佛教的道理。[③] 前面我们已经指出，《长老偈》中更多的诗歌所抒发的内容都无关现实的俗世生活。相比之下，《长老尼偈》反而更能涉及比丘尼们当下的社会生活。它可能会写到某位妇人因儿子夭亡而痛不欲生、失魂落魄、四处游荡，直到遇见佛陀，被接收进入僧团，才得到身安心安甚至喜悦。《长老尼偈》中多次言及妇人们的丧子之痛和得佛的恩许而出家为尼的故事。[④]

　　有一首诗偈告诉我们，有某贫困寡妇，无依无靠，已经沦为乞丐，偶然得遇一群比丘尼，听她们的谈话而有所感悟，也出家为尼。后得其本师帕塔伽罗（Patācārā）的指教，很快便证得涅槃。《长老尼偈》中还多次说到妓女出家为比丘尼的，也将她们当初身为娼优的生活，与比丘尼僧团的清净生活作对比，因此产生了

102

---

① 《长老偈》，第 842 偈以下。
② 《长老偈》，第 1091—1145 偈。参见 H. 奥登堡：《印度古代文献》，pp.101f.。
③ 参见李斯·戴维斯夫人的《修道兄弟的诗歌》，pp.xxxiff.。
④ 《长老尼偈》，第 133—138、51—53、127—132、312—337 偈。

强烈的劝化效果。

　　这样的对比不仅是艺术手法，也是某种精神上的提升。例如。在节日的欢乐气氛中，从参加宗教仪式庆典的游行队伍中走来了一位美貌非凡的妇人，邂逅佛陀的行化，她虔敬地听佛的说法劝诫，决心出家，成为僧团一员。在这样的欢乐场景中，民间节日的放纵欢腾，与出家僧人进入涅槃的寂静安宁成为诗意的对比。[①] 不过，我们也知道，那些邂逅佛陀、听佛说法并得法之益而毅然出家的人，也有许多是出自豪门的女孩，属于高贵种姓；也有的是长者之家的家庭主妇，有的已经儿女成群，至十数人的母亲。她们共同的归宿则是涅槃和享受清净。

　　有时，作对比的是佛法与世间的财宝。诗歌中经常说到，出家女性的周围，往往有亲友多方劝说阻拦，不愿她们出家进入僧团。有的情况下，某位长老的美貌女儿得到世俗的青睐，前来提亲的有大富长者之家，甚至有城国之主的太子。有媒人向女孩的父亲表示，如要许可婚事，男家愿以重宝礼聘，珍奇异宝八倍于女孩的体重，金银丝绸皆不在算。但这时女主人公却往往因为听到佛的说法，一番法教，几句格言，便令她毅然出家，成为了乞食的尼众一员。《长老尼偈》中也不乏一些生活悲惨的女性，在成为僧伽成员以前饱受人间的苦难。例如，有一位叫吉萨·乔答弥[②]的妇女，卧于道旁，其夫已死，其子已亡，家中已经无人在世——这倒不是完

---

①　《长老尼偈》，第122—126、25、72—76、145—150偈。

②　李斯·戴维斯夫人在其《修道姊妹的诗歌 II》中（p.109）说，此偈中的吉萨·乔答弥并不是自说身世，而是讲述他人的悲苦。后者事迹见《长老尼偈》第112偈以下的注释。

全的艺术夸张。在古代印度，如果遇见瘟疫或者饥荒的话，这是完全可能的——父母、兄弟、姊妹都已经亡故。但乔答弥并未绝望，她遇到了佛法，循法修行，成就正道，得以进入预流果位。[①] 世间

的悲苦，一旦离弃，便是出家的欢乐。悲剧之后便是喜剧。某女出家[②] 得到满心的欢喜，她不无幽默地称自己摆脱了三种"弯曲"，亦即对她的三种压迫：一是不得不弯腰驼背地干农活，二是弯腰驼背地做家务（舂米等），三是服侍她那驼背的丈夫。[③]

通过《长老尼偈》中描写的这些生活场景，我们可以看到当时的社会状况，尤其是直接感受到印度古代社会中妇女的低下地位及困苦生活。毋庸置疑，这些诗歌中透露出来的社会场景，具有重要的意义，一方面，我们可以感性地认识那个社会；另一方面，其中的场景描写会令宗教诗变得生动起来。若不如此，单纯的宗教说理一定会令读者感觉乏味。[④]《长老偈》中的诗歌，如果有单调的地方，毕竟可以借助那些对自然景致的描写而得以调济补充。面对大自然修行者感受到的欢欣，我们知道，在《罗摩衍那》这样的印度古代诗歌中，就有非常鲜明的表现。这样的特点也已

---

① 《长老尼偈》，第 151—156、16 偈以下、69、102 偈以下、338—365、213—223 偈。

② 《长老尼偈》，第 11 偈。

③ 有趣的是，在《长老偈》中也有"三弯"的说法（第 43 偈）。那是说某比丘在出家以前辛苦务农，不得不受到犁头、锄头和镰刀三种"弯曲"农具的役使。

④ 李斯·戴维斯夫人在其《修道兄弟的诗歌》中（p.1）说这些诗歌并不都是单调乏味的。她指出，就像《修道姊妹的诗歌 II》中所表现的，出家僧人之成就阿罗汉的理想，是可以从多种角度来描述的。参见《修道姊妹的诗歌 II》，pp.xxxviiff.；《修道兄弟的诗歌》，pp.xlxiiff.。

经成为印度诗歌传统的一部分，深深地浸透了美文诗歌（ornate-epics，装饰性的史诗）和爱情抒情诗歌中。因此，哪怕在说教性的宗教格言诗中，也闪现着这一特征的光辉。《长老偈》和《长老尼偈》这两个诗集中的比丘沙门，虽然放弃了此世间及此世界中各种迷人的事物，但他们仍然感受着大自然的美丽。对于他们身边的自然环境——深山、密林、河畔、草场这样一些修行场所，这些孤独的圣者作禅观冥想之际，有时是佛教的僧人，但在体悟中又流露出诗人的眼光与情怀，往往会怀着巨大的喜悦，吟诵他们对自然的赞美。因此，如果置身于春日的生意盎然中，这些早已不为苦乐困扰的圣者，虽然内心恬静，但依然会吟诵出春天的欢乐。[①]

　　从大自然感受到的欢欣，也用各种优美的譬喻来加以抒发。入于圣境的修行者被譬之于岩石不可动摇，也如大象一般稳重；比丘如果炫耀他身上的袈裟，就会被比喻成为披着狮子皮的猴子；守戒自律的比丘，也会被比喻成蹲伏在洞窟中的雄狮。[②]某位长老尼的吟诵，费尽心思地堆砌了许多譬喻：如同农夫的耕耘、播种以及收获，比丘尼也在矻矻努力，以求达到涅槃；她在溪边洗足，目睹山泉从岩上淌过；她驯服自己奔腾的心，如同调伏烈马一样；当她回到僧舍，取出油灯点上，用针去调拨灯芯；当灯火熄灭的瞬

---

　　① 《长老偈》，第 537 偈以下、1063 偈以下、1135 偈以下、189 偈以下、522 偈以下、307 偈以下、527 偈以下。参见李斯·戴维斯：《佛教诗歌中的自然之爱》，载 *The Quest Review*，1910 年 4 月。

　　② 《长老偈》，第 629 偈以下、1000、1081 偈。

间，她顿时证得觉悟。[①] 这些精心雕凿出来的譬喻，正使我们联想到印度美文诗歌中的"花鬘装饰"手法。诗人有时刻意抛洒出一连串的美词丽句。有一篇极华美的歌赞出自妓女菴婆罗女（Ambapāli）之口。[②] 这首诗第一节的开头两行，都是歌者自赞其身体的美丽。　104
第三行则转而描绘年轻时的娇美胴体，与当下的年老色衰和枯萎残破相比，并引出后面的迭句：佛陀是真实语者，佛陀所言皆为真实。

　　所有的诗偈都有一个共同的特点：采用复诵的迭句，以及对典型的佛教语句再三重申。[③] 这些歌赞中往往也会采用问答体格式来叙事。《长老尼偈》中（第271偈以下）有父女二人的对话，父亲问女儿何以如此敬仰僧伽。女儿列举了加入僧团的各种利益，以说服父亲同意自己出家。另外一首（《长老尼偈》，第291偈以下）说到有这么一个僧人，先前出家，以后舍戒还俗并做了猎师，以杀为生；已经娶妻生子后，再次萌生出家的念头。诗偈中是他同妻子的对话。女的劝他打消弃家的念头，甚至说，如果他执意出家，她会杀死儿子。男的听了不为所动，表示自己出家的决心："纵汝心狠，执意弃子，以饲狐狗；我仍不因，怜幼子故，竟然还家。愚蠢妇人，莫作违难。"

　　佛教中像这样的歌咏已经成为反映现实的歌谣类型。我们在　105

---

　　① 《长老尼偈》，第112偈以下。

　　② 《长老尼偈》，第252偈以下。

　　③ 参见 W. 斯泰德：《巴利圣典学会学报》，1924—1927年，pp.34ff.，W. 斯泰德所撰的《迭句和复唱语句的对照表》；pp.197ff.。从该表我们可以看见这种重复强调比比皆是。

《长老偈》和《长老尼偈》中，尤其是晚期的诗歌中，往往可以读到这样的歌谣。虽然有的实叙其事，有的则只有感叹与赞美。《长老尼偈》中有一首长达二十偈颂的诗歌。[①] 这是一首非常具有戏剧性的诗歌。某婆罗门主妇一连丧失了七个儿女，因之悲痛不已，终日啼哭，直到有一天她忽然收泪安静下来。婆罗门问他的妻子，何以一下子变得不再伤悲。妇人回答说，因为遇到了佛陀，听佛说法，她已经明白了生死的道理，也就出离了生死。于是，婆罗门自己也前往佛所去，遁入僧伽，成为佛子。他甚至只打发原来的车夫回家通报主妇，说自己已经是僧团一员了。婆罗门主妇认为这是大喜讯。于是，让人把车马和一千金币赏给车夫。而车夫的回答也让人惊叹：主人，愿您保留着您的车马和金币，我虽不敏，今也觉悟，我也欲出家为僧。婆罗门妇想让女儿继承家业，她自己也要加入僧伽。但女儿回答说：家资万贯也是累赘，为离烦恼，她也要出家为尼。在所有女性出家人的歌赞中，还有一首非常美丽的苏巴（Subhā）。[②] 苏巴出家后在森林中遇见一位登徒子的骚扰。后者向苏巴求爱。他用热情的言词称赞她的美貌，又以密林中多有危险来恐吓她的道心，想要引诱她入歧途。但苏巴断然加以拒绝，并且吟诵出她的决心：

汝之所欲，无异妄想。如同愚儿，想捉月亮。

亦如愚夫，想攀须弥。汝之所欲，无异妄想。

---

① 《长老尼偈》，第312—337偈。

② 《长老尼偈》，第337—364偈。

我已出家，为佛女儿。我已离欲，无怖无畏。

苏巴表示，一切世俗欲念，都是避之唯恐不及的。在她眼里，　106
欲念如同烧红的炭，亦如杀人的毒药。苏巴描绘了身体的无常与
丑陋，说是最美丽的眼睛也还是可怜的窟窿。说完这些，她以指
剜目，将眼珠递给对方。①

　　有部分诗歌——如长老尼与魔罗的对话②，可以在其他地方读
到，像是《相应部》经典中的比丘尼相应品中，有些段落是它的
异行本。也有可能后者根本就是本诗篇中的片断。同样我们在《中
部》经典中可以读到关于一位人称为"指鬘"（Angulimāla）的强
盗的故事，它也可以在《长老偈》中看到（866 偈以下）。③ 可以
证明，巴利圣典的四部和（《小部》中的）《法句经》以及《经集》
中都有许多相似或相同的歌谣。《长老偈》中有一处（455 偈）甚
至可以判明是四部中的一个隐喻性的偈颂，它根本就是从那里摘
抄过来的。不过，我们也要注意，虽然有这样的相似性，但不能
说《长老偈》和《长老尼偈》一定是晚出的诗集。因为四部中他
处的相同诗歌片断，也可能是先有本处的两诗集后才增补进去的。

------

　　① 基督教的传奇中也有圣露西和布里吉达二人因为有青年贪恋她们的美丽，而自己
剜目的故事。不过这里的相似应该只是偶然的巧合。我们只要读一读《马太福音》，就可
以知道佛教对于基督教应该是没有影响的。E. 缪勒就持这样的看法。参见：《宗教档案》
（*Archiv fur Religion*）卷 3，1900 年，p.233。另外参见：C.H. 托内译：《故事海》卷 1，p.248，
注释；R. 伽尔比：《印度与基督教》，p.116；E.W. 伯林伽默：《佛教故事》，纽黑文，
1922 年，pp.325ff.；H. 昆特：《外国故事中的佛陀》，莱比锡，1922 年，pp.220f.。

　　② 《长老尼偈》，第 182 偈以下、189 偈以下、196 偈以下。

　　③ 其中的第 80 号经，pp.46ff.。

可以肯定地说，两部诗歌集中有相当部分的诗歌的时代性很晚。例如，歌谣中说有比丘在往昔世中，以一枝花供养佛陀，因此在天界漫游了八十亿年，最终才达到涅槃。这样的观念显然是后来的大乘佛教兴起以后，才发展起来的佛陀崇拜观。同样，诗歌集中又说到七岁的孩童可以有大神通，或说比丘以神力变化身体，百倍千倍于原形；又说诸天请舍利弗说法，纷纷向他礼敬。[①] 诸如此类的说神通奇迹的显示，证明这些歌谣不太可能是佛教传统中最古老的那个堆积层。下面的这两首诗歌，我们相信，其形成的时代只能是后阿育王时期，也就是佛教僧伽建立后数百年才出现的。[②] 其中第一首将"今日"比丘的生活同往昔简朴而虔敬的修道生活加以比较："彼时比丘，舍诸财产及妻子。而今之世，比丘之中，有为一掬米而作恶者。"又说他们好于好食，所言非法，贪图利养，不知感恩回馈。采集草药，邪命行医，装点鬓饰，有若倡优。言不诚谛，欺诳伪诈，多行不善。其第二首诗歌中说有某僧应人要求说未来时的佛教状况，其所描绘者极像西藏密宗。[③] 谓彼时比丘，多具贪瞋，嫉妒顽迷，不知真谛，弯曲佛语，受金银施，欺侮排斥有德比丘、比丘尼，以邪命为活——如此种种，都是原始佛教不存在的现象。比丘尼伊悉达悉（Isidasi）的自述诗也反映了一个佛法浇漓的时代。以这首诗为证据，可以说明那个时代许多在家女性成为比丘尼，正是在生活中遭遇了各种各样的困厄以后的一种选择。在这个时期，

107

---

① 《长老偈》，第 96、429 偈以下、563 偈以下、1082 偈以下。

② 《长老偈》，第 920—948、949—980 偈。K.E. 纽曼曾经将此二首诗歌与《增支部》中的段落加以比较，参见 V, 79, 80。

③ 《兰卡巴利圣典·小部·长老偈》，第 949—979 偈。——译者

僧团中的比丘如果想要脱下僧袍还俗成家，是一件不太困难的事，十天半月以后他随时还可以再次出家。这样的情景听起来似乎很不真实。但我们不要忘记，自从佛陀创立僧伽以来，经过了数百年，也经历了多次的危机。我们还可以看《长老尼偈》中最后一首诗歌（第448—521偈）。这首诗读起来让人觉得，它要么是很晚的作品，要么窜入了晚期的内容。①

　　因此，如果像 K. E. 纽曼说的那样，这些诗歌作品是"佛陀时代便已经被搜集起来并小心保存下来的，那么它们理所当然地在佛灭时便已经确定成型了"，恐怕这首先是无法证明的论断，其次这也涉及两个诗集中许多作品的年代其实仍然悬而未决。不过，这两个诗集中的确也还有很早的部分，很可能可以回溯到佛陀时代，是他的直系弟子们口头吟诵的。例如，《长老偈》中那些反复出现的诗行，比如"我不乐死，我亦不羡生"② 这样的话，很有可能就是佛陀的亲炙弟子亲口所诵出的。还有，乔达摩的姨母和养母——大爱道女尼所颂出的佛陀赞，也应当是真实的事 ③；而那些歌颂比丘们理想追求的诗句 ④，读起来是如此细腻而且真挚，极有可能就出自舍利弗之口：

　　　　愿汝精进，目标达成。勿失勿忘，我之教诲。

① 李斯·戴维斯夫人认为《长老偈》和《长老尼偈》都属于晚期的美文诗歌作品（参见其《修道姊妹的诗歌 II》）。
② 《长老偈》，第 196、607、20、1002 偈。
③ 《长老尼偈》，第 157—162 偈。
④ 如《长老偈》，第 981—994 偈。

我今入寂，弃此世间。已获解脱，无诸烦恼。①

诗中言语如此亲切，真像是舍利弗的遗言。下面这几句则是
在巴利圣典中多处一再出现的格言，它们属于目犍连所制：

诸行无常，有生必灭。若不生者，必亦不灭。不生不灭，
是真安乐。②

无疑，这些格言偈颂的时间非常古老，因此有可能出自目犍
连或佛陀的其他直系弟子。在此我们需要再次强调：三藏经典中
的各个分集，其中掺杂着年代不一的内容。具体要作判断，哪个
内容属于哪个时代，需要分别加以考察。

（8）《本生经》

佛教典籍中，早期与晚期的内容相互掺杂并存的情况在《小部》
109　经典的《本生经》中也一样存在。"本生经"，意为"佛陀在往

---

① 《长老偈》，第1017偈。参见《修道兄弟的诗歌》，p.349。此偈被认为原本
出自舍利弗的堂弟拘律陀。诗中的这种说法当是从佛陀的最后言教中扩展引申的。参见
《大般涅槃经》，《长部》卷16，pp.6, 7。

② 《长老尼偈》，第1159偈；《大般涅槃经》VII.10。这些偈颂被认为是帝释天
诵出的。这些格言也可见于《相应部》（II.193; I.6.158, 200）。"这些格言是如此广为
人知，我在科伦坡时就曾经听一位仆人为我用巴利语背诵。如果要追寻这些偈语的真实
意义，可能这里的英译远不是恰如其分的吧。"这是K.E.纽曼的感慨。参见K.E.纽曼译：
《修士和修女的诗歌》（*Lieder der Mouche und Nonnen*），p.242。

世中的故事"① 或 "（佛陀前生为）菩萨的故事"。菩萨在佛教教义中指的是某位达到菩提（Bodhi，觉悟、开悟）的修行者，也就是成佛的（成就了佛道的）人。② 乔达摩佛陀（亦即觉悟者乔达摩）就被称为"菩萨"。佛教中凡被称为菩萨的,谓其已经证得很高层次,而且这种证悟的实现并不是在最后生中,而是在今生此世前的无量世中。虽然其形体尚为人或为某种动物,但精神上已经得证了。只是到了今世今生,菩萨降生在释迦族的净饭王家而已。因此,"本生"便意在讲述和赞扬菩萨在前生前世中的种种事迹。在这些故事中,菩萨或为英雄或为某种配角,甚至只是事件的旁观者。每一个本生故事的开头大致是这样的：如是往昔之世（例如也许会声称"有梵上王治世"）,有菩萨入于（或此或彼,例如"某王妃或某雌象"）之胎,降生于世……故事于是从这里往下发展。

采用这样的方式,任何离奇的事迹都可以转换成为菩萨本生传奇。这样的故事长久以来流传于印度民间,也就成为人所共知的民间文学。这样的本生格式足以将故事的主人公——或天神或人类甚或畜生、阿修罗都塑造成为菩萨。也正是这样的手法,民间流传的故事无论其本来距离佛教观念有何等遥远,也都可以成为"佛教风格"的故事。不过,佛教的比丘在讲经的过程中,并不会严

---

① 这样解释 Jatākas 这个词大致是可以的, 因为它的字根 "Jāta" 是 "生" 的意思。H. 克恩的《佛教》（Ⅰ, p.328）将 Jatākas 译成 "小故事"。斯佩耶也同意这样的译法, 参见其《本生鬘》, p.xxxii；另外, H. 奥登堡有不同的看法, 参见 1896 年, C.261。

② bodhisattva 由 bodhi 与 sattva 组成, 后者 sattva, 表示 "存在者", 可指 "人"。梵文拼写为 sattva。也有的学者将 bodhisattva 解释成 "本质上已经完全成就智慧的人", 参见浦山：《宗教伦理百科全书》卷 2, p.739。

格地依从经典上的原文，讲说者会根据听众的情绪而采用推陈出新的手法，因为民间听众的内心世界无疑早就渗透了印度民间的习俗。如果佛教的比丘不能利用现成的印度风格故事去争取听众，他们还算是印度僧人吗？实际上，不仅比丘如此，印度其他宗教派别的宣教者，甚至后来的基督教传教士，又有谁不是运用这种民间风格的传奇故事来争取民众呢？对于来东方传教的修士们，他们早就采用了教皇格里高里（Gregory the Great）推荐的"以事例宣教"的方法。讲经说法中运用了圣者的故事，说感性的事实，必然能发挥有力的说服作用。"很多时候，比起教士们单纯讲道，以信仰者的事迹来作示范，会产生更大的感召效果。"①

110　　印度的佛教比丘当然也是深谙此道的。如同晚近的基督教传道者，佛教的比丘为了达到传法的目的，也会尽量借用民间流传的那些故事、童话、寓言、传说和奇闻逸事。诸如《类型小说》（*Gesta Romanorum*）或 Alb. 维塞尔斯基的《蒙格拉廷》这样的书，其中收集了几百年来传教士习用的故事。当然，传教士还会在实际运用中随机添加一些内容，尤其是民间故事、童话之类，因为这些东西很接近听众的知识水平，也更容易引起共鸣。其实，《本生经》中所载的故事也多为这样的大众层次的宗教信息。在相当长的时期，古代的传法比丘一直也都在指责那些借"鄙俗的"民间文学宣传佛教的讲经人，认为后者过于迁就世俗。在巴利圣典中，不止一处可以读到这种批评。②其中，比丘们受到警告，讲经时不

---

① Alb. 维塞尔斯基（Wesselski）：《蒙格拉廷》（*Monchslatein*），莱比锡，1909年，p.ix。

② 《律藏·大品》V，6.3；《长部》卷1，p.17；卷9，p.3；卷25，p.21。

要引用那些有关国王或者强盗的故事，也不要讲述那些刀杖凶器、兵事战争的话，甚至也要回避妇人、鬼神和山妖海怪等。但这样的禁忌并不会长久有效。很快讲经说法的比丘就会将它弃置一边。有一部梵文经典记载，佛陀自己就曾以种种譬喻故事善说法要，令人们生欢喜心，因闻法生喜而得后世乐。①

最初的佛教故事不一定就是"本生事迹"那样的形式。在那个时期的经文中，有的故事还同世俗的家常差不多。例如，看"长寿太子的故事"（Dighāvu，此故事收在律藏中）②，只是到了后来，才将它归入《本生经》。然而，我们也是在四部经典中发现了一些真正具有本生性质的经文。这就说明了佛教比丘同中世纪的基督教传教士一样，也会在讲经说法的过程中说一些故事，也许说故事就是弘法。③

111

不过，并非所有的《本生经》都被收入了三藏圣典，尽管三藏中《本生经》也有专门的收藏去处。④事实上，我们很难断定《本

---

①　《妙法莲华经》II.64，V 参见（《东方圣书》，pp.45, 120）。

②　见本书边码第 32 页；另见《本生经》第 371 篇及第 428 篇。与此相似，边码第 31 页的寓言尚非本生故事。参见李斯·戴维斯：《印度佛教》，p.195。E.W. 伯林伽默曾经列出从圣典中摘出的十个本生故事，参见《美国东方学会学报》卷 38，第 4 部分。李斯·戴维斯又补充了另外三个本生故事，参见《大不列颠和爱尔兰皇家学会学报》，1919 年，p.231。参见伯林伽默：《佛教故事》，pp.59ff.。

③　《长部》中《究罗檀头经》及《大善见王经》便是这样的；《中部》中的《大天奈林经》亦如此。

④　例如中部的第 81 经虽然是本生性质，但它就不在《本生经》中。《弥兰王问经》中也提到了两三个本生故事，而这些也不在《本生经》中。《法句经》的注释也是夹有本生故事的，许多梵文经典中也有本生故事。简言之，《本生经》并未收全所有的本生故事。另参见 L. 费尔：《亚洲学报》，s.7, t.V., 1874 年，pp.417ff.; t.VI., 1875 年，pp.224ff.。尽管这还未得到证明，但很有可能"巴利三藏中保存的《本生经》集子，当初产生时并不因为这个部派的专有意图，而可能是原始佛教的一般性观念"。

生经》的内容规模有多大，因为我们手中并未掌握全部的原初本
生经文。有的经文名我们只在本生的注释本中读到。在这个注释
本子中，其解释的每篇本生经文，都会有以下几个构成部分。① 序
说性质的故事，亦即"现在的当下的故事"，它交代佛陀在讲述
本生经文时的背景如何。之后，佛陀才会讲述他自己的前生事迹。
② 长行叙述（Atītavatthu），即"过去的故事"。换言之，它讲
述的是佛陀在以往多个前生中的某一个故事，亦即菩萨的本事。
③ 伽陀（Gāthā，颂赞），通常会用几组诗偈来总结前面的散文故
事，因此也成为"过去（故）事"的一个部分。① ④ 简短的注释语，
也就是对于前面出现的伽陀的逐字逐句的解释。⑤ 称为"联结"
的部分。② 它是由佛陀本人针对"过去事"和"现在事"而亲自申
说的结语部分。《本生经》的这个注释本分量相当大，它出自某
位不知名的僧伽罗僧人之手。正式的名称叫作《本生经义明解》
（Jātakaṭṭhavaṇṇana）③。该比丘的原始材料应来自更早的《本生

112

---

① 注释书通常会把这些诗偈称为"取证后的佛陀的伽陀"，意为"得到觉悟
以后的佛陀所诵出的诗歌"。参见 E. 塞纳特：《亚洲学报》，1901 年，s.9, .t.XVII,
pp.385ff.。

② 通常它是散文体的长行，偶尔也会看到是诗偈形态的。

③ 本集的刊定本：福斯波尔校刊本（卷1—7），其中卷7部分是索引，为安德森编制，
伦敦，1877—1897 年。缅甸文本的本书新校本，编写者是暹罗王室（国王姑母和王后所
资助，1925 年，10 卷本）。《本生经》的英译本有：《佛教本生故事》（Buddhist Birth
Stories），译者李斯·戴维斯，伦敦，1880 年（其中包括《本生经》第1—40号）；另有 E. B. 考
威尔所收录与编辑的《佛陀的前生故事》，主编者是 E. B. 考威尔。内容属于多个译者（参
见卷1—6，剑桥，1895—1907 年）。翻译者有 R. 恰尔默斯、W.H.D. 劳斯、H.T. 弗朗西斯、
R.A. 奈尔及主编考威尔本人。索引在 VII 中。多数《本生经》由 R. 莫里斯译出并刊载于
《民间故事杂志》II—IV。P. 斯腾达尔：《比较文学杂志》N.F. VI, 1893 年，pp.106ff.; VII,
1895 年，pp.296ff.; X, 1896 年，pp.75ff.; XI, 1897 年，pp.313ff.。《比较文学研究》I, 1901

经》注释本《本生事释义》（*Jātakatthakathā*）①。

叫作《本生事释义》的这个本子，实际上也被通称为《诸事 113
释义》（*Aṭṭhakathas*，说事）。据称当初巴利三藏编成以后，附
在圣典之后。本书用巴利文撰写，是同巴利圣典一道被携至锡兰岛。
在那里再被译为僧伽罗文，然后又被《本生事释义》的编者回译
成巴利文。② 不过，先被译成僧伽罗文后再回译为巴利文的只是本

年，pp.475ff.; II, 1902 年，pp.265ff.。A. 格伦威德尔：《佛教比丘 I》（*Buddhistische Sien
I*），柏林，1897 年，刊有 55 篇本生故事的提要或全译。至于《本生经》的选译本译者有
埃尔斯·伍德兹（Else Uders）：《吕岱司作导读的佛教故事》，耶拿，1921 年。《本生经》
的德文本全译者有 J. 杜图瓦，见前所引书，莱比锡，1908 年。《本生经文学》。L. 费尔：
《亚洲学报》，1875 年，s.7, t.V, pp.357ff.; t.VI, pp.243ff.; 1895 年，s.9, t.V, pp.31ff., 189ff.;
1897 年，s.9, t.IX, pp.288ff.。H. 奥登堡文载《大不列颠和爱尔兰皇家学会学报》，1893
年，pp.301ff.。奥托·弗朗克：《印度－日尔曼语言文化论集》（*Benz.Beitr*）22, 1897 年，
pp.289ff.。《维也纳东方文化论文集》卷 20, 1906 年，pp.317ff.。李斯·戴维斯：《印度佛
教》，pp.189ff.。奥登堡：《古代印度文献》（*Litteratur des alten Indien*），pp.103ff.。《学
术论文集》（哥廷根哲学史部），1912 年，pp.183ff.; 214ff.; 1918 年，pp.429ff.; 1919 年，
pp.61ff.。《古代印度散文史》，《哥廷根科学院哲学部论文集》，1917 年，pp.79ff.。）。S. 烈维：
《本生经》，吉美博物馆文献 XIX。W. 盖格：《巴利文献及语言》，pp.20ff.。温特尼茨文，
载《宗教伦理百科全书》卷 2, pp.491ff.。另外参见戈库尔达斯·德文，载《加尔各答评论》，
1929—1906 年，pp.265ff.; 1929—1908 年，pp.246ff.; 1930—1901 年，pp.78ff.; 1930—1907
年，pp.65ff.; 1931—1902 年，pp.278ff.。

① 《香史》（《巴利圣典学会学报》，1886 年，p.59）称觉音（五世纪）为本书注释者。
但李斯·戴维斯（参见《佛教本生故事》，p.lxiii）以充分的论据否定了觉音为其作者。
E.W. 伯林伽默补充说（参见《佛教故事》，载《哈佛东方丛书》卷 28, pp.49, 59f.），《本
生经释义》的语言和风格都与我们已知的觉音大相径庭。参见下文。

② 伯林伽默（《美国东方学会学报》卷 38, 1918 年，pp.267f.）认为此说甚不可靠，
因为到目前为止，用巴利文资料来作注释的事，除此一例，再也没有。不过，我们也很难理
解，如果根本就是空穴来风，何以传统中会有这么一番言之凿凿的来源说明。从常理上讲，
相当顺理成章的做法是：当《诸事释义》回译成巴利文时，编纂者其实本应该采用原始的巴
利文圣典中的或者圣典外的经本，何必大费周章地再依据僧伽罗文本去翻译成巴利文本呢？

子中的长行散文。其中的伽陀始终都保留了原样，即巴利文形态。
按传统说法，巴利圣典中一直保存着《本生事释义》的伽陀部分。[①]
考虑到经文本身无论偈颂还是散文，原本都是口口相传的，上面
的说法也不无道理。但相对而言，长行要比偈颂更缺少稳定性。
因此，三藏圣典编成以后，或编成后一个时期，长行散文也被书
写下来，而原来的偈颂则保持原样。说到长行散文，在起初翻译时，
它是由经典背诵者诵出来的，而由注释者将其形成文字则是更晚的
事了。

　　事实上，大部分《本生经》形式上都属同一种文学体裁。在故
事展开中，诗偈与散文交替进行。这是印度文学中人们喜闻乐见的
形式。对于古代印度人，用诗歌去装点散文的美文风格是极为自
然的传统。有时散文相辅以行，则是为了介绍或者消化诗歌的内容。
讲述神话的叙事诗会在故事的每一阶段末了来几个偈颂加以总结。
寓言故事的最后也会有一两个诗偈总结其伦理教训。民谣诗人或

---

　　① 参见李斯·戴维斯：《佛教本生故事》，p.lxxvii。人们认为这篇完全由偈颂组
成的《本生经》一直以写本形式保存下来。但是 F. 韦勒（《印度－伊朗论文集》4, 1926 年，
pp.46ff.）曾经审读了三个手写本的《本生经》伽陀，并得出结论：这三个本子的《本生经》
中其实只有注释的提要，都不是古代圣典中的巴利文《本生经》的伽陀。这就证明了赫特
尔（《德国东方学论文集》卷 64, 1910 年，p.58；《维也纳东方文化论文集》卷 24, 1910 年，
p.23）的推测。F. 韦勒在其书第 54 页提出质疑：究竟存在不存在这么一个完全只有偈颂
的《本生经》呢？不过，在它的注释本中，一直是将巴利文本和注释本两者区分开来的，
而在这种情况下，巴利本只能是指纯为偈颂的那个《本生经》了。另外，事实上，整个《本
生经》的分品原则是按 22 个品目来的，根本不符合《本生经》释义中诗偈的节数（参见
下文）。这就进一步证明圣典中确实存在只有偈颂的《本生经》。E. 塞纳特：《亚洲学报》，
1901 年，s.9, t.XVII, pp.385ff.；H. 奥登堡（《学术论文集》，哥廷根哲学史部，1911 年，
p.447）作进一步推导，支持存在那种单纯偈颂的《本生经》。他提出的理由 F. 韦勒没有
反驳。参见温特尼茨：《印度历史季刊》卷 4, 1928 年，pp.1ff.。

者歌者在说唱中也总是交替地采用偈颂和对话体的问答来展开叙述。通常的说唱都多半会是这样的，前面先来一段散文体的引言，如果有必要，也会用散文先作内容铺垫。^①

114

不过，如果我们以为《本生经》注释中的所有诗偈都是圣典内容的话，那就有点不符合事实了。依据文献中通行的分类法[②]，《本生经》中各个品集的安排，依据的是经文中包含诗偈的节数多寡。全部的《本生经》包含有二十二品（称为 Nipāta，意为小集）。第一小集有 150 个故事，每个故事中只含 1 个偈颂。[③]第二小集则收入均含两偈颂的《本生经》故事 100 篇。随后的各小集中，故事个数递减，而每个故事中的偈颂个数递增。第三小集中有 50 个

————————

① 参见《吠陀文献》，p.93。H. 奥登堡：《故事和〈本生经〉中的散文–诗歌类型》（*The Prose-and-Verse Type of Narrative and the Jātakas*），由《学术论文集》（哥廷根哲学史部）译，1911 年。《巴利圣典学会学报》，1910—1912 年，pp.19ff.。F.W. 托马斯（《大不列颠和爱尔兰皇家学会学报》，1903 年，pp.402f.）说：我们可以这么说，经文本身的简略与含蓄再结合必不可少的释文，这是从古至今的印度文献的基本形式……那些吟唱诗人经常采用的手法便是在散文叙述中间，背诵一段诗偈，这是今天我们在印度各地都司空见惯的说唱艺术。想必在古代印度也跟这差不多。

② 例如，《长老偈》中的分类便是依据每一首诗歌含有的偈颂数量来的。五偈一首的归成一类，十偈一首的、二十偈一首的也都各有其类。

③ 通常每个偈颂小节是 32 个音节。偈之种类极多，伽陀与祇夜均为偈颂之体，然两者意义不同：偈前无散文（长行），而直接以韵文记录的，称为孤起偈，即伽陀；偈前有散文，而尚以韵文重复其义的，称为重颂偈，即祇夜。通常偈颂每两行有 16 个音节（两句 8 个音节），称首卢迦，又称通偈。另一种为两行 22 至 24 个音节（两句 11 至 12 个音节）所组成，称为"triṣṭubh"。此外，不限音节数者为两行八句（四个短音量由七句与一个音节）所组成，称为"āryā"。长偈中未必为一颂二行，而每有一至四行者，原典中偈之音节数与汉译后之偈句，其字数并无直接关系。此外，一般首卢迦不限制音节之长短。另外音节亦用来表示散文的长度，经文中各段散文，也可以按 32 个音节分为一颂者。例如，汉译《大般若经》相当于该经梵本之 400 卷，称作"十万颂般若"。——译者

故事，每个故事中只含 3 个偈颂。随后的各小集中，逐品中的故事递减，而故事中的偈颂数目渐增。[①] 不过，现在我们所见的《本生经》中，偈颂的诗节也并不是始终如一地与其所在的分集数相符。例如，《一颂集》中有的故事就包含了 4 颂或 5 颂或 6 颂甚至 10 颂、11 颂的。而《二颂集》中的故事也包含了从 3 颂到 10 颂的。《二十颂集》中还有包含了 44 个偈颂的本生故事。《七颂集》中仅有两个故事，一为 92 个颂，另一为 93 个颂。《八颂集》中则有长达103 个颂的，如是等等。能够对此作出解释的理由是，《本生经》中的品目数字，着眼的是经中正文偈颂的数目，并不把释文长行的偈数也算进去。因此，巴利圣典中本生故事各分集标题中的偈颂数目比分集中经文实际包含的偈数要少。

115　　　即令从《本生事释义》中的故事看，也不能将其中的散文长行当作与诗偈是同一时代的。三藏经典产生于什么时代，并不等于这些散文也是那个时代的东西。不但如此，尽管巴利圣典中的伽陀一直保留下来并没有变化，但那些散文长行却是倒腾了两次的产物——先从巴利文译作僧伽罗文，而后又再回译成巴利文。两次翻译无疑会产生许多改变，难免会有所增补，哪怕它经过了很不错的编纂工作（这样的编辑修订总是不可避免的）。

　　　从许多地方看，这些长行都明显地看得出是相当晚期的东西。

---

　　① 原始的偈颂体《本生经》中，偈颂个数与品目大约是完全相符的（称一颂集、二颂集等）。正因为如此，在第 13 分品之后，才会有一个混合偈颂（长短不一）的《杂品》或《杂集》，称为 *Pakiṇṇaka-Nipāta*。而不是那个到《本生经》最末尾的那个《大集》或《大品》。这个《大集》中有十个故事。每个故事中包含多个偈颂。《大集》本身属于第 22品（分集）。

这不但因为锡兰的具体文化环境，就是长行本身也时时透出与诗偈的矛盾。① 再从语言上看，伽陀的语言要比长行的语言更加古老。但这样一来，则说明了伽陀是原来的巴利语诗偈，并未经历两次翻译。从福司波尔的编校本看，其中并没有将"过去事"与"现在事"区分开来。两者都是同一个编纂者所撰写的解说。② 116

但可以肯定《本生经》注释中的这位编写者肯定运用了某种古老的资料。而正是在这中间，我们从散文体的短篇寓言和神话中，发现了大量叙述相当精彩的故事。而在其他的《本生经》中，特别是那些不需要长行注释的本生事中，反而见不到叙述优美的故事。散文体的叙说一般都很笨拙也很无趣，从许多方面看，它们

---

① 吕岱司在《学术论文集》（哥廷根哲学史部，1897 年，pp.4ff.）中已经证明第461 篇本生故事中的散文与本颂其实无关。同时他还显示（《学术论文集》，哥廷根哲学史部，1904 年，pp.689ff.）：《本生经》中的散文故事，原型是克里希那的事迹，而且"看上去非常牵强与生硬"；不单如此，赫特尔（《德国东方学论文集》卷 60，1906 年，pp.399ff.）和恰彭吉耶（《德国东方学论文集》卷 62，1908 年，pp.725ff.）还证明了何以这些本生故事中的散文与诗偈会有这样的矛盾。这种不相符合的情况在本生集子中时时可见。例如第 128 篇上，散文解释说的是野干，而诗偈中则说的是狸猫。而从律藏中保存的该故事看，偈颂中所记的仍然是狸猫。而第 253 篇本生中的偈颂与散文则完全不相干，因此散文虽然是注释，但却不是该篇故事的原经注释。

② 福司波尔的校本则已经将两者区分开来。现在事用的是小号字体。但他这样的处理未必站得住脚。因为我们知道，现在事与过去事混在一起，正说明它们是同时一个时期的产物或作品。很有可能逐字逐句地针对诗偈的内容加以解说，正是后来注家的做法。此可参考奥托·弗朗克：《印度—日尔曼语言文化论集》卷 22，1897 年，pp.286ff.；E. 塞纳特：《亚洲学报》，1901 年，s.9，t.XVII，pp.406ff.。事实真相极有可能是这样的——"现在事的故事，主要都说的是憍萨罗国，间或也有摩揭陀国。这两地都是佛陀行化的地方。另一方面，过去事则以波罗奈斯城为背景，所说的都是极其程式化的固定话头。本生故事说到旦叉尸罗的实在太少。偶尔也许会涉及一些其他的古代印度城市，甚至有一次还提及锡兰。因此，福司波尔在其校刊本中将现在事与过去事区分开来，并认为"过去事必然是更为早期的内容"的断定，是缺乏依据的。

与伽陀本身实在不般配。很难想象，同一个注释者一方面能够将故事说得那样机智，饶有兴味；另一方面，又表现得那样笨拙甚至愚蠢、枯燥而乏味。因此，我们只能得出这样的假定，那些故事说得精彩的，注家手头一定有一个可靠的古本模范和传统材料。正因为如此，在很大程度上，散文资料中保存了古老的内容。

因此，单就《本生经》的散文内容看，真真实实地有些东西，是属于公元前三世纪之前的原始佛教的。我们通过巴尔护特和山奇的佛塔上的浮雕所描绘的故事可以证明这个判断。[①]这些浮雕对于判定《本生经》的历史年代显然有着极为重要的意义。所有这些宝贵的佛教建筑遗址，上面的铭文被判定属于公元前二三世纪。依据上面的铭文和浮雕，生动再现了《本生经》中的故事场景。其中，有的描绘的是散文注释中的场景。巴尔护特佛塔的浮雕甚至可以看出应当是《本生经》的哪篇故事，令人联想到那个《本生经》篇名。[②]

---

① 参见本书边码第 17 页注 3，并可对照 H. 奥登堡前引书：《美国东方学会学报》卷 18，1897 年，pp.183ff.；E. 呼尔希：《大不列颠和爱尔兰皇家学会学报》，1912 年，pp.399ff.；B.M. 马鲁阿：《印度历史季刊》卷 2，1926 年，pp.623ff.；《加尔各答评论》，1926—1912 年，pp.430ff.。

② 《本生经》中的故事是各有篇名的。篇名来自经文中主人公（他当然也就是往世中的前生菩萨）的名字，或者是某位故事中重要人物的名字，也可能是该篇经文首颂的开头词汇。不过，每篇本生故事可能有好几个名字。此可见第纳斯·安德森所编《本生经》（卷 7，p.xv），另可见巴尔护特佛塔。那上面的《本生经》篇名有时正是我们手中《本生经》的篇名。不过，有时两者名称稍有差异，所以辨识其内容是否相同，会有一点困难。迄今为止，判明了巴尔护特佛塔上的本生浮雕名称与经本上标题相符的有两个。这是李斯·戴维斯的工作，参见其《印度佛教》（p.209）以及胡尔扎克的 *IRAS*（1912 年，p.406）。另可见库马拉斯瓦密：《大不列颠和爱尔兰皇家学会学报》，1928 年，pp.390ff.。

从这些浮雕作品可以得知，那些也可以同《本生经》故事相对应的古代传奇，早在公元前三世纪就已经被称作"本生故事"的。它们也就是我们认定的菩萨本事。这也说明还在那么早的时候，佛教比丘在传法时便已经发现民间流传着许多"佛教性质的"传奇。据此我们可以认为，在印度从很早的时候开始，就有许多家喻户晓的民间故事。而这些故事很有可能是前佛教时代就流行着的。

因此，如果某些杰出的印度学研究者有这样的设想[①]：《本生经》给我们提供了叙述文学和佛陀时代的文化环境，或者更早一些的前佛陀时代的社会文化背景，那也只是在严格界定的意义上，它们才是靠得住的说法。也许有的诗歌与散文故事是古代流传下来的，也许有的格言和传奇真的属于前佛教的遁世沙门的诗歌传统。但若说到《本生经》中伽陀的大部分，平心而论，我们大概不会同意它们的最初出现会早于公元前三世纪，尽管我们也很难证明这个观点。我们也已经指出，即令《本生经》的诗偈也不一定就是巴利三藏里的《本生经》所独有的。既然《本生经》并不是某个单一的个别的作者所撰，而是后来的编纂注释者的集体作

117

---

① 此可见 G. 布赫勒：《论印度婆罗迷字母的起源》第 2 版，斯特拉斯堡，1898 年，pp.16ff.；R. 菲克：《佛陀时代东北印度社会结构》，基尔，1887 年；S. 迈特拉：《佛陀时代东北印度社会组织》，加尔各答，1920 年；李斯·戴维斯：《印度佛教》，pp.201ff.；李斯·戴维斯夫人：《关于北印度早期经济状况的说明》，载《大不列颠和爱尔兰皇家学会学报》，1901 年。其中仍然以《本生经》的故事背景来证明佛陀时代的"历史"。戈库尔达斯·德：《从〈本生经〉中的片断信息看古代印度的文明》，载《加尔各答评论》，1931 年，pp.362ff.；1931 年，pp.106ff.。后者的片断信息直接取自《本生经》中的伽陀，因此工作更为细腻。

118 品 ①，编纂注释者只是按他们认为合适的原则来安排这些故事，以叙述某种有关菩萨的思想。这样的叙述编排法就难免有逾出原位的不妥。②

基于所有这些情况，我们不能不说，《本生经》与《摩诃婆罗多》史诗的情况很相近 ③。我们的比照工作不仅涉及了《本生经》诗篇

① 按奥托·弗朗克的意见（《维也纳东方文化论文集》卷 20, 1906 年，pp.318f.；参见《德国东方学论文集》卷 63, 1909 年，p.13），《本生经》完全是个人作品。但这太不可能。他说："从整体上来看，（《本生经》）是某个单独的作者的个人作品。"也就是说，"他不单是收集（所有的《本生经》诗篇），往往还亲自动手作校编、刊定、改写、补充、修饰，事实上，这个人赋予整个集子以他个人的印迹"。如果奥托·弗朗克在这里说的 "编纂者、编校者"，替换成 "作者"，那他的话也有部分的真实性。因为传统的印度文献编纂者，往往不会只是搜集编排处理，他们也会改写诗人的伽陀，甚至将自己所写的东西塞进别人的作品集中。

② 例如，我们就怀疑本生诗篇第 61—65 中的诗偈原本应该是属于五个不同故事的伽陀。而本生诗篇第 377 与第 487 中的伽陀原本是同一个故事中的，还有，诗篇第 523 和第 526 中两处的伽陀也应该是同一个故事中的。参见吕岱司：《文第希纪念文集》，pp.228ff.；《学术论文集》（哥廷根哲学史部），1897 年。第一个本生故事（诗篇第 203）中的 5 个伽陀，虽然其偈数为 5，但又收在第二分集中。该伽陀为防蛇咬的咒语。这个故事说到了佛法僧以及过去的七佛崇拜，不过，殊不可解的是，乔达摩佛被当成了过去事中的，在一个他还没有降生的世纪中成为被崇拜的过去佛。

③ 参见《吠陀文献》，p.450。《本生经》与《摩诃婆罗多》之间的多处关联（参见《吠陀文献》卷中诸注释：pp.385, 387, 395, 400, 451-452, 487）无助于我们确定《本生经》的准确时期，因为史诗自身的历史年代是更加难以确定的。同样，它也无助于我们确定《弥兰王问经》中提到的或引述的那些《本生经》的时代背景，也不能解决《长部》和《中部》以外的第五集（《小部》）中的《本生经》诵出者的时代。因为所有这些《弥兰王问经》中涉及的内容在汉文《大藏经》中都是看不到而无从对比的。而后者的形成大约是四世纪，在《弥兰王问经》第 5 品中甚至还引用了与佛教根本没有一点关系的童话故事，并把它当作 "佛语"。这就说明了在公元后的几个世纪，所有的巴利圣典中的诗偈一律都被认为是佛经内容，都成为了 "佛陀的话"。然而，即令是《弥兰王问经》的晚出部分经文中，也有一些明显看出来是从《本生经》中抄来的章句，这就证明了在很晚的时候还有窜入古经的事发生。还可以从《波檀迦腻》的《大分别论》中读到《本生经》中的伽陀。该

中的各品以及其中的每个故事，甚至其中的每个偈颂，我们也要考察其时代背景。有的诗偈看来可以属于吠陀时代。[①] 而其他的一些伽陀甚至是叙事史诗的前期铺垫。[②] 与此同时，我们也可以肯定地说，从我们自《本生诸事释义明》（*Jātakaṭṭhavaṇṇana*）这部 ₁₁₉ 书中的发现看，《本生经》本身不可能是印度寓言故事、神话故事和民间传奇之先的"更早期的材料"。

因为我们的依据仅仅只有《本生诸事释义明》这部书。这是我们目前唯一知道的古代典籍。我们在下文所谈的佛教故事集的内容，之所以有重大意义，就因为它不仅是印度文学史的，更是世界文学史的讨论中都不可或缺的。不过为了稳妥起见，我们还是先不考虑《本生经》中的"现在事"部分。这是因为，一则所谓现在事，只是过去事的复制；另一方面，也因为它们只是一些简单而琐碎的杜撰，充其量也就只是从三藏中的某个地方摘抄过来的传闻故事，或者移借了律藏、《经集》、传记，或者照抄了

论释的语言特点显示出与《本生经》的关系（参见 F. 基尔洪：《大不列颠和爱尔兰皇家学会学报》，1898 年，pp.17ff.；R.G. 巴达卡尔：《国际东方学者大会学报》卷 9，伦敦，1892 年，pp.421ff.）。也就是说，《本生经》在公元前二世纪就可能存在了。

① 例如，吕岱司（《文第希纪念文集》，pp.228ff.）证实，《本生经》的某些伽陀（如第 377—487 偈）同《白净识者奥义书》就有交涉。后者是奥义书之一，本身应属于吠陀时代。这样的说法所关系到的就不仅是这些伽陀本身，我们甚至还可以作这样的推导：《本生经》中的诗偈"是与吠陀叙事体和史诗相关联的"。

② H. 奥登堡研究了《本生经》的语言风格（参见《学术论文集》，哥廷根哲学史部，1918 年，pp.429ff.；1919 年，pp.61f.）。他得到的结论是：《本生经》中的伽陀从风格特征看，代表着叙事史诗之前的歌谣特点。不过，他也承认，实际上我们不可能言之凿凿地宣称，这种风格的原始性，是就印度诗歌的发展而言的呢，还是仅仅因为从实际的编年史顺序看，它属于更早的年代。

古代的注释书。因此，实际上，非常有价值的内容正在《本生经》的诗篇本身或者（散文注释中所言及的）"过去事"故事。

我们在这里所说的《本生经》，其中的本生故事超过 500 篇。[①]其中包括叙述性诗歌体的本生故事。就这些本生故事的形式而言，它们有以下五种。[②] ① 散文形式的故事。其中夹杂了诗歌体的寓言故事、叙事性的歌谣或者道德格言。散文与诗歌交替混杂于故事叙述中，浑然一体亦颇足赏读。因此，我们在此大约可以假定，《本生诸事释义明》也借用了这里相当古老的长行解说的传统。② 叙事诗形式的故事。其中有（a）对话问答体的诗偈，以及（b）对话与叙事相混合的诗偈[③]。而我们在《本生诸事释义明》中读到的散文，一般来说，都是很肤浅且乏味的文字，并且还经常与它要解说的诗偈牛头不对马嘴。③ 篇幅较长的故事。其中先是长行散文，随后是诗偈诵出；或者在故事叙述过程中，交替性出现叙事诗和对话问答的伽陀。此处的散文（因为先作叙述，因此）是不可或缺的。但《本

---

① 《本生经》中的故事有 547 篇。不过这些诗篇中，有的其中包含了不止一个故事，有时，一个故事又分为几篇。因此，547 篇故事的说法就不是一个实数。《小部·义释经》（p.80）说《本生经》有 500 篇，法显也认为如此（见理雅各所译法显《佛国记》，牛津，1886 年，pp.106。法显提到在师子国有 500 个本生绘。参见 B.M. 巴鲁阿：《印度历史季刊》卷 2，1926 年，pp.623ff.）。

② 这些歌谣体的本生故事，其中多属于戏曲形式。L. 费尔称这些诗篇，大都类似于 *Chanddanta Jātaka*——它是《本生经》中的第 514 篇，可称为"戏曲体的"或者"戏曲体变种的"经文。其实说起来，我们恐怕不会把所有这些诗篇称为戏曲。前面我们已经指出（原书 pp.57ff.），在《相应部》经典中也有不少诗篇类似于此。

③ 为区分这里的叙事体与对话体的诗歌，《本生诸事释义明》称前者为 Abhisambud-dhagāthās，意为"觉悟者本人诵出的诗歌"。这里的觉悟者就指佛陀本人（参见 E. 塞纳特：《亚洲学报》，1901 年，s.9，t.XVII，pp.383ff.）。

生诸事释义明》中的散文并不是针对原初的《本生经》中长行的忠
实解说，而仅仅是增添的文字，目的是用注释的方式对后者进行改
写或者扩写，可以视为多样化的说明文字。① ④ 有关一类话题的格
言汇集。⑤ 实际上的叙事诗或者史诗片断。

　　上面的 ④⑤ 两类，本生故事的散文注释也都无足可观，显得
肤浅，而且多半读起来不知所云。至于说到《本生经》的具体故
事内容，可以分为如下这些。① 寓言。大致说来它们同印度的寓
言故事并无区别，目的在于对人的教训，即教育人、启发世智，
巴利语中称为"Nīti"（说理）。寓言故事中，只有很少的几篇算
是真正的宗教修行的诗歌，有道德劝谕的性质②，但说的不是佛教
的伦理。② 神话。这一类多为拟人的动物故事。读上去更像欧洲
的民间童话。而与佛教似乎亦无关系。在许多场合，这些神话也
会带有一点佛教的说教意图。算是"佛教化的"文字，但其实说
起来不是佛教方面的原创。③ 篇幅短小的奇闻逸事，或者俏皮话、
滑稽故事。它们虽也有谈话说教的目的，但与佛教内容往往无关。
④ 短篇故事。内容是种种的历险与传奇。有时它们属于长短不一

121

---

　　① 否认《本生经》故事中原本就有的诗偈与散文并存的现象是不可能的。A.B.
凯思就持这样的态度，参见《大不列颠和爱尔兰皇家学会学报》，1911 年，pp.979ff.；
1912 年，pp.435ff.，但他的主张并不合乎道理；奥登堡持完全相反的立场，但他的理由也
不具说服力，他认为"散文 - 偈颂的形式几乎是无往不胜的"（参见《学术论文集》，
哥廷根哲学史部，1911 年，pp.441ff. 上的注释 3）。不过，他仍然不能不用"几乎"这
个表程度的词汇。我们也不同意恰彭吉耶的意见（《德国东方学论文集》卷 66，1912 年，
pp.41ff.），他说《本生经》中的散文，"一般说来"都在传统中有出处。我们认为，如
果不用"一般说来"，而用"有的时候"要更合理些。恰彭吉耶在另一篇文章中还重申
了他的主张（见《维也纳东方文化论文集》卷，1913 年，pp.92ff.），但并未见到新的理由。
　　② 参见本边码第 300、391 页及以下。

的连环故事。除了主人公是菩萨身份，故事内容本身同佛教思想关系并不密切。⑤道德说教的故事。⑥种种格言。⑦修道的故事。此类故事原出于佛教的不多，多数来自印度传统中的修道诗歌。

依据以上我们的总结概述，可以得到这样的结论：《本生经》中有一半的诗篇甚至更多，从内容来看都来自佛教以外的资源。这样说是可以站得住脚的。证明的理由也很容易，因为佛教比丘的出身来自社会各方面各阶层，不同的种姓决定其思想来源的多样性。他们中的多数人对于社会中的民间传说、奇闻逸事本来就耳熟能详。对流行于各阶层各行业中的传说也都习以为常，信手即能拈来。多数僧人自小就被民间的歌谣、有关武士的英雄史诗所熏染。他们的日常生活中，民俗节日、庆典活动、歌唱舞蹈等早就将婆罗门教的神话，将那些遁世的沙门修行者的事迹，灌输在他们的头脑中。哪怕他们日后出家了，但影响他们思想趣味和动机目标的，还是这个文化传统中的人或事。他们的僧团生活与精神追求，仍然深深地打下了印度精神文化的烙印。也正因为如此，佛教的本生故事对于印度文学史而言，尤其有重大意义。佛教中的弘法比丘，其惯于使用的法宝之一，便是《本生经》的诗偈与故事。这当中装满了他们所熟悉的，也是信众喜闻乐见的口头文学作品。唯一需要做的，就是将以往听来的故事中的主人公换成佛教的菩萨也就成了。所有的《本生经》故事，内容与形式可能有异，篇幅也长短不一。① 那些篇幅较短的故事在写本上不过仅占有半页，

---

① 从《本生诸事释义明》看，《本生经》的编排标准完全是外在性质的。它所采用的归类标准只是经中所含诗偈的个数。其第22集（分集或品）中，只包含了一个伽陀的故事有150篇，包含了两个伽陀的故事有100篇，含三个伽陀的则有50篇。一般说来，

篇幅长的则有几十页，完全可以独立成册。①

　　篇幅较小的本生故事所在分集应属于较早期的品类，其中多半是寓言故事。例如，一只伪善的猫假装虔诚的修行者，背地里却以老鼠为食。②《本生经》各分集中多有一些其他印度作品中也能见到的寓言故事——类似《短篇故事》（*Tantrākyāyikā*）和《故事五篇》（*Pañcatantra*）那样的文学集中的故事，还有许多故事也是世界文学中常见的寓言。例如，狮子和牡牛本来是好朋友，因为豺狗的挑拨而成为对头，并相互厮杀。这个故事在《本生经》中是第349篇，其情节与《短篇故事》第一辑中所载的完全一样。《短篇故事》第四辑中猴子与鳄鱼的寓言，在《本生经》中有好几个变种。③像《伊索寓言》一样，《本生经》第148篇也说到有一头披着狮子皮到处游荡的驴子。不过，在《短篇故事》中它披

排在后面的分集，其中故事所含伽陀数目渐大，而篇数递减。最后的一个分集中，一个故事竟有数百的伽陀包含其中。这样的分类法当然不是后来的《本生经》编纂者所制定的，而是当初三藏编写时就有的规则。参见 E. 塞纳特：《亚洲学报》，1901年，s.9, t.XVII, pp.402ff.。

　　①　《本生经》中的各分集（品）中偈数的前后不同，且逐渐增加，似乎说明了所有的本生故事原先只是各自独立、单独流行的，后来才有汇集到一册书中的成为大集的设想。特别是最后的那个长篇诗歌，篇幅之大，甚至可以分为几个分集。这就说明了早期的短篇的故事肯定时间上要早一些，可以视为原初的流行歌谣。参见杜图瓦：《〈本生经〉故事摘录》，载《库恩纪念文集》，pp.345ff.。

　　②　《本生经》第128篇中的伽陀说：谓若有人，假称虔善，犹若客栈，高挂其幌。此则譬若，猫之戒誓。这几句基本上同《摩诃婆罗多》中的 V.160, 13；亦可见于《摩奴法典》（IV195, 毗湿奴 36, 8）。参见《吠陀文献》，p.391。

　　③　如《本生经》，第57篇，p.208。见本费：《故事五篇》，I，pp.420ff.；《短篇故事集》第二辑中有一篇也完全同于《本生经》第206篇。该故事也被雕刻在巴尔护特佛塔的石头上。

的是豹子皮；而在《故事五篇》和《忠告寓言集》(*Hitopadeśa*) 中，又都披的是虎皮。其他还有一些故事，例如豺狗为了骗取乌鸦口中的那块肉而称赞它声音甜美的寓言。[①] 本生故事中还有一个，说的是公牛羡慕天鹅成天好吃好喝，但末了却发现人们之所以喂养它，是为要杀它取肉。[②] 又有一篇故事说假冒伪善的鹤，声称要为鱼儿们另外寻一处清凉的池塘。最终一一地将它们吞食干净。但这只鹤最终仍未能逃脱蟹的惩罚。[③] 又有一篇寓言说一只鹦鹉受主人委托监视他的轻浮的妻子，而鹦鹉因为自己的不谨慎而招致杀身之祸。[④] 那篇说跳舞的孔雀的故事，讲到孔雀因为不知羞耻而失去了它的新娘——鸟王的女儿。[⑤]

---

① 《本生经》，第 30 篇。而在《本生经》第 295 篇中，寓言中的主角互换位置，成为乌鸦为了骗取豺狗嘴里的那块腐肉而称赞后者；法国的《拉封丹寓言》(I.2) 中，则是公牛称赞乌鸦，骗了它的奶酪。

② 《本生经》，第 30 篇。而第 286 篇稍一点变动，见本费：《故事五篇》，I，pp.228ff.。I. 谢夫特诺维奇：《佛教论文集》卷 7，1926 年，pp.284f.。

③ 《本生经》，第 38 篇。见本费：《故事五篇》，I，pp.174ff.，5；《拉封丹寓言》X.4.，该故事还有一个吉卜赛版的，见《德国东方学论文集》卷 42，pp.122f.。

④ 《本生经》，第 198 篇。该故事也可在《一千零一夜》和《辛巴达漫游记》中看到。参见：《辛巴达或七智者：叙利亚与德国故事》(*Sindbad or the Seven Wise Master: Syrian and German*, by F. Baethgen)，莱比锡，1879 年，p.15；乔曳：《洗澡的妇人》，I. 231，载《大不列颠和爱尔兰皇家学会学报》，1890 年，p.504。

⑤ 该故事似乎很早就从波斯传到了希腊。希罗多德将这个寓言写进了他的《希波克里特故事集》。据 C.H. 托内推测（参见《哲学期刊》XI，1883 年）：这个故事是希腊人占领大夏以后带到印度来的。不过这不太可能。因为民间某种传闻而编撰寓言故事的可能性，总比某个故事直接传入一个人群生活的空间要小得多。另外，那个说孔雀因为只顾跳舞而露出屁股的寓言，则是从印度人讽讥他人没有羞耻的谚语扩展来的。波特林克：《印度谚语》，No.5233；本费：《故事五篇》，I，p.280；J.G.v. 哈恩：《传奇研究》(*Sagwissen-schaftliche Studeien*)，耶拿，1876 年，p.69。S.J. 瓦伦 [《赫耳墨斯》(*Hermes*)，卷 29，1894 年，pp.426f.] 说到，希罗多德所说的那个故事的细节是一个

　　既然我们在公元前三世纪的巴尔护特佛塔浮雕中可以看到这个故事，那故事本身肯定是在《本生经》编纂的时代就有了。该佛塔的浮雕还刻画了《本生经》第382篇的那个故事。这个故事只有四个偈颂。说母猫为了诳到公鸡而花言巧语，大大地称赞了后者，说它自己要做公鸡温顺的老婆。但公鸡识破了它的诡计，把它赶走了。这个故事中的第三个偈颂是佛教的道德教训：世间妇人，若行引诱，皆如母猫。智者持戒，亦如公鸡，远离妇人。《本生经》第278篇中的几个寓言都是佛教的道德教训。其中，再生为水牛的菩萨便显示了能忍难忍的工夫：有一只厚颜无耻的猴子爬到水牛背上，撒尿拉屎掰拉牛角，极尽种种侮辱，但当这只猴子对别的水牛再行如此下流行径时，便遭到了杀身之祸。针对这个寓言，注释者说，菩萨当然能忍难忍，但猴子也是罪有应得。①

　　关于童话故事，本生经中除了寓言，还有与之相似的童话故事。其中，童话的描写极其生动。那篇叫作"一切牙"的豺狗的故事就非常风趣：

　　有胡狼某，偶闻密咒，便得异能，可以臣服一切四足之类。骄慢恣肆，率诸走兽，攻打波罗奈斯。军阵之中，威风凛凛，两象并行，各有一狮，踞伏象背。胡狼携妻，并踞狮背。第

124

_____

例外。它使人想起印度人挑选新娘的场景：或是女儿自己或是她的父亲，要从一大堆差别不大的求婚者中挑出一位新郎。我们只能设想这个故事最初起源于东方。若不是这样，希罗多德不会用这么确信无疑的语气来叙述这件事，就好像它真就这样发生似的。

　　①　这个本生故事可以在阿旃陀石窟中的壁画上看到。参见格里菲斯：《阿旃陀佛窟壁画》，伦敦，1896年，I, pp.12f.；图27, p.13。

一王后，便是母狼。如此威风，威不自胜。率众兽军，竟向
波罗奈斯。厚颜无耻，以逼城主。波罗奈斯城主无奈，让国
与狼，自甘臣服。一时全城，陷大恐怖。王之国师，本是菩
萨，其用善计，摧破胡狼，及其兽军。城中大众，突向城门，
欲取兽肉。此乃菩萨，以非常胜法令彼克敌。大众至彼，竟
不能食。本生故事的末了，这样叙述：菩萨以作神通，令兽
肉坚硬，莫能咬啮……①

　　童话的主人公虽多为动物，但也与人相关。在这些童话中，
动物往往与人类并列，但道德品质似乎较人类为高。聪明的斑鸠
可以跟随有名的老师学习吠陀经典。许多年轻人也都来追随斑鸠
学习。连老虎与狮子也是后者的朋友。它住在黄金的笼子里，由
一只蜥蜴做它的保卫。某天有邪命外道来，杀死了蜥蜴和智慧的
斑鸠。邪命外道也受到了应有的惩罚，被老虎撕得粉碎。有意思
的是，这个邪命外道的经历实在丰富，他曾经在各个往世中做过
田主、商贩、盗贼、猎户、篱笆匠、捕鸟人、粮食商，又做过赌
棍以及刽子手的跟班。②我们尤其注意到，在所有这些童话故事中，
知恩图报的动物要比忘恩负义的人多得多。这个思想似乎是世界
文学中的一般倾向。《本生经》中也不例外。比较起来，《本生经》

---

①　《本生经》，第 241 篇。A. 格伦威德尔曾有英译并作评述。参见《印度佛教艺
术》，第二版，柏林，第 53 页及以下。

②　《本生经》，第 438 篇。参见 E. 文希：《月光供养师尊的故事》，pp. 64ff.；
菲克：《社会结构》（*Soziale Bleiderung*），p.193［《佛陀时代东北印度社会结构》（*Social
Orgavization in North-East India*），pp.301f.］。

中最为美丽的故事也许是第 73 篇[1]：

　　久远往昔，有一国王，其子邪曲，人称恶逆太子。行若毒蛇，
无有善言，众所嫌恶，若眼中沙。时遇飘风骤雨，太子欲作洗浴。
众挟其人，来至河边，溺其河中。太子奋力，攀缘大树，与蛇、
鼠、鹦鹉者三，得免漂流。值一修行沙门援手，四皆出水得救。
沙门慈心，又引归家。来至家中，先为蛇、鼠、鹦鹉善作看护，
以其虚弱欲毙故。三者稍安，以为太子护理。太子亦安，然
颇衔恨，以为遭怠慢故，蛇、鼠、鹦鹉既得活命，皆向沙门
感恩，以图他日报答。太子口作感忱，亦心实无，深为怨嫌。
而后沙门，欲验彼等诚笃与否。蛇鼠彼三，言行相符，若影
之随形。沙门再向王城，来谒恶逆太子。此时太子继其父位，
已作国主。见此来者，即彼沙门，犹然衔恨，便命左右，鞭
笞毒打，欲断其头。沙门受刑，一鞭一声，诵此伽陀：是“世
间有言：大水漂木上岸，犹胜渡人出水”。众闻是中语，大
感其惑。沙门为说此之末。众皆愤然，聚在一处，捉拿恶逆，
殴排致死。拥彼沙门，为作新王。

　　世界文学中多有此类童话故事。其意在谴责忘恩负义的行为。
又譬如有某恶弊妇人，其丈夫曾经割身出血，以救其命。但彼妇

　　① 　还可以参见的故事有第 482 篇以及第 516 篇。参见本费：《故事五篇》，I,
pp.193ff.。也见罗沙瓦里尼的《故事五篇》校本 ch.3。《因缘果报故事百则》藏译本，
286, 603; II, pp.128ff.。《故事海》65, pp.45ff.。

人，虽得活命，却起外心，私通一残缺不具男人。为追随此瘸子，
彼妇人竟至推其夫坠崖丧命。后者因得一蜥蜴援手，而竟不死，
126 又因种种奇缘，后成国王。终能惩罚彼邪恶妇人及其瘸腿男人 [①]。

　　还有一个几乎世界各地的民间尽人皆知的童话。说到有某位
国王，其通晓兽言鸟语。其虽通鸟兽之语，但国王被警告不可将
自己听到的鸟兽语的意思告诉任何人。一旦泄露，国王就非死不
可。某一日，该王听到蚂蚁与苍蝇的对话，不禁失笑。王后问他
为何发笑。国王不肯说，于是王后纠缠不休，一定要知道那个能
通鸟兽语的密咒。尽管国王表示，自己一旦告诉她咒语，必死无疑。
但王后犹然不顾。正在此时，大梵帝释天化作一只公羊来到王宫。
他告诉国王，像这样的女人，应该狠狠地暴打一顿。否则她不会
放弃要求听密咒的要求。国王因为听了帝释天的话，才得以免死。[②]

　　《本生经》中还有一个故事使我们联想到德国童话中的魔法
桌子。三兄弟有奇异的宝贝：老大有一把魔斧，弹几下斧头，就
有劈柴了；老二有一面鼓，敲出鼓声，就可以击败敌人；老三有

─────────

　　① 《本生经》，第 193 篇。参见本费：《故事五篇》，I, pp.436ff.; II, pp.303ff.。
以及 G. 帕里斯：《民俗文化论文集 XIII》（*Zeitschrift des Vereins für Volkkunde XIII*，
1903 年），译者将故事根源追溯至东方童话中。参见沙畹：《汉文三藏中的五百故事》，
第 12 页。
　　② 《本生经》，第 386 篇。类似的故事在《一千零一夜》中也有。参见《东方和西方》
（*Orient and Okzident*），pp.138ff.。亦见《类型小说》（*Grasse* II, pp.190ff.）。关于这个
故事在世界文学中的广泛流传情况，可以见赫特尔：《故事五篇》，pp.284f.。J. J. 梅耶尔：《古
印度妇女》（*Das Weib im altindischen Epos*），p.376。查恰里亚也说到库恩的《巴拉姆和
约瑟夫》（*Baraam und Joasaph*），p.81。另见 R. 科勒尔：《著作集》（*Kl. Schriften*），
卷 2, pp.610f.；卷 3, p.539;《印度语言概览》卷 2, pp.410ff.。

一口锅，放到火上，自然锅中就有酥酪。① 类似的故事还有一个：127
某青年（童子）虽生在富有之家，但他已经耗尽了家赀。所幸他
的老子再生到了天上，得生为帝释身。他于是给昔日的儿子一口釜。
让他想什么就有什么，无不遂愿。帝释告诉这青年，他必须小心
守护这口宝釜。一旦失去，他也就一文不名了。终有一天，他喝
醉了酒，向空中扔宝釜作戏，结果一失手，宝釜摔得粉碎。于是，
他失去所有的财富，沦为乞丐。只能坐卧墙脚，衣不蔽体，潦倒
死去。②

　　可以说有许多童话从印度流向西方世界，但毋庸置疑的是，也
有不少西方童话传入了印度。例如，那个关于海上船夫的故事多
半就来自西方。故事说某船夫在海上触礁遇难，于是他满船的财
宝尽失。正在绝望之时，有海中夜叉女出现。她们引诱遇难的船夫。
后者因贪图欲乐，最终被夜叉女杀死。这个故事令我们想到希腊
神话中半人半鸟的女妖，荷马史诗《奥德赛》中的锡西海怪（Circe）
和卡里卜索（Calypso）之类。③

　　①　《本生经》，第186篇。参见格林：《童话与民间故事》，第36页以及第54页。
　　②　M. 加斯特（Gaster）：《大不列颠和爱尔兰皇家学会学报》，1897年，pp.379f.。
弗尔克：《印度童话及其重要性的比较研究》（*Die indischen Marchen und ihre Bedeutung
fur die vergleichende Marchenfirschung*，柏林，1911年，pp.8f.。比较这个故事与后面著
名的温兰地歌谣《伊甸之运》。
　　③　第196篇《雨云本生》，说遇海难之人得飞马（菩萨化身）拯救事。参见《天譬
喻经》（*Dvyādavana*），pp.120, 524ff.；《功德篋庄严经》（*Karandavyuha*），p.52；《正
法事汇·IX》（*Nayadhammakahāo* IX）；恰彭吉尼：《亚洲学报》，1910年，s.10, t.XVI,
pp.606, 608；《维也纳东方文化论文集》卷27，1913年，p.93。其他的船夫故事还有《本
生经》第463篇（说有名为Suppāraka的船夫，虽然盲目，但仍然是高明的船夫，精于掌
舵驾船）和第360篇（说有某伽楼罗同国王掷骰打赌并且诱拐了王妃。以后他遇海难而
流落荒岛。作为报应，他的妻子又与宫廷乐师寻欢作乐）。

《米达文达卡本生》（*Mittavaindaka-Jātaka*）既是童话也是
伦理故事。主人公在海上经历了种种奇遇。在大海中央的某个岛
上，在迦楼罗海怪的宫殿中，他与美丽的修罗女寻欢作乐。但正
因为这种无尽的贪欲，他最后仍然堕落在地狱里。另一个异本的《本
生经》又说他是因为不能孝敬母亲而落入地狱的。在那里他日日
夜夜被剑轮斫杀，苦不堪言。④

128　　《本生经》中还有一些关于食人者的故事。其目的既有娱
乐性，又有伦理劝谕。此类故事的主人公是叫作卡尔马沙帕达
（Kalmasapāda）的某国王。该王有以咒杀人的能力，并喜好取食
人肉。这个传闻在婆罗门可谓家喻户晓。卡尔马沙帕达自己也是
受到了诅咒。到了佛教的《本生经》中，他的遭遇具备鲜明的伦
理性。《本生经》中有苏塔苏摩（Sutasoma）王，他落入食人者
卡尔马沙帕达手中。为了活命向后者许下诺言，后又为履行诺言，
他自投罗网。因受他的诚信感动，后者也就皈依了佛教。⑤

---

　　④　《本生经》，第439篇，其异本还有《本生经》第4、82、104、369篇等。L. 费
尔曾经对照过巴利本和梵文本的《本生经》得到上面的结论。
　　⑤　渡边海旭在《巴利圣典学会学报》（1909年，pp.236f.）上的文章详细研讨了
巴利文本、梵文本和汉文本的《本生经》，追述了本生故事的前身即史诗-《往世书》
的传统。参见恰彭吉耶：《维也纳东方文化论文集》卷23，1909年，p.161，注释3；24，
1910年，p.396，注释。帕沃里尼（《意大利亚洲学会学报》卷25，324）还提到 H. 克恩
的《皇家科学院通报·文学》第4辑，pp.170ff.。J.S. 斯佩耶又在 R. 伽尔比（《佛教对
基督教的贡献》，芝加哥，1911年，pp.42ff.）之后，试图证明本生故事与基督教圣徒
克里斯多夫的关联性！但其实除了食人这个习俗，两个传说故事并无共同之处。佛教本
生在实质上同基督教传说应该没有任何关系。另外参见 H. 昆特：《外国故事中的佛陀》，
莱比锡，1922年，pp.19ff.。
　　渡边海旭（1872—1933），日本净土宗僧人学者。曾留学德国，研究梵语、藏语、
巴利语等，并专攻比较宗教学、普贤行愿赞。明治四十三年（1910）回国，与高楠顺次
郎共同监修了《大正新修大藏经》，并校订梵文普贤行愿赞（1905），著作有『欧米の
佛教』，遗稿集为《壶月全集》二卷。——译者

各种各样的非人，如像蛇神（龙）、鸟神（伽楼罗）、夜叉、紧那罗（Kinnara）①，都是童话中常见的主人公。有的《本生经》其实也就是篇幅较大的童话故事诗。例如，《本生经》第504篇说道，有一对紧那罗夫妻，只有一夜欢聚，然后各自东西，因此感到悲恸不已。而第485篇则说紧那罗女因其男伴被国王杀死，因而悲痛欲绝。最后，死去的紧那罗因为得服不死之药而复活。因此，《本生经》其实可以算得上戏剧性的长诗。虽为童话，而极富抒情色彩。《本生经》第432篇是既有长行散文也有伽陀诗歌的长篇。其叙述菩萨的再生，做了食人的马头夜叉女的儿子。《本生经》第543篇也是散文与伽陀相杂的重要作品，叙述了天龙和伽楼罗的世界，也属于佛教说教与民间故事的混合。该诗篇分量颇大，足可分为八节。而另一篇名为《贤毗杜罗本生》（*Vidhurapaṇḍitajātaka*）则是标准的六节史诗。诗歌中的主人公是鸠罗（Kuru）国机敏的大臣毗杜罗（Vidhura）。② 毗杜罗这个人物在《本生经》中多次露面。对我们而言，他与史诗《摩诃婆罗多》中那位同名的英雄一样引人注目。他是那位名为德里塔罗斯塔（Dhṛtarāṣṭra）王的异母兄弟和大臣。后者则是史诗、寓言或格言故事中智慧贤明的君主。③ 有意思的是，《本生经》中此处与《摩诃婆罗多》一样，都

129

----

① 这是一种半人的带翅膀的妖怪，关于它们的艺术描绘，参见 A. 格伦威德尔：《印度佛教艺术》，pp.44ff.。

② 《本生经》，第545篇。考威尔和劳斯曾作英译。见卷7，pp.126-156。本经缅甸文本稍有不同。R. F. St. 安德鲁和 St. 约翰英译本，载《大不列颠和爱尔兰皇家学会学报》，1896年，pp.441-475。汉文《大藏经》中有汉译本，参见沙晚：《汉文三藏中的五百故事》III，p.100。

③ 参见《吠陀文献》，pp.392ff., 451。毗杜罗的名字也可见于《长老偈》和《中部》经典。

提到掷骰子的赌博，人名也都一样。虽然《本生经》是诗歌体的童话，但其价值并不在诗歌成就方面。

关于逸事笑话，与寓言童话相比较，篇幅较小而数目颇多的算是逸事笑话。一般来说，尽管《本生经》中的此类体裁与佛教的关系不大，但其实往往闪现出智慧的光芒。印度人取笑笨蛋，一如德国人喜欢拿愚蠢的厨娘说事。《本生经》中有这样的笑话：某熊孩子因为要赶走熟睡的父亲头上的苍蝇，而用一块石头将老子的头砸开了花。[①] 故事中还说到某猿猴，因为要看给树浇水合适不合适，而将树木拔出来看。[②] 经常成为故事中嘲笑对象的还有婆罗门的祭司，也有沙门。例如，某婆罗门修行者来至一处，见两只山羊以角相抵正在打架。其中一只后跳一步，低头扬角。此婆罗门认为这是山羊知道礼仪，低首礼敬。旁边的某商人告诉他，赶紧站开，山羊马上就要来袭了。婆罗门尚未听明白，就已经倒在地上了。因为大疼痛，高声哭喊："救命救命，圣者被杀。"[③] 第240篇故事颇有黑色幽默的意味，讲述了恶王大频迦罗（Mahāpingala）的事：

> 其王暴虐，当死之时，波罗奈斯，举国欢庆。独有门阍，黯然而泣。菩萨因此，向彼寻问。门阍答言：我非哭彼恶王。

---

① 《本生经》第44篇及异行本第45篇。参见本费：《故事五篇》，I; II, pp.154ff.。《拉封丹寓言》，VIII.10。

② 巴尔护特佛塔上的浮雕有这个故事。

③ 《本生经》，第324篇。而另外的一篇（第113篇），则以粗俗的方法取笑了某贪心的婆罗门。第376篇说某修行沙门聪明反被聪明误，自己害了自己。那教训是说，任何忠告，并非对所有的人都有益。

只因往昔，每日下殿，王皆以拳，捶打我头，八数为记。若
铁锤当头，我痛难忍。我今畏恐，王至地狱，以拳亦筑，彼
阎罗王。阎王不堪，遣其速返。我忧我头，再遭捶打，八击
之数，痛实难忍，是以哭泣。菩萨慰言：死人已灭，岂可再返，
尸遭毗荼，四大分散，汝实无忧，应作欣庆。

　　逸闻故事往往充满着巧妙的讥讽。比如，有一只猿猴长年养
在王宫。一朝被王释放，重新回到猴群中。众猿环绕，争相问言：
人间世界状况如何，所依何物，所食何味？人相交接，以何为节？
彼猿所答，便是两个颇为机智的偈颂：

　　　　彼等人类，日日叫嚷，此金我有，此宝属我。
　　　　彼等愚痴，不知真实，不求真实，诚可哀悯。
　　　　每家一室，每室两主。其一无髭，但悬两乳。
　　　　发若麻辫，耳垂大环，蓄钱置宝，钱宝无用。
　　　　家虽雇用，然吝工钱，使役逼苦，遭人怨毒。

　　听它这么一说人类的事。众猿纷纷掩耳，四散逃开去。[①]
　　另一则故事，值得我们注意，其同希腊文学有所关联。说有
一妇人，其夫、其子和其兄都被国王判处死刑。王悯其妇，许其
从三者中选一人免死。妇人于是求国王宽赦其兄。王问其故。妇
人回答说：我若再嫁，当有丈夫。我若有夫，亦当有子。独我兄

131

---

①　《本生经》，第 219 篇。

弟，若遭杀害，今生此世，不可再得。希罗多德也说过类似的故事。讲的是因塔费尼斯（Intaphenes）的妻子。戏剧家索福克勒斯（Sophocles）与安提戈涅（Antigone）也议论过同样的问题。不过，这样的想法也可以在《罗摩衍那》中读到。因此，印度有一句古老的谚语：世有亲兄弟，实为难得事。我们知道，无论印度还是希腊，从古以来人们就重视这样的血亲关系。可正因为如此，我们不能判断本生故事中的这个情节究竟最初发生在哪里。

关于奇闻逸事，这里说的奇闻逸事只是另外一类民间故事。各民族的口头文学中都有这类妇孺皆知的故事。有的嘲笑蠢汉愚妇，有的赞人机智敏捷、能言善辩，或善于解答谜语，或睿明善断，或者巧于技艺。作为世俗的文学传统，它们所称赞与讥讽的都是日常生活中司空见惯的人与事。例如，某位贤明的法官善于判案，有若犹太人的所罗门王。一个故事说到某贫汉，出于好心借给他人一匹跛腿的马。结果弄得一位孕妇的婴儿流产夭亡。这位法官利用他的机智，使这位好心人摆脱了官司……与此同时，法官还为人解开好多颇为挠头的谜语。[①] 佛教的库萨本生（Kuśajātaka，132　故事第 531 篇）中讲述了一个在各种场合都能应付自如的艺人。这位有点迷人的主人公叫库萨。

库萨是奥伽卡（Okkala）国王的太子。其人的丑陋模样与聪明智慧都是第一等的。他想要娶妻了，便命人用黄金打造了一尊女

---

① 《本生经》，第 257 篇。英译者 J.J. 梅耶尔的《贤明集》，pp.46ff.。本费的德文译本《故事五篇》中这个故事成为了西藏的智者，参见 I, pp.392ff.。探究这一类故事，我们还可以联想到莎士比亚戏剧，如《威尼斯商人》中的机智法官。参见托内：《语言学学刊》卷 12, 1883 年，pp.112ff.。

像，然后遍告天下，只有长得同金像一样漂亮的女孩才能做他的新娘。他命人抬着金像四处游行，逐一地经过各个国城。金像终于来到摩达国（Madda）。当该国王的公主有光（Pabhāvati）在阳台上看热闹时，人们发现她长得同金像一样漂亮，甚至比金像还要漂亮。有光答应了库萨派来的求婚使者，表示愿意嫁给奥伽卡太子为妻。摩达国王后知道库萨的模样很丑，于是提出一个要求。除非有光公主怀孕，新婚的夫妇只能在天黑以后见面。尽管如此，年轻的夫妻又希望看见对方的模样，因此想方设法地规避王后的约定。最终两人还是在一个大白天见面了。而有光公主大失所望，只好逃回娘家摩达国，拒绝再见到库萨太子。而后者又偏偏非常思念自己的妻子，决定不惜任何代价，要重获妻子的欢心。王子于是踏上了去萨伽罗（Sāgala）的路途。那里是有光公主居住的地方。到了该城，库萨先是吹奏他拿手的笛子，美妙的笛声深深打动了国王。他被聘为宫廷乐师。继而，菩萨又以非常出众的陶艺，塑造了一尊身姿优美的陶像；后又炫耀他的细篾编织技艺，制作了一面非常精美的团扇；再之后他又担任了宫廷的园艺师，能够制作令人叹为观止的花环；最后他成为了御厨。他做的菜肴，香味传遍了全城，甚至深入了人们的骨髓。至此，他总算见到了自己的妻子有光。尽管如此，他还是遭到有光的拒绝，并且还扔给他一大堆讥诮挖苦的话。天上的帝释于是派了七个国家的王来摩达国向有光求婚。这下子弄得摩达国王极为苦恼。因为他无论把女儿嫁给任何一个王，余下的六位都会兴兵前来攻打摩达国。于是他告诉自己的女儿，他大概只能将她大卸七块，分给七国的国王。有光惊惧之余，只好投奔原来的夫君。她跪在御厨库萨的面前。

根本顾不得哪怕是王宫中，厨房的地面也是非常肮脏的。于是库萨披挂上阵。他打败了来娶亲的七国国王。但本心善良又足智多谋的库萨，仍然劝说国王将未出嫁的七个女儿分别嫁给了七国国王。然后，他自己得意洋洋地携妻子回国了。①

133　　另外还有一个短小得多的本生逸事。菩萨在往世中曾经是铁匠。为了迎娶某位铁匠的漂亮女儿。他锻造了一枚非常精细的绣花针。又给这枚细针制作了一个精美无比的针匣。结果弄得一国的铁匠们都想致力于做漂亮的针匣。②

　　关于小说故事，《大乌玛伽本生》（*Mahā-Ummmaga J.*，第546篇）中包含了各种不同类型的故事，因此可以视为《本生经》中最为机智且富于技巧的作品。这部小说中编织进好多谜语和故事，因此也可以视为一部地道的话本小说。③我们发现，直到今天在印度它也是一种非常吸引人的作品体裁。从许多方面来看，《大乌玛伽本生》很像是《一千零一夜》中的阿希伽（Ahiqur or Heykar）的故事，又类似于普拉吕德司（Planudes）的《伊索传》（*Life of Aesop*）。④

　　这个本生故事的主人公为摩诃乌沙达（Mahosaddha）。他自幼便聪颖非凡，长大后成为善断是非的法官。像所罗门王一样，

---

① 这个故事有一个僧伽罗文的本子。Th. 斯代尔曾将其译为英文，取名为《东方爱情故事》，伦敦，1871年。

② 《本生经》，第387篇。这个故事的汉译本则说这位锻冶匠人制作了一枚非常精美的细针。此针可以浮在水面上。故事亦见于梵文本《诸天譬喻》。参见 A. 席夫纳：《印度戏剧故事》；《亚洲故事》卷7，1875年，pp.519ff.。

③ 这种话本小说是欧洲中世纪流行于市民中的一种文学读本。——译者

④ 本费：《民间文学》II，pp.192ff.；B. 梅斯纳：《德国东方学论文集》卷48，pp.174ff.。

他也解决了两个妇人争夺一个孩子的案子。其中，他用以考量的标准便是母亲对于亲生子的挚爱：他在地上画一条线，让争夺孩子的两个女人分别站在线的两边。让她们奋力拉扯那站在线上的孩子。谁能够把孩子扯到自己怀里，孩子便归谁。真正的母亲当然舍不得拼命拉扯孩子。那位不顾一切地把孩子扯过去的决不会是亲生的母亲。[①] 故事中，国王无论用什么样的难题或者谜语，都难不倒摩诃乌沙达。比如，如果把一根两头大小一模一样的木棍放在水中，如何判断哪一头是树根，哪一头又是树梢呢？只要看木棍在水中，哪一端重哪一端轻就可以知道了。摩诃乌沙达就像今天的人类学家一样，根据人的头盖骨上的接缝，他便可以知道，这头骨生前的主人是强壮的男人，还是纤弱的女人。他通过观察蛇的爬行能够指出是公是母。又有一次，国王出了一个刁钻的难题：让摩诃乌沙达为他寻一个脚上长角、头上长肉瘤、能用三个音节发音的白牡牛。国王身边的人没有一个能够知道这究竟是什么东西。而摩诃乌沙达便为国王抱来一只公鸡。国王要求他的臣下为自己准备一顿饭菜，条件是不能用米也不能用水，不能用锅也不能用灶，不生火也不用劈柴。最终只有摩诃乌沙达满足了他的条件。

134

---

① 同样的"所罗门断案记"也可以在中国戏曲《灰栏记》中读到。《灰栏记》与所罗门逸闻中的情节，可以肯定都不是原生的。究竟哪个影响了另一个，已经无从判定。见《圣经旧约·列王记》3，16—28。A.韦伯在他的《印度之旅》（III，p.60）中说，那种认为犹太人从印度接过这传说的看法，完全不可信。也持这种否定态度的，参见其《佛教对基督教的贡献》，芝加哥，1911年，p.12，注释16。另见本费：《民间文学》II，pp.170f.；R.科勒尔：《民间文学》I，pp.531ff.；H.盖多：《美露莘》，t.IV；R.恩格尔：《赫尔墨斯》，Vol.39，1904年，pp.148f.；李斯·戴维斯：《佛教本生故事》，pp.XLLVff.；查恰里：《民间文学》，pp.150ff.。

国王又要求他制作一个秋千。而悬挂秋千的只能是沙子做成的绳子。摩诃乌沙达表示这也是可以的，只要国王拿一根旧的沙绳给他，好照着样子做一根新的。摩诃乌沙达又能辨别鸟兽的语音，比如他可以同壁虎对话。凭着自己的聪明才智，摩诃乌沙达终于当上了国王的大臣。还娶了一个不曾被他的问题难倒的女孩做妻子。[①]后者不单巧妙地挫败了那些与她为难的仆臣，以及对她丈夫充满嫉意的同僚。摩诃乌沙达证明了自己既是治理有术的王臣，又是了不起的建筑师。他主持修筑了隧道，打通了一座大山。《本生经》中对于这个隧道的描写使人联想到阿旃陀的石窟。[②] 就是这么一部奇特的小说，从篇幅上讲完全可以自成一书，其内容则紧紧围绕着主人公摩诃乌沙达。当然，他就是一位往世的菩萨。[③]

135　　关于非道德教训的故事，《本生经》中不太谈论佛教伦理的故事还有一些，例如讲述强盗的故事。这些故事的主人公往往是流浪汉、小偷、赌徒、妓女和强盗。从文化史的角度看，《本生经》中的这些故事是颇使人产生联想意味的。比如，菩萨本人曾经两度做过拦路抢劫的强盗。[④] 其中，有某位婆罗门能够凭神咒的

---

① 参见本费：《民间文学》II, pp.156-223；克鲁格·第尔默：《克鲁格的印度故事及亚欧之间的交流》；R.科勒尔：《短文集》I, pp.445ff.。

② 编写《本生经》的作者看来是了解阿旃陀石窟的。

③ A.席夫纳从甘珠尔中译出了这个故事，看起来藏文译本中的本故事更详尽一些，虽然藏译也很糟糕。参见《印度故事》(Indische Erzahlungen)，《亚洲杂志》(Melange asiatiques) 卷7，1876年，pp.673ff.。僧伽罗文本的这个故事就叫 Ummagga Jataka，意思是"隧道本生"。J. B.耶塔瓦里依据这个僧伽罗文本作了英译（伦敦，1912年）。

④ 《本生经》，第279、318篇，也见第419、91、193、360篇本生故事。参见 R.菲克：《哈登的"未来"》(Harden's "Zukunft")，卷27，1889，pp.565ff.。《古代印度的强盗》(Unehriche Leute im alten Indien) 说到有的强盗结成有组织的团伙，

力量令上天降下宝石。于是，有两个强盗帮派为争夺这些宝石而展开厮杀。最终只有两个强盗活了下来。但哪怕到了这个地步，图财害命的行径仍然没有中止。这个故事的情节颇类似乔叟的《卖赎罪券的故事》。也许这只是巧合。①

　　为数甚多的故事都会讲到妇人的邪恶——对印度人而言，这是一个永不疲倦的话题。《本生经》第61至66篇可以算是这个话题的系列故事。而《本生经》第536篇则更是此类故事的汇编本。所有故事中都植入了论断妇人的格言。这些故事变着法子没完没了地——其实此类故事在类型上是非常有限的——想要论证所有的妇人都是本质上想通奸的，只要她们受到男人的引诱。从艺术手法上讲，这些故事也有几个编撰得可谓巧妙。其中有一个故事，挖空心思地编排了一个婆罗门，为了保证他的老婆不出轨，在自己家里收养了一个女婴，待她长大后才娶其为妻。为了严格监视自己的老婆。婆罗门将她关在七重高墙内的一座塔中。虽然如此，这个女人也仍然没有保住自己的贞节。但她不承认自己有任何不贞的事。她甚至表示可以接受审判的检验。只是她对神也要弄虚作假。②

136

有的时候一个村子的人都是强盗。参见 R. 菲克：《东北印度社会组织》，p.274；J.J. 梅耶尔为但丁的德译本《十王子行迹》写的导言，pp.14ff., 32ff.。

　　①　《本生经》，第48篇。参见 A.V. 杜灵所译《乔叟故事集》（卷三，pp.172ff.）。另外参见 R. 莫里斯：《现代评论》，1881年5月；C.H. 托内：《语言学学刊》卷12，1883年，pp.203ff.。

　　②　《本生经》，第62篇，皮谢尔对本篇有德译本并有评论，参见《文献学：马丁·赫伯特70寿诞论文集》，柏林，1888年，pp.74ff.。另参见沙畹：《佛教故事》I, p.116；J.J. 梅耶尔：《伊索尔德对上帝的审判》（*Isodes Gottesureil*），柏林，1914年，pp.112ff.

这些故事中，有一个名为《库纳罗本生》（*Kuṇala-jātaka*）的。它讲了一个叫作甘哈（Kanhā，亦叫 Kṛṇa 或 Draupadi）的妇人，她竟然不满足于五个丈夫，甚至还同一个驼背的矮子通奸。这样丑陋的行径，连潘达婆（Paṇḍava）神都看不下去，只得往雪山（Himālayan）中修行去了。①

这个故事用很大的篇幅来讲述女人的邪恶。经中称是佛陀的法义。从众多贬低女人的格言中，我们选择几个有代表性的：

有若毒汁，也像强盗的皮毛，更像公鹿的角一样弯曲。

女人就像毒蛇嘴里的信子，又像商人的嘴巴，善作花言巧语。

像是覆盖掩饰起来的陷阱，充满杀机。她们像张开大口的地狱。

她们像恶鬼捕捉行人，也像无常死神挟持一切有命。

妇人像是大火吞噬祭品，又像洪水漂走一切；

妇人像是瘟疫，又像长满荆棘的丛莽。

世间的女人见钱眼开，为金子无不邪僻。②

所有这些都算是印度民间耳熟能详的故事，而其中的"佛教

---

① 参见《吠陀文献》，p.425。《库纳罗本生》的编写非常混乱，其中的"过去事"与"现在事"都没有区分开。其文字风格带有装饰性散文的特点，其中还有许多长长的复合词。这就使我们联想到《诸天譬喻》那样的作品。参见 H. 奥登堡：《巴利圣典学会学报》，1910 年，p.26，注释 3。

② H.T. 弗朗西斯英译之本篇《库纳罗本生》。

意味"也颇对说法比丘的胃口。因此，佛教的讲道活动中，乐得
经常援引使用。比丘本来就善于利用生活中街头巷尾的奇闻逸事
来阐明佛理。为了迎合世俗男人的习见，让他们"警惕"来自女
人的引诱，以保证男性的道德"安全"。从而，这些本来讲述的
是世间不道德的故事，转而成为《本生经》的部分内容，为道德
教训提供服务。

　　关于道德教训的故事，有一篇民谣体的道德故事，篇幅颇长。
其叙事的语言也极富戏剧色彩。该篇为《本生经》第527篇。① 故
事大概如下。

　　某国王因见其将军的妻子长得漂亮，便狂热地迷恋上这妇人。
受人的劝谏，国王只能克制自己的思念。但他难舍对这妇人的爱
慕，以致陷于哀伤，郁郁寡欢，痛苦地打发时日。叫作阿希帕拉
卡（Ahiparaka）的将军虽然也爱自己的妻子，但仍愿意将自己的
妻子献给国王。因为他担心后者思恋成疾，影响了朝政。但国王
不愿意因满足自己的一己私欲而造重罪。故事中叙述了一长段他
与将军的对话。从中可以看到国王完成了他的道德超越，体现了
高尚的品格。于是，道德战胜了欲望，国王实现了其人伦理想。

　　有的故事读起来像是寓言譬喻，具有明显的说教目的。有的看
上去像是给孩子的劝慰。例如，《本生经》第482篇：菩萨变成
了一只鹦鹉。它不但捡食田中的谷粒，还从地里捡回谷穗。有人
问他，何以自己吃完了还要携带谷穗回家。鹦鹉回答：宿债我得还，
新贷我得放，财宝我得积。那意思是说：我得报答父母养育之恩，

① 参见查察里亚：《印度-日尔曼语言文化论集》卷4，pp.375ff.。

给他们带谷穗供食；我得向自己的子女施恩惠，所以也得给他们衔谷穗回来；我的所作所为都是在报恩施恩，这样的善行也就是积累财富。

还有一类特别的故事，可以称作"慰藉的故事"。这种类型的故事，其实史诗《摩诃婆罗多》中已经有了。[①] 以下挑选了两个这样的故事作例子。

《本生经》第352篇：有某家主新丧其父，每日悲痛不已。其子不忍，便对着自家院中一头死牛，供草喂水，忙个不停。其父眼见，心甚担忧。以为儿子得失心疯。儿子回答：我虽供草喂水，似同空忙，然眼前犹有牡牛，头尾蹄俱全，其或可以重新起立；然我祖父，亡故多日，今无手中，更无头颅，可见于前。我观父亲，匍匐坟头，日日哀泣，是真失心。闻儿是语，其父便得慰藉。[②]

《本生经》第454篇：有康哈（Kaṇha，亦即传说中的克里希那）长者，因丧子而悲不自持。康哈的弟弟伽塔（Ghata）于是假装失心疯。在城中一边奔跑，一边狂喊："我要兔子。我要那兔子。"康哈问伽塔究竟要什么东西。后者回答：我要月宫中的兔子。康哈告诉他：地上的人是不可能得到天上的兔子的。伽塔便回答康哈说：我的哥哥不也是在企望不可能的事吗？他成天悲号哭泣，希望的就是他儿子再生于人世。听他这么一番话。康哈一下子明

_____

① 参见《吠陀文献》，pp.380, 398。

② 故事中父子间的对话，有八个佛陀，其间不含散文。巴尔护特佛塔上有这个故事的浮雕，镌刻极为精美。参见 A. 坎宁汉爵士（《巴尔护特佛塔》，p.147, fig.13）。塔上雕刻作品清晰显示了儿子正在喂牛，父亲立在其身后。这个故事还载于《小部》经典中《饿鬼事经》的注释中。参见《佛教的鬼怪精灵》，加尔各答，1923年，pp.21f.。

白了，丢掉了悲伤，好像忽然病除一般。① 与此类慰藉故事用意相同的文字，内容说一些无常道理，劝慰那些丧亲失子的家庭要节哀顺变之类的经文，《本生经》中还有一些。

关于格言名句，能够给丧家提供安慰的，还有《本生经》中的格言名句。比如，那篇称为《十车本生》（*Daśaratha-jātaka*）的便属此类。其中的许多格言可能就来自古老的关于英雄罗摩的史诗。② 从本经中剔除了那些注释性的散文长行，就只剩下诗歌性的格言名句，甚至看不出经中原来的故事梗概。《本生经》第512篇也是这种类型，完全可以看作格言的汇编。尽管本经中的散文叙述了饮酒的种种坏处。但这其实是注释者愚蠢地自以为是。而诗歌体的格言——它的本意是劝谏国王不要饮酒，因为好酒之人难免会丧魂落魄甚至失心疯狂。其中所说的都是格言名句。凡是主张禁酒的人，读了这些名句都会感觉非常开心。每一节诗歌的末尾都有迭句："以是缘故，且浮一大白呀。"这样的反语只能理解为讽刺性的呼吁。这句话仿佛是从某古代的饮酒歌里借用过来的。依附这个格言诗篇的，还有俱卢王（Kuru）郁第替罗（Yuddhitthilac/Yuddhisthira）和他的贤臣毗杜罗的问答对话。问答是因为"何谓真婆罗门"的话题引起的。同样的这一段问答也可以见于《经集》。③ 注释者将他解说的《大吉祥本生经》（*Mahāmangala-jātaka*）139

---

① 这个本生故事也是诗歌体的，其中包含散文。有关克里希那的那段故事就出自注释的散文。参见《吠陀文献》，第 p.451。《本生经》第372篇可以认为也是这种故事。

② 参见《吠陀文献》，p.465。亦参见 E. 塞纳特：《佛陀故事论集》（*Essai sur la légende du Buddha*），第 2 版；《罗摩故事》；《吠陀文献》，p.492。

③ 《本生经》，第 495 篇，见菲克所译的《社会结构》，pp.140ff.。译者在书中将本经同《经集》中的《婆塞特经》加以比较。

与《大吉祥经》（*Mahāmangalasutta*）相联系。但事实上，前者
仅仅是一组格言，所回答的问题也不是"何为最吉祥"，谈话的
中心围绕的是"何为喜乐"。[①]所有这些格言并不都是佛教的道德
教训，更多可以看出的是，其所视为目标的婆罗门教的人生理想。
又如，当说到"何为真实善友"时，其所诵出的诗偈格言并不是
佛教经文，而是婆罗门的梵文文献。[②]

　　关于传奇故事，《本生经》中篇幅最大的是末后的几个分集，
其中多载传奇故事。有的本生故事的叙事很像奥义书的问答对话。
特别与"如是所说"（Ithīhasa）——亦译成伊致诃沙，指印度古
代的一种典型的叙事诗歌，《摩诃婆罗多》多运用这一诗体形式——
相似，其结构中具有相同的谈话和格言。例如，《本生经》第544
篇中极富兴味的问答就很有伊致诃沙的性质。以下摘录示例一二
如下：

　　　比德哈（Videha）国王名安伽提（Angati）。其招集三位
　　大臣以问"何以为人生"。将军阿洛塔（Alāta）以为人生荣
　　耀莫若战场。兴兵讨伐，争城夺地，令敌军战栗。大臣苏那
　　马（Sunāma）说，无须征战，但应笙歌，足为人生赏心乐事。
　　然而比贾耶（Vijaya）则力劝国王垂询沙门婆罗门中的虔信之

---

① 注释散文中提到的是《大吉祥经》而非《小诵》或《经集》。后面的两经才有
本经格言。参见《吠陀文献》，pp.76,77。
② 已经发现《本生经》中有《法聚论》中的格言语句。这是吕岱司的研究成果，
参见《德国东方学论文集》卷61，1907年，pp.641ff.。

士。依阿洛塔所荐，有裸形沙门古纳迦叶来至王廷。后者向国王说了一番顺世论的道理：此世间无有业报，亦无祖灵亦无两亲亦无师尊，一切有命之属平等无差，运命先定；若兴供养祭献，并无半点功德，死后无偿亦无有罚。人生空虚原无意义。将军阿洛塔以为裸形外道所说实为谛义。于是宣称：我于往昔曾为屠牛师又做猎师，杀害生命多有。然我今世犹然再生名门，至为领军大将。时有臣仆比迦罗（Bijāra）侍于一旁，140点头称是，谓：我昔往世，多有善行，又不吝布施。然我今生，为娼妇子，至今犹为奴仆。人生世间，无异赌博。我乃失败，阿洛塔赢，其为将军。听他们如此议论，国王安伽提深以为然。自此以后，日日寻欢作乐，国事尽付他人。又有一日，其女鲁雅（Ruya）来至父前。此女虔善信笃，向其父王作如是语——真谛应如此：与恶友为伍，必成恶人。譬如商舶，所载过重，船必下沉。人亦如是，多有恶行，渐积罪业，终沉地狱。鲁雅善信自叙前生：我在往昔曾为青年男子，风流倜傥，引诱女人，因造大罪，再再转生，此世为畜，彼世地狱，多受大苦。有那罗达（Narada）仙人，自天而降，教诲国王，亦如鲁雅谏父：世有业报，亦有来生，及生彼岸。而彼安伽提犹然不信，便语仙人：若真有来生，但借我百金，待于他世中，我还汝千金。那罗达仙人报言：我纵借汝钱，百千且不计，而于他世中，汝者在地狱，有谁偿我贷？

　　汝知今世间，若有借贷事，必与可信人。仙人于是细说地狱苦状，及恶人无量报应。言比以譬喻作结：人身无常，如彼牛车。牛车本无，但为车辕、车身，及与车轮，聚合而

有牛车 ①……，终使国王归信。

　　与前面一篇相似，《本生经》第 530 篇也属于"如是所说的问答"。它与《往世书》中的故事极为相似。有梵上王（Brahmadatta）在宫中得人禀报，原先的王家祭司，如今的圣者商吉迦（Samkicca）前来谒见。梵上王在接见后者的过程中，问商吉迦圣者：那些以前的亲友故旧，在另外的世界如今都是怎样的状况。圣者于是先宣说一通佛教教义，顺便又说到地狱中的种种情形。《本生经》第 498 篇讲说了两位朋友的传奇。其中一位死而复生，成为乾达婆，再成畜生，又再生为海中的妖怪，最后又出生为王家祭师的儿子，名叫悉塔（Sitta）。下一世再生，他成了商补达（Sanbudha）——最后一任王家大祭司。这个本生故事前后穿插了一系列业报轮回的教义。通过说法劝谕，悉塔回忆了自己的多生前世，称赞了出家修道的生活，也称赞了自己的老朋友、现在的国王。说他虽然不能弃世出家做修道沙门，但在王座上多行善法，心中时时不忘佛教。今仍为王，虽然往昔亦曾贫困下贱。②

141

　　所有这些故事中，包含了多首人所熟知的宗教歌谣。此类诗歌中，多次提到许多国王因为某种琐细的事件触发了心念而不能

---

　　①　关于这个譬喻，可以参见《爱多勒耶森林书》II.3, 9；《白净识者奥义书》II.9；《羯陀奥义书》，pp.3ff.；《萨那素贾提亚》VI；《阿努吉塔》36。

　　②　E. 劳曼在其文章中（参见《维也纳东方文化论文集》卷 V, 1891 年，pp.111ff.；VI, 1892 年，pp.1ff.）考证说这篇称赞出家修道的诗歌也可以在其他的《本生经》中读到。例如本生故事第 497 篇。恰彭吉耶对此有说明（参见《德国东方学论文集》卷 63, 1909 年，pp.107ff.）。

释怀，于是沉思冥想，豁然警醒，放弃王位，毅然离家，遁入雪山隐修。①

有位国王因见芒果树上的果实尽被他人盗光，便联想到世间万物都是不能久长的无常之物。于是，他放弃王位，离家修道去了。另外还有一位国王，因见女孩手臂上的两个佩环相碰作响，于是领悟到人只有独处才能得到内心的安宁。第三位国王则因为目睹了几只鸷鸟为争夺一片食肉在天空厮打，于是感悟到人世间何其贪婪。第四位国王见一头牡牛发情，冲向另一头牝牛，又有另外一头牡牛从旁边冲出来触杀了前者，由是对于情欲产生极度的厌恶。所有这些故事都只有一个结局：警醒了的国王们成为了佛教修行者。②

《本生经》第9篇讲述富天王（Makhadeva）的传奇。它说到该王因从镜子中看到自己生出第一绺白发，于是毅然去国出家。所有这些颂扬出家修道的本生诗歌，吟诵可称非常优美的要数《本生经》第539篇的《大生王本生》（*Mahājanaka-jātaka*）。主人公是聪明过人的毗德哈（Videha）国王，其名为大生。大生王又是奥义书和《摩诃婆罗多》中经常出现的人物。下面的这句诗体格言，被认为出自该王的顿然开悟："米拉拉城中处处大火冲天，唯我

---

①　按佛教的说法，这种出家修道的成功者，就是辟支佛（独觉者），这一类修行者靠着自己的努力，悟前没有遇见老师，悟后也不会教授他人。

②　《本生经》，第408、529、539篇。参见 P.E. 帕沃里尼：《四大古佛的传奇》（*Sulla leggenda dei Quattro Pyatyekabuddha*）（*OG* XII, Rome），1899 年，pp.129ff.；J. 恰彭吉耶：《印度文学研究：I. 古佛》（乌普萨拉大学文献，1908 年）；埃洛索菲（Eilosofie）：《古代史语言·4》，乌普萨拉，1908 年；《德国东方学论文集》卷，1908 年，1912 年，pp.38ff.。

142　心中才有不断的清流。"① 这个格言的背景是，当全城陷入大火时，王后劝国王赶紧逃离。而国王则看见了出家的机缘。他站在王宫的阳台上，陷入了深深的火光定。很快便从定中出来后，为了作更加长久持续的修行，国王决意去做孤独的行者，手执陶土的乞钵而不是黄金的饭碗，沿门乞讨。他不顾王后的挽留劝阻，弃世的决心有增无已，没有一丝一毫的犹豫，从王宫中出来，一步一步地向森林走去。诗歌的描写充满力量。吟诵者若没有深刻的信念和富于激情的切身感受，是不可能吟唱出这样感人的诗句的。

《本生经》中的所有这些传奇故事，都是古代印度修道诗歌宝藏的一部分。② 这个宝藏的源头，我们认为就是《摩诃婆罗多》和《往世书》中早就大量存在的歌谣。我们在前面已经指出，《本生经》中像《鹿角仙人歌》（梵文：*Ṛṣaśṛṅga*；巴利文：*Isisiṅga*）这样的歌谣，就是从古代印度文献中遗留下来的；我们还指出，传奇诗歌的最古老形式一直保存在《莲花本生》（*Nalinikājātaka*）中。③

《本生经》第 523 篇属于异本的本生故事。这首传奇诗歌描写了叫阿兰布夏（Alanbuśa）的天女和年轻的修道者伊希辛伽（Isisiṅga，意即"鹿角仙"）。这位修行者也同古代印度史诗中的那首《鹿角仙人歌》中的主人公一样。在那里的桑塔（Śāntā，

---

①　《吠陀文献》，p.400。

②　《吠陀文献》，pp.294, 394。温特尼茨：《印度文献中的几个问题》，加尔各答，1925 年，pp.21ff.。

③　《吠陀文献》，pp.384, 452, 498, 516。J. 赫特尔：《维也纳东方文化论文集》卷 18，1904 年，pp.158f.。L.v. 施罗德：《梨俱吠陀中的神秘与空无》，莱比锡，1908 年，pp.292ff.。作者竭力想要证明，鹿角仙人诗是一种祭祀仪式的戏剧。其中我们可以读到许多《本生经》中也可以读到的内容。不过其中真正有戏剧色彩的歌谣只有一首。

意即寂静）也是一个甚至不知道女人是何物的修道者。据该本生的注释者说，伊希辛伽出生时是一头羚羊。看来注释本身就应该有一个古老的本源。我们在巴尔护特佛塔的浮雕图像中就可以看到这头羚羊。那上面描绘了一个修道沙门（伊希辛伽的父亲）捡起一个羚羊模样的婴儿。①

然而，所有这些传奇本生，又都有着佛教自己的来源。这是毋庸置疑的。这中间最美丽的那个传奇故事，显示出它与《十车王》（*King Daśaratha*）所述的悲剧有多方面的关系。十车王在临终时诉说了这个故事。② 以下是这个本生——《本生经》第540篇所描述的有关虔敬的睒摩（Sāma）童子的故事梗概。

143

睒摩是一位清净的修道沙门，他同自己的瞎眼父母生活在森林中。睒摩孝敬父母非常尽心。一天早上，他到林中河边取水，不巧遇上波罗奈斯王毗利伽王（Pilyakkha）出来打猎。后者以为睒摩是猎物，用毒箭射中了他。睒摩虽然已经奄奄一息，但他没有一句怨恨之语。只是可怜自己的瞎眼父母，再也得不到自己的照顾。毗利伽王听他这么一说，大为懊悔，用好言安慰睒摩，答应他一定会照顾他的父母。睒摩告诉国王，自己父母在林中的住处，然后还千恩万谢了国王，便人事不省地昏死过去。深感懊悔的毗利伽王因此也痛不欲生。得到林中阿修罗鬼的劝慰，才心意稍平。

---

① 参见坎宁汉：《巴尔护特佛塔》，pp.1, 26, 图7。

② 《罗摩衍那》II.63, pp.25ff.。《吠陀文献》，p.462。恰彭吉耶：《维也纳东方文化论文集》卷24，1910年，p.397，注2、27, p.94。H. 奥登堡（《学术论文集》，1918年，pp.456ff.）对比了史诗《罗摩衍那》同这里的故事的风格。作者认为《本生经》中此故事叙述得比史诗更加简洁和明白。

彼鬼说：如果国王能够到林中去寻睒摩的父母，又能像亲生儿子
一样地服侍他们。那他的重罪是可以得到免除的。哀痛不已的国
王捧着水罐，来到睒摩的瞎眼父母的茅舍前。听见国王的脚步，
睒摩的父母知道来者不是自己的儿子。毗利伽王自己说明了身份，
瞎眼的老人立即向他致礼，欢迎他的光临，拿出水果来款待客人。
毗利伽王问老人，眼睛既然不能见，从哪里去摘取水果。老人回
答：我们有一爱儿，身体健硕而且长得漂亮，日日为我们取水并
在林中摘取果实。于是，国王只能告诉二老噩耗：你们的儿子已
经死去。只因为我的毒箭将他误杀。瞎眼的父亲听罢，仍然对国
王没有一句恶语，反而安慰毗利伽王。瞎眼的母亲听说这个噩耗，
几乎昏厥在地，然后责备睒摩的父亲，为何没有一句诅咒之语。
因为他有咒语可咒杀这个夺去他们儿子生命的凶手。国王对二老
种种央求又作劝慰，表示自己会像睒摩一样孝顺他们。但两位老
人只是请求毗利伽王把他们的儿子抬来，死也要见着尸体。虽然
有百般为难，国王终于将睒摩的遗体抬到茅舍前。对着死去的儿
子，二老尽情地哭诉他们的悲苦，惋惜儿子的不幸。哀悼之余，
便是他们作誓愿。[①] 瞎眼的母亲说：若我睒摩今生今世诚有修行功
德，便当毒箭无能加害，应令睒摩起立面前。瞎眼的父亲也重复
此誓愿之证，再次确认：若我睒摩积有修行功德，我儿便当起立

144

---

　　① 誓愿，巴利语为"Saccakiriyas"，字面意义是"证真实之语"。为证真实而举
行的仪式在佛教中也是并不鲜见的。这个仪式的目的是表明起誓者自己的功德。若这些
功德不是虚假的，那就请上天显示神通，证明所言不妄。这样的证真实的手段，我们在《摩
诃婆罗多》中的那洛帕基耶纳的事上就可以见到。后来的本生故事中也时有所见。参见 E.
W. 伯林伽默：《大不列颠和爱尔兰皇家学会学报》，1917年，p.429。N. M. 皮尔森：《新
版编托内译故事汇海》I, pp.166ff.; III, pp.179ff.。

于前。而他话音刚落，睒摩即已站立起来，面对自己的父母，吉祥无恙。甚至还转身对目瞪口呆的毗利伽王表示欢迎。又说，那些今生孝顺父亲并令他们生欢喜心的儿子们，诸天众神一定会在他们死后加持，赐其福乐。一时，毗利伽王匍匐在睒摩的脚下，请求他为自己祝福。睒摩于是为王说法，告诉他应该修习的诸种功德。①

无量的慈心和柔软心，以及平常人难以实行而唯独菩萨才能有的舍己救人的精神，是这些本生故事反复宣扬的观点。这也正是纯粹起源于佛教的伦理思想。我们前面也已经提到了尸毗王剜目作布施的故事②，而《本生经》第440篇则叙述了太子康哈将其所拥有的一切（国城、妻子、家屋、财宝……）都作了布施，散尽一切后便进入雪山修行。他的虔敬得到帝释天的赞许。后者提出要给太子以恩赏。但康哈回答说，除了清净与安宁，只要能够远离贪瞋痴，他真正一无所求。这世上最好的恩赏就是少欲知足、清净无染。他请求帝释天神说：

　　帝释天主，众生之主，若欲施我恩惠，愿为我故，令一切时一切处，不受苦忧烦恼。因陀罗主，愿我身心，不受忧恼。此即大恩，我愿唯如是。

---

① 有名的山奇佛塔的浮雕中有这个故事。已知该塔起造在公元前三世纪。贾马伽里地方的犍陀罗雕刻显示了完整故事的全面画面。A. 福涉尔：《坎大哈佛教浮雕艺术Ⅰ》（*L'Art breco-boudhique Gandhāra I*），pp.279ff.。

② 《吠陀文献》，p.395。温特尼茨：《印度文献中的几个问题》，p.38。

　　《本生经》第 151 篇用一种非常简明的方式宣布：哪怕对待自己的怨敌也要实行慈悲。经中说有两个国王，狭路相逢于途。二王的年龄、正直、名声与势力也都平等无差别，实在无法决定对峙着的二人，谁应该让谁。但这两人中间，有一位不但能够以善报善，甚至能够以善报恶，于是这下便决出了人品的高下。《本生经》第 313 篇也是一篇宣扬佛教精神的故事。经名为《勘忍师本生》（Khantivādi-jātaka）。故事中的菩萨遭遇一位暴虐的国王，被后者下令鞭笞甚至肢解，但他都没有一点怨恨，全然安心忍受。[①]

　　有不少本生故事是关于各种动物的。我们可以称其为"动物本生"。这些故事中的动物都是菩萨化现出来的，目的是为了体现佛教高贵和善良的精神。故事中，有时一只公羚羊为了怀孕的母羚羊而献出生命；有时一只兔子为了说服国王不要狩猎，伤害幼小的生命，并让国王改恶从善，甚至宁愿自己投身大火，成为王家宴席上的一道菜肴。[②]

---

　　① 这个故事是各佛教国家民间文学的重要题材。此亦足见这当中的伦理精神在佛教徒中的普及程度。可参见 A. 阿腾霍费：《库恩纪念文集》，pp.353ff.。

　　② 《本生经》第 12 篇《尼拘陀密伽本生》。据说基督教的圣徒普拉西图斯或者尤斯塔西乌斯曾经因为在一头被杀死的公鹿额上见到一个十字架，因而感动而归信了基督。研究者认为这个传奇可以追溯到这里的佛教本生故事。参见 M. 加斯特：《大不列颠和爱尔兰皇家学会学报》，1894 年，pp.335ff.；J.S. 斯佩耶、R. 伽尔比：《佛教对基督教的贡献》，芝加哥，1911 年，pp.42ff.；《神学通讯》（Theolog. Tijdskrift）卷 40，1906 年，pp.427ff.；《贝尔公共文献》（Beil. Allg. Ztg.），1906 年 11 月，第 9 期；R. 伽尔比：《佛教对基督教的贡献》，pp.30ff.；《印度与基督教》，pp.86ff.；W. 梅耶尔前所引书，pp.762ff.；克莱门：《神学文献报》（Theog. Literatur-zeitung），第 42 期，1917 年，pp.257ff.；H. 甘特：《外国故事中的佛陀》，莱比锡，1922 年，pp.7ff.。其实此处看不出两者有任何联系。

　　《本生经》第316篇①中，某猴王为了拯救同类②而化身为河 146
上的一道桥。《本生经》第516篇说到某人落到了深渊，猴子们
拼命去救他，然而此人却贪图猴子的肉而起杀心。最后，那个恶
人遭受报应，患上麻风的癞病。《本生经》第72篇说到某人在林
中迷路而濒临死亡，后遇到大象而获救。但他进而向大象索要施舍，
要大象把象牙送自己作礼物。又为得到全牙不惜伤害救命的恩人。
因为他的罪大恶极，以至于大地裂开，将他吞入地狱。③

　　所有上面的这些动物本生故事，极有可能说明这一点：就是

---

　　① 为了纪念兔子的这种自我牺牲精神，帝释天用炭笔在月亮上画了一只兔子的影
子。卡尔梅克人的"萨基牟尼"传奇也就始终保留了这个"月亮上的白兔"的说法。见
李斯·戴维斯：《佛教》，伦敦，1890年，p.197。不过，月亮兔子的故事，不单是印度人，
也是藏族、汉族、缅族人所熟悉的传说。中国与日本都有相关的传说，甚至美洲印地安
人也有月亮兔子的传说。在印度民间，月宫兔子的说法远在佛教之前很久就已流传。至
少我们在《百道梵书》（XI, 1, 5, 3.）及《白净识者奥义书》（II, 11）中就可以读到它。
参见本费：《故事五篇》，I, pp.348f.；A. 普冯斯特：《印度文化的世界》，斯图加
特，1904年，pp.122ff.；谢夫特诺维奇文，载《佛教论文集》卷7, 1926年，pp.270ff.；
H. 库尼克：《美洲和亚洲的月亮神话》（*Mythologische Bibliothek*）卷8, 1916年，
pp.25ff.。《古代故事大集》（III, 3）收有这个月宫兔子的故事，霍腾托族的民间故事中，
兔子身份略有改变，不是焚身供养形象，而成了月亮的信使。参见 W.H.I. 布勒克：《非
洲的狐狸故事》，魏玛，1870年，pp.54ff.；《布须曼人的民间故事》，伦敦，1875年，
pp.9f.。
　　② 《本生经》，第407篇。这个故事在巴尔护特佛塔浮雕上有（参见 A. 坎宁汉前
所引书：pp.l, 33, 图4）。H. 克恩（《月光供养师尊的故事》，pp.93f.）比较了这个出自
《马比诺本》（*Mabinogi*）中的威尔士人故事。在威尔士人那里，这个故事说他们的国
王为了让军队过河去克敌制胜，自己的身体变成一座桥。不过，我们认为尽管这里的
相似之处比较惊人，但仍然只能视为巧合。
　　③ 动物本生中，大象往往是故事主人公。参见 L. 费尔：《亚洲学报》1985年，s.9,
t.V, pp.31ff.。A. 福涉尔论《本生经》第514篇，载《烈维印度学撰集》（*Mélanges d'indianisme
offerts à M.Sylvain*），巴黎，1911年，p.231。

在后来的民间故事中，如果主题说的动物能够知恩报恩，而人类反而忘恩负义——这一观念似乎就根源于佛教的本生经典。

也许全部佛教中最有名也最为人们熟悉的本生故事，就是《毗山多罗王本生》（*Vessatara-jatāka*）了。它属于《本生经》第547篇。作为我们在本书中介绍的最后一个本生传奇，毗山多罗王④的本事可以看作标准的英雄史诗。本事是完全的诗歌体，散文长行则完全起注释说明的作用。用不着费什么劲，我们就可以指明，这些注释文字真的太浅薄无趣。如果它们真的有什么作用，那就是让诗歌本身变得平庸而已。这个史诗的主人公不是武士也不是征服者，而仅仅是一个慷慨无私的人。

毗山多罗王立下誓愿，无论什么人向他要求什么，他都一定毫不吝惜地满足要求者的愿望。

> 我心我眼，我肉我血，我之身体，但有人索，我皆可施。

147　　　为了臣民的利益，毗山多罗王舍弃了象宝马宝，又遭受放逐而被迫离开故国。他带着自己的妻子和儿子一路流离。沿途再舍弃了所有的财产，最后只剩下那辆四匹马拉的空车。在荒野中，

---

④　译注：汉文译经中，主人公通常称为"须大拏"或"须大拿太子"，又称须达拏太子、苏达那太子、苏达拏太子等。意译作善施太子、善爱太子、好爱太子、善与太子等。据《须大拏经》，昔叶波国王子须大拏，慈孝聪明，常行布施。凡有求其衣服、饮食、金银珍宝、车马、田宅者，太子无不施与。其后，更将二子施予婆罗门，又以太子妃施给帝释所化之梵志。《六度集经》卷二。《菩萨本缘经》卷上《一切施品》。《菩萨本行经》卷下。《大智度论》卷十二。

路遇某婆罗门，又因后者要求，而失去了马匹和马车。毗山多罗王自己抱着幼子，徒步跋涉，在森林中搭了个棚子，暂作栖身。在这里帝释天化为恶婆罗门又要求他施舍儿子给自己为奴。毗山多罗王也满足了婆罗门的愿望。再后来，婆罗门又要求他把妻子也施予自己。毗山多罗王仍然遵从婆罗门的愿望。故事发展到了这里，帝释天似乎满意了。于是，事情才有了圆满的结果。

《毗山多罗王本生》中有786个偈颂，可以称得上是完整的史诗。故事中所描写的毗山多罗王去国离乡的场景，令我们联想到《罗摩衍那》中罗摩王遭遇的流放。而毗山多罗王在森林中的所见所闻，那些有关自然环境的大段描写，也像是《罗摩衍那》中的诗行。这首传奇长诗的歌者，怀着某种奇特的喜悦，娓娓地叙述了国王的儿子们如何被送给婆罗门，而婆罗门又如何恶毒地虐待孩子。小儿子如何被折磨成跛子。他们的母亲如何徒劳地四处寻找，呼喊哭泣，眼泪都已经枯干。故事极为悲惨，令读者或听者不禁泪下。因此，这首史诗千百年来，无论在东南亚或雪山高原还是在别的什么地方，无论它是由吟唱诗人诵出，还是在戏台上演出，听众和观众都总是涕泪涟涟，哭倒一片。哪怕在今天，它仍然是佛教地区的人们喜闻乐见而由衷感动的传奇史诗。①

---

① 毗山多罗王的故事也多被绘在壁画上。参见 A. 福涉尔：《佛教的希腊化艺术》I，pp.283ff.；中国到天竺的使臣宋云提到，当他在伏沙弗（A. 福涉尔认为此地在巴基斯坦北部）时就见过描绘该王的壁画。他还说，无论何时，只要见到毗山多罗王施舍儿子给婆罗门的惨状，胡夷都没有不潸然泪下的。沙畹：《汉文三藏中的五百故事及寓言摘要》（法译本），t.I, p.x；P. 达尔克（文章发表于《佛教论文集》卷1，1914年，p.9）说："毗山多罗王的本事在许多佛教寺庙中都被当作装饰描绘的题材。从锡兰到柬埔寨，佛寺中的壁画都可以看到这个故事。每逢吠塞节，它都作为民间戏剧在戏台上演出，而且总收

　　《毗山多罗王本生》通常在佛教传奇故事中都是放到最后来讨论的。故事中的菩萨主人公，是佛教伦理精神的代表。在佛教中，菩萨总被赋予一定数目的功德力量，佛教的术语叫波罗蜜多（Paramitas）。① 自然，身为菩萨就必须有一定的超人禀赋（神通力）。比如，菩萨能够自知前世前生的情况（宿命通），还有非同寻常的精神能力（例如他心通）等。但这种作为更高一级存在的菩萨形象，在以巴利语三藏为圣典的佛教上座部小乘部派中，并不很强调菩萨的神异性。虽然说起来《本生经》中的菩萨若与之前的原始佛教相比较，也已经有了一定程度的神化特点。唯其如此，本生故事中的菩萨事迹，是大乘与小乘都共同认可的，这

───────────

到动人心魄的效果。"R. 菲克（《印度文学及宗教学论文集》，pp.145ff.）对比过不同的毗山多罗王本生本子，想要找到最初的原型。据他说："也许《本生鬘》中使用的本子比巴利三藏中的本生还要早。"R. 高吉奥曾经校刊发表过一个粟特文写本（《亚洲学报》，1912 年，s.10, t.XIX, pp.163ff.）。

　　① 波罗蜜多，意译为"最高的完善"或者"成就"。译作六度、六度无极、六到彼岸。波罗蜜译为度，为到彼岸之意。即为达成理想、完成之意。大乘佛教中菩萨欲成佛道所实践之六种德目。即 1. 布施波罗蜜，又作施波罗蜜、檀那波罗蜜、布施度无极。2. 持戒波罗蜜，又作戒波罗蜜、尸罗波罗蜜、戒度无极。3. 忍辱波罗蜜，又作忍波罗蜜、羼提波罗蜜、忍辱度无极。忍耐迫害，能对治嗔恚，使心安住。4. 精进波罗蜜，又作进波罗蜜、毗梨耶波罗蜜、精进度无极。5. 禅定波罗蜜，又作禅波罗蜜、禅那波罗蜜、禅度无极。修习禅定，能对治乱意，使心安定。6. 智慧波罗蜜，又作慧波罗蜜、般若波罗蜜、明度无极，能对治愚痴，开真实之智慧，即可把握生命之真谛。以上六波罗蜜，始于布施，终于智慧。参见 R.S. 哈代：《佛教纲要》，1860 年，pp.93, 101ff.; H. 克恩：《印度佛教纲要》，p.66。早期经文中并没有六种波罗蜜的说法，《本生经》的伽陀中也不见这个术语，而《本生经》注释中已经可以看见波罗蜜的说法（例如《本生经》第 515、528、529 篇）。其中提到佛陀自述前生事，言及某一种波罗蜜。其他的例子还有，《本生经》第 407、547 篇明确说到菩萨出世即有某种波罗蜜多功德。参见李斯·戴维斯：《大不列颠和爱尔兰皇家学会学报》，1913 年，pp.482f.。

当然不是偶然的巧合。我们当然也不会因此质疑《本生经》产生于小乘而非大乘的推定。实际上，在佛教所有各部派的经文中，我们都知道其中有《本生经》这一类。很有可能，《本生经》从一开始就不属于某个特别的部派。在所有的佛教部派看来，它都是有力的宣教工具。由于本生故事在民间信仰推广中的作用，各个部派的比丘在弘法时都自然而然地乐于采用这种讲经形式。因此，《本生经》的流传与佛教的深入民间是完全同步的。我们发现，直到今天在信奉佛教的广大地区，无论什么样的经典都没有本生故事这样深入人心，备受欢迎。在今天的锡兰，每当唱诵本生诗歌的夜晚，僧伽罗民众都会聚集起来，聚精会神地欣赏或是法师或是歌人的吟唱表演，更阑夜深而无倦意。在缅甸，唱诵本生诗歌，多少世纪以来一直是佛教徒最钟爱的活动，无论是学者还是农民、僧俗之间，人们对唱诵本生都趋之若鹜，引为享受。[①] 无论在什么地方，只要佛教能够达到的地区，那里的人们都无有例外地喜欢表现本生故事的任何文艺活动。席夫纳尔（A.Schiefner）告诉我们，《本生经》的故事在西藏佛教文献中是最重要的宝藏之一。[②] 沙畹（Ed.Chavannes）也向我们介绍了《本生经》在中国流行的

149

① R. S. 哈代:《佛教纲要》,伦敦,1860 年,p.101。M. H. 波德:《缅甸巴利文献》,伦敦, 1909 年, p.81。

② 《印度故事》,载《俄国科学院通报》,1876 年,1877 年(《佛教故事丛刊》,《圣彼得堡学院纪念文集》, 1857 年)。另外见 W.R.S. 萨尔斯托:《源自印度的西藏故事》,伦敦, 1882 年;以及 W.W. 洛克义:《西藏的本生故事》(摘录翻译自《甘珠尔》),载《美国东方学会学报》卷 18, 1897 年, pp.1ff.。

情况。[①]

《本生经》对许多民族的文学宝库而言，都是它们丰富的源泉；对世界文学的发展而言，也有重大的意义。我们今天自然不会像Th. 本费（Benfer）那样，把《本生经》当作世界童话的最初源头。虽然对印度的童话宝库而言，尽管婆罗门教、耆那教和别的宗教都有自己的贡献，但无疑佛教作为世界性的宗教走出南亚次大陆时，东西方各国都因着印度文化和印度文学的传播活动，得到了佛教文学的滋养。[②] 正是因着佛教才使印度人同其他民族有了更多的接触。其他民族不可能只是听取印度人的故事，他们也要向印度人回馈自己的礼物。尤其那些文明程度较高的民族——如希腊人、闪米特人、波斯人等，也会对印度文化做出贡献。很有可能，当亚历山大向东方用兵时，大批的希腊工匠也随军队来到印度。印度佛教的许多宏大建筑及其瑰丽的装饰，必然有后者的才能凝聚其中。不仅如此，希腊人也会带来自己的文学故事及传奇题材。也因为如此，印度的佛塔上才会有佛传故事的多种形态和精确的再现。正因为如此，我们才说，无论是印度的还是外国的文学与艺术，都受到了《本生经》的营养。《本生经》的故事情节，作为最古老的题材，最初表现在印度的宗教文物上。直到今天，它仍然是

150

---

① 《汉文三藏中的五百故事及寓言摘要》（法译本），t.I—III，巴黎，1910—1911年。但如果我们在五世纪就译出了这些汉文经书中的本生故事（许多故事也正是我们在这里介绍的本生传奇），我们多半都不会认为，汉译的这些故事的原本就是巴利圣典或者梵文的本生经典。

② 沙畹（前注所引书，p.xvi）依然认为，佛教构成了世界文学中最大部分的故事宝藏。恰彭吉耶（见《库恩纪念文集》，pp.228ff.）甚至假设佛教本生故事是希腊哲学的源泉。H. 昆特反驳他们的类似主张，参见《外国故事中的佛陀》，pp.65ff.。

所有佛教国家和民族的雕刻师和绘画师最乐于表现的艺术内容。
我们可以在公元前二三世纪的巴尔护特和山奇的佛塔上，一再地
欣赏到所有这些直观的艺术；或者在二世纪的南印度阿摩罗婆提
（Amaravati）佛塔上，甚至更晚些的阿旃陀石窟中，都能看到毫
不逊色的《本生经》的直观艺术表现。[①] 412 年从中国来的求法僧
人法显，描述了他在锡兰所见的盛大佛教庆祝活动，按照锡兰王
的命令，在游行队伍经过的街道两旁，都有由人们扮演的五百本
生中的菩萨等人物。而玄奘去印度时，也提到他在各地见过的佛塔，
那上面也描绘了《本生经》中各种各样的菩萨本事。法显是这么
记述了佛牙出游的情况：

却后十日，佛齿当出，至无畏山精舍，国内道俗欲植
福者，各各平治道路，严饰巷陌，办众花香供养工具。如
是唱已，王便夹道两边，作菩萨五百身以来种种变现，或
作须大拏，或作睒变[②]，或作象王，或作鹿马，如是形象，
皆彩画庄校，状若生人。然后佛齿乃出，中道而行……（摘
自《佛国记》）

玄奘也谈到他在印度各地礼拜过的佛塔，说是天竺凡圣迹处

---

① 除前面边码第 18 页注 2 提到的 A.坎宁汉和梅西，另参见 A.格伦威德尔：《印
度佛教艺术》，第 2 版，柏林，1900 年，pp.38ff., 59；A.福涉尔：《犍陀罗希腊佛教艺术》
I，巴黎，pp.270ff.。

② 指睒摩，也称沙摩。——译者

皆起有佛塔，上面镌刻有佛本生事。[①]在爪哇的波罗浮屠大佛塔
（九世纪）上有数百处浮雕描绘本生故事情节。[②]缅甸蒲甘的佛
151　塔[③]（十三世纪），以及素可泰（暹罗，十四世纪）的佛塔[④]上也
有本生传奇的雕刻。

　　《本生经》不仅对文学与艺术而言意义重大，对于一般文化
史的发展亦有不可估量的价值。尽管我们不能断言它一定代表了
佛陀时代的社会历史背景，但这些本生故事的人物大致属于公元
前三世纪。同时，在很大程度上，附在本生诗歌中的散文注释属
于基督出生后的那个世纪。但在印度，这些散文注释从那以来基
本上保留了原样，没有什么改变。因此，整个《本生经》的资料
都可以认为是非常"古老的"。在这种情况下，本生故事也就为
我们保存了古代印度社会生活的情景。同样的情景是我们在印度
其他的文学材料中难以找到的。[⑤]

---

　　① 参见 L. 里尔:《玄奘记忆中的本生经》，*OS* XI，巴黎，1897年，I.151ff.。理雅各:《佛
国记: 中国僧人法显游天竺和锡兰之纪行》（翻译版），牛津，1886年，pp.106f.。亦
见奥托·弗朗克刊行本，《本生经》第540篇。
　　② S. 奥登堡（《大不列颠和爱尔兰皇家学会学报》，1896年，pp.623ff.;《美国
东方学会学报》卷18，1897年，pp.183ff.）曾为巴尔护特、阿旃陀和波罗浮屠佛塔上的
本生故事列表。奥登堡认为波罗浮屠中他整理出来的34个本生故事的叙述顺序是依据《本
生鬘》的梵文诗歌排列的（参见同上文献，pp.196f.，转援自 C. 里曼斯:《爪哇的波罗浮屠》，
Feide，1874年）。另参见 A. 福涉尔:《法国远东学院学报》卷9，1909年，pp.1ff.。
　　③ 蒲甘王朝的曼德勒支提寺的百余处浮雕如今保存在柏林的民间文化博物馆中。
A. 格伦威德尔:《佛教研究 I》，柏林，1897年。
　　④ A. 福涉尔:《古代暹罗》，《吉美博物馆年鉴》（暹罗分册），巴黎，1908年。
其所载的《本生经》故事画面顺序是按照巴利三藏的《本生经》顺序排列的。
　　⑤ 因此，《吠陀文献》p.117 底注说及，又 R. 菲克和李斯·戴维斯利用本生故事
来描绘的文化史就特别有价值，尽管我们对它们的年代估定还有不同的看法。

　　我们之所以在本书中花这么大的篇幅来讨论《本生经》，就
是为了从各个方面来充分估量其非同一般的重要价值。读者会发
现，相对而言，我们在巴利三藏其他部类的文献上并没有花费同
样的时间与笔墨。

（9）《义释经》

　　"义释"是一类注释书的名称。我们在谈到《经集》中的诸
品分别时，已经提到过"义释"这部经的名称。《义释经》一书，
包括"大义释"（Mahaniddesa），意思是"篇幅较大的解释说明"。
它所解说的内容是《经集》中的八品；此外《义释经》中还有叫"小
义释"（Culla-Niddesa）的部分，即"篇幅较小的解释说明"。"小
义释"所解说的本文是《犀角经》（《经集》中的 I.3 这部分）和
《彼岸经》。它虽然只是注释之书，但也被列入巴利三藏，理由
是因为它与其他的巴利注释书相比，足够古老。事实上，《义释经》
可以帮助我们了解古代修习佛教圣典时，人们是如何解释说明的。[①]
那个时代的主迳僧人，在解明佛教教义时，会从两个方面——语
法的和词义学的——来对经文加以解说。联系到佛教义理的传授，
把术语专门提出来分析研究的做法是有必要的。这一过程中，作
为例证词，也会援引其他地方的经文段落。有时为了说明一个词语，
往往也还要连续举证一串近义词。每当一个词语出现时，总要不
厌其烦地重新举证相关的近义词汇。这样的教学法，我们很容易
理解，它的目的是加深听众的印象和记忆。很有可能，后来的辞

152

──────────

　　① 　参见 E.J. 托马斯：《印度历史季刊》卷 2，1926 年，pp.495ff.。

典编纂法就是从这里产生的。

（10）《无碍解道》[①]

本经的名称意为"以分析解明而引向通达的道路"。其含有三个部分（或曰分集、品目）。其中每一个品目含有十篇经文，专门讲佛教中的某个重要观念。例如，每一品第 1（I.1）论述 73（智）。其中每一种是如来大悲智。第一品第 3 则讲调息（呼吸控制）有助于"念"（Sati），第一品第 7 则讲业；第二品第 2 则（II.2）讲四圣谛，第二品第 4 则讲应该对待一切众生的慈悲（matta）；第三品第 2 则（III.2）说圣者阿罗汉的神通力（iddhi，异能奇迹）。所有这些论题的讨论形式都是问答式的。这也是《阿毗达磨经》中的组织方法。不过，这里需要特别指出，问答释义的方法早在经藏中就已经有了，不是论藏所开创的。所有这些释义说明，至少有一部分采取了经的形式，因为其中若干篇文句，开头都声明了"如是我闻"的字样。在行文中间，还有称呼语"诸比丘""比丘们啦"。在形式上，同标准的佛经是没差别的。[②]

（11）《譬喻经》

尽管佛教《本生经》的内容极为丰富，但它也不可能将全部的佛教故事搜罗殆尽。毕竟还有未收到《本生经》中的佛教传奇故事，

---

① 《无碍解道》（*Paṭisambhidāmagga*），C. 泰勒校刊本，巴利圣典学会，1905 年和 1907 年。另参见李斯·戴维斯：*IRAS*，1906 年，pp.238ff.。

② 乔赏必讨论过这些经文的特征。参见其《印度古籍》卷 41，1912 年，p.38。

所以还有另外一部故事集。这就是《小部》经典中的《譬喻经》。[①]
这里的譬喻（巴利文：Apadāna；梵文：Avadana），本义为"英
雄事迹，英雄所为"。延伸意义则可以指勇于自我牺牲的施舍和
无所不至的慈爱（慈悲）的"光荣事迹"。同梵文的《譬喻经》
一样，巴利文本的本经也是有关"英雄行迹"的故事集。其中所
叙述的是圣者阿罗汉虔信修行的行迹（这当中又有为称叹佛陀而
履行的修行）。Apadāna 也像《本生经》一样，其中也有"过去事"
与"现在事"的分别。《本生经》所述的是佛陀本事，一般来说，
《譬喻经》则叙述的多是阿罗汉的事迹。因此，所有的譬喻故事，
都是关于阿罗汉的传奇。《譬喻经》也完全是伽陀形式的诗歌汇编。
开头的第一篇称为《佛譬喻经》。其中称叹了佛陀的种种光荣业
绩——"以三十种波罗蜜多（成就）庄严不可计量的法之君主"。[②]
所有这些都是佛陀自己宣告他所取得的成就。接下来的第二篇经
文是《辟支佛本事》。其中说到佛如同"孤独的犀牛，独自走出
修行之路"。从《经集》（I.3）中摘出来的《犀牛经》被插入到
本经中。不过本经的主体部分是"（上座）长老的譬喻"，意为"上
座长老们的光荣本事"，其中包含了十个譬喻小集。每一小集有
55 章譬喻。[③]《譬喻经》的最后一部分是名为《长老尼的譬喻》，
意为"上座比丘尼们的光荣本事"。其下分四个譬喻小集，每个

153

---

　　① E.利雷有校刊本，见巴利圣典学会，1925 年和 1927 年。另外参见 L. 费尔：《亚
洲学报》，1883 年，s.8 ,t.I, pp.408, 433ff.; E. 缪勒：《国际东方学者大会学报》卷 10,
日内瓦，1894 年，I, pp.165 ff.; 李斯·戴维斯：《宗教伦理百科全书》卷 1, p.603。

　　② 这十种波罗蜜多，每一种又有"善、上善、最善"，因此总有三十种波罗蜜。
此可参见 R. S. 哈代：《佛教纲要》，p.101。

　　③ 其中的第 34 品中有七个譬喻。因此《譬喻经》中有 547 个故事，而不是 550 个故事。

譬喻小集内有 10 章譬喻故事。①

　　所有这些"光荣本事"的叙述者都是阿罗汉比丘本人。长老譬喻中起首的是佛陀最有名的弟子，他们是舍利弗、目犍连、迦叶及阿那律，与这些人齐名而紧随其后的是优波离、阿难陀和罗睺罗以及罗吒婆罗。② 而诸长老尼辈的譬喻故事中，开头的便是大爱道乔答弥长老尼、凯玛比丘尼、帕塔伽罗比丘尼、拘萨乔答弥（Kisa-Gotami）比丘尼等。《譬喻经》中的许多人名，尤其那些比丘尼的名字，有许多并不一定实有其人，而只是代表了一定的修行类型。例如，有的上座长老名叫"施扇者"，也有的叫"施食者"或"施芒果者""礼佛足者"——此谓某人常常以清水灌洗佛足作为其修行形式；还有称为供花长老的，则因为其每每用香花供养佛陀。所有譬喻故事的创作程式都是一样的。例如，长老譬喻也好，长老尼譬喻也好，上来均是礼赞过去诸佛中的某一位（此指乔达摩佛之前的任何一位过去佛），然后便会说，因为礼赞了此过去佛，便得到他的"授记（预言）"，担保了此修行者在未来世纪中会值遇释迦牟尼佛亲自为他说法。再下来便是叙述所有的预言——得到兑现，于是修行者也便得到了阿罗汉成就。鲜有譬喻本事不是这么叙述的。例如，《佛陀譬喻》（第 387 篇）带有一个副标题，名为"pubhakammapiloti"（意为前业事补入）。

---

　　① E.缪勒曾经将《长老尼偈》中某些章的片断抽出来加以翻译，附在他编译的《长老偈》中作注释说明。参见巴利圣典学会，1892 年；又 M. E. L. 古尔曾经将《大爱道尼譬喻事》译成德文，参见《佛教女修道者》（de Buddhisitisch nun），pp.204ff.。

　　② 《罗吒婆罗譬喻事》中的主人公，我们从《中部》第 82 篇中就已熟悉。M. 比德将这个故事同觉音的注释作了对比。《烈维印度学撰集》，pp.183ff.

故事中的佛陀自叙其在往昔造下恶业，以后便受到无量的苦楚，一次又一次地重生在地狱。而那些宿业的残余，甚至影响到了乔达摩自己最后生中的状况，使他蒙受了种种烦恼。

《譬喻经》肯定是《小部》经典中最晚出的部分。因此，大致说来，它就是巴利圣典最晚出的部分。作此判断的前提是，如果我们关于《小部》经典晚出的判定不错的话，不管怎么说，从一般特点看，《譬喻经》更像是梵文的《譬喻经》，而不是接近巴利本子中的经文形式。[①] 关于这个问题，我们只能留待后来的研究者去解决。借助一些细节的对比，《譬喻经》和梵文资料中同类性质的经文，当能确定《譬喻经》在整个佛教文献发展编年史中的地位。

155

（12）《佛种姓经》

《小部》经典中还有一些篇幅较小的集子，其中的一部分就叫《佛种姓经》。[②] 本集中收录了 24 篇偈颂体的前世佛的传奇故事。所有这些佛属于乔达摩佛陀之前的十二个大劫之世。《佛种姓经》的开头是缘起品（缘起章），随后是分叙过去二十四佛的二十四品，一佛一品。[③] 这些经文的主旨是叙述释迦牟尼佛之前的二十四位过

---

① 迄今为止，我们并未发现《譬喻经》同现有的巴利文材料有多少相吻合。例如，梵文的《揆集百缘经》中的 VII 也说长老尼本事。其中说到有十位比丘尼。但在巴利经典《长老尼譬喻》中，只有三个名字可以同前者所载对得上。参见 L. 费尔：《亚洲学报》，1884 年，s.8, t.III, p.32。

② R. 莫里斯有校刊本，伦敦，巴利圣典学会，1882 年。

③ 至于所有 24 个佛的教义，可以参见 H. 奥登堡：《佛陀》，pp.370ff.; H. 克恩：《印度佛教纲要》，pp.62ff.。阿育王的摩崖石刻敕令中曾经提到拘那含佛——《佛种姓经》中二十四佛之第 23 位。参见 G. 布赫勒：《诗典》9, 1895 年，pp.175f.。

去佛是如何转动法轮的，但它的叙述语言实在有些枯燥和乏味。至于这二十四位佛的生平行记，也只是以改变不大的语词，一一重述了现在的这位释迦牟尼佛的传记。经中的说话人都是乔达摩本人。他用第一人称的口吻说到了自己曾得到以往二十四位佛陀的指教，所有这些叙述诸佛往世本行的乔达摩，身份角色都各各不同，或为婆罗门，或为刹帝利，不过至少有一次是帝释天神，又有一次是狮子，再度是龙王，一次为夜叉，更多的时候是修行沙门。乔达摩讲到他以往是如何虔诚地礼佛，又如何得到该佛的授记，预言自己将来必定成佛。本集的第二品，即过去佛的二十四位之首的燃灯佛的本行故事，可能是最具有诗歌特性的。[①]

　　在这个本行故事中，叙述者乔达摩是出身于婆罗门之家的妙慧（Sumedha）。其中的第7—27偈颂中的诗句，令我们想到《长老偈》中出家僧的情况。某日某发心者对现世间的一切忽然深深地感到厌恶，认为自己的身体是一具臭皮囊，污秽不堪，于是毅然决然地离弃家园，遁往雪山之中修行去了。恰巧这时，燃灯佛出现在他所要征服的世界的途中。四面八方上下都有天人向他致敬。

---

　　① 参见 H.C. 瓦伦所译的《译文中的佛教》，pp.5-31。另有 S. 比尔从汉文佛经中译出的《出家经》，参见《大不列颠和爱尔兰皇家学会学报》，1873 年，pp.277ff.；另见 E.缪勒：《供养尊长解说》，pp.54ff.，其中比较了不同本子的燃灯佛本行。

　　S. 比尔（1825—1889），英国传教士、佛教学者。曾到中国，从事中国之宗教与佛教研究。归国后，担任伦敦大学教授（1877），发表甚多有关汉译经典、中国佛教之论著，为研究中国佛教之先驱者。其主要著作有：《宋云、法显及玄奘》；《从中国到印度的求法之旅》，1869 年；《汉文佛教经藏索引》，1871 年；《中国日本所见佛教三藏》，1876 年；《中国佛教文献》，1882 年；《法显传》（《佛国记》），1866 年；《西域记》，1884 年；《玄奘》，1888 年；《佛所行赞》，1883 年。——译者

我们的妙慧行者也随大众向这位古佛致礼。燃灯佛的前方是一片
淤泥，为不让古佛的足下沾染污秽，妙慧行者将身上披的兽皮和
衣物铺开，再伏下身，把散开的头发铺在泥地上（"布发于地"），
好让燃灯佛走过去。[①] 与此同时，心中充满感激，祈愿至尊的燃灯
佛及随从的大众脚不沾泥，踩着自己的身体过去。就在这淤泥中，
妙慧许下宏誓大愿，他日自己一定要成佛，以解救这苦难的世界。
至此，燃灯佛也为妙慧授记，确认其未来的最胜与至胜。一时间，
大千世界的一切有情皆作欢呼，种种祥瑞之相都涌现出来。与以
往任何一位未来佛得到授记时的情况一样，妙慧行者当下立志要
在自身中修积十种波罗蜜多以满足未来成佛的条件。

因此，这一节诗句的描述便成为第二十六品中乔达摩自述其
生平事迹的引子，作为伏笔或背景介绍，它与最后的那一品（第
二十六品）中的二十五个伽陀形成响应。在那一品中乔达摩用诗
歌总结了他在最后一生经历的重大事件。本集结束时，编纂者还
列出了从过去到未来的所有佛陀的名称与功德，最后一位就是弥
勒佛。经文中还说到了佛涅槃后分舍利的事迹。

按《佛种姓经》的注释者说，本经是乔达摩佛亲口宣说亲自
嘱咐的。之后由上座长老们一代代传下来，直到第三次大结集的
时候。同样，本经还会不间断地在师弟之间向后传承，直至久远。
我们不能简单地采信注释者的这一番话。因为更早的经典只说到

---

① 这样的场景在佛教建筑中的雕刻或者壁画上常常可以看到。参见 A. 福涉尔：《希
腊佛教艺术》I, pp.273ff.; A. 格伦威德尔：《考古发掘现场报告》，载《拜尔科学院哲
学部论文集》24, I, 1906 年, pp.90f.。

了乔达摩之前的过去六佛。我们只能将本经视为巴利三藏中的晚成部分。因为经中对于佛陀的这种神化与崇拜，是在更古老的经典中看不到的。这里的这种高度神化，只能出现在梵文经典形成的茂盛期，特别是大乘佛教兴起的那个阶段。

（13）《所行藏经》

《小部》经典的最后一部分是《所行藏经》。本经集中包括有 35 个偈颂体的佛本生传奇。这些传奇的用意在于显明菩萨如何在多世的前生中修积功德，完成种种波罗蜜多成就。[①] 在本经集中，十波罗蜜的头两个，即"布施"与"持戒"都放在一个单独的章节（品）中叙述。而第三品则用 15 个故事来说明余下的八种波罗蜜。[②] 本经中叙述故事的也是佛陀本人。佛在叙述某一事件时，用语都很简单，往往只有寥寥数语。有时好像只是暗示。或者是因为叙述者认为听经的人应该非常熟悉内容，所以不必过分详解，提醒一句也就可以了。本经中的大部分故事都可见于《本生经》。本经的工作似乎也只是再加解说而已。主要是说明某一种波罗蜜多成就，其本质要点应该是什么。这样的叙述，看不出诗歌的痕迹，显然也一本正经，尽量避免幽默之类的口气。只要有利于说明波罗蜜多的含义，叙述者往往不惜损害故事性。这里我们举一个例子，以那个《猴子智胜鳄鱼》的故事为例。[③]《本生经》中的第 208 篇

157

---

① 参见本书边码第 148 页。
② 本经集中最末的偈颂总结道：《所行藏经》所要显明的是十种波罗蜜。也许我们没有看到经中论述的"智慧""精进"与"忍辱"是放到其他的波罗蜜成就中论述的。
③ 参见本书边码第 122 页及以下。

（《故事五篇》也有相同的这个故事）这么说，鳄鱼的老婆想吃猴子的心，于是鳄鱼便伏在河边上等候。猴子想要过河，鳄鱼假意同意可以载它过河。来到河中央，鳄鱼露出了凶相。但机智的猴子说，自己出门时把心留在家里了，得回到对岸的树上取下来。这个故事在《本生经》中第57篇也有，但读上去已经不那么风趣了。到了《所行藏经》（III.7）中，更显得有些木然。佛在经中如此说：

　　昔时我曾为猴，住在河边洞窟，大被鳄鱼所恼，不能行我常道。

　　立于平时立处，正欲跃往对岸，见凶敌伏水边，彼对我说"过来"。

　　我对彼说"将往"。踏其头至彼岸，我教彼莫欺诈，务要尊奉劝告。

　　我言其实不虚，世间无等我实，真实波罗蜜多，此即我之修行。

158

　　整个寓言大大缩水，成为了一个空洞的架子，只剩下几句教训而已（在《本生经》第57篇中，我们可以看见的已是拙劣的叙述）。同样，《毗山多罗王本生》原本有786个偈颂。而在这里（《所行藏经》）它被压缩成为58个偈颂。读上去已经了无趣味。其所强调的只是因这位菩萨引起的种种异相，如大地震动之类。《所行藏经》中完整地保留了《毗山多罗王本生》中的偈颂，只有5个。

　　我们猜想，《所行藏经》同《本生经》之间应该有某种联系。这是因为两方面的可能，也许一开始《本生经》的目的也只是要

解释波罗蜜多成就。最初的《本生经》分量也不大，其中仅有 34
或 35 个本生传奇。① 以后经过不断增添才扩充成为 550 个本生传
奇。也正因为如此，最初的目的也就给冲淡了。《所行藏经》的
编纂目的，很可能只是对于《本生经》的较古老本子做一个总结。
另外还有一种可能，如我们所见，《本生经》中的故事都相当世俗，
因此对于那些古板和虔诚的法师们占主流的部派而言，这种经典形
式是很让人不如意的。后者于是千方百计地想要从根本上将《本生
经》同佛教的教条结合起来。为此才从《本生经》中摘编一个小集，
选编的原则便是十种波罗蜜多成就。以它为骨干围绕十种波罗蜜多
来组织本生故事。我们认为第二种可能似乎更合乎实际。而且我们
相信，现在所见的《本生经》已经可以看出《所行藏经》所对它的
影响。② 不过，一开始《本生经》真的同十种波罗蜜多没有什么关系。
因为如我们所见，《本生经》中的大部分故事同佛教的宣教功能并
无密切联系，其中甚至也没有提到菩萨的"波罗蜜多成就"。

　　我们的困难在于，如何判断今天所见的《所行藏经》中经文的
形式，究竟是不是当初（公元前三世纪）巴利三藏编纂时的那个模
159　样。实际上，依据《本生经》的导言，即"说缘起"（Nidānakathā，
因缘事）③ 那个部分——后面我们还会提到它。我们发现了一个《所
行藏经》的摘要本子。从其所述看，当初的《所行藏经》与今天

---

① 这似乎是皮谢尔的看法，参见其《佛陀的生平与教义》第 58 页。他说到古本的
《本生经》只有 34 个故事。
② 参见本书边码第 148 页。
③ 参见《本生经》的福司波尔校刊本，I, pp.45-47；另见李斯·戴维斯：《佛教
本生故事》，pp.54ff.。

我们所见的形式差别很大。在上面说的 34 个故事中，只有 21 个可以同《所行藏经》现在所收的经文名称对得上，这说明了《所行藏经》自身是后来修订过多次的。尽管如此，假如对《所行藏经》的两个异行本相比较，或者拿《所行藏经》来同《本生鬘》[①]作比较——前者，我们已经说过，它是按十种波罗蜜多的类别来编纂的，恐怕也得不到"原初的《所行藏经》"的模样。而这个工作正是恰彭吉耶想要完成的。[②]他还努力想要证明的是，我们现在所见的《所行藏经》只是接下来产生的不完全的手写本，尽管其编纂借助了古本。其被编成的时间，依现在的《本生经》中的故事与《所行藏经》的传奇内容看，字句或者风格都有某种程度的相似——这正是我们说到的其研究工作的一部分。但这一点恐怕也不算是笃定的依据。因为这样的相似性也可以作另外一种解释，即当初在编写巴利圣典时，现在的本生传奇本来就有好多，某一部派比丘的观点比较开明，他们所编纂的《本生经》成为我们今天所见的《本生经解明》（*Jātakaṭṭhavannanā*）的依据。而另外一个比较保守的部派则编纂了《所行藏经》。[③]不管怎么说，《所行藏经》

----

① 这方面的讨论可见第六章。

② 恰彭吉耶的重要研究，可参见《有关〈所行藏经〉的问题》，载《维也纳东方文化论文集》卷 24, 1910 年, pp.351ff.。

③ 《所行藏经》有两个异行本，其中有 21 个故事是共同的。21 个故事中又有 12 个故事是与《本生鬘》中的相同。事实上，说原始的《所行藏经》有 34 个本生，可以用《本生鬘》的故事来作辅证。同时还可以用金月所撰的《阿毗达磨心宝》中提及的某学位僧名为"知二十四本生者"作为参考。此可参见 H. 克恩：《印度佛教纲要》，p.66。有学者提出《本生经》故事的设计是为了说明波罗蜜多修行。如李斯·戴维斯便这样看（参其前引书，pp.liiif.）。不过，恰彭吉耶表示不同意（其前所引书，pp.406ff.）。他认为最初的编纂者以 10 个本生故事来说明一种波罗蜜多的假定是没有依据的。

的编纂者是一位拘谨的僧人，而不是诗人。我们从现在的《本生经》
看，其中的歌谣故事的作者有两类。其中一类是中规中矩的比丘，
但其诗歌写得确实不怎么样；另外还有一些僧人，作为诗人，其
地位显然更加重要。

　　至此，我们已经注意到，巴利圣典中的《小部》实际上汇集
了不同时代、不同宗派的作品，从而也就有了不同种类的经文集子。
因此，如果认为巴利三藏圣典的权威性在于它完全的统一性和整
齐性，那就是一种站不住脚的说法。

第四章 论藏——佛教经院哲学

论藏的"论"，巴利文为 abhidhamma，直接词义是"法之上"或"法之后"，意译则为"更高的法教"或者"法教之更为玄奥者"。简单地说，它是对于"法"（dhamma）的更深层意义的发掘和整理。[①]西方人通常就将 abhidhamma 看作"形而上学"的意思。实际上作为"论"的 abhidhamma 与形而上学是没有任何关系的。而且它的哲学讨论恰恰关系到经藏中所教示的"法"。如果论藏与经藏有什么区别的话，前者的语言更加详尽，也更加枯燥，更有学术或者学究气息。经也罢，论也罢，它们所处理的对象是相同的。在论藏中，我们不可能看到原创性的真正深奥的思想。论藏所擅长的只是分类法与界定法。而且这种界定的方法，即给出定义的手法，只是对辞典的编纂而言有价值。真的想透过它来了解佛教的术语，恐怕会让人失望至极。因为它的界定过程只是给出一串同义或者近义的词汇而已。其次，所谓的分类法，其价值也只是试图成为伦理性质的某种心理学基础。实际上它也不可能对心理过程作深

---

① 觉音长老把"abhidhamma"解释为"更上的法"，实际上他不是就内容而言，而是说它属于更详尽的一种解说方式。此可见 A.C. 泰勒：*TRAS*, 1894 年，pp.560ff.；李斯·戴维斯：《东方圣书》卷 36，p.237。

人的分析。更多的情况下，分类的叙述法仅仅是列举一些名词（佛教徒称为法相名数）。这样的列举只是毫无道理地使其变得冗长，充满生造的与杜撰的词汇，徒显无聊与陈腐。一般而论，所有这些手法只会产生教条主义。这中间并无任何可称"科学性"的痕迹。阿毗达磨著作的形式，多半都像佛教的教义问答小册子，采取的是一问一答的形式。

161　　　论书（阿毗达磨）的文本，其萌芽状态可见于经藏中（例如《中部》经典的第 137、140 经，以及《增支部》中的许多经文）。当时的这种经文形式很可能是从 Mātikās（称为"本母"）某种名词列表的形式延伸出来的（这些名词则是经藏中在讨论某个哲学或者伦理学问题时要涉及的一组概念）。本母的说法，律藏中便已提出来了。①

1.《法聚论》

《法聚论》（*Dhamma-samgani*）为论藏第一册。② 它是对法数概念的分类及界说，亦即是对精神状态和现象的讨论。这是因为在古代佛教中，伦理学与心理学是相互交融且不可分离的，

---

① 《法聚经》的开头就是这样的本母。李斯·戴维斯夫人相信（见《佛教心理学伦理手册》，第 2 版，pp. ix, cv, cxiii），《法聚论》中的本母是整个论藏的名相起源。但是，我们知道，《补特伽罗施设论》以及《界说论》（对法界的论说）也都是以本母开头的。其中提到本母的不同段落（例如，dhammadharo vinayadharo matikadharo pandito，《小品》I, 11, 1, XII.I.9）显示，这个词汇并不单指某种特定文本，而是经藏与律藏都有一类含有本母的经文。

② 校刊本见 E. 缪勒，巴利圣典学会，1885 年。

就像哲学与宗教往往浑然一体一样。^①本书的英译者李斯·戴维
夫人将它命名为《佛教心理学伦理手册》（*A Buddhist Manual
of Psychological Ethics*）是很有道理的。^②她在英译本前写了一
个导言。此导言极为重要。它是论述巴利经文哲学的权威之作。
撰述者成功地呈现了古代佛教的哲学面貌，以及包含在经藏五部
中佛教教义的主要特征。针对这套教义，阿毗达磨所作的解析
工作，形式上是问答体的，具体方法则是分类的、概述提要的和
列举名数的。不过，阿毗达磨的解析法仍然是晦涩的。正是借着
李斯·戴维夫人的这个导言，我们了解到佛教哲学在一般哲学思
想史上的恰当地位。《法聚论》的本意当然不是要显示某种伦理
学或者心理学的系统。它只是预设了对于"法"的某种认知，宣
称依据它可以指导比丘的进学。事实上，尽管本论纯粹是学究性
的著作，不是人人都可以轻易讲解的，但在锡兰它却享有极高
的声誉。可以证明本论享有崇高地位的有这么一件逸事：据说在
十一世纪，锡兰国王曾经用黄金叶版来镌刻经文。而论书的函套
则用宝石装饰。黄金版的本书铸成后，举行了隆重的仪式，然后
将《法聚论》归藏于贮经的佛塔。国王自己常用香花供奉、恭敬
礼拜。^③

《法聚论》的附录是一个注释古本，其已收在巴利三藏中。

① 李斯·戴维斯夫人：《佛教心理学伦理手册》，第2版，伦敦，1924年，p.138。
《印度佛教纲要》，第2版，pp.xxxviiiff.。
② 《法聚论》英译本亦载东方翻译基金会本，第2版，1923年。
③ 李斯·戴维斯夫人：《佛教心理学伦理手册》，p.xxv。

成为本论第三分册。传统说法认为该古本的作者是舍利弗。①

2.《分别论》

论藏第二册为《分别论》。②

本为第一册续篇，其以《法聚论》中的教条和名相概念为前提，增添了一些新内容。本论第一品讨论佛教的根本概念和基本道理（谛义），算是对《法聚论》理论的延续。第二品讨论的内容始于感觉印象（现量知识）而终于最高的佛智。第三品讨论知识的障碍（所知障）。第四品讨论的是人、非人等的存在状况，具有神话学的含义。

3.《界说论》

论藏第三册为《界说论》。③界（dhātu），意为"元素""基本存在范畴"。本论讨论的是存在的根本元素。论由 14 个小篇幅的章节组成。用问答形式来讨论存在的精神性根本元素，以及这些元素间的联系。

---

① 觉音说，这个附录本子便是一个注释本（见刊行本经文，p.234。另见李斯·戴维斯前所引书，p.334）。该经本名为 *anaṭṭhakathākāṇḍam* 或 *atthudhāra*。从这个本子自身中，找不出任何类似标题，显示它就是本论的一个单独部分。

② 李斯·戴维斯校刊本，见巴利圣典学会，1904 年。

③ E.R. 古纳拉特纳校刊本，见巴利圣典学会，1904 年。

4.《人施设论》

论藏第四册为《人施设论》或曰《补特伽罗分说》（*Puggalapaññati*）。[①]本册文体极近于经藏文本。形式上像是《长部》经典中的《等诵经》（*Saṅgīti-Sutta*），其第3—5品又有多处可见于《增支部》中。本册中许多章句读起来如同经藏诸部中的文本。明显有别于论藏一般风格。偶尔还会遇见一些短小的譬喻故事。例如，V.3上的五种比丘及五种力士，譬喻同女人的五种关系。这是《中部》经典中常用的手法。其中的叙述相当细致。不过像这样的有文学价值的段落也是偶逢难遇的。一般说来，寓言及譬喻都是稀罕的，在本册中只是偶尔可见，同时其叙述也多半枯燥无趣。因此，在行文中举譬，目的也只是为了把个体的人加以分类，而分类是为了显示伦理的标准。试举几个例子来说明本论的精神和风格，显示本论的定义和分类理念。这正好也就是论藏的方法论特点。

163

> 云何愤怒人，云何为愤怒？此即为愤怒，此即愤怒事。此即瞋、即恨、即憎、即恼；此即恶意，即恶意事，恶意所为，此即敌意，亦即敌对；此即粗暴，即非法作；此亦谓心之愤怒。若人未断此诸事，是为愤怒人。

---

① R. 莫里斯校刊本，见巴利圣典学会，1923 年；德译本名 *Das Buch der Chraklere*（Bleslau, 1910），译者为智三界比丘。

云何欺诳人，云何为欺诳？此有一人，伪诈欺骗，此即
欺诳所为，亦欺诳事；狠戾残忍，伪瞒无惭（此谓欺诳[①]）。
人作欺诳，无有惭悔，是谓欺诳人。

云何下劣，云何下劣人？此有一类人，行破戒恶法。于他
破戒恶法者，亲近追随，服伺礼敬，彼即邪曲恶弊。似此之人，
谓为下劣。

云何善胜，云何善胜人？此有一类人，具善戒法。于
他具善戒法者，亲近追随，给侍敬重，彼即为善胜，亦为
善胜人。[②]

5.《论事》

164　　论藏第五册为《论事》（论议之事、论议之对象）。[③]论藏诸
书，此最重要。对佛教史研究尤有价值。本论书也是巴利三藏中
唯一一部明确无误地指明作者的作品。[④]

如前已说，巴利三藏是第三次大结集的产物。当时主持结集
的是目犍连·帝沙长老。锡兰的编年史记载这个传统说法，并一

---

① 此句中 B. C. 罗有漏译。

② 见 II, pp.1, 4, 25f., B. C. 罗之译本。

③ A. C. 泰勒校刊本，见巴利圣典学会，1894 年和 1897 年。英译有瑞赞昂和李斯·戴维斯夫人合作译本，巴利圣典学会，1915 年。对于本册的分析解说，见李斯·戴维斯文，载《大不列颠和爱尔兰皇家学会学报》，1892 年。

④ 觉音长老的时代，人们认为本书的纲目是佛陀所拟，主持结集的帝沙长老只是细部的具体撰写人。另一方面，《法聚论注释》（《法聚论注》）一书的注家叫觉音的，曾经提到有的佛教部派并不承认《论事》的圣典地位。

直沿袭下来。历史上有不少的佛教大学者都认为这是实有其事的。当然也有不少人认为这是不经之说。[①] 今天我们既然已经知道，像《论事》这样的论书是后来拼凑的作品[②]，那我们大致可以推知，《论事》是公元前三世纪目犍连·帝沙编纂巴利圣典时所撰。但现在所见的模样只是在一个原始本子的基础上一再增补的结果。每一次有什么异说产生，都会被添加到这部论书中。[③] 今天我们所见到的这个《论事》本子，应该是五世纪觉音作注释的那个本子。其有二十三章（品）。每一品有8—12个问答。此中先说错误的观点，然后再加以批评和否定（所有这些错误的观点，注释者还指出当初它是哪一个派别的主张）。以下示例这些问题的叙述方式：

165

世有补特伽罗（我）且彼有真实无上之实在否？一切诸法为实在焉？苦有两种断灭耶？佛子比丘亦有佛之圣性焉？在家之主亦能成就阿罗汉耶？阿罗汉因其所造业亦失罗汉圣性耶？

---

① 赞成此说的有：H. 奥登堡（《德国东方学论文集》卷52，1898年，pp.633f.）、李斯·戴维斯（《剑桥史I》，1914年）、李斯·戴维斯夫人（《论事》，pp.30f.；《佛教心理学伦理手册》，1923年，pp.xxivf.）、盖格（《巴利文献及语言》，pp. 6, 16）、W.L. 巴鲁阿（《印度历史季刊》卷7，1931年，pp.368ff.）。至于反对此说的有：I. P. 米纳耶夫（《佛教研究》，pp.81ff., 300ff.）、巴斯（《宗教史评论》第4辑，1900年，pp.72f.，即《文集》卷3，p.335）以及凯思（《佛教哲学》，pp.18f.）。M. 瓦勒塞尔原先完全相信这个传统说法，（《历史发展中的佛教哲学·I》，海德堡，1904年，pp.20ff., 95f.）。但以后转到了这么一个结论上（《佛教哲学》卷4，1927年，p.12）："比起传统说法中所宣称的时间，本论的经文要晚出很多。"

② 参见李斯·戴维斯：《论事》，p.xxxi。她说过"本书显示出东拼西凑的模样"。

③ 参见浦山：《宗教伦理百科全书》卷4，p.184。另见B.C.罗：《巴达卡尔学院年报》卷12，1931年，pp.177ff.。

修道所成能够自知耶？比丘修道已得正见（即得正信）犹作自杀焉？佛在（僧伽）众中与众生齐等耶？佛之大小便利，其香过于芬芳之物，有此事焉？亦有畜生道再生天耶？

类似的所有这些论题，都在论者和假想的对手之间以问答形式提出并讨论。作为回答一方的结论，最后一句总会是否定性的。对立的主张总是被宣布为虚妄的见解。为了驳斥这些虚妄的主张——这些主张一般来说是佛教内部各个派别的而不是外道的见解，往往作为论据加以援引的，是来自经藏或者律藏的经文段落。① 这一事实也说明了无论如何《论事》一书的形成只能在经律圣藏的编定之后。作为论据使用的经中证文，有的也出于论藏前面的两册（《法聚论》和《分别论》），其论述的话题有的也出自《发趣论》（*Paṭṭhanas*）。需要说明的是，所有引文都没有来自《界说论》《人施设论》和《双论》（*Yamaka*）的。

这样，我们可以说，今天所见的《论事》都不会是公元前三世纪的作品。因此，这就耐人寻味地让我们想到，佛教在那次结集后的数百年中究竟经历了哪些变化？就佛教的宗派和部派而言，包含在《论事》中的信息，只有联系汉文和藏文的有关部派分裂的资料，才能显示其重要的研究价值。②

我们通常把《论事》当作论藏的最后一部作品。但实际上，

---

① 关于所有这些引述论证，参见泰勒《论事》校刊本，pp.633ff.。

② 参见浦山：《大不列颠和爱尔兰皇家学会学报》，1910年，pp.413ff.；瓦勒塞尔：《古代佛教部派》，海德堡，1927年。

它在论藏中却位居第五。因此，在它后面还有两论。

6.《双论》

《双论》名称中之所以有"双"字①，是因为论中所有讨论的问题均采用两种方式来回答②。本论阅读起来很困难，尽管论中声称其目的在于解决前面的五部论书都没有涉及的问题，为人们解答相关的疑惑。

7.《发趣论》

《发趣论》（因缘之书）是论藏第七册。本论又名《大书》或《大论》（*Mahā-Parakaṇa*）。论中第一章为三缘品，第二章为二缘品。③本书完全集中讨论一个题目，即二十四种缘。所有这些（因）缘关系都是分存在色心现象之间的，或者就是因果对待关系，或者就是主客（我与法）关系，或者是所属（能有与所有）关系，

---

①　李斯·戴维斯校刊本，协助校刊者第朋·玛丽、G.F.亨特和梅·史密斯：巴利圣典学会，1911 年和 1913 年。

②　不过本论的标题也说不上一目了然。李斯·戴维斯夫人在刊本导言中（pp. xxvff.）说她为向某位缅甸学僧请教，弄清本书的意义和方法，也还是很费了点劲。针对她提的问题，缅甸的来地法师将他的回答汇总成一篇巴利语论文，附在本论校刊本最后。

③　疑原书此处叙述顺序有误。通常应该是先为二缘品，然后三缘品。这也是阿毗达磨论书的一般规则。随后的注释 3 中也提到：二缘品的目录作为补充放在三缘品中，正好也说明了这一点。三缘品中，有三分之一是由李斯·戴维斯夫人所校刊，见巴利圣典学会，1921—1923 年；二缘品之 I 也由她校刊。二缘品后的补充目录，可以见三缘品的第 III 分，即 pp.336ff.。——译者

或者是持续（能持续与所持续）关系，或者是并列（并存）关系。只有一种法（存在）是超出所有这些关系的，它就是涅槃。涅槃没有任何缘待的关系。它是绝对的、绝然无待的存在。它摆脱了一切相待性。涅槃是唯一同所有二十四缘无关的绝对状态。[①]李斯·戴维斯夫人向从事佛教哲学观念史研究和一般逻辑思想研究的读者建议，可以先看三缘品的第一部分。因为其中列举了二十四种对待关系。她称此（阅读方法）为对"阿毗达磨论书知识的一个重要的建设性贡献"。一般来说，她自己对这部被称为纯粹经院哲学的著作的"价值持怀疑态度"。[②]李斯·戴维斯夫人在多年中甘于寂寞，不辞辛劳，矻矻乎致力于论藏文本的研究，最终她对这部作品产生了近乎绝望的感觉。她这么说道，当我们最终走出这种禁闭室的生活时，我的身后是一个完全封闭的传统，这个传统中过去统治着现在和将来。多年的研究，我得到这么一种感觉，这是一个密不透风的房间。它收拾得干净整洁，房间里所有的东西都罩得严严实实。没有一个窗户，也没有一点亮光。外边无论天亮天黑，里边的人都一无所知。[③]

　　如果我们采信《论事》成书于公元前三世纪的说法，我们也就不能不接受这个结论：论藏中哪怕最早的作品也在那之后很晚才得以形成。我们的假定因此也就是，佛教义学比丘们的学术研究活动开始得非常早，大约与经藏的出现差不多同时。不过，人们

---

　　① 参见来地法师的《论关系（缘）的哲学》，巴利圣典学会，1915—1916年，pp.21ff.。

　　② 参见本校刊本的三缘品第 I 部分中的前言（p.v）以及第 II 部分的编者注。

　　③ 《大不列颠和爱尔兰皇家学会学报》，1925 年，p.250。

对于论藏的权威性历来就有不同的看法。小乘经量部（Sautrāntika）的论师对于论藏就持不以为然的态度。而梵语系统的说一切有部论师自己辑有阿毗达磨论藏。后者的内容与巴利文经典中的论藏不太一样。巴利文的论藏规模只有七论。① 依据律藏的说法，首次结集时只产生了律藏与经藏二者。根本没有提到论藏。既然如此，我们就不免会对论藏的权威性及年代都产生疑问。②

　　但对于那些承认论藏属于圣典的佛教部派而言，论藏仍然是享有极高声誉的。《弥兰王问经》中的龙军比丘之所以有神通一般的智力，就因为他在接触经藏之前，已经学习了论藏。而他又经人指点，加之智力超凡，所以位登胜地。在一块被判定为262年的碑铭上——铭文镌刻在锡兰密兴多列（Mihintale）的山崖上，我们可以读到当初那里的寺院给僧人分配石窟的情况：专门研究论书意义的比丘所居住的有 12 个窟室，而专门讲律学的比丘的居室只有 5 个窟室。③ 直到今天，像缅甸这样的地方，仍然有石窟论藏的学术活动。那里，积累了千百年来大量论藏研究的义疏作品。

168

---

　　① 参见浦山：《佛教：研究与材料》，p.55；《佛教纲要》，p.126；瓦勒塞尔努力地寻求巴利圣典中论书的一致性。但他所有的努力始终都停留在猜测的地步（参见《佛教哲学》卷 1，pp.17ff.）。

　　② 参见艾略特：《印度教与佛教》I，pp.276，229f.。他认为有很大的可能，论藏最初是在锡兰出现的，虽然我们已经无法证明这一说法。

　　③ R.S. 哈代：《东方修道实践》，伦敦，1860 年，p.156。

第五章　巴利圣典外的巴利文献 [①]

1.《弥兰王问经》

　　巴利圣典中包含的经文，除了后期增补进去的，绝大部分都产生于印度。基本形成后才被带到锡兰岛。然而，锡兰的佛教比丘也创造了大量的藏外巴利文献。所有那些"藏外的"作品中，169　产生于印度的《弥兰王问经》算是一个例外。[②]

---

　　① 参见盖格：《巴利文献及语言》，pp.17ff.；G.P. 马拉拉塞克拉：《锡兰巴利文献》，伦敦，1928年；B.C.罗：《巴达卡尔学院年报》卷12, 1931—1932年，pp.97-143。

　　② 该经有 V. 特伦克纳校刊本，伦敦，1880年；本经暹罗文本的第一卷有暹罗王后及王太后资助发行的本子（1925年）；戴维·李斯有英译本，《东方圣书》卷35, p.36；F.O. 施罗德有德译本（不含后期伪窜部分），柏林，1905年；智三界比丘有德译全本，慕尼黑，1919年；L. 菲诺特有法译本（本经第 I—III 章）；英文抽译本（经中的寓言故事）译者为 E. W. 伯林伽默：《佛教故事》，pp.201ff.；参见巴斯：《宗教史评论》第28辑，1893年，pp.257ff.（即《文集》卷2, pp.170ff.）；R. 伽尔比：《印度文化史论集》，柏林，1903年，pp.95ff.；李斯·戴维斯：《宗教伦理百科全书》卷8, 1915年，pp.631ff.。从经文的语法形式看，李斯·戴维斯夫人为译本定名为《中性词》或《复数词》，但锡兰的佛教徒通常将其名定为《阳性词》。V. 特伦克纳校刊本（p.vi）中，关于本经的编写，李斯·戴维斯夫人在她的《弥兰王问经：关于其在佛教史上的地位及其作者等》（伦敦，1930年）中提出一种新说法，她认为实际的情况是，最先撰写龙军与弥兰王对话的只是作者中的一位，大约10年后，她再续写了《难问》部分，更晚当其已经成为"华发者"近于老年时才撰写了《譬喻问》这部分。对于本经的分析，详见 B. C. 罗的专文，发表在《巴达卡尔学院年报》卷13, 1931—1932年，pp.105-122。

该书产生于西北印度。正是在这里，人们的记忆中保留着某位史诗中主人公的名字。这位叫作弥兰陀或弥兰（Milinda）的，肯定就是那位希腊裔的米纳多斯（Menandros）王。他是公元前二世纪从希腊－大夏（Greco-Bactrian）王国中分离出来的统治印度西北一隅的希腊裔国王。其在位时间大约为公元前一世纪。[①] 其统治地域相当大，包括古吉拉特（Gujarat）乃至印度河流域。姑且不论历史上是不是真有这么一个希腊裔的国王同一位佛教的高僧见过面，并且谈论过佛教教义，还因此产生了《弥兰王问经》。在印度文化的氛围中，君王与圣人讨论宗教话题的古代逸闻比比皆是。奥义书和"如是说"性质的文献中关于统治者同沙门智者的问答谈话，可谓不胜枚举。无论如何，我们的弥兰王哪怕自己不是佛教徒，但他同自己治下的某位信奉佛教的臣民[②]有些密切的交涉则完全是可能的吧。

---

① 参见 A. V. 古施密特：《伊朗及其邻邦历史》，图宾根，1888 年，p.104。他判定该王的统治时间为公元前 125—公元前 95 年。据 V. A. 史密斯《早期史》（pp.227ff., 239, 258），弥兰王之侵入北印度在公元前 155 年，但是，加德勒将这个时间定在公元前 110 年。H. 罗易夏杜尔的观点（参见《古代印度政治史》，加尔各答，1923 年，pp.204ff., 209.）与 L.D. 巴奈特（《加尔各答评论》，1924 年 2 月，p.250）一致，都认为该王统治在公元前一世纪。而按照 B. 巴塔恰里亚（《印度佛教造像》，牛津，1924 年，p.xxi）的说法，R.C. 马宗达据说证明了"弥兰王统治西北印度不可能在公元 90 年之前"。（巴塔恰里耶未进而说明其说法的出处，所以我们不知道马宗达是如何证明这点的）。另外参见拉朋：《剑桥史 I：柬埔寨》，pp.547ff.。

② 普鲁塔克历史书中有一个信息可以支持我们的说法：弥兰王死后，有几个希腊人的城邑争夺他的骨殖。每个城镇也都树立了舍利供奉塔。同样的情况也发生在当初佛陀寂灭以后（参见伽尔比前引书，pp.102, 112f.；施罗德前引书，p.xvi），不过也很有可能这位弥兰王仅仅是同情佛教并向僧伽作过施舍。不管如何说，弥兰王时期的银币上刻有佛教的法轮。参见 S. 烈维：《宗教史评论》第 23 辑，1891 年，pp.43f.。

　　我们也可以这么有把握地设想，在《弥兰王问经》的作者还活
着的那个时代，人们对于那个希腊王的故事还记忆犹新，宛如昨日。
170 但因为这位米纳多斯王逝去不久，在印度的希腊人统治便随即结
束，我们也就很难得出这样的结论，说《弥兰王问经》产生的年
代会上距希腊人统治有超过百年的可能。如是说来，本经的产生
多半也就在基督纪元之初。① 我们之所以将本经产生的历史年代推
至这么早，理由还有一个：本经中的问答语言，同巴利圣典中经
藏的语言风格极为相似②，以至于如果将本经放到巴利经藏中，其
古朴的风格，一点也不让人觉得扎眼。另外，五世纪的大学者觉
音上座，作为有名的注释家，对本经的态度也极其恭敬。这证明
《弥兰王问经》具有同经藏一样的权威性，因为觉音凡是引证本
经的章句，口气都是充满敬畏的。③ 单纯从语言风格看，实际上经
藏中的问答语句，也的确少有像《弥兰王问经》这样清新活泼的。
本经的语言表达是如此美好，若与柏拉图的《对话录》相比较，

---

　　①　据伽尔比同上所引书（p.106），他认为本经产生于二世纪。他的看法很可能来
自特仑克纳为本经所写的前言（p.vii）。

　　②　这里说的这个话题同《论事》之具有重要性的话题极为相似。参见李斯·戴维斯：
《东方圣书》卷36, pp.xx-xxvi。他提及该上座时（p.71，《东方圣书》卷35, p.110）
称他为"一位极擅写作艺术的大师"，认为他死去多年后，人们所记得的也只是他留
下的文字。这里说的"多年"，应当就是从《弥兰王问经》的作者同目犍连·帝沙之
间的这些年，尽管并非不可以称之为"漫长的年月"——（如果后者的确是生活在公元
前三世纪的话）。

　　③　《法聚论注释》，pp.112, 114, 119, 120, 122, 142。《清净道论》，p.87。以上
各处都是觉音引用《弥兰王问经》（I—III）的地方。另外参见李斯·戴维斯：《东方圣
书》卷35, pp.xivff.。

也毫不逊色。①

　　不过，我们在这里对《弥兰王问经》的称赞，以及我们判定的本经早期性，只是针对本经中的原始部分，而不适用于整部作品。前面我们说过本经共有七个分卷。其中，最古老的部分也只是第一卷缘起、第二卷和第三卷中的一部分。这些算是最古老的和最可靠的，但就是第二卷中也窜入了许多后期的内容。第二卷大约有六分之五的篇幅都是后来添补进去的。最能说明第四至第七卷属于后来伪撰的证据是：这些经文都不见于汉译的《那先比丘经》中。这足以说明它们是 317—420 年的产物。② 不过，即令从第四

----

　　① 韦伯《印度的希腊人》（《普鲁士科学院会议通讯》，1890 年，p.927）提出的问题是《弥兰王问经》同柏拉图的辩论术有密切关系吗？或者说它正是印度人刻意的"二重论法"，二者中究竟哪一个更符合实际的情况呢？单单考虑到奥义书中有这么多论辩的现在模式，就会觉得《弥兰王问经》中不一定就非要借鉴别的希腊论辩术，更何况在《摩诃婆罗多》的史诗和佛教三藏中已经有那么多的修行诗歌可以参考。同时，不要忘记，就是在《弥兰王问经》中我们也没有看见任何的希腊语词或者希腊思想（参见伽尔比同前所引书，p.114。菲诺特也主张，《弥兰王问经》的风格显示出希腊精神的影响，此见其对本经所作法译时撰写的导言，p.14）。

　　② 此可参见《弥兰王问经》的校刊本，另见斯派克和 S. 烈维：《那行比丘经的两个汉文译本》，载《国际东方学者大会学报》卷 9，伦敦，1892 年，pp.518ff.。汉译本的译出年代不是很确定（施罗德前所引书的 p.119 认为只是译出一次，但有两种流通本），因为 520 年的那个经录中并没有《那先比丘经》的经名（译者补：此说不对。梁僧祐撰《出三藏记集录下卷第四·新集续撰失译杂经录第一》中列有《那先比丘经》的名称），可以证明本经在汉译中时间很早的一个事实是：在 472 年译出的一部《因缘譬喻经》中，可以见到逸闻形式的故事，内容即是《弥兰王问经》的序分。参见高楠顺次郎：《大不列颠和爱尔兰皇家学会学报》，1896 年，pp.1-21；沙畹，《汉文三藏中的五百故事》III，pp.120ff.，418；L.A. 瓦德尔：《大不列颠和爱尔兰皇家学会学报》，1897 年，pp.227ff.，其竭力据西藏的年代不能确定的文献来显示：这篇汉译的《因缘经》原文不是《弥兰王问经》，而是叫《摩揭陀的难陀王》的因缘故事。但是，难陀王的名称本身就是希腊的米纳多斯王的梵文读音（参见伯希和前引书，pp.380ff.）。李斯·戴维斯（《宗教伦理百科全书》卷 8，p.632）认为从印度带到中国的本经当初有七个分卷，最后的几个分卷被汉文译者删掉了，但这种说法非常靠不住。

至第七卷的内容看，其也同前面的诸分卷有较大差别。只有涉及佛教中最一般和最基本的教义问题时，其中的问答语言形式才是最古老的和原初的。所谓最基本的问题，指的是在家居士通常都会感到有兴趣的问题。从第四卷开始，经文的内容才转到佛教的护教论上。而对于护教论有兴趣的人，必然是已经熟悉了佛教经典中各个篇章的人。在那些晚出的各卷中，所以会提出各种各样的困惑疑难，又饶有兴味地解惑，显然是因为这些经文中有自相矛盾的地方和有意义冲突的结果。这样一来，经藏中的一字一句——包括《本生经》中非常世俗化的那些故事，也许其中本来并不重要的一句话，也都被当成了佛陀亲口所说的，要知道佛陀所说"无有一语不如义，无有一语不如实，亦无有一语为不善"。如果说《本生经》的故事中，菩萨本人还可能有所过犯或造罪的话，则在《弥兰王问经》第五卷上，作者则是在为菩萨的纯然至上洗地。因为在他看来，菩萨属性与佛陀的圣性是完全同一的。这样的主张，在先前的佛教三藏经典中是看不到的。与此相似，从字面意义看，本经后面的诸卷与前面的原始部分也就区别开来。当然，即令是那些后出的经文分卷，我们也能够读到一些非常优美的故事与寓言，还有一些充满智慧的格言。但归根结底它们已经不能同早期的原始经文那样，随时流露出那种古朴的美丽与智慧。最后我们还要说，其实第三卷的末了，已经为本经作了完美的结语。任何人读到这里，都可以感觉到，若根本没有后面的几卷，本经也可以是完整无缺的。①

---

① 参见伽尔比前引书，pp.136ff.。施罗德译本的导言（p.xxiiif.）认为本经可能有七个不同的异行本、校订本。而且很有可能，所有后来窜文及增添都是逐步发展的，不

作为古老的诗篇,本经上来就描写了萨竭罗(Sagāla)城的繁盛。该城是弥兰王所居的王都。① 接下来本经的诗歌叙述道,某日博学多闻的弥兰王检阅军队,提出要找个人来同自己论辩。但弥兰王的辩才是无人能够抵挡的,所以没有任何一位沙门婆罗门敢出来应战。最终,国王的臣下将他引至萨竭罗城外的隐修处,那里有一位叫阿瑜帕罗的比丘在修行。但即令是这样的高僧,弥兰王一开口,他也一样张口结舌,不知如何回答。于是,弥兰王便宣称:"啊,此印度为空。啊,此印度诚然全为虚空。无有一人,无有沙门婆罗门,堪与我对话并解疑。"他这么宣称时,有一位叫龙军的博学而智慧的比丘,正好入城乞食,到处游行,挨家挨户地化缘。龙军比丘智慧过人,在印度无人能同他辩论。龙军来到萨竭罗城,经弥兰王之臣属推荐,得到弥兰王的接见。大王的目光刚落到龙军身上,就立即生起敬畏之情。②

　　紧接前面的情况描述,本经巧妙地转入佛教教义的演说。第一

173

一定是修订的结果。其实也没有充足的理由断定,像伽尔比和施罗德说的那样,整个第三分卷都是后来的伪撰。E. 塞纳特(《亚洲学报》,1892 年,s.8, t.XIX, p.343)和巴斯(《文集》卷 2,p.171)已宣称第三分卷的末尾也就是全经的结尾。这同伯希和的看法也是一样的(《亚洲学报》,1914 年,s.2., t.IV, p.418)。

　　① 巴利文的本经开始是缘起诗偈,本经快要结束时,也是伽陀形式的。施罗德(pp.XXVI, XXXII)认为所有这些伽陀是源出于锡兰的某个诗歌的遗留部分。更合理的说法是,三藏中当经文特别地同源自印度的装饰性诗歌有关时,才会读到这样的诗偈。参见本书边码第 34、39、113 页等。

　　② 可以断定为分卷一中的伪窜部分有如下这些:第三段(为本经全书列出的内容表格)、段落四至八(讲述弥兰王和龙军前生的本事,以及最后佛陀所作的预记)、段落第十一至十四(李斯·戴维斯已经辨识出这是接下来窜入的章句),还有段落第十六至三十六(其叙述龙军比丘的入胎、降生、青年、出家修道以及成阿罗汉)。

段问答可谓开门见山。王问龙军之姓氏名称，后者回答：我名龙军。然后声明，此处所说的"我"不过是暂作称谓，其实并没有这么一个实体性的"我"存在。于是，智者与弥兰王之间发生了一段无与伦比的问答。最终弥兰王只得承认"此世间实无我之存在"①。

174　　无我的，亦即无灵魂的说法，是佛教中最基本的教义。② 唯一存在着的只是无时无刻不在变易着的身体现象和精神现象。不过，要对这种立场加以通透的了解，也不那么容易，因为佛教另一面还要宣讲有关再生轮回的教义。而再生轮回是需要有某种固定的主体存在的。同样，更加困难的是关于业报的理论，以及业果和修行的关系理论。作为佛教的重要基础理论，《弥兰王问经》中的相关论述我们不能不加介绍。以下抄录两段问答。③

　　王问：尊者龙军，彼之再生者（与彼之死者）是一是异？
长老答曰：彼既非一，亦非是异。（王问：）请举譬喻。（龙军答曰：）王善思索，往昔之时，王曾为小儿，年幼弱小，亦在褓褓，稍长则为稚童，再长而为青年。今之大王，亦犹昔时之孩童与青年耶？（王答：）尊者，彼时小儿，身在褓褓，安静温和，非我今时，已成人矣。

---

①　参见奥登堡：《佛陀》，pp.292ff.；拉达克里希南：《印度哲学》I, pp.391ff.。
②　《弥兰王问经》中肯定坚持了这一立场。我们会发现，三藏经典中，有时经文会有断然否认自我的语句。但也有的时候，对无我论的叙述又是有一定条件制约的，佛教认为，断然宣称自我这东西究竟是有还是无都是不合适的。
③　特伦克纳校刊本，p.40；《东方圣书》卷 35，pp.63ff.。另参见 H. 奥登堡：《佛陀》，p.301；凯思：《佛教哲学》，pp.169f.。

（龙军又问：）如是大王（若今之大王并非昔时孩童），彼时王便无父无母无有师尊教诲，亦不学教诫，不得智慧焉？如是，大王亦在母胎中经历四期。四期之中，各各非一人焉？大王为孩童时汝之母亲与汝成人时之母亲，是不同之母焉？受学奉教之大王，与学满成智之大王，是为二人焉？大王，若有人造罪而受罚截断手足，彼是一人是二人焉？

（王答曰：）不也，非为二人。尊者所答云何？

龙军长者答复曰：我往昔时，曾为孩婴孩。身在襁褓；既而长大，亦成其人。前后之我，是一而非异也。

（王曰：）请尊者举譬喻。（龙军曰：）大王，如若有人点灯照明，是灯彻夜不灭焉？（王答曰：）诚如是，是灯彻夜不灭。（龙军曰：）大王，云何，此灯初夜时所燃之焰，亦同于中夜时所燃之焰焉？（王曰：）不也。尊者。（龙军曰：）云何大王，此初夜为一灯，中夜为另一灯，后夜之时，再为另一灯耶？（王答曰：）不也，尊者。此以同一盏灯，彻夜炽燃，通宵不灭故也。（龙军曰：）诸法（事物）相续，正如此灯。若人生时为异，死时亦为异。然此异时异人之间，亦有不异以作联结，以成同时。由是，人借最后心识的联结[1]，始得再生，（前后之人）非一亦非异也。

上面用一连串的譬喻来显示，尽管人我并无稳定的自我实体，

[1]　即是说，人在最后再生时，其"识"起到联结前后的作用。借助于心识才有入胎的事。参见 H. 奥登堡：《佛陀》，pp.255ff.；另见皮谢尔：《佛陀生平与教义》，pp.67f.；凯思：《佛教哲学》，pp.78f.。

但其仍然得为自己的所作所为负责。譬喻中有一个这么说的（人因为造业受报从而有转生的事。但转生于后世的人我与前世的那个人我，既是同一个人又不是同一个）①：

　　（王问：）尊者龙军，是谁转生？（长老回答：）大王，名色转生。（王问：）此名色自己转生耶？（长老答曰：）大王，名色自己不转生。但若人以此名色之身造业，或善或恶，则因其善恶业，另一名色转生。（王问：）尊者，若名色自己不转生，是否（可说）此名色不受其所造业之回报？（长老答曰：）大王，若其不转生，可说彼不受恶业报；然因其有转生，不可说恶业报。（王曰：）请譬喻说明。（长老曰：）大王，若有一人，偷窃他人芒果。其果实主人执其交国王，谓此人偷窃芒果。此人辩说：陛下，我实不偷。此人所种植者是一芒果，我之所摘是另一芒果。故不当罚我。大王，是否此人应当受罚？王曰：此人当受罚。（长老问曰：）何以故？（王曰：）任此人狡辩。其所摘芒果为实有之事。又若无先所种植之芒果，必无接下来为彼所摘之芒果。长老于是说：大王，名色转生亦如是。名色之转生，以所造业之或善或恶。若无所造善恶业因，亦无名色转生之事。因此，不可谓造业不受报。

　　像这样的譬喻，本经第二卷中有多处。第三卷的最原始部分也可以读到许多优美的寓言故事。例如，龙军长老这样回答弥兰

① 本经 II.2,6；特伦克纳校刊本，p.46；《东方圣书》卷35，p.72。

王的问题："灭苦之法，非仅为放弃现世欲望，亦有前世所造业焉？"

　　大王，汝是否遭敌国之王反对？是否有敌家与仇家作对？尊者，我实有矣。大王，是否汝遭遇敌对方才着手防范：掘城壕、筑城墙、造步道、起瞭望塔等？不也，尊者。我早作准备。大王，是否汝遭敌对，方才着手学习象术、马术、车术及弓箭之术？不也，尊者。已早作准备。大王，是否汝深患饥渴之时，方才下令掘井挖渠诸事，方才对人说：我想喝水？不也，尊者。必须早作准备（是以，大王，因现在灭苦，才无有未来之苦也）。

　　正是因为有如上的这些譬喻说明，我们才有充分的理由得出这么一个判断：《弥兰王问经》前面真正原初的那部分，是印度 176 古代杰出的散文作品。本经第二卷和第三卷的大部分所涉及的问题，都属于佛教伦理和佛教心理学的根本要点，属于在家佛教徒理当感兴趣的问题。这当中提出来讨论的那些困惑，话题是很琐细的。除了那些有关佛教特质的讨论，其他的都只是对佛教道理的微细辨析。例如，为什么需要崇拜礼敬佛的舍利？如果佛已经离去，那礼拜佛舍利还会有什么功德呢？既然我们都知道佛在世间亦有寻有伺、有专注思维，为什么又说佛乃全知而不必思虑呢？既然知道提婆达多终将破坏僧伽，何以佛又出家为僧呢？为说明这些令人困惑的问题，本经将矛盾的经文放到一起解说。与此同时，三藏中的一字一句，甚至像《本生经》中的那些很世俗的故事，其中哪怕一句话，都会作为佛陀的圣语摘出来，作为解说的证据。

因为佛陀所说都是"实语谛语，无有不善"的。哪怕涉及《本生经》中某些有关菩萨在前世中的闪失过犯，《弥兰王问经》中的第四卷里，作者也要尽量为菩萨曲开脱。因为在作者看来，菩萨和至善的佛陀已经是完全同一的，是没有任何差别的宗教理想。纯正的宗教之书不能容许一丝一毫的偏颇（佛教的三藏教典当然也是如此）。第三卷已经提出讨论过的问题："究竟佛的觉悟是否是前所未有的"（这个问题也可以替换为"佛陀究竟实有与否"[①]），在第五卷再次提出讨论。这里问题成为了"佛陀是否实为开发古道者"。龙军长老对此问题的答复是：佛陀实有，以其所教实为众生所闻并且依教修行而得证道的缘故。龙军的这个观念也是借譬喻来说明的。佛陀所建立的伟大宗教，犹如一位伟大的建筑师"清除林薮，平整土地，开辟道路，修筑城墙，起造宫室"，最终成就一座城市。第六卷提出的问题，也在第四卷讨论过了。虽然又一次再作讨论，但仍可以知道此问题不可能有最终的满意答案。[②] 此问题是：如经中所主张的，在家居士也能成为阿罗汉。但既然如此，普通人何必一定要离家出家、誓戒修行呢？对此，本经答复道：在家居士之所以能够成就罗汉并入涅槃，是因为他们前世已经履行誓戒、修集功德的缘故。这里所说的严格誓戒，指的就是十三头陀行（Dhutangas）。[③] 本经在这里详细罗列的十三头陀行并肯定其

177

---

① 特伦克纳校刊本，pp.242ff.；《东方圣书》卷 35，pp.103, 113。

② 特伦克纳校刊本，pp.70, 73；《东方圣书》卷 36，pp.56ff.。

③ 对于出家的圣者生活而言，这是非常殊胜的手段。但修头陀行并不是出家比丘必需的事。觉音在他的《清净道论》第 1 品中讨论过头陀行。"头陀行"在三藏经文中尚未见到，不过律藏中晚期的随附中提到过这种戒行（H. 奥登堡：《律藏校刊本》，卷 5，p.193，参见 p.131）。参见 H. 克恩：《印度佛教纲要》，p.75。

特殊的功德价值。这也正是第六卷的目的。《弥兰王问经》的各卷中，所有的问答都以譬喻形式加以说明。第七卷则从头到尾都是譬喻说明，譬喻数目达到六十七个。[①] 所有这些譬喻的目的在于说明如果比丘要达到阿罗汉地，应该具备哪些基本的品性。另外，所有这些譬喻又都是巴利三藏中可以见到的。

　　我们已经发现，本经第四至七卷中常常引用三藏中的文句。但也有一些引述文字并非来自三藏，而显然出自别的传统资料。很有可能，这些材料是在后来才流传开来的，其中有的明显属于晚出的注释书。它们是对《本生经》《天宫事经》或《法句经》等的注释。[②] 从思想层面看，这些传奇故事浸透了因果报应的简陋解说，以及非常夸张的佛陀崇拜观念，因此对于神通奇迹充满迷恋。而这些都是原始佛教后期的信仰特点。

　　有一部作品，其问世的时间相当古老，大约与《弥兰王问经》产生的时代差不多。该书的背景也同样可以追溯到早期的印度佛教。这部书名为《指导论》（*Netti-Pakarama*）。《指导论》又称为《指导集》（*Netti-gandha*）或简称《导论》（导向真实教义）。[③]

178

------

　　① 本卷开头是譬喻的总目录，它列出的额外的 38 个寓言。本卷附在本经最末，比起前面的诸卷，其形成时间较晚，且一直未能完备。

　　② 参见伯林伽默：《哈佛东方丛书》卷 28，pp.60ff.。伯林伽默依据这些经注而断定《弥兰王问经》的 4—7 品 "是晚到六世纪的作品" 的说法是错误的。不仅因为他的断定无法证明，而且还因为，如果细看种种的瑕疵问题，都看不出本经 4—7 卷的作者在当初撰写时，其所利用的传奇是从这些注释书中来的。参见李斯·戴维斯：《东方圣书》卷 35，pp.xlff.，196，284ff.，297f.；卷 36，pp.43ff.，143。《弥兰王问经》中唯一可靠的原始部分中保存的问答诗偈，依据别的理由，可以证明是三藏经典中最早的材料。（至于）它列举阿毗达磨七论书的名称（I.26），显然是序品中的伪窜部分。

　　③ 本论提要（摘自 E. 哈代校刊之《达磨波罗注释本导论》，载巴利圣典学会，1902 年）；本论的内容分析，参见 B.C. 罗：《巴达卡尔学院年报》卷 13，1921—1932 年，p.105。

2.《指导论》或《导论》

本论产生的时间，在论藏中最后两部论书形成之前。因此，本论也是从整体上联系佛陀教义作宏观论述的著作。[①] 通常认为著述本论书的是佛陀的直系弟子大迦旃延（Mahākaccana）。按《中部》经典的说法，此人擅长于解说佛陀的教说。[②] 正是这位大迦旃延，被认为撰写了《藏论释》（Peṭakopadesa）。[③]《藏论释》是《指导论》的续篇，产生时间可能与后者同期。（大约生活于五世纪的）法护论师为《指导论》作了注释。

3.《论事》

藏外经典中，大都混有后来窜入的内容，这同前面说到的《弥兰王问经》的情况是一样的。藏外经典出自那些后来的义学僧人。这些学问比丘蜷曲于僧窟陋室，孤寂勤奋，矻矻终年，埋头经卷，尽其所能承传佛教经义，并且热忱地增添他们的心解。从一开始他们便不满足于佛教文本本身，而致力于发掘文本后面的深刻意义。因着他们的努力，才有诸多部帙浩大的论书。有的论书收在三藏中。

---

① 李斯·戴维斯：《大不列颠和爱尔兰皇家学会学报》，1925年，pp.111f.。

② 《中部》(I, pp.110ff.), 133 (III, pp.194ff.), 138 (III, pp.223ff.)。

③ 未刊行。不过可以参见福涉尔：《花瓣标本》（Specimens des Petalopadesa），柏林，1908。参见瑞赞昂（Shew Zan Aung）:《巴利圣典学会学报》，1910—1912年，p.120; B.C.罗：载《巴达卡尔学院年报》卷13，1931—1922年，p.105。

更多的则属于藏外的作品。①

　　即令我们不能采信锡兰（上座部）佛教徒的说法，把《论事》（诸事的意义说明或注释）当作与首次大结集同时的作品，由摩哂陀将它及三藏一起携至楞伽岛，并且还译成了僧伽罗语，又在伐陀伽摩尼王时代被书写成文，再后来（五世纪）又再被转写成巴利文。②但下面这个事实我们还是可以接受的：早在第一次印度的结集后，在巴利圣典语言形成的时期，佛教的比丘们就一直在从事经典诠释的工作以及诗歌创作。而随着上座部与其他的佛教部派或宗派日渐疏离，锡兰的义学比丘们的研究活动便更具有独立发展的意义，成为上座部经本传统的重要保存者和持久的传播渠道。③所有可以接触到的巴利文论书都译成了僧伽罗文本。那些仍然保留了巴利文原来形式而没有被改变的，只是原来的伽陀偈颂。后者的功能主要是易于记忆保存，或者为显示权威性而作形式的保留。锡兰比丘的创造性并未停止于此。他们在用僧伽罗文写作论书或

179

------

① 参见 B.C. 罗：《觉音生平及著作》，pp.53ff.。《经分别》本身就是《波罗提木叉经》的某种注疏。《自说经》和《经集》也包含着注释性质的散文长行。而《义释经》则是《经集》早期的注释书。有一部被归到舍利弗名下的论释书是收在论藏中的，它被当作《法聚论》的附分。

② L. 孔里拉：《维贾辛哈》（*Vijasinha*）；R.C. 恰尔德：《大不列颠和爱尔兰皇家学会学报》，1871 年，pp.289ff.；H. 克恩：《印度佛教纲要》，pp.8ff.；Th. 福克斯：《印度古籍》卷 17，1888 年，pp.123ff.；《岛史》20，pp.20f.；《大史》33，pp.100ff.；盖格：《巴利文献及语言》，pp.17, 18。

③ （锡兰岛上）各个寺院都有自己的注释本。除了阿鲁拉达普罗的大寺有《根本论事》或《大事》，该城北面的"北寺"也有它的论本。南印度的建志补罗和其他地方的寺院还有一个叫《安达罗本论事》的。参见李斯·戴维斯夫人：《佛教心理学伦理手册》，p.xxii。后来的注释书中说到《论事》这部书时，常常只称其为"porana"，即"古本"或"旧本"。参见李斯·戴维斯夫人：《佛教心理学伦理手册》，p.xxviii。

作注释时，也会使用巴利文。他们仍然会用巴利偈颂来抒发感情，因此使用巴利文的水平也不断趋于完美。五世纪的觉音时代可以称为这个完美过程的顶点。觉音是典雅的巴利文创作大家，同时又是翻译家。他将僧伽罗文的诠释之书全部译成巴利文。佛教义学比丘们的经典注释与文学创作，完全涵盖了全部的佛教三宝——佛陀、教法及僧伽的全部活动领域。佛传本生故事被修饰和演绎。这一再创造过程中，大量吸收了民间的歌谣，顺便也采用了三藏中有关的细节，当然它越来越重视的是对释迦牟尼佛的神异描绘。早在梵书时代，印度就已经有这样的宗教经典阐释活动，与之并存的不仅仅是语法和词法的研究与发掘，更有着对故事深层含义的形象化说明。这样的经典诠释与文学创作活动，也体现在巴利文论书的写作过程中，吠陀教经院中的婆罗门也好，佛教僧院中的义学僧人也好，真正的印度精神寻求者，都会把故事讲述活动当成赏心悦目之事。[1] 但仅仅是三藏教典中的故事已经不能让这些寻求者感到满足，他们还需要进一步地发挥和补充。他们会随时把自己从其他地方听来的东西添加进去，也会把从其他文献传统中获得的文句塞进自己的叙述中。这一过程中，也就顺带着改造了内容，也进一步投合了佛教徒的趣味。他们还会模仿旧有的故事模式来创作新东西。他们也收集有关佛教僧伽最初形成时的奇闻逸事，再按照他们对律藏加以解释说明的顺序来记录他们理解的僧伽形成史。从这个意义上说，《论事》也就成为了佛教僧团

180

---

　　① 《论事》之包含本生事或其他的故事，就像梵书中的《说事》中也有"Ithihāsa"（如是说事）和"Ākhyānas"（说事歌谣或叙事诗）一样。参见《吠陀文献》，p.193。

史的开篇记录。

　　说到佛陀的传记故事，我们知道，三藏中实际上并没有专门的佛陀生平的记录，而只有类似于传记的萌芽形式。那可以称为佛传萌芽的，可见于律藏中的，或者《小部·经集》中佛自己的谈话，还有那些古老的佛教歌谣（伽陀）。这些材料具有相当的真实可靠性。在一定意义上，我们可以说它们就是佛传的萌芽或者佛陀传记的原始开端。《佛种姓经》中可以看到这样的佛传前史。该经的第26品，算是对这个前史的简单总结。《所行藏经》和《本生经》中也有叙述佛陀前生事迹的。它所包含的内容，至少对虔诚的佛教徒而言，都是有关佛陀生平的故事。①不过，真正严谨和始终一致的巴利圣典形式的佛传，恐怕只有在《因缘故事》（*Nidānakathā*）中才能找到。②本经的字面意义亦可以译成"原始（起初）的故事"。③从产生的时间上看，《因缘故事》要比《本生经事论释》更早。它本身就是后者这部诠释大书的一部分。

181

---

　　①　李斯·戴维斯：《剑桥史Ⅰ》，pp.196ff.；J.杜图瓦：《佛陀生平》，莱比锡，1906年；E.H.布鲁斯特：《乔达摩佛传》（完全依据巴利圣典编写，李斯·戴维斯撰写了导言），伦敦，1920年。

　　②　福司波尔校刊的《本生经》中可以读到本经（Vol.I, pp.1-94）。李斯·戴维斯将福司波尔本译成英文，名为《佛教本生故事》，pp.1-133；H.克恩有《因缘故事》的德文意译本，见《佛教》Ⅰ，pp.24-140；H.C.瓦伦：《译文中的佛教》，pp.5-83；J.杜图瓦在其《佛陀生平》（pp.5ff., 18ff.）中译出本经的两节。

　　③　亦即"佛陀生平的起初事"。Nidāna意谓"原因、因缘"，此处转为"开初、本始"。

4.《因缘故事》

《因缘故事》分为三品。① 遥远过去的因缘。故事说燃灯佛时代古佛之一的妙慧，最终再生于兜率天（成为弥勒佛）。② 不甚久远的过去因缘。故事说佛陀自兜率天上下生，最终开悟而得成就。③ 近前的过去（当前的）因缘。故事说乔达摩佛得正觉而后得给孤独长者的无畏布施功德。

第一品接着《佛种姓经》和《所行藏经》讲下来。从本质上讲，它是对两经中的某片断的讲解注释。其中完全采用了《佛种姓经》第二品中的妙慧故事。我们看到，无量大劫之前，未来的佛向当时的燃灯古佛致敬，并且立誓要成就十种"波罗蜜"修行，以证取名符其实的佛之本性。① 立下这个誓愿，他一世一世地再再出生，以实践他的"波罗蜜"修行——于是便转到了修行事上来。这正是《所行藏经》的内容。② 在最后成佛的那一世，故事说到毗山多罗王（须大拿太子）修习的圣行顶峰，即菩萨通过舍弃身命而完成布施，从而再生于兜率天。

在这一品中，叙述故事的散文一再使用《佛种姓经》和《所行藏经》的偈颂，将它们穿插起来。后面的第二、三品中，这样的引用偈颂方式明显减少。第二品说到了天上"佛诞的热闹场面"。

---

① 参见本书边码第 156 页。

② 不过这里请读者注意，本书边码第 156 页注 1 的内容与我们在此叙述的稍有不同。

兜率天的诸天神向菩萨高声礼赞，称佛陀将为了人间的利益而下
生世间。菩萨经过再三考虑，同意他们的要求准备下生。接下来 182
便是菩萨诞生前的入胎程序。他化作白象进入睡梦中的摩耶夫人
的胎藏，故事接下来叙述王宫中为佛诞而举行的庆典，阿私陀仙
人对新生婴儿未来所作的预言；再之后是乔达摩太子因见证了生
老病死的苦患以及某修道者而弃世修行，又厌恶深夜在后宫中所
见的宫女们的丑陋睡态，因此下决心离宫出走；太子在荒野中遭
遇的神迹以及神龙的护持；乔达摩经历了种种苦行、万千磨难之
后接受了牧女善生的供粥（乳糜）；恢复进食以后的神迹；乔达
摩进入了甚深禅定；又遇见魔罗的扰乱；最终依然在菩提树下得
到大觉悟——最高的证悟，从而也获得了更多的神通能力。①

　　第三品说现在的因缘事。仍然主要在说乔达摩最初的觉悟修
行。此中并无太多的神迹描绘，但也不能完全免除祥瑞之类。比如，
第一个七日，佛还住在深深的禅定中。他在菩提树下安稳非常，
一动不动，于是诸天就不免生出疑问：究竟太子是不是真的得到
了菩提呢？为了驱逐后者的疑惑，乔达摩显示了几个神通：腾身
空中，立于座侧而面向东方，如是整整七日，有目不眴（眼睛一
点不眨）。由于《因缘故事》在这里插进这么一句"眼目不眴"，
所以后来在他入定的地方建立了"不眴目的制提"（不眨眼塔，
Animisacetiya）。而其他的几处地方，凡与佛的菩提相关的神迹处，

---

　　①　整个《因缘故事》只是对《长部》第14经和《中部》第123经稍加润色。但"白象"
的说法在巴利圣典中是没有的。不过阿育王时代的佛塔雕刻中有白象的形象。参见哈代：
《阿育王》，pp.56f.；文第希：《佛之诞生》，pp.5f.，155f.。

也都建立了佛塔（cetiya，制提、支提）以作纪念。这些纪念遗址今天还可以时时看见。

《律藏》（《大品》，I.4）中已经提到了塔布萨（Tapussa）和巴力伽（Bhalika）成为最初佛弟子的事。在此，《因缘故事》进一步补充说，佛最初的弟子们接受了佛的头发，并因此起塔供养。本经下面接着说，佛游行回到他的故乡迦毗罗卫城。在此处佛未显示任何神迹。再后面说到大富长老给孤独的故事，占了相当篇幅。长者向佛陀及僧伽奉献了祇园。《因缘故事》对现在因缘的叙述在这里戛然而止，但它并未交代为什么故事在这里便结束了。

《因缘故事》被放到那部《本生经》注释书的前面，并不是完全偶然的。事实上，它被认为是该论书的基本内容之一。当初编纂者应当是有所考虑的。事实上，作为《本生经》论释作品的基本架构，后者当中涉及“现在因缘”时，也都会常常回到《因缘故事》上来。但《因缘故事》的作者在书中一个地方[①]提到了，他引用的是《本生经》的注释书，而且他在书中又援引了别的一些《本生经》注释书，我们因此得出结论：该作者翻译时，手中不只是有僧伽罗文本的《本生经事解明》，他还参考了其他的论释，也随意地改动过《本生经事解明》这部书。可惜的是，我们找不到任何线索帮助我们确定《本生经事解明》这部书的出世年代。因而我们也就不能判明《因缘故事》的成立时间。不过有一点是可以肯定的。梵文文献所叙述的佛传故事和《因缘故事》中的许

---

① 参见福司波尔的校刊本，p.62。

多本生事迹是可以相互比对的。这种符合性表明，后者所依据的也是印度方面的传统文献。它同梵文资料的来源一致，所以也有可能追溯到从印度带到锡兰来的诸论释书上面。同时，这也说明它们的形成都在大乘兴起以前的印度时期。这样说来，就《因缘故事》而言，它代表着佛本生发展史上的早期阶段，而相对来说，像《出曜经》这样的梵文类似作品时间上就要晚一些。虽然就整个梵文文献而言，它们属于早期的作品。

5. 觉音论师

说到觉音，依据十七世纪在缅甸成书的《典籍史》（*Gandhavamsa*，亦称《书史》），觉音本人是《本生经事解明》一书的撰写人。如果这一点站得住脚，觉音便是五世纪的人。尽管这位论师在锡兰和缅甸都是赫赫有名的大学者，但人们对他的生平事迹却所知甚少。[①] 同样我们还可以相信这一说法：觉音是锡兰大名王（Mahānama King）时代的人。大名王践位在 413 年。提供这个信息的是锡兰《大史》的续书。该书成书在十三世纪中期。另外还有一个辅助证据，觉音有一部论书早在 489 年便已经

184

---

① 参见 B.C. 罗：《觉音生平及著作》，加尔各答及西姆拉，1923 年；《加尔各答东方丛书》，第 9 期；M. 缪勒：《东方圣书》卷 10 (i)，pp.xii-xxiv；米纳耶夫：《佛教研究》，pp.189ff.；Th. 福克斯：《印度古籍》卷 19，1890 年，pp.105-122；李斯·戴维斯：《宗教伦理百科全书》卷 2，pp.885ff.。十四世纪缅甸比丘摩诃吉祥撰有（觉音）传记，参见盖格：《巴利文献及语言》，pp.31, 40f.；该传记的英译本由格雷完成，名为《觉音逸事》，伦敦，1892 年。该书纯为传奇逸事。

译成汉文。① 依据这些性质差不多的信息，我们大约可以得到这样一个接近真实的结论，觉音曾经满怀热情地在锡兰王都阿鲁拉达普罗（Anuradapura）的大寺学习，彼时约为五世纪上半叶。他所研习的除了三藏经典，更有保存在大寺中的僧伽罗文的诸论释书。作为他多年积学的第一部成果，他撰写了《清净道论》（Visudhimagga）。② 该论是他对整个佛教教义体系的体会与总结。随后觉音校订了巴利三藏中主要经典的论书。③ 传说觉音出生于印度菩提伽耶附近的某婆罗门之家，此事甚有可能。据说他早年已经饱学婆罗门诸学问。后来因为听闻他人辩道而豁然开悟，于是出家归信佛教。他的教师是离婆多（Revata），后者鼓励他到锡兰游学，专门研究巴利论书。④ 可以肯定，大凡归属到他名

---

① 据高楠顺次郎，这部称为《善见律毗婆沙论》的作品是最早由巴利文作汉译的经典。汉译佛典中此前的译本都是从梵文等译出的。参见高楠顺次郎：《大不列颠和爱尔兰皇家学会学报》，1896 年，pp.415ff.。

② 另有一种传说，认为他未到锡兰以前，在印度写过《上智论》（智识的黎明）。该论已佚。另外还写过一部叫《殊胜义》（即《法集论》注释）的书。如果此说可信，则他在印度所撰的本书应为草稿本。我们今天可以读到这部论书。李斯·戴维斯：《佛教心理学伦理手册》，p.xxvii。

③ 他在《善见律毗婆沙论》的《序分》中告诉我们，他不但将大寺中收藏的僧伽罗文诸论书都译成了巴利文，还将这些论书同其他诸寺的不同论书对照比较，删繁去重，确立刊本。伯林伽默断定（参见《美国东方学会学报》卷 38，1918 年，pp.267f.），传统上所说的《论事》从巴利文译成僧伽罗文然后又由觉音回译成巴利文的这些话，"都是不可靠的，也是误导性的"。因为觉音自己和《法句经论释》的编者都共同利用过巴利文的原经典，而且他们的撰写内容，又是各不相关的。再说，法护和《本生经事解明》的编纂者也都抄录过觉音论释书的内容。话虽如此，这样的可能性还是存在的，而且这种可能性相当大：那位五世纪的翻译者，在从僧伽罗文本译成巴利文的过程中，利用过一些（涉及《本生经》和寓言故事的）巴利经文。

④ 关于觉音尊者的生平年代等，参见本书附录四。

下的著作，大都的确为他所著，但也免不了有出自他人之手而声
称为他所著的。那只是因为他的名声太大了，别人想借他的名来
流传自己的作品。觉音自己明确说到自己所述的论书有《清净道 185
论》、《普光微妙》（*Samantapāsādika*，律藏注释）、《善法吉
祥光》（*Sumaṅgalāvilasinī*，《长部》经典注释）①、《破除疑障》
（*Papañcasūdanī*，《中部》注释）、《显扬心义》（*Sārathapakāsinī*，
《相应部》注释）、《满足希求》（*Manorathapuraṇī*，《增支部》
注释）。此外，在《书史》（*Gandhavaṃsa*）一书中还提到以下
诸论书也是觉音的作品：《析诸疑问》（*Kaṅkhāvitaraṇī*，《波·提
木叉经》注）、《胜义事论》（*Paramatthakathā*，阿毗达磨七论
注释）、《小诵经论释》，此外还有《法句经论释》《经集论释》
《本生经论释》《譬喻经论释》等。②

　　说到觉音注释论藏中的诸论，他至少撰写了《法聚论释》《分
别论释》（*Sammoha-vinodani*）和《发趣论释》（*Pattāna-Pakaraṇa*），
对此大约无人质疑。他很可能还是《析诸疑问》（*Kaṅkhāvitaraṇī*）
和《胜义光明》（*Paramatthajotikā*）两部论释的作者。这两部书分
别是对《小诵经》和《经集》的论释。③

186

　　①　参见李斯·戴维斯和 J.E. 恰彭吉耶刊行本 I，巴利圣典学会，伦敦，1886 年。
　　②　参见《典籍史》，载《巴利圣典学会学报》，1886 年，pp.59f.。
　　③　《小诵经论释》已被伯林伽默证明是觉音的作品（见《哈佛东方丛书》卷 28，
pp.51f.）。1920—1922 年，泰国僧王金刚乘王太子曾刊行过暹罗文本的觉音注释书（23
册）以及《清净道论》（3 卷本）。迄今为止巴利圣典学会已经刊行了这些论释书：《普
光微妙》，高楠校刊本，协助者长井真琴，I，1924 年，II，1927 年；《善法吉祥光》，
李斯·戴维斯和 J.E. 恰彭吉耶校刊本 I，1886 年；《破除疑障》，J.H. 伍兹与 D. 乔赏必
校刊本 I，《经集》（1—10），1922 年；《增支部论释》I，《一集》，瓦勒塞尔刊行，

不过,极有可能,觉音论师并未撰写有关《本生经》和《法句经》的论释。[①] 就这两部经的内容看,用"论释"这个词很不贴切。因为两部经中可以用论释来发挥的空间极小,几乎没有从语法和词法方面来加以讨论的必要性。这两部经的主体部分都是故事性的,准确地说,是借故事来"讲道"而已。[②] 因此,《本生经事赞》和《法句经论释》这两部书的主笔者无论是不是觉音本人,称为作者或撰述人都是不合适的。因为两书其实只是一些故事汇编到一起的,至多有一点校刊工作而已。

6.《法句经论释》

187　　说起来,《法句经论释》[③] 可以说是《本生经论释》有价值的

1924 年;《胜义光明》I,《小集注释》,H. 史密斯刊行,马伯尔及汉特校行,1915 年;《胜义光明》II,《经集注释》,H. 史密斯刊行,1916—1918 年;《法聚论注释》,缪勒刊行,1897 年,貌丁译释,李斯·戴维斯夫人校订,1920—1921 年;《分别论释》,A.P. 佛授校刊,1923 年;《发趣论释》,趣三界和李斯·戴维斯夫人校刊,1921—1923 年;《人施设论注释》,G. 朗斯伯格及李斯·戴维斯夫人校刊,《巴利圣典学会学报》,1913—1914 年,pp.170ff.;《论事诸事明解》,J.P. 米纳耶夫校刊本,《巴利圣典学会学报》,1889 年;《双论诸事明解》,李斯·戴维斯夫人校刊,《巴利圣典学会学报》,1910—1912 年,pp.51f.觉音所有注释论本在锡兰和缅甸也多有刊行。可以参见盖格:《巴利文献及语言》,pp.19f.,22。梵文史诗《帕迪亚库达马尼》(Padyacudamani)中有关觉音的事迹,但未提及巴利文资料来源(参见后文"佛教梵语文献")。

① 参见李斯·戴维斯:《佛教本生故事》,pp.LXIIIff.;伯林伽默:《哈佛东方丛书》,卷 28,pp.49,59.;B.C. 罗:《觉音的生平及著作》,pp.ixf.

② 无论《本生经》还是《法句经》,其中的那些 Dhammadesanā,亦即"宗教教义"或"说法",都被认为是佛陀自己在亲自宣说法教。

③ H. C. 诺尔曼校刊本。第五卷为泰朗编写的索引,巴利圣典学会,1906—1915 年。E. 瓦特森英译《佛教故事》,载《哈佛东方丛书》卷 28—30,马萨诸塞州剑桥市,1921 年。

补充。像《本生经注释》一样，《法句经注释》也搜罗了许多流
传于民间的古老故事。其中，有的已经流传到了印度以外，成为世
界文学宝库中的一部分。我们在本论释书中读到了波罗奈斯王的故
事。他像哈兰纳·哈希德（Huranal Hahid）一样深夜在城中的街
道上漫游。我们还可以读到那无所不知的万金油博士的故事影子。
本论释书中吉萨·乔答弥的故事也是流传很远的。吉萨是位可怜的
母亲，怀中抱着死去的孩子，在城中失魂落魄地游荡。她来到佛
陀面前。佛陀知道她的痛苦，告诉她可以有办法令她不再这么悲伤。
但她先得从本城中从来没有死过人的家族中寻得一粒芥子。可怜
的妇人于是城中挨家挨户地打听，希望从某个家中从未有人死过
的居民得到一粒芥子。一次次地失望之后，她忽然领悟到，佛祖
的意思不过是告诉她：生必有死。而死亡之苦是可以克服的。于是，
她出家成为僧伽一员。这里的故事是典型的印度风格，当然也是"慰
藉故事"的一则。因此，如果我们在亚历山大的英雄传奇中也发
现了类似的事迹，如果阿拉伯的、波斯的、犹太的或者科普特的（中
东、北非的基督教人群）的故事变种中也有这样的似曾相识的情节，
那么在很大程度上都可以说是受到了印度佛教传奇的影响。而不

V. 福司波尔在他的校刊本《法句经》中编写了提要，豪尼，1885 年。H.C. 瓦伦译有《故
事选集》，见《译文中的佛教》，pp.222ff., 264ff., 380ff., 430ff., 451ff.。法译者为浦山：
《宗教史评论》第 26 辑，1892 年，pp.180ff.; 29, 1894 年，pp.195ff., 329ff.。T. 罗杰斯
从缅甸某抄本译出《觉音的故事》，伦敦，1870 年。参见伯林伽默：《觉音法句经注及
其中 310 个故事》（其附有 1—4 品的分析研究及索引），载《美国科学及艺术院丛书》
第 45 集，1910 年，pp.457-550。关于这些主题及故事宗旨等的介绍，参见伯林伽默：《哈
佛东方丛书》卷 28，pp.29ff.。

是像罗德（Rohde）说的那样，认为故事的原生地是在希腊。[①] 但如果我们读郁陀那（Udena）和婆苏拉达（Vasuladatta）的故事，看到拉阇塔（Rajjota）王为了得到郁陀那，便令人造一尊木象，在象腹中埋伏了六十个武士的情节。我们就不能不想到特洛伊木马的希腊故事流传到了遥远的印度。[②]

188

《法句经论释》的格式是这样的：每一行诗句或每一组诗句都是释尊在"说法"——这些诗行或者诗组总有故事相伴。诗句的大意是，"在如是地方有如果如是的人物出场，并发生了如是如是的事件"。接下来便是相随的故事，故事末了又是诗句（伽陀偈颂），再之后是逐字逐句的解说。所有这些诗句、故事和解说都被认为是佛陀亲口所说。而在最后一个部分，即是通常的诗句、故事和解说之后的总结中，一定会有"众多闻者""百千天人""百千比丘因闻法故而解悟解入于圣境"。通常，标准的《本生经》也是这样的——故事的开头或者中间，会加上往世中主人公的圣行或者预言（授记）。在故事本身中，除了那些长篇的传奇会有极尽细密的描写，一般都会在相应的论释解说中插入一些短小的故事，这些故事的目的在于教诲。从形式上讲，散文和故事都是以简洁朴素的语言服务于诗句的解说。另外，也会从民间

---

① 这里说的故事，《法句经》（114）中有所涉及。参见巴利文诺尔曼校刊本，II, pp.272ff.；伯林伽默英译：《哈佛东方丛书》卷29, pp.257ff.；E. 罗德：《三十故事集》，1875年，pp.68f.；J.H. 泰森：《吉萨·乔答弥故事》；《吠陀文献》，pp.380, 390；《佛教文献》，p.137。

② 《法句经郁陀那事》21—23, 巴利文诺尔曼校刊本，I, 161—231。伯林伽默：《哈佛东方丛书》卷28, pp.62f., 247ff.。A. 韦伯：《印度之旅》I, p.370, 注释；III, p.16。李斯·戴维斯：《印度佛教》，pp.4ff.。

文学题材中，采取一些片断来为诗偈做铺垫。从思想主旨看，这些故事的目的都不会离开讲述因果报应的基本原理，特别有代表性的是关于大目犍连被杀的故事。有意思的是，这个故事也同《法句经论释》里的许多题材一样，其批判的矛头是针对"裸行外道（耆那教的一个派别）"的。①

毗沙伽（Visakha）的故事也是针对裸行外道所做的挖苦。②从许多方面看，这个故事极有意思，不过它的说教归根结底还是说信佛会有善报。毗沙伽是一位虔敬的大善长者，其之所以广有资财，是因为他在久远的过去世中曾经礼敬彼世中的佛陀。他又在转世以后，利用所得福报慷慨地向僧伽作布施。大多数的故事都是三藏经典中不同经本上的故事，只是形式稍有改变而已，例如那个名为果地迦（Godhika）阿罗汉的故事。③该罗汉为了深入涅槃而自割喉咙。对于他入于寂灭的成就，连魔罗也要百般阻挠，但最终还是无济于事。相同的故事其实在《相应部》经典中也有记载④。《法句经论释》与同《本生经》一样，其中的故事往往透出幽默的闪光。例如，《本生经》中那头顽固的驴子⑤的原型，在

189

———————

① 《法句经》第 137 首。H.C. 瓦伦，译本，pp.221ff.。巴利文诺尔曼刊行本，I，pp.384ff.。伯林伽默：《哈佛东方丛书》卷 29, pp.59ff.。

② 《法句经》第 53 首。H.C. 瓦伦，译本，pp.451ff.。巴利文诺尔曼刊行本，I，pp.384ff.。伯林伽默：《哈佛东方丛书》卷 29, pp.59ff.。

③ 《法句经》第 57 首。H.C. 瓦伦，译本，pp.387ff.。巴利文诺尔曼刊行本，I，pp.431ff.。伯林伽默：《哈佛东方丛书》卷 29, pp.90ff.。

④ 《相应部》IV, 3, 3。文第希：《魔罗与佛陀》，pp.113ff.。

⑤ 《法句经》第 13 首。巴利文诺尔曼刊行本，I，pp.123ff.。伯林伽默：《哈佛东方丛书》卷 28, pp.224ff.。

这里以简化的形式重新描述出来：

> 有某陶器贩子用一头驴子载货从波罗奈斯前往旦叉尸罗去出售。到了那里，陶器贩在城中摆摊，而驴子在城外吃草。它在那里同一头母驴搭上了话。听了它的抱怨，母驴非常同情：驮着这么重的陶器，跋涉了这么远的路程，累得死去活来，想找个人给按摩一下背都不行！听了母驴的应和，公驴更是生出怨恨。再不想随陶器贩的主人回波罗奈斯了。那商贩威胁要用鞭子狠狠地抽打它，但也不能制服这个倔犟的家伙。最后，主人看见了远处的母驴，立刻明白了是怎么回事。于是，陶器贩子便用"永恒的女性烦恼"的故事来教训这头驴子。他向这倔犟的家伙保证，要为它娶一个漂亮的母驴做妻子。于是，公驴心中大喜，乖乖地随主人回波罗奈斯去了。又过了好几天，公驴终于忍不住提醒主人要兑现他的承诺，主人告诉它：我之所言，我必信守。我会为你娶妻，但我只能给你够吃的口粮（我不能为你养妻子）。因此，我不知道这份口粮够不够你们夫妻俩吃饱。而且我还要提醒你，既然你已经成亲，不免会添丁加口，小孩子也会接二连三地出生。到那时，一份口粮能不能够这一大家子吃，你可想清楚哦。陶器贩子的话还没有说完，公驴便打消了娶妻结婚的念头。

这部《法句经》论释书中的故事，有许多也可以见诸觉音的论释诸书。《法句经论释》与《本生经论释》中相重复的故事至少有 50 个。有的情况下，连其中的字句都是一模一样的。更多的时候也只显示出来是稍有改变的叙述。法护在他的论释书中，从《法句经论释》移借了大约 25 个故事。① 当然，还有另外一种可能是这些论释书并非相互转抄，而是利用了同一个来源。但依据伯林伽默（Burlingame）的对比研究，他揭示出这么一个事实：《本生经》的论释书要比觉音的论释书更晚。《法句经》的论释书又晚出于《本生经论释》，至于法护的论释，时间更晚。但是，这也并未排除这种可能，即所有这些论释书都是先后产生的，其时间距离都很近。②

那些确认为觉音的论释书中，也可以读到许多譬喻、寓言和宝贵的传奇故事。例如，看《法聚论释》（*Atthasālini*）③、《中部论释》（*Papañcaspandanī*，《破除疑障》）④、《长部论释》（*Sumaṅgalāvilasinī*，《善法吉祥光》）⑤，尤其是读《增支部论释》（*Manorathapuraṇī*，《满足希求》），人都会有目不暇接的感觉。

《长部论释》中的《梦网经论释》有一篇记录佛陀日常生活的文字。从中可以看出，佛陀已经具有了半神的地位。例如，它

---

①　伯林伽默：《哈佛东方丛书》卷 28，pp.45ff.。

②　参见伯林伽默前所引书第 57 页，其以为觉音论释书在 410—432 年。《本生经论释》稍晚一些。《法句经论释》产生在五世纪末（参见该书附录四），其他的论释书则产生于六世纪。

③　那个蒙头睡在芒果树下的人的寓言、瞎子与跛子的寓言等，都可以于该书中找到。参见缪勒校刊本，pp.271ff.，279ff.；英译本《论释者》，pp.359f.，367f.，555.。

④　参见《故事集》。例如第一辑第 201、230 页及以下。其中三个故事来自《中部》中的第 56 号《郁波离经》。L. 费尔有法译本，载《宗教史评论》第 13 辑，1886 年，pp.77ff.。《亚洲学报》，s.8, t.IX, 1987 年，pp.309ff.。

⑤　《长部论释》中的故事，可以参见《长部》第 22 经；瓦伦：《译文中的佛教》，pp.353ff.。

描写佛陀早晨进城乞食，清风在他的前面扫除地面。天上有暗云
稍稍聚集，以洒下细雨，不让尘土扬起；薄云遮挡了阳光，有若
伞盖在佛的头上方撑开。即使地面不平，它在佛足前面也会自动
平伏。佛每往前一步，莲花会从地下涌出，托住佛足。佛的身上
发出五颜六色的光晕。但另一面，佛陀又仍然保持了原始佛教以
来每日托钵行乞的苦修沙门的行仪。①

191 　　印度有名的医师耆婆（Jivaka）的故事也被编入了《长部论
释》。② 而在该论释中（第 3 经 *Ambaṭṭha-Sutta*，《阿摩昼经》），
我们发现了有关释迦族与憍利耶族的家庭史诗。这对揭示那个时代
的社会文化史背景是极其有价值的。以下为其中的片断：

> 迦毗罗卫城的建造者是甘蔗族（梵文：Ikṣvāku，巴利文：
> Okkāka）。其王自矜门阀高贵，认为其他任何国族的诸王都
> 配不上自己的姐妹。为不让甘蔗族种姓堕落。该家族便由他
> 们的大姐代行母亲的责任，而不让其他的姊妹们出嫁到外族
> 中去。再后来，大姐得了麻风病，不得不送到森林中去。让
> 她住在一个挖出来的大坑中。正好这时，有波罗奈斯的罗摩
> （Rama）王子也得了癫病和麻风，王子也被送到森林中。他
> 利用草药治好了自己的疾病，并在一个大树洞中安居下来。
> 有一天，来了一头老虎，当它走到那位甘蔗族公主栖息的大
> 坑前时，公主惊恐地大声呼救。罗摩太子闻声赶来。他向公

---

① 《善吉祥光》I, pp.45ff.；瓦伦：《译文中的佛教》，pp.91ff.。
② 该论释 I, pp.132ff.。

主伸出手，要拉她出坑，但公主嫌他不够高贵，不愿伸出手来。直到太子向她说明，自己也是王家的血统，这才完成了这次营救。罗摩王子为公主治好了麻风病后，娶她做了妻子。但他们都没有归国，而是另外择地建立国家，在森林中辟土造城。罗摩王子同释迦族的公主一起生了好多儿子。等儿子们长大后，母亲打发他们到迦毗罗卫城，打算娶舅舅家的女儿们为妻。王子们来到家乡，抢掠了舅舅家的表妹后回到森林中。迦毗罗卫城的舅舅家也知道这些强盗都是本家的王子亲戚，也就听任他们的抢亲行为。于是，这就形成了接下来的憍利耶一族（Koliyas）。①

7.《增支部论释》

觉音对《增支部》著有论释，名为《满足希求》。其中收录了 100 个故事。特别有意思是其中的 13 个。这些故事讲述的是早期比丘尼的事迹。他们都是佛陀的直系弟子。因此，这些故事也就成为《长老尼偈》背景的宝贵补充。②

如果将这些故事看作佛教叙述者编织的花环，其用意当然是为了装点歌颂这些出家而追随佛陀的僧团女性。而正是有关她们的传记传闻，揭示出早期佛教僧团中比丘尼们的真实生活及其内心

①　《经集论释》（*Paramatthajotikā*，胜义光明）也记录了这段家族的史诗，福司波尔曾经转述这件事，A. 韦伯又曾将它译为德文，参见《印度研究》（韦伯文集）V, pp.412-437; I, pp.233-244。

②　伯林伽默曾经将其中的部分故事译出，载于其《佛教故事》中，第 9 章。

情感。有关她们的传记上来便说到大爱道尼的生平事迹。她是释迦牟尼的姨母和养母，又是佛教比丘尼僧团的第一人。关于她的故事，在律藏中已有记载。大爱道尼的故事读起来有真实的历史感。本论释书的第二个故事说的是曾经是王后的凯玛比丘尼的传奇。凯玛的容貌极其漂亮，因此早年她也极端骄傲。在很长的一段时间，她甚至无视佛陀的人间劝化。直到有一天，佛陀变化为比她还漂亮的天女，令她感到羞愧。然后再对她示现美女的衰老、患病及死亡的过程。其中凯玛再也无法摆脱那挥之不去的死亡阴影。她最终求得国王的同意，加入了佛教僧团，成为努力的修道者。[①]

　　另一位叫乌帕洛瓦娜（Uppalavaṇṇā）的比丘尼，同样也是美丽非凡的女子。在整个印度，各国的王子都慕名向她求婚。这使她的父亲非常困惑，不知如何对付求婚的人。结果乌帕洛瓦娜以出家为尼解决了这个难题。

　　在本论释书中，那个悲惨的吉萨·乔答弥和因寻求不死之家的一粒芥子而觉悟出家的故事，也在这里再次加以叙述。下面我们简单叙述那个非常动人的有关帕塔伽罗（Patacara）的故事：

　　　　帕塔伽罗女是大富长者家的女儿，因爱上了家里的男性奴仆，并失身于他，又与他私奔。直到怀孕以后，走投无路而想回到父亲家。她的男人虽然嘴上同意她回家，但却一天天地推迟拖延归期。最后，帕塔伽罗只得弃家出走。她男人

---

　　① M. 波德：《佛教改革的女性领袖》，载《大不列颠和爱尔兰皇家学会学报》，1893 年，pp.517-566。

随后追来，想再次阻拦。更为狼狈的是，她因产期临近，只得在途中生产。然后，她带着婴儿再回到原来的茅棚中。不久，她又再次怀孕，再想回到娘家。但途中她又遇见天降暴雨。男人为了不让她淋雨，出去扯树叶时被蛇咬伤，后中毒而死。 [193]可怜的妇人只得独自抱着婴儿，拖着大儿子，继续往娘家跋涉。当来到一条大河边时，大孩子不能过河。帕塔伽罗只得将老大留在河这边，头顶婴儿去到对岸，放下婴儿再回来抱老大。但在河中间时，她眼睁睁地看着一只大鹫叼走了对岸的婴儿。挥手大喊大叫之间，对岸的大孩子以为母亲招他过去，下水后又被洪水冲走了。[①]等她孤身一人历尽磨难回到家乡时，发现父亲家已经沦为废墟。因为一场龙卷风完全毁掉了昔日的家，父母也死在这场暴风雨中。他们的尸体正躺在尸床上，等待火葬。可怜的妇人呼天抢地，声嘶力竭地哭喊，撕扯掉衣服，赤身裸体在旷野中奔跑，因为她已经疯了。这样的情景，连佛陀也不忍心再看下去。佛祖现身在她面前，好言软语地哄劝她："大姐，莫要癫狂。大姐，且请回神。"听见佛祖的声音，帕塔伽罗顿时恢复了神智。这时，有人扔给她一块布。她裹起身体，端身听佛说法。佛祖为她诵出一组偈颂，她当下得以觉悟，从此皈依了佛教。以后，帕塔伽罗成为僧团中受人尊重的长老尼。[②]

---

①　在《民间故事集》中，S. 辛格指出这个故事亦可见于奎洛默的《古代法国》(《柏林民俗学会学刊》卷 4，1894 年，p.73) 中。另参见 W. 鲁塞和 W. 梅耶尔：《学术论文集》(哥廷根哲学史部)，1916 年，pp.501ff., 768ff.; 1917 年，pp.80ff., 703ff.。

②　见瓦勒塞尔编辑的经文 (I, pp.356ff.)。伯林伽默：《佛教故事》，pp.94ff.。

　　我们发现，所有这些故事中，有许多同属于世界传奇童话中人们普遍感兴趣的题材。其中，既有可能从印度向外部世界传播的，也有可能从由异邦人带来印度的。因此，像乌帕洛瓦娜的故事所表达的一样，佛教的说话人肯定不满足于仅仅描述她们最后成为阿罗汉的一世，而要将目光投向更多的往世前生。乌帕洛瓦娜在以往世中曾经是从莲花中出生的女孩，当时叫作帕塔玛瓦提（Padumavati，莲花化生）。传说中，她每走一步，都会从地下涌出莲花托在足底。以后她成为了波罗奈斯国王的王后。因为国王的宠爱，她遭受了其他偏室的嫉妒。国王出征在外时，她在宫中生产。那些恶女夺走了她的双胞胎婴儿，换上血污的木头塞在褓褓中。待国王回国后，恶女们便诬帕塔玛瓦提是女妖。于是，她遭到驱逐。但不久以后，河边打鱼的渔夫捞起一个木匣子，里面便是帕塔玛瓦提生下的婴孩。于是，真相终于大白。像这样的故事，在东西方都有广泛的流传。[①] 在觉音的《增支部论释》中，可以读到商人果萨迦（Ghosaka）的故事。这是印度家喻户晓也是世界闻名的民间故事。其主人公是一位出身极为贫贱的小儿。但他却福星高照，一生逢凶化吉。最后在一位姑娘的帮助下成为显贵。因为那位姑娘爱他，便偷偷替换了他要呈送的一封信。原来的信写着"见信即杀送信人"。因为调换了信件，小伙子娶得这位姑娘。这个男孩子逢凶化吉的故事，很像是德国诗人席勒的《铁锤之歌》（*Gang nach dem Eisenhammer*）。其中那教唆杀人儿子的，最后

---

　　① 这个故事也可见于《长老尼偈注释》。参见缪勒编写的《宗教学档案Ⅲ》（1900, pp.217ff.）。

反而被杀。[①]谚语中有"须知剃头者，终被人剃头"，就是这个意思。
不过本论释书中的故事，多半都是说教性质的。例如，有一个故　195
事说到魔罗化为佛陀的模样诱惑某商人，说了一番似是而非的道
德教训。但最终商人识破了魔罗的面目——因为那种邪恶的道理
不会是佛陀宣讲的。[②]

8.《清净道论》

　　觉音的论释书中，经常为人们提到的是《清净道论》。觉音
在介绍自己其他论释书时，明确表示过他不会再重复那些在《清
净道论》中讲过的东西。[③]这句话似乎是宣称，他之所以写作《清

---

　　①　这个故事也见于《法句经论释》中。参见 E. 哈代：《大不列颠和爱尔兰皇
家学会学报》，1898 年，pp.741ff.；耆那教典《香巴卡：古圣前事》（*Champaka—
śreṣṭhikathānaka*）（A. 韦伯：《普鲁士科学院会议通讯》，1883 年，pp.567ff.）以及《故
事宝藏》（英译者 C.H. 陶纳，伦敦，1895 年，pp.169ff.）；另外参见婆罗门教的《巴拉陀》
（前弥曼差祖师阇弥尼圣传）一书。参见韦伯文载《柏林科学院月报》（*The Monatsber
der Berliner Akademi*），1869 年，pp.14ff. 韦伯指出东西方民间故事中都有许多类似的
作品，但其中或者两个主题（幸运孩子或者调换信件）同时出现，或者只有其中之一出
现。如像《德国格林童话》二辑中亨利的故事（第 480 篇）；《类型小说》，*Kap* 20；
格林：《童话与民间故事 29》。弃儿的主题只在《铁锤之歌》中可见。后者来自法国民
间传说。印度的《故事海》（XX, pp.194ff.）中也可以见到第二个主题。另外可以参见
本费：《故事五篇》，I, p.321；E. 库恩：《拜占庭的时代精神》（*Byzantin, Zeitschr*）
卷 4，pp.242ff.；《汉文三藏中的五百故事》，t.I., p.45。
　　②　E. 哈代曾经（《大不列颠和爱尔兰皇家学会学报》，1902 年，pp.951ff.）将这
个故事同基督教传奇作比较。基督教的故事中撒旦化身耶稣的形象对某修道士讲了虚假
的道理。R. 伽尔比坚持说（《印度与基督教》，pp.IIIf.）该故事的根源还是佛教性质的。
不过两者之间实在没有太大的相似性。
　　③　指其《法聚论注释》《增支部论释》。

净道论》，就是为了给经藏诸部的注释做准备工作。[1] 作者自己在解说《清净道论》时也说了"清净"指的是纯净的涅槃。它是摆脱了一切语言障碍和污染的境地。"清净道"则指的是趋向涅槃圣境的修行之路。觉音表明自己所写的这部论书，目的是用大寺的教法来显示如何成就清净的修行之途。而所谓大寺的教法，指的是锡兰阿鲁拉达普罗王都的大寺传统。不过，我们今天已经无法确定，当年觉音在编写论释书时，他的面前是不是有某部确定的作品，供他审定校刊[2]；也不知道觉音自己是否确信，佛陀的教法只是到了他的时代，才第一次有人来做这种总结性的表述。总之，我们不能明确地知道，作为大寺传统的依据，究竟是些什么样的经典撰述或者解说。如果真的有这么一个大寺所传的学术体系，则觉音的全部解说和综述工作便是依据戒定慧三学对所有的论说

---

[1]　本论有李斯·戴维斯校刊本 2 卷，巴利圣典学会，1920—1921 年。J.E. 恰彭吉耶为本论编写了一个简单的内容目录，载《巴利圣典学会学报》，1890 年，pp.14ff.。H.C. 瓦伦对本论有详细的分析和英译内容摘要，《巴利圣典学会学报》，1891—1893 年，pp.76-164，也载《译文中的佛教》，pp.285ff., 291ff., 315ff., 367ff., 384ff.。智三界比丘德文译有《死亡的观想》（第八品），载《佛教论文集》卷 7，1926 年，pp.75ff.。参见 B.C. 罗：《觉音生平及著作》，pp.70ff.。《清净道论》是觉音的里程碑式的著作，是一部美文式的论释作品，是不可或缺的缅甸经本（瑞赞昂文，发表于《巴利圣典学会学报》，1910—1912 年，p.121）。

[2]　如果我们采信日本学者长井真琴的话（《巴利圣典学会学报》，1917—1919 年，pp.69ff.），则《清净道论》并不是觉音所撰写的，而仅仅是他审定的作品。之前的这部作品叫《解脱道论》，为一世纪的优波帝沙长老所撰。该论在 505—520 年为扶南僧人僧护译为汉文。虽然极有启发性，但长井的论证很难令人信服。除非我们能够进一步地了解汉文本的这部论书，很有可能，这仅仅是觉音所撰的论书之一。长井说，从内容上看，《解脱道论》与《清净道论》有很大的相似性。而且这个内容并未脱离大乘的影响（前所引书，p.79），《解脱道论》的"解脱"与《清净道论》的"清净"都意味着"涅槃"。

主题分门别类地加以系统安排。大体来说，他仅仅满足于汇集所有当时的作品与观念。由于所有这些作品与观念是多少世纪中积累起来的，部帙相当浩大，若没有十足的热情与干劲，觉音无从完成这个统摄和综述的工作。事实上，他的工作对整个佛教体系，以及其中自古及今的各种传说都有所涉及，都有适当的处理与解释。觉音的叙述风格相当简明与清晰。无论是解说经典，还是用自己的话综述体系，撰写论书（如《清净道论》），他都有意识地摘引多种寓言故事、本生传奇，意在让自己的解说生动有趣，力求避免枯燥。这种饶有兴味的理论传达方式，当然不是从觉音开始的，在他之前的许多佛教源流就已经是这样的。从风格和内容看，他运用的传奇故事等具有深刻的三藏圣典的气息。有的故事很明显，是从经文中摘抄出来的，当然更多的是佛陀崇拜形成以后在民间流传的逸闻传说。正是在这些民间传闻中，包含着小乘佛教以及稍后流传开来的大乘佛教色彩。举例而言，古来流传的阿罗汉的理想精神，是通过《自说经》的散文注释所包含的各种传奇，形象化地表现出来的。从诸如《大帝沙长老本事》这样的传奇中，同样也可以看到阿罗汉的修道理想。这位长老之所以能够得以超脱，就在于他仅仅一瞥美女的雪白牙齿就能联想到人身的污秽不净。依据同样的不净观法，一位认真的比丘就可以成就阿罗汉目标。① 又有这么一位比丘，60年来独栖深山古寺，对于墙上的壁画，竟然没有看过一眼。还有一位比丘，一连三个月到故园老家乞食。每天在家门口从老母手中接过食物。但他因为面容憔悴，又身着

---

① 李斯·戴维斯夫人刊行本，I, pp.20f.。瓦伦：《译文中的佛教》，第297页。

破烂的粪扫衣，所以他母亲竟然从来就没有认出自己的儿子。而
该比丘也居然没有对母亲说过"我是你儿子，你是我母亲"①。另
一方面，我们又从该论书第二卷中读到许多有关敬佛拜佛的传奇
故事。其佛陀崇拜令人联想到克里希那崇拜。例如，故事说到，
佛在河边说法，有一只青蛙正入神地聆听，结果被路过的牧羊人
踩死。但它当下就得到了往生善道的恩赏，成为了三十三天上的
天人。②本论书还说到好多神通故事，其用意在说明，凭着坐禅得
进入阿罗汉圣位的，都有各种神通能力作为证明。某比丘欲帮助
一条蛇逃脱大鸟的吞食。他用神通力变出一座山丘，让蛇可以躲
进山上的草丛。有一位叫作巴库罗（Bakkula）的比丘，虽然葬身
鱼腹，但因有神通而安然无恙。因为他的使命是注定要成阿罗汉
的。又有一位叫作"有命"（Sañjiva）的比丘，因进入甚深禅定
而被人误以为死去了。他虽然被放到尸床上准备行茶毗仪式，火
焰却一点也不能伤害到他的身体。比丘尼郁陀娜（Udana）进入甚
深禅定后，滚油浇身却毫发无伤。有一故事说到，大龙优波难陀
（Nandopananda）以蛇身缠绕弥卢山（须弥山），龙头则探入第二天，
为世界带来困扰。大目犍连为了拯救世界，化作更大的一条巨龙。
他缠住优波难陀，将其紧紧勒住，直到后者粉身碎骨，从而解救了
须弥世界。本论书第 13 品③详细地描述了世界在往昔大劫中的情
况，描绘了世界的坏灭和再生。这使人读上去很有《往世书》的色彩。
其中奇幻想象的神奇观念，无疑只能来自更早的印度神话。因此，

---

① 李斯·戴维斯夫人刊行本，I, pp.91ff.。瓦伦前所引书，pp.434ff.。
② 李斯·戴维斯夫人刊行本，I, pp.208f.。瓦伦前所引书，p.301。
③ 李斯·戴维斯夫人刊行本，II, pp.411ff.。瓦伦前所引书，pp.315ff.。

这是对古代传说的复述或模仿，绝不会是觉音本人的凭空臆想。

　　至于说到《清净道论》及其论疏中的教理或者哲学论述，如果把觉音当成一位划时代的哲学巨匠，或者认为他具有对佛教哲学另辟天地的至伟功力，显然就有些夸大其词了。[①] 这位比丘长老肯定是饱学的僧人，其阅读和见识的广泛与博大是没有疑问的。直到今天，觉音长老在东南亚和南亚各地，特别是在锡兰、缅甸、暹罗，仍然享有极高的声誉，但如果因此将他称为"全人类的导师"则就不免殊为过当了。[②] 至于觉音对经典诸部的注释究竟在多大程度上信实可靠，人们多半有不同的意见。K.E. 纽曼曾说："佛教的义学大师和学术界的硕学之士，只要试图澄清佛教经典中深邃晦涩的章句，他们的语言就会像在月光底下那样清明。"[③] 我们当然不可闭目取信这样的话。虽然我们也不能不承认，这些佛教学者的话的确多半能够帮助我们解除疑惑。如果完全拒绝接受，我们也就失去了一种可资参考的解说。[④] 李斯·戴维夫人的说法很对。她认为："觉音的哲学无疑还是粗糙的。对于（经典中）许多难解的问题，他也习以为常，视而不见。这就不免让西方人两眼发黑，不知如何处理。话虽如此，觉音本人的著述不仅对人多有启发，而且本身就是值得发掘的矿藏。如果将觉音的作品弃置一旁，我们也就完全丧失了佛教哲学发展过程中的历史眼光。"[⑤] 哪怕觉

---

①　R.Ch. 罗前所引书，pp.135ff.。

②　R.Ch. 罗前所引书，p.174。

③　《乔达摩佛陀言教》I，1896 年，前言。

④　参见《吠陀文献》萨耶那的评述。

⑤　《佛教心理学伦理手册》，p.xxxi。

音的论释书没有原创的价值，仅仅看它们在保存传统上面的信实与可靠，我们也仍然需要感念这位古代的学问比丘。

9. 护法

　　在觉音之后不久，法护撰写了《胜义明灯》。其中所解明的是觉音没有注释过的经藏小部。例如，它对《如是语经》《自说经》《所行藏经》《长老偈》《天宫事经》《饿鬼事经》都有注释解说。[①]法护的家乡据说在南印度海边的帕达罗替达（Padaratitha）。不管怎么说，他接受佛教教育是在锡兰的王都阿鲁拉达普罗的佛寺。因他同觉音一样，也提到了大寺中的论释书。不仅如此，两位释经家在解经时都使用了相同的术语和解经方法。唯其如此，两位义学僧人的生期前后也相距不会太远。[②]我发现，在法护的《长老尼偈》中，有好几个比丘尼的传奇本事也见于（觉音的）《增支部论释》中。该论释书中还有一部分《长老尼本事》（*Theri-Apādāna*）中

---

　　① 这是《佛史》中列举法护所撰诸论释书的顺序。M. 波德校刊本，《巴-英辞典》（合作的巴利圣典学会出版），1897 年，p.33；《佛史》中也把《指导论释》一书归在法护比丘的名下。巴利圣典学会迄今为止已经刊行了《胜义明灯》中的以下部分：《饿鬼事经释解》（E. 哈代，1894 年）、《天宫事经释解》（E. 哈代，1901 年）、《长老尼偈释解》（E. 缪勒，1893 年）、《自说经释解》（F.L. 武德沃德前所引书，1926 年）。

　　② 关于法护其人，参见李斯·戴维夫人：《宗教伦理百科全书》卷 4，pp.701f.；《典籍史》，载《巴利圣典学会学报》，1816 年，pp.57, 60；伯林伽默：《哈佛东方丛书》卷 28，pp.56f.；B.C. 罗提出（《觉音生平及著作》，pp.101ff.），为《清净道论》作释解和为《长部》《中部》《相应部》作论释的法护可能是两个人。在那烂陀研学并且做过玄奘老师的更是另外一位。

的记叙。其中的这些本事传闻，看起来相当古老。例如有关金色跋陀女（Bhaddha-Kuṇḍalakesā）的故事，就足以令我们遥想原始佛教时期，即佛陀和他的直系弟子们生活的那个时代的社会状况。当时印度各地都有不同宗教派别的修行者游行，他们急迫地寻求有学问的婆罗门或者大德沙门，想同他们论辩，并做思想上的交锋：

女孩跋陀是一位库藏官的女儿。某日见一个强盗被官府拿获而将处死。但她刚看到那强盗一眼便觉得生出怜爱之情。库藏官经不住女儿的软硬厮磨，只得花钱买通官府，买下了那强盗的命。但跋陀想嫁给强盗的愿望则落空了，因为后者看上的并不是她，而是她的珠宝。他把跋陀带到深山无人处，打算抢夺珠宝后走人。跋陀知道了他的心思，便假意提出要同他搂抱。然后趁其不备，将他推下悬崖。经此一难，跋陀心灰意懒，连父亲那里也不肯回去了。她投到某位耆那教师门下做了苦修者。但很快她便自觉见解超过了老师，于是四处游走，寻找有学问的高德沙门婆罗门。每当遇见这样的老师，她都会同人家激辩论道。但在很长的一段时间，她都没有遇见过真正的对手。她就这样一村村、一城城地漫游。每到一个新地方，就会在村口或城门口垒一堆沙，上面插一枝蒲桃树枝，并告诉旁边的小孩，若有人拔取这树枝，就是接受了她的论辩挑战。如果一连七天都无人应战，她就会走向下一个地方。就这样，跋陀来到了萨罗伐底城（Sāvatthi）。她在这里邂逅了舍利弗尊者，并被后者的学问与辩才所折服，于是她归入

200

了佛教僧伽。佛陀亲自为她授戒，接受她成为比丘尼。[①]

尽管这当中有的故事写得非常优美（其中有的散文注释因来自《譬喻经》也就很有价值）。但说实在的，它们往往读起来让人觉得很蠢。整个来说，故事是由一些古老的诗偈连缀起来的，文句支离破碎，往往味同嚼蜡。与《长老尼偈》相比，简直令人扫兴。

《饿鬼事经》和《天宫事经》[②] 的注释本也同《本生经注释》与《法句经注释》[③] 的体裁差不多。都是通过不厌其烦地引述各种各样的散文故事来解说经文本身，令篇幅大大地得以扩充。这当中也有价值很高的故事。我们从《饿鬼事经注释》中发现了几个"慰藉性的"印度传奇。[④]

有的情况下，《天宫事经》注释中的故事比该经的本文更重要。例如，法护论师在本经注释本中谈到的觉音的信息，显然比他所谈论的注释本身更有价值[⑤]。

在锡兰大大小小的寺院中，僧人们从来没有停止过有关经典诠释的工作。他们孜孜不倦地校刊、翻译佛经，注疏解释经中的

---

① 《长老尼偈释解》，pp.107ff.。参见李斯·戴维夫人：《修道姊妹们的诗歌》，pp.63ff.，其中许多故事背景介绍都来自《长老尼偈释解》；另外可见玛丽·E.朱利叶斯：《佛教比丘尼》，pp.142ff.。同一个故事也可以见诸《增支部论释》。收入伯林伽默所译的《佛教的故事》（pp.151ff.）。

② E. 哈代刊行本，伦敦，巴利圣典学会，1894 年和 1902 年。

③ 此引自《天宫事经注释》，无论如何看，它都是较古老的诗偈。

④ 《饿鬼事经》中的故事由 B.C. 罗译成英文，载《佛教的鬼怪精灵》，1923 年。至于"慰藉故事"（B.C. 罗前所引书，pp.29ff., 33, 64ff.），参见《吠陀文献》，pp.380, 398ff.。

⑤ 参见李斯·戴维斯夫人：《修道姊妹们的诗歌》，pp.xviff.。

文句，多方搜集传闻的故事。锡兰佛教的编年史工作开始于很早的时候。其编年史记录着僧伽内部自古以来的重大事件。毫无疑问，我们在《律藏·小品》中所见结集的记录，已经显示了学问比丘们的历史兴趣。同样，《论事》记录的部派源流的情况，也可以显示锡兰僧伽的历史学传统。尤其是后一论书（即《论事》）中的注释特别重要，因为它显示了早期佛教僧伽的分裂史。不过，还应当指出，我们相信，即令是那些我们一再提及的僧伽罗文注释书——觉音曾经倾心研究过它们，法护也曾引用过它们，其中也包含了有关僧伽史的专门篇章。我们设想，正是这些解释文句成为了解明毗奈耶律的论释书的前身。觉音在为律藏写注释本《普光微妙》（*Samantapāsādika*）时，其僧伽历史沿革部分①，依据的正是这些论释本子。不过，须知，所有这些论释书又还是锡兰诗歌（巴利语叙事诗和历史诗篇）的原初依据。我们这里所说的正是锡兰的巴利语编年史，即《岛史》与《大史》这样的"历史诗歌"②。

印度人从来不区分什么是历史，什么又是史诗或者传奇故事。在他们的眼中，撰写历史书与写作史诗根本就是一回事。因此，在佛教徒看来，所有关于佛陀前生的传闻事件，《佛种姓经》③和

201

①　书中没有提到觉音便是撰写人，前序和后跋都只字未提及觉音。序文中，有很长的一段文字来自《岛史》（《岛史》有 H. 奥登堡校刊本）。此句在本书边码第 36 页。）
②　H. 奥登堡所刊行的《律藏》第三卷第 281 页及以下。
③　《岛史》有 H. 奥登堡的校刊本和译本（伦敦，1879 年），《大史》首次刊行和翻译者为 G. 图穆尔（第一卷含前 38 章，1837 年）；第二卷译者为 L.C. 维贾辛哈（科伦坡，1889 年）。刊行时与第一卷译本重印合刊。校订本第一版作者为 W. 盖格（伦敦，巴利圣典学会，1908 年），《大史》英译本（伦敦，巴利圣典学会，1912 年）译者为 L.C.

《所行藏经》中记载的乔达摩佛的前生事迹，以及《本生经》本身，都属于历史本身。

锡兰的义学比丘们在涉及历史内容的介绍时，其论释中的圣教传入始末，仍然遵循的是印度的叙述模式，采用的也是文学与历史含混一体的材料。比丘们所杜撰的（印度）故事 ①，是同锡兰佛教僧伽史联系在一起的。所有这些佛教性质的传奇故事，不仅要同印度的僧伽史，更要同大觉者佛陀本人紧密相关。还在当初楞伽岛（锡兰古称）被龙蛇和夜叉所盘踞时，乔达摩便在天神的簇拥下造访了该岛。这就预示了佛法的光辉注定要荣耀这里。锡兰的僧伽也就注定要成为佛教在世间的堡垒。依附于这么一个传奇性质的信念，也就形成了锡兰岛上早期信奉佛教的虔诚圣王的史诗传说。因此，锡兰的编年史实际上吸收了阿育王、摩哂陀、结集大会、佛教圣典宝库的形成等大事因缘。一方面，诸如此类的记叙积累渐多，越来越向历史记录靠拢，因此，真实的信息也越来越占据主导地位；但另一方面，所有这些历史著作的传说性质，也并没有完全隐退到背景深处。结果，僧伽方面的传统说法现在被大众作为世俗的

维贾辛哈。另外可见 H. 雅各比文，载《哥廷根科学通报》，1880 年，pp.851ff.；W. 盖格：《岛史与大史和锡兰精神生活史》（*Dipavaṃsa and Mahāvaṃsa und die geschichtliche Uberlieferung in Ceylon*），莱比锡，1905 年；《德国东方学论文集》卷 63，1909 年，pp.540ff.；对照奥托·弗朗克：《中心文献》，1909 年，pp.1272ff.；《维也纳东方文化论文集》卷 21，1907 年，pp.203ff., 317ff.；也见 H. 奥登堡：《古代印度思想》，柏林，1910 年，pp.69ff.。

　　① 不过僧伽罗的比丘们的杜撰，只涉及某些传奇故事。在很大程度上论释书中的历史与传奇成分都可以追溯到印度源头上（参见本书边码第 179 页）。S. 科诺夫已经证明（见《印度文学及宗教学论文集》）：就《岛史》（17）的某些故事而言的确如此，《大史》中原先被认为属于僧伽罗人原生的那些故事，其实都是从印度来的。

逸闻故事放进了历史纪录。① 例如，锡兰佛教的论释书中的历史章节——它们本来已经是湮灭了的，但人们在这里讨论这些内容时，它们却是严格按照巴利语的编年史和注释书来理解的，其结果是这些论释书便成为各种各样的宗教与世俗历史信息的可靠依据。

10.《岛史》

《岛史》这部史诗的编纂虽然不那么令人满意，但它毕竟是僧伽罗人的最初尝试。在僧伽罗语的论释之书中汇集起来的各种传说，都可以在《岛史》这部史诗中找到。《岛史》的真正作者是谁，我们并不知道。但它产生于四世纪，再迟不会晚过五世纪的前25年。② 再从写作技巧上看，著者驾驭巴利语的能力非常平庸。语法错误时时处处都有，根本没有掌握巴利诗歌的韵律节奏。我们感觉，他只是锡兰普通的文化人。对巴利语文的掌握，远未达到得心应手的地步。像是笨手笨脚的仆人跟在主人的后头，根本追不上印度诗歌的模范。看他所写的偈颂伽陀，到处是磕磕巴巴的，显然就是在拼命模仿巴利三藏中的诗行。他常用的参考书也就只是《佛种姓经》《所行藏经》和《本生经》。③ 他所使用的主要资料来源

203

---

① 一般来说，许多民间故事也都是这样逐步掺进《本生经》及注释中的。

② H. 奥登堡：《岛史·导言》，第 8 页。

③ 这一点是完全被弗朗斯坦所证明了（见其《维也纳东方文化论文集》卷 21，1907 年，pp.203ff.）。不过也仅只形式上说是这样。他所运用的材料只是巴利三藏的基础部分，并不能说明锡兰的一般文化状况。参见盖格：《德国东方学论文集》卷 63，1909 年，pp.504f.。

于论释书中的历史章节。[①] 后者指的是保存在"大寺"中的那些僧伽罗语资料。充其量，这位作者在大寺藏本之外，还参考了一两部僧伽罗语的论释书。例如，我们所见的《岛史》中的事件叙述是这个模样的：同一个话题会有两三种不同的复述。例如，关于三次佛教结集事件，我们先读到一个简单的条目似的叙述，然后是同样意思的但却详细得多的复述，但叙述的语言更加平实明了。既然是重复叙述，也就难以避免文本增窜的情况发生。作者的手边如果有几个注释本，如果他认为它们都有价值，那他就可能将它们一律抄录进来。在正常情况下，任何历史诗人都不会像这样写作。不过，哪怕我们的这位作者能够避免反复抄录，他笔下的文字功夫也好不到哪里去，因为他要处理的对象文本，无论散文和伽陀，其语言水平还有如此之大的悬殊。因此，哪怕叙述同一件事，《岛史》的作者也是忽而东忽而西的。往往一件事还没有说完，又把另一件事拉扯进来。有的插叙情节写得如同偈颂歌谣，有的时候又会在叙述中突然打住，没有了下文。实际上，我们在有的地方也只读到帮助记忆的伽陀正文（而没有看见散文说明）。因此，关于具体的历史事件与情节，只能通过偈颂诗句而作跳跃性的了解与猜测。显而易见，这种语言现象应当是当初论释书中的原样。

---

　　① 论释书中的历史章节也是《大史》的史料来源。《大史》引述的注释书之一便是《僧伽罗释大王统记》，即是说，它是僧伽罗人的注疏中保存的王统记事。这种说法甚至可以说是在《大史》之前就出现了。锡兰人称它为"古人所撰的（《大史》）"。按盖格所刊行的《岛史》和《大史》（p.71）说，它曾是独立的编年史著作。按 H. 奥登堡的说法（《岛史·导言》，p.4）——我们也同意这样的说法，这是为一部神学作品所写的历史导言。

原来写作论释书的人，认为后来的读者应当会非常熟悉这些事件。而他的任务只是把相关材料罗列起来，留给读者自己去领会与发挥。《岛史》在许多情况下都延续了原始史诗的叙事法，即是一段谈话一段质疑交替展开。[①] 在许多时候，前面是说话人诵出一段本文，后面是相关的答问。古代印度的叙事诗歌，都是按这么一个模式进行的。不过，我们只能假定，史诗中用散文叙述来串连不同偈颂的做法，是史诗吟诵者的创造。这里，《岛史》的作者当然也只是模仿既有的方法。实际上，当佛教的法师要宣说法教时，他也会先诵出一段偈颂歌谣，随后在他和周围的信众之间便是相应的一问一答。[②]

11.《大史》

从形式上看，《岛史》的模样同它所依据的材料来源有密切关系。它的创作意图尚看不出是对古代史诗的明显模仿。但在五世纪的前 25 年中，撰写《大史》的作者大名（Mahānama）出世。从他所撰写的《大王统史》（亦即《岛史》）看，该书已经称得上完整的史诗作品了。诗人在他宏伟的开幕白中明确表示，他想要写作的是一部赞颂诗作品。他说，古人所写的历史著作[③]，对于

---

① 参见《吠陀文献》，p.303。

② 在《岛史》中，我们已经发现有两处（即 IV, p.47; VII, pp.30-33）是偈颂和散文解说交互进行的。

③ 盖格认为，这里不像是指《岛史》一书（参见《大史》译本，p.xi）。如果我们相信弗里特所说的（《大不列颠和爱尔兰皇家学会学报》，1909 年，p.5）《大史》仅

历史事件的叙述要么太繁琐，要么太简短，而且往往重复再三。他表示这些都是自己要回避的缺点。他主张应该用一种非常简明的方式把掌握的材料呈现出来，在人们阅读时，该喜则喜，该悲则悲，机缘恰当，情景相谐。事实上，《大史》的叙述语言和诗歌水平都展现了相当高的技能。这当中既有诗人自己的天赋，也由于他所掌握的巴利文献，其中已经凝结了觉音大师整理发明的工夫。从时间上看，觉音的文献整理活动正好发生在《岛史》与《大史》成书之间。在《大史》中，既没有那些令人心烦的记叙空白，也没有那些无意义的重复。凡是《岛史》中过于简略的，《大史》皆有所补充；而凡是《岛史》显得芜蔓杂乱的地方，《大史》又都有所提炼和精简，并且补上了作者自己的解说。研究专家盖格说："（《大史》是）一部艺术作品。其写作者无愧于诗人的称号。他所驾驭的材料，从许多方面来看，原本是枯燥而杂乱的，但作者都以他的艺术趣味和技巧做了妥善处理，而不只是一逞其天资。"①

另一方面，可以看到《岛史》与《大史》在它们所依据的史料方面有很大的共同性。两书对这些史料的处理方法也很相似。据推测，两书作者都掌握有许多不同的注释本。他们都从乔达摩佛说起，说到佛陀本人亲自莅临楞伽岛。当时岛上还被夜叉、阿

仅是对《岛史》的注释，那就是对《大史》的误解。盖格是支持弗里特说法的（见其《大史》译本 p.xif. 中的"巴利文献及语言"，p.24）。弗里特对《大史》中第 38 节第 59 切题的章句解释（见图穆尔刊行本，p.257；《小史》盖格本，I, pp.26f.）是错误的。毫无疑问，编撰《岛史》或其论释的事是有的。但那只是同界军王施舍千金和下令修书相关。当时逢佛陀成道节在摩哂陀长老的神祠之前，僧人们聚会，都要对僧伽罗文的《岛史》作讲解。那是为了回报王家的施舍。

① 盖格：《岛史与大史》，p.19。

修罗、饿鬼和大蛇（龙族）盘踞。世尊仅凭其"佛眼"一瞥，便
注意到了这是一个非常美丽的地方。世尊还看到了"大腹的"和"小
腹的"恶龙争斗，它们之间的可怕厮杀威胁着楞伽岛上的众生。
出于无量的慈悲心，佛在众天神的簇拥下来到锡兰。佛的神威令
众多龙蛇和鬼怪都皈依了佛法，接受了清净之道。接下来，史诗
中又讲到了乔达摩的父亲的家世种姓，这个家族的世系一直追溯
到无数大劫之前的某位神秘的君王。史诗还讲到佛法在印度的发
展历史，说到了几次佛教结集的法会。两部史诗都详尽地叙述了
佛教护持者伟大的阿育王；然后说到第三次结集之后，结集的比
丘们决定派遣摩哂陀到楞伽岛弘法。于是，史诗的场景转换到了
锡兰。因为迎娶了印度公主，狮子王（正因为如此，以后锡兰也
被称为狮子国）生了两个孩子——男孩叫辛哈巴护（Sinhabahu），
女孩叫希波离（Sivali）。这两兄妹以后结成夫妻。他们的孩子是
毗阇耶（Vijaya）。毗阇耶是锡兰王统中的第一位王。其人性格非
常凶猛，所以遭到了国人流放。毗阇耶从印度回到锡兰，随身有
七百位勇士追随。征服锡兰以后，他做了国王。《岛史》中的毗
阇耶征服史要比《大史》的简略。但两部史诗又都叙述了大约与
阿育王同时的天爱帝沙王（Devanampiyatisa King）的事迹。摩哂
陀从空中飞行来到锡兰，此时正是天爱帝沙王统治着楞伽岛。在
该王的扶持下，摩哂陀在岛上建立了佛教，大力推行佛法教化。
摩哂陀的妹妹僧伽蜜陀（Sangamita）从印度携来一枝菩提迦耶的
菩提树枝。这件事被大加渲染，成为史诗中的重大事件，因为它
象征着佛法在锡兰的成功建立。然后，两部史诗都在叙述锡兰诸
王的系统，其中伐陀伽摩尼王的事迹最详备。在该王的护持下，

206

佛教的三藏以诸论释书被书写成文，并保存下来。关于锡兰王统，
两书都写到大军（Mahāsena）王。该王死于352年。[①]诗人大名所
写的《大史》迄于第37章第50偈。之后记叙锡兰史的是一部叫《小
史》的史诗。[②]《小史》实际上是一系列的补遗，直接补叙了《大
史》。补遗的作者各有其人。第一补遗作者叫作法称（Dhammkitti，
即达摩吉提）。他生活在帕拉卡马巴护（Parakramabahu，1240—
1275）王的朝代。[③]

尽管《大史》的主题并未逾出同《岛史》一样的框架。但《大
史》毕竟还是新增加了不少有别于前者的材料。《岛史》中关于
恶王杜达伽摩尼（Duṭṭhagamani）的叙述只有11个偈颂，但《大史》
中该王事迹则衍生成11个篇章（22—32章）。盖格直接称这些诗

207

---

① 此依盖格译本《大史》，p.xxxviii，通常认为该王逝于302年。编年史上无确
定年代。

② 《小史》续记了《大史》后面的晚近部分。其译本作者 W. 盖格在（I，巴利圣典学会，
1925年）中（37，pp.215ff.）说到了觉音。第39章为李斯·戴维斯所译（见《大不列颠
和爱尔兰皇家学会学报》，1875年，pp.191f.，201ff.，"弑父者迦叶王及目犍连一世的
王朝"）。《小史》的写本，有的有90章，有的有100章或101章。写本中没有《小史》
的名称。在第99章和第76章中，将锡兰王统分为"大王统"和"小王统"。

③ 参见 M.de Z. 维克拉马辛加文，载《大不列颠和爱尔兰皇家学会学报》，1896年，
pp.200ff.；盖格：《岛史与大史》，p.19。《岛史》和《大史》古代部分的重合从"大军王"
之死即结束。这种情况说明，《大史》以后所据的僧伽罗文注释书材料来源另有所出。
大军王一死，锡兰王都阿鲁拉达普罗的大寺被毁。史料来源不得不改变，尽管后来大军
王重建了大寺。参见《大史》，p.37；《岛史》，pp.22，66ff.；盖格：《岛史与大史》，p.71。
现在看来，可能有两个法称：一个是写作《小史》第一卷的，其历史记述终于帕拉卡马
巴护王一世死时（1186年）；而第80章以后则由另一位法称（他也是《界史》的作者）所作。
《小史》的历史时期起于1186年，迄于1333年；《小史》第三卷的作者是善果上座，
其生期为十八世纪下半叶，其记述时段为1333—1781年。此可参见 W. 盖格：《印度历
史季刊》卷6，1933年，pp.206ff.。

篇为"杜达伽摩尼之歌"（Duṭṭhagamani-Epic）。这些诗歌的前一部分描述了该王的征战业绩。第二部分则称他为虔诚的信徒，治理了泛滥成灾的河流，并建造了许多圣所寺庙。诗歌中还专门提到了"大塔"（Mahāthūpa）以及该塔建立时的种种神迹显化。《大史》撰写过程中，作者还利用并改编了民间故事中的诗歌素材。这些故事已经成为世界文学宝库中的一部分。又依据《岛史》的诗篇，赞颂了毗阇耶王和他的七百武士在锡兰登岸，建立了最初的城邑国家；到了《大史》，我们还可以读到许多童话传奇一样的事迹（第7章第9偈以下）。比如毗阇耶王同女鬼巫师的故事，这使人不禁想到荷马史诗《奥德赛》中的女妖锡西（Circe）。尤其有意思的是那位埃洛拉（Elāra）王的传奇（第21章第15偈以下）。

埃洛拉王是一位贤明的君主。他的床头系有一铜铃。国中的百姓凡有冤屈之事，都可以到宫门口来申诉。只要拉动绳索，另一头的铜铃就会作响。[①]故事中首先来请求申冤的是一头母牛，她的牛犊被王子的战车碾杀了。作为惩罚，国王让那战车碾死了王子。然后又有一位瞎子，因为毒蛇咬死了他的儿子，也来鸣冤。国王让人杀死了毒蛇。第三位扯响铜铃的是一位老妇人。她说自己在簸扬谷子时，天降大雨，毁掉了她的口粮。国王认为是自己之前不敬神的行为得罪了老天，所以宣布自己要禁食斋戒，以惩罚自

208

---

① 《大史》当中有许多这样的故事，从民俗学的角度看，十分重要。盖格整理了这些故事以及寓言（《岛史与大史》，pp.23-28），关于这些故事的来源，除了从民间流传的奇闻逸事，W.盖格认为可能来自罗汉那的编年史（《印度-伊朗论文集》7，1929年，pp.259）以及 *Poññapotthakāni*（这是一部记载南亚宗教圣地名称的书）。

己来求得公正。帝释天主知道了这事，下令给雨神（Pajumma），让他今后只能每七天降一次雨。[①]

　　我们可以设想，大名所使用的材料，有的虽然不见于《岛史》，但还是来自锡兰佛教方面的古论释书，例如那部叫作《僧伽罗释大王统记》（*Sinhalaṭṭhaka-Mahāvaṃsa*）的论释。大名的重要依据是《岛史》，但上面的论释是他写作中的重要补充。两部史诗都采用了锡兰论释书中的资料。我们所以如此反复强调锡兰的论释书，是因为它们的可靠性不容否认。说到文字记载的确凿性，我们不会把《岛史》和《大史》列进去。为什么呢？这里仅举一例，这两部史书都从未提到亚历山大大帝的名称。而关于阿育王，它们所提及的也只是有关该王的几件神通事迹。而且它们所叙述的这位伟大君主的成就，都属于宗教方面，而与政事无关。即令是那位锡兰恶王杜达伽摩尼，两部史诗也只是描绘他最后归信了佛法而成为英雄。两部史诗的用意都是宗教教诲上。而《大史》更自称为"赞颂之作"。但如果我们像某些论家一样，仅仅因为史诗中缺少幽默而责怪它们的出语虚妄或者信口开河，那也是有失公正的。可以相信的是，两部史诗的作者都不是说假话的人。所有他们吟诵出来的，他们都相信是真实的历史。我们无论如何都得承认，他们在创作的是他们心目中的史诗、赞歌和传奇。从本心上讲，他们决无作伪的意图。只要他们所叙述的是离自己不远的历史时代，那些历史背景和时间都还是可信的。当然，正是因为他们的作品，

209　我们才第一次听说了月护王（Candragupta，旃陀罗笈多），即阿

---

① H. 奥登堡：《古代印度思想》。

育王祖父的信息。尽管他们所说的与希腊人的记录在细节上完全不一致。我们也尽量地融通他们所叙述的许多历史事件。我们深知，佛陀入灭的时间点，对于我们手中的印度佛教文献史的厘定是何等重要。通过对勘比较中国的编年史同锡兰的史诗记载，烈维发现，开端早到公元前四世纪的锡兰编年史，作为历史资料的来源，"虽然不能说没有瑕疵，但总还是可靠的"。①

《大史》篇幅，以往的本子为 2915 个诗偈，以后增补校订的本子则有 5791 个偈颂。篇幅大小的差异并不重要，如果只是从文学作品的角度来看，作为历史文献显然需要考虑这增加出来的历史信息。因为它说明了何以在印度最先产生的史诗会有越来越多的新材料汇入而令它变得如此庞大（即令这说起来是锡兰的史诗，但僧伽罗的学者仍是循着印度史诗的模式来创作的）。② 还

---

① 《科学杂志》，1905 年，p.539。M. 缪勒认同这部编年史的可靠性。参见《东方圣书》卷 10 (i), pp.xiii-xxv；李斯·戴维斯：《印度佛教》，pp.274ff.；H.C. 诺尔曼（《大不列颠和爱尔兰皇家学会学报》，1908 年，pp.1ff.）在对巴利经典史的考察中（参见本书边码第 3 页注 1）；H. 奥登堡曾经多次引用《岛史》和《大史》中某些细节，当作可靠的依据。弗里特（《大不列颠和爱尔兰皇家学会学报》，1909 年，pp.987, 1015）认为《岛》所据，有的是阿育王以后的锡兰本土资料；而《大史》（第 32 章）中实际上还有杜达伽摩尼王的遗言。V.A. 史密斯和奥托·弗朗克（《巴利圣典学会学报》1908 年，p.1）表示，如果把这两部史诗当作历史资料，其中的编年是很靠不住的（参见《印度古籍》卷 32，1903 年，pp.365f.）。W. 盖格不同意奥托·弗朗克的说法（参见《德国东方学论文集》卷 63，1909 年，p.550；《大史》，pp.xiiff., xvff., xxff.）；哈尔希的文章（《大不列颠和爱尔兰皇家学会学报》，1913 年，pp.517ff.）成功地论证了《大史》的补续部分与碑铭上的时间同步性（即自十至十二世纪都是可以稽查的）。关于《大史》和《小史》作为历史依据的可靠与否，可以参见盖格：《印度历史季刊》卷 6，1930 年，pp.208ff.。

② E. 哈代已经发现了扩充本的《大史》《巴利圣典学会学报》，1902—1903 年，pp.61ff.）是高棉写本。盖格在他的《岛史与大史》（pp.28ff.）中有所讨论。

有一部对《大史》来说更为重要的资料性著作，即《大史注疏》（*Mahāvaṃsa-ṭika*）。此书写成于 1000—1250 年。此书其实并不像书名所揭示的那样，只是一部注释书。它并未解释《大史》上的教义，而是收入了《大史》的英雄传奇、民间故事和奇闻逸事。因此，它从形式和内容上就是对《大史》的补充。所有这些材料的来源既来自锡兰民间，也来自佛教僧伽传统。特别有意思的是，例如，其中有涉及月护王和迦那基（Cāṇakya）的英雄史诗。[①] 作者自己说，它的材料来源是"北寺所藏"论释书。不过，与此同时，作者也利用了锡兰大寺的论释书，甚至也多处引用觉音论师的论释作品，如《普光微妙》《善法吉祥光》，还用到了其他寺院的传统史料。这当中尤其重要且他常常引用的是《千本事论释》（*Sahassavaṭṭhakātha*）。[②]

12. 其他历史著作

凡涉及锡兰僧伽史晚出作品的，根本的史料来源都离不开当地寺院中的各种论释本。觉音在其《善法吉祥光》中就已经指出了这点。[③] 同样，我们也可以说，《因缘故事》和《大史》也反过来成了这些论释书的史料依据，因为它们中间也包含着大量的连《菩

---

① 关于这些故事，参见盖格：《岛史与大史》，pp.37-44。其中指出了它们同赛洛其英雄史诗的相似性。

② 参见盖格：《岛史与大史》，pp.52ff.。

③ 参见本书边码第 201 页。

提史》①（*Bodhivaṃsa*）、《佛牙史》②（*Dāthāvaṃsa*）和《佛塔史》③（*Thūpavaṃsa*）都没有的传闻故事。所有这些历史书以后又都从僧伽罗文本译成了巴利文本，或者另撰扩充本。《菩提史》又称《大菩提史》，是散文体的僧伽历史书。但它在每一品的末尾以及全书的最后，都有总结性的偈颂。作偈的人据说是优波帝沙（Upatissa）。他是十世纪末的一位比丘。《佛牙史》是叙事体诗歌，分为五个篇章，使用的是梵语化的巴利文。作者为法称（Dhammakitti）比丘，其为十三世纪的人。同样，《佛塔史》也是十三世纪的作品，它有巴利文和僧伽罗文的流行本，作者自称婆耆沙罗（Vacissara）。以上这些史书的格式都可称千篇一律。总是上来先说过去世中诸佛始自燃灯佛，最后说到乔达摩佛。接下来便是三次佛教大结集，然后会说作者想宣扬的圣地道场。在缅甸也有相似的佛教史书，例如《佛发舍利六塔史》（*Chakesaddhātuvaṃsa*）。④甚至那些非常晚近才

211

---

　　①　S.A. 斯特朗校刊本，伦敦，巴利圣典学会，1891 年。参见盖格：《岛史与大史》，pp.84ff.；《巴利文献及语言》，p.25。

　　②　有库马拉斯瓦密的校刊本和翻译本；李斯·戴维斯及 R. 莫里斯亦作校刊，《巴利圣典学会学报》，1884 年，pp.109；又 B.C. 罗作校订并翻译制作有札记《佛牙史在巴利文献史中的地位》；《巴利文献史》作者为 W. 斯泰德，拉合尔，1925 年（《旁遮普梵文丛书》，第 7 辑）；另外参见 G. 孔达：《锡兰佛牙史中保存的记忆》，载《皇家亚洲学会孟买分会学报》卷 11，1875 年，pp.115ff.；盖格：《岛史与大史》，pp.8ff.。《大史·续篇》（pp.37, 93）中已经提到过《佛牙史》，有可能正是此书（参见盖格：《岛史与大史》，p.19）。

　　③　此书在科伦坡有两种本子。参见盖格：《岛史与大史》。

　　④　米纳耶夫校刊本，《巴利圣典学会学报》，1885 年。关于僧伽史的内容，亦可参见该氏所校刊的《成就结界分别事》（*Sīmāvivādaviniśchayakathā*），《巴利圣典学会学报》，1887 年，pp.17ff.。

出世的史书，如《教法史》（Sāsanavaṃsa）[①]，也仍然未脱离这一写作框架。《教法史》的作者是缅甸比丘般若沙弥（Paññasami）。书完成于 1861 年。有意思的是，不仅书的格式一如古时，其中的巴利语形式也是从古时传下来的。无论是《典籍史》[②]，还是《教法史》都是晚近的作品，作者为缅甸比丘名难陀般若（Nandapañña）的学者。这两部书对于研究巴利文献史具有重要价值。《典籍史》分为五品，描述了巴利圣典三藏九分教的状况，介绍并提及了一些佛教经典的名称，以及晚近论书的作者名、出生地。它还说到了许多论书的撰写因缘。《典籍史》的末尾附有经录。

　　这里我们不妨用简单的文字介绍一下锡兰和缅甸的其他巴利文献。在很大程度上，它是与圣典经文密切相关的学术性和宗教性的文本，其中也包括一些文学性的诗歌作品。从觉音时代（五世纪初）到十二世纪巴利文学复兴以来，我们尚能知道锡兰方面的佛教著述，虽然只是几位著者和几部书名，但对于缅甸方面，212　我们几乎一无所知。

---

　　① M.H. 波德校刊本，伦敦，《巴-英辞典》（合作的巴利圣典学会出版），1897年。《教法史》也是该氏之《缅甸巴利文献》（伦敦，1909 年）的主要依据。另外尚可参见同一作者（M.H. 波德）的《一位缅甸佛教史家》（伦敦，1898 年）以及盖格的《岛史与大史》（p.98，注释）。

　　② 米纳耶夫：《佛教研究》，pp.235ff.。并再刊于《巴利圣典学会学报》，1885年，pp.54-80。M.H. 波德就本书撰有目录索引，载《巴利圣典学会学报》，1896 年，pp.53f.。据波德（《缅甸巴利文献》，p.X）说，有一部十七世纪的作品，称《小典籍史》或《小书史》。因此还有一部叫《大典籍史》的作品。参见 E. 哈代：《德国东方学论文集》卷 51，1897 年，pp.111。

13. 佛授

据说，佛授（Buddhadatta）曾经给觉音的论释之书都做过疏解。传说他也是印度人，曾经在南印度建志（Chanchipura）和锡兰都生活和学习过。不过，他与觉音见过面的传说似乎不可信。杜撰这样的传闻，也许只是为了提高佛授的学术声誉罢了。从时间上看，佛授与觉音相隔太远。佛授出世太晚，不可能与觉音搭上关系。这位晚出的佛授比丘除了给《佛陀史》（Buddhavaṃsa）做注疏，还撰写了有关阿毗达磨和毗奈耶的论书。例如，《入阿毗达磨论》（Abhidhammavatara）、《色无色分别论》（Rūparupavibhāga）、《毗奈耶决定义》（Vinaya- Vinnicchaya）等书。[①]

《未来者史》（Anāgatavaṃsa）[②] 是一部说未来佛的史诗。从内容看，它是《佛陀史》的续篇。《佛陀史》的书名应该称为《前佛陀史》或《古佛史》才合适。诗史中的主人公是现在的乔达摩佛。但作品应当是更早阶段完成的。关于未来者即弥勒佛在兜率天宫的描写可见《长部》经典（第 26 经《转轮圣王狮子吼经》）。该经说彼时世间人寿为八千岁，少女五百岁才成熟可以出嫁。又说

[①]　佛授的三部书，巴利圣典学会于 1915 年作刊行。参见盖格：《巴利文献及语言》，pp.22、25；B.C. 罗：《觉音生平及著作》，pp.96ff.；《巴达卡尔学院年报》卷13, 1931—1932 年，pp.122ff.。当然不排除这样的可能：即历史上有多个佛授比丘。S.Jambunathan 有一篇文章专门讨论佛授其人，见《东方学刊》，马德拉斯，1928 年 4 月，pp.111-117，转引自《佛教文献》I，第 130 页。

[②]　米纳耶夫校刊本，《巴利圣典学会学报》，1886 年，pp.33ff.；E. 劳曼：《弥勒传说：佛教中的未来理想》，斯特拉斯堡，1919 年，pp.177ff.。

彼时大地（印度）上人烟稠密，如同稻禾麻秆，如鸟如禽一样拥挤。
《未来者史》比以前对兜率天宫的描写都要详尽。该书又借乔达
摩佛的金口作预记，提到了同一世中的转轮王——世界的统治者
名为商伽（Sankha）王的。[①]

14. 后世的纲要书

　　针对律藏中诸戒条所做的纲要总结，称作"学处"。称"学
处"的书有两种：一是摩诃沙弥（Mahasami）的《根本学处》
（Maha-sikkha，亦称《大疏》）；二是达摩室利（Dhammasiri）
的《小学处》（Khuddha-sikkha，亦称《小疏》）[②]。按缅甸的历
史书说，这两部纲要书都完成于440年。不过，我们认为这极可
能是更晚近的作品。[③] 在缅甸之所以编撰这样的学处疏释一类的论
书，面对的是那些被认为没有时间学习完整律藏的人。此类的书
籍还包括《二论母》（Dvematika），亦即《比丘波罗提木叉》（比
丘戒本）和《比丘尼波罗提木叉》（比丘尼戒本）。此外，还有《析

---

　　① 《典籍史》自称是迦叶所撰（参见《巴利圣典学会学报》，1886 年，pp.61,
72）；《论事》一书上说《典籍史》的作者是优波帝沙。不过我们现在知道，此二人都
是不同时代的学僧。参见盖格前所引书，pp.25, 29；《清净道论》（p.434）、《法聚论
注释》（p.415）以及《未来者史》（V.96）所谈到的未来佛弥勒。
　　② M. 缪勒：《巴利圣典学会学报》，1883 年，pp.86ff.。《小疏》末尾中提到作
者达摩室利来自锡兰。另见《典籍史》，《巴利圣典学会学报》，1886 年，pp.61。
　　③ 李斯·戴维斯（《巴利圣典学会学报》，1883 年，pp.xiiif.）认为它们都是觉音
以前的作品；E. 缪勒将它们时间定在六或七世纪。盖格（《巴利文献及语言》，pp.24,
27）认为，从其语言风格判断，应为一世纪之前的作品。

疑论》（*Kaṅkhavitarini*），这是一部专门讲戒律论释的纲要书。[①]
至于那些专门讲（论藏为主的）教理的纲要书，有法称的《摄善
法论》（*Dhammasamgaha*）。[②]据说，作者是佛陀毗耶（Buddhapiyya）
的弟子。此书大约撰于十三世纪末或十四世纪初。[③]此诸论书宗旨
是解明教理。晚近时代，缅甸成为东南亚佛教论藏之书研究的大
本营。大约十二世纪，有上座比丘阿耨律陀（Anuruddha）撰写
了《阿毗达磨摄论》（*Abhidhammatta-samgaha*，亦称《对法摄　214
论》）。[④]直到今天，《阿毗达磨摄论》在锡兰与缅甸依然享有极
高的学术声誉。在缅甸本论书注释本的翻译本数量甚多，为诸佛
教论释疏记之首。同一位阿耨律陀上座还撰写了《名色差别论》
（*Nāmarūpaoariccheda*）。本论释书为诗歌体的哲学著作，其诗
篇由 1885 个偈颂组成。[⑤]

　　专门讨论佛教教理某一方面或几方面的诗体作品还有不少，
其值得专门提及者有如下这些。

　　《五道灯明》（*Pañcagatidipana*，对五道轮回的解说）[⑥]包含

---

　　①　见波德前引书，p.5f.。

　　②　N. 妙喜刊行本，见《巴利圣典学会学报》，1890 年；以及悉达多的《摄精要论》，
参见《摄精要论首章》，校刊原文及翻译者为 K.E. 纽曼（莱比锡，1891 年）。

　　③　盖格前所引书，p.30。

　　④　李斯·戴维斯刊行本文，见《巴利圣典学会学报》，1884 年。用《哲学纲要》
的书名刊行的译本《阿毗达磨摄论》（《对法摄论》）有瑞赞昂所写导言并作注释。刊
行者李斯·戴维斯，伦敦，巴利圣典学会，1910 年；另见波德前所引书，pp.61f.；E.L. 霍
夫曼有德译本，《佛教论文集》卷 7，1926 年，pp.175ff.、316ff.。

　　⑤　A.P. 佛授校刊本，《巴利圣典学会学报》，1913—1914 年，pp.1-114。

　　⑥　弗里特校刊，《巴利圣典学会学报》，1884 年。该氏的法译本刊载于《吉美博
物馆年鉴》V，1883 年，pp.514ff.；另见 B.C. 罗：《巴达卡尔学院年报》卷 13，1931—
1932 年，pp.141f.。

114 个偈颂。其中解说了地狱、畜生、修罗、人和天这五界的生存界，还说到了地狱的五大五小。它介绍了世间之人因为造作哪些业而转生在哪些生存界上。同样的五道话题，十四世纪的智光（Medhamkara）在其《世间灯要》（Lokadīpasāra）中也有讨论。[1]同一世纪另外一位也叫法称的上座比丘，撰写了《波罗蜜多百论》（Pāramitāmahaśataka）的颂体巴利论书，其讨论了十种波罗蜜多功德利益。[2]《善法方便》（Saddhammopāyana）[3]用 629 个偈颂讨论佛教的基本学说。还有一首叫《诗蜜》（Pajjamadhu）的短诗，为佛陀赞诗。[4] 作者为生活在 1100 年左右的论师佛陀毗耶（Buddhappiya）。其诗句风格已是梵语化了的巴利语文。其中用 104 个偈颂来称叹佛陀的大智慧。又有一首相当华丽的诗篇，名为《油釜伽陀》（Telakaṭāhagāthā）。该诗篇用意在称赞善法功德。[5]诗歌的内容大意说某佛教比丘受到冤枉，被伽里亚尼（Kalyani）国王名帝沙（Tissa）的诬指与王后通奸，因此被投入油锅。但他根本是无辜的，所以在油锅中站起身来，在翻滚的热油中诵出 100 个伽陀。临死前他回忆了自己在昔世中曾经做过牧人，不经意间曾经让一只苍蝇落在滚烫的牛奶锅中。我们读到的这首诗实际上只有 98 个偈颂，而且其中并未言及上面的本事传说。诗篇运用了

215

① 波德前所引书，pp.35f.。

② 十三至十四世纪，我们知道至少有五位都叫法称的比丘。参见 M. de Z. 维克拉马辛格：《大不列颠和爱尔兰皇家学会学报》，1896 年，pp.200ff.。

③ R. 莫里斯校刊本，《巴利圣典学会学报》，1887 年，pp.35-98。

④ E.R. 古纳拉特纳校刊本，载《巴利圣典学会学报》，1887 年，pp.1ff.。诗作者同时也是巴利文语法书《诸色成就》的作者。

⑤ 古纳拉特纳校刊本，《巴利圣典学会学报》，1884 年，pp.49ff.。

非常洗练的梵语化巴利文。这位叫帝沙的伽里亚尼国王统治时间
大约是公元前三世纪，但诗体语言风格显示是十二世纪的作品。[①]

《胜者庄严》（*Jinālaṅkāra*）是一篇标准的颂体诗歌。[②] 诗篇中
有 250 个伽陀，赞美了佛的本生事迹。作者为佛护（Buddharakkhīta）。
撰成于 1156 年。该诗歌的体裁是略显夸张的赞美诗风格。作者有
意识地运用了一点语言技巧，有的偈颂可以顺着念或者倒着念，都
有一定意义的可解。还有的地方故意省略了字词中的鼻音。诸如此
类的文字把戏颇多。不过对于《胜者庄严》，后人的争论还不仅仅
是语言风格上的，对于其内容亦多有争议。因为其中可以看到大乘
佛教的痕迹，往往可见婆罗门《往世书》中常见的夸大其词和虚妄
不经。

又有撰写了《胜者所行赞》（*Jinacarita*）[③] 的众宝智光
（Vananatra Medhamkara）的比丘诗人[④]。其生期约当普婆那伽
巴护王（1277—1288）在位时。这也是一首称赞佛陀生平的情感
温和的诗歌。语言虽谈不上华丽，但也还算自然从容。该诗读起
来，让人觉得作者作诗的手法不免生疏，而且它又拘泥于《因缘
故事》的故事原型。晚近以来较前者有名得多的另一首佛传故事

<!-- margin page number: 216 -->

---

① 《大史》亦载有这个故事（22，13）。但在《真味蕴含》中有极尽详细的描述。

② 詹姆斯·格雷有校刊本并注释，该氏还作了英译，伦敦，1894 年。按《典籍史》
上（《巴利圣典学会学报》，1886 年，pp.69，72）的说法，佛授也写过一本《胜者庄严》，
佛护曾为其做疏解。像《胜者庄严》这样一个作品之所以令我们感兴趣，不是因为它出
手于觉音的同时代人（参见本书边码第 212 页谈佛授一段）。在这首诗歌的末尾自称作
者的佛护宣布本诗歌咏于"佛灭后 1700 年"。

③ W.H. 劳斯有校刊本和译本，《巴利圣典学会学报》，1904—1905 年，p.28。

④ 出处在《阿毗达磨摄论》和《典籍史》（《巴利圣典学会学报》，1886 年，p.62）。

诗篇是《鬘庄严事》(*Mahālamkāravatthu*, 1773)。其之所以有名,是因以英译本在西方流行较广。① 英译本所据乃缅甸本《胜者所行赞》,而后者又是从巴利文本转译过来的。

　　直到非常晚近的时代,仍然有不少叙事史诗这样的作品产生。这中间最为重要的应该是《真味蕴含》(*Rasavāhini*)这部书。②书中载 103 个故事。前面 40 个源自印度,后面 63 个产生于锡兰。最先流传的是僧伽罗文本,以后才由宝护(Raṭṭapāla)比丘译成巴利文。更晚些时候,有佛教上座比丘毗德哈(Vedeha)为之润文修饰,使其成刊定本。③ 不过,虽然经此修饰润色,但这个本子仍属拙劣,语言颇为陋弊。该书为诗偈散文相间而行。许多时候,故事虽然意在为佛教徒说好话,但表达得愚蠢笨拙。有的故事显然是在歌颂佛陀,但其思想内容同大乘佛教的佛陀崇拜,甚至同婆罗门教的毗湿奴崇拜、《薄伽梵歌》混同一气,无从区分。例如,书中讲到一条蛇仅仅因为听见"佛"的名号,便一弃恶毒本性转

---

① 比甘德大主教:《缅甸人的乔达摩佛陀传》,仰光,1858 年;伦敦,第三版,1880 年。李斯·戴维斯:《东方圣书》卷 2, p.XXII。

② F. 斯皮格尔:《帕立伽轶事》(*Anecdota Palica*),莱比锡,1845 年。S. 科诺夫:《德国东方学论文集》卷 43, 1889 年, pp.297ff.。再过十年,有马德林和盖格校订的《真味蕴含》,斯巴亚,1918 年。D. 安德森将其译成丹麦文,哥本哈根,1891 年。E. 帕沃里尼译为意大利文,载《意大利亚洲学会学报》卷 8, 1894 年, pp.179ff.; 卷 10, 1896 年, pp.175ff.。又有 L. 夏斯特里作英译之《阿育王传》,载《孟加拉亚洲学会学报》,1910 年, pp.57ff.。该英译本有 H.C. 诺尔曼所写"注释性的前言"。另外参见古纳拉特纳:《巴利圣典学会学报》,1884 年, pp.50ff.。帕沃里尼文发表于《意大利亚洲学会学报》卷 11, 1897 年, pp.35ff.。

③ 此人亦为《般若平等智慧》(*Samantakūṇtavaṇṇanā*)一书的作者。该书是对东南亚圣地亚当峰的描写,发表于《佛教经典学会学报》,1893 年 5 月。亚当峰是斯里兰卡佛教徒甚至南印度的印度教徒的宗教圣地,亦称佛足峰或圣足峰,佛教徒称为 Samanaliya。

而向善。当然故事集中也有不少传奇饶有兴味，其同世界文学宝库中的类似题材难以区分，使人有似曾相识的感觉。这些故事又多类似于《本生经》中的逸事传闻。故事的主题集中在知恩报恩，往往说动物尚能如此，唯人反而常常忘恩负义。

对于后世的佛教诗人和戏剧作者，甚至文献编纂者，《本生经》是他们著述活动的永不枯竭的想象源泉。例如，十五世纪的缅甸阿瓦诗人悉罗瓦沙所唱赞的诗篇《佛陀庄严》（*Buddhālamkāra*），创作来源就是《因缘故事》中的妙慧故事。另一位叫宝光（Ratnasāra）的阿瓦诗人依据《本生经》中的许多故事撰写了一系列的本生诗歌。同样，有三藏庄严（Tipaṭakalamkāra）之称的缅甸诗人在1578年写成了《毗山多罗王本生事》（*Vessantarajātaka*）一书，这是用诗歌体改写的本生传记。[①]在这个本生赞诗完成时，作者只是十五岁的沙弥。更晚些时候，大约十八世纪，还有一部散文叙事的作品，名为《万王之王的光》（*Rājadhirājavilasini*）。它也是从《本生经》取材的作品。据说本书由缅甸的波隆帕耶王（Bodawpaya King）下令撰成。该王登基在1782年。尽管本书的作者有卖弄学问的意思，但此书广征博引且能自成一体，展现了作者非凡的才华。本书内容所涉除了经藏本文和晚近的论释之书，还包括星相、文法、医学等诸多学科的梵巴著作。[②]

217

---

① 见波德前所引书，pp.44ff., 55。
② 见波德前所引书，p.78。

第六章 纯粹梵语和混合梵语的
佛教文献

  无论印度、锡兰和缅甸的巴利文佛教文献如何丰富，它们也只是代表着佛教中的一个部派，即上座部的文献传统。但是在印度（甚至印度以外的国家地区），巴利文资料只是佛教文献宝库的一部分，别的佛教宗派及后来的佛教思潮还创造了更多的佛教文献。这些文献所使用的语言，有的是梵语，也有的是某种中印度的语言。[①]后者与梵语极为相似。借用塞纳特的称呼，我们也称之为"混合梵语"。[②] 在古代北印度和西北印度，有一些庞大的学术中心，它们可以称作中世纪的教会大学，例如那烂陀寺（Nalānda）、旦叉

---

  ① 按律天（八世纪时人）的说法，说一切有部的经典使用的就是梵文。大众部使用普拉克里特语（一种不纯正的梵文），正量部（三弥底部）使用 Apabhramśa 语（一种中世纪的讹化的梵文，也被称作卑俗语），上座部使用 Paiśāci 语（一种被视为下劣的鄙俗方言）。参见木村龙宽：《大小乘历史研究及大乘起源》，加尔各答，1927 年，p.7；R. 皮谢尔文，载《普鲁士科学院会议通讯》，1904 年，p.808。

  ② 以往被称为"伽陀方言"（参见《吠陀文献》，p.41），这种说法极不正确，因为从古代印度的碑铭看，它是通行于印度各地的一种语言。E.塞纳特：《亚洲学报》，1882 年，s.7，t.XIX, pp.238ff.; s.8, t.VIII, 1886 年，pp.318ff.。H. 克恩：《东方圣书》卷 21, pp.xivff.。G. 布赫勒：《印度碑铭集》I, 1892 年，pp.239, 377ff.; II, p.34。洪里与班达卡尔：《印度古籍》卷 12, 1883 年，pp.89f., 205f., 139ff.; 17, 1888 年，pp.36ff.。J. 瓦克纳伽尔：《古印地语语法 I》（*Altindische Grammatik* I），哥廷根，1896 年，pp.xxxixff.。

尸罗城等。在那里热忱的学术研究和传承活动持续了数百年。其
内容不仅有医学、天文学等，更有佛教哲学和神学的理论。从这
些学术中心出来的大学者（班智达）进入青藏高原以及汉地，而
后面两地的学问僧人也陆续不断地来这些学术中心求学。他们将
大量的梵文经典携带回国，并译成本民族的文字。中国的玄奘就
曾在那烂陀寺留学多年。今天的汉文佛经中就有许多是玄奘所翻
译的。[①]有许多已经译成汉文或藏文的佛经，其梵文原本今天已经
湮灭不存。因而我们有幸还可以通过汉藏文献去猜测当初的梵本
模样。在中亚地区，近代还发现了大量的手抄经本，有的是梵文
残片，也有的是已经译成中亚古代语言的印度原经典。[②]

---

①　参见波斯：《印度佛教大学的老师》，马德拉斯，1923 年；《在华的印度老
师》，马德拉斯，1923 年；穆克季：《境外印度文献》，载《印度历史季刊》，卷 1—3，
1925—1927 年。已知佛经译为汉文早在二世纪，如果不是更早的话；其译成藏文则是八
世纪下半期。参见 A.H. 弗朗克：《西藏印度文物》卷 2；《拉达克编年史及诸小年表》，
（《印度考古调查》，*New Imp.Series*，卷 50），加尔各答，1926 年，第 86 页。

②　迄今为止这些佛教写本残片上有两种语言尚未能辨识，在库车与和田发现的称
为"库车语"或"和田语"。此两地在新疆东部。不同的学者为它们确定了不同的叫法，
目前名称尚未统一。例如称其为"吐火罗语""北雅利安语""东印度语""塞种语"，
参见 S. 科诺夫：《文第希纪念文集》，pp.96f.；洪里：《梵文写本残篇》I, pp.IXff.。S. 烈
维刊行了《库车残片》，载《亚洲学报》，1911 年，s.10, t.XVII, pp.138ff., 431ff.；t.XIX，
1912 年，pp.101ff.；《大不列颠和爱尔兰皇家学会学报》，1913 年，pp.109ff.；洪里：《梵
文写本残篇》I, pp.357ff., 365ff.。至于和田的写本残片，S. 科诺夫同洪里合作刊行《梵
文写本残篇》I, pp.214ff., 2859ff., 295ff.。另外 E. 劳曼：《北方语言及文献》，斯特拉斯堡，
1912 年；《弥勒续》，斯特拉斯堡，1919 年；以及《北亚及德国所藏佛教文献》I，莱比锡，
1920 年（《东方文化研究论文集》卷 15, p.2）。R. 戈提欧刊行了《毗山多罗王本生》
的粟特文抄本残篇，载《亚洲学报》，1912 年，s.10, t. XIX, pp.163ff., 430ff.。另见粟特
文抄本《善恶因缘经》及 R. 戈提欧及伯希和所发现汉藏本对勘翻译，巴黎（伯希和考古）
I，1920 年；II，1925 年。H. 斯东纳的《回鹘文佛经》发表于《东方圣书》，1904 年，
pp.1282ff.。F.W.K. 缪勒的《回鹘文抄本 I 集和 II 集》发表于《柏林科学院哲学史部论

　　这些文献中绝大部分使用的是纯粹或混合的梵文——这类文献我们称之为佛教梵语文献。它们要么就是大乘经典，或者是多少受到大乘思想影响的经典。[①] 要理解这些经典，有必要先介绍一

文集》，1908 年、1910 年。E. 席格和 W. 席格林可信地证明了"吐火罗语（库车语）"属于印欧语（《东方圣书》，1908 年，p.915）；吐鲁番发现的梵文残篇也都已经刊行，见《吐火罗 I 集》，文本，柏林、莱比锡，1921 年。

① 我们最初知道这类文献主要是来自对尼泊尔的佛典的了解。这方面我们应该感谢霍吉森。他自 1821—1843 年一直生活在尼泊尔。作为政务官、地理学者、动物学者、民族学者以及印度语言和文物的调查工作者，他在这些领域都作出了标志性的贡献。由于他的努力，他为印度的和欧洲的图书馆，尤其为巴黎方面搜集了大量的佛教写本。而对于这些经本进行学术研究得到丰硕成果的是巴黎的尤金·布努夫，参见其《印度佛教史导论》，第 2 版，巴黎，1876 年。大约在同一时期（1924），也由于霍吉森的发现推动了人们对于佛教文献的了解，也使得匈牙利人亚历山大·乔马·科洛斯徒步从欧洲来到西藏，打开了外部世界对于西藏佛教的认知。紧随其后，有 G. 图穆尔揭开了锡兰巴利文献的面纱。而提供有关梵语佛教文献中浩瀚的写本内容信息的是 R. 密特拉。参见其《尼泊尔梵语佛教文献》（剑桥，1883 年）；C. 本达尔：《剑桥所藏佛教梵语写本目录》（剑桥，1883 年）；H. 夏斯特里：《孟加拉亚洲学会管理之政府收集梵文写本目录概况·佛教部分·一》（加尔各答，1917 年）；藏文《甘珠乐》经典的翻译要归功于科马·德·科罗斯，参见《亚洲研究》卷 20，加尔各答，1836 年；以及 L. 费尔：《吉美博物馆年鉴》V，巴黎，1883 年。另见 H. 贝克：《柏林皇家图书馆藏西藏写本目录 I》，柏林，1914 年。关于晚近西藏佛教文献的信息大都来自西藏佛教学者多罗那他的《印度佛教史》（1608）。A. 席夫纳将其作德译（圣彼得堡，1869 年），德文译成的印地文本，见《印度历史季刊》卷 3，1923 年。关于汉文译经，参见南条文雄的《佛教三藏汉文译经目录》，牛津，1883 年；南条文雄（1849—1927）是净土真宗大谷派学僧。曾留学英国牛津，师事 M. 穆勒，专修梵文。回国后任东大梵语讲师，后又任真宗大学学监、大谷大学校长。所编《大明三藏圣教目录》，世称《南条文雄目录》。得穆勒协助，先后刊行《大无量寿经》《阿弥陀经》《金刚经》等梵文之英译本。其英文著述有《日本佛教十二宗纲要》及梵学讲义。E. 丹尼森·罗斯：《汉文佛藏中音序所列经录》（*Alphabetical List of the Titles of Works in the Chinese Buddhist Tripitaka*），加尔各答，1910 年。这是对《南条文雄目录》和 1905 年京都重刊佛教经典所作的音序索引，还可以见巴格契之《汉文佛教圣典·译文》I，巴黎，1927 年。此外还有一些著名的译经师如竺法护（265—313）、鸠摩罗什（344—431）、玄奘（600—664）。关于鸠摩罗什，见 S. 烈维文，载《亚洲学报》，1913 年，s.11，t.II，pp.334ff.，波斯译，加尔各答 1922 年；J. 诺贝尔文，载《普鲁士科学院会议通讯》，1917 年，pp.206ff.。——译者

下佛教之区分大小乘的原委。

以巴利语圣典形式保存下来的上座部的教理算是最古老的佛教教义。它认为我们的解脱在于实现涅槃。最高的解脱也就意味着成就阿罗汉。成为阿罗汉是现生作证的事，虽然肉身还未灭，但已经能够体会到涅槃的清凉。涅槃是一切修行的根本目标。要达到这个目标，必须出家修行，以获取觉悟之智慧。但真正通过这条修行道路达到解脱的人，少之又少。像这样的教理体系，虽然被称为"小乘"，但大乘佛教徒也不会不接受。大乘教徒也同意这种理论是佛陀本人的教义。[①] 小乘，巴利文写作"Hinayāna"。Hina 意为"较低的""不充分的"，yāna 意为"道路"或"车乘"。Hinayāna，意思便是"不足以引导多数人离苦或不足以运载多数人的教义"。相对而言，Mahāyāna 便意味着"大的车乘"或"大道"。它可以令多数的人得到解放，即脱离苦海。后起的大乘理论，如那些声称归宗于它的人所说，乃是对以往佛教经典作更深一层的意义发掘，或者对于后来的贤劫佛所说的启示作神秘意义的发挥，与此同时，它还用大乘的菩萨理想取代了原来的阿罗汉目标。再生成为菩萨的理想不单是比丘可以拥抱，就是一般的普通在家人也可以实现这个目标。菩萨，是"觉悟之有情"的意思，也可以称为"达致觉悟（亦即佛陀）的候补者"的意思。引申开来便是"令一切有情众生达到觉悟"。不过，如果是所有的人都可以得到菩提觉悟，那它就必须有远较以往的小乘途径更加有效而简易的手

① 玄奘说大乘经典有声闻藏，其中就包括有小乘经典。参见 S. 烈维、沙畹：《亚洲学报》，1916 年，s.2, t.VIII, pp.5ff.。

段。例如，按大乘的说法，即令在家修行也可以今生此世得到觉悟，不一定非得出家。在大乘中得成正觉、成佛的，不只是出家的比丘，诸如商人、农夫、工匠、国王、武士也都可以成佛。另外，修行的手段也较以往有了扩展。一方面，依然要保持对一切众生的慈悲、慷慨的施舍，同时也强调"少欲知足"这样的自我否定修养；另一方面，则特别倡导对于佛陀，也对诸佛菩萨的虔诚而炽烈的崇拜。① 如我们所知，尽管佛在巴利文往往看上去只是普通人，但他有时仍有超人的身份。他已经能够随意施行神通，甚至自己选择进入甚深涅槃状态。他入涅槃以后，留给我们世间人的便是有他宣说的佛法，还有他的骨殖舍利供我们崇拜。后来的小乘中有说出世论者（Lokottaravādins），这些人更进一步将佛陀视为出世者（lokattara）而不再是普通人。他只是有选择地在某个时候下世来同我们分享苦乐的经验。而到了大乘佛教中，同以往不同的是，佛直接被视为时间开端（无始）之前的神圣存在。佛在世间广行神通之后，最终进入涅槃，这整个的过程犹如某种幻化的游戏。虽然在小乘中也已提到，在释迦牟尼佛以前的过去世，以往大劫

221

---

① 这里我们可以看虔诚派教理的影响。据我们所知，虔诚信仰在《薄伽梵歌》中就充分流露了。很有可能大乘佛教的发展受其影响。此参见《吠陀文献》，pp.413ff.。H. 克恩：《印度佛教纲要》，p.122。有的学者认为外部的影响也促进了大乘的崛起。但这种假定没有必然性，也难以证明。参见烈维：《大乘庄严经论》II, pp.16ff.；肯尼迪：《大不列颠和爱尔兰皇家学会学报》，1902 年，pp.377ff.；艾略特：《印度教与佛教》III, pp.445ff.；A.B. 凯思：《佛教哲学》，p.217。关于大小乘的一般情况，参见浦山：《宗教伦理百科全书》卷 8, 1915 年，pp.330ff.；R. 木村龙宽：《大乘与小乘这两个术语的历史研究》，加尔各答，1927 年；N. 杜特：《大乘诸相及与小乘的关系》，伦敦，1930 年（《加尔各答东方丛书》，第 23 辑）。

中也有过去佛。但那数量是有限的。在大乘佛教中，十方三世的时间与空间中都有无量无边的佛菩萨，数目已经是百千万亿来计算了。菩萨，按大乘的说法，具有各种"波罗蜜多"功德，仅仅是出于对众生的悲悯，他们才放弃了大乘佛教徒也一样期待的涅槃。在大乘佛教的神谱中，除了诸佛菩萨，还吸收了印度教的诸神，特别是湿婆一系的大小神灵，也都进入了佛教的殿宇。大乘的新生神话体系、新的菩萨理想和佛陀崇拜——后者可以说是前所未有的令人惊叹——于是成为了大乘佛教的大众信仰层面。因此，可以认为大乘佛教的原始成分是早就存在于小乘中的，由于印度教的泛滥而推动了它的神秘主义的进一步发展。同样，大乘佛教的哲学层面也是在婆罗门教的哲学影响下，从小乘教理的基础上发展起来的。古代的原始佛教在说明世间种种痛苦以及人生的不和谐时，使用的是缘起的说法。① 所谓"缘起"，亦即是一切存在的元素都产生于相互依赖的关系中，小乘佛教从这个"一切缘起"的公式得到了"无我"的结论。无我论说的是自我并非实在，而只是每一刹那都在变易生灭的形体或生理现象的聚合。依据同样的缘起理论，大乘得到了"空"的教义，即是说，一切事物现象都是"空的"（不实在的）。再换句话说，世间任何事物都没有独立的实在性。②

①　梵语的 paticca-samuppāda 意味着"相互作为条件的产生"（舍尔巴茨基语）。平常译作"因果的关系式"并不恰当。因为这个理论所说的并不是因与果的前后系列，而是一种相互依赖的关系。因此，缘起的公式应当是"此有故彼有"。参见舍尔巴茨基：《佛教的涅槃概念》，列宁格勒，1927 年，pp.39ff.。

②　舍尔巴茨基前所引书（pp.40ff., 43ff.）将"Śūnyatā"（空）译为"relativity"（相对性）。因为按照这种理论任何事物都不是客观存在的对象，而只是相对待的关系。

　　需要说明的是，并非所有的梵语文献都毫无例外地是大乘性
质的。这中间也有不少的小乘经文。它们使用的经典语言是纯粹
的或混合的梵语。

1. 梵语圣典的残篇

　　上来先看说一切有部[①]这个小乘佛教派别。此派教徒主要集中
在西北印度的罽宾（迦湿弥罗）和犍陀罗一带，再从那里向中亚、
中国的西藏和西域以及汉地扩散。该派的圣典三藏属于梵文体系。
尽管流传到今天的梵文圣典并不完整，我们对它的了解最初也来
自篇幅或大或小的梵文经典的残片。发现这些经典残片的主要是
M.A. 斯坦因（Stein, Sir Aurel）、格伦威德尔、勒·科克（A. von.
Le Coq）、伯希和等人。[②]在中国新疆发现的这些残片有的原来是

223

而 W. 瓦勒塞尔（Max Wallesser）（《佛教哲学》卷 II，海德堡，1911 年，p.III）则称
之为 "Negativity"（否定性），因为空同时否定了存在与非存在两者。

　　①　"说一切有" 的字面意思是 "（承认）所有一切都存在的道理"。这种理论认
为所有事物都是实在的。义净的《南海寄归内法传》（高楠顺次郎译，牛津，1896 年，
pp.XXIV, 8ff., 20）称为 "圣根本说一切有部"。他还说根本说一切有部、法藏部、化地部、
饮光部都是前者的下属分部。不过，说一切有部与根本说一切有部的区分并不明确。参
见高楠顺次郎：《宗教伦理百科全书》卷 11，pp.198ff.。烈维文，载《通报》卷 8，1907
年，pp.114ff.。N. 杜特：《早期佛教传播史及其部派》，p.271 及图表（p.224）。又，《翻
译名义集》（p. 275）列出所有这些部派，首先便是圣说一切有部。

　　②　参见 W. 盖格：《中国新疆的考古及文献发现及其对东方学研究的重要意义》，埃
尔兰根（Rede beim Antritt des Prorektorats），1912 年；H. 奥登堡文，载《学术论文集》（哥
廷根哲学史部），1912 年，pp.171ff.；H. 吕岱司：《东突厥斯坦的文献发现》，载《普鲁士
科学院会议通讯》，1914 年，pp.85ff.；A.F. 洪里：《东突厥斯坦的佛教文献梵文写本残篇》
I，牛津，1916 年。

手写本，有的已经是木刻本。能够给我们提供说一切有部信息的佛教经典，有《大事》《天譬喻经》《普曜经》等，还有一些藏文本和汉文本的佛经。[①] 根本说一切有部经典的主体部分在 700—712 年由中国僧人义净自梵文译成汉文。[②] 不过单篇的汉文佛经早在二世纪就已经被译出来了。而在印度，我们知道更早的时候，大约公元前二世纪便已经存在。[③] 无论从经文的语句措词还是从佛经的编排次序看，梵文经典与巴利三藏都有极大的相似性，虽说二者之间仍有一些区别。比较合理的解释是，两种经典的来源是共同的。所依据的都是摩揭陀地区的佛教三藏。但那个古本今天已经湮灭失传了。从摩揭陀的圣典三藏先是派生出巴利圣典，而后又派生了梵文圣典。两种圣典盛行于印度的两个地区。

224

　　有部的《波罗提木叉经》残篇以及其他律藏中的经文已经在中亚（新疆）发现，在尼泊尔也有少量发现。依据汉文和藏文的译本来恢复《波罗提木叉经》的原型是完全可能的。把有部的圣

---

　　① H. 奥登堡文，载《德国东方学论文集》卷 52，1898 年，pp.654ff.。姊崎正治文，载《国际东方学者大会学报》卷 18，汉堡，1902 年，p.61。《博物馆》，N.S.VI，1905 年，pp.23ff.；1906 年，pp.23ff.。《大不列颠和爱尔兰皇家学会学报》，1901 年，pp.895ff.。

　　② 高楠顺次郎：《南海寄归内法传》（英译本），p.XXXVII。参见 Ed. 胡伯尔：《法国远东学院学报》，卷 5，1906 年，pp.1ff.；S. 烈维文，载《通报》卷 5，1904 年，pp.297ff.；卷 8，1907 年，pp.110ff.）。汉文三藏尽管也分成经律论，但并不意味着遵从了巴利三藏的分类法。因为后者还包括了许多藏外的经文。事实上甚至婆罗门教的一些经典也都收在里面了（参见高楠氏，《大不列颠和爱尔兰皇家学会学报》，1896 年，p.415）。藏文《甘珠尔》也是名为三藏的，其中也是律经论三者。但其内容有许多无法与通常的三藏成作比较，这些显然不属于三藏圣典。

　　③ 马土腊雕刻中被断定为二世纪的狮子石柱上有铭文"有部阿阇梨"。参见 F. W. 托马斯：《印度碑铭集》，1907—1908 年，pp.135ff.。

典同化地部（Mahiśāsaka）、法藏部（Dharmagupta）和大众部
（Mahāsanghikas）的毗奈耶律作比较，可以看出它们同巴利文本
的律藏在细节上的分化与演变，也可以看诸部之间自身的区别。
所有的变化与差异不仅表现在它们的戒经（波罗提木叉）上面，
更体现在整个毗奈耶律的各个规定中。但必须指出，这些戒律条
文最初的基干部分肯定是共同的。[①] 毗奈耶律中的这些戒规，每一
条的前面都会有一个故事，说明当初佛陀制定这条戒规时的事由、
背景等。根本说一切有部的毗奈耶中包含了许多传说，显示了当
初罽宾（迦湿弥罗）和西北印度接受佛教时的状况。[②] 这当中有的
传说也可见于《天譬喻经》这样的经文。后者中的故事多数都是

<small>225</small>

---

① L. 菲诺特依据伯希和在中亚发现的写本残篇对《波罗提木叉经》梵本作了校订，
又译成法文。对照了胡伯尔的校刊汉译本（鸠摩罗什译本，见《亚洲学报》，1913 年，s.11,
t.II, pp.465-558）。浦山对斯坦因汇集本中的残篇进行了校刊，见《大不列颠和爱尔兰
皇家学会学报》，1913 年，pp.843f.；S. 烈维对库车语的一个写本残篇进行了研究，参见
《亚洲学报》，1912 年，s.10, t.XIX, pp.101ff.。E. 瓦尔德斯密特在《有部比丘尼戒本研究》
（莱比锡，1926 年）中对照其他部派的相应戒本，对吐鲁番发现的比丘尼戒本的写本残
篇进行了校刊研究。藏文本的戒经，可以参见 H. 胡特：《藏文本戒经》（*Die tibetische
Version der Naihsargika-prāyas-cittikadharmāh*），斯特拉斯堡，1891 年；H. 奥登堡：《德
国东方学论文集》卷 52, 1898 年，pp.644ff.。

② 参见 J. 普里齐鲁斯基和 S. 烈维：《亚洲学报》，1914 年，s.11, t. IV, pp.493ff.。
另外，这些传说中还有关于迦腻色迦王的预言，并且提到了七天一周的说法。因此，烈
维得到结论（见《通报》卷 8, 1907 年，pp.115ff.），说根本说一切有部的毗奈耶在三世
纪以后才完备。但因为说一切有部的名称很早就已经有了（参见本书边码第 223 页），
很有可能当初也有一个有部毗奈耶的旧本。而根本说一切有部的毗奈耶是后来发展了的
本子。关于根本有部毗奈耶中的传奇材料——本生故事和譬喻事，另参见 J. 普里齐鲁斯
基文，载《印度历史季刊》卷 5, 1929 年，pp.1ff.。

从说一切有部的律藏中抄出来的。[①]有部的律藏中所包含的"学处"和僧伽行事（Sanghakarmas，僧伽的法则、规矩），在巴利文律藏中称为"sikkhās"和"Kammavācā"（说行事、事解说）。而在有部的律藏中，这两个部分的残篇都已经出现过。[②]

巴利经藏中的诸部（尼柯耶）在梵文经藏中称为"阿含"（Āgama，阿笈摩）。梵文佛教经典的《长阿含经》相当于《长部》经典，《中阿含经》相当于《中部》，《杂阿含经》相当于《相应部》，《增一阿含经》相当于《增支部》。《长阿含经》［其中的《要集经》（Samgiti-sūtra）、《阿吒曩胝经》（Ātanātya-sūtra）］、《中阿含经》［其中的《郁波离经》（Upali-sūtra）、《鹦鹉经》（Śuka-sūtra）］、《杂阿含经》和《增一阿含经》中不同经本的残篇都在中亚多有发现。[③]将汉译的阿含经与巴利本的诸部比较，

---

①　斯坦因的选编集中有已发现的《毗奈耶·大品》的写本残篇，浦山所作刊行本见《大不列颠和爱尔兰皇家学会学报》，1913 年，pp.550ff.。C. 本达尔在尼泊尔发现的一个出家仪梵文残篇，内容相应于《小品》（X, 17），也刊载于《库恩集》，pp.373ff.；洪里汇编了毗奈耶律的不同残篇，见《梵文写本残篇》，pp.4-16。C.M. 里定和浦山校刊一份写本残片叫《比丘尼法仪说》，刊于《伦敦学院东方学校学报》卷 1，1920 年，pp.123ff.。另外参见 S. 烈维：《通报》卷 8，pp.110ff.）；N. 杜特：《早期佛教传播史及其部派》，pp.280ff.。

②　参见浦山文，载《大不列颠和爱尔兰皇家学会学报》，1913 年，pp.843ff.；吕岱司文，载《普鲁士科学院会议通讯》1922 年，p.243。

③　在"东突厥斯坦"发现的 *MSS*（《梵文经典写本》）的残篇中已经找到梵文的阿笈摩（阿含）残片。R. 皮谢尔作校刊，载《普鲁士科学院会议通讯》，1904 年，pp.808ff., 1138ff.。《大不列颠和爱尔兰皇家学会学报》，1911 年，pp.764ff.。浦山：《大不列颠和爱尔兰皇家学会学报》，1911 年，p.772。浦山从 C. 本达尔的汇集本中校刊了《杂阿含经》的《耳经》（参见《相应部》III, 22 小集、49 小集以下，p.48），载《大不列颠和爱尔兰皇家学会学报》，1907 年，pp.375ff.。从《杂阿含经》和《增一阿含经》中，烈维搜出了无著的《大乘庄严经论》的疏释（烈维校刊，载 *XVI*, pp.21f.）。V.A. 史密斯以及 W. 霍厄在戈帕浦尔的废墟砖壁上发现了一些梵文经文，旁边的铭文显示是 250—440 年的遗物。参见《孟加拉亚洲学会学报》，汇编，1896 年，pp.99ff.。

226　可以看出两者在很大程度上是一致的。①

　　首先，就单集的阿含部而言，其中的经文编排顺序同巴利诸部中经文的先后顺序并不相同。《杂阿含经》中的"品"（Vargas）和"相应"（Samyuktas，相同而当为一类）的分法也与巴利相应部的差异较大。巴利相应部中许多经文都是汉译《杂阿含经》中没有的。当然，汉译阿含中也有不见于巴利诸部中的经文。②有部阿含同巴利诸部差异最大地体现在《增一阿含经》和《增支部》上。大体说来，可以认为两者所收经文的差异，正好说明当初它们在编辑三藏时虽有一个共同的传统依据，但不同部派采取了不同的分类方法。今天如果就汉译三藏而言，其中有的经文哪怕名称同巴利文本的一样，其具体内容也有较大的分别。例如，鸠摩罗什译出的汉文《梵网经》的。本经在中国和日本都享有极高的声誉，因为它主要教导的是大乘佛教的伦理。但另一方面，汉译《阿毗达磨俱舍论》（Abhidharma-kośa-vyākhyā）中所引的《梵网经》，多处与巴利文本的同名经文相同③。再看《大般涅槃经》，汉译的

──────────

　　①　特别参见姊崎正治的《汉文四部佛教阿含》，载日本《亚洲学会学报》卷35，第3部分，1908年，以及本书边码第223页。《长阿含经》中的《众集经》（《大正藏》第1册长阿含第二分中佛陀耶舍共竺佛念译）相当于巴利本《等诵经》。后者由伯赫辛译为德文并有讨论，见《亚洲专刊》卷7，1931年，pp.1-149，以及本书边码第43页。

　　②　《杂阿含经》的三个汉译本中的《有偈品》包含了318篇经文，其中有224篇都可以对应于巴利文《相应部》。姊崎氏（参见《博物馆》，N.S. VII, 1906年，pp.38ff.）在《大智度论》中搜到的引言究竟出于巴利经藏中的《相应部》或《经集》中哪一部经，已经无从断定。至于《杂阿含经》的情况，可以参见烈维：《通报》卷5，1904年，pp.297ff.。

　　③　参见浦山：《大不列颠和爱尔兰皇家学会学报》，1903年，pp.359ff.；姊崎正治文，载《宗教伦理百科全书》卷5，p.452。汉文的《梵网经》属于大乘的毗奈耶。鸠摩罗什当初翻译时不知用的是哪个梵文本。本经有法译本，译者是 J.J.M. 德·格鲁特，

本经有十个不同本子。其中三个属于小乘系统，余下的七个则是
大乘的经典。唯一可以辨认的诸本间的一致性只是外部形式上的，
即都保存了所称是佛陀本人在入灭（般涅槃）之前的谈话。①

　　梵文经藏中也有一个相当于巴利经藏中《小部》的部分，被
称作"Kṣudraka"（小而杂的一类）。② 我们不知道它中间是否包
含了那些在巴利圣典中被认为属于《小部》（第五尼柯耶）的内容；
但我们知道梵文的三藏圣典中的确是有《自说经》《法句经》《上
座长老伽陀》《天宫事经》以及《佛种姓经》的。诚然汉译的三
藏中没有《经集》这样的单行经本，但该经的绝大部分经文仍都
可以在各个阿含经类中看到。例如，巴利《小部·经集》中的《八
颂品》和《彼岸道品》虽然不见于《杂阿含经》，但它的梵文单

参见《国大乘戒规：对修道生活和世俗界的影响》（*Verhandlingen der Kon. Akademie
van Wetenshappen te Amsterdam*, Afd. Lett. Deel I, p.2, 1893）。藏文《甘珠尔》中另有
一部《梵网经》，同巴利三藏中的《梵网经》可以对应起来。

　　① 　参见 F. 缪勒文，载《东方圣书》卷 10 (i), p.xxxi, 注释。J. 埃金斯文，载《大
不列颠和爱尔兰皇家学会学报》，1881 年，pp.66ff.。R. 木村氏文，载《加尔各答大学
文学部学报》卷 4, 1921 年，pp.181f., 注释。《大小乘名称的历史研究》，p.94, 注释。
小乘中有帛法祖（290—360）的译本以及法显的记述。C. 普依尼所作的意大利文翻译
在法显纪行之后。参见《意大利亚洲学会学报》卷 21, 1908 年，pp.59ff.; 22, 1909 年，
pp.1ff.。最早对《大方广般涅槃经》作汉译的是竺法护。S. 比尔曾将该经选段发表于其
《印度古文物》（《印度古籍》卷 5, 1876 年，p.222ff.）以及《东方圣书》中（卷 19,
pp.365ff.）。

　　② 　这个《小部》被玄奘认为是声闻藏中的第五部分阿含。参见烈维文，载《亚
洲学报》，1916 年，s.11, t.VIII, p.20。不过，通常强调时所称的仍然是四部阿含。例如，
《天譬喻经》多次被提及时都称"四阿含"（pp.17, 331, 333）。参见 H. 奥登堡文，
载《德国东方学论文集》卷 52, pp.654f.。

228　行本是存在的，其残篇都已经在中亚（新疆）发现。① 玄奘曾经在650 年把《如是语经》译成汉文。② 其中相当多的引文可以同《小诵经》《天宫事经》《佛种姓经》《法句经》的某些段落是相对应的。这些引文也可以在《大事》中寻得出来。③

　　从《大事》的一段引文中我们发现有相应于梵文本子的《法句经》的诗句，而且还可以看出，它的分品方式也同巴利文本的《法句经》是同样的。④ 本经的梵文本虽然同巴利文本不一样，但其原初主干部分显然是同一个来源。诗偈的归属原则也是一样的。这个诗歌集应该属于佛教三藏最初的一部分，后世很晚才编纂出来的各种诗文集子都以它作为蓝本和基础。诸如此类的诗歌集作为宣教手段，广泛地被运用于中亚的、中国西藏与汉地的佛教传播活动中。汉译本的《法句经》与巴利文本，都同样是 26 品，尽管巴利文本的还带有一个 13 品的附篇。⑤ 在中亚已经发现了《法句经》

---

　　① 参见姊崎正治文，载《巴利圣典学会学报》，1906—1907 年，pp.50f.。洪里文，载《大不列颠和爱尔兰皇家学会学报》，1916 年，pp.709ff.; 1917 年，p.134。梵文的《八颂品经》（在《天譬喻经》中被称作 Arthavargiyani-Sūtrani）中，散文长行在前偈颂在后，这是巴利文经典中见不到的。总之，梵巴经文之间，还有一些差别。本经的梵文本要简短一些。

　　② 见渡边海旭，《巴利圣典学会学报》，1906—1907 年，pp.44ff.。汉文三藏中有一部《般若经》，其译成汉文在 222 年。当为吴支谦所译《大明度无极经》，就属于某种《所行藏经》。参见木村日记：《大小乘名称的历史研究》，p.129，注释 1。——译者

　　③ 参见 E. 塞纳特校刊本，I, pp290ff.; II, pp.191ff., 250ff.。引文出自《法句经》（或单数或复数的"法句"），II, p.212; III, pp.91, 156, 434ff.。

　　④ III, pp.434ff.。此处有偈品引自《法句经》，其包含 24 个偈颂，而巴利本的偈品则只有 16 个偈颂。关于尼泊尔、汉地和藏地的《法句经》，参见 H. 奥登堡文，载《德国东方学论文集》卷 52, 1898 年，pp.662ff.。

　　⑤ M. 缪勒：《东方圣书》卷 10 (i), pp.2ff.。S. 比尔：《通常被认为是法句经的佛教三藏中的经文》，伦敦，1902 年。关于《法句经》各种校本的重要研究，可见烈维文，载《亚洲学报》，1912 年，s.10, t.XX, pp.203-294。

的写本残篇。起初人们认为它是该经定本中的段落，以后进一步的研究显示它应该属于《自说品》。这个发现是对照了藏文译本的结果。[①] 这个诗歌集的编写者是法救（Dharmatrāta）。多罗那他（Tārānātha）的《印度佛教史》说法救是迦腻色迦王时代的论师。藏译本的本诗歌集有 375 个偈颂。可以同《法句经》对应起来，但其中大部分也可以对应于《自说经》。许多偈颂都可见于《经集》及巴利三藏中的各处。[②] 另外，还有一个采用普拉克里特语（Prākrit，混合梵语）的诗歌集，其编写所依据的原型也是《法句经》，材料也大都出自该经。但也采取了梵文经典或者最初古本三藏中的某些诗偈，普拉克里特语是西北印度的方言。我们知道这种方言曾经被使用在阿育王的夏布伽希（Shābhāzgarhī）摩崖石刻的敕令中。本诗歌集的残篇在当代被发现时，显示是佉卢文（Kharoṣṭhi，亦称驴唇文）写本。彼得洛夫斯基（M.Petrofsky）

229

---

① 顺便说，相对于汉译的佛经，藏文本在翻译方法上更接近于梵文的直译。因此较容易回溯其梵文形式。——译者

② 在中亚发现的譬喻品的梵文残篇，已经由 R. 皮谢尔刊行，名为《法句经吐鲁番遗本》，载《普鲁士科学院会议通讯》，1908 年，pp.968ff。S. 烈维和浦山：《亚洲学报》，1910 年，s.10，t.XVI，pp.444ff.；XVII，1911 年，pp.431ff.；t.XIX，1912 年，pp.311ff.。《大不列颠和爱尔兰皇家学会学报》，1911 年，pp.758ff.；1912 年，pp.355ff.。藏文本《譬喻经》已有 W.W. 洛克义译成英文（伦敦，1883 年），藏文本也有刊行，参见 H. 贝克，1911 年。A. 席夫纳：《世亲伽陀集》，《亚洲杂志》卷 8（Bulletin XXV，1878），pp.559ff.，590ff.。浦山：《哥廷根科学通报》，1912 年，pp.191f.。吕岱司：《普鲁士科学院会议通讯》，1914 年，p.102。塞登斯塔克：《譬喻经》I，1913 年，pp.37，71ff.，并为名为《自在狮子》的本子编辑后成为一个篇幅颇大的汇集本，是巴利文《法句经》的五倍。其中编者摘引了大乘方面的材料。关于《法句经》的梵文写本，尼泊尔的发现请见达玛恰里亚文，发表于《印度历史季刊》卷 1，1925 年，pp.422ff.，677ff.。譬喻品的库车语写本残篇的讨论，可参见 E. 席格和 W. 席格林：《伦敦学院东方学校学报》卷 6，pp.483ff.。

和杜特列依·德·鲁伊斯（J.L.Dutreuil de Ruis）在和田发现该本，并将其携至欧洲。[1]

　　已经可以确定，梵文经典中也有《本生经》。但仍有争议而无从决定的问题是，这是梵文三藏中一开始就有的一部书，还是后来本生故事的汇编书？同样让人还觉得疑惑的是，汉文《大藏经》中的七论，究竟是从古本三藏中沿袭下来的，还是后来的编纂成果？因为汉文的阿毗达磨论书同巴利文本的论藏并没有共同的地方。唯一相同的只是论书的数目都是"七"。两者之间，论书的名称有的看上去很相似。[2]

　　因此，我们认为根本说一切有部的三藏，在今天看来，并不是完整的。至于别的佛教部派，我们不能遽断其有没有成套的经典三藏。但就我们所了解的情况看，每个部派都有一部或几部经

230

---

　　① 古佉卢文写本已由 E. 塞纳特校订刊行，这无论从语言学还是考古学的角度来看都是非常重要的大事。参见《亚洲学报》，1898 年，s.9, t.XII, pp.193ff., 545ff.。这个校订本是 B.M. 巴鲁阿和 S. 密特拉新校订本的基础（加尔各答，1921 年）。彼得洛夫斯基发现的残篇也由 S.D 奥登堡辨识确认刊行（彼得堡，1907 年）。关于莱因的杜特利尔的抄本，收在《科学院（印度）碑铭译本》，1895 年 5 月 14 日，1898 年 4 月 15 日。E. 塞纳特：《国际东方学者大会学报》卷 11，巴黎，1897 年，I, pp.1ff.。G. 布赫勒：《婆罗迷字起源》，第 2 版，斯特拉斯堡，1898 年，pp.122ff.。吕岱司：《学术论文集》（哥廷根哲学史部），1899 年，pp.474ff.。李斯·戴维斯：《大不列颠和爱尔兰皇家学会学报》，1899 年，pp.426ff.。奥托·弗朗克：《德国东方学论文集》卷 60，1906 年，pp.477ff.。M.A. 斯坦因：《古代和田》，牛津，1907 年，I.188。J. 布洛克：《亚洲学报》，1912 年，s.10, t.XIX, pp.331ff.。S. 科诺夫：《文第希纪念文集》，pp.85ff.。虽然这个集子当初是研究西北印度方言的，但它也包含了邻近的和田语言。关于这些残篇的年代，他同 G. 布赫勒的观点一致，被认为是一世纪的遗物。而吕岱司（《普鲁士科学院会议通讯》1914 年，p.101）则认为它的抄写是三世纪。很有可能，这是迄今被发现的最古老的印度写经。

　　② 姉崎正治：《大不列颠和爱尔兰皇家学会学报》，1905 年，pp.3ff.。《巴利圣典学会学报》，1905 年，pp.67ff.。也请见本书边码第 167 页。

文作为核心传承，并且被认为有特别的神圣性，真正是被奉为"圣典"的。其中部分地吸收或取代了他们原则上同样认可的三藏中的老经文。

2.《大事》

《大事》或《大事因缘》或《大事譬喻》[①]是最重要的原始佛教经典之一。它仍然没有逸出小乘佛教中古老派别的理论体系。本书自称为属于"大众部之说出世论者的律藏之一书"。所谓大众部，指僧团当中人数众多的那一派。一般来说，它指的是第一次部派分裂后僧团中的多数派。大众部以后再有分裂，其下流出说出世部等派别。按说出世部论者的主张，佛陀是"超越世间的"。而佛陀随顺世间的一面只是外在的权宜表现。[②]完全与这么一套理

231

---

① 大部分书的书名都署的是后一个名字。在经文中或有的本子中也称 Mahāvastu。所谓 Mahāvastu，意即"大的题目或事情"。当然是毗奈耶中的大事。关于加入僧伽的相关规定的大事。它相当于巴利律藏中的《大品》，和说一切有部的律藏中的毗奈耶事之外（另外的部分指相当于《小品》的《小事》）。参见浦山前所引的论律藏的书《大事因缘》的意思是"属于毗奈耶律大事中的传奇"。H. 齐默尔文，载《印度－伊朗论文集》3，1925 年，pp.201ff.，证明了"avadāna"与"nidāna"是同样的意思，也表示"因缘、缘起、根源"。他解释"大事"是"解脱这事"。不过此解释似不正确。当初汉文译经的人有时可能就弄混了 nidāna 和 avadāna 这两个词（参见烈维文，载《亚洲学报》，1912 年，s.10, t. XX, p.219），弄不清这两个词绝不意味着二者就是同义词。再说，在毗奈耶文献中，vastu 这个词汇的意思是固定的，只能指毗奈耶的事项或者相关的事件。Avadāna 既是因缘也是譬喻，称为"因缘"，是介绍律事的背景；称为"譬喻"，则意在用事例说明律事。

② "得无上正觉者同世间无有共同之处，而对于此大圣（仙人），一切超越此世间。"（《大事》I, 159, 2）"他们洗足虽然足上并无尘土；他们坐荫凉地，尽管已经不受炎

论相符合的佛陀的生平事迹，就被称作"因缘、譬喻"（Avadānas，也即事迹或英雄业绩的意思）。当然，它同巴利文系统中专门讲佛陀生平事迹的那些经文也没有什么不同。《大事》也罢，《本生经》也罢，所描述的都是入胎、降生和修行得正觉的一系列奇异神迹。当然，初转法轮并得到弟子皈依也正是显示神迹的结果。《大事》与《因缘故事》之间的一致性表现在两书都是三品结构。[①]首品都说的是菩萨在燃灯佛世（本书第一卷第 193 页）的情形，也叙述了其他古佛时代的生平；第二品（本书第二卷第 1 页）将我们带到兜率天宫：菩萨再生于天上，决意要入胎于摩耶夫人的腹中。于是，故事得以继续展开，一路显示了怀孕、降生等神迹；乔达摩长大、离家、出城、战胜魔罗并最终在菩提树下成道得大觉。第三品（本书第三卷）从其基本特征看，与《大品》是一致的。[②]叙述了初转法轮及建立僧团的事。也因为如此，《大事》一书才自称为律藏的一部分。其实，除了关于出家进入僧团的几句话，《大事》中并无有关毗奈耶的内容。它无关于僧伽的戒规，而只是大

232

热所恼；他们已得餍足，尽管不受饥渴所扰；他们随意用药，虽然无有所病。如是等等。"参见文第希前引书，p.470。按照《大事》（I, 2）说出世论者属于"中国"——北印度的十六国。参见《大事》I, 198。H. 夏斯特里女士（《加尔各答评论》，1930年 9 月，pp.441ff.）认为："遵循说佛陀出世的是大众部的律藏。"因此，她说所有大众部都同意佛陀是超出世间的。但佛教通常的十八部派中，没有单列出说出世部来。参见李斯·戴维斯夫人：《论事》，p.xxxvif. M. 瓦勒塞尔：《古代佛教部派》，海德堡，1927 年，pp.28, 78。

　　① 见本书边码第 181 页。不过文献中并未见到这三个词语：Dūrendāna、avidū-renidāna 和 santikennidāna。

　　② 参见文第希前所引书，p.467。

致符合律藏专门谈论僧伽起源的史事而已。①

不过，当我们说《大事》一书主要是指说出世部论者讲述佛陀生平故事的经文时，并未完全道出这部作品的内容及其撰述本书的意图。这是因为《大事》从根本上说并不是一部文学作品，而有某种隐晦的路线图，其中包含了佛陀传记故事之间的内在联系，不经过努力无从揭示其整体上的联系。整个佛传故事的叙述中，一而再再而三地被其他的话题所打断。这中间的叙述涉及了无数的《本生经》故事、英雄事迹以及那些讲述佛教教义的经文。从这些散漫的叙述过程中，我们看不出总的安排原则。我们只是一再地感觉到，叙述者根本就没有打算要用哪怕是松散的联系，将不同的内容串起来。不仅如此，在许多情况下，我们还看到，同一个故事——它可能是佛陀本生事的插曲，或者是佛陀的英雄故事，往往都会重复地做两次叙述。先是散文的，而后稍稍改变一下，再用诗歌复诵一遍。虽然两次叙述分别发生在不同的地方，但这两次内容并无任何变化。因此，关于佛陀的降生故事，本经中甚至讲述了四次。② 再从本经的语言看，也是没有统一性可言的。

233

----

① 见本书边码第 26 页，以及文第希前引书，pp.473, 476ff.。也许律藏中只有这一部分文字保留下来，可见于我们今天所见《大事》中。参见 H. 奥登堡：《学术论文集》（哥廷根哲学史部）1912 年，pp.152ff.。李斯·戴维斯（《佛教圣书》卷 3, pp.256f.）提出了一种可能性不太大的说法：说出世部可能只是修订了缘起部分。因为他们对于巴利律藏形式是接受的，或者他们同意的是接近巴利律藏的形式，所以才只修订了缘起的那部分。而齐默尔（前引书，pp.209ff.）认为：之所以将佛陀前生事中的基本状况当作传记在毗奈耶（缘起）序分中描述，是为那些想要成佛的人着想（因此，才说从《大事》中可以看到大乘的前奏）。不过，毗奈耶当成佛传缘起的说法，应该是没有根据的。

② 文第希：《佛的诞生》。

尽管全书中交替出现的散文与诗歌都使用的是"混合梵语"——
这是一种若即若离接近正规梵语的方言。如果它离正规的梵语较
远，我们知道它在时间上比较古老。[1] 至于其文字风格，显然本经
可以分为早期与晚期两个部分。[2] 虽说本经就是这么一个情况，我
们在本经中读不到什么新颖的东西——哪怕是佛陀的说教，也都
是在其他的经文中司空见惯的内容，甚至我们也看不到说出世论
者究竟提出了什么独特的主张。但本经仍然不失其重要意义，因
为它中间毕竟保存了许多古老的传闻与传说，而且（作为梵文经
典）它中间还保留下来巴利文经典中才看得到的言句片断。比如，
乔达摩太子离城出家的那段，其叙述方式就很古老。它又与《中部》
经典（第 26、36 经）很相似。[3] 同样，我们还可以在本经中发现
古老形态的"初转法轮的教说"（Sermon of Banaras）。其措辞
风格如同《长部》第 19 经《典尊经》（*Mahāgovindasutta*），或
者像《中部》的第 74 经《长爪经》（*Dīghamakkhasutta*），以及《法

---

① H. 奥登堡：《德国东方学论文集》卷 52, p.663。H. 夏斯特里（《印度历史季刊》
卷 1, 1925 年 , pp.204f.）驳斥了那种将《大事》的语文看作"俗语化梵文"或"梵化俗语"
的说法。他认为这是公元前二世纪北方印度所操的一种方言。

② H. 奥登堡：《学术论文集》（哥廷根哲学史部），1912 年 , pp.123ff.

③ II, p.117。紧随其后的是某种晚出的异行本的《出家经》。（这个名称在汉译
经典中被译成《佛本行集经》。略称《本行集经》，60 卷。译者为隋之阇那崛多。叙述
世尊诞生、出家、成道等事迹，及佛弟子归化之因缘，系集佛传之大成者。其内容分三
部：一、叙述佛陀之本生故事，即发菩提心生于兜率天，托胎于摩耶夫人。二、佛陀诞生、
学习、结婚生子，虽然居家，犹念出世；而后出家，访道修行历诸苦行，成道后转法轮。
三、佛陀传道、教化。本经梵本今不存。汉译本之文字朴实，几乎逐字直译，保持梵语
多倒装句的特征。本经为佛传中最详尽者，其异于其他佛传文学之特色有四：初揭佛统谱、
次出王统谱、含有多数本生谭、杂糅各种异传，为研究印度古代社会与佛教史之重要资
料。——译者）

句经》中的《千品经》（*Sahasavagga*），或像《小诵经》《经集》中的《出家经》《精进经》《犀牛角经》《天宫经》《佛种姓经》中的个别片断。[1]歌颂佛陀降生的诗歌都具有古老的民谣风格。它们都来源于原始佛教的民间歌谣。如此的古代佛教诗偈的风格，我们在其他的佛经中已经多次领略过。

234

《大事》还有特别的价值，它可以视为是本生故事和英雄事迹（因缘譬喻）的传奇宝库。本经中，超过一半的都是本生故事（佛陀本事）。[2]故事的语言形式，有一部分是纯粹散文的，也有许多是由诗偈点缀其间的散文。有时，故事先用散文叙述，然后以诗歌复诵。至于故事中的人物，有的是转轮圣王，有的是往世中的菩萨，有时又是商人长者，或者是婆罗门长者，或者是龙王太子，也有时是狮子、大象等。如同我们在巴利经典中所见的本生一样，许多故事都只是同一个题材的不同叙述。许多情况下，故事虽有异，但说话的语句，甚至逐字逐词都是一模一样的。也有的情况下，语句虽然不同，但其间的差异几乎可以忽视。例如《谷物本生》（*Śyāmakajātaka*）（本书第二卷第 209 页）那个伤感的故事。毗利伽王（梵文：Piluyakṣa，巴利文：Pilyakkha）以毒箭射杀那

---

[1]　参见 H. 奥登堡：《德国东方学论文集》卷 52, pp.659ff.。文第希：《魔罗与佛陀》，pp.316ff., 322ff.。J. 杜特：《菩萨苦行记》（*Die dukskaracarya des Bodhisattva*），斯特拉斯堡，1905 年。J. 恰彭吉耶文，载《维也纳东方文化论文集》卷 23, 1909 年，pp.33ff.。李斯·戴维斯：《佛教圣书》卷 3, pp.256ff.。

[2]　S.D. 奥登堡有汇辑本。《大不列颠和爱尔兰皇家学会学报》，1893 年, pp.335ff.。A. 巴斯辑本可见《科学杂志》，1899 年, pp.625ff.。恰彭吉耶的研究显示如何用巴利《本生经》来校订《大事》中的经文。《辟支佛故事》（*Paccejabuddhageschihten*），pp.2ff., 12ff., 25ff.；《东方世界》（*Le Mond orienta*）卷 3, 1909 年, pp.34ff.

位善良的瞎眼婆罗门孝子的因缘，可以肯定这就是《大象本生》（*Kusajātaka*）的另外一个版本。而《紧那罗本生》（*Kinnarijatāka*）（本书第二卷第94页）与巴利本生中的紧那罗故事哪怕内容有不同，但人物则是完全一样的。《库萨太子本生》（*Kusajatāka*）第一次出现时版本模样与巴利文本的同名故事还是一样的，而第二次再现时（本书第三卷第 1 页）则完全换成了韵文诗歌的形式。[①]（在巴利本生集中）那个引诱了独角仙（Ekaśṛnga）的那里尼（Nalini）的故事，在《大事》中也大量兑水而演变成了另外一个虔诚者的传奇（本书第三卷第 143 页），虽然其语言风格仍然保留了古代诗歌的风格。相比之下，同一故事在巴利语的伊希辛伽本生中，则完全蜕变成了散文形式。[②]

　　不过，《大事》中也有许多本生事与因缘譬喻事（英雄事迹）和巴利语的本生集内容对不上号的。虽然二者的主旨并未改变，都是歌颂菩萨的慷慨布施，为了救助他人而毫不犹豫地舍出生命。例如，阿尔伽王先是向其本劫中的佛施舍了用七宝堆砌起来的 8000 座窟庙（本书第一卷第 54 页）；然后仅仅为了学得一个"聪明偈"而施舍了妻子和儿子（本书第一卷第 91 页）；作为一个制陶师，他的虔诚超过了克里金王。他不仅不杀生，而且将装满菽麦的大

235

[①]　参见本书边码第 143、128、131 页等。阿玛尔事，即铁匠女儿的故事（II, pp.283ff.）可对应于巴利《本生经》第 387 篇《马尔卡塔本生》说的是猴子与鳄鱼的寓言（《本生经》第 208 篇），见前面第 122、157 页。沙畹从汉文译经中译出 *Śyamaka-jatāka*，见其《汉文三藏中的五百故事》（t. I, pp.156ff.）；关于《大事》中《库萨本生事》参见恰彭吉耶：《维也纳东方文化论文集》卷 27, 1913 年, pp.94ff.。

[②]　吕岱司：《学术论文集》（哥廷根哲学史部），1901 年, pp.20ff.。本书边码第 142 页。

缸放在大路边任人取用。他得知自己不在家时，父母将准备修葺茅棚的草施舍给了佛陀，他由衷地感到欢欣一月有余（本书第一卷第 317 页）。

《大事》中的故事，有的明显具有婆罗门教或《往世书》中的风格。例如，梵授王（King Brahmadatta）的故事说，他因为没有子嗣而向仙圣祈求祝福。得到所赐的三个鸟蛋，孵化以后得到三只会说人语的鸟。神鸟向国王传授了治国的秘诀（本书第一卷第 272 页）。①

《诸王统史》（Rājavaṃsa，释迦牟尼佛的贤劫就处在这些诸王统治的时期）的开端，就完全是《往世书》的性质。其先说到了创世的起源（本书第一卷第 338 页）。其中的故事笼罩着《往世书》的精神气氛（本书第一卷第 283 页）。某仙人拉克希塔（Rakṣita）便是前生的菩萨。其在山中隐修，后得到神通，其手可以扪摸日月。大乘佛教的精神气质是非常合拍于《往世书》的。《大事》中体现出了对于幻化神通的特别喜好。它也擅长于用这种奇幻的描写手法，表现成圣者的魔幻神通，以及赞叹佛陀的全知全能。一般说来，这已经是大乘佛教的特质。表现这一特征的，可用《伞盖物语》（Umbrella-stories）为证（见 Chattavastu，本书第一卷第 253 页）。舍卫国遭到夜叉扰乱。佛凭借他的神力恢复了该城的安宁。于是，

---

① 这个故事令我们想起《迦堪德耶往世书》的开端。参见第一卷第 535 页。《大事》开头部分对地狱的描述令人联想到同一部《往世书》（L. 舍尔曼：《异相文学》，p.36）。目犍连访问了八个地狱，同时他也去了畜生道、饿鬼道和天神们的世界。这些都是巴利佛经中根深蒂固的观念。目犍连也具有这样的神通力，可以随意自在地来往于天上、人间和地下世界（地狱）。

诸天神龙都向佛礼敬，用巨大的伞盖为他遮阳。佛为了显示其慈悲无有边际，便用神通力化现成百千佛陀，每一位佛头上都有装饰美好的伞盖。因此，每一位撑伞的天神都觉得自己在服侍世尊而心生欢喜。

236

　　《大事》成书在小乘时期，其中所说的情况也与巴利经典中所叙述的内容大致相仿。因此，它与上座部的立场并不相违。但我们认为它已经包含了许多与大乘佛教接近的内容。之所以会如此，极有可能是上面所言，从当时大众部和说出世部中流行的佛陀观可以看出，佛教的思想正在向大乘过渡。当然我们也应当考虑到另外一种可能性，即《大事》中体现的类似气质，很有可能是后来窜入的。① 例如，我们在该经第一卷（I.63—193）中读到的很大篇幅的一品，专门讨论的是菩萨十地，以及每一地中菩萨成就的功德。② 这一世中甚至包含有念佛的观念（本书第一卷第163页）。这样对佛的唱赞，同《往世书》中对湿斯奴和湿婆的唱赞是没有区别的。同样表征大乘佛教精神的还有本经中（本书第二卷第362页）

　　① 比如说，《观音经》（其有两个本子，II, pp.293ff., 297ff.）是作为独立的一部经被寂天在《学处要集论》中引用的。C.本达尔的刊行本（pp.89f., 297f.）采用"观音经"的字样。在西藏《观音经》肯定是一部单行的经典。因此，它很可能是后来窜入《大事》中的。尤其是我们看第二个本子的题跋部分，直接称本经是《附分》（见本书边码第33页《律藏·随附》）。参见 E.塞纳特前所引书（II, pp.xxviff, note3）。虽然《学处要集论》中的《观音经》引文与《大事》中的基本一致，但也有不太相符的部分。因此，可以断定它不是从《大事》抄录过去的。

　　② 《大事》中列举的菩萨十地与其他大乘经有所不同，因此我们才说这是从小乘向大乘过渡时期的产物。有一位西藏的大乘论师在专门谈论十地理论时，认为菩萨十地并不是大乘发明的。早在大乘之前，例如在《大事》中就有了。浦山：《宗教伦理百科全书》卷2，pp.743ff.；卷8, pp.330, 注释；J.拉赫得尔：《十地经》，鲁汶，1926年, pp.iiiff.。

说道，佛陀的清净功德是如此强大，以至于仅仅礼赞佛陀就可以达到涅槃；又说如果有人只是绕佛（围绕佛塔行走）或以香花供奉，也可以得到无量功德。以后的大乘佛典中一再推荐的这种修行法，都可以得见于《大事》中。例如，佛只需宛然一笑，就可以将其光明彻照整个佛刹国土（本书第三卷第 137 页）。本经中还说到 237 "无数无量诸佛"和"菩萨不因父母精血而由其自性功德出生"，显然都是大乘的观念特征。①

《大事》的编写方式使我们很难确定它的成书年代。从许多因素来看，例如从它说到的说出世论部及其语言特征看，它都是很古老的作品。本经的语言完全是"混合梵语"的。而一般的大乘经典则是用纯粹梵语来撰写的。据此可以知道《大事》的原初与古老。如巴思所说，梵语在佛经中属于"闯入者"。②再者，《大事》也罢，巴利圣典也罢，存在着好多相似的章句段落。这样的相似性可以说明它们的共同起源。因而我们判断《大事》中的《犀角经》偈颂，要比巴利语《经集》中的同名经文更加古老。但如果梵语《大事》中的诗偈是称颂的那五百位作为凡夫的辟支佛，那么它反复吟诵的诗句"他们有若犀牛，孤独地漫游世间"就有些奇怪了。因此，很有可能其中的长行散文并不像诗偈那样古老。另外，前面已经指出的本经中的大乘特点，显示出它的成书年代大约是公元之初的数百年。因为有的经文看上去深受犍陀罗艺术

---

① 文第希：《佛陀的诞生》，pp.97, 100f., 193ff.。

② 《科学杂志》，1899 年，p.459。

的影响。[①] 由于其中甚至提到了（大乘）瑜伽行派（本书第一卷第
120 页），我们推测这部分经文大约完成于四世纪。指向这一时代
的证据有很多，例如经中所言及的匈奴人、汉语及毛笔字，还有
对占星术的描写（本书第三卷第 178 页）等。[②] 不过，本经核心部
分的年代应该非常早。应该起源于公元前二世纪。尽管晚至四世纪，
238　该经还不断有所扩充，有所添窜。因此，我们认为《大事》一书
从大乘方面移借了许多装饰性的文字材料，以及零星的大乘思想，
但它尚不包含大乘密教的内容。

3.《方广大庄严经》

《大事》自己主张它是属于小乘部派的，但它有一定的大乘
特征。与之相反的是《方广大庄严经》（亦称《普曜经》。"普"
即方广、广大的意义，而"曜"即显现光明、庄严的意思）。它
是自称属于"Vaipulyasūtra"（即大方广的经文，教义广博而悉备
的经文）。"方广"通常指大乘经典的属性和一般特征。实际上，

---

① 例如，当体现天花如雨的神迹时，莲花自天而降，如同佛像的背光一样在佛的
周围。而佛像的背光形式只能是希腊艺术家带到印度来的。参见 A. 福涉尔:《亚洲学报》，
1902 年，s.10 t.II, pp.208f.。《犍陀罗希腊佛教艺术》（L'art Greco—bouddhi—que du
Ganghāra），t.I, 巴黎，1905 年，p.622。多位佛头上有伞盖的形象（本书边码第 235 页）
提醒我们那些佛塔遗址的艺术。

② 按照 E. 塞纳特（I, pp.469f.）的观点，应该注意《大事》（I, p.120）所说的大
乘瑜伽行派。此派出现当为四世纪的事。不过也有可能《大事》这里仅指"行瑜伽"的
一般活动。浦山:《宗教伦理百科全书》卷 8, p.329，注释 4。H. 夏斯特里文，载《印
度历史季刊》卷 1, 1925 年，p.205。B.C. 罗:《大事研究》，补续，p.17。A.B. 凯思:《关
于罗刊行（大事）的一条札记》，p.vii。

本经原本是包含在说一切有部论者的佛传中的，因此应该属于小乘经典。①不过，Lalitavistara 的本义是 Lalita＋Vistra，前为"游戏""庄严显示"，本指超自然的神的活动显示；后为"展开、铺陈开来"，转义则成为"广说、悉讲"。因此，Lalitavistara 的意思是"有关佛的游戏事迹的方广之说"②。因此，本经上来便是对佛陀的称叹。开头的几句完全同巴利经典的风格："如是我闻：一时佛在舍卫国给孤独长老祇园竹林中坐。"不过如果是巴利经典，接下来就应该是说在佛的周围，环绕有多少弟子多少比丘，通常的套话会是"有五百比丘（环侍其侧或者周匝环座）"。再下面便是进入了佛经的正文。然而在《普曜经》中，则表现了大乘方广经类的一般格式。它接下来仍然是对佛的庄严之相的铺陈。这里它这么写道："（与大比丘众俱）比丘万二千。菩萨三万二千，一切大圣神智以畅一生补处当成正觉，损己布施，持戒清和，忍辱调意，精进一心，智慧善权，所度无极，解一切法，如幻野马影响芭蕉化梦月影，悉无所有；有利无利，若誉若谤，若苦若乐，得名失称；已过世间诸所有法，

---

①　R. 密特拉作最初刊本，见《印度文库》（加尔各答），1877 年（错讹甚多）。较好的刊本为 S. 莱夫曼刊本（与哈朗合作），1902 年，1908 年。不过这个本子也有待修正。可参见韦勒：《佛所行赞》，莱比锡，1915 年，pp.8ff.。另 R. 密特拉的英译只到第 15 品（《印度文库》，加尔各答，1881—1886 年）。S. 莱夫曼将前五品译为德文（柏林，1875 年）。Ed. 福科有法文全译本，见《吉美博物馆年鉴》VI，巴黎，1892 年。（汉译佛经中另有一部名为《出曜经》。——译者）

②　此据汉文译本。参见 S. 比尔：《释迦牟尼的浪漫传奇》，伦敦，1875 年，导论。福科：《普曜译本·II》（*Lavitavistara, trdut.t.II*），导论。比尔的《释迦牟尼的浪漫传奇》所依据的主要是汉文佛经《离世出家经》。《历代三宝记》卷 6 说聂道真于永嘉二年译出，亦名为《普曜经》。本经梵文今不存，但在 587 年曾从汉文回译为梵。被称为法藏部的佛传。

神通自娱逮至总持，独步三界，犹如日光，及诸菩萨备悉之愿；周旋五趣，救济苦厄，分别辩才，定意无碍，皆已由己，咸成法忍，悉得具足。诸菩萨无所住处，度脱十方。"然后，本经接着说道："（佛祖）于时夜警醒，修梵入深寂定，有光明柱来彻宝冠，上至诸天。大自在天率诸天人，欢喜雀跃，来至佛所。至已，正住一面。是诸天子称叹佛前，又启请佛：曾闻有经名号普曜大方等典，分别菩萨众德之本。恳请世尊颁宣诸佛无量经典，敷衍过去如来至真所讲说法。时佛默然，可诸天子所启白意。"[①] 经过这么一番细密的前言引导（仅至此前言已达一品），有关佛的生平事迹才进入叙述阶段。事实上这第 2 品才是正题所述。看《因缘故事》正传开始也是第 2 品：菩萨居于兜率天界，住庄严华丽的天宫（菩萨有百种以上功德，在天上有十二宫殿）。当天八万四千面鼓敲响，在震耳欲聋的鼓声中，向天神祈请恳求，希望菩萨下生长人世。然而，经文接着一串的礼赞，顺便也讨论了菩萨下生的形式，说到了生在王家的好处与不好处。最终菩萨选择了净饭王家，并入胎于摩耶夫人的身体，因为她具有一切诸佛之母的功德。除了（在此悉备描述得无有缺憾的）美丽，摩耶更有贤淑的品德和清净无垢。在所有的印度妇女中，只有摩耶夫人才具有生育将来成为佛陀圣者的资格，因为她具有一千头大象那样的神力。菩萨决定以白象的形态进入母胎，诸天神也都以助力促成这个入胎的仪式。

---

　　① 关于经题，参见莱夫曼译本，pp.70ff.，第二版，pp.VIf.。福科，t. II, p.3。温特尼茨文，载《维也纳东方文化论文集》卷，1912 年，p.244。本经自称为《大因缘譬喻》，亦指"关于佛陀传因缘的大经"或"方广庄严的往世书"。仅凭这里的"往世书"就可以知道本经的风格与《往世书》极为相似。

诸天不仅为摩耶提供了天室以作产房，而且还用众宝在她的胎藏中修砌了一座宫殿，以便菩萨在母胎中的十个月间能够安稳而无染。菩萨在这个众宝所成的宫殿中坐姿优雅而吉祥。从菩萨婴儿的身上发出美丽的光辉。菩萨的光柱透过母身照彻世界。世间若有患病的人，只要来到摩耶天女的面前，得天女的手触摸额顶，立刻霍然病除，身心安泰。"只要摩耶天女落到自己身体的右侧，她就能看到胎中的菩萨，恰如从明镜中自见面容一样地宛然清晰。"菩萨本人即令还在胎中，就已经能够虔敬地宣说法要，令诸天神得大欢喜，以至于大梵天神也能依其所教而奉行。[①]

恰如菩萨入胎，菩萨的降生也伴随了一系列的神迹祥瑞发生。菩萨在兰毗尼园中，以通常佛教壁画和雕刻显示的方式诞生，自母亲的右胁出来。菩萨的出胎并非普通凡夫的降生。他生下来就是无所不知的"大人"（Mahāpurusa，伟大的灵魂或英雄）。菩萨才落到地面，地下便涌出了白莲花托住他的足底。菩萨于是向六个方向各走七步，朗声宣布了自己独一无二的伟大。[②]

故事在这里打住了。它插进一段阿难与佛陀的问答对谈。[③] 用意是强烈谴责那些不相信菩萨出胎时神异的外道之人。断定能够深信佛之教诲是正信者的基本原则。因此，当菩萨宣说下面一段偈颂时，令我们想到了《薄伽梵歌》中的克里希那大神，菩萨宣布：

241

---

① 见第 2—6 品。文第希所译《佛陀的诞生》中有整个第 6 品及以下。pp.162ff.。

② 新生的婴孩就能往六方各走七步的说法，也见于毗湿奴的神话。梵书和奥义书中的生主也是被称作 Puruṣa 或者 Mahāpuruṣa 的，以后又用来称呼大梵天和毗湿奴。

③ 本经第七品，见莱夫曼，pp.87-91。

"一切信我之人，我必饶益。凡以我为善友者，我必为作依怙（即令其得皈依）。如来为善友，此言诚真实，无有不实义……阿难，信取我说，至诚顶戴。此为佛之教诫。"

本经在这里加进这么一段问答对话不是偶然性的。它的用意在令人们信取这里所说的佛之入胎与降生的神异传说。而不要在意《普曜经》同其他佛教部派的佛本生故事有所不同的地方。其两次肯定的便是那些读起来不免夸大其词的神异描写。但故事接下来的发展，显然不再有那么多的神异色彩。实际上，正是在这里，我们发现了很多与最古老的巴利文经典中相一致的地方。例如，此处同律藏中《大品》的一致性。[①]《出曜经》中的诗偈看来比巴利经文还要古老。这种情况不好说它们两边，究竟谁因袭了谁。可以推测的是，两边都共同依据一个更古老的资料来源。而《普曜经》则保存了那个古老来源的原始资料。在这样一个背景下，我们有必要特别介绍两段故事。其一是提到菩萨还在孩提时代随其养母到神庙。庙堂中的所有神像都从座上起身，一一匍匐在他脚下；另一段则说到菩萨道次入学堂拜师的情况。

这个入学式上，菩萨的伴读书童有一万人。队伍声势浩大，站在一旁向菩萨献花的是八千天神。面对这个前来拜师发蒙的孩童。可怜的教书先生无法承受菩萨的威光，一下子匍匐下去。一位天神将先生扶起来，尽量劝慰他说：虽然菩萨已经无所不知，无有

---

① H. 奥登堡研究了巴利语传统与《普曜经》之间的关系，参见其《国际东方学者大会学报》卷5，柏林，1882年，第107—122页。另外可见文第希：《魔罗与佛陀》及《佛陀的诞生》。参见 H. 克恩：《东方圣书》卷21，pp.xiff.；布努夫：《法华经》，pp.864ff.。

可学，但遵循世间的常法，还需要到学塾来经历一番。与此同时，针对先生将要教给自己的悉昙书写法，菩萨向老师提出了一个惊人的问题。然后又一一列举了诸多文字的书写方法，甚至还提到了匈奴字和汉字。其中，有的文字连老师也是第一次听说。最后，才轮到老师给菩萨和一万名伴童讲授梵文字母表。每当老师讲完一个字母，菩萨便能够背诵一段以这个字母打头的格言名篇。[①]

　　同样，本经中第 12 品和第 13 品也包含了其他佛《本生经》中没有的传说。[②] 而本经之后的部分，故事的展开与描述其他的佛本生资料也都大致一样，没有什么差异。例如，它说到菩萨出宫在不同的场合见证了生老病死及出家求道者的四种经历，也说到菩萨最终逃出王宫、邂逅频比沙罗（Binbisara）王、得遇在旷野修苦行的老师、菩萨因修苦行没有成果而困惑、菩萨战胜魔罗的扰乱、最终成就菩提正觉，又在梵天神的请求之下，向世间人宣说自己的教说。[③] 不过本经的最后一品（第 27 品）则完全是大乘风格的。该品的全部篇幅都用来称赞《普曜经》的大方广，以及讲说宣弘、传播、供养《普曜经》的功德利益。

　　把所有这些情况综合起来看，很有可能得出这个看法：我们的这部《普曜经》本身是古老的小乘经典，大约是说一切有部的佛传。

---

　　① 　E. 库恩（《月光供养师尊的故事》，pp.116ff.）证明了关于佛陀的这两个传奇在伪福音书也有讲述，不过是用在耶稣身上。

　　② 　参见温特尼茨，《维也纳东方文化论文集》卷，1912 年，pp.237ff.。

　　③ 　《普曜经》在许多方面都有与传统佛传不同的说法。例如，按照《大品》（I, 1—4；J. 杜图瓦：《佛陀生平》，pp.66ff.）中最古老的传说，乔达摩四个七天中在不同的树下禅定；而按《普曜经》（莱夫曼刊本，pp.377ff.），在第二个七日，乔达摩曾经一步跳出大千世界，又在第四个七日中，跨出一小步便从东海到了西海。

243　但经中也已有大乘精神。作这么样的假定，也就合理地解释了本经的特征：它并不是成自某位单一作者之手的统一作品。而只是某个匿名的编纂者的作品。经中将非常古老的和相当新近的内容融汇一炉。实际上即令从形式看，本经也是由其间差异甚大的各种材料组成的——有的是相当连续性的梵语散文叙述，有的则属于"混合梵语"的长篇韵文。① 仅仅在不多的几个地方，才有可称（完整）的叙事性的诗偈。大多数场合下，诗偈都是嵌入性的。即是说，诗歌以一种简略而单纯的方式对散文的故事内容再次总结，尽管有的时候这些诗偈中也有一些与散文长行根本不相干。那些被插入到长行中的偈颂——比如第 18 品中与魔罗的对话等，都是非常优美的歌谣。它们与前面提到的《经集》的诗歌一样古老。它们都是同一个来源。从其产生的年代看，它们都属于佛灭后最初数百年的佛教诗歌传统。即令是波罗奈斯初转法轮的故事散文，也是原始佛教文献传统中较早时期的层积内容。②

　　《普曜经》现在的形式，究竟是到什么时期才确定下来的，我们无法断言。本经译成汉文以往一直被误认为在一世纪。③ 实际上，我们也并不知道，译出时间在三世纪自称是"*Lalitavistara*（《普
244　曜经》）的重译本"的这部佛陀传，与我们现在的这个《普曜经》

---

　　① E.韦勒（*Zum Lalita Vistara I, Uber die Prosa des Lalita Vistara*, Leipzig，Diss., 1915）似乎证明，即令是《普曜经》中的散文，最初也不是用梵文写的，就像在《大事》中一样，散文都用的是某种方言。其梵语化是后来的事。

　　② 因此 Vasantatilakā 和 Śar dūlavikrīdita 这两种韵律经常出现在经中。《莱弗曼译文中的尺度表》（*The list of metres in Lefmann's translation*）卷 2，pp. 227ff., xixff.。

　　③ 南条文雄认为，《佛本行经》很早有过汉译本（初译在 68 年），但已逸失。不过他的说法恐怕缺乏有力的证据。参见巴格契前所引书，pp.6, I。

的梵文原本是否就是同一本子呢？[①] 相比之下，从梵文译出的藏译本要更加严谨。[②] 但它译出的时间是九世纪。我们是否可假定，真的有一个与梵文本最为接近的《普曜经》译本，那就是 850—900 年在爪哇岛上修建波罗浮屠（Borobudor）时艺术家们雕刻佛传时的依据。从那个辉煌的佛塔上的雕刻作品看，其中的故事情节肯定来自《普曜经》。艺术史家普里也特（M. Pleytples）为解说佛塔上的雕刻图景，差不多复述了整个《普曜经》的内容。[③]

　　不过，即使是那些北印度希腊风格的佛塔寺院，其遗迹中留下来的作品，大量的都是佛传故事的雕刻或壁画。可以看出，当艺术家们将故事内容移上石头壁面时，他们显然非常熟稔《普曜经》的内容。但他们的创作并未严格依从经本，而更多的是从民间流传的活生生的佛传故事中汲取灵感与力量。佛教的雕刻作品与经文内容如果高度一致的话，就使我们可以这么设想：许多情况下，文字内容的传播要借助艺术的力量。艺术与文学总是相互影响的。[④]不过，在阿育王时代，佛教的艺术造型中并没有佛陀形图像，代

[①] 其仅存八品。温特尼茨：《维也纳东方文化论文集》卷 20, 1912 年, pp.241f.。巴格契前所引书，I, pp.87f.。

[②] E. 福科刊行这个藏文本，又作法译（*Rgya-tcher-rol-pa, Version tibétaine du Lalitavistara*），巴黎，1847—1848 年。

[③] C.M. 普雷特：《波罗浮屠佛寺中的佛经故事》，阿姆斯特丹，1901 年。N.J. 克朗：《波罗浮屠佛塔上的普曜经佛传》，海牙，1926 年。该书为了解说抽译了《普曜经》片断。参见普雷特文，载《博物馆》，N.S. IV, 1903 年, pp.124ff.。F.C. 威尔森：《波罗佛屠塔浮雕上的佛传故事》，载《爪哇：雕刻造形》，莱比锡，1923 年（Veroff.entel, des Forschungsinstitutes fur vegleichende Religions geschichte）。

[④] A. 福涉尔：《犍陀罗希腊佛教艺术》，t.I, 巴黎，1905 年, pp.324f., 616ff.。格伦威德尔：《印度佛教艺术》，pp.98, 104f., 184f.。E. 塞纳特：《国际东方学者大会学报》卷 14, 阿尔及尔，1905 年, I, pp.121ff.。《德国东方学论文集》卷 62, pp.370ff.。

表佛陀的只能是佛教法物（法轮、足迹这样的象征）。只是到了

245 犍陀罗艺术时期，佛陀本人的形象才得以登场。仅就此而言，这
种现象可以理解为人们对佛陀更有加虔敬之情了吗？难道不是后
来的佛教进一步发展的结果吗？因此，所有的证据都显示这么一
个观点：犍陀罗佛教时期——其鼎盛期在二世纪，也是最初的大
乘佛教发展期。通过佛本生故事的神化改造而显示大乘佛教正在
兴起的文化现象正发生于这个时期。⑤

　　因此，我们可以得到以下结论，我们在《普曜经》中，既能
见到非常古老的传统，也能读到比它晚数百年的有关佛本生事的
新承传。本经之所以成为原始佛教的一个重要源泉，就因为它既
包含了同巴利经典相符合的内容，也包含了与《大事》这样的梵
文经典相符合的章句段落。但如果我们因此就把《普曜经》作为
可靠的原始材料，并用它去了解佛教本身——就像塞纳特在他的
《佛陀传论》中所做的那样，就难免显得南辕北辙了，尽管塞纳
特的那篇论文的确是很有独创性的。⑥至于说到原始时代的"民间
佛教"，《普曜经》也不会像浦山所坚持的那样，给我们提供这

---

　　⑤　犍陀罗佛教艺术诞生在耶稣之前不久，并在二世纪达到高度完美。学者们对
此意见基本一致。特别有关迦腻色迦王时代（他就在二世纪治世）的佛教艺术，可以
参见：G. 布赫勒：《哲学史，凯斯的安泽格尔》（*Anzeiger der Kais, Akademie der
Wissenschaften in Wien*），维也纳科学院，1896 年，pp.66f.；A. 格伦威德尔：《印度佛
教艺术》，柏林 1900 年，1918 年，pp.401ff., 486ff.；V. A. 史密斯：《印度锡兰早期美术史》，
牛津，1911 年，p.99（作者可以稳妥地断定，这些高品质的艺术产生于基督诞生后的三
世纪）；L.A. 瓦德尔：《大不列颠和爱尔兰皇家学会学报》，1914 年，pp.140f.；J.H. 马
歇尔爵士文，载《大不列颠和爱尔兰皇家学会学报》，1909 年，pp.1056ff.。《剑桥史 I》，
1922 年，p.648。

　　⑥　第二版，巴黎，1882 年，pp.XXXIff., 456ff.。

方面的信息。① 但如果是依据本经来了解佛教的发展史和演变史，我们还是可以从中得到某些信息的。从此意义上说，《普曜经》对于一般宗教史的研究极有价值。从经中我们可以看到，最初的佛传只是创教者释迦牟尼的一些重要的亲历事件，只是在它们越来越联系于奇异的神通传奇以后，佛陀才成为完全的神。一开始他还只是有神性的世尊，最终他成为了万神之神。如果考察本经对于文学史的意义，可以认为它是全部佛教梵语文献中最重要的作品之一。虽然我们还不能将《普曜经》称为佛教叙事史诗，但它肯定包含了史诗的因子。后来的论师马鸣在撰写其杰作《佛所行赞》（*Buddhacarita*）时，哪怕他没有直接移借《普曜经》，也可以肯定，他充分利用了本经中所保存的那些最古老部分的诗偈与歌谣。②

246

4. 诗人马鸣③ 及其佛教派别

　　1892 年法国学者烈维刊行其所校订的《佛所行赞》第一品。

---

　　①　《佛教：研究及材料》，pp.37, 42f.。浦山说，从巴利三藏经典中我们可以知道，"它是贵族的和哲学的佛教"。

　　②　参见烈维：《马鸣的佛所行赞》，载《亚洲学报》，1892 年，s.8, t.XIX, pp.201ff.。不过我们不能同意烈维的说法。他在所著书第 202 页说《佛所行赞》是（《普曜经》）骨干部分的节略本。至少现在的这个梵本的《出曜经》不会是马鸣写作《佛所行赞》时的底本。

　　③　关于马鸣的概况，可以参见 S. 烈维文，载《亚洲学报》1892 年，s.8, t.XIX, pp.201ff.; s.10,t. XII, 1908 年，pp.57ff.。铃木大拙：《〈大乘起信论〉中马鸣的话》（译文版），芝加哥，1900 年，导论。姉崎正治：《宗教伦理百科全书》卷 2, 1909 年，pp.129f.。F.W. 托马斯：《赞诵合集》，载《印度文库》，加尔各答，1912 年，pp.25ff.。汉译经典中有真正的《马鸣传》，译出于 401—409 年。其摘要刊行本《佛教》（圣彼得堡，1860 年，pp.231f.）之法译者是 W. 瓦西里耶夫。

之前整个欧洲并不知道马鸣的名字。这在今天我们已经无人不知晓，马鸣是迦梨陀莎（Kālidāsa）之前最伟大的印度诗人。马鸣不仅是伟大的叙事诗的作者，也是抒情诗和戏剧的作者。不过，我们对这位印度伟人的生平所知甚少。依据汉文和藏文的材料——两者对他的描述大致一样，马鸣是迦腻色迦王的同时代人。大约活跃于二世纪。[①] 汉藏两方面都说他的老师是胁尊者（Parśva）和富那奢（Punyayaśas）。通常人们认为马鸣就是大乘佛教的初创者和重要的论师。[②] 中国佛教在列举其印度祖师时，通常把马鸣放在胁尊者和富那奢之后，在龙树和提婆之前。也许我们可以相信，他真的是出身于婆罗门世家，也受过完整的印度传统（五明）教育，以后才归信了佛教。作为佛教徒，他起先是依说一切有部出家的。[③] 但他同时也很强调对于佛陀的虔诚崇拜，从而他最终提出了大乘的见地。马鸣的家乡或者出生地在沙祇多（Sājeta，属于今北方邦，又称阿瑜陀）。不过，也有说是在波罗奈斯城或巴特纳（Patna）的。他的母亲名为 Suvarnaksi（意为金眼）。据藏文的马鸣传说，他辩言无滞，无理不解；人有谤语，不置一词；每有论难，则如疾风摧枯拉朽。同一本传上又说他是杰出的乐师，善于作曲歌吟。常有男女歌人随他周游各地，于市墟处作歌娱人。其歌调往往悲叹世

247

---

① 据汉文资料，马鸣是迦腻色迦王的国师，迦洛卡是王家御医。参见烈维：《亚洲学报》，1896 年，s.9, t. VIII, pp.447ff.。至于迦腻色迦时代，可参见本书附录五即《吠陀文献》，p.492。

② 也许作此断定的理由主要是人们认为他撰写了《大乘起信论》。

③ 烈维：《亚洲学报》，1908 年，s.10, t.XII, pp.90ff.。吕岱司：《布鲁斯塔克佛教戏剧》（Bruchstücker buddhistischer Dramen），柏林，1911 年，pp.65f.。据世亲说，他曾帮助迦旃延离子注释论藏。

法无常，转眼即空。又其声音美好悦耳，闻者多半驻足，百听不厌。由于他的歌赞劝化活动，令不少人归入正教。[1] 中国的求法僧人义净（671—695 年游学印度）谈到那些有学问的佛教大德，他们在挫败外道和弘扬正法方面有很大的功德，因此理当受到一切人天的敬仰。他说"似此之辈，代有一二而已"。他所列举的"早岁大德，有龙树、提婆、马鸣等人"。关于这些论师，后来的玄奘是这样说的："当此之时（印度）东有马鸣，南有提婆，西有龙猛，北有童受。号为四日，能照世惑。"[2] 义净还说，在当时的印度，除了在佛陀圣迹处人们有赞佛的歌谣，平时也有歌咏马鸣的佛教歌赞。他说马鸣是佛教诗人，并指出他的作品有《大庄严论经》（*Sūtrālamkara*）和《佛所行赞》。[3]

248

（1）《佛所行赞》

关于《佛所行赞》[4]，义净说这是一部非常广博的著作。原文

---

[1]　参见 A. 奇夫纳文，载 *BAB*，1859 年，pp.259ff.。

[2]　参见玄奘的《西域记》，S. 比尔英译本，II，第 302 页。他认为当时有"四日照世"，他们是马鸣、提婆、龙树和童受四人。

[3]　参见高楠氏所作《南海寄归内法传》英译本，pp.152ff.，165，181。

[4]　此书有 E.B. 考威尔校刊本，《牛津亚洲文献·雅利安丛书》（*Anecdota Oxoniensia, Aryan Series*）卷1，第 8 部分，牛津，1893 年。同一编校者也作英译，发表于《东方圣书》卷49。C. 卡佩勒尔有德译，载《民间宗教故事》（*Religiose Stimmen der Volker*），耶拿，1922 年。R. 施密特亦有德译，（哈根，1924 年）。C. 福尔米奇译为意大利文：《佛教诗人马鸣》（巴里，1912 年）。O. 波林克对《佛所行赞》的梵文复原和经文解释有批评性论述，发表于《学术论文集》（哥廷根哲学史部，1894 年，pp.364ff.）。J.S. 斯佩耶：《皇家科学院通报》（文学），第 3 册，第 11 辑，阿姆斯特丹，1895 年。《大不列颠和爱尔兰皇家学会学报》，1914 年，pp.104ff.。L. 菲诺特：《亚洲学报》，1898 年，s.9，t. XII，pp.542ff.。弗尼奇前所引书，pp.289-400。E. 劳曼：《维也纳东方文化论文集》卷7，1893 年，pp.193ff.。《学术论文集》

如次："又尊者马鸣亦造歌词及《庄严论》并作《佛本行诗》，大本若译有十余卷。意述如来始自王宫，终乎双树，一代佛法，并辑为诗。五天南海①，莫不讽诵。意明字少，而摄义能多。复令诵者，心悦忘倦。又复纂持圣教，能生福利（《南海寄归内法传》卷四《赞咏之礼》）。"② 总之，讲述佛陀历经的修道过程，从离王宫到最终示寂，中间一生所说法义。又说马鸣的诗篇言简义丰，音调和美，能令朗诵的人生欢喜心，也给他们带来无穷的利益。从这段话可知，义净是知道本经的汉译本的。③ 佛所行赞有 28 品，藏译本也是 28 品。④ 今所存梵本仅 17 品，仅仅说到波罗奈斯初转法轮。因此，

249

（哥廷根哲学史部），1896 年，pp.83ff.。吕岱司：《学术论文集》（哥廷根哲学史部），1896 年，pp.1ff.。K.M.约克卡尔：《马鸣佛所行赞》（第 1—5 篇附有序绪言、注释、译文和达塔罗那·夏斯里·尼杜卡尔的旁注），孟买，1912 年。A.戈隆斯基：《佛所行赞撷英》，载《东方文献年鉴》（*Rocznik Oryyentalistyczny*）卷 1，克拉科夫，1914—1915 年，pp.Iff.。关于《梵文佛典研究》，参见《梵文佛教文献》，克拉科夫，1919 年，pp.1ff.，27ff.。E.胡尔希文，发表于《德国东方学论文集》卷 72，1918 年，pp.148ff.。C.卡佩勒尔文，发表于《印度－伊朗论文集》1，1922 年，pp.1ff.。E.H.约翰逊文，发表于《大不列颠和爱尔兰皇家学会学报》，1927 年，pp.209ff.。

① 此指马来半岛上（苏门答腊、爪哇及周边海岛），见高楠氏前所引书，p.xxxix。

② 义净前所引书译本，p.165。

③ 此指《佛所行赞》，汉译者昙无谶译出时间在 412—421 年。英译者为 S. 比尔，见《东方圣书》卷 19。李斯·戴维斯（《大不列颠和爱尔兰皇家学会学报》，1901 年，pp.405ff.）认定汉文本绝对不是从马鸣的《佛所行赞》梵本译出的。不过沃根韦特（《关于马鸣佛所行赞的汉文本》，莱比锡，1916 年）已经肯定地向我们证明：汉文本确凿依据的是马鸣的《佛所行赞》诗篇，尽管其中的事迹情节有所损益。差别只是因为当初汉译的底本不是我们今天所见的梵本。

④ 藏译本出在七八世纪。相比较于汉文本，藏译本要更精确地接近梵文本。不过它也有相异的地方，至少本经的第 1 品就不是严格按照马鸣的原诗篇翻译的。E. 劳曼：《维也纳东方文化论文集》卷 7，1893 年，pp.193ff.。弗里德里希韦勒：《藏文及汉文的马鸣传》，莱比锡，1926 年（*Gesang I-VIII ubersetzt; in Veroff.eentlichungen des Forchunginstituts fur, Religionsgesschchte an der Universitat, Leipzig, II, 3*）；Part II, 1928 年。

现存本子不完整，应为残篇。不过，这 17 品中，前面的 13 品才是真正的古篇。将本经补全的是一位叫甘露喜（Amṛtānanda）的诗人。他在十九世纪初抄得本经，再补续了后面的部分。他自己声明所得写本原来就不完整。[①]

　　尽管现存梵本不全，我们还是相信当初的汉译本是有梵文本可据的。因此，我们真正拥有了一部完整的佛陀生平史诗。它是出自古代印度的杰出诗人马鸣之手。其怀着深挚的情感和对佛陀人格的崇敬，被佛教教义的真理所打动，用高尚的、优美的、自然娴熟的梵语呈现了佛教大师的生平和学说。马鸣的梵语可以说是无可挑剔的，虽然他有时候并不完全遵照梵文大师拜尼尼（Pānini）的梵文规则。[②]《佛所行赞》自称是一部赞颂大诗。从技巧上看，这种诗体是美文性质的装饰性的叙事诗。本经的写作风格称作颂诗。此种诗体的典型是印度最早的《罗摩衍那》。[③]伐尔密基（Vālmiki，传说中的诗圣，《罗摩衍那》的作者）和后来的马鸣，以及更晚些的迦梨陀莎，被称为古印度的三大诗人。他们诗作的共同特点在于能够娴熟地运用"Alamkāra"（修饰、装饰或庄严）的手法。就马鸣而言，其写作中采用的美文手法几臻完美，不但在语句和风格上冲淡平和，更表现在他对于佛陀所行神迹的有所节制的态度上。例如，我们发现，马鸣不像《普曜经》中那样热衷于描绘佛所行的神迹。从《佛所行赞》的故事展开看，它不像《大事》

250

---

　　①　H. 夏斯特里也发现了一个《佛所行赞》的梵文写本，但其正文只到第 14 品中便没有了（《孟加拉亚洲学会学报》卷 5, 1909 年, pp.47ff.）。

　　②　参见苏库马尔·森文，载《印度历史季刊》卷 2, 1916 年, pp.657ff.。

　　③　参见《吠陀文献》，pp.454、447、485。

和《普曜经》那样凌乱，显示了高度的驾驭材料的能力。本诗篇的布局极为匀称。虽然诗人非常熟悉古代的圣典文字，但他在处理这些材料时却采取了比较自由的态度。他不单对以往的传说有适度的增减和调整，还有意地在吟诵那些人所熟知的故事时另外撰写新颖的诗句，也就是用了新瓶装老酒的写法。① 但对于诗篇中那些耳熟能详的佛教教理，他又有意采取现成的原始的表述方式。总的说来，至少在《佛所行赞》这部史诗中，马鸣与其说是一位比丘，不如说是一位诗人。

例如，我们看《佛所行赞》第3、4品，即那些描写乔达摩太子出游的诗行，它们同《普曜经》何其不同！

首先，其有一大段描绘。当听说太子将要出游。城中的女子出于好奇，都从她们的闺房涌到了阳台或窗前。她们的腰带拖在地上，绊住了脚，弄得跌跌撞撞。因为要争着占好位置，她们相互之间你推我攘，一边还嘻嘻哈哈，清脆的声音惊飞了屋檐边停着的小鸟；空气中回响着她们的臂环、鼻环和耳环的悦耳声音；她们的颜面像是绽放的莲花；她们从窗户中探出头来，于是无数朵莲花在墙面上开放而摇曳生辉。② 诗人接下来描写在城中游观而邂逅衰弱枯萎的老人：

太子见老人，惊怪问御者。此是何等人，头白而背偻。

<hr/>

① 如温特尼茨说（《魔罗与佛陀》，p.205）："马鸣似乎刻意地不让自己的文字与以往的任何作品有相似的地方。"

② 在《罗摩世家》（II, 5—12）中，迦梨陀莎模仿了马鸣的这种描写（《佛所行赞》，VII, 12—24）。学者考威尔已经指出这一点（见《佛所行赞》，刊行本，前言）。

目冥身战摇，拄杖而羸步。是为身卒变，或本性自尔？御者
心中踌躇，不敢遽然作答。

因为净居天神的力量加持，使他说出真话：

> 色变气力衰，多忧少欢乐。喜忘诸根羸，此名衰老相。
> 本为婴儿时，得母乳所着。童子欢嬉游，端正乐五欲。
> 年逝形便枂，今老身已坏。不堪为人视，如枯柴破败。

经过如是的三次出游，乔达摩太子见识了老病死相，于是失
去了寻欢作乐的念想。王家的祭司应国王的要求，招集王宫中的
妇人与女孩，举办种种娱乐，但都不能驱逐太子的忧伤烦恼。无
论什么样的娱乐，他都无动于衷。注视着眼前这些妇人和女孩的
快乐面孔，太子发出这样的感慨：

> 哀哉此大惑，愚痴覆于心。当思老病死，昼夜勤勖励。
> 若刀临于颈，如何能嬉笑？见他老病死，竟自不思量？
> 如此泥木人，其心何空茫。如旷野两树，华叶俱青翠。
> 一株已砍倒，第二犹不惊。虽此仍存活，岂能到明朝？

展示爱欲的场面，本来就是美文诗歌非有不可的手法。诗人
自然不会放过这样的机会，来描写宫中美妇的花俏美貌以及对太
子的曲意奉迎，因为用一切手段引诱太子正是她们的本职。但诗
人刻意描写的是深夜后宫中嫔妃佳丽卸装以后的不堪相状。正是

后者促使太子遁出王宫。① 不过，宫廷诗人还要熟悉古代印度的政
治学说——安邦治国的一套做法。王家祭司的责任便是督促太子
252 背诵熟记这样的理论。熟知这样的世间学问，此外还有一个目的，
就是分散太子的厌世情绪。当然，宫廷诗人也还必须娴于描绘战争
的场面，本经第13品就展示了马鸣这方面的能力。这里的战场被
转移到了灵魂方面——佛陀与魔军展开了殊死的决战。

（2）《美难陀赞》

马鸣还有另外一首叫作《美难陀赞》（*Saundarananda*）的颂
诗。② 从体裁上看，它也属于宫廷颂诗。该诗也同佛传相关。但其
背景场面却要宏大得多。其中的故事情节并不很注重或者说根本
没有局限于《美难陀赞》的故事。例如，该诗篇第一品中原原本
本地讲述了迦毗罗卫城营建的历史。但其实本诗篇只是想要描写
难陀的故事。他因情爱而烦恼不已。他是佛陀的堂弟，因为拗不

---

① 第48—62偈。叙述这一段场景的原诗也见于律藏中讲青年耶舍的地方（见本
书边码第27页）。如我们在前边已经说过的（《吠陀文献》，p.470，注释2），《罗
摩衍那》（V, 9, 11）对相似情景的描写也同马鸣的诗句形式相仿。

② 梵本的发现和校刊者都是H.夏斯特里，见《印度文库》，加尔各答，1910年。E.H.琼
斯顿新近著有一个带注释的批评刊本，已经由旁遮普大学东方出版社和牛津大学出版社出
版（伦敦，1928年）。夏斯特里：《孟加拉亚洲学会学报》卷5，1909年，pp.165f.。F.W.托
马斯：《大不列颠和爱尔兰皇家学会学报》，1911年，pp.1125f.。A.巴斯顿：《亚洲学报》，
1912年，s.10, t.XIX, pp.79ff.。浦山：《伦敦学院东方学校学报》，1918年，pp.133ff.。A.戈
隆斯基：《梵文佛教文献研究》，克拉科夫，1919年，pp.56ff.。《美难陀赞梵本批评及解
说本的札记》，第2期（Prace Komisji Oriental, Polskiej Akad.Um. Nr. 6.），克拉科夫，
1922年。E.呼尔希：《德国东方学论文集》卷72，1918年，pp.1111ff.；卷73，pp.299ff.；卷
74, pp.293ff.。C.W.贡纳：《大不列颠和爱尔兰皇家学会学报》，1928，p.131f.。按呼尔希
的意见（《德国东方学论文集》卷72，pp.121f.），我们从诗篇最后的总结部分也许可以得
到这样的结论：马鸣写《美难陀赞》在先，写《佛所行赞》在后。

过佛的意思才出家为僧。

　　难陀有位美丽的妻子，名为孙陀利（Saundara）。后者因为难陀出家而失去丈夫，因之哀伤不已。难陀自己的忧伤也不减孙陀利。他成天心事重重，就想回到自己爱人的身边。同在僧伽内的道友们都在安慰难陀，但都无济于事。即令佛陀亲自开导，也未能马上令他回心转意。无奈，佛陀只得手把手地将难陀带到天上。在途中，经过大雪山（喜马拉雅山）时，他们看见有一只丑陋的独眼母猴。佛陀问难陀，孙陀利是不是比这母猴漂亮多了。难陀当然做了肯定的回答。等他们很快到了天上，得见簇拥的天宫婇女和种种天妖天仙。难陀便开始觉得天女们同他的孙陀利相比，其间的差距便如同孙陀利与那只独眼母猴的差距。这念头一旦生起，难陀便对天女们产生了炽热的情爱。经过了这一番天宫之旅，回到人间的难陀终于安下心来，在僧伽中精进修行。对种种苦行都在所不辞，一心一意地企望日后生在天界，得到天欲天乐。不过，阿难长老出来开导难陀。说哪怕天上的欲乐终归也是虚空，不可依恃。于是，难陀最终省悟并前往佛所，表示自己已经不再盼望生天得天女欲爱了。佛陀褒奖了他，还为他讲说了好几品教义理论。难陀于是辞别教主，回到森林中修行。因为努力地修头陀苦行及四种禅定，于是得天眼净，成为了阿罗汉。他两次来到佛前，向佛致礼。佛又勉励他，既然已经成就了觉悟得到菩提，就应该以宣扬正法为己任。凭着无量的慈悲心，让更多的众生也能成就清净解脱。[①]

---

　　① 在《律藏·大品》（I, 54）及《因缘事》（福司波尔的《本生经》刊本，I, p.91；李斯·戴维斯：《佛教本生故事》，p.128）中仅仅说到难陀不情愿地被佛剃度。他上升

在本经的结语部分，马鸣强调，制作本诗歌的目的不是为了追求欲乐，而是为了导人走向清净解脱。之所以要采用愉悦人心的歌谣来宣说佛教，正是为了那些尚未领受佛法的众生归入正道，让佛教的道理成为可欲可喜的美好事物。就像良医为人治病，本应当施予苦药，但却将苦口的药制成蜜丸。《美难陀赞》中因此在许多地方都不失时机地宣说佛教。诗人大段大段地向我们引述了佛经中的现成章句。这部诗篇同其他小乘佛教的作品一样，高度称赞了佛教修行者的孤独及沉思冥想。[1] 不过，诗篇中也提及了不少大乘特有的教义。如比丘难陀的心中充满的"大悲"，促使他寻求菩提心，以极大的同情关怀他人，尽力将离苦得乐的道理指示给众生。尽管佛教三藏中往往多说"无常无我，世间皆苦"，但难陀却达到了这样的认识："诸行无常故说空，诸法无我故说苦。"[2] 在诗篇最后部分，难陀立志要做传播佛教的使徒，而不满足于只是进入涅槃的罗汉。[3]

到天宫并企望天娥女的记述见《自说经》（卷3，p.2），亦可见于《法句经注释》（I，9）（后者可以参见伯林伽默英译本《佛教故事》，载《哈佛东方丛书》卷28，pp.217ff.）。另外可见 S. 哈代：《佛教纲要》，pp.204；H. 克恩：《佛教》I，pp.155f.。有关难陀传记的一些情景也可以在许多壁画和雕刻上看到，参见 A. 福涉尔：《希腊-佛教艺术》I，pp.464ff.。

[1] 在 XIV（18）和 XX（68）推荐的瑜伽行并非指的是大乘宗派，而只是想说行瑜伽修炼的益处。H. 夏斯特里：前言，p.xii。另外这个细节也可以看出小乘的特征：当难陀向佛表达礼敬时，佛陀告诉他"不当礼敬我，当礼敬佛法"（XVIII，22）。

[2] XVII，16—22。参见 V. 巴塔恰利耶：《大不列颠和爱尔兰皇家学会学报》，1914年，pp.747f.。

[3] 不过，小乘佛教对于说法与皈依三宝是高度重视的。本书边码第60页介绍《增支部》经典时，就可以看到这方面的强调。

在《佛所行赞》中，马鸣所宣讲的基本上还是小乘的道理，尽管时不时地也能看见一些大乘学说的痕迹。其第16品所描绘的"波罗奈斯初转法轮"，可以看出来是依据的《相应部》中的相关经文，经过扩充并转写成为诗歌的。但也是在这里，诗句中说到身体"空而无我"，又称佛陀不但是"自生"，是"全体法教之尊"，还是"世间所尊"。诗中甚至还说到佛陀是已经达于大乘的境界，即他掌握了"一切诸佛为饶益世间而成立的法义"。因此，极有可能，马鸣属于大乘佛教的初始阶段。

《佛所行赞》与《美难陀赞》两部诗歌中有大量婆罗门教典的传闻故事和印度古代史诗中的人物事迹，这恰好证明了诗人的婆罗门种姓出身。

（3）《金刚针论》

《金刚针论》（*Vajirasūcī*）这篇短论，有时被说成马鸣的作品。[①] 这也同样显示出他同婆罗门教典的亲密关系。但若真的追究该论的作者，恐怕以马鸣为论主是很可质疑的事。就其对种姓制度的辛辣批判而言，本论可以算得上一桩逸事。作者从吠陀文献、

255

---

① 金刚针是医治眼病的工具，在此转为"对婆罗门所教种姓论理由的驳斥"。关于本书可见佛教学者戈苏作校刊，维尔金森发行，B.H.霍吉森作翻译本。此书在1829年便由皇家亚洲学会出版，此为其第三部。另有《敦库》（*Tunku*）一书，巴普撰，作为对1839年版的《金刚针论》的讨论回应。另见 A. 韦伯，《关于金刚针论》，载《柏林科学院哲学史部论文集》，1859年，pp.205ff.。《印度研究论文》I, pp.186ff.。也参见B.H.霍吉森：《尼泊尔和西藏的语言、文献和宗教》，伦敦，1874年，第126页及以下；E.布努夫，《印度佛教史导论》，两卷本，巴黎，1876年，pp.192ff.；烈维文，载《亚洲学报》，1908年，s.10, t.XII, pp.70f.。

史诗《摩诃婆罗多》《摩奴法典》等婆罗门圣书中摘引了许多自相矛盾的说法、格言及传闻等，用来证明种姓制度的荒谬[1]和站不住脚。这应是一种有效的批判方法。霍吉森（B. H. Hodgson）早在 1829 年就翻译过该论。维尔金森（L.Wilkinson）对此论的梵本加以校订。他们二位着迷于《金刚针论》中体现的民主精神。论主是完全主张一切种姓生来平等的，因为"他们无论悲喜、生活、智力、职业行当，无论求生畏死，甚至做爱，都是一样的没有分别"。不用考虑其他的理由，仅仅因为把那些议论主张从婆罗门教典中摘引出来，都可以使本论成为重要的世界文学作品。我们需要做的事只是确定本论的作者究竟是谁，完成于什么时候。中国僧人义净在列举马鸣作品时，从未提到过《金刚针论》。藏文译经中也没有将本论放到马鸣的名下。而汉文《大藏经》的经录中，《金刚针论》的作者是一位叫作法称的人。此论的译出时间是 973—981 年。[2]

（4）梵赞和戏曲

被归属到马鸣名下的抒情诗歌，我们所知的仅有《犍椎梵赞》（*Gaṇḍīstotra-Gāthā*）一首。A. 冯·斯塔尔－钢和泰（A.von Staël-Hostein）[3] 依据汉文本努力恢复其梵文原文。这是一首优美的赞诗，

256

---

①　同样也可见于童受的 *Kalpanāmaṇḍītīkā*（《庄严论经》，第 77 篇）中用《摩奴法典》的话来驳斥种姓制度。

②　南条文雄：《汉文大藏经目录》，经号 1303。汉文将 Dharmakirti 译作"法上"。那部名为《大乘起信论》的哲学著作将马鸣当作该论的作者是错误的，理由请见后面的"大乘的论师和诗人"。

③　《佛教文库》（圣彼得堡）XV，1913 年。F.W. 托马斯：《大不列颠和爱尔兰皇家学会学报》，1914 年，pp.752f.

从形式和内容两个方面都无愧为马鸣所撰。

马鸣所写的戏曲《舍利弗因缘》（*Sariputra-Prakaraṇa*）现存的只有残篇。但仅从这些片断我们可以了解，马鸣诚为迦梨陀莎的伟大先行者。[①] 这部戏曲的内容只是舍利弗与目犍连的问答。作品的题材是最为美丽的佛教故事之一，原型是放在《大品》中叙述的。[②]

（5）《大庄严论经》

汉文译经中还有一部马鸣所著的《大庄严论经》。它的译者是鸠摩罗什，译出时间为 405 年。但经上的原著者却是比马鸣还要年轻的同时代的童受。该经的梵文名称带有 Kalpanāmaṇḍitikā 或者 Kalpanālaṃkṛtikā 的字样；Kalpanālaṃkṛtikā 可以译为"详细解说的庄严疏记"，也可以译为"庄严论经"或"庄严经论"。[③] 此经梵文写本由吕岱司发现于吐鲁番，仅为残篇片断。[④] 虽然非常重

---

① 吕岱司（《舍利弗行赞》，载《马鸣的戏剧》；载《普鲁士科学院会议通讯》，1911 年，pp.388ff.）在吐鲁番发现了这些梵文贝叶残片。目前尚不能确定是否他发现的两部梵文残篇上的戏曲是不是马鸣的作品（参见《王家普鲁士吐鲁番探险队：卑俗梵文写本Ⅰ》，柏林，1911 年）。欲知详细的情况，请参见本书第三卷即《印度文学》，"戏曲"一章。

② 参见本书边码第 28 页。两弟子的名，巴利文写作 Sāriputta 和 Moggallāna。

③ 虽然经名相同。这里的本经与无著所撰《大乘庄严经论》没有关系。——译者

④ 吕岱司：《童受的〈大庄严论经〉》（《王家普鲁士吐鲁番探险队：卑俗梵文写本Ⅱ》），莱比锡，1926 年。Kalpanāmandītikā 和 Kalpanālaṃkṛtikā 似乎都是题记中所说的经题。两者的前面修饰语是一样的，有可能后面跟上的是 Dṛṣṭānta-panktiḥ。因此经题的意思便成了"诗人意想中所称叹的种种事例"。参见吕岱司前所引书，pp.19，26。烈维文，载《亚洲学报》，1927 年，t.201，pp.95ff.。汉文本译者没有弄懂这个有点奇异的标题，又因为 alaṃkṛtikā 这个词汇的缘故，将其当作 Sūtrālaṃkāra（于是便成了"庄严经"或"经庄严"）。吕岱司在他的书中提出一种假设：实际上马鸣也真的写过一部叫《庄

257　要，可惜能够辨识的部分太少。如果要了解内容，只有从汉译本
翻译过去的法文本着手。①《大庄严论经》是宣扬笃诚信仰的故事
集，内容来自《本生经》和譬喻经。②《大庄严论经》属于赞颂体
诗歌。风格如同譬喻经类，偈颂和散文长行相间杂。其中的故事
有些是我们已经熟悉的，例如《长寿王（Dirghayus）譬喻事》或《尸
毗王（King Sibi）譬喻事》等。其中还有一个值得提及的寓言故
事，叫作《盲龟木孔》。有一只瞎眼的大海龟在茫茫大海中游动，
碰巧龟脖子钻进一块木板的小孔。如此稀罕的巧合比喻了佛法与
众生的际会实在难值难遇，因此今生此世能够听闻佛法，是极为
宝贵的事。这个故事最初出在三藏圣典中。《盲龟木孔》也在《大
庄严论经》出现了几次。本经的故事第 38 篇就是对这个寓言的解
说。③ 本经中还有一些深具大乘气息的故事，或者至少可以看到大
乘立场的佛陀崇拜观念。经中第 57 篇就是一例。它也是本经集子
中最优美的一篇：

　　　　有某男到佛寺要求出家。佛弟子舍利弗对他考察。认为

<hr/>

严经》的作品，但它并未译成汉文，而且很快便失传了。因此被同 Kalpanālamkṛtikā 混
淆起来，因为两经标题的读音很接近，在汉语中便都叫"庄严论"。我们不知道这种假
设是否真如此。烈维（参见前所引书，p.126）尝试作另外一种解释：他认为有可能马鸣
真的写过叫"庄严论经"的书。

　① 可参见 Ed. 胡伯尔的法译本：《大庄严论经鸠摩罗什译本的法译》，巴黎，1908 年。
浦山：《博物馆》，N.S X，1909 年，pp.86ff.。

　② 汉译经典中有《出曜经》凡 30 卷或 20 卷。法救所著，姚秦竺佛念译。书译成
于东晋永和六年至义熙十三年（350—417）之际。又称《出曜论》。收于《大正藏》第
四册。系由宣说佛义的偈颂及对偈颂的注释故事合成，凡 34 品。——译者

　③ 温特里茨：《维也纳东方文化论文集》卷 27，1913 年，pp.43f.。

在过去多少个大劫以来，此人都没有做过哪怕一点善事。因此只好拒绝他，说他没有资格出家为僧。这人痛哭流涕，走出寺院。来到寺外，适值佛陀乞食归来。见他的模样，佛满心都是哀悯。想要接纳他为僧。因为"（佛）总是如慈母怜爱孩子"，佛伸出手臂，以掌触摸这位遭受拒绝人的头顶。问他："缘何啼哭如是？"那人回答佛祖，舍利弗不肯允他出家。于是佛祖以好言善语安慰其人。轻柔和软的声音却"像雷霆一般从遥远的天边滚过"。佛祖告诉他，舍利弗也并不是无所不知的。于是佛将这男子领回寺院，当着全体僧众的面，说此人在前世中也曾有过善行，因此可以加入僧团。以往昔时，此人曾为贫汉，采樵为生。某一日见山路窜出猛虎，惊恐之间，此人喊出了"南无佛陀"。仅以此一声呼喊，他可以终得清净解脱。于是佛陀为他授戒。不久，他便得成阿罗汉。[①] 258

按照玄奘的说法，童受是经量部的部主（创始人）。[②] 原籍为旦叉尸罗城人。而《大庄严论经》中归敬颂称赞的是一切有部的诸论师。本经中所讲的故事大都出自有部三藏。[③] 本经中迦腻色迦

---

① 另外一个表明真正观念的是第 68 篇，显示出炽烈的佛陀崇拜观。其中乔答弥因为感念佛恩而达到涅槃。她的实际表现就是对佛的膜拜。经中也督促一切天人都要敬拜佛（和佛母）。

② S. 比尔的《西域纪》英译本，II, pp.302f.。参见吕岱司前所引书，p.21。按玄奘的学生窥基说，童受是属于譬喻师的。参见烈维前所引书，p.95。至于童受被拼写为 Kumāralabdha，则是中国人将它同 Kumāralāta 弄混了的缘故。见吕岱司前所引书，p.20。

③ 参见烈维文，载《亚洲学报》，1908 年，t.XII, pp.91ff., 184。胡伯尔（《法国远东学院学报》卷 4, 1904 年，pp.709ff.）在《天譬喻经》找出了本经中的三个故事。经

王两度出场，又说他在过去世中曾为大王。[①] 据此，我们认为《大庄严论经》大约成书于迦王逝世以后不久。因此，诗人的生期当不早于二世纪末。而马鸣若此时在世，则当已垂垂老矣。[②] 仅从我们尚可辨识的梵文残片看，本经使用的梵文相当规范，很少有不符合语法规则的地方。有趣的是，在残篇中有一段诗句，是夹在大段的梵文偈颂中的两个不算规范的梵文伽陀。[③] 不管怎么说，凭我们手中的这个极不完整的写本残篇，不能不说《大庄严论经》梵本的残缺是件极大的憾事。（如烈维所说）哪怕经过了两次翻译（梵→汉→梵），读者仍然可以感受到其中的优美；再从古代印度文学和文化的历史角度看，由于它中间提到了两部史诗——《摩诃婆罗多》和《罗摩衍那》，由于经中驳斥了数论派和胜论派的哲学见解，也由于本经还保存了古代的文字书写系统和绘画，我们必须肯定《大庄严论经》的重要学术地位。

5. 诗人摩咥里制吒

如同汉文资料中将童受的作品归到马鸣的名下，藏文资料中

量部是从有部中发展出来的，因此作为经部师的童受对于有部有所尊重也就是顺理成章的事（参见吕嶅司前所引书，p.22）。

　　① 参见故事第 14 篇和第 31 篇。参见烈维文，载《亚洲学报》，1896 年，s.9, t.VIII, pp.444ff.

　　② 如果师子铠，即童受的弟子，真的与世尊是同时代的人，那么童受生期就不可能比三世纪末更早，也就不可能是马鸣的同时代人。参见 J. 诺贝尔文，载《普鲁士科学院会议通讯》，1927 年，pp.229ff.。

　　③ 见本经中第 43 篇故事。参见吕嶅司前所引书，p.45。

也有类似张冠李戴的情形。有一位诗人叫摩咥里制吒（Mātṛceṭa），他的一些诗篇也被放到马鸣的名下。而且多罗那他在《印度佛教史》中还说，摩咥里制吒根本就是马鸣的别名。[1] 很有可能，这位摩咥里制吒也是马鸣同时代的人，但年龄要比马鸣大一些。两位诗人的风格同属一家，因此被人们混为一谈。通常认为马鸣算是迦腻色迦的宫廷诗人，而摩咥里制吒也是该王的御用诗人。后者曾经给迦王写过一封回复他招请的信。他在信中称呼迦王为"Mahārāja Kaṇṇida-lekha"，直译就是"伟大的王、金色的神"。[2] 这个称呼在藏文经典中也保留下来了。摩咥里制吒在信中请求迦王宽恕，说自己年迈体衰、行动不便，不能前来向王致礼。这封信是一篇含有 85 个偈颂的诗文。其中劝勉该王依奉佛的教义过清净的生活。诗中处处透出了慈悲和怜悯。行文至最后，诗人还劝国王放弃在森林中的狩猎，饶过那些林中生灵的性命。中国的求法僧人义净来印度游历时，摩咥里制吒极负诗名，处处都可以听到人们吟诵他的《佛陀赞》诗篇。义净的那段文字出自《南海

260

---

[1] Ed. 胡伯尔在其刊行本《大庄严论经》（pp.63, 82）中认为：他已经发现了马鸣与摩咥里制吒是同一人的证据。事实上摩咥里制吒也用过盲龟木孔的寓言。但是，说这话时，其实胡伯尔的论据也不是很有说服力的（温特尼茨：《维也纳东方文化论文集》卷 27，1913 年，pp.46f.），而现在我们都知道马鸣根本不是《大庄严论经》的作者，因此胡伯尔的论据也就完全踏空了。F.W. 托马斯：《国际东方学者大会学报》卷 8，汉堡，1902 年，p.40。《宗教伦理百科全书》卷 8，1915 年，pp.495ff.。洪里：《梵文写本残篇》I, p.59。吕岱司：《普鲁士科学院会议通讯》，1914 年，p.103。

[2] 这封信由 F. W. 托马斯翻译后发表在《印度古籍》卷 32，1903 年，pp.345ff.。我们认同托马斯的说法：写这封信的摩咥里制吒就是诗人摩咥里制吒。也同意贵霜王朝的迦腻色迦王就是这封信中的迦王。虽然这两个论断都有人不同意，例如 S.C. 维迪亚布萨那，参见其文，载《孟加拉亚洲学会学报》，1910 年，pp.477f.。

寄归内法传》：

　　　西国礼敬，盛传赞叹，但有才人，莫不于所敬之尊而为
称说。且如尊者摩呾里制咤者，乃西方宏才硕德，秀冠群英
之人也。传云：昔佛在时，佛因亲领徒众人间游行。时有莺
鸟，见佛相好俨若金山，乃于林内发和雅音如似赞咏。佛乃
顾诸弟子曰：此鸟见我欢喜，不觉哀鸣。缘斯福故，我没代后，
获得人身，名摩呾里制咤，广为称叹赞我实德也。（摩呾里
是母制咤是儿也）其人初依外道出家，事大自在天。既是所
尊，具申赞咏，后乃见所记名，翻心奉佛，染衣出俗。广兴
赞叹，悔前非之已往，遵胜辙于将来。自悲不遇大师，但逢
遗像，遂抽盛藻，仰符授记，赞佛功德。初造四百赞，次造
一百五十赞。总陈六度明佛世尊所有胜德，斯可谓文情婉丽。
共天花而齐芳，理致清高，与地岳而争峻。西方造赞颂者，
莫不咸同祖习。无著世亲菩萨，悉皆仰趾。故五天之地初出
家者，亦既诵得五戒十戒，即须先教诵斯二赞。无问大乘小乘，
咸同遵此。

　　如上所说，摩呾里制咤前世便是一只夜莺。他最有名的诗篇有
《四百颂赞》（*Caturśatakastrotra*）和《百五十颂赞》（*Śatapañcaśatika*）。
两篇诗歌的梵文写本残片都在中亚（新疆）有所发现。[①] 作为颂体

---

　　① W. 席格林依据吐鲁番发现的《梵文写本残篇》，已经成功地恢复了大约三分之
二的《百五十赞》的梵文。这里我们向他表示感谢，得他允许让我们细细地观看了他打

的诗歌，两者的风格都很质朴，不事渲染。读起来非常优美。它
们之所以能够打动信教的大众，显然并非仅凭语言形式，而是以
虔诚炽烈的感情见长。义净说，他听西国人说，凡听到颂唱《四百
颂赞》和《百五十颂赞》的，足以令人心生欢喜。凡遇比丘大众集会，
颂唱这两个佛赞是应有的仪程。

　　义净还说唱颂两佛赞有六种功德，而且他表示这样的仪式没
有传到汉地，殊为憾事：

　　　　即须先教诵斯二赞。无问大乘小乘，咸同遵此。有六意焉：
　　一能知佛德之深远。二体制文之次第。三令舌根清净。四得胸藏
　　开通。五则处众不惶。六乃长命无病。诵得此已方学余经。然而
　　斯美未传东夏。造释之家故亦多矣。为和之者诚非一算。陈那菩
　　萨亲自为和。每于颂初各加其一，名为杂赞，颂有三百。又鹿苑
　　名僧号释迦提婆，复于陈那颂前，各加一颂，名糅杂赞。总有
　　四百五十颂。但有制作之流，皆以为龟镜矣。①

　　这明显也说到了摩咥里制吒对于后来佛教诗歌的巨大影响。
义净本人曾经将《百五十颂赞》译成汉文。藏文佛典中有这两个

算出的梵文抄卷。伯希和以及斯坦因搜集的那些古代写本残篇，已经由烈维整理刊行，
参见《亚洲学报》，1910年，s.10，t.XVI，pp.450ff.。浦山与洪里：《梵文写本残篇》I，
pp.58ff.。E.席格和W.席格林还共同出版了一个"吐火罗语"文本的《佛陀赞》残篇：《吐
火罗语文献I》，pp.216，230f.。
　　①　义净：《南海寄归内法传》，高楠氏英译本，pp.156，157，158，166。

佛赞的译本。[①] 以下引《百五十颂赞》中数偈以显示此佛陀颂歌的概貌[②]：

> 谁当先礼敬，唯佛大悲尊。圣德超世间，悲愿处生死。
>
> 尊居寂静乐，处浊为群生。永劫久精勤，慈心为一切。
>
> 慈云洒法雨，能清染俗尘。如彼金翅王，吞灭诸毒龙。
>
> 能殄无明暗，喻如千日光。摧碎我慢山，譬犹天帝杵。
>
> 怨于尊转害，尊于怨转亲。彼恒求佛过，佛以彼为恩。
>
> 邪宗妒心请，毒饭与火坑。慧愿化清池，变毒成甘露。
>
> 以忍调恚怒，真言销毁谤。慈力伏魔怨，正智降邪毒。[③]

6.《弥勒授记经》

《弥勒授记经》（*Maitreyavyākarana*）亦名《弥勒会集》（*Maitreyasamiti*）。其作者是一位叫作圣月（Āryacandra）的毗

---

① 藏文本的佛赞，《四百赞》名为 *Varṇanārhavarṇana*，意为"称赞应称赞之圣者"。这个经题也出现在中亚发现的残片题记上（参见霍恩勒前所引书，pp.76, 81, 83）。另外，F.W. 托马斯已经从藏文本的该佛赞英译了前半部分，见《印度古籍》卷24, 1905年，pp.145ff.。藏文经典中为摩咥里制吒列出了一个著作目录。该目录托马斯也有翻译并刊载于他的《赞诵合集》（p.27；《印度古籍》卷32, pp.346f.）。

② 以下译文依据《大正藏》第1280页之《一百五十赞佛经》，对照英文原文译出。英译者所依据的是藏译本。因此引文中诗句的顺序与义净当初所译的梵本不同。仅内容是大致对得上的。——译者

③ 偈颂第59, pp.73f., 122-124。经文可见洪里前所引书，pp.66ff., 71。霍恩勒的译文稍有改动。（本处参考英译和汉文佛赞译出。——译者）

婆沙（Vaibhāsika）论师。其生期也大致同前两位诗人。所属部派大约也是有部。本书仅存梵文写本残篇。[①] 但它有汉文译本、中亚古代语文本，也有藏译本。据此，我们认为本经在相当长的时期，在印度以外的世界中一直享有很高的声誉。[②] 本经也是问答体的对话。问与答发生在乔达摩佛及其弟子舍利弗之间。话题是有关未来佛弥勒的预言（预记），以及这位未来佛的降生与应世，再就是弥勒净土佛国的状况。本经在中亚有时被称为戏曲，而似乎这位未来佛的事迹在中亚已经被广泛地改编成戏剧来上演（也许每逢佛教的节日便会有这样的戏曲演出）。[③]

---

① H. 夏斯特里：《梵文写本解说目录》，亚洲学会孟加拉分会，加尔各答，1917年，p.13。目录中未列作者名，但吐火罗文本及回鹘文残篇中题记有。F. W. K. 缪勒和 E. 席格的文章，载《普鲁士科学院会议通讯》，1916年，pp.396, 414ff.。E. 席格和席格林：《吐火罗语文献 I》，p.125。

② E. 劳曼（《弥勒经续——佛教的未来理想》，斯特拉斯堡，1919年）校刊并出版了该经的梵文本和德文译本。他称原为北方雅利安语（别的学者称"吐火罗语"）。此经有竺法护译本、鸠摩罗什译汉文本和义净译本。本经义净译本的德译，为渡边海旭所作（参见劳曼前所引书，pp.227ff.）藏文《甘珠尔》中的三个梵文经本中译出，另一个是由巴利文译出的《弥勒本生经》。H. 贝克：《西藏抄本索引》，pp.188f.。E. 阿伯格：《印度和伊朗的弥赛亚》，柏林、莱比锡，1928年，pp.132f.。"吐火罗文"的残片已由 E. 席格和 E. 席格林出版，参见《吐火罗语文献 I》，pp.107, 119, 125ff., 155ff., 164ff., 254f.（载《普鲁士科学院会议通讯》，1908年，pp.915ff.）。回鹘文本残片也由 F. W. K. 缪勒和 E. 席格校刊发表于《普鲁士科学院会议通讯》（1905年，p.958; 1916年，pp.395ff.）。

③ E. 席格、E. 席格林：《吐火罗语文献 I》，pp.125, 255ff.。《普鲁士科学院会议通讯》，1916年，398ff.。残片整理本上的"Intelude"（幕间）及"All Go Out"（全体下场）这样的字样并不证明残片真的原本就是戏曲剧本。那是整理者 H. 夏斯特里对亚洲学会的这个残篇汇集本第 4806 号残片内容的提示。

7.《本生鬘》①

263 《本生鬘》（*Jātakamālā*）当初编写时，就其风格而言，与《大庄严论经》相似。② 《本生鬘》的本义是指"由本生故事组成的花环"，这自然是一种类名词，泛指一类经典形式。每个诗人都有可能制作自己的《本生鬘》。他们从《本生经》中挑出一些属意的故事，以它作为题材，再用诗偈和散文相间杂的形式来

---

① 凡16卷。印度圣勇菩萨等著，北宋绍德、慧询等译。又称《本生鬘论》《本生鬘》。收于《大正藏》第三册。本书记述佛陀过去世行菩萨道之事迹，并解释其法义。全书内容分前后两部，前部四卷记述投身饲虎、尸毗王救鸽命、如来分卫、最胜神化、如来不为毒所害、兔王舍身供养梵志、慈心龙王消除怨害、慈力王刺身血施五夜叉、开示少施正因功德、如来具智不嫉他善、佛为病比丘灌顶获安、称念三宝功德、造塔胜报、出家功德等14则本生缘起故事。卷五以下阐释护国本生等法相之论释。又就现存汉译本之全书结构而言，前部之十四缘起，文义易解，后部之前半则缺略，且行文晦涩，文义难解，恐系合缀别种原本所致，故与现存梵文原本出入极大。现存梵文原本共收录34则本生故事，一般皆以为圣勇所著。据至元《法宝勘同总录》卷9记载，梵文原本为圣勇、寂变、圣天所著。《阅藏知津》卷38则谓前四卷为圣勇护国尊者集，后12卷为寂变、胜天所作。若此之圣勇与《分别业报经》（刘宋僧伽跋摩译）之撰者大勇同人，则梵文原本成立之年代当在四世纪。近代又有学者主张梵本《本生鬘》与《百五十赞》《四百赞》之作者为同一人，此说若正确，则梵文原本成立之年代约为二世纪。梵文本刊行于1891年，英译本则刊行于1895年。《英译大明三藏圣教目录》（南条文雄）、『梵语佛典の诸文献』（山田龙城）、《印度文献研究》（温特尼茨，*Bd.*, Ⅱ）即本书。

② H. 克恩：《哈佛东方丛书》卷1, 1881年。J.S. 斯佩耶作翻译，载《佛教圣书》，1895年。H. 克恩：《波赫林克的节日问候》（*Festgruss an Bohtlingk*），斯图加特，1888年，pp.50f.。S.D 奥登堡：《大不列颠和爱尔兰皇家学会学报》，1893年，pp.308ff.。A. 巴斯：《宗教史评论》第28辑，1893年，p.260。渡边海旭：《巴利圣典学会学报》，1909年，pp.263ff.。A. 戈隆斯基：《梵文文献研究》，克拉科夫，1919年，pp.40ff.。本书为诗人圣勇（Śūra或Āryaśūra，亦译首罗）所著，按多罗那他的《印度佛教史》，作者应为马鸣。

改编原来的传奇故事。这样的诗篇因为具有赞诵和装饰的性质，所以称作"诗鬘"或"歌鬘"。本生故事的赞诵便称"本生鬘"。圣勇当然不是这种诗歌体裁的始作俑者。他只是沿袭诗歌传统，用一种装饰性的赞美性的歌谣来叙述佛陀的本生事迹。《本生鬘》是一种古老的诗歌风格，其中的长行（散文）与伽陀（诗偈）都显示了典雅与古朴。从诗歌本身看，艺术性要超出技巧性。就像《本生经》故事最初的编写目的是让比丘们的弘法活动更有吸引力，《本生鬘》这样的作品也是为了佛教法师们服务的。不过，这里的歌师本身是宫廷诗人。如果要宣传佛法，他们的对象当然也就只是王宫中的贵族。这些人的出身与教养，显然不会对梵文诗歌感觉陌生，因此欣赏梵语文学作品是没有问题的。本经包含了 34 个本生故事。它与那部包括 35 个本生事的《所行藏经》一样，目的都是为了显明菩萨的功德。具体说便是讲述菩萨修行的种种波罗蜜多功德。本经中的故事有 11 个是与《本生经》重复的，又有 12 个重复于《所行藏经》。至于巴利语经典的《本生经》中没有的那几个，首先便是菩萨舍身饲虎的故事：饥饿的母虎准备吃掉幼崽，菩萨为了救幼虎，于是投身虎口。以下简述这个本生事迹。①

---

①　《大正藏》第二册有《菩萨本生鬘》，卷一便是舍身饲虎缘起。本经原作题为"圣勇菩萨著"。汉译者题为"宋朝散大夫试鸿胪少卿同译经梵才大师绍德慧询等"。但这个译本的原本显然同《佛教文献》所引的英译本所据相去甚远。英译本乃根据藏译之《本生鬘》而来。尽管藏译本也称圣勇菩萨所著，但它当初所据的梵本必非北宋汉译者手中的那个本子。——译者

　　稽首致敬一切智慧的佛陀，其在往昔世中，深具无上本有之大慈之心，怙护世间一切众生，视为亲子平等无别。以下即为世尊在无尽往世当中的无上圣行。这样的圣行正是我的师尊和奉行三宝的善信者荷戴顶礼的，也是过去世中如来深入了解的功德。

　　乃往过去菩萨之世，日后以成佛祖的菩萨，实行了种种无上誓愿，修习了种种波罗蜜多，其对此世间深具四种无量之心，谓慈、悲、喜、舍；其说法摄种又有四种利益之法，谓布施、爱语、利行、同事。无量慈悲从其内心流出，以智慧和爱护为其根源。由施舍之力圆满，菩萨再生于婆罗门种姓之家。菩萨一心增长善业及与白净之法……彼菩提萨埵具足大智慧，堪任一切重负，彼于过去世中，久修六度之行，彼自性真实显现，再无任何染污业因。天帝释因之为他作证，而作是言：

　　　今此善男子，出现于世间。最为殊胜者，成就清净道。
　　　成就诸功德，离杂染因缘。菩萨悲愿力，悯恤诸群生。
　　　勇猛捐自身，不生忧苦想。我今以微善，归命伸称赞。
　　　愿众圣冥加，祈悉地成就。

　　往昔世中，菩萨渐渐成长，得诸技艺及与五明。然其不喜欲乐，爱好幽居独处。便往森林结茅苦修。忽有一日，携其弟子，游行山中。见高岩上洞然虎穴。洞口有一雌虎，行向求哺之崽，要将虎崽啮食。

　　　菩萨见母虎，浑身作战栗。然其作无畏，以怜他痛苦。
　　　于时弥卢山，为之大震动。显此特异相，菩萨便无恐。

抖擞生勇气，可怜彼幼虎。母虎将食子，虎子身战栗。

菩萨打发弟子前去取肉以饲饿虎。然此仅为让弟子脱身得活命。菩萨此时心意已定，要赴身山岩，作母虎之食，以救几只年幼虎崽。菩萨能如此，因其久有所想，此身无常，当为他人方便作想。我今若舍身，便为后之行善者作榜样，亦为世间作大饶益，令后世求解脱者弃其私心，指示生天之途，令诸修行者立得涅槃。菩萨除此别无所求：

265

我在此世间，不欲求世利。亦不求名闻，不欲生天乐。

亦不求世福，只为饶益人。诚哉我作誓，令众生离苦。

令世间得乐，如同天中日。普照四大洲，驱暗而得明。

菩萨立下誓愿，赴身虎岩，匍匐母虎前。母虎回身不顾虎崽，扑向菩萨，将其啮食。菩萨弟子复回，见其尸骨，心大悲痛，呼天抢地，悲悼家主。一时诸天神龙及阿修罗、紧那罗等，前后簇拥相从，持抱香花、七宝、白毡、旃檀，共敷菩萨遗骨上，以作毗荼。

《菩萨本生鬘》中的其他故事，基本上也都是歌颂称叹菩萨的这种无边无量的悲悯慈护的情怀。

义净谈到他那个时代在印度流传读诵最广泛的佛教经典，其中特别称颂了《菩萨本生鬘》。他在《南海寄归内法传》卷四中说，《本生鬘》乃赞咏中最优美者。南海诸岛十余国，皆有讽诵《本生鬘》之风习。阿旃陀石窟中壁画上，亦绘有《本生鬘》故事。其铭文题记也显示是圣勇的作品。铭文的字体被判定为六世纪。圣勇另有一篇作品在434年被译成汉文。因此这位诗人当活动于四世纪。[①]

　　另外我们还知道有一部也是歌颂佛本生事迹的梵文诗歌。据称其也是美文体的叙事诗。该诗篇的末尾与《佛所行赞》第 13 品中所咏唱的完全一样。这首赞诵作品是《诗歌宝顶》(*Padyacūḍāmaṇi*)。[②] 诗歌的作者据称是觉音。这部篇幅浩大的诗歌包含了十大品。因此，作者一定不会只是一般的注释经典的人，而是某位也称为"觉音"的学者诗人。他对于马鸣的赞颂诗及迦梨陀莎的作品应该都很熟悉，所以在引用时非常自如。[③] 也有可能，他只是想自隐其名，所以才借用了觉音论师的大名。

8. 譬喻经类

　　《本生鬘》亦名《菩萨譬喻鬘论》(*Buddhisattvāvandānamāla*)，其实后一名称也就是"本生事"的另一种说法。事实上，《本生经》

---

　　①　高楠氏所译义净的《南海寄归内法传》，pp.162f.。吕岱司：《学术论文集》(哥廷根哲学史部)，1902 年，pp.758ff.。南条文雄：《汉文佛经三藏目录》，经号 1349。Th. 查恰里：《哥廷根科学通报》，1888 年，p.850。F.W. 托马斯：《克恩纪念论文集》，pp.405ff.。尽管汉文译本的《菩萨本生鬘》中称作者为圣勇，但该经中只有 14 个故事。参见 A. O. 伊万诺夫斯基基文，载《宗教史评论》第 47 辑，1903 年，pp.298ff.。藏文本的《丹珠尔》中署在圣勇名下的，除了《本生鬘》，还有五部著作。参见托马斯：《赞诵合集》，pp.27ff.。

　　②　《宝顶颂》，刊行者和注疏者均为阿恰利耶和夏斯特里，注疏者为 S.K. 夏斯特里和 D. S. 阿恰利耶，马德拉斯，1921 年。

　　③　参见 S.K 夏斯特里的校刊本：《有关〈罗摩家世〉〈佛所行赞〉及〈宝顶颂〉中相似或相同的事迹》，前言。作者的名字在写本题记中提到。B.C. 罗：《觉音的生平及著作》，pp.85ff.。

也仍然是譬喻故事，不过后者的主人公是菩萨而已。因此，无论
《大庄严论经》还是《本生鬘》，从内容上说，与《因缘譬喻经》
是一样的。① 后者所包含的故事也是前者所叙述的。与上面所说的
两类佛教故事相仿，所谓《因缘譬喻经》也可视为过渡时代的产物：
一只脚立在小乘佛教中，另一只正要跨入大乘阵营。② 此类经典中，
年代较早者完全还是小乘气息，虽然其中也有对于佛陀超人性质
的崇拜。这样的精神气质，我们在巴利文圣典中也是可以看到的
（比如，其中的《佛种姓经》和《因缘譬喻经》那样的）。一方
面它们还在消化和吸收有关佛陀神异的夸张传闻，以及大乘的神
话传说；另一方面，某些时间上晚出的经典，如《因缘譬喻经》类，
已经表现出大乘色彩。

　　"Avadāna"（譬喻）③ 原本的意思是"值得宣说的（伟大的、
重要的）事迹或英雄行为或英雄的本事"。联系到佛教自身来说，　　267

---

　　①　关于譬喻《因缘经》，参见 E. 布努夫：《印度佛教史导论》，pp.207ff.；L. 费
尔：《译书导论》；J.S. 斯佩耶：《百譬喻经校勘本前言》。

　　②　从义净的叙述我们知道（见高楠氏所译《南海寄归内法传》，pp.xxiiff.,
12f.），大小乘之间并不是泾渭分明的。

　　③　巴利文拼写作 Apadāna。参见本书边码第 152 页。梵文中亦发现有写作 avadāna
的。参见 E. 布努夫：《印度佛教史导论》，pp.57ff.；L. 费尔前所引《译书导论》；J.S. 斯
佩耶的《百譬喻经》校刊本前言（pp.1f.）。汉文佛经的翻译者经常没有分清 "avadāna"
和 "nidāna"。但按 H. 齐默尔的说法（《印度-伊朗论文集》3，1925 年，pp.205ff.），
我们不能把 avadāna 当成 nidāna 的同义词。这是因为"因缘"在汉语中可以有两种含义，
一是"原因、缘故"，导致某种后来结果的前因；一是"事迹、行为、壮举"。后一种
含义不仅出现在《本生鬘》中（I，缘起；III, 23; IV, 2），而且也出现在《罗摩衍那》、
迦梨陀莎的作品或其他古典梵语作品中。温特尼茨文，载《荻原云来教授六十还暦纪念
论文集》。

Avadāna 有的情况下也可以指不好的行为。[①] 但它主要指的是"宗教的虔诚的道德成就"，后来则完全转化成为"重要的显赫的行为与成就的故事"了。所谓成就，既可以指施舍身命以利益他人的行为，也可以指仅仅用香花、酥油、黄金与宝石向他人作供养，当然也可以指起塔造庙的善举。因缘譬喻中的故事，一般而论，目的在于显示"恶业招致恶报，善业招致善果"的道理。作为业报轮回的理论，这里的故事也都显示了一个人今生的境遇与行为总是密切地相关于他的前世和来生的。当然，只是我们才将这些故事看作"传闻"与"传说"。在佛教徒眼中，它们都是实有其事的历史事件，因为是佛祖亲口所述本事的缘故，所以其可靠性是毋庸置疑的。因为它们都是佛陀所说的，所以也就被称为"经"。佛陀所说他自己的本事，也就是《本生经》了。《本生经》是经，譬喻经也同样是经。佛教的经文内容通常分为三（部）分：首先，是序分，即导言或前言，其讲述本经发生的时间、地点（所谓因缘时处），即是说佛在什么样的情况下宣讲了本经；其次，是本经正文（正宗分），即佛所叙述的在过去世中发生在他自家身上的事迹；第三，是末分（总结部分，大乘经典会说传播本经的功德利益），在小乘中只是本经结论的部分——总结故事要显示的道理。标准的《因缘譬喻经》也是类似的三个部分：现在事、过去事以及道德教诫。如果过去事的主人公是菩萨，那么这种因缘譬喻就是本生经。[②] 有一类特别的因缘譬喻，其中佛所宣说的并非

---

① 如在《百譬喻经》的第 5 篇。

② 譬喻文献中的《本生经》事，可参见 S.O. 奥登堡：《大不列颠和爱尔兰皇

过去本事，而是关于未来的预言（预记）。如同叙述过去事是为了说明今生此世，说未来事也是为了解释现在的行为。[①] 还有的因缘譬喻，其中既有过去本事，也有未来预记，但它最终的目的仍然是显示现在的业因功能或结果。

268

　　所有这些因缘譬喻本来都是零星地分散在律藏和经藏中的，多半保存在那些较大的分集里。要么是为了教学需要，宣扬某种法义；要么是出于对于文献外部形式的关注，将它们归入同一个范畴。[②]

（a）《百譬喻经》

　　梵文《百譬喻经》（*Avadānaśataka*）的编纂动机，应该属于前一种。[③] 即以喻显法，用故事来显明道理或法义。这种体裁保

家学会学报》，1893 年，p.304；L. 费尔：《譬喻本生》，载《亚洲学报》，1884 年，s.8, t.IV, pp.332ff.。

　　① 这里的解释与说明，应为 Vyākarana（分别、说明），因此是关于未来发生的事情的某种预言故事。

　　② 以往有一种划分佛教圣典的方法，称九分教或十二部经。其中的"阿波陀那"就是一部类经。此类经用故事譬喻说明法义宗旨。《正理论·四十四》曰："言譬喻者，为令晓悟所说义宗，广引多门，比例开示，如长喻等契经所说。"《法华经·方便品》曰："亦说于因缘譬喻并祇夜。"汉译经典中题为《譬喻经》者有五部。一、比丘道略所集《杂譬喻经》（一卷，道略集，姚秦鸠摩罗什译）。二、失译之《众经撰杂譬喻经》二卷。三、吴康僧会译之《旧杂譬喻经》二卷。四、失译之《杂譬喻经》二卷。五、后汉支娄迦谶释之《杂譬喻经》一卷，三世纪末来洛阳译出。以上五部同名别本。又经律异相等引《十卷譬喻经》，今不传。《往生要集记·五》曰："十卷文，唐法遂造，贤圣集也。"此外湮灭之同名经十部，载《出三藏记》。又《佛说譬喻经》一卷，唐义净译。佛为胜光王说空井、树根、二鼠、四蛇、毒龙、蜜滴、蜂螫、火烧之喻。——译者

　　③ J.S. 斯佩耶校刊本：《佛教文库》（圣彼得堡）III, 1902—1909 年。L. 费尔译成法文（《吉美博物馆年鉴》XVIII），巴黎，1891 年。此前 L. 费尔也已经分别刊文讨论或介绍了本经内容（《亚洲学报》，1878—1884 年）。

存了佛经中最古老的材料。我们知道汉文经典中早在三世纪就已经有譬喻经的翻译。另一方面，因为经中提到了所谓"陀那罗"（dīnāra，习惯称第纳尔，金币单位的名称），我们可以有把握地将其断为二世纪的梵文作品。[①] 从这些譬喻故事本身和内容看，其中的现在事叙述段落，取自《大般涅槃经》或别的有部梵文经典。这也说明它们属于小乘的范围，虽然也讲敬佛拜佛，但尚未有菩萨信仰及别的大乘神话。[②]

《百譬喻经》第10篇譬喻为一品，共有十品。[③] 每一品各有一个标题。前面四品中的故事意在说明哪些业行可以成就佛或辟支佛。[④] 整个第一品的故事和第三品中大部分故事属于预记性质，说的是各种敬佛拜佛的善行。故事中的主人公有的是王妃，有的是婆罗门，或者放高利贷者的儿子，或为国王、富商、园丁、船夫、小女孩等。由于他们的虔诚信仰，便有佛陀亲自出场为他们作预记，担保他们在未来世中成佛或独自得觉悟（辟支佛）。另外，第三品和第四品说的是佛的本生故事。主人公当然是各个不同世中的乔达摩。故事所要宣扬的是佛之虔诚、有功德及不可思议的

---

① 斯佩耶：Vol.II，前言，p.XV。作品中提到第纳尔货币单位，是公元一世纪前的经典中见不到的。参见本书边码第 445 页注释 2。

② 斯佩耶前所引书，p.xvi。《德国东方学论文集》卷 53，1899 年，pp.120ff.。H. 奥登堡：《德国东方学论文集》卷 52，p.672。《学术论文集》（哥廷根哲学史部），1912 年，pp.168f.。（汉文《百譬喻经》或《百喻经》，五世纪印度僧人僧伽斯那撰，由其弟子求那毗地汉译于南齐永明十年。并非此处所说的梵文《百譬喻经》，但虽汉梵异本，内容互重则是没有疑问的。——译者）

③ 巴利文经典中这种用"十"来分品及分篇的做法是普遍的，因此我们断定该经比较古老。

④ 巴利文为 Paccekabuddha，参见本书边码第 141 页注释 1。

业行或成就。第五品是所谓"饿鬼事"，很像巴利文经典中的《饿鬼事经》。通常出场的主人公是有神通的目犍连尊者。他环顾世界，便会发现有个饿鬼，或男或女，正在遭受大痛苦。目犍连于是询问他们受苦的原因。饿鬼们就会让目犍连去请教佛祖。佛于是便会讲述一番这些可怜的家伙在以往世中的黑业（不善业）——有的是吝于施舍，有的是因为辱骂甚至殴打阿罗汉，等等。第六品中的故事是说人道与畜生道中的情形。在这两道中，众生因其善行（白业）在死后得再生于天界。《百譬喻经》最后的四品都是因为善业得成就阿罗汉的事。第七品中成阿罗汉的都是释迦族人。第八品都是善女人。第九品是行无垢行的善男。第十品是那些前生行恶后遭报应大为苦恼的，但因改恶向善，多行白业而最终成为阿罗汉。

《百譬喻经》的故事不仅有内容的分类标准，也有各个形式的叙述模式。同样的规范性甚至决定着它们使用的语言。相同的语言形式与环境描写是一再出现的，甚至使用的词汇都不会有什么改变。[①] 例如，每个故事开头基本上都是这样的：

> 归命佛世尊，于国王大臣、长者人民、工匠商主、神龙夜叉、伽楼罗、修那罗、龙及大龙中，受大供养尊重；复得诸天神主、诸佛世尊、功德者礼敬崇拜；复得佛之弟子大众围绕拥戴；复得如是种种利养饮食衣服床褥汤药四事充满，悉皆具足，

---

① 这样的千篇一律也是孟加拉诗歌中屡见不鲜的。钱德拉·森：《孟加拉语言文学史》，pp.585f.。

最胜最妙，无与等者……行于世间……语言皆善……清净梵
行，宣扬显说。

270　　每个故事的末尾又都差不多是这样的语句：

　　　　佛说如是，诸比丘心大欢喜，称叹如来所说。

如果对故事的内容有所总结，要宣明什么道德教训，也都会
这么表达：

　　　　如是诸比丘（一切众生）作黑业者黑业相续，作白业者
　　　白业不断。或作杂业亦复如是。诸比丘，当弃黑及杂业，唯
　　　乐行白业相续……

每当有虔诚的人，无论是长者富商，还是国王大臣出场，每
当有幸福的婚姻来临，或是要说明童子的教育及佛陀的预记，所
采用的语句也都基本相同。其中千篇一律的特点，不单表现在遣
词造句上面，根本就是大段大段地照样抄录。有的时候可以连续
几页而分毫不差。这样统一格式的描述，特别可见于佛作预记的
场合。这时，佛总是面带微笑宣布某人将来可以成佛。微笑中，
会有蓝黄赤白的彩色光柱从佛口中射出。这些光柱向下直接射进
地狱，往上则射入天宫。在环绕大千世界几个周匝之后，光柱再
从背后收入佛身，消失在佛的身体深处。至于在哪些部位消失，
取决于佛所说预记的性质。这样的一番描述，包括具体细节的不

厌其烦，已经是《百譬喻经》的一般特征。不过，除了冗繁和套话，故事虽然意在专门说教，也还是透露出一定的值得品味的内容。这些有点变化的内容，来自因缘譬喻中的某些章句，大都在别的佛教经文中看不到。为作示例，我们从《百譬喻经》中引用以下几段。

故事第 28 篇：

　　一贫女以旃檀水为佛沐足。以是因缘，满城皆作旃檀香。以是神力，此女大感欢喜。于是匍匐佛前，作祈愿求未来世成辟支佛。佛绽颜笑，作预记曰：此女他日将成辟支佛，名为旃檀香。

故事第 34 篇：

271

　　此为尸毗王本事当中的一种。该王布施已散尽一切所有，然犹不能饶益一切众生现而感厌足。他一心一意地要为那些蝼蚁蝇蚊而作利益，由是其引刀割肤，一任蚊蝇叮吮其血。帝释天主从天上下视，想作试炼。化作鹫鸟出现在尸毗王前，作攫食王状。尸毗王目视鹫鸟，目光和悦，轻言告彼：善友，但有所欲，任取所啖，尽为汝食。听其所言，帝释复现婆罗门身，求毗王布施双眼。尸毗告言：大婆罗门，但汝所需，我无违碍。帝释天神再复真身，便作预记：此尸毗王，未来世中，将证大觉以成佛陀。

故事第 36 篇：

　　慈者本事是巴利《本生经》中的《慈者本生故事》的异本。但本经文中的故事展开与巴利文本迥异。此（《百譬喻经》）中事主是菩萨，而巴利本中则为前世古佛。故事说有名为慈者的，其忤逆其母，被罚堕地狱。在其中遭到烧得火红的铁轮套肚子，痛苦惨烈。又被告之，将要负此炽热通红痛苦难当的铁轮，经六万六千岁中间不得片刻舒缓，直到将来某个时候，世间有第二个忤逆不孝的儿子前来戴负铁轮。但慈者因为怜悯其他众生，不愿彼等也受此苦，以此而表示生生世世，戴负铁轮。但因为他立下这样的誓愿，炽烈燃烧的铁轮立时从他脖颈上消失了。[①]

故事第 54 篇：

　　因为王宫中嫔妃们的祈望。瓶沙王便在后宫当中起造佛塔，供养佛陀赐给他的佛发与佛指甲的舍利。于是宫中的女人纷纷以香花灯明作供养。然而瓶沙王的儿子阿阇世在弒父登基后，禁止宫中供佛拜塔。后宫有女名为妙德（Śrimati）不顾王命，以花鬘供养佛塔。大王盛怒命杀此女。妙德死前思念佛陀，立时再生于天界。

---

① 　参见本书边码第 127 页。也见舍尔曼：《异相文学》，pp.69ff.。

故事第 100 篇：

　　虽然别的因缘譬喻中的主人公都是佛陀当世之人。但本故事的事主则生在阿育王之世。故事所以同佛陀相关，只是故事一开头，便提到了佛陀入灭的事。[①]佛灭后百年，有阿育王住世。王有子名库纳罗（Kuṇāla）。其人美俊，为阿育王深加垂爱，以为世上无有能与其子相比拟者。王日有商人自犍陀罗国远来，说彼国有美俊童子，甚于库纳罗，名曰孙陀罗（Sandara，即美俊美貌义）。身姿面貌姣好美丽，无有瑕疵，观者无不欣然。其人凡有所行，足下涌出莲花，四围绿树掩映。王惊异不置，遣使探问，得其还告，信为奇异。王问何事何因缘，致令此童子，得此殊胜美貌。有长者优波笈多（Upagupta）[②]答王问曰：往昔之世，佛入涅槃。此孙陀罗时为贫汉，时摩诃迦叶及五百弟子，精勤用心，准备沐浴及施食，皆得追赴佛陀毗荼及分舍利等仪，孙陀罗助大迦叶哀悼其师且减跋涉之劳，故后得享大福报。

　　《百譬喻经》中的故事，多数亦见譬喻因缘的不同集子中，少数的可见于巴利本子的譬喻经。[③]

---

　　①　此段文字出自《大般涅槃经》，它的语句与巴利文的《大般涅槃经》几乎一模一样。《大般涅槃经》中还有另外一段被用作故事第 40 篇的缘起部分。

　　②　郁婆鞠多在这里取代了其他譬喻故事中佛陀为主讲人的角色。

　　③　例如，《譬喻故事》第 90 篇中，有一部分与《中部》中的《赖吒和罗经》相同。M. 波德：《烈维印度学撰集》，pp.183ff.。许多情况下，标题虽一样，《譬喻故事》的内容却有较大不同。参见 L. 费尔校刊本：《百譬喻经》，pp.240f., 313f., 335, 340ff., 360f., 372f., 439f.。

273　　至于《业道故事百则》（*Karma-Śataka*）也是一部类似于《百譬喻经》的古老作品。其中亦有 100 个性质相同的故事。可惜梵本今不存，仅有藏译本存世。[①]

（b）《天业譬喻经》

《天业譬喻经》（*Divyāvadāna*）[②] 是较《百譬喻经》晚出的故事集。但其中也有一些篇章可称古老。虽然它们开头的归敬偈颂已经有了大乘口吻，其中说要"归敬诸佛及一切菩萨"。此外，集子也是保存了几篇明显非常晚的时候才添加进去的篇目，而且其精神面貌也完全是大乘的。[③] 当然，从总体上看，本经仍然属于小乘范围。经中若有引文，大都出自《长阿含经》《不问自说经》《长

---

① L. 费尔前所引书, pp.xxixf., 442ff.。《吉美博物馆年鉴》V, pp.382ff., 404ff.。《亚洲学报》, 1901 年, s.9, t.XVII, pp.53ff., 257ff., 410ff.。斯佩耶前所引书, pp.XIXf.。《百譬喻经》还有另外一个译自梵文的异行本, 但梵文原本今不存。这本故事书已被译成德文, 在世界文学中非常有名。参见《方法与门经》（*Der Weise und der Tor*）, L.J. 施密特德译本（圣彼得堡, 1843 年）。关于此书的汉译本, 参见高楠氏专文, 发表于《大不列颠和爱尔兰皇家学会学报》, 1901 年, pp.447ff.。J.S. 斯佩耶有一篇对《天譬喻经》的批评札记, 发表在《维也纳东方文化论文集》卷 16, 1902 年, pp.103ff., 340ff.。J.R. 韦尔的《天譬喻经研究》, 发表于《美国东方学会学报》卷 48, 1928 年, pp.159ff.。本经的标题并未确定下来, 只是有的写本在题记中这么自称经名。R. 密特拉所撰《尼泊尔佛教文献》（pp.304-316）说到一部写本名为"天譬喻经鬘"的, 但该经与这里说的本经差别很大。本经校刊本中（pp.663ff.）还提到一部巴黎收藏写本, 其中内容部分同于这里所说的本经。

② E.D. 考威尔和 R.A. 奈尔校刊本, 剑桥, 1886 年。E. 布努夫在他的《印度佛教史导论》中摘译了本经中的一大段。H. 齐默尔将本经中四个故事译成德文。参见《佛教传奇》, 慕尼黑, 1925 年。

③ 例如, 第 34 品的标题自称"天业譬喻经", 以及在第 33 品中说到的"六字明", 亦即"唵嘛呢叭咪吽"（参见校刊本第 613 页）。另见浦山：《佛教》, p.381。

老偈》等经典。①许多故事开头和结尾的语句也类似于《百譬喻经》。后者中也有一些相当格式化的表述的语句段落，也经常出现在《天业譬喻经》中。因此，本故事集很可能就是从有部的律藏中辑出来的。烈维所作的对照工作显示，有一半以上的因缘譬喻在律藏中可以看到原型。②

说实在的，这些作品的编写其实甚少章法，往往前篇与后篇完全不相干，看不出有选材编排的取舍原则。经中的语言与风格也参差不齐。大部分故事的梵文差强人意。散文长行读上去简明而朴实，偶尔插入一段偈颂。有的篇章中可以读到古老的美文诗歌的韵律，也有真正的叙事史诗的风韵。可以看出，大段的文字是从现成的印度史诗中摘抄出来的。③看样子，编纂者只是走捷径利用了手边别的经文。事实上，整部《天业譬喻经》差不多处处可见其他佛教作品的痕迹。编纂者用得较多的经文，除了根本说一切有部的毗奈耶，还有《阿育王经》（*Aśokarājāvadāna*）④。

---

① 参见本书边码第224页以及H.奥登堡的《德国东方学论文集》卷（152，1898年，pp.653，655ff.，658，665）。《天譬喻经》中还提到了四部阿含，见校刊本第333页。

② 参见载于《通报》（卷8，1907年，pp.105ff.）的《天譬喻经的结构成分》。

③ H.奥登堡（《学术论文集》（哥廷根哲学史部），1912年，pp.156ff.）证明在《天譬喻经》和《大事》中都同样有两种不同的风格，表明其为早期与晚期的两种材料来源。

④ 目前尚不能确定本经的梵文标题究竟是什么。它译成汉文时称《阿育王传》（差不多就是*Aśokarājāvadāna*了。由安息人法钦在281—306年译出）。还有一个篇幅较小的译本，称为《阿育王经》（梵名大约是*Aśokarājā-sūtra*），由某位僧伽婆罗（Sanghabhara或Sanghabhata）于512年译出。译者补：《阿育王传》，凡七卷。西晋安法钦译。本经记述阿育王事迹及摩诃迦叶、优波鞠多等之因缘。共有十一品。1.本施土缘；2.阿育王本缘传；3.阿恕伽王弟本缘；4.鸠那罗本缘；5.半庵罗果因缘；6.优波鞠多因缘；7.摩诃迦叶涅槃因缘；8.摩田提因缘；9.商那和修因缘；10.优波鞠多因缘；11.阿育王现报因缘。《阿育王经》是《阿育王传》的异译本。其为八品，分量要少得多。

该经收在《杂阿含经》中。该经又利用了童受的《大庄严论经》。[①]
因此,我们有理由认为,当初编写现在这个模样的《天业譬喻经》时,
书中的各个部分涉及了各个时期的作品,其中有的段落是在三世
纪之前形成的。但是直到四世纪,本书整体尚未定型。因为本经
中不光是提到了阿育王的后继者——从巽他王朝(Śuṇga)的列王
直到后来的补沙蜜多罗王(King Puṣyamitra,公元前178年即位),
275 而且还好几次提到陀那罗。这已经是一世纪的事了。甚至还可能
更晚而到了四世纪。最后。本经的编纂者在童受以后留下了一段
很大的时代空白。童受是迦腻色迦王之后好久的人物。[②]因为被童
受多次所利用的《大庄严论经》,成书相当之晚。

但本经中有一处极有价值,我们知道,《天业譬喻经》中有一
个叫《师子耳譬喻》的故事,早在265年,就在汉文经典中被译出了。
这个故事的基本骨干,从几个方面来看都很重要。其情节大致如下:

> 如是我闻。一时佛在舍卫国。祇树给孤独园。与诸比丘。
> 围绕说法。于晨朝时。尊者阿难。着衣持钵。入城乞食。分卫
> 已讫。还祇洹林。于其路次。有一大池。聚落人众。游集其上。
> 池侧有女栴陀罗种。执持瓶器。始来取水。长老阿难。往到其

---

1. 生因缘; 2. 见优波笈多因缘; 3. 供养菩提树因缘; 4. 鸠那罗因缘; 5. 半庵摩勒施僧因缘;
6. 佛记优波笈多因缘; 7. 佛弟子五人传授法藏因缘; 8. 优波笈多弟子因缘。两书均载于《大
正藏》第50册。其中,《阿育王传》之1、2、5、10等四品与梵文本 Divyāvadāna(E.B. 考
威尔和 R.A. 奈尔刊行于1886年)之第26—29章,及《杂阿含经》卷23、25为同本。
第4品鸠那罗因缘与藏译本 Ku-na-lahi rtogs-pa-brjod-pa 相当。

  ① 参见《吠陀文献》,p.445,注释2。

  ② 参见本书边码第258页。

所语言：姊妹今我渴乏。甚欲须饮。见惠少水真。是时施女言：
大德我无所悋。但吾身是栴陀罗女。若相施者。恐非所宜。
阿难言：姊我名沙门。其心平等豪贵下劣。观无异相。但时
见施。不宜久留。时彼女人。即以净水。授与阿难。阿难饮讫。
还其所止。其去已后。此女便取阿难容貌音声语言威仪等相。
深生染着。欲心猛盛。作是念言：若使我得向去比丘以为夫者。
不亦善乎。复作是念。我母善咒。或能令彼来为吾夫。我当
向母具宣斯事。时此女人。持水还家。诣其母所。而作是言：
阿难比丘。是佛弟子。我甚爱乐。欲得为夫。如母力者。能
办斯事。唯愿哀愍。必满我愿。母语女言：有二种人。虽加
咒术。无如之何。何者为二。一者断欲。二是死人。自余之者。
吾能调伏。沙门瞿昙。威德高远。波斯匿王。极生信敬。若
脱知我将阿难来。栴陀罗辈。皆被残灭。且复瞿昙烦恼已尽。
及其眷属。咸离欲秽。我昔曾闻。断生死者。宜加恭敬。如
何于彼反起恶业。女闻是已。悲泣而言：若母不得阿难来者。
我必定当弃舍身命。假令瞿昙而违我愿。亦复不能久留于世。
设得之者。众愿满足。母闻斯言：惨然不悦。而告之曰：莫
便舍命。我必能令阿难至此。尔时女母。于自舍内。牛粪涂
地布以白茅。于此场中。燃大猛火。百有八枚妙过迦花。诵
咒一周。辄以一茎投之火中。作是咒已。尊者阿难。心即迷乱。
不自觉知。便行往诣栴陀罗舍。尔时女母。遥见阿难安详而来。
告其女曰：阿难比丘。已来近此。汝今应当敷置茵褥。烧香
散花。极令严净。女闻母言：欢喜踊悦。庄饰堂阁。安置宝座。
净治洒扫。散众名花。尔时阿难。既到其舍。悲咽哽塞。泣

泪而言：我何薄祐。遇斯苦难。大悲世尊。宁不垂悯加威护念令无娆害。尔时如来以净天眼。观见阿难为彼女人之所惑乱。为拥护故。世尊说咒。安隐一切怖畏众生。亦欲利安诸苦恼者。若有众生无皈依处。我当为作真实皈依。

276

　　尔时阿难，以佛神力及善根力。栴陀罗咒无所能为。即出其舍，还祇洹林。时彼女人，见阿难归，白其母言：比丘去矣。母告之曰：沙门瞿昙，必以威力而护念之。是故能令吾咒断坏。女白母言：沙门瞿昙，其神德力，能胜母耶？母语女言：沙门瞿昙，其德渊广，非是吾力所可为比。假令一切世间众生，所有咒术，彼若发念，皆悉断灭，永无遗余。其有所作，无能障碍。以是因缘，当知彼力为无有上。尔时阿难，往诣佛所，头面礼足，在一面立。佛告阿难：有六句咒，其力殊胜，悉能拥护一切众生，能灭邪道，断诸灾患。汝今宜可受持读诵，用自利益，亦安乐人。若比丘比丘尼、优婆塞优婆夷，欲利安己，饶益众生，皆当受持六句神咒。阿难，此咒皆为过去六佛所共宣说，今我释迦牟尼三藐三佛陀，亦说是咒。大梵天王、释提桓因、四天王等，皆悉恭敬，受持读诵。是故，汝今宜加修习，赞叹供养，无令忘失。……阿难我不见沙门婆罗门，若天魔梵人及非人，受持此咒而被娆害。唯除定业，无如之何。时栴陀罗女，于夜过已，沐浴其身，着新净衣，首戴花鬘，涂香严饰，金银环佩璎珞其体，徐步安详，向舍卫国。到城门已，住待阿难。阿难晨朝，入城乞食。女见其来，深生欢喜，随之而行，终不舍离。进止出入，恒随逐之。尊者阿难见如是事，极怀惭愧，忧惨不悦。还出城外，至祇洹林，顶礼佛足，却坐一面。白佛言：

世尊，栴陀罗女极娆逼我，行住进止而不舍离。唯愿世尊，慈加拥护。佛告阿难：汝莫愁恼。吾当令尔得免斯难。尔时世尊，告女人曰：汝用阿难以为夫耶？女言：瞿昙实如圣教。佛言：善女婚姻之法。须白父母。汝今为问所尊未耶？答曰：瞿昙，父母听我，故来至此。佛言：若汝父母已相听许，可使自来，躬见付授。女闻斯言，礼佛而退，向父母所，修敬已毕，却住一面。白父母言：我欲阿难以用为夫，唯愿垂悯，与我俱往，亲自付之。于是父母，往诣佛所，顶礼佛足，在一面坐。女言：瞿昙，吾亲已至。尔时世尊即问之曰：汝实以女与阿难耶？答言：世尊，诚如圣教。佛言：汝今便可还归所止。时女父母，礼佛而退。于是如来告女人曰：若汝欲得阿难比丘以为夫者，宜应出家，学其容饰。答曰：唯然，敬承尊教。佛言：善来，便成沙门，鬘发自落，法衣在身。即为说法，示教利喜。所谓施论、戒论、生天之论，欲为不净出要最善。又此欲者，众苦积聚，其味至少，过患甚多，譬如飞蛾，为愚痴故，投身猛焰而自烧害。凡夫颠倒，妄生染着，为渴爱所逼，如逐焰之蛾，是故，智者舍而远之，未曾暂起爱乐之想。时比丘尼闻说是已，心喜悦豫，意转调伏。尔时世尊，知比丘尼心意柔软，离诸恼障，即为广说四真谛法：所谓是苦、是苦习、是苦灭、是苦灭道。时比丘尼，豁然意解，悟四圣谛，譬如新净白（选毡毛），易受染色。即于座上得罗汉道，更不退转，不随他教。顶礼佛足，白佛言：世尊，我先愚痴，欲酒所醉，扰乱贤圣，造不善业。唯愿世尊，听我忏悔，佛言：我已受汝忏悔。汝今当知，佛世难遇，人身难得，解脱生死，得阿罗汉，亦为甚难。

如斯难事，汝已得之。于佛法中，获真实果：所谓生死已尽，梵行已立，所作已办，不受后有。是故，汝今宜应精进，慎莫放逸。

尔时城中，诸婆罗门长者居士，闻佛度于栴陀罗女出家为道。咸生嫌愤而作是言：此下贱种，云何当与诸四部众，同修梵行？云何当入诸豪贵家，受于供养？如是辗转，共议斯事，乃至闻于波斯匿王。王闻是已，极大惊愕，即便严驾，眷属围绕，前后导从，诣祇洹林。下车去盖，徐步而进，顶礼佛足，退坐一面。佛知众会心之所念，欲决所疑，告诸比丘：汝等欲闻本性比丘尼往昔缘不？诸比丘言：唯然，欲闻。汝今谛听，当为汝说。诸比丘，乃往过去阿僧祇劫，于恒河侧有园，名曰阿提目多。花果繁茂，池流具足，园中有王，名帝胜伽（Triśanku）。是栴陀罗摩登伽种，与百千万栴陀罗众，共住此园。诸比丘，彼帝胜伽有大智慧，高才勇猛，自识宿命，世所为事，无不通达。……其王有子，名师子耳（Śardūlakarṇa）。颜容端正，戒行清洁，其心调柔，仁慈和顺，众德具瞻，见者欢喜。摩登伽王，广教其子经书咒术。己所知者，悉教授之。故师子耳知见深远，亦如其父，等无有异。帝胜伽王于夜卧中，忽生是念：我子色貌，最为殊胜，众德具足，人所宗仰。年渐长大，宜为聘妻，必当选择端正良匹，才德超绝，类如吾子，然后乃当而为求之。

当是时也，有婆罗门名莲花实（Puṣkarasāṇa）。宗族高美，父母真正，七世以来，净而无杂，通四围陀，才艺寡匹……。彼莲华实女名为本性。德貌殊胜，犹师子耳。帝胜伽王作是念言：唯莲华实，其女殊妙。吾当为子而求娉之。作是念已，至明清旦，乘大宝车，驾驷白马，栴陀罗众。前后围绕，出家北行，往趣其国。……摩登伽王往彼园中，待莲华实。时婆罗门亦于晨朝，驾驷白马，及与五百婆罗门，俱导从围绕，至园游观。彼婆罗门于其路次，教授弟子技艺等事，且行诵习，而来诣园。帝胜伽言：我念过去曾为梵王，或为帝释，亦复曾为净盖仙人。为婆罗门变一围陀，以为四分，于百千劫，作转轮圣王。如是生处尊豪富贵。于尔所时，修习慈悲、禅定智慧，广化众生，施作佛事。莲华实言：仁者岂读婆毗多罗神咒不耶？答言：曾读。汝今善听。吾当广说此咒本末。过去久远阿僧祇劫，我为仙人。名曰婆薮。五通具足，自在无碍。善修禅定，智慧殊胜。时有龙王，名为德叉。其王有女，字曰黄头。容色姿美，人相具足。我见彼女，起爱着心。生此心故。便失神通及禅定法。深自悔责。即说此咒。莲华实言：汝姓何等？曰姓三无。又问：仁者汝原何出。答曰：原从水生。汝师是谁。答言：吾师名迦蓝延。汝宗族中。谁为勇健？答曰：我门族中，凡有三人，最为雄猛，一名为独。二曰为屡。三者名曰婆罗陀阇。汝同师者。为是何人？答曰赞咏。又问：赞咏为有几变？答言六种。汝母何姓？答曰吾母姓婆罗设。如是仁者，吾之德行，其事若此，故我先说一切众生贵贱不定。虽有尊贵，而为恶者，犹名下贱。若卑贱人能为善事，便名豪胜，是故一切称尊贵者，由修善业，不以种族名为胜人……帝胜伽言：仁者善听。吾当更说星纪所行善恶之相……帝胜伽言：仁者当听。我今复说月在众星所应为事。是时莲华实闻是语已，赞摩登伽：善者，仁者，所言诚谛。今以吾女用妻卿子，不须财物，可为婚姻。
诸婆罗门闻是语已，咸生瞋恚而作是言：云何以女与此下贱？
莲华实告弟子言法无二相，悉皆同等，汝今勿生，骄慢之心。
语帝胜伽：汝可受水，当与卿女。时摩登伽成婚姻已，欢喜
而去。

277

　　诸比丘，时摩登伽，我身是也。莲华实者，舍利弗是。
师子耳者，阿难是也。[①]时女者，今性比丘尼是。以于往昔日，
曾为夫妻，爱心未息，今故随逐。说是经时，六十比丘远尘
离垢得阿罗汉，诸婆罗门得法眼净。佛说是经已，波斯匿王
及四部众，欢喜奉行。[②]

　　我们认为，《天业譬喻经》中最古老的部分是第 26—29 品。
阿育王是其中所有故事的核心人物。它的原型来自古本的《阿育
王经》。此古本最初成书于公元前 150 年至公元前 50 年的马土
腊（Mathurā）。[③]原本今已不存。我们知道此经的古老，有两
个汉译本可助此判断。[④]《天业譬喻经》所采撷的来源，一个是

---

　　① 　R.瓦格纳了解本故事便是借助布努夫的德译本（参见其《印度佛教史·导
言》，pp.205ff.），其歌剧《西格尔》的改编也基本依据它。R.瓦格纳：《遗稿与作品》
（Nachgelassene Schriften und Dichtungen），莱比锡，1895 年，pp.161f.瓦格纳将阿
难和莲花实女的故事搬上舞台的心情是何等急切，可见于他给韦森顿克写的信（参见第
21 版，柏林，1904 年，pp.95ff.，98，197，242）。如大家所知，这个《西格尔》最终改名
为《帕西法尔》。
　　② 　《摩登伽经》，吴天竺三藏竺律炎共支谦译。
　　③ 　参见普齐鲁斯基前所引书，pp.13ff.，92f.，166。
　　④ 　本书边码第 274 页注释 2。

当时已经增补后成书的《阿育王经》，另一个便是童受的《大庄
严论经》。① 所有这些传奇故事几乎都不包含历史的可靠性。②
它们的主要价值是文学方面的。首先我们可以看到，其中郁波离
（Upagupta，优波笈多）和魔罗的故事就极富戏剧性。故事所具
有的惊人想象力在于，它竟然设想了有一位比丘要劝化魔罗归信
正教。从观念上看，本譬喻故事的大胆正在于郁波离罗汉因为想
见到佛本人而竟然请魔罗帮忙。③ 罗汉想见到较他早百年已经入
涅槃的佛陀，恳求被他劝化的魔罗。于是，魔罗便自己变化成佛
陀的样子并出现在郁波离的面前。魔罗就像是非常高明的演员，
其言行举止同真正的佛陀无有区别。于是，郁波离立即伏身下去
向他敬礼。故事叙述得绘声绘色，简直就像是现场演出的一场佛
教戏剧。但故事中的这一段却几乎原原本本地来自童受的《大庄
严论经》。这个譬喻故事，无论就语言，还是文体或者韵律，都　　278
可以视为优秀的赞诵体叙事诗。④

---

① 欲详细了解《大庄严论经》《天譬喻经》《阿育王经》《阿育王传》之间的关系，
请参见 H. 吕岱司：《童受的〈大庄严论经〉》，pp.71ff.。

② 但以下情况可能有历史的真实性反映，例如《天譬喻经》校刊本第 427 页提到
耆那教（对佛教的）逼迫，第 433 页提到补沙蜜多罗王迫害比丘。参见李斯·戴维斯：《巴
利圣典学会学报》，1896 年，pp.86ff.。

③ 据说这个优波离或郁波鞠多即是目犍连，也是阿育王的国师。其名为目犍连及
舍利弗这两个名字连缀而成。——译者

④ 参见《天譬喻经》校刊本，pp.356-364；文第希译本：《魔罗与佛陀》，
pp.161ff.。另外参见胡德校刊本：《大庄严论经》（法译本，pp.263ff.），载《法国远
东学院学报》卷 4，1904 年，pp.708ff.；吕岱司前所引书，pp.77f.；C. 杜洛瓦舍尔（《法
国远东学院学报》卷 4，1904 年，pp.414ff.）从缅甸文本的 *Lokapaññatti* 回译为巴利本的
本传奇，语言相当质朴并无戏剧性。有趣的是（后来成为阿育王国师的）郁婆鞠多所在
的寺院是由两兄弟施建的，其中一位叫 Naṭa（戏子、倡优），另一位叫 Bhaṭa（力士、
战士），因此该寺也就叫作 "Naṭabhaṭika"。

　　所有阿育王系列的故事中，最为优美的要算是有关他的太子
鸠那罗的本缘譬喻了。① 太子生有美丽的明目，但因为其继母的嫉
恨而被挑瞎双眼。但心地善良的他却对给他巨大伤害的继母没有
半点怨恨。②

　　《天业譬喻经》中有许多故事与巴利圣典中的故事是一样的。
该经第 17 品有一段文字显然来自《大般涅槃经》③；第 3 品中未
来佛弥勒的下生故事，结合了大声王（Praṇāda）譬喻事。④ 这一
点正好是与《长部》经典中的第 26 经相符。富楼那（Purṇa）的本
事说到他准备往西方输卢那国弘法。佛陀为了测试他成功的把握，
同他有一番交谈。最终佛祖确信，尽管输卢那国人凶恶、轻躁、暴弊、
骂詈，但弟子富楼那因为善学忍辱，堪能住止，汝今宜去，度广未度，
安于未安，未得涅槃者令得涅槃。这一番说法亦可见于巴利文献
中的富楼那本事因缘。⑤

----

　　① 汉译经典中有《阿育王坏目因缘经》和《阿育王本缘传》两部。这里的"本
缘"与"因缘"都来自梵文"Avadāna"。两经的译者分别是昙摩难提（384 年抵长安）
和安法钦，后者于 281—306 年在洛阳译出经文五部十卷，如《文殊师利现宝藏经》二卷、
《阿阇世王经》二卷、《阿难目佉经》一卷等。——译者

　　② 参见《天譬喻经·一》，pp.406ff.；H. 奥登堡曾对此书有节录翻译，载《佛陀》，
pp.348ff.；E. 哈代：《阿育王》，pp.65ff.。

　　③ 参见《天譬喻经·一》，pp.200ff., 706；文第希：《魔罗与佛陀》，pp.35ff.,
43ff.；H. 奥登堡：《德国东方学论文集》卷 52，pp.658f.。

　　④ 参见《天譬喻经·一》，pp.55ff.；E. 劳曼：《弥勒续》，pp.4, 173ff.；E. 阿伯克：
《印度和伊朗的弥赛亚》，1928 年，pp.153ff.。

　　⑤ 参见《天譬喻经·一》，pp.36ff.；浦山：《佛教》，巴黎，1909 年，pp.275ff.。
浦山在《往世书》中看到了大乘菩萨的原型。不过应该指出无论是《天譬喻经》或者巴
利经典《相应部》（35, 88, IV, pp.60ff.）以及《中部》（145, III, pp.267ff.）也都强调阿
罗汉的清净和恬静的无欲忍辱的德行。因此，这里仍然可说未逾出小乘的宗教理想。

《天业譬喻经》中还有一个某富商长者子靠卖死耗子成巨富的故事。其事同于《本生经》第四篇中所述。[①] 而鲁巴瓦提（Rūpavati，意为"美妇""美女"）的故事令人联想到《本生鬘》中的情节。某个也叫鲁巴瓦提的妇人引刀割去自己的双乳，用血肉去救一个饿得要吃自己儿子的妇人。当被问到她为什么要做此牺牲时，她的回答透出大乘菩萨的理想[②]：

279

> （彼婆罗门）：我闻汝布施双乳为审尔不？
>
> 报言：实如是。
>
> 婆罗门以偈问曰：汝为索何愿？云何释为梵？为求多宝王，所愿难如是。
>
> 上色女以偈报言：诚如汝所言：我割双乳为救孩童，不为身乐不为生天，不求成梵释，无望转轮王，只为得清净，能入于涅槃，伏未调伏，解脱未解脱，安乐未安乐，导于诸无助，趣向于涅槃。诚哉我此愿：弃于女子身，转于男人身。

梵本的本经中该譬喻故事意犹未尽地说到该文后来的因缘轮

---

① 参见《天譬喻经》，pp.498ff.。此故事相应于"迪克·怀廷顿和他的猫"，也见《故事海》I, 6（《本生鬘天业譬喻经》IX，《有部毗奈耶》卷32，《大正藏》第二十三册，pp.799-801。——日译者）。

② 汉译佛经也有这个故事，见《前世三转经》，西晋沙门法炬译。法炬，西晋末僧。永嘉二年（308）参与竺法护翻译《普曜经》，为笔录。又译有《楼炭经》《大方等如来藏经》《法句譬喻经》《福田经》。后二者乃与法立共译。《前世三转经》说的是佛陀以往三世的事迹。其一世中曾为淫女，二世为国王，三世为修道者。为救世苦难而一再自我牺牲。第一世是自割双乳以血肉救饿殍者的菩萨。——译者

回、果报转世。于是，

"其话音刚落，她便随即得到了第三世的转生。成了鲁巴瓦提太子，然后成为一位修梵行者。过程一如佛陀的修行本事。"

"此譬喻故事如果说能够反映社会现实，在于其第一世中求转为男身。第二世成为国王后，因为深悯子民的辛苦勤劳，治世60年。第三次再转生，成为清净婆罗门。然后为了一只饥饿的母虎再舍身命。"①

在本经第 38 品，有那个慈者本事（Maitrakanyaka-Avadana）的赞诗因缘譬喻，显然是模仿了《百譬喻经》第 26 篇。故事是一篇赞美诗，也像《菩萨譬喻本生鬘》。② 本经中的多处文字章句也同《天业譬喻经》的语言类似。

（c）《譬喻经鬘》

《譬喻经鬘》（*Avadānamālā*）是一些诗歌体的譬喻故事。它部分地对《百譬喻经》加以系统的吸收，另外也借鉴了别的譬喻经。诗歌体的譬喻本事经本，指的是《如意树譬喻鬘论》（*Kalpadru-māvadāna*）、《宝石譬喻鬘论》（*Ratnāvadānamālā*）及《阿育王譬喻鬘论》（*Aśokavadānamālā*）等作品。③《如意树譬喻鬘论》

---

① 参见《本生鬘》，本书边码第 263 页。汉译经典中，"Rupavati"一名被译成"银白"，参见比尔文，载《印度古籍》卷 9，1880 年，pp.145ff.。（原书所指"银白"译名不详。但《前世三转经》中译作"上色"，即美色，亦鲁帕瓦提音译。——译者）。

② 参见《天譬喻经·一》刊行本，pp.586ff.；斯佩耶：《百譬喻经》刊行本 II, p. xii；本书边码第 271 页。

③ 参见 L. 费尔所引书，pp.xxiiiff.；斯佩耶所引书，pp.xiiff., xxiff.。R. 密特拉：《尼泊尔佛教文献》，pp.6ff., 197ff., 292ff.；C. 本达尔：《目录》，pp.110ff.；普齐鲁斯

的意思是"让一切愿望得以实现的譬喻因缘本事构成的花环"。《如意树譬喻鬘论》的开头第一个故事便是《百譬喻经》的最后一个故事的异行本。而随着郁婆鞠多[①]出现在与阿育王的对话中，《譬喻经鬘》中的故事便被安插进来。《阿育王譬喻鬘论》的第一部分是该王的本缘故事，接下来是郁婆鞠多长老给该王的故事劝诫。这里的三个譬喻鬘论都与《百譬喻经》不同。这里的差别不只是体裁上的，三个譬喻鬘论都是完全的颂体诗歌。更重要的差别还在于思想观念上。譬喻鬘论属于大乘思想系列。其语言风格令人想到《往世书》。极有可能，诸譬喻鬘论形成的时期正好也是婆罗门教中的《往世书》系统分宗立派各各传承的时期。[②]

（d）《二十二品譬喻因缘》

《二十二品譬喻因缘》（*Dvāvimśatyavadāna*）是又一部值得提到的譬喻故事书。它的内容基本上引自《百譬喻经》，但叙述编排的顺序却具有随意性。故事中也有郁婆鞠多与阿育王的对话问答。但这个主题旋即让位于给未来佛作预记的释迦牟尼。此中的故事不是诗歌形式的，而呈现为散文叙述。依据说法教诫的不

基前所引书，pp.xivf.；摩亨德拉 L. 达斯曾从《宝石譬喻鬘论》中摘译一个传奇，载《佛教经典学会学报》卷 2，1894 年，第 3 部分。

　　① 　郁婆鞠多（优波笈多）是阿育王国师帝沙·目犍连的别名。参见本书边码第 8页。也见 A. 瓦德尔：《孟加拉亚洲学会学报》（公报），1899 年，pp.70ff.。

　　② 　约为六世纪及之后。据斯佩耶前所引书，p.xxxvi，他将此时期定为 400—1000 年。依据的材料是《本生经鬘》。E. 朗所摘录的《大本生鬘》，参见《亚洲学报》，1912 年，s.10, t.XIX, pp.520ff.；S. 烈维文发表于《维尔海姆·托姆森纪念文集》（*Fetschrift Wilhelm Thomsen*），莱比锡，1912 年，pp.162ff.，似乎也属于《譬喻鬘经》类。

同内容来划分章节，形成各种主题，譬如讲不同的波罗蜜多功德行，专心听法可得的功德以及布施功德等。①

（e）《贤劫因缘譬喻》

《贤劫因缘譬喻》（*Bhadrakalpāvadāna*）是一个包含 34 个譬喻故事的集子。全部都是郁婆鞠多长老向阿育王讲述的。同诸譬喻鬘论一样，这些故事也都是偈颂体的。但其编排顺序和内容在某种程度上很像巴利本律藏中的《大品》。②

在婆罗门教的《往世书》宗派化发展时期，该教内编纂出了大部头的（多篇章的）作品。这些鸿篇巨制中包含了大量的传奇故事，它们的目的在于用譬喻的手法来解说许多婆罗门教仪式做法的起源。佛教也受到这样的影响。佛教也有许多需要从起源上说明的事物与仪式。因缘譬喻书就是这么应运而生的。例如，那本叫作《祝祭譬喻鬘》（*Vratāvadānamālā*）的就是这种性质的作品。它借郁婆鞠多长老的口向阿育王说明了许多佛教仪礼的缘起背景。而从语文表达的形式上看，该经同上面的诸譬喻鬘论是

281

---

① 参见 L. 费尔前所引书，pp.xixf., xxvii；C. 本达尔：《目录》，p.36，其中有 L. 费尔所译的一个范本（《吉美博物馆年鉴》V, 1883 年，pp.544 ff.）；R. 密特拉：《尼泊尔佛教文献》，pp.85ff.。《二十二品譬喻因缘》使用的是通俗梵语。见 R.L. 特内尔：《大不列颠和爱尔兰皇家学会学报》，1913 年，pp289ff.。

② 参见 C. 本达尔：《目录》，pp.88ff.；费尔前所引书，p.xxix；R. 密特拉前所引书，pp.42ff.；斯佩耶前所引书，p.xxxvi。据翻译了本生故事第 34 篇（异本的 *Jātakamālā* 31, 即 Jātaka 第 537 篇）的奥登堡：（《大不列颠和爱尔兰皇家学会学报》，1893 年，pp.331ff.），《本生鬘》产生的时间比诗人安稳天的生期要更晚。

相同的。①

（f）《诸耳饰譬喻》

《诸耳饰譬喻》（*Vicitrakarnikāvadāna*）的内容相当庞杂，本经中包含了 32 个因缘譬喻故事。有少数来自《百譬喻经》，其他的则来自《祝祭譬喻鬘》。本集经文的语言与内容仍然是参差不齐，其梵文有的时候很不规范。这种梵语被称为"barbaric Sanskrit"（鄙俗的、粗野的梵文）。当然有的篇目中梵语也相当优美，这取决于它的转抄来源。有时也有直接用巴利语的段落。②

以上所说的譬喻鬘类经书，我们只见到写本形式，有的是汉文或藏文的写本。③当然我们所见写本的内容，不仅只有因缘譬喻，也还有一些篇幅较大的单篇的因缘故事，而且它们中也有藏文与汉文的写本。例如，有一部书叫《须摩提譬喻经》（*Sumāgadhāvadāna*）④，书中主人公为大富长者须达多（Anāthapindaṇa，又译阿难邠邸、阿那邠地、给孤独食、给孤独等）的女儿须摩伽提（Sumagadhi）。她的丈夫本来是耆那教的修行者，在须摩伽提的劝导下归入佛教门下。须摩伽提又奇迹般地劝说全城的人民都信奉了佛教。此女

---

① 参见 R. 密特拉前所引书，pp.102ff., 221ff., 231, 275ff.；同类的其他经文同上书，pp.229ff., 232f., 265ff., 269ff., 280ff.；L. 费尔：《金色譬喻经》及《众聚譬喻鬘》，载《国际东方学者大会学报》卷 12，罗马，1899 年，pp.19ff.。这些都显然是晚期的大乘经典。

② 斯佩耶前所引书，pp.xciii-c.

③ 依据汉文《譬喻经》而来的（参见费尔前所引书，pp.xxxff.）有日玉连的《印度的故事及赞颂》，巴黎，1860 年；A. 施耐尔将其译为德文，罗斯托克，1903 年。

④ 汉译佛经中的《须摩提女经》署名为月支优婆塞支谦译。支谦在三国吴都建业的译经时间为 223—252 年。——译者

的前生是拘旬尼王（King Kṛkin），《本生经》中他因为十个梦而非常出名。[①]

（g）《大譬喻因缘集》

《大譬喻因缘集》（*Avadānakalpalatā*）[②]完成于 1052 年。此处还当为罽宾诗人刹曼陀罗（Kṣemendra，意为安稳天）的本书多说几句。这个因缘集在藏文经典中地位甚高。[③]这位刹曼陀罗多才多艺。他所撰写的赞颂体叙事诗歌部帙浩大，令人惊叹。在佛教文献中，我们以后还会同他频频相遇。他的创作活动非常广泛。但他之所以声名鹊起并冠盖一时，并非因为其才艺和品位，而是

[①] 这些梦都已经被世界各国的文学故事所吸收。参见《本生经》（第 77、78 篇，H. 奥登堡校，1893 年，pp.509ff.），以及常盘井鹤松：《须摩提譬喻研究》（*Studien zum Sumāgadhāvadāna*），载《大不列颠和爱尔兰皇家学会学报》，斯特拉斯堡大学，1898 年；R. 密特拉前所引书，pp.237ff.。在称友的《俱舍论解明》中，本故事称"引自律藏"。

汉译经典有《众经撰杂譬喻》，其第 44 篇说须摩提经帮助其父王解梦，并使他归信佛教。该译经的体裁就是因缘故事。此譬喻经的译者为鸠摩罗什，五世纪初译出。本经篇幅不大，附于此：昔迦叶佛时。有王名拘旬尼。为佛建立精舍满事之。王第七女前事梵志后信事佛。梵志恶之字为僧婢。王有十梦怪而问之。梵志思梦欲陷此女。语王言：得最爱女焚烧祠天乃吉。王甚不乐。女问王曰：何以不乐。王说如是。女曰：烧吉者我分当之。问几日当祠。梵志言后七日。女白王：虽当死愿听诣佛所。使城南人尽送我出。便敕送之。女将至佛所。说法尽得见法。日一方送。城四方面人悉见谛。复求在城中人送亦如是。六日求王及宫中官属送之。佛为说法悉皆见谛。王乃知梵志欺诈。语梵志：汝几误杀我女。汝不为佛作沙门。当出国去。梵志不知所至。不得已，悉诣佛作沙门。后得阿罗汉果。——译者

[②] 藏译本的本经刊行于《印度文库》，钱德拉·达斯和维迪亚布萨那。其中有的譬喻故事已经译为英文，刊载于《佛经刊行会杂志》卷 1—5，1893—1897 年；另参见 R. 密特拉前所引书，pp.49ff.。——译者

[③] 有的西藏僧人并不推荐此书，认为它不是出家人的作品。因为诗人安稳天并未出家。

因其非同一般的意志力。他在这部大譬喻集中，采用赞颂体的宫廷诗形式将佛教所有的因缘譬喻事都吟诵了一遍，其中也涵盖了所有的《本生经》故事。他所吟唱的诗歌不仅数量庞大，而且艺术技巧和趣味远非寻常，更在于他善于借歌说理、弘传佛教。佛教中原有的舍弃生命救助众生的菩萨精神，在他的作品中极度张扬，达到空前绝后的高度。其赞叹菩萨精神的艺术手法极其细腻又动人心魄。不过，他所说的因果报应的理论，仍然说不上新颖，许多地方其道德说教仍然流于一般。因此，并非他所有的因缘故事都能一律摄众。当初刹曼陀罗完成《大譬喻因缘集》时有 107 个故事。他的儿子月天（Somedra）续补了第 108 个，并且为本经集作序。月天增添的那个故事叫作《云乘菩萨本事》（*Jimūtavāha-Avadāna*）。[①] 这个集子中的因缘故事之所以广为人知，是因为之前各个古老的因缘譬喻类经书早就在民间广泛流传了。除此之外，也还有其他一些不容忽视的传播途径。[②]

---

　　①　这位叫月天的，比起他父亲来，是更差劲的诗人。他除使用了《布里哈达羯陀奥义撷英》（IX，18—1221），还利用了戒日王的《龙喜记》，参见 F.D.K. 波希：《梵语文学中的云乘菩萨本事》，莱顿，1915 年，第 115 页及以下。

　　②　因此《莲花譬喻》（第 68 篇）与巴利文的本生注释书中的许多故事都是相应的。故事中总说的是菩萨在行走时足底生出莲花。而我们耳熟能详的《独角仙譬喻》（第 65 篇）则完全与鹿角仙人本事相应。而两者都可见于《大事》，参见吕岱司：《学术论文集》（哥廷根哲学史部）1901 年，p.26。他认为诗人安稳天模仿《大事》的叙述法改写了《鹿角仙人本事》。A.H. 弗朗克的德译本所据即是安稳天的改写本，见其《独角兽王子》，莱比锡，1901 年。

第七章 大乘经典

到目前为止，我们所讨论的梵文佛教文献都属于从小乘佛教向大乘转变时期的材料。以下我们将要考察的都是大乘时代的文献了。

大乘，其实并无自己的三藏。之所以会如此，原因很简单。大乘佛教并不是一个统一的派别。实际上，也曾经有过这么一种说法：认为在迦腻色迦王时代，大乘曾经有过一次结集。不过，这传说很成问题。一是因为该次结集似乎并没有形成三藏经典；二是对该结集的很多情况都语焉不详：到底是哪个佛教派别召集了大会，用什么样的语言集成了教典，根本无从获知。[①] 就算是中国著名的译经家玄奘说过有"菩萨藏"（bodhisattvapiṭaka）的话，亦是说曾有过一批大乘性质的经典目录，其中有经有律有论藏。[②] 而且《菩萨藏经》中列举了一大批大乘经的名字。接下来他还说，类似的大

---

① 传闻中的这个迦腻色迦王护持的结集大会没有结成三藏。但汇辑了一些论书。按高楠顺次郎的说法，这个僧伽大会解决的是小乘内部的问题，与大乘无关。参见《大不列颠和爱尔兰皇家学会学报》，1905 年，pp.414ff.。

② 参见烈维及沙畹：《亚洲学报》，1916 年，s.11, t.VIII, pp.5ff.。《翻译名义集》刊行本［发表于《佛教文库》（列宁格勒）XIII, 65］中提到了 105 部单独的大乘经典。其中第 12 部即是《菩萨藏经》。《菩萨学处集》中也提到本经（刊行本，pp.190, 311）。

乘经有百万之数。依据这点，大概我们仍然无法宣称，大乘方面
也有过三藏的分类法。以往有过的"九分教"的说法^①，并不等于
说任何一个佛教派别都有过同样名称的三藏圣典。九分教，只是
指某一些经典，它们编写于不同的时代，也属于不同的派别。我
们今天看来，这些经本就是保存在尼泊尔的那些名声甚高的佛典。
这九部佛典是《八千般若颂》（*Aṣṭhasāhasrika-Prajñā-Pāramitā*）、
《妙法莲华经》、《普曜经》、《入楞伽经》（*Laṅkāvatāra*）、《金
光明经》（*Suvarṇa-Prabhāsa*）、《华严经入法界品》（*Gaṇḍavyuha*）、
《如来秘密经》（*Tathāgataguhyaka/Tathāgataguṇajñāna*）、《三
昧王经》（*Samādhirāja*）、《十地经》（*Daśabhūmiśvara*）。^②
所有这些经典都被称为方广部经典（Vaipulya-sūtra）。

284

1.《法华经》

《法华经》是最重要的大乘经典。就其文学艺术性而言，理所
当然地居于大乘经典之首的，便是《妙法莲华经》。^③任何人若想

---

①　九分教里所说的"法"（Dharma），大约是"法之教说"（Dharma-Pryāya，即佛经）
的意思。在尼泊尔有专门供养九分教经典的仪式（参见《霍吉森论文集》，p.13），这也
体现出尼泊尔佛教对于经典的特殊崇拜。这种经典崇拜的特性在经文中有清楚的流露。

②　参见霍吉森前所引书；E. 布努夫：《导论》，pp.29ff.，60f.；H. 克恩：《佛教》
11，pp.508ff.。

③　其有 H. 克恩和南条文雄的校刊本，见《佛教文库》（圣彼得堡）X，1908 年。
布努夫有法译本（《法华经》，巴黎，1852 年）。H. 克恩有英译本（《东方圣书》卷
21，1884 年）。姉崎正治曾解释本经标题（《佛教艺术及其与佛教理想的关系》，1914
年，pp.15f.）："莲花象征了完美和纯净，其出于污泥而不染，犹如佛陀本人，那里出
自此世间但超越此世间。因花开而果熟的因果关系，指佛陀所宣扬的真理可以达到大觉
涅槃。"

了解大乘佛教，认识其性质特征、优劣利弊，都应当阅读这部经典。在本经中，释迦牟尼已经不再是一个普通的开悟了的凡夫[①]，而成为了众神之上的神祇。他已经是一位受无限称颂的存在者。佛在以往的无量过去劫中就存在了。他还将继续存在于未来的大劫中。佛自己宣称：

> 我是此世间的父亲。我乃自生自有者；我是一切有情的医师及保护者；因为我知道世间众生何等愚迷邪僻，故我为给他们作引导、作启教，而我永不入于涅槃。[②]

仅仅出于对众生的怜悯，考虑到他们智力的贫弱，佛才假作示现似乎已入寂灭；佛又像是医生，众多的儿女在他离开的时候染上重病。然后父亲现在归来，为儿女们问病送药。但孩子们从父亲那里接受医药的不多。多数儿女拒绝了他的教护。为了让儿女们服药就医，父亲于是离家到很远的地方去。在那里以他死去的消息告诉孩子们。儿女们现在感到无依无怙，所以才能接受父亲开出来的药方，因此也才能除病得生。运用同样的善权方便，佛现在也进入涅槃。但他会一次次地归来，只是为了向众生开演佛法。[③]正是佛法将佛祖同世间众生联系起来。不过，"莲花"中的佛并不像巴利圣典中的佛陀那样说法救世。后者只是处处游行

---

① 参见姊崎正治：《宗教伦理百科全书》卷4, p.839; 浦山：《宗教伦理百科全书》卷8, pp.145ff.。
② 《法华经》第15品第12偈。
③ 见刊行本第15品。《东方圣书》卷21, pp.304ff.。

的头陀比丘，游行人间是为了示教利喜。本经中的佛祖是安坐在灵鹫山上的教诲者，四周是济济一堂的比丘与比丘尼大众；空中则是更多的菩萨与诸佛，无量的天人龙鬼也都簇拥此中。正是在这样的庄严场合，佛祖"倾下大法雨，擂起大法鼓，燃起大法灯，吹响大法螺，敲响大法磬"，白毫之光从佛的眉间射出，光芒彻照一万八千的"诸佛国土"，及其该佛土上的诸佛及众生；这也是弥勒菩萨能够清楚看见的神异情景，因为"莲花化生佛"又是大幻师（魔法师），能够变现出种种神异以调伏众生的诸根（感官）。

此经中所说的佛教教义与小乘佛教中所教诲的有很大的区别，因为佛陀的品格属性同以往相比，已经有了很大的变化。虽然他仍然需要给众生"开启佛智"，令他们觉悟。但他现在给他们提供的是唯一的有效车乘与道路，能够保证他们到达解脱的终点，这样的运载与过渡手段便是"（唯）一佛乘"。无论是什么人，只要他能够听闻佛法，只要他能够奉法而行，他都可以成佛。不仅如此，无论任何人，只要他能礼敬佛陀、礼敬佛舍利，起塔供养，绘佛像敬拜，或者用檀香木雕造佛像，或者用七宝装饰佛像，哪怕是小孩子抟泥堆积佛塔，在墙上涂绘佛像；任何人以香花供养佛塔，以音乐歌声称赞佛陀；甚至哪怕是偶然间听到佛陀宣说的一言半句，偶然间从自己口中发出过"南无佛陀"的赞叹或呼喊，都可以一无例外地成就菩提。① 所谓三乘——即出家为僧、独觉成悟和修菩萨诸行，只是表面上的不同途径。它们所指向的目标只有一个：

---

① 见刊行本第 2 品，偈颂 pp.61, 74ff.。《东方圣书》卷 21，偈颂 pp.47ff.。

成佛得涅槃。说到底，只要凭着佛的慈悲，一切众生都可以完全
286　开悟成佛。《妙法莲华经》中有许多譬喻寓言来显示上面的道理。
其中有一个譬喻故事说：

　　舍利弗！若国邑聚落，有大长者，其年衰迈，财富无量，
多有田宅及诸僮仆。其家广大，唯有一门，多诸人众，一百、
二百乃至五百人，止住其中。堂阁朽故，墙壁隤落，柱根腐败，
梁栋倾危，周匝俱时欻然火起，焚烧舍宅。长者见是大火从
四面起，即大惊怖，而作是念：我虽能于此所烧之门安隐得出，
而诸子等，于火宅内乐着嬉戏，不觉不知、不惊不怖，火来
逼身，苦痛切己，心不厌患，无求出意。复更思维：是舍唯
有一门，而复狭小。诸子幼稚，未有所识，恋着戏处，或当
堕落，为火所烧。我当为说怖畏之事，此舍已烧，宜时疾出。
尔时长者即作是念：此舍已为大火所烧，我及诸子若不时出，
必为所焚。我今当设方便，令诸子等得免斯害。父知诸子先
心各有所好种种珍玩奇异之物，情必乐着，而告之言：汝等
所可玩好，稀有难得，汝若不取，后必忧悔。如此种种羊车、
鹿车、牛车，今在门外，可以游戏。汝等于此火宅，宜速出来，
随汝所欲，皆当与汝。尔时诸子闻父所说珍玩之物，适其愿故，
竞共驰走，争出火宅。诸子等各白父言：父先所许玩好之具，
羊车、鹿车、牛车，愿时赐与。尔时长者各赐诸子等一大车，
其车高广，上张设幰盖，亦以珍奇杂宝而严饰之，驾以白牛，
行步平正，其疾如风。谁何云此长者，言与诸子三车，实则
仅有一车，此宁为虚妄耶？此非为妄也。佛以智慧方便，于

三界火宅拔济众生，为说三乘：声闻、辟支佛、佛乘，如长者初以三车诱引诸子，然后但与大车，宝物庄严，安隐第一。佛亦如是，方便力故，于一佛乘分别说三。世尊[①]！我等今者乐说譬喻以明斯义。譬若有人，年既幼稚，舍父逃逝，久住他国，或十、二十，至五十岁，年既长大，加复穷困，驰骋四方以求衣食。渐渐游行，遇向本国。其父先来，求子不得，中止一城。其家大富，财宝无量：金、银、琉璃、珊瑚、虎珀、颇梨珠等，其诸仓库，悉皆盈溢；多有僮仆、臣佐、吏民；象马车乘，牛羊无数。时贫穷子游诸聚落，经历国邑，遂到其父所止之城。尔时穷子佣赁辗转遇到父舍，住立门侧。遥见其父、踞师子床，宝机承足，诸婆罗门、刹利、居士皆恭敬围绕，以真珠璎珞，价值千万，庄严其身；吏民、僮仆，手执白拂，侍立左右。穷子见父有大力势，即怀恐怖，悔来至此。窃作是念：此或是王，或是王等，非我佣力得物之处。不如往至贫里，肆力有地，衣食易得。若久住此，或见逼迫，强使我作。作是念已，疾走而去。时富长者于师子座，见子便识，心大欢喜，即遣傍人，急追将还。尔时使者，疾走往捉。穷子惊愕，转更惶怖，闷绝躄地。父遥见之，而语子言：我今放汝，随意所趣。穷子欢喜，得未曾有，从地而起，往至贫里，以求衣食。尔时长者将欲诱引其子而设方便，得近其子，他日以久，相与渐熟，与其姓氏名字。临欲终时，一切财物，皆与其子。[②]

①　引文见刊行本第3品。《东方圣书》卷21, pp.72ff.。

②　见刊行本第4品。《东方圣书》卷21, pp.98ff.。参见浦山：《佛教》, pp.317ff.。

诸佛如来，譬如良医，智慧聪达，明练方药，善治众病。譬如生盲丈夫虽闻其说而不信受。时有良医能知诸病。见彼生盲丈夫如是念言。其彼丈夫先有恶业今有病生。若其病生则有四种。所谓风黄与癊及以等分。时彼良医。为欲灭其病故。时彼良医。于生盲所发生悲悯。兴起如是方便思维。诣雪山王。得四种药。和而与之。时彼生盲，以方便相应故实时得眼。彼得眼已。内外远近日月光明星宿诸色皆悉得见。说如是言：呜呼，我甚愚痴。我闻先说本不信受。我今此时皆悉得见。我盲已脱，亦已得眼，无胜我者。如来真实功德，于一切法，以智方便而演说。知一切众生深心所行。如来法如同大云弥布遍覆世界。澍泽普洽卉木丛林及诸药草。小根小茎小枝小叶，中根中茎中枝中叶，大根大茎大枝大叶。诸树大小，随上中下，各有所受。一云所雨称其种性。如来所说法教，未度者令度，未解者令解，未安者令安，未涅槃者令得涅槃。如来无有偏狭平等无差如同良医亦如慈父。如雨水普降，泽洽大地，一切草木，皆得新欣。如来出世，泽润一切众生，令其欢喜安稳，平等安乐，犹如日月经天，普照大地。如来将护众生，平等无差，无有高下，亦无善恶。[①]

288

　　所有这些譬喻与寓言，本来可以非常艺术化也非常感人。但

　　"穷子"（浪子）的譬喻亦可见于《路加福音》XV，但两者的譬喻指向是不同的。我们不以为二者之间有何联系。另参见《印度和基督教》，p.46；C. 普依尼文，载《意大利亚洲学会学报》卷 17，1215 年，pp.129ff.。

　　① 见刊行本第 5 品。《东方圣书》卷 21，pp.119f.,122f., 128f.。

都因为经中的文字铺陈、冗长和啰唆而致使索然无趣，反而大大地削弱了故事的针对性与启发性。可以这么说，本经的特点之一便是语言冗繁、重复再三。读者在语词的旋涡中被弄得晕头转向，不知所以。观念最终淹没在语词的洪流中。本经对数目的使用更为夸张。动辄就宣称某位佛的寿命是四十千万亿大劫，其数如同恒河沙粒的数目；又说某佛修炼百千万亿大劫以后才进入涅槃。而一旦进入涅槃，他的教法又会在百千万亿佛国中住世。彼佛的国土数目有若将全印度都化作微尘的数目一样多。佛的教法又有一个从正法到像法，再到末法的不断衰微过程。正法之后的像法时期，也一样会延续百千万亿大劫，细数它的数目，有若将四大部洲全化成微尘那样的数目。佛法通行的宇宙，从空间上看，也有"二十千万亿"那么多的佛的国土。[①]

　　本经中对于佛的称叹最为夸张而无有节制。第 14 品中便充分体现出这种语词和数目的雄奇与荒诞。例如，佛用他的神通力使大地裂开，四围八面及上下的十方世界涌出了无量无边的菩萨；每个菩萨又领有六十恒河沙数的侍从随行，这无量无边的菩萨都要一一向佛陀礼敬。因此，五十大劫的时间都过去了，敬礼还在继续，而所有的大众也都静默无语。世尊凭借其神通，却使如此漫长的劫世让人觉得不过只是半天。佛陀还告诉惊异不止的弥勒，所有无量无边的菩萨都是自己的佛子。

　　同样显得非常夸张和没有节制的，还有经中的称叹方式。例如，奇特的地方在于，每当佛要说法或发挥其经文的意思时，甚至说

------

　　① 　见刊行本第 19 品，pp.376ff.。《东方圣书》卷 21, pp.355f.。

289　法者要宣扬佛法时，都必须先向佛称叹一番。例如，在第11品中，佛让空中出现了宝塔，而佛塔内部传来某位佛说法的声音。彼佛必定是无量大劫前就已经入灭的。彼佛一定会像下面的引文这样，说出"善哉善哉，释迦牟尼佛"的称叹：

（1）尔时东方释迦牟尼佛所分之身，百千万亿那由他恒河沙等国土中诸佛，各各说法，来集于此；如是次第十方诸佛皆悉来集，坐于八方。尔时一一方，四百万亿那由他国土诸佛如来遍满其中。尔时释迦牟尼佛，见所分身佛悉已来集，各各坐于师子之座，皆闻诸佛与欲同开宝塔。即从座起，住虚空中。一切四众，起立合掌，一心观佛。于是释迦牟尼佛，以右指开七宝塔户，出大音声，如却关钥开大城门。实时一切众会，皆见多宝如来于宝塔中坐师子座，全身不散，如入禅定。又闻其言：善哉，善哉！释迦牟尼佛！快说是《法华经》，我为听是经故而来至此。尔时文殊师利，坐千叶莲华，大如车轮，俱来菩萨亦坐宝莲华，从于大海娑竭罗龙宫自然踊出，住虚空中，诣灵鹫山，从莲华下，至于佛所，头面敬礼二世尊足。又有无数菩萨坐宝莲华，从海踊出，诣灵鹫山，住在虚空。此诸菩萨，皆是文殊师利之所化度，具菩萨行，皆共论说六波罗蜜。文殊师利言：我于海中，唯常宣说妙《法华经》。有娑竭罗龙王女，年始八岁，智慧利根，善知众生诸根行业，得陀罗尼，诸佛所说甚深秘藏，悉能受持。深入禅定，了达诸法，于刹那顷发菩提心，得不退转，辩才无碍。慈念众生，犹如赤子，功德具足，心念口演，微妙广大，慈悲仁让，志意和雅，能至菩提。①

　　（2）受持此《法华经》，乃至一四句偈，其福甚多。譬如一切川流江河，诸水之中海为第一；此《法华经》亦复如是，于诸如来所说经中，最为深大。此经能救一切众生者，此经能令一切众生离诸苦恼，此经能大饶益一切众生，充满其愿。如清凉池！能满一切诸渴乏者，如寒者得火，如裸者得衣，如商人得主，如子得母，如渡得船，如病得医，如暗得灯，如贫得宝，如民得王，如贾客得海，如炬除暗；此《法华经》亦复如是，能令众生离一切苦、一切病痛，能解一切生死之缚。若人得闻此《法华经》，若自书，若使人书，所得功德，以佛智慧筹量多少，不得其边。若书是经卷，华、香、璎珞、烧香、末香、涂香、幡盖、衣服，种种之灯——酥灯、油灯、诸香油灯、瞻卜油灯、须曼那油灯、波罗罗油灯、婆利师迦油灯、那婆摩利油灯——供养，所得功德，亦复无量。若有人闻是药王菩萨本事品者，亦得无量无边功德。若有女人闻是药王菩萨本事品，能受持者，尽是女身，后不复受。若如来灭后后五百岁中，若有女人闻是经典，如说修行。于此命终，即往安乐世界，阿弥陀佛、大菩萨众，围绕住处，生莲华中，宝座之上，不复为贪欲所恼，亦复不为瞋恚愚痴所恼，亦复不为骄慢嫉妒诸垢所恼，得菩萨神通、无生法忍。得是忍已，眼根清净，以是清净眼根，见七百万二千亿那由他恒河沙等诸佛如来。②

---

① 　《法华经》第11品。
② 　《法华经》第23品。

　　所有这些夸诞的言辞，特别是对经文本身的赞叹及其功德的称颂（仅仅听说十二部经的经名就可以除却无量重罪），其实也正是大乘佛典的普遍特色。① 这样的风格也正是印度教《往世书》的气息。事实上，《妙法莲华经》的每一行文字都会使我们联想到《往世书》的精神面貌。② 我们读着《法华经》中对佛陀的称叹，却有着《薄伽梵歌》中膜拜克里希那神的感觉。③ 但这样的感觉并不能让我们确定二者在时间上孰先孰后，因为我们至今不能断定克里希那崇拜或者《往世书》究竟是什么时候发生的。

　　更加困难的是无法确定《妙法莲华经》的形成时代，因为本经已经包含了不同时代的成分。那些纯正的梵文的散文长行和使用混合梵语的伽陀显然不是同一个时代的产物。④ 要知道，如果从内容来分析，它们也常常是各不相关的。长行与伽陀都多次提到本经是韵文性质的作品。也许最初本经完全是诗歌形式的，仅仅是前面的缘起（序分）部分和各个大段的经文文章，采用一些散

291

①　《观无量寿经》28（参见《东方圣书》卷49，p.195）中所说尤有意义：佛告阿难及韦提希，下品上生者，或有众生作众恶业，虽不诽谤方等经典。如此愚人，多造恶法无有惭愧，命欲终时遇善知识，为赞大乘十二部经首题名字，以闻如是诸经名故，除却千劫极重恶业。

②　H. 克恩指出《法华经》与《百道梵书》中有一些章句和词汇都极为相似，参见其《东方圣书》（卷21，pp.xvif.）。不管怎么说，这充分显示了佛教大乘经典同吠陀文献的某种联系。

③　这里恐怕要提醒读者，如果假定《法华经》受到了克里希那的崇拜、吠檀多以及《薄伽梵歌》的影响，则这种假设很有些风险。此说法出自 J.N. 法夸尔的《印度宗教文献》（pp.114f.）。

④　吕岱司认为，原初的经典采用的是普拉克里特语，纯正梵语化是后来的事。参见洪里：《梵文写本残篇》，pp.161f.。

文作为连缀。这些散文段落以后被加以扩充，分量有了增加。特别是诗歌中原先使用的语文，现在人们已经不熟悉时，就会用新的长行来替换它，然后再以散文复述。在论疏形式尚未形成的时代，散文长行便起到了解说诗歌的作用。① 因此，显而易见，正是那些只有长行而没有诗偈的章节，应该属于后起的内容（当然能够证明这点的还有别的理由）。诸如本经的第21—24品，看来主要是为了称赞菩萨而作的。但《妙法莲华经》从整体上看，目的仍然是要称赞释迦牟尼佛。诸菩萨中有一位叫作药王菩萨（善于医药的王子）的，在第21品中诵出了陀罗尼咒（Dhāranīs）。第22品中，菩萨经历了食用芳香，饮用香油十二年，以天龙衣裹身，再以香油沐身，点火自焚。毗荼的火在一万二千年间都不曾熄灭。药王菩萨自焚其身是为了以此壮丽的火祭，展现其对释迦牟尼佛的礼敬，以及对《妙法莲华经》的供养。第24品是为了称赞伟大的观世音菩萨——此世间最有力的救护者。这位救苦救难的菩萨只要闻听众生的呼喊，便立即前往拯救。凡有落在官府手中的人，哪怕已经被判处死刑的，只要至心祷告，刽子手的刀斧也会碎为数段；海船遇见风暴、商旅遇见强盗、妇人想求儿子或者形容妙好的女儿，只要他们向观世音菩萨虔诚祈祷，愿望没有不得满足的。经中本品还有一篇相当长的偈颂，专门称赞观音菩萨。但这首诗偈显然是后起的。并非所有的诗偈一定比散文更古老，有的伽陀

---

①　不过我们也不能简单地认为长行一定只是对伽陀的总结。例如，拿第1品来说，其中有长行散文，但我们发现散文所述的有些意思是独立的，并未针对伽陀加以解说。第2品中的主要内容倒是包含在伽陀中。第3品（父亲同儿子的譬喻故事）中，散文所说的已经偏离了伽陀，倒是伽陀更能紧扣主题。

明显是后来追补的。[①]

　　但话又得说回来，尽管本经的内容形成，在时间上看，有的较早，有的较晚。但从经文的风格看，又有很大的统一性。与《大事》和《普曜经》相比，显然《法华经》要更加严整和统一，尽管前两部经典中的确包含了最初时代的佛教理论与诗歌（但它们中有的段落章句又是很晚才形成的）。相对而言，《法华经》的整体部分，时间上要晚出很多。[②] 不过，我们若将《法华经》基本形成的时间定在一世纪，应该没有什么问题。因为本经中也引述了龙树的主张。而龙树的出生日期主要在公元二世纪末以前。[③]

　　《法华经》首次译成汉文在 223 年。今天已经读不到这个初译本了。但我们可以读到后来的不同时代的译本，如竺法护和鸠摩罗什以及阇那崛多和达磨笈多的译本。[④] 阇那崛多的译本叫《添品妙法莲华经》。它有一个经序，其中透露了一些信息：

　　　　《妙法莲华经》者……昔敦煌沙门竺法护，于晋武之世，译正法华。后秦姚兴，更请罗什译妙法莲华。考验二译，定

---

　　① H. 克恩：《东方圣书》卷 21, pp.xviiif.。尽管古本汉译中包含了 21—26 品，但他们的顺序似乎同梵本不一样。这就说明了它们最初是经中的《随附》，并非正文。参见 H. 克恩前所引书，pp.xxif.。

　　② 重要的是，H. 克恩刊行本（《东方圣书》卷 21, pp.xf.）中所引的材料是要证明《法华经》与《普曜经》包含之前的早期佛教材料，但他只是引述了《普曜经》（而引用《法华经》的例子）。

　　③ 参见艾略特：《印度教和佛教》II, p.52。

　　④ 参见南条文雄《佛教文库》X（5, 1912 年），前言，pp.iif.；巴格契前所引书 I, pp.87, 150, 186, 310, 322, 409; N.D. 米洛诺夫文，载《大不列颠和爱尔兰皇家学会学报》，1927 年, pp.252f.。

非一本。护似多罗之叶，什似龟兹之文。余捡经藏，备见二本。
多罗则与正法符会。龟兹则共妙法允同。护叶尚有所遗，什
文宁无其漏。而护所缺者，普门品偈也。什所缺者，药草喻
品之半。富楼那及法师等二品之初，提婆达多品、普门品偈也。
什又移嘱累在药王之前。二本陀罗尼并置普门之后。其间异
同，言不能极。窃见提婆达多及普门品偈。先贤续出，补缺
流行。余景仰遗风，宪章成范。大隋仁寿元年辛酉之岁。因
普曜寺沙门上行所请，遂共三藏崛多笈多二法师。于大兴善
寺重勘天竺多罗叶本，富楼那及法师等二品之初。勘本犹缺，
药草喻品更益其半。提婆达多通入塔品，陀罗尼次神力之后。
嘱累还结其终，字句差殊，颇亦改正。傥有披寻，幸勿疑惑。
虽千万亿偈妙义难尽。而二十七品，本文且具。所愿四辩梵词，
遍神州之域，一乘秘教，悟象运之机。聊记翻译，序之云尔。

该处说竺法护与鸠摩罗什所译的《法华经》所据原本并不一
样。[1] 此外，在新疆发现的《法华经》梵本残篇，也显示出与尼泊
尔今天所见的《法华经》属于不同的异行梵本。这说明当初就有不
同的流行本。大致说来，罗什的《妙法莲华经》译本篇幅要短一些，
虽然其中也有尼泊尔本子中没有的段落。[2] 不管梵文原本最初形成

———————

① 　《东方圣书》卷 21, p.xxi，注释。
② 　洪里和吕岱司刊行了中亚发现的《梵文写本残篇》，pp.132ff., 138, pp.162ff.。
还可以参见浦山：《大不列颠和爱尔兰皇家学会学报》，1911 年，pp.1067ff.；克恩：
《佛教文库》X，出版前言，pp.vff.；洪里：《大不列颠和爱尔兰皇家学会学报》，1916
年，pp.269ff.。据 N.D. 密洛诺夫（《大不列颠和爱尔兰皇家学会学报》，1927 年，

是什么时候，有一点是肯定的，如《法华经》的根本性质所显示，
它只能产生于大乘佛教的成熟阶段，特别是有关佛陀崇拜、舍利崇
拜、佛塔与佛像崇拜都确定下来以后。这也正是佛教艺术高度发
展的时期。当经文中动辄言称百千万亿那由他佛塔以供养佛舍利，
百千万亿数的寺塔的奇丽辉煌和极尽豪华奢侈的样状，至少让我
293　们相信，当时的印度及中亚总有至少几百座佛塔与佛寺吧。我们
同样还可以确信，在这些佛寺和佛塔中，如果有宝石点缀的佛画，
有檀香木或金铜铸造的佛像，寺墙上和塔壁上如果也有宏伟的精
美浮雕或壁画，应该都不是太过稀罕的事物。① 而从另外一面，我
们又可以看到《法华经》这样的大乘经典对于佛教艺术的推动作
用。② 无论在中国还是在日本，《法华经》都是首屈一指的说法示
教经典。中国赴印度游学的僧人义净曾经说到他的老师慧智尤其
重视《法华经》。后者在六十年的修行中，每天都要至少读诵《法
华经》一遍。慧智在死前总共读诵《法华经》达两万遍。③ 哪怕在
今天，在日本法华宗系的寺院中，本经也仍然是最神圣的第一典籍。
该宗派在 1252 年由日莲上人所创立。《法华经》也是中国天台宗

---

pp.252ff.），写本残篇分为两个部分。一部分属于古写本，属五至六世纪。另外的则属
于七世纪。此外，参见 F.W.K. 缪勒在中亚发现的回鹘文《法华经》古写本残篇（《柏林
科学院哲学史部论文集》，1911 年，pp.14ff.）。吕岱司：《普鲁士科学院会议通讯》，
1914 年，p.99.本达尔将他发现的尼泊尔写本《法华经》判定在四五世纪（《大不列颠
和爱尔兰皇家学会学报》，1901 年，p.124，注释）。

① 特别参见第 2 品第 77 个伽陀，见《东方圣书》卷 21，pp.50f.。
② 参见姊崎正治：《佛教艺术及其与佛理想的关系》，pp.16f.。
③ 参见高楠顺次郎英译义净之《南海寄归内法传》，p.205。

的根本教典。当然，天台宗在日本佛教中也居重要的地位。[①]

2.《大乘庄严宝王经》

这是一部很长的大乘经典。它的形成要说也只有一个目的——歌颂观自在菩萨。我们知道《妙法莲华经》中的第24品，整整一个章节都在赞叹观世音菩萨。我们在这里说的这部篇幅颇大的大乘经，名叫《观世音功德因缘箧庄严》（*Avalokiteśvara-Gunakaraṇḍa-Vyuha*），但它通常只被称为《功德因缘箧庄严》（*Gunakaraṇḍa-Vyuha*，亦名《功德因缘集详解》）。本经梵本有两个本子。产生的时间一前一后。早期本子是长行本，后来出现的为偈颂体。[②] 后者的神学基础是有神论的世界本源说。它叙述了万事万物之先的本初佛（Adibuddha）。本初佛也被称为自生者或根本主。这位至上的存在者凭借禅定的力量创造了世界。观世音也是从这个自有本有的精神存在中生出来的。他不仅是本源，也是动力，因为他也参与了世界的创生。从他的身体中生出了诸神。

294

---

① 参见南条文雄：《十二宗纲要》，东京，1886年，pp.68ff., 132ff.; 山上曹源：《佛教思想系统》，加尔各答，1912年；K.J.绍德斯：《佛教史分期》，芝加哥，1924年，pp.60ff., 120ff., 146ff.; 李提摩太：《高佛教中的新约全书》，爱丁堡，1910年，p.127; W.M.麦戈文：《大乘佛教导论》，伦敦，1922年，pp.208f., 222。该书中的"汉译法华经摘要"据称包含了该经的基本核心。由T.理查德译成英文，参见其前所引书，pp.147-261。

② 其散文本由萨地耶毗拉塔（Satyavrata）刊行：《萨罗悉拉米》（*Sarāśramī*），加尔各答，1873年（另据印度政府图书馆目录，另有一个刊行本1872年在塞兰坡出版）。参见E.布努夫：《导论》，pp.196-206；R.密特拉：《尼泊尔佛教文献》，pp.95f., 101ff.; C.本达尔：《目录》，pp.9ff.; H.夏斯特里：《尼泊尔达帕图书馆所藏写本目录》，加尔各答，1895年，p.89；浦山：《宗教伦理百科全书》卷2，pp.259ff.。

令我们自然联想到晚期的《往世书》，不仅有《功德因缘箧庄严》的序文，更有本经的语言和韵律风格。我们知道，早在四世纪，佛教徒中就已经萌生了世界产生自本初佛的信念。[①] 也正是在那个时期，对观音的崇拜开始流行起来。中国僧人法显在 399 年前往印度。他在归国的海途中遇见大风暴。那艘从锡兰驶出的海船几乎葬身鱼腹。法显在船上虔诚地向观音菩萨求助，终获平安。最早的观音画像大约出现于五世纪。[②] 由于这些原因，我们认为《观世音功德因缘箧庄严》理应形成于四世纪之前。虽然也有相反地证明其时间上更晚的证据，例如藏文《甘珠尔》中的本经是在 616 年译出的[③]。经文为散文体，其中没有提到本初佛。在这个散文体的佛经中，有一品是密教风格的。也许它根本就不是古本[④]。梵本和藏

295

---

①　马特耶那塔认为《大庄严论经》中（IX, 17）"实无本初佛"的说法就是一个证据。参见浦山：《印度与基督教》，p.182。

②　L.A. 瓦德尔，《大不列颠和爱尔兰皇家学会学报》，1894 年，pp.57f.。A. 福涉尔：《印度佛教造像研究》(*Études, sur L'iconographie Bouddhique de l'inde*, Bibli. Dc l'école des hautes études, t.13)，巴黎，1920 年，pp.97ff.。浦山：《宗教伦理百科全书》卷 2，pp.256ff.。

③　例如可见浦山：《宗教伦理百科全书》卷 2，p.259。

④　*Ratna-Kāraṇda-Vyūha-Sūtra* 这部经在汉文大藏中有二译：（1）西晋竺法护所译之《文殊师利现宝藏经》（270）；（2）刘宋求那跋陀罗所译之《大方广宝箧经》（435—468）[见南条文雄汉译《大藏经目录》第 168 号及以下。另见巴格契前所引书 I, pp.96, 380; A. 弗尔克：《北京版藏文大藏经目录》；《柏林图书馆的奥斯塔斯·桑姆林奇》(*Ostas Sammulngee der k. Bibliothek zu Berlin*), 1916 年, Nos.623, 1069]。但可惜的是，我们并不知道这两部经典所据原本与北宋时天息灾所译之《大乘庄严宝王经》（980—1001）的底本是不是同一个。该汉译本天息灾的那部经梵文原名为"Kāraṇda-Vyūha-Sūtra"。寂天的《集菩萨学论》(pp.6, 365) 也两次提及《大方广宝箧经》。但藏文《甘珠尔》中的 Kāraṇda-Vyūha 与 Ratna-Kāraṇda 是两部不同的经（参见乔马·德·科洛斯：《吉美博物馆年鉴》II, pp.243, 246）。

译本的本经基本观念都是称颂那位神奇的救苦救难的观世音菩萨。所谓"观世自在"，下视整个世间的一切众生。[①] 在这里观世自在菩萨完全体现为菩萨精神：为了令世间的众生可以得到救护，他自己却拒绝入灭成佛。他唯一的使命就是体现救助众生的教义。帮助受苦受难的人们脱离灾难、疾病与困厄，实现他无限的慈悲，他甚至不惜背负罪恶。[②] 哪怕堕入地狱也在所不顾。《功德因缘集详解》的前面几品叙述观音下到阿鼻地狱中去拯救那些在其中辗转呼号的有情众生。在任何苦难的场合，观世音的足迹所到，烈焰转为清凉。那些翻滚着热油的锅釜，从中都有莲花冒出来。无论是什么样的苦不堪言之处，都转化成为欢乐的场所。[③]

　　观世音从地狱来到饿鬼界，同样解救了其中的鬼魂。他用食

296

---

　　① 《功德因缘箧庄严》中自己是这样解释"Avalokiteśvara"（观自在）一名的（据布努夫：《导论》，pp.201f.）。还有其他一些释名，参见浦山文，载《宗教伦理百科全书》卷 2，pp.256f.。H. 齐默尔（《印度-伊朗论文集》I，1922 年，pp.73ff.）指出所有这些不同释名的矛盾之处，并提出他自己的解释：观自在，意味着菩提主——他得了大菩提但却不愿成佛，仍然做菩萨直到所有众生都得解脱。不过，他的这种解释也不能让人完全服气。因为我们多半不能说服自己观自在，怎么就能够有了无上正等正觉的意义。有关观音的形象描绘，可以参见 A. 福涉尔：《佛教造像》1，*Inde*，pp.97ff.；A. 格提：《北传佛教诸神》，牛津，1914 年，pp.54ff.。

　　② 有人认为观世音曾言：为不让世间众生失望于对他的期待，菩萨甚至有意犯罪以堕入地狱去救苦。

　　③ 参见 E. B. 考威尔：《语言学学刊》卷 6，1876 年，pp.222ff.（《印度古籍》，pp.Viii，249ff. 中有重印本）；L. 舍尔曼：《异相文学》，pp.62ff.。考威尔比较了尼可迪姆斯的伪福音书，从基督教传说中发掘出印度的故事原型。不过我们认为这种相似性不能说明历史上真的就有这样的宗教联系。《印度和基督教》，pp.77ff.。观世音到地狱的传奇是《玛根德耶往世书》中的毗帕西王传奇的原型，参见《吠陀文献》，p.535。亦见 J. 恰彭吉耶：《辟支佛故事 I》，p.118。奥地利诗人宝林的《善科宁往地狱记》的取材便来自佛教故事 [《诗歌、选择和遗产》（*Gedichte, Auswahl und Nachlass*），斯图加特，1895 年，pp.217ff.]。

物帮助那些被饥渴煎熬的鬼魂。这位菩萨最后又来到锡兰岛,在那里劝化了吃人的罗刹鬼;他又来到波罗奈斯,给那些再生为蚊蚋蚂蚁的昆虫说法;他巡游到摩揭陀国,拯救了在大饥荒中奄奄一息的众生。他在锡兰化现为巴拉哈(Balāha)——长翅膀的飞马,从海难中拯救那些被引诱落水的冤魂,并驮负他们离开荒岛,使其得到再生。[①]

观世音不仅是满心慈悲的救助者和安慰者,更是令一切诸神从其身体中出生的宇宙本源。

> 日月生自他的双眼,大自在天从他的眉额生出,大梵及诸天从他的肩上生出,那罗延大力神从他的心出生,辩才天从他的两颊生出,风神从他的口唇出生,大地之神从他的足背生出,婆楼那从他的胃脏生出。[②]

但在我们看来,他也就是真正的菩萨。我们称赞他种种的善功德:

> 谛听,善男子。菩萨观世音,为世之大雄。盲眼者灯炬,庇护世间众,不为赤日烧灼;于渴死之人,其为清凉河。人有恐畏彼赐安乐,人有病痛彼作医王,将堕地狱者,彼示涅槃道。彼是菩萨功德之本,世间一切众生所仰。凡有称念其名者,

---

① 《本生经》,第196篇。其中所说的飞马便是佛陀前生。《功德因缘箧庄严》中漂流到锡兰岛上的商人僧伽罗便是前生的释迦牟尼佛。

② 本经刊本第14页。

皆得逢凶化吉，终脱轮回道，不受无常老死。世人若有贤智，皆以香花供养，观世自在菩萨。①

长行本《功德因缘箧庄严》第2品的主干部分，风格上属于怛特罗（Tantra）密咒。宗旨在于称赞观音的六字大明咒——即那个守护性质和祈祷性质的"唵嘛呢叭咪吽"神咒。即令今天也仍 297
然是挂在人们嘴边的"祈祷文"。当然在一切庄严的场合，无论祈祷轮、转经筒或是经幡经幢，都会书写这个咒语。本经中以极其夸张的文字称叹了六字大明咒的功效。它这样写道：

　　此六字大明咒，是观音菩萨深意密意。一切众生，得此深密，便得大解脱。"世间众生，若有宣说此六字大明咒者，世尊，我乃乐意施彼四大部洲充满七宝。世尊，若世间灭尽，无有一片桦树皮，无有一笔，无有一滴墨可以书写此大明咒者。我愿以我血作墨，以我皮作纸，以我骨作笔，书此六字大明咒。世尊，似此书写，无损我体至一毫毛。世尊，彼作书者，即是我之父母，亦为导师中之导师。"②

　　善男子，我虽犹能计量四大海之一沙一粒，然犹莫能计量汝仅诵此六字明咒之无边功德。③

_____

　① 本经 p.48。
　② 本经 p.69。
　③ 本经 p.70。参见浦山：《宗教伦理百科全书》卷2，pp.259；H. 齐默尔：《印度宗教崇拜中的艺术形式及瑜伽》，柏林，1926年，pp.167ff.。"唵嘛呢叭咪吽"的真言很有可能是礼赞宝莲花的方式。宝莲花是女性形态的观世音。参见 F. W. 托马斯：《大不列颠和爱尔兰皇家学会学报》，1906年，p.464；艾略特：《印度教和佛教》Ⅲ，pp.396f.。

3.《无量寿经》和《阿弥陀经》

观世音菩萨同《无量寿经》的本尊阿弥陀佛有很深的亲缘性。《无量寿经》的经名字面意义就是"极乐世界的详细描写"。该经对无量寿佛（阿弥陀佛）的称赞，一如《妙法莲华经》之称赞释迦牟尼佛，以及《观世音功德因缘篋庄严》之称扬观自在菩萨。《无量寿经》和《阿弥陀经》的梵本今天尚存。前者因为篇幅较大而称《大经》，后者只是一部短经，因此称为《小经》。两部经都被冠以 Sukhāvai-Vyūha（极乐庄严）之名 [1]，但其内容却很不一样。虽然两者都意在描绘阿弥陀佛的"极乐国土"[2]，《大经》与《小经》之间，不但《小经》的序说不一样，就是对极乐佛土的描写也不一样。有关净土的性质取向更是不同。《大经》宣称，一切众生若能多积功德，一心向往西方净土，这样的人在临命终时，若称念阿弥陀佛，就可以往生"极乐国土"。但该经并不否认如果仅仅归向阿弥陀佛，也就足以往生弥陀净土。另一方面，《小经》（《阿弥陀经》）则明白地宣布，能够往生弥陀净土，并不是积功累德的结果。无论什么人，只要临命终时一心称念无量寿佛的

① M. 缪勒和南条文雄刊行了大经与小经（《牛津亚洲文献·雅利安丛书》，卷1，第2部分，牛津，1883年）；M. 缪勒有英译本，参见《东方圣书》卷49，第2部分。鸠摩罗什汉译的小经由日人今泉和山田合译为法文。见《吉美博物馆年鉴》II，pp.39ff.。

② 关于阿弥陀佛，参见浦山：《宗教伦理百科全书》卷1，pp.98f.；A.格伦威德尔：《印度佛教艺术》，pp.169ff.；A.格提《北传佛教诸神》，牛津，1914年，pp.36ff.。

名号，都一定可以往生彼佛国土。再进行比较，我们知道《大经》
的形成时代要早一些。

《大经》（《无量寿经》）中，出场的释迦牟尼佛的背景是
王舍城灵鹫山。环绕佛周围的则是数千比丘、佛弟子及菩萨等。
佛与其弟子阿难的对话中，他历数了过去八十一佛的名号。其中
的最后一位称世自在王，他指示了法藏比丘如何往生佛土。正是
这位法藏比丘，凭着他在前生往世的大誓愿，又信实地修习菩萨
功德，经过无量大劫而再生于西方极乐国。他的名字就叫阿弥陀。
他从那里放射出无边的光芒（因此他才被称作无量光佛）。在这
位佛的国土（又称极乐安养的天堂），没有地狱、饿鬼、畜生、
阿修罗诸道。在极乐世界，只有无限的馨香，生长着百千种颜色
的宝树，开放着神奇的巨大莲花。这世界中没有高低不平的地面，
地上平坦得如同人们的手掌。河流欢快地流淌，河水甘甜，流水
淙淙，有美好的乐音。敬佛的众生身形健美，容貌俊好，尽情享
受着所欲的欢乐，满心怀着敬佛的意念，虔诚地思念阿弥陀佛。
这里没有人天的区别，也没有白天与黑夜的差异。此世界中只有
光明没有黑暗。此土的阿弥陀佛受到始终不渝的称赞。无论何人，
只要怀着敬佛之心的，只要致力于修行善功德的，只要思念成就
菩提的，只要一心祈望往生彼国佛土的，临命终时，阿弥陀佛一
定亲自来迎接他。他一定可以去到彼佛国土。事实上，只要能够
哪怕在一念之间念佛的，都可以如愿得以往生。不单如此，极乐
世界是这样的理想，其中甚至没有女性出生。那里的人出生时都
坐在莲花中，只要他们笃信阿弥陀佛，或者他们被包含在莲花瓣中，
只要他们在过去世中往生的信念不曾有过动摇。所有在极乐国土

299

出生的人，都能安享快乐与清净、智慧与安宁。

　　同所有我们知道的大乘经典一样，《无量寿经》对于无量光佛的光辉和彼佛国土的壮丽，也都使用了差不多一致的词语和极度夸张的数量词来进行描绘（加以庄严）。

　　《大经》据说有过十次汉译。汉文佛教三藏中今天还保存有五个译本。其中最早的译出时间是147—186年。至于《小经》，曾被三次译为汉文。首译者是鸠摩罗什（402），第二次汉译者是求那跋陀罗（420—479），玄奘译出是第三次（650）。①

---

　　① 大部分带有·"无量寿经"和"无量光经"标题的都由相应的梵文而来。参见《极乐庄严》刊行本，《牛津亚洲文献》，pp.ivff.；《南条文雄目录》，第 23 号（5），pp.25-27, 199, 200, 863；弗尔克：《北京版藏文大藏经目录》，第 42 号等，pp.429ff., 562, 639, 179；巴格契前所引书 I，pp.24, 76f., 192, 287。藏文《甘珠尔》中，《阿弥陀经》也有显示为《无量寿经》的。乔马·科洛斯：《吉美博物馆年鉴》II，pp.214, 243, 245。梵名 Sukhāvatyamṛtavyūha，全一卷，又称《一切诸佛所护念经》《诸佛所护念经》《小无量寿经》等。收于《大正藏》第十二册，净土三部经之一。原典约编纂于北印度阿弥陀佛信仰盛行，《大无量寿经》原型成立后，即在一世纪左右。汉译本于姚秦弘始四年（402）由鸠摩罗什译出。译出后异译有二本，一为刘宋孝武帝孝建（454—456）初年求那跋陀罗所译之《小无量寿经》一卷，早已散失，现仅存咒文与利益文；二为唐高宗永徽元年（650）玄奘所译之《称赞净土佛摄受经》一卷，亦收于《大正藏》第十二册。罗什之译本，译文简洁流畅，为世人普遍接受。内容叙述阿弥陀佛西方净土之清净庄严，诸佛真诚赞叹众生之往生净土、六方诸佛之印证及持名念佛等，使净土信仰明确而平易。本经之注疏甚多，较重要者有智顗之《阿弥陀经义记》一卷、善导之《阿弥陀经法事赞》二卷、慧净之《阿弥陀经疏》一卷、窥基之《阿弥陀经疏》一卷及《阿弥陀经通赞疏》三卷、元晓之《阿弥陀经疏》一卷等。本经梵本近代由牛津大学刊行，日本因为近代佛教以净土宗为一大主力，因之净土经典广有研究，荻原云来编有《梵藏和英合璧净土三部经》，木村秀雄著有《小无量寿经》《无量寿经述义》《梵藏汉对堪极乐净土》。《出三藏记集》卷 2。《开元释教录》卷 4、卷 5、卷 8。《至元法宝勘同总录》卷三。［荻原云来（1869—1937），净土宗僧人，佛教梵语学者。明治十八年（1885）入东京净土宗学分校。修学十年，至明治二十八年毕业，明治三十年任该校教授。又二年赴德国留学，于斯特拉斯堡大学师从 E. 劳曼习梵文学。明治三十八年（1905），获哲学博士学位，归国后任东京宗教大学教授。大正九年（1920），住持东京浅草誓愿寺，主持《梵语大辞典》编修。——译者］

除了《大经》和《小经》，还有一部仅见于汉译本的《观无 300
量寿经》。① 其对于极乐国土的描写不多，主要叙述对无量寿佛作
观想的方式。观想无量寿佛是去往佛国的途径。甚为可惜的是，
此经梵本已经佚失。本经的序言中讲述了这么一个故事。巴利文
经典中也有这个关于瓶沙王和阿阇世王的故事。② 多少世纪以来，
有关佛国乐土的这三部经典，成为了中国、日本诸国大多数佛教
徒崇奉的经典。对弥陀或阿弥陀（日本人发音为 amida）的信仰，
给人们以极大的安慰和信心，成为他们的憧憬与企望。这三部经
典是日本净土宗和真宗的根本经典。③

除了描写阿弥陀佛庄严佛国的三部净土经典，还有一部专说
阿閦佛（Akṣobhya，意为"不动"）的经典④，名为《阿閦佛国经》
（Akṣobhyavyūha）。另有一部说莲花上佛（Buddhapadmotara）的《悲
华经》（Karuṇāpuṇḍarika）⑤。这位莲花上佛的寿数长达三十大劫。

---

① 高楠顺次郎英译：《东方圣书》卷 49，第 2 部分，pp.159ff.。绍得斯：《佛教史
分期》，pp.85ff.。

② 参见 H. 克恩：《佛教》I，pp.243f.。S. 哈代：《佛教纲要》，1860 年，pp.317f.。

③ 南条文雄：《日本佛教十二宗纲要》，pp.140ff.，122ff.。《牛津亚洲文献》卷 1，
pp.xviiiff.。H. 哈斯：《阿弥陀佛吾之救护者》，载《如何理解日本净土佛教》，莱比锡，
1910 年。绍德斯前所引书，pp.176ff.。

④ 本经仅传于汉地及藏地。由支娄迦谶汉译。唐代菩提流支曾再译。藏译本经保
存于《甘珠尔》中，被当作宝积部经典之一。见《南条文雄目录》中第 28 号；巴格契前
所引书 I，p.43；乔马·科洛斯：《吉美博物馆年鉴》II，p.214。汉文《宝积经》中还有
一部同样梵文也散失了的《文殊师利佛土功德庄严》。参见弗尔克：《北京版藏文大
藏经目录》，p.181；科洛斯：《吉美博物馆年鉴》II，p.215。关于文殊师利，参见浦山：
《宗教伦理百科全书》卷 8，pp.405ff.。

⑤ R. 密特拉：《尼泊尔佛教文献》，pp.285ff.。C. 本达尔：《目录》，pp.73f.；佛教
经典学会曾作刊行，加尔各答，1898 年，可惜至今未见。烈维的吐火罗语文（库车语文）
的《悲华经》故事残篇已经刊行，见 S. 烈维：《维尔海姆·托姆森纪念文集》（Festscrift
Wilhelm Thomaen），莱比锡，1912 年，pp.155ff.。

此经的风格颇类似于譬喻故事的经典。本经又先后两次译成汉文，首译在 385—433 年，次译在 558 年。[①]

4. 般若经

301　　截至目前，我们所介绍的均为大乘佛教中称赞佛陀和菩萨的信仰主义经典。大乘中还有一类理性主义色彩的经典，它们具有深刻的哲学思考性质。这也是佛教经典中普遍受到尊重的波罗蜜多类作品[②]。此类经典之所以重要，是因为它们深具宗教哲学史的价值。单纯从内容上看，它们探讨的是菩萨的六种波罗蜜多功德。波罗蜜多，或称波罗蜜，梵语 pāramitā，巴利语 pāramī 或 pāramitā[③]。字面意义为渡过、过渡，引申义即自生死迷界之此岸而至涅槃解

① 《南条文雄目录》第 142 号。巴格契前所引书 I, pp.2127f.。L. 费尔已将藏文本大藏目录译成法文。见《吉美博物馆年鉴》V, 1883 年，pp.153ff.。另见科洛斯：《吉美博物馆年鉴》II, pp.239ff.。［本经首次汉译者为北凉昙无谶。收于《大正藏》第三册。本经说明阿弥陀佛及释迦等之本生，并以对照方式叙述净土成佛与秽土成佛之思想，尤特别称扬释迦如来秽土成佛之大悲。本经现有二种译本，除本经外，另有《大乘悲分陀利经》，凡八卷，三十品，姚秦译者佚失。据《出三藏记集》卷 2 载，或谓本经为东晋道龚和尚所译。又据《开元释教录》载，本经共有四译，即西晋竺法护译《闲居经》一卷、《大乘悲分陀利经》（姚秦译者佚失）、北凉道龚译《悲华经》十卷、昙无谶译《悲华经》十卷。189 年，印度佛教学者钱德拉·达斯复原本经梵本，其中有《转法轮》《陀罗尼》《弃施》《菩萨授记》《布施》等五品。藏译本有胜友、天主慧、智慧铠及西藏智慧军等撰，凡十五卷、五品。据《出三藏记集》卷 14、《历代三宝纪》卷 9、《大周刊定众经目录》卷 3、《开元释教录》等。——译者］

② 般若波罗蜜多既意味着最高智慧，也意味着讨论这种智慧的文字。

③ 大乘同小乘一样许多时候也说十种波罗蜜多，但多数情况下大乘强调的是六种波罗蜜多：布施、忍辱、持戒、精进、禅定与般若。参见《法集》17，也参见本书边码第 148 页注释 1。

脱之彼岸。转义为过程或手段，再转为达致手段的修行，大乘中指菩萨修行，菩萨之大修行具有大成果，故称成事究竟。般若经类起初所讨论的是菩萨的六种修行，其中特别强调的是般若波罗蜜（Prajñā-Pāramitā）。般若，又称智慧。作为认识能力，智慧是对"空"（Śūnyatā）的洞悉认识[1]。所谓空指一切事物（亦即现象）的缺无实体性。因此，这就规定了这样的信念，作为思想对象存在的一切诸法的存在本身，都不可避免地具有条件性与相对性。有证据说明般若波罗蜜多经类是最早的大乘经。首先，这是因为我们可以看到那些从巴利圣典时代以来就为人们所熟知的经典的问答形式。此类大乘经典仍然明显地保留了经文的问答体。其次，在此类出场的佛陀（他在经中被称为"世尊"或"薄伽梵"），总是同他的弟子尤其是叫须菩提的展开问答[2]。而在另外的大乘经中，与佛祖对答的总是某位菩萨。早在 179 年，最初的汉译般若

[1] 参见本书边码第 222 页。汉文《鸠摩罗什传》说，对空的信仰，愚夫不解，以为空中无有痕迹才是空。直到师傅向他指出空中仍有那么一道细丝……据此我们认为，这里的师傅便是佛陀自己（参见《八千颂般若经》刊行本，pp.225ff.）。此诸（般若）经典教授六波罗蜜，如来逝后，流行于南天竺，由彼辗转向东天竺，由东再辗转向北天竺。姉崎正治：《宗教伦理百科全书》卷 4，p.838（其中的"西天竺"误，应为"东天竺"）。（梁《高僧传》中的鸠摩罗什传，说到罗什与他老师盘头达多在讨论空的迷惑。原文如下：师谓什曰：汝于大乘见何异相而欲尚之？什曰：大乘深净明有法皆空。小乘偏局多诸漏失。师曰：汝说一切皆空甚可畏也。安舍有法而爱空乎？如昔狂人，令绩师绩锦，极令细好。绩师加意，细若微尘。狂人犹恨其粗。绩师大怒，乃指空示曰：此是细缕。狂人曰：何以不见？师曰：此缕极细。我工之良匠，犹且不见，况他人耶？狂人大喜，以付绩师。师亦效焉皆蒙上赏而实无物。汝之空法亦由此也。什乃连类而陈之，往复苦至经一月余日，方乃信服。——译者）

[2] 关于大乘中和巴利佛经中的须菩提的区别，参见 M. 瓦勒塞尔：《须菩提的语辞学》（Die Strtlosigkeit des Subhuti），海德堡，1917 年。

经便已经问世了。在印度般若经的出世自然应当在此之前。它最初似乎出现在印度南方，以后才传播至东方和北方。

302　　　依据尼泊尔的传统，最早的般若经是《般若波罗蜜多大乘经》（*Prajñā-Pāramitā-Mahāyāna-Sūtra*），其有 125000 个偈子。《般若波罗蜜多大乘经》是散文体的，但在印度，即令是散文经典也是按每 32 个章节来分小段的，这个小段也称作 Śloka，也就是"偈"。而大部头的般若经经过节略改写，分别成为了十万偈颂的、两万五千个偈颂的以及八千个偈颂的经典。传统上还有一种说法，认为最初的般若经是八千颂的，以后分量逐步增加上去，成为了各种分量不一的般若经 [①]。后一种说法显然更加合乎常识。不管怎么说，篇幅长短不一的般若经类的不同梵本，在印度早已流通。而等到传向东方，传向中亚和中国汉地及藏地，长篇偈颂的经文便增加起来。玄奘所翻译的大般若波罗蜜多经，其所改译与翻译的数量便达到 12 部。其中最大的有十万颂，最短的则有 150 颂。在汉文《大藏经》中，部帙最为浩大的当算般若经类 [②]。藏文《甘珠尔》

---

① 参见 R. 密特拉：《八千颂般若经》，刊行本，pp.ivf.；布努夫：《导论》，p.414；哈拉普拉沙达：《报告 I》，pp.19f.；《印度历史季刊》卷 1，1925 年，pp.211ff.。

② 《十万颂般若经》首次汉译在 179 年。至十世纪再次重译。参见《南条文雄目录》第 5—8 号；巴格契前所引书 I，pp.40, 156, 186f., 289。《十万颂般若经》相当于玄奘所译《大般若波罗蜜多经·初会》第 400 卷，第 79 品（《大正藏》第五册，p.220）。《二万五千颂般若经》在 286 年、291 年、404 年三次译出［分别在汉译般若经中称为：（1）《光赞般若》10 卷 27 品，竺法护译，《大正藏》第五册，p.222；（2）《放光般若》20 卷 90品，无叉罗译，《大正藏》第五册，p.221；（3）《大品般若》27 卷 90 品，鸠摩罗什译，《大正藏》第五册，p.223］。见《南条文雄目录》，第 2—4 号；巴格契前所引书 I，pp.86,185f.；《七百颂般若经》即 502—557 年由曼陀罗仙译出之《文殊师利所说摩诃般若波罗蜜多经》2 卷，《大正藏》第五册，p.232，《南条文雄目录》，pp.21-22；《五百颂般若经》

中，般若经有 21 大册构成的般若部。这中间的般若经有十万颂的、二万五千颂的、一万八千颂的、一万颂的、八千颂的、八百颂的、七百颂的和五百颂的不同译本。其中那本名为《能断金刚般若经》（*Vajracchedikā*）的，有 300 颂。此类经典还有偈数甚至字数更少的，如称"少字数或极少字数般若经"，甚至于有称《圣一切如来母一字般若经》的，梵文名为 *Bhagavati-Prajñā-Pāramitā-Sarva-Tathagāta-Matā-Ekakṣari*，意思是"（依此经典）佛教般若智慧被凝聚性地保存在唵之一字音中"。① 以下是传承至我们今天的梵文般若经典：《十万颂般若经》②《二万五千颂般若经》③《八千

303

428—479 年由翔公译出，名为《濡首菩萨无上清净分卫经》，2 卷，《大正藏》，第八册，p.234；见《南条文雄目录》第 16 号；巴格契前所引书 I, pp.104f.；《百五十颂般若经》数度译出于七至十世纪（《理趣经》之类本，如玄奘所译之《大般若波罗蜜多经》第 10 会，《般若理趣分》，1 卷，见《南条文雄目录》第 18 号，pp.879, 1033f.；《金刚般若》1 卷，鸠摩罗什译，《大正藏》第八册，p.235，异译本还有一些。见《南条文雄目录》第 10—15 号；巴格契前所引书 I, pp.192, 253, 255, 425。其他还有一些般若经译本，参见《南条文雄目录》，17；巴格契前引书 I, pp.44ff.；除了从印度来的翻译的般若经，中国人也有许多针对般若经的原生著作。参见奥托·弗朗克：《东亚研究期刊》卷 4, 1915—1916 年，pp.207ff.。

① 参见乔马·科洛斯：《亚洲研究》卷 20, 1836 年，pp.393ff.；《吉美博物馆年鉴》II, pp.119ff.。有关汉文或藏文般若经的书目，参见瓦勒塞尔：《般若经》，pp.15ff.。

② P. 戈萨之刊行本：《印度文库》，加尔各答，1902—1914 年（第 19 辑，到 1926 年为止不再出版）。见 R. 密特拉：《尼泊尔佛教文献》，pp.177ff.；C. 本达尔：《目录》，pp.143-148。关于中亚发现的汉文及吐火罗文的《十万颂般若经》残篇，可以参见洪里、沙畹及烈维的撰述，见霍恩勒之《梵文写本残篇》I, pp.387ff.。"般若经残篇"属于《十万颂般若经》。但似乎该本要短一些，后由学者 B.B. 比迪亚宾诺整理出版，载《中亚所见般若经写本残篇》（《印度考古调查纪念文集》32），1927 年。

③ R. 密特拉前所引书，pp.193f.；C. 本达尔前所引书，pp.144f.。H. 夏斯特里：《梵文写本解说目录》，载《亚洲学会孟加拉分会辑本 I》，pp.10ff.。

304　颂般若经》^①《二千五百颂般若经》^②《七百颂般若经》^③ 以及《能
断金刚经》^④，更还有《少字般若经》^⑤ 和《般若心经》^⑥。后面两
部经通常是当作陀罗尼咒来使用的。

　　极有可能，最早的般若经篇幅本就是《八千颂般若经》。它
一方面是后来扩充成为大般若经的基础，另一方面它有内容以后

① R. 密特拉刊行本，收于《印度文库》（加尔各答，1888年）。第XVIII章由H.夏
斯特里英译，载《佛教经典学会学报》卷2，1894年。M.缪勒有经本摘要的德文翻译，
见《般若波罗蜜多：无上菩提智慧的经典——梵汉藏原本对刊》，载《宗教历史根源》，
哥廷根，1914年。寂天的《集菩萨学论》中经常引用《八千颂般若经》《大般若经》《圣
般若经》《薄伽梵般若》。本达尔：《集菩萨学论刊行本》，p.369。《大不列颠和爱
尔兰皇家学会学报》，1898年，pp.870ff.。
② C. 本达尔：《目录》，pp.123f.。
③ C. 本达尔：《目录》，pp.5f.。
④ M. 缪勒：《日本佛教文献》，载《牛津亚洲文献·雅利安丛书》卷1，part
1，1881年刊行，英译本。M.缪勒发表于《东方圣书》卷49，第2部分，pp.109-144。
C. 德·哈勒兹法译：《亚洲学报》，1891年，s.8，t.XVIII，pp.440ff.。德译见瓦勒塞尔前
所引书，pp.140-158。梵文全本及和田语文本由A.斯坦因在新疆西部发现并刊行。另有J. E.
Pargiter英译刊行其梵文部分；而S.科诺夫对和田语文本刊行。参见洪里：《梵文写本残篇》I，
pp.176-195，214-288。残篇开头部分以及《百五十颂般若经》已有刊行本（梵文本所缺用
和田语文本补齐）。E. 劳曼：《北印度语文及文献》，pp.56ff.，84ff.。藏文本刊行及德译，
见T.Y. 施密特：《圣彼得堡学院纪念文集》，t.IV，1837年。满文本及德译，见C. 德·哈勒
兹：《维也纳东方文化论文集》卷11，1897年，pp.209ff.，331ff.。
⑤ H. 夏斯特里：《梵文写本解说目录》，载《亚洲学会孟加拉分会辑本I》，p.16。
汉译般若经《南条文雄目录》第797号。《甘珠尔》中藏译目录，见科洛斯：《吉美博
物馆年鉴》II，p.202。
⑥ 刊行本：M. 缪勒与南条文雄，载《牛津亚洲文献·雅利安丛书》卷1，第3部分，
1884年。德译见M. 缪勒：《东方圣书》卷49，第2部分，pp.145ff.。另有德译：释范惠：
《东方佛教徒》II，1922年，pp.163ff.。学者L.费尔自藏文有翻译，《吉美博物馆年鉴》V，
pp.177ff.。参见后文中"陀罗尼"一节。

又被加以凝缩而成为篇幅较小的经本。①《八千颂般若经》的第 32 品中，同世尊分别对话的有佛弟子须菩提、舍利弗、富楼那、满慈子等人。经常出场的人物还有帝释天、众天子（诸天神）。有时也有菩萨来客串。般若经有序分、归敬颂。归敬颂以拟人的方式来对般若波罗蜜多加以称赞：

> 归命般若波罗蜜。彼为最胜诸佛因。过去未来及现在。
> 一切诸佛从是生。善生诸佛是佛母。②无性自性我清净。佛为
> 须菩提广说。及诸弟子闻般若。此胜功德集本经。

305

读《八千颂般若经》的第 1 品，令我们联想到希腊哲学中的诡辩术。辩证论法正是般若经类的一般特征。以下可见引文示例：

> 尔时，世尊告尊者须菩提言：随汝乐欲，为诸菩萨摩诃
> 萨如其所应，宣说般若波罗蜜多法门……。尊者须菩提白佛言：
> 世尊！佛作是言，令我随所乐欲，如其所应宣说菩萨摩诃萨般

---

① 《现观庄严论颂》中说到《二万五千颂般若经》乃系依《八千颂般若经》改写而成。参见 H. 夏斯特里：《梵文写本解说目录》，载《亚洲学会孟加拉分会辑本 I》，p.7）。《印度历史季刊》卷 1，1925 年，p.212。汉译本《一万颂般若经》据说与《千颂般若经》为大致相同的异译本。参见 H. 夏斯特里：《梵文写本解说目录》，载《亚洲学会孟加拉分会辑本 I》，p.3。《印度历史季刊》卷 1，前所引书；瓦勒塞尔：《般若经》，p.18。

② S. 烈维（《印度和世界》，巴黎，1928 年，p.46）比较了诺斯替教派的"神智"（Gnosis）与人格化了的般若智。我们也觉得它很像是信智（Pistis Sophia）的人格神化。但也仅此而已，两者的相似是极偶然的巧合。

若波罗蜜多。世尊！以何等义名为菩萨？当说何法为菩萨法？世尊！我不见有法名为菩萨，亦不见有法名为般若波罗蜜多。以是义故，若菩萨及菩萨法，皆无所有，不可见，不可得；般若波罗蜜多亦无所有，不可见，不可得。我当为何等菩萨教何等般若波罗蜜多？世尊！若菩萨摩诃萨闻作是说，心无所动，不惊不怖亦不退没，是即名为教菩萨摩诃萨般若波罗蜜多，是即了知般若波罗蜜多，是即安住般若波罗蜜多。复次，世尊！菩萨摩诃萨③行般若波罗蜜多时，观想般若波罗蜜多时，应如是学。而彼菩萨虽如是学，不应生心：我如是学。何以故？彼心非心，心性净故。

尔时，尊者舍利子白须菩提言："云何，须菩提！有彼心非心不？"须菩提言："舍利子！于汝意云何，若心非心于有于无为可得耶？"舍利子言："不也，须菩提！"是时，须菩提告舍利子言："若心非心于有于无不可得者，汝今何故作如是言，有心非心耶？"舍利子言："何名非心性？"须菩提言："一切无所坏，远离诸分别，是为非心性。"④

不仅如此，同一品中我们还读到：

佛言："若菩萨摩诃萨作如是念：我应度无量无数众生令至涅槃。虽度如是众生已，于诸众生无所度想，而无一众

---

③　Bodhisattva 的音译便是菩萨摩诃萨，但这个词的本义是"大有"。
④　校刊本第 4—6 页。

生得涅槃者。何以故？一切法性本如是故 ①，离诸起作。须菩提！譬如幻师于四衢道，以其幻法出多人聚，出已即隐。须菩提！于汝意云何？是诸幻人有所从来、有其实不？有所灭去、有所坏不？"佛言："须菩提！菩萨摩诃萨亦复如是，虽度无量无数众生令至涅槃，而实无众生有所度者。若菩萨摩诃萨闻作是说，不生惊怖，当知是菩萨摩诃萨被大乘铠而自庄严。"佛言："须菩提！如是，如是！何以故？彼一切智是无为无作法，为利众生故起诸方便。而彼众生亦是无为无作法。汝今当知，幻人色无缚无解，幻人受想行识无缚无解，幻人色真如无缚无解，幻人受想行识真如无缚无解。何以故？无所有故无缚无解，离故无缚无解，不生故无缚无解。若菩萨摩诃萨如是了知者，是即安住大乘，被大乘铠，大乘庄严。"佛告须菩提："大乘者无限量、无分数、无边际，以是义故名为大乘。菩萨摩诃萨即如是了知。又言大乘从何所出、住何处者？是乘从三界出，住波罗蜜多，彼无所着故即住一切智，从是出生菩萨摩诃萨。善哉，善哉！须菩提！如是，如是！须菩提！菩萨摩诃萨于大乘法如是修学，彼菩萨摩诃萨即得成就一切智。" ②

于本经第2品中须菩提如是教诫诸天子：

---

① 从字面上说，正是"法之法性"（the Dharma-hood of the Dharma）的意思。

② 校刊本第20页。

　　是时诸天子众复作是念："如尊者须菩提所说，转复难解，广大深远最上微妙，我等天众难可得入。"尔时，尊者须菩提又复知诸天子心所念已，实时告言："汝等当知，若欲得须陀洹果、欲住须陀洹果者，当住是忍。若欲得斯陀含果、欲住斯陀含果，若欲得阿那含果、欲住阿那含果，若欲得阿罗汉果、欲住阿罗汉果，若欲得缘觉果、欲住缘觉果，若欲得阿耨多罗三藐三菩提果、欲住阿耨多罗三藐三菩提果者，皆住是忍。"是时，诸天子众白须菩提言："云何，尊者！一切众生为如幻不？"须菩提言："一切众生皆悉如幻亦复如梦。所以者何？一切众生与其幻梦无二无别。以如是故，彼一切法亦如幻梦。所有须陀洹、须陀洹果，斯陀含、斯陀含果，阿那含、阿那含果，阿罗汉、阿罗汉果，缘觉、缘觉果，皆如幻如梦，彼阿耨多罗三藐三菩提果亦如幻如梦。"

307

　　尔时，诸天子众复白尊者须菩提言："若阿耨多罗三藐三菩提说如幻梦者，彼涅槃法亦如幻梦耶？"诸天子言："彼涅槃法何故亦说如幻梦耶？"须菩提言："若复有法过涅槃者，我亦说为如幻如梦。何以故？而彼幻梦与涅槃法无二无别故。"①

　　这样的调子一直持续下来，我们被经文一次又一次地提醒，一切诸法说到底都是空幻的，无论世尊，无论诸菩萨，亦无论般若波罗蜜多都没有任何实在性。但与此同时，菩萨的理想一次又

---

① 校刊本第 39 页。

一次地被优美的语词加以称颂、肯定和赞扬。

> 佛对须菩提说："须菩提！若菩萨摩诃萨欲得成就阿耨多罗三藐三菩提者，当于一切众生起平等心、无毒心、慈心、利益心、善知识心、无障碍心、谦下心、无恼心、不害心，当生如是等心。又于一切众生作父想、母想、诸亲友想。又复长时广修诸行，所谓于施能舍、于戒能护、于忍能受、精进无懈、禅定寂静、智慧胜解。修如是等种种胜行，随顺缘生观察诸法，不于诸法取断灭相。如是了知诸法真实，即能过菩萨地具诸佛法，成熟无量无数有情，普令安住大涅槃界。菩萨摩诃萨若如是修学，即无障碍相，乃至一切法亦得无障碍。须菩提！是故菩萨摩诃萨欲得阿耨多罗三藐三菩提者，当如是住，如是修学。如是学者，能为一切众生作大依怙。如是彼当修行布施、持戒、忍辱、精进、禅定、观想达于智胜。彼当观想缘起支法，顺观逆观皆能如法。彼当教授众生、赞叹众生、安乐众生。"[①]

　　面对这些冗长的反复出现的对空的意义讨论，我们一面在讨论，一面在心中不断感到诧异：诸如此类的认识论和形而上学的话题议论同宗教信仰有什么关系？像上面的有关菩萨性质的议论，其严肃认真的确在提醒我们：我们面前的是佛教的经文。《八千颂般若经》的本经，其中有几品文字是非常有宗教属性的。它认真地宣称：对于般若波罗蜜多经典，无论是听闻读诵、理解经义，

---

① 校刊本第 321 页。

还是阅读或书写，都可以获致极大的功德。经中一而再再而三地称叹了信奉般若经、传持般若经的利益。[①]

　　既然或阅读或书写这些经书都有如此巨大的宗教功德，那么经文中连篇累牍地一再重申其重要性就是自然而然的道理。经中每引述一段说教，就会用假想的奇异场面作铺垫。而越来越多的此类作品不断涌现出来，篇幅也越来越浩大，细想起来，这些都是毫不奇怪的。

　　《八千颂般若经》仅用几个句子便交代了佛坐在王舍城灵鹫山为大比丘众所围绕。这些比丘又都是成就了大阿罗汉阶次的修行者。接下来，本经便描写了灵鹫山上宏大而壮丽的大会景况：

　　　　一时，佛在王舍城鹫峰山中，与大苾刍众千二百五十人俱，皆是阿罗汉——一切漏尽无余烦恼，心善解脱、慧善解脱，如大龙王，诸有所作皆悉具足；舍彼重担得大善利，尽诸有结正智无碍，心住寂静已得自在——唯一尊者住补特伽罗，所谓阿难。

　　　　尔时，尊者须菩提承佛威神，知舍利子于如是色、如是心有所思念。既知是已，即告舍利子言：“汝今当知，世尊所有

[①]　《金刚经》中佛被认为如是宣告：若有人能诵此经，即令一四句之偈（《金刚经》第 26 章有二偈，最后一章有一偈）。此功德之大，不可胜言。哪怕有人过去历劫无数每日捐弃身命，所获得功德不如读诵讲说此般若经之一偈半偈。参见瓦勒塞尔：《般若经》，pp.146f., 149f.；另见和田发现的《百五十颂般若波罗蜜多经》写本残篇中（见劳曼：《北亚语言及文献》，p.89）甚至这么说：哪怕在胎中得以闻此般若经之一偈，由此因缘，是人不受世间一切险难危厄侵害；世间所有四大相违种种疾病，皆于身中永无所有；一切重业亦不受地狱和再生之报。

声闻弟子，于诸法中若自宣说，或为他说，一切皆是佛威神力。何以故？佛所说法，若于是中能修学者，彼能证得诸法自性。以证法故，有所言说皆与诸法无所违背。是故，舍利子！佛所说法顺诸法性，诸善男子当如是知。"

尔时世尊于师子座上，自敷尼师坛结跏趺坐，端身正愿住对面念，入等持王妙三摩地。诸三摩地皆摄入此三摩地中，是所流故。尔时世尊正知正念，从等持王安庠而起，以净天眼观察十方殑伽沙等诸佛世界，举身怡悦。从两足下千辐轮相。各放六十百千俱胝那庾多光。从足十指，两趺两跟，四踝两胫，两腨两膝，两肘两臂，两腕两手，两掌十指，眉间毫相，一一身分，各放六十百千俱胝那庾多光。此一一光各照三千大千世界，从此辗转遍照十方殑伽沙等诸佛世界。其中有情遇斯光者，必得无上正等菩提。尔时世尊一切毛孔皆悉熙怡，各出六十百千俱胝那庾多光。是一一光各照三千大千世界，从此辗转遍照十方殑伽沙等诸佛世界，其中有情遇斯光者，必得无上正等菩提。尔时世尊从其面门出广长舌相，遍覆三千大千世界，熙怡微笑。复从舌相流出无量百千俱胝那庾多光，其光杂色，从此杂色一一光中，现宝莲花。其花千叶皆真金色，众宝庄严，绮饰鲜荣，甚可爱乐，香气芬烈，周流普熏，细滑轻软，触生妙乐。诸花台中皆有化佛结跏趺坐，演妙法音，一一法音，皆说般若波罗蜜多相应之法。有情闻者必得无上正等菩提，从此辗转，流遍十方殑伽沙等诸佛世界，说法利益亦复如是。

尔时世尊不起本座，复入师子游戏等持，现神通力，令此三千大千世界六种变动。时此三千大千世界。所有地狱傍生鬼界。及余无暇险恶趣坑一切有情，皆离苦难，从此舍命，得生人中及六欲天，皆忆宿住，欢喜踊跃，同诣佛所，以殷净心，顶礼佛足，从此辗转，周遍十方殑伽沙等诸佛世界。时此三千大千世界，及余十方殑伽沙等世界有情，盲者能视，聋者能听，哑者能言，狂者得念，乱者得定，贫者得富，露者得衣，饥者得食，渴者得饮，病者得除愈，丑者得端严，形残者得具足，根缺者得圆满，迷闷者得醒悟，疲顿者得安适。时诸有情等心相向，如父如母，如兄如弟，如姊如妹，如友如亲，离邪语业命，修正语业命，离十恶业道，修十善业道。离恶寻思，修善寻思，离非梵行，修正梵行，好净弃秽，乐静舍喧，身意泰然，忽生妙乐，如修行者入第三定。复有胜慧欻尔现前，咸作是思，布施调伏安忍勇进寂静谛观，远离放逸，修行梵行，于诸有情，慈悲喜舍。不相挠乱，岂不善哉。

　　尔时世尊不起于座，熙怡微笑，从其面门放大光明，遍照三千大千佛土，并余十方殑伽沙等诸佛世界。尔时东方尽殑伽沙等世界，最后世界名曰多宝，佛号宝性如来应正等觉明行圆满善逝世间解无上丈夫调御士天人师佛薄伽梵，时现在彼，安隐住持。尔时南方尽殑伽沙等世界……尔时西方尽殑伽沙等世界……尔时西方尽殑伽沙等世界，如来应正等觉明行圆满善逝世间解无上丈夫调御士天人师佛薄伽梵，时现在彼，安隐住持，为诸菩萨摩诃萨众，说大般若波罗蜜多。

　　尔时世尊于师子座上，自敷尼师坛结跏趺坐，端身正愿住对面念，入等持王妙三摩地，诸三摩地皆摄入此三摩地中，是所流故。尔时世尊正知正念，从等持王安庠而起，以净天眼观察十方殑伽沙等诸佛世界，举身怡悦，从两足下千辐轮相，各放六十百千俱胝那庾多光。从足十指、两趺、两跟、两踝、两胫、两腨、两膝、两髀、两股、腰胁、腹背、脐中、心上、胸臆……两眉、两眼、两耳、两鼻、口牙，眉间毫相，一一身分，各放六十百千俱胝那庾多光。此一一光，各照三千大千世界，从此辗转遍照十方殑伽沙等诸佛世界，其中有情触斯光者，必获无上正等菩提。①

所有这一切大乘佛教经典的特异气质，绝不是我们在这里所引述的几个句子便能够尽悉描绘出来的。像本经这样没完没了、絮絮叨叨地反复铺陈的冗繁风格，我们在前面介绍巴利文经典时便已经见识过了。这里，般若经的篇幅更大，其反复陈说的特征便有进一步的夸张。经中往往说到的义学僧人们凭借记忆，动辄诵出《十万般若颂》的经卷，其中有多一半都是这样反复的章句。它们其实都是同样的语词、同样的句子甚至段落，重复地涌现出来。例如，本经中所描写的光柱自世尊的身体或面门射出，化成无量的光芒照耀整个世界。在大致叙述一遍之后，这神异的光芒就会再一次从脚踝、从四肢、从身体的每一具体部位，一次次地发出来，照耀东方世界、西方世界、南方世界，再照耀北方世界、上方世界、下方世界，再一次次地回到身体之中。而每一次列举照射世界的辉煌，那世界中的世尊要说的法要，因此众生所得的解脱及其欣喜，

310

---

① 出《说佛母出生三法藏般若波罗蜜多经》，施护译，即《八千颂般若经异译本》。

都会几乎一字不差地重述一遍。按照这种相同的叙述模式，经文的作者自然也不会简单地满足于说一句"一切诸法皆是名相"。这里的"一切"，他会实实在在地一项一项地叙述一遍。每一遍叙述中的词汇、句子与句法都千篇一律。直到这样说尽了世界中的"一切"。我们因此完全可以懂得，何以人们会有这样的看法——世界不实，一切虚空。我们也很可以理解，语词其实什么东西也传达不了，而只有"否、否"才可能是一切问题可以有的答案。但我们真的无法理解，仅仅是为了表达对于一切事物的断然否定，却用成百上千字的篇幅，用一部又一部的经文来反反复复地宣说同一个"非"或"否"字。这种我们匪夷所思的事情，在佛教的般若经中却成为了真正的现实。为什么会如此呢？为什么要这样烦琐呢？唯一可能的解释是，之所以广大的说法比丘这样乐此不倦，是因为他们都坚信，诵读和书写这样的经文的确是有大功德的，而且像这样的修行功德只是多多益善！[①] 书写什么经典本身并不重要，书写《十万颂般若经》也好，书写《金刚经》也好，其中的教理并没有差别。一部只有几页的经文与万颂、十万颂的经文，抄写它们的功德是一样的。诸如此类的悖论我们在《八千颂般若经》或《般若波罗蜜多大乘经》上都屡见不鲜。例如《金刚经》中就有这样的章句（第 13 品）：

> ……须菩提！如来说第一波罗蜜，非第一波罗蜜，是名

[①] 同样的话语却一再重复，也是艺术作品中时常可以看到的。处处可见的石刻与绘画表现的佛传正好说明这点。参见格伦威德尔：《印度佛教艺术》，pp.172, 182。

第一波罗蜜。须菩提！忍辱波罗蜜，如来说非忍辱波罗蜜。

……须菩提！菩萨应离一切相，发阿耨多罗三藐三菩提心，不应住色生心，不应住声香味触法生心，应生无所住心。若心有住，则为非住。是故佛说："菩萨心不应住色布施。"

……如来说："一切诸相，即是非相。"又说："一切众生，则非众生。"

……"须菩提！于意云何？如来于燃灯佛所，有法得阿耨多罗三藐三菩提不？""不也，世尊！如我解佛所说义，佛于燃灯佛所，无有法得阿耨多罗三藐三菩提。"佛言："如是，如是！须菩提！实无有法如来得阿耨多罗三藐三菩提。"

……"须菩提！于意云何？佛可以具足色身见不？""不也，世尊！如来不应以具足色身见。何以故？如来说具足色身，即非具足色身，是名具足色身。"

……"须菩提！汝勿谓如来作是念：我当有所说法。莫作是念，何以故？若人言：如来有所说法。即为谤佛，不能解我所说故。须菩提！说法者，无法可说，是名说法。"

……"须菩提！于意云何？汝等勿谓如来作是念：我当度众生。须菩提！莫作是念。何以故？实无有众生如来度者，若有众生如来度者，如来则有我、人、众生、寿者。须菩提！如来说：有我者，则非有我，而凡夫之人以为有我。须菩提！凡夫者，如来说则非凡夫。"

"须菩提！于意云何？可以三十二相观如来不？"……须菩提白佛言："世尊！如我解佛所说义，不应以三十二相观如来。"

311

　　尔时，世尊而说偈言：

　　　　"若以色见我，以音声求我，是人行邪道，不能见如来。"

　　从上面的引文看，般若经中诸如此类的说法，有一半（非佛教徒）读者会认为其含义非常深刻，同样也会有另一半人认为它没有任何意义。[①] 实际的情况可能是，这两类人都不对。从哲学发展史的角度看，对于上面这种辩证性的论辩法，只有预先区分了什么是高级的什么又是超越性的观念，什么是低级的什么又是经验性的观念，只有懂得了抽象思维的两重性，只有联系到二重真理的划分，所有这些讨论才会有意义。正是在这样的层面上，大乘佛教的论师龙树明白地教示了二重的真理与二重的真实。

　　针对般若经类的相对与绝对、相待与无待的二重性质，印度的大乘哲学家龙树、世亲、无著曾经写下了连篇累牍的注释疏论。但这些佛教哲学论著都多半保存在汉藏文本的佛教三藏中。尽管如此，我们仍然难以想象，所有这些经典的神圣性真的就是来自经文中的哲理性，来自其玄学的晦涩与艰深。我们更愿意这样解释：正是由于这些佛教经典中语句的晦涩与艰深，才体现了宗教理论的深奥玄秘，也才使经文以至于宗教具有神圣性。玄秘

-----

　　① 学者巴斯可能就是后者中间的一员吧。他认为（《宗教史评论》第5辑，1882年，p.117；《文集》卷1，p.326）：在这些经中，般若波罗蜜是被大大溢美了的，"（这种）超越性的智慧对事物的认知是既存在又不存在；事物既不是实在，又不是非实在。这样的智慧是由无数无量的罗汉和菩萨已显明或将要显明的（某种绝对精神）。而这些罗汉与菩萨既存在亦不存在；由于他们对于佛的知了以及佛的见解，他们也就被视为证见了、知道了佛的（超越性），尽管佛本身也既存在又不存在"。有关般若波罗蜜多的更多了解，参见 E. 布努夫：《佛教》，pp.157ff.；姊崎正治：《宗教伦理百科全书》卷4，pp.837f.。

深奥的东西才是让人敬畏的东西（拉丁格言：Omne obscurum pro magnifico）。①

312

5.《华严经》

有名的佛教辞书《翻译名义大集》（*Mahā-Vyatpati*）中有提到叫《佛严》（*Buddhāvatamsaka*）的一部经。② 此经在该大集内列名于《十万颂般若经》《二万五千颂般若经》和《八千颂般若经》之后。汉文及藏文的《大藏经》中都有冠以"华严"名称的一类经典③，以崇奉此经而形成的宗派称为华严宗。

---

① 按照《本初灯明》（参见浦山：《佛教：研究及材料》，载《比利时皇家科学院纪念文集》，1897年，p.227），诵读、抄录、传播般若波罗蜜多经典都是崇拜形式的一种。399年到达印度的中国僧人法显就已经发现般若经典也是人们崇奉的对象之一。比尔英译本《西域记》，p.xxxix；另外《尼泊尔编年史》（十二世纪）中记录了这么一件事：商羯罗天王时，某家失火，家主某寡妇冒着大火从屋内抢救出装在支提宝塔式宝箧中的般若经写本，由是深陷大火中的小儿也因之获救。参见 C. 本达尔：《国际东方学者大会学报》卷2，柏林，1881年，p.190。

② 经名直译为《佛陀庄严》。梵文 avatamsaka 的意思也同于 alamkāra，都是"修饰""庄严"的意思。参见《梵文翻译名义集》，237，48。

③ 《甘珠尔》III。参见乔马·科洛斯：《吉美博物馆年鉴》II, pp.208ff.。［在中国此经汉译有三种：（1）东晋佛驮跋陀罗译，60卷34品，称《旧（晋）译华严》或《六十华严》；（2）唐实叉难陀译，80卷39品，称《新译华严》或《八十华严》；（3）唐贞元中般若译，40卷，称《四十华严》，为经中《入法界品》的别译，全名《大方广佛华严经入不思议解脱境界普贤行愿品》。此外，传译该经中某一品或一部分的亦不少。从东汉支娄迦谶译此经别行本《兜沙经》（《如来名号品》）开始，至唐时止，据法藏《华严经传记》所载，这类别行译本有35部之多。各译本中，以唐译《八十华严》品目完备，文义畅达，最为流行。其中重要的有支谦译《菩萨本业经》（《光明觉品》）1卷；聂道真译《诸菩萨求佛本业经》（《净行品》）1卷；竺法护译《菩萨十住行道品》（《十住品》）1卷；祇多蜜译《菩萨十住经》（《十住品》）1卷；鸠摩罗什译《十住经》（《十

　　华严宗形成于 557—589 年。在日本，亦有具此名称的宗派，
称为 Kegon Sect（华严宗）。[①]依据汉文译经来源，《华严经》有
六种本子。分量最大的有十万颂，最短小的也有三万六千颂。佛驮
跋陀罗与人合作汉译的本经成于 418 年。实叉难陀在 695—699 年
也译出一个有四万五千颂的《华严经》。[②]梵文原文的本经今已不

地品》）4 卷；竺法护译《等日菩萨所问三昧经》（《十宝品》）3 卷；竺法护译《度世品经》
（《离世间品》）6 卷；圣贤译《罗摩伽经》（《入法界品》）3 卷；地婆诃罗译《大方
广佛华严经》（《入法界品》）1 卷。藏文《甘珠尔》中亦有《华严经》，共 45 品，原
本来自和田，译者为胜友、智军，校者为遍照。《华严经》的梵文本目前只发现《十地经》
（相当于《十地品》）和《树严经》（相当于《入法界品》）。在印度，这两本经是单
独传播的，在尼泊尔则列入"九法"之中，中国也有单译本。——译者]

　　①　参见南条氏所撰《日本佛教十二宗纲要》，p.57；艾略特：《印度教和佛教》
III, pp.282f.；山上曹源：《佛教思想系统》，pp.287f.。

　　②　南条文雄前所引书及其《汉文大藏经目录》，第87—89页。巴格契前所引书 I,
pp.343f.。弗尔克：《北京版藏文大藏经目录》，pp.1053、1054。支娄迦谶曾将《华严经》
中某单品译成汉文（178—188），竺法护（291—297）及其他人也有《华严经》汉译。
参见巴格契前所引书 I, pp.42, 89f., 97, 220, 237, 286, 405。弗尔克前所引书，pp.1054-
1057, 1059-1065。关于华严注疏，参见弗尔克前所引书，pp.1058, 1060-1064。汉文本的
佛驮跋陀罗译华严经由日本学者节录并译成英文（见铃木大拙，《东方佛教徒》，pp.1ff.,
146ff.）。

　　《华严经》又称《杂华经》，中国华严宗即依据本经。据称本经系如来成道后之第
二个七日，于菩提树下为文殊、普贤等上位菩萨所宣说之自内证法门。内容记述佛陀之
因行果德，开显出重重无尽、事事无碍的意义。这是中国佛教徒的说法。本经之梵本，
自古以来即有诸种异说，据法藏之《华严经传记》卷 1 载，龙树菩萨于龙宫中见本经有上、
中、下三本，其上本与中本之颂数、品数浩大，非凡力所能受持，故隐而不传；至于所
传之下本，即是十万偈 48 品（或谓 38 品）之《华严经》。其后，世亲菩萨作《十地经论》
以释十地品，金刚军、坚慧等论师亦著有《十地品》论释。另据《大智度论》卷 100
所载，《不可思议解脱经》（《四十华严经》）之梵本共有十万偈。然梁译《摄大乘论
释》卷 15 则谓，《华严经》仅有百千偈，故称《百千经》。现存《华严经》之别生经，
即由大本别出抄译（又称别译）之经——《华严经》之异译本（相当《华严经》之全部者）
有三种。（1）《六十华严》。东晋佛驮跋陀罗译。又称《旧华严》《晋经》。据《出三

存，但在梵文《入法界品大乘经》（*Gandavyuha-Mahayana-Sūtra*）^①
可以读到。此经相当于华严大经中的一大品。^②"入法界品"的主
要内容说青年善财童子，遵循文殊菩萨的指教，一处一处地寻访
和遍参印度各地的老师，以求获得成就大菩提所需的最高智慧。

313

藏记集》卷九、《华严经探玄记》卷一等所举，《华严经》之梵本，原有十万偈，由东
晋支法领从和田国携入三万六千偈，自安帝义熙十四年（418）三月，由佛驮跋陀罗译出，
此即第一译。然《六十华严》中之《入法界品》尚有缺文，直至唐永隆元年（680）始补
译之。（2）《八十华严》。唐实叉难陀译。又称《新华严》《唐经》。《八十华严》梵本，
乃实叉难陀应武则天之请，从和田携入中国，自唐武则天证圣元年（695）三月，于遍空
寺内始译，武后亲临译场，挥毫首题品名，至圣历二年（699）十月功毕，此即第二译。
新译之《八十华严》比旧译之《六十华严》，文辞流畅，义理周广，流通更盛，是华严
宗所依根本经典。本经之西藏译本，总成45品。其中，前44品相当于本经之前38品，
第45品相当于本经第39《入法界品》。（3）《四十华严》。唐代般若译。全称《大方
广佛华严经入不思议解脱境界普贤行愿品》，略称《普贤行愿品》。本经梵本于唐德宗
贞元十一年（795），由南天竺乌荼国师子王派使者进呈，翌年六月，于长安崇福寺，由
罽宾般若三藏译之，澄观、圆照、鉴虚等诸师详定，至贞元十四年二月译毕，共四十卷，
此即《四十华严》。今英、法、印度均有梵本。本经之别译，有西秦圣坚所译之《罗摩
伽经》3卷、唐代地婆诃罗所译之《大方广佛华严经入法界品》一卷、唐代不空所译之《大
方广佛华严经入法界品四十二字观门》一卷。又本经卷四十《普贤广大愿王清净偈》之
异译有二种。——译者
　　①　本经未见刊行本，其内容目录可见罗 R. 密特拉：《尼泊尔佛教文献》，pp.90ff.；
C. 本达尔：《目录》，pp.23, 102.；E. 布努夫：《导论》，p.111；瓦西里耶夫：《佛教》，
pp.171ff.。
　　②　南条文雄曾将印度国家图书馆藏本经与《四十华严经》（《南条文雄目录》）
作比较；他在一封信中透露（1912年9月4日的信函），大体内容与 R. 密特拉所提供
的梵本该经目录一致。而铃木大拙认为（《东方佛教徒》1，注释）汉文第三次译本（《四十
华严》）所据，实际上与尼泊尔保存的《华严经》梵文本是同本，而实叉难陀译本的原
本同于藏译本中的《入法界品》及《十地品》两者。按烈维（《亚洲学报》，1923年，
s.203, pp.6ff.）的说法，《入法界品》是《华严经》的最后一部分。参见渡边海旭：《大
不列颠和爱尔兰皇家学会学报》，1907年，p.663。伯希和：《亚洲学报》，1914年，t.II,
pp.118ff.。艾略特：《印度教和佛教》II，pp.54f.；III，p.283。

在此游行过程中，他得到各色人等的教诲。其中有比丘、比丘尼，也有在家的男女居士；有商人、国王、奴仆、夜神等，还有释迦牟尼的妻子和母亲摩耶夫人。[1] 最终，在文殊菩萨的接应下，又借助普贤菩萨的帮助[2]，善财童子得到了圆满智慧。

《集菩萨学论》（*Śikṣāsamuccaya*）中经常引用《华严经》。但在此书中"华严"被称为 Dandavyūha，而不是 Avatamsaka。例如，该书中引用过一个颂子以称赞菩萨的成佛誓愿，显示其对一切众生的慈悲。为救众生离苦，菩萨不惜下到地狱，直到所有其中的受难者都得再生而升到天界。本经还有一个颂子，说到修行者应当扫除心之城邑，认为这是大乘行者不可忘记的使命。另外，还有一个偈颂，称叹了亲眼见佛并聆听佛的教诲，是难值难遇的宝贵机会。[3]

314

无论是汉译还是藏译的《华严经》，其在末尾处都可以读到"普贤行愿赞"。[4] 该偈颂称为"杜达伽体"，即诗行四句一组，每句

① 所有这些指导者中有相当多的是女性。

② 按照 R.密特拉所列的本经目录中的顺序。但是在与印度国家 MSS（《梵文经典写本》）的通讯中，高楠教授说，最终他（善财童子）遇见了普贤菩萨，并得到后者的指示去参访阿弥陀。而善财从阿弥陀那里开悟并成就菩提。整个经文中，见阿弥陀的部分被略去了。

③ 《集菩萨学论》刊行本，pp.101f., 122f., 310f.。

④ 渡边海旭：《普贤行愿品校刊本：佛赞范本》（载纽曼德译本中），斯特拉斯堡，1912 年。按渡边氏的说法，Badra（贤）便是 Samanta-bhadra（普贤），所以这个标题应当是"表现出普贤菩萨宗教生活特色的虔诚愿望之歌赞表达"。在西藏的《集菩萨学论》中有"普贤行愿赞"。

有 11 个音节。[①]"普贤行愿赞"是佛教中称颂虔诚实笃的信仰行为的最优美的诗歌之一。从中世纪以来，信奉大乘佛教的许多国家和地区，佛教徒系有聚会都要唱赞它，这是聚会的仪式之一。[②]四至八世纪，这个行愿赞又作为单行经本多次被译成汉文。其译成藏文则是九世纪的事。本伽陀赞歌原本使用的是普拉克里语文，非常接近纯正的梵文。

作为祈愿文赞，普贤行愿的开头表达了对诸胜者（佛菩萨及阿罗汉等）的礼敬。不过在呈献祈愿的仪式过程中，信众要对自己的罪愆加以告白，请求诸佛让佛教法轮在所有的大劫中转动。祈愿者以其个人的名义，为自己或大众祈求福惠，让自己不离正行，过有道德的生活，始终不忘追求菩提的目标，直到最终成佛以结束在此世间的苦难。祈愿与忏罪的过程中，信众要特别吁请文殊与普贤二位菩萨的加持。后者正是他们要努力仿效的榜样。在祈愿仪的最终，信众表达了他们的愿望：将来某个时候他们能够见到阿弥陀佛，并往生至该佛的国土。

《十地经》，梵名为 *Daśabhūmaka-sūtra* 或者 *Daśabhūmika-sūtra* 或者 *Daśabhūmiśvara-sūtra*。本经也属于华严大经中的一部分 [③]。但《华严十地品》往往又以单行经本流通。《十地经》的主

315

---

① 在大乘佛教歌赞中，这种节律——4 步 11 音节（——∨∨——∨∨——∨∨——）是很常见的。

② 参见渡边海旭前所引书，第 10 页及以下。据浦山的《宗教伦理百科全书》卷 2（p.259，注释），它属于经量部的圣书，但在《宗教伦理百科全书》卷 3（p.194），他将其列在怛特罗经典中。

③ 此经（《华严十地品》）已经校刊出版，第 7 品已有英译。J. 拉罗赫得尔：《十地经》乌得勒支，1926 年。第 7 品也见《东方学报》卷 4，pp.214ff.。本经梵文本及藏文

旨在讨论修行者成佛之前经历的十个不同的阶次。本经中担任说教者的是金刚藏菩萨。这位菩萨当着诸佛菩萨及诸天神的大会众而入深寂定，因此释迦牟尼佛邀请他为大众解说"修行十地阶次"。经中说，当此之时，与会的诸佛发出身光，从十方上下照彻所有会众。此经第 1 品中的伽陀是纯粹梵文，不是中亚或印度方言。但随后展开的叙述内容，即十地各阶都是散文体。"十地"的教义说法最初可见于《大事》。但形式特征上不像大乘经。[①] 而专门谈论菩萨修行十地的正是此经。作为一部大乘经典，其最初以汉文译出是在 297 年，译者是竺法护。[②]

316

本连同第 1—4 品的法文本（即十地中之前六地）也由浦山完成，发表于《博物馆》，1907 年，1910 年，1911 年；第 6 品又载于《佛教：研究及材料》之《十二因缘论》，1913 年，pp.115ff.。作者浦山（《宗教伦理百科全书》卷 2，p.744）说，《华严十地品》只是一个增补本，其中添加了普拉克里特偈颂。罗赫得尔没有作这样的区分，他只是说有的《华严十地品》的梵文残篇最后一品是有伽陀偈颂的。罗赫得尔刊行本的题记中，该经的标题是《十地经大乘宝王》（*Daśabhūmīśvara Mahāyāna—Sūtraratnarāja*）。另外参见 R. 密特拉：《尼泊尔佛教文献》，pp.81ff.；C. 本达尔：《目录》，pp.4f.。本经也是《菩萨学集论》中常常引用的。

　　① 修行的不同阶次（地）的理论在《普曜经》中已经说到了。其他也可见于《八千颂般若经》XVII 品、月称的《入中论论颂》以及弥勒的《大乘庄严经论》XX 与 XXI 品中。更详细的讨论可以参见铃木大拙的《大乘佛教概论》第 12 章。又特别可以参见浦山：《宗教伦理百科全书》卷 2，pp.743ff.；卷 8，pp.329f.。

　　② 除竺法护所译本经外，还有鸠摩罗什译本（406）、菩提流支译本（500—516）以及尸罗达摩译（名为《佛说十地经》9 卷，《大正藏》，p.287，译出于 789 年）。［最早译出的应为东汉支娄迦谶之此经别行本《兜沙经》1 卷（《如来名号品》），《大正藏》，p.280；《渐备一切智德经》5 卷，西晋竺法护译，《大正藏》，p.285；《十住经》4 卷，姚秦鸠摩罗什译，《大正藏》，p.286；《六十华严》60 卷，东晋佛驮跋陀罗译，《大正藏》，p.278；《八十华严》80 卷，唐实叉难陀译，《大正藏》，p.279。参见《南条文雄目录》，pp.88f., 105, 110, 1180, 1194；巴格契前所引书 I, pp.87, 103, 185, 197f., 253, 257。K. 渡边海旭（《大不列颠和爱尔兰皇家学会学报》，

6.《宝积经》

　　像《华严经》一样，《宝积经》（ *Ratnakūta-sūtra* ）也是汉文大藏中（ II, 宝积）[①] 及藏文大藏中（ IV, Kon-ts'egs[②], 2, 316 ）的重要部类。《宝积经》意为"众宝堆积的经典"。汉文及藏文的此部类中都有 49 经。除了称为"宝积"的还有《大经》、《无量寿经》《阿閦佛国经》、《文殊师利佛国庄严经》、《菩萨藏经》、《父子合会经》（指净饭王同释迦牟尼际遇）[③]、《迦叶品》，还有许多被称为"某某所闻"（ paripuṛcchās ）的经文。"所闻"，指对问题的回答，这类经典因此是问答形式的。

　　我们可以认为所有这些经典都是曾经有过梵文本的。多罗那他说，宝积法门有一万部经。最早的在迦腻色迦王时代就存在了。[④]另一方面，在汉文和藏文的大藏中都有一些单行品的宝积经文，

1907 年，pp.663f. ）称，早在公元 70 年即在中国译出之《破除十地烦恼经》今已不存，不过有竺佛念（388—417）所译的本子（《十地断结经》）今仍存世。见《南条文雄目录》，p.375；巴格契前所引书 I, pp.171f.；罗赫得尔前所引书，pp.iii, viii, 217f.。该书讨论了"十住"这个经名，但认为它与此处说的《十地经》不是一回事。——译者]

　　① 菩提流支所汇辑，参见《南条文雄目录》，p.23；弗尔克：《北京版藏文大藏经目录》，pp.179f.。汉文译经中还有一个较小的《宝积经》，其中所说的是《宝积三昧经》。见弗尔克前所引书，p.846。三至六世纪，《宝积经》中有许多单品都是分别译成了汉文。参见巴格契前所引书 I, pp.24, 41-43, 96f., 104f., 210, 220, 252, 258, 350f., 391。另见瓦西里耶夫：《佛教》，pp.167ff.。

　　② 参见科洛斯：《吉美博物馆年鉴》II, pp.212ff.；马塞尔·拉露文，载《亚洲学报》，1927 年 10—12 月，pp.233ff.。

　　③ 出自《菩萨学集论》中片断。

　　④ 参见艾略特：《印度教与佛教》II，pp.56f.。

甚至也有单行的梵文经文。^①汉文大藏与藏文大藏都在宝积经类中列入了《迦叶品》。这一点倒是非常一致的。和田周边的地区已经发现了有梵文的《宝积经》残篇。斯塔尔·霍斯吞男爵（Baron A.von Stael Hostein）曾将其刊行过。^②此外，大约《迦叶品》与宝积经文是同一性质的^③。本经之所以命名为"迦叶品"，是因为主要的说法者是释迦牟尼佛的大弟子之一的迦叶尊者。

317

　　本经最初以汉文译出，时间大约在 178 年和 184 年。^④经文中有散文也有偈颂。散文宣说佛教教义，偈颂则（以梵文或普拉克里特语文）来复述总结散文的内容。从保存下来的梵文残片揣测，《迦叶品》主要是讲说菩萨理想、空的理论。其说教方式也是反

---

　　① 弥勒在其《大乘庄严经论》（XIX, 29）中引述过《宝积经》。《翻译名义集》也提到了《宝积经》（65, 39），但只是将他们当作一些零散的单独的经文。同样，在《菩萨学集论》中，也引述了《宝积经》和组成《宝积大经》的诸章品，若《护国菩萨所问》《最上授问或圣雄长者请问》《阿差末菩萨请问或无尽意菩萨所问》等。《集菩萨学论》中（pp.146, 196）引述《最上授问或圣雄长者请问》也同时并列了《护国菩萨所问》以及《阿差末菩萨请问或无尽意菩萨所问》；而在另一处（p.54）寂天先提到《护国菩萨所问》，然后又说《宝积经》，看来他并不知道前面的几部所问经只是宝积中的一个部分。

　　② 见《大迦叶所问宝积正法经》，参见《梵藏汉大乘宝积经》，商务印书馆（上海），1926 年。

　　③ 参见 C. 本达尔所刊行之《大乘集菩萨学论》，p.52，注 1；钢和泰前所引书，pp.xivff.。本经的梵文残篇中未发现题记，但在几页残片上可以读到《大宝积法门》（pp.82, 217, 227），但经题"迦叶品"未有解释，似乎《宝积经》与《迦叶问法经》就是同一部作品。

　　④ 本经的三次译出分别在 265—420 年、350—431 年及十世纪末。参见钢和泰前所引书，pp.ixf, xxi；《南条文雄目录》，pp.57, 1363；巴格契前所引书 I，pp.26f., 41, 239。[《大宝积经》第 120 卷（《大正藏》第十一册，p.310）内含 49 种同类经文。而菩提流支继续玄奘译业，汇集采用了 23 种已译出的经文，修订重译 15 种，另行翻译 11 种，纂集而成 49 会 77 品 120 卷之《大宝积经》。——译者]

复再三，辅以譬喻故事，经文形式也是佛祖与迦叶之间的问答。

《迦叶品》梵文残篇的 21 页让人联想到巴利文《增支部》第四集。其中的话题均以"四"为个数，譬如四善四恶、四善支四不善支等。其先说四法具足。其第一善法令人诚实，一切处生菩提心：

> 不为自身命，邪说及妄语。能作如来使，及为众生师。[①]

接下来是用譬喻故事解说菩萨善法：地水火风空都可以譬喻出菩萨的品德。[②]

> 譬如地大与一切众生，为其所依，令彼长养，而彼大地物众生无爱无求，菩萨亦然，从初发心直至坐道场，于其中间，运度一切众生，无爱无求，亦复如是。

菩萨又如水大，

> 譬如水界，润益一切药草树木，而彼水界于草木无爱无求。迦叶，菩萨亦然。以清净慈心，遍行一切众生，润益有情白法种（善法种子），令得增长，无爱无求。

菩萨又如火大（火界，界即是大）：

---

① 刊行本第 8 页。
② 刊行本第 56 页及以下。

> 譬如火界成熟一切谷麦稼苗，火界于彼无爱无求。迦叶，
> 菩萨亦尔。以大智慧成熟一切众生善芽。

同样的譬喻，若风、若月，若大象、若莲花均表征了菩萨的
某一种功德。对于"空"的解说，也是运用一系列譬喻：

> 迦叶，应正观影相中法。彼法非空，亦非不空。如是空法，
> 无法相非无法相。法相即空相，空相即无相……法无自性，
> 无性即空。复次，迦叶，补特迦罗非破坏空，即体是空。

又说空之虽为良药，可以治种种邪见病，但也不可以执着于空。
否则良药也成毒药：

> 迦叶，若人患病，其病深笃，而下良药令彼服行……迦叶，
> 彼着空者于一切处深着空见，我即不医（关于自我的空见即
> 不能得治）。

本经接下来又说，修行者为何一定要皈依菩萨：

> 迦叶，譬若有人皈依初月，如是圆月而不皈依。迦叶，
> 如是我亦有其信力，归命菩萨而不归命如来。所以者何？为
> 彼如来亦从菩萨生故。[①]

---

① 刊行本第 129 页。

汉文及藏文的宝积经类中都有好多所问经（Paripṛcchās）。[①]
其中，譬如《护国所问经》或《护国经》便是其中之一。[②] 本经分
为两个部分。前半部分主要说教理及佛针对菩萨诸法性回答所问，
后一部分则讲发光王的本生故事。此故事与佛教本生事多有相近
的特点。不过，本经前半部分中世尊也简单谈到了自己前世的事迹。
在历数菩萨的种种法性时，佛认为这样的本生事迹有 50 个之多。
但经中说本生事时戛然而止，一下子便转到了佛法在未来将要衰
微的预言。[③] 这也正是本经引人兴趣的地方，因为经文在这里对末
法所作的生动而准确的描写。

令我们觉得这里是对历史事实的再现。经中以讥讽的口吻
来叙述的情景，无疑正是当时佛教比丘们不那么遵守戒律的
现状。

（佛告尊者护国曰）有四种法于菩萨而为难法（法难的
征像）：一者心不尊重，多行轻慢；二者心无孝行，懈怠背逆；
三者心贪利养，少于知足；四者心乐虚妄。如是四法为菩萨
难法。复作颂言：
佛法本师及父母，全无信众多轻慢。不行孝敬心懈怠，
常以愚痴行散乱。

---

① 《南条文雄目录》，pp.xiiiff.。科洛斯：《吉美博物馆年鉴》II, pp.564ff.。
② 《护国（菩萨）所问经》，L. 菲诺特有刊行本，载《佛教文库》（圣彼得堡）
II，1901 年。另可见浦山：《博物馆》，NS.IV, 1903 年，pp.305ff.。本经同《赖吒和罗经》
无关（两者所以发生混淆仅仅因为巴利文的 Raṭṭhapāla 与梵名 Rāṣṭnapāla 是同一个意思）。
③ 参见菲诺特前所引书，pp.ixff., 28ff.。

　　　　一向贪心于利养，复行虚妄为邪利。自赞德业毁他人，

　　谓我持戒能修行。

　　　　互相斗诤无慈悯，覆藏已过见他非。又行农耕及经营，

　　如是沙门无功德。

　　　　末法之时人散乱，诤夺相杀心嫉妒。沙门隐覆如来法，

　　比丘远离诸善业。

319　　　菩提妙道永不逢，轮回五趣无有穷。[①]

　　这一段关于末法时代的描写令我们联想到《长老偈》中的类
似语句。本经之汉译在585—592年。[②] 这就说明了至少在六世纪
佛教即有了本经中所描写的状况。本经应当在更早的时候，即尚
示作汉译之前的相当一个时期，便在印度境内外流行过。当时的
经本文字应该是"野蛮人的语文"，因此本经中的伽陀才会出现
普拉克里特语的混合梵文，书写的梵文也极不规范，叙述中的韵
律和语文风格也看上去散漫以至于凌乱。

　　《集菩萨学论》中对被列在《宝积经》部类中的"所问经"
也多有引用。例如，其中的《无上尊者（郁伽长者）所问经》

---

　　①　《佛说护国尊者所问大乘经》五卷本，施护译。

　　②　弗尔克：《北京版藏文大藏经目录》，p.111；《南条文雄目录》，p.23（18）。
本经二译在980—1000年，参见《南条文雄目录》，p.873。其谓此经首译者隋阇那崛多，
见《大宝积经》第18会《护国菩萨会》2卷（《大正藏》，pp.310-318）；次译宋施护：《佛
说护国尊者所问大乘经》4卷（《大正藏》，p.321）；另有异译西晋竺法护：《德光太子经》
一卷（《大正藏》，p.27）。（在唐代辑成的《八十卷大宝积经·第十八会之一》中便是《护
国菩萨会》，亦即本经最早之汉译本。译者为唐阇那崛多。本经有异译，译者为宋之施
护。——日译者）

（ *Ugra-Paripṛcchā* 或 *Ugradatta-Paripṛcchā*①，2，319）中，有一大段专谈人若在家不利修行，而出家有利于洁净的话。那是针对郁伽长者的问题所作的回答②。

其他好多汉藏经典都有像上面这样的转引并讨论出家功德利益的。譬如《优陀延王所问经》（ *Udayana-Vatsarāja-Paripṛcchā* ）的藏译本（《甘珠尔》中宝积部第 29 会）、《优波离所问戒律经》（ *Upāli-Paripṛcchā*，汉文《大藏经》宝积部的《大宝积经·优波离会》）③等。这类经文也有妇女发问的，例如《月上女所问经》

---

① 首次汉译在 181 年，再次译出为 252 年。见巴格契前所引书 I，pp.47，104。弗尔克：《北京版藏文大藏经目录》，pp.283，1207。又参见《菩萨学集论》，pp.198f.，367。［《郁伽长者所问经》，译者为曹魏时代的康僧铠。本经收入《大宝积经·第十九会》，僧铠于曹魏嘉平四年（252）至洛阳。译出《郁伽长者经》2 卷、《无量寿经》2 卷、《四分杂羯磨》1 卷等。可参考《梁高僧传》卷一《昙柯迦罗传》、《历代三宝纪》卷五、《开元释教录》卷一。又本经汉译总有四次：（1）后汉支谶：《佛说遗日摩尼宝经》1 卷（《大正藏》，p.350）；（2）晋代失译：《佛说摩诃衍宝严经》一卷（《大正藏》，p.351）；（3）《宝积正法经》五卷（《大正藏》，p.352）。日本学者长尾雅人认为还有两种异译：（1）宋沮渠京声译：《佛说迦叶禁戒经》1 卷（《大正藏》，第 1469 页）；（2）梁曼陀罗仙共僧伽婆罗译：《大乘宝云经》七卷《宝积品》，《大正藏》，p.659）。——日译者］

② 答所问大致如下：在家菩萨若入僧坊在门而住，五体礼敬，然后乃入，当（修）如是观（想行处），即空所行处、无相所行处、无作行处、慈悲喜舍四梵行处，是正行正住所要之处。我当何时舍于家垢，我当何时住如是行？应生如是欲出家心，无有在家，修集无上正觉之道，悉皆出家趣空闲林。修集得成无上道。在家多尘垢，出家妙好。在家具缚，出家解脱。在家多垢，出家舍离。在家衰减，出家无减。在家处忧，出家欢喜。在家则是登众恶梯蹬，出家离蹬。在家系缚，出家解脱……要家有过，出家无过……在家持魔幢，出家持佛幢。在家非道，出家离非道。在家稠林，出家出林。（《大宝积经·郁伽长者会》）——译者

③ 藏文《甘珠尔》中有《毗奈耶分别——优波离所问》。参见 M. 拉露，《亚洲学报》，1927 年 10、12 月，p.252（《东北目录》，p.68）。优波离精于戒律，其为王舍城结集时的律藏结集成主持（《律藏·小品》XI，1，7）。

（*Candrattara-Dārikā-Paripṛccha*）（参见《集菩萨学论》中论放逸之种种不利后果），又如《净信女所问经》（*Dārikā-Vimalaśraddhā-Paripṛccha*，藏文《大藏经》宝积部的《大宝积经·第30会》）等。

7.《入楞伽经》①

如同般若经之开头，上来先论说空义，即强调了对一切存在真实性加以否定的用意。《入楞伽经》（*Saddharma-Laṅkāvatāra-Sūtra*，即楞伽岛妙法之启示）通常被简称为"*Laṅkāvatāra*"，亦称《楞伽经》。② 本经所宣扬的是某种被发展了的"空的理论"以及有关唯识的道理。后者虽然不承认外部世界的真实性，但承认内在意识具有相对的真实性。

320

从形式上看，我们现在所见的本经，或许当初编写时就很随意，或许从那时到现在它经历了太多的磨难。另外本经中的各个

---

① 全名《楞伽阿跋多罗宝经》。本经现存之梵本系尼泊尔所传，日本学者南条文雄、河口慧海等人于1923年将之校正出版。为印度佛教法相唯识系与如来藏系的重要经典，内容阐述"诸法皆幻"之旨趣。汉译本共有四种，据称最早为北凉昙无谶所译之《楞伽经》。然此本已佚。现存三种，如下所列：（1）刘宋元嘉二十年（443）求那跋陀罗译《楞伽阿跋多罗宝经》四卷，又称《四卷楞伽经》《宋译楞伽经》；（2）北魏菩提流支译《入楞伽经》十卷，又称《十卷楞伽经》《魏译楞伽经》；（3）唐实叉难陀译《大乘入楞伽经》七卷，又称《七卷楞伽经》《唐译楞伽经》。——日译者

② 南条文雄刊行本，京都，1923年（《大学文库》卷1）。铃木大拙（《东方佛教徒》卷4，第199—298页）对《楞伽经》的理论，1923年，pp.567ff.。《林赛纪念丛书》第5辑，第17分册之五，pp.170ff.。J.W.豪尔：《楞伽经与数论》，载《印度语言学》和《宗教学文丛》，1927年。夏耶文，载《佛教论文集》卷8，1928年，pp.249f.。该经之第二品中题记说，本经又被称为 Saṭṭimśatsahasra，意为"由36000偈所成"。

部分看来属于不同时期的产物。《入楞伽经》的汉译历史上有三次。功德贤（求那跋陀罗，Juṇabhadra，394—468）在 433 年首译，菩提流支（Bodhiruci？意为道希）^①次译，实叉难陀（Śikṣananda，652—710）第三次翻译在 700—704 年。^②本经首次汉译本中缺现在所见的第 1、9、10 品，因此有理由揣测当时还未形成这三品的写本。又本经除最后一品"问答品"全为伽陀外，其余各品均以散文为主，间或夹有偈颂。^③

第 1 品详尽描绘了佛祖与罗刹王（夜叉王）罗婆那的会面。在大慧菩萨的鼓励下，罗婆那王向佛启问了法与非法（实在与非实在）的区别。第 2 品与前一品完全没有联系。上来先是大慧菩萨摩诃萨以伽陀礼赞世尊。得佛许可后启问。他提出了百余个问题。所有这些问题都围绕佛教教义某个观念的细节。例如，关于解脱，

---

① 北魏宣武帝永平元年（508）至洛阳，敕住于永宁寺，计其翻译梵经有《十地经论》《金刚般若经》《佛名经》《法集经》《深密解脱经》《大宝积经论》《法华经论》《无量寿经论》等，凡 39 部 127 卷。尝授昙鸾以《观无量寿经》，后被尊为净土宗之初祖。天平年间（534—537）犹在世，后不知所终。参见《十地经论·序》，《续高僧传》卷一，《历代三宝纪》卷三、卷九。——译者

② 南条文雄刊行本：前言，pp.viiif.；巴格契前所引书 I, pp.254, 380。［实叉难陀（652—710），唐代译经三藏。和田人。善大小乘，旁通异学。证圣元年（695），持梵本《华严经》至洛阳，奉武则天命，与菩提流支、义净等共译于大内大遍空寺，是即《新译华严经》80 卷。此外另译有《大乘入楞伽经》《文殊授记经》等，凡 19 部 107 卷。长安四年（705）归国，后经再三迎请，于中宗景龙二年（708）再度来华。参见《华严经传记》卷一、《开元释教录》卷九、《贞元新定释教目录》卷十三、《宋高僧传》卷二、《佛祖统纪》卷三十九、《佛祖历代通载》卷十二和卷十五。——译者］

③ 尽管三个汉译本都有第 2—8 品，但据豪尔前所引书（p.3）质疑第 8 品究竟是不是最初的经典原始部分。第 8 品似乎主要的目的在于谴责食肉的做法。因为前面第 2 品也已经讨论并许可食肉。有可能第 8 品是本经的核心部分之一。

他问道：

> 云何净诸觉，云何而有觉（什么叫作清净诸觉，又怎么
> 样才能达到觉悟）……解脱何所至，谁缚何因缘；以问到诸
> 种意识说：何因为藏识，何因意及识①（以及阿赖耶识、意识、
> 心识等）。

所有这些都是关于空之本性的唯识理论。不过，我们也看见
了诸如此类的问题：

> 何因饮食种，何因生爱欲……何因名为王，转轮及小王，
> 何因生释种，何因甘蔗种，何因长寿仙，何因佛世尊，一切
> 时刹现？

佛陀不仅回答了大慧，也认可了大慧的看法。②佛也补充了许
多问题（佛曰）：

> 善哉善哉问，大慧善谛听。我今当次第，如汝问而说……
> 医方工巧明，咒术诸明处。何故而问我，诸山须弥地。
> 其形量大小，大海日月星。如何而问我……

----

① 直译为"观念的贮藏室"，参见 O.O. 罗森伯格：《佛教哲学诸问题》，海德堡，
1924 年，p.235；Th. 舍尔巴茨基：《佛教的中心概念》，pp.65, 67, 1000；斯特劳斯：《印
度哲学》，p.256。

② 此处所问的问题其实也是前面已经问过的，以此可知本经的淆乱。

　　佛子今何故，不如是问我。缘觉声闻等，诸佛及佛子。

　　身几微尘成，何故不问此……何因诸饮食，何因男女林。

　　经上百八见，如诸佛所说。我今说少分，佛子善谛听。

　　第 2 品至第 7 品的主体部分属于哲学讨论。其采取的是唯识的基本立场。主要问题有：何谓涅槃？其说佛教中对涅槃有不同的见解。本经在这里的两处说此问题[①]：

　　云何色究竟，离欲得中道。如来般涅槃，何人持正法。

　　如来住久如，正法几时住。

经中稍后又再议此问题：

　　我今当次第，如汝问而说。生及与不生，涅槃空刹那，

　　趣至无自体。

在第 3 品[②]世尊告诉大慧菩萨：

　　我及诸佛所证真如，常住法性，亦复如是。是故说言，

　　始从成佛及至涅槃，于其中间不说一字，亦不已说，亦不当说。

---

　　① 刊行本第 98、182 页两处。参见 Th. 舍尔巴茨基：《佛教的涅槃概念》，p.31，注释；E. 布努夫：《导论》，pp.549f.。

　　② 汉译求那跋陀罗四卷本上为第 4 品，原书所指系梵本。——译者

尔时世尊重说颂言：

> 某夜成正觉，某夜般涅槃。于此二中间，我都无所论。
>
> 自证本住法，故作是密语。我及诸如来，无有少差别。
>
> 无有一语如来说，如来无有语度人，如来之语即非语。[①]

接下来我们看见的是对于佛名的讨论。如来本体只是一，在上面可以加上不同的称呼。世尊说：

> 大慧，譬如因陀罗、释迦、不兰陀罗，如是等诸物，一一各有名字。亦非多名而有性，亦非无有性。如是大慧，我于此娑呵世界，有三阿僧祇百千名号。愚夫悉闻各说我名，而不解我如来异名。大慧，或有众生知我如来者，别有知我为善逝自在者、导师、广导师、一切导师、觉者、仙人、大牛王、梵者、毗纽天、自在天、殊胜者（数论哲学中所指的原初物质本源）、迦毗罗（数论派的祖师名）、存在者、阿里湿达墨尼（Ariṣṭanemi，耆那教的祖师之一）、月、日、罗摩、广博仙、火神、因陀罗、力士、婆楼那，另有知我亦名不生不灭者、空者、如者、实者、实际者、大有者、法界者、涅槃者、永恒者、四正谛者，如是等等。

322

第4品说菩萨修行十地阶次，第8品[②]说禁止食荤啖肉的教诫。

---

① 刊行梵本第192页。

② 梵本此品开头有"大慧菩萨摩诃萨以伽陀问世尊"，但接下来却只有长行，似乎原来的偈颂已经丢失了。

大慧菩萨向佛请教食荤啖肉的诸恶所在：

　　世尊，愿为我说食不食肉功德过失，我及诸菩萨摩诃萨，知其义已为未来现在报习所熏食肉众生而演说之，令舍肉味求于法味，于一切众生起大慈心，更相亲爱如一子想，住菩萨地得阿耨多罗三藐三菩提，或二乘地暂时止息，究竟当成无上正觉。世尊，路迦耶等诸外道辈，起有无见执着断常，尚有遮禁不听食肉，何况如来应正等觉？大悲含育世所依怙，而许自他俱食肉耶？善哉世尊，具大慈悲哀愍世间，等观众生犹如一子，愿为解说食肉过恶不食功德，令我及与诸菩萨等，闻已奉行广为他说。

　　尔时佛告大慧菩萨摩诃萨言：大慧，谛听谛听善思念之，吾当为汝分别解说。大慧，一切诸肉有无量缘，菩萨于中当生悲悯不应啖食，我今为汝说其少分。大慧，一切众生从无始来，在生死中轮回不息，靡不曾作父母兄弟男女眷属乃至朋友亲爱侍使，易生而受鸟兽等身，云何于中取之而食？大慧，观诸众生同于己身，念肉皆从有命中来，云何而食？大慧，诸罗刹等闻我此说尚应断肉，况乐法人，大慧，在在生处观诸众生皆是亲属，乃至慈念如一子想，是故不应食一切肉。

　　大慧，未来之世有愚痴人，于我法中而为出家，妄说毗尼坏乱正法，诽谤于我言听食肉亦自曾食。大慧，我若听许声闻食肉，我则非是住慈心者、修观行者、行头陀者、趣大乘者，云何而劝诸善男子及善女人。于诸众生生一子想断一切肉？大慧，我于诸处说遮十种许三种者，是渐禁断令其修学。

今此经中自死他杀，凡是肉者，一切悉断。大慧，我不曾许
弟子食肉，亦不现许，亦不当许。大慧，凡是肉食于出家人
悉是不净。

　　大慧，声闻缘觉及诸菩萨尚唯法食，岂况如来？大慧，
如来法身非杂食身。大慧，我已断除一切烦恼，我已浣涤一
切习气，我已善择诸心智慧，大悲平等，普观众生，犹如一子，
云何而许声闻弟子食于子肉，何况自食？作是说者，无有是处，
尔时世尊重说颂言。[①]

　　悉曾为亲属，众秽所成长。恐怖诸含生，是故不应食。

　　一切肉与葱，韭蒜及诸酒。如是不净物，修行者远离。

　　亦常离麻油，及诸穿孔床。以彼诸细虫，于中大惊怖。

　　饮食生放逸，放逸生邪觉。从觉生于贪，是故不应食。

第 9 品有一段陀罗尼咒，那是对治蛇龙一类的鬼神。[②]

梵本第 10 品是一个长达 884 个偈颂组成的经文。[③]其唯识教
理即在此品中提出。不过它反复强调的还是一切存在的虚幻不真，
有若梦幻泡影。

----

　　① 豪尔刊行本《楞伽经》第 3 页认为（食肉世尊所许）寓含了怛特罗教密仪的指向。
有这种可能，但也不是绝对的必然性。食肉的习俗在北传佛教中兴起是远在密教发生之
前的事。

　　② 此陀罗尼咒有豪尔的德译本，见其《北传佛教中的陀罗尼》，《宗教学和语言
学征文集 II》，1927 年，pp.2ff.。H. 夏斯特里（《大不列颠和爱尔兰皇家学会学报》，
1900 年，pp.100ff.）描述了《楞伽经》中的这个咒语，但看不出与大乘经有共同性。

　　③ 此品开头是一段长行散文"大慧菩萨摩诃萨如是向佛曰"，梵本中此处显然是
窜入而弄混了，因为下面的偈颂很明显是佛的偈颂。

诸法不坚固，皆从分别生。以分别即空，所分别非有。

由虚妄分别，是则有识生。八九识种种，如海众波浪。

习气常增长，盘根坚固依。心随境界流，转依得解脱。

…………

一切法名字，生处常随逐。已习及现习，辗转共分别。

若不说于名，世间皆迷惑。为除迷惑故，是故立名言。

愚分别诸法，迷惑于名字。及以诸缘生，是三种分别。

以不生不灭，本性如虚空。自性无所有，是名妄计相。

如幻影阳焰，镜像梦火轮。如响及干城，是则依他起。

真如空不二，实际及法性。皆无有分别，我说是圆成。

语言心所行，虚妄堕二边。慧分别实谛，是慧无分别。

因此，我们在这里常常会联想到吠檀多的幻论语言，就像是吠檀多派的空幻颂（Gaudapatiya-Karikas）。本经和此品首次对吠檀多的幻论借用并加以发挥：

幻境之所起，如众色摩尼。无有为无为，唯除妄分别。

愚夫迷执取，如石女梦子。诸法如幻梦，无生无自性。

以皆性空故，无有不可得。如四大不调，变吐见荧光。

所见皆非有，世间亦如是。犹如幻所现，草木瓦砾等。

彼幻无所有，诸法亦如是。非取非所取，非缚非所缚。

如幻如阳焰，如梦亦如翳。若欲见真实，离诸分别取。

应修真实观，见佛必无疑。世间等于梦，色资具亦尔。（偈

颂 623）[1]

第10品实际是两部分，前面说唯识教理，后面为过去佛自言家世，及预言贤劫中释迦牟尼出家成道等事。经中的说教者是以过去古佛的口气说话。在自叙家世时，该品又论及了当时的外道沙门：数论、胜论、裸形外道、顺世论者以及他们的种种异说（偈颂第 723）。

关于过去佛的自言家世，据《大乘入楞伽经》（依原书的梵本第 10 品。此在汉文译本《大乘如楞伽经》第 7 品中）第 10 品宣称：

> 余佛出善时，释迦出恶世。于我涅槃后，释种悉达多。
> 毗纽大自生，外道等俱出。如是我闻等，释师子所说。
> 谈古及笑语，毗夜娑仙说。于我涅槃后，毗纽大自在。
> 彼说如是言，我能作世间。我名离尘佛，姓迦多衍那。
> 父名世间主，母号为具财。我生瞻婆国，我之先祖父。
> 从于月种生[2]，故号为月藏。出家修苦行，演说千法门。
> 与大慧授记，然后当灭度。大慧付达摩，次付弥佉梨。
> 弥佉梨恶时，劫尽法当灭。迦叶拘留孙，拘那含牟尼。
> 及我离尘垢，皆出纯善时。纯善渐减时，有导师名慧。

324

----

① 豪尔（《楞枷经》，pp.7ff.）已将第 5、558—623 章的偈颂译成德文。

② A.Sh. 维迪亚布萨那文，载《亚洲学报》，1905 年，p.161。《大不列颠和爱尔兰皇家学会学报》，1905 年，pp.833ff.，认为这些话其实是本经撰写者的话。豪尔也同意这种说法，见后者的前所引书，第 4 页。虽然这些话在这里读上去有些奇怪，但当作本经作者的话仍然不太可能。

············

名手作声论，广主造王论。顺世论妄说，当生梵藏中。

迦多延造经，树皮仙说祀。鸲鹆出天文，恶世时当有。

············

僧佉论有二，胜性及变异。胜中有所作，所作应自成。

胜性与物俱，求那说差别。作所作种种，变异不可得。（偈
颂第 772 以下）

第 9 品有几段经文很有历史价值，但其清晰性尚待发掘。特
别是其中有关佛作预记的那一段 [1]：

我灭度后，有广博仙、迦那陀、刹巴、伽毗罗、释迦族
长皆将出现于世。我灭后百年，有广博仙因其（摩诃）婆罗
多为世所称鸠荼婆（Pāndavas）诸王、罗摩王及孔雀朝诸王
（Mauryas，即月护王朝 /Chandragupta）应世；后又有蛮族
之人在世为王。彼诸凶王以后，世有刀兵之灾；刀兵祸后，
末世来临；其后末法大衰。经中另一处，又有预言 [2]：将有拜
尼尼、足目（Aksapāda）、布里哈湿帕提（Vṛhaspati）诸顺
世论祖师、撰写诸经之迦旃延那（Katyayana）、撰法典之雅
基拉伐尔基（Yājñavalkya）、撰《罗摩衍那》之伐尔密基圣
人、马苏罗刹（Masūrakṣa）、撰政事论之憍提利耶（Kautilya）

---

① 梵文刊行本 X, pp.784ff.。
② 梵文刊行本 X, pp.813ff.。

及阿湿伐罗衍那（Aśvalāyana）先后应世。

虽然这最后提到的一串人名只是历史上的先后次序[1]，根本无从断定具体时代，但我们似乎有理由将其作为坐标，大致判定笈多王朝和后来的蛮族统治——其应为匈奴人在五世纪后建立的统治。[2] 正由于如此，我们认为第 10 品产生的时间不会早于第二个汉译本问世时（北魏菩提流支所译十卷本于 513 年译出）。《楞伽经》中的唯识理论与弥勒、无著和大乘起信论中的说法并无不同。后者产生的时代理当在四世纪，不会更早。因此，最早的《楞伽经》形成时间，应在汉文本首次译出之前约 50 至 100 年（求那跋陀罗于 443 年首译）[3]。无论如何，本经具有重要的历史价值。其中所言及的各种哲学见解及众多祖师，均为反映四至六世纪印度哲学史概貌的重要佐证资料[4]。

---

① 参见 E.H. 琼斯顿：《大不列颠和爱尔兰皇家学会学报》1929 年，pp.86ff.。

② 参见《吠陀文献》，pp.501ff.。

③ 据说还有一个更早的汉译本，昙无谶(385—433)所译，但此本已佚失。即令如此，原本形成的时间仍然在四世纪。昙无谶为北凉僧人。世称其为中印度人，婆罗门种出身。初习小乘教法，兼习五明，讲说精辩，应答善巧。北凉玄始元年（412），河西王沮渠蒙逊迎其入姑臧。曾译《涅槃经》，凡 36 卷（今存者凡四十卷）。先后出《方等大集经》29 卷、《金光明经》4 卷、《悲华经》10 卷、《菩萨地持经》8 卷、《菩萨戒本》1 卷等。其所译之《涅槃经》，世称《北本涅槃经》。——译者

④ H. 夏斯特里（《印度历史季刊》卷 1，1925 年，pp.208f.）说《楞伽经》属于迦腻色迦王时代之前的作品，可能是因为信从了密特拉（《尼泊尔佛教文献》，p.113）所说的错误断定，即早在 168—190 年《楞伽经》就被译成了汉文。H. 夏斯特里提请注意哈里纳特·德（Harinath De）的一篇论文，其中提到"《楞伽经》中至少包含差不多 20 种的不同思想体系"。

8.《三昧王经》①

　　晚期大乘经中还有一部称为《三昧王经》的，也叫《月灯经》（*Candrapradhīpa-Sūtra*）。后一个经名来自经中的主要说教者月灯②的。本经的内容也主要是佛同月灯之间的问答对话。本经之所以有名，在于其宣称通过修行各种禅定可以达致菩提。诸禅定中有一种特别有效的，就叫"三昧之王"。三昧即是三昧地，亦是禅定的诸多称呼之一。"三昧王"，即指最高、最好、最有效的禅定方法。修行三昧之王，重要的前提是要礼敬佛祖，完全放弃对于世间的贪恋。哪怕对于身命也不可贪恋，为了世间众生的利益也能毫不犹豫地舍弃（这种情况下，菩萨摩诃萨若与一法相应，速得无上正等正觉。如是得诸法功德。云何一法？若菩萨摩诃萨

---

　　① 本经10卷。北齐那连提黎耶舍译。收于《大正藏》第十五册。本经记述佛陀为月光童子说行者应从平等心出发，如实了知一切法体性而证菩提；成就施、戒、忍等法，则得诸法体性平等无戏论三昧。又说菩萨应成就善巧，住不放逸，修神通本业，行财施与舍身，亦说自身于因位中行施戒等。此经有别生经二种，皆刘宋先公译。其一题为《月灯三昧经》（收于《大正藏》第十五册），又称《文殊师利菩萨十事行经》，一卷，存于宋、元、明诸藏中，相当于本经第六卷前半。其二亦名《月灯三昧经》（收于《大正藏》第十五册），一卷，《高丽藏》亦收之，缩刷藏经后记推断此为《历代三宝纪》卷4所传安世高之译本，谓类似本经第五卷后半。本经现存梵本在1896年于加尔各答刊行，题为三昧王，梵文《集菩萨学论》中引称为《三昧王月灯经》。据《法经录》卷一、《开元释教录》卷六。——译者

　　② 本经目前无刊行本。我们知道这部经的名称是因为寂天的《集菩萨学论》中引用了它。R.密特拉的《尼泊尔佛教文献》（pp.207, 221）中有此经名。另可见本达尔的《目录》（pp.22f.）、《集菩萨学论》的本达尔刊行本（p.368）。

于众生所起平等心、救护心、无碍心、无毒心，是为一法相应，速得无上正等正觉，能获如是功德利）。这里的平等心，指不依恋世俗，对于一切众生柔软爱护，无视自己的身命，更不必说身心的舒适与安逸，毫不犹豫地奉献自身，将其施与他人，坚决相信诸法无我。本经中关于守戒修定的章句，多以偈颂来表达。寂天在其《集菩萨学论》（Śikṣā-Samuccaya）中引述了本经中有关离垢寂静的优美的伽陀[①]：

> 不离胜善（Sugatas，佛陀别称）教，亦不着女色。
> 乐胜善教诫，以其心清净。信离垢寂静，是真性佛教。
> 速为法王子，世间作大医。乐布施善财，悉拔苦恼刺。
> 以其心清净，住离垢寂静。是真性佛教，彼犹明月光。
> 彻照于世间，以其心柔软。虽被刀杖加，犹无有瞋恚。
> 身被刀截割，一一支节解。然不为所动，以其心清净。
> 住离垢寂静，是真性佛教。

326

　　《集菩萨学论》中有一个偈颂，显然引自《三昧王经·智有品》。该偈说，经中他处皆称食肉有罪过，不当食肉。但为医药故，可以开禁。在一段长行散文中，其用相当的篇幅来说明，佛戒本质在于强调动机。好比有人引火自烧其身，从头到脚，大火炽盛，但其心中若念苦乐之受，犹然未得真定。不像菩萨大士，始终心

---

① 刊行本《集菩萨学论》，p.242。

念世间受苦，所以能够安住。① 据说古圣中多有因修这种三昧王定
而得大成就的。汉译本中接近梵本的是《月灯三昧经》，其译出
时间在450—557年。②

9.《金光明经》③

晚期大乘佛教经典，最后当介绍《金光明经》（*Śuvarṇa-*　327

----

① 《集菩萨学论》刊行本，p.166。第100页引用了一大段专谈戒律的话，第193
页及以下是论修苦行的益处，第318页是论慈无量心的无上，抬高到对慈心的膜拜。在《集
菩萨学论》中提到本经也称为《月灯经》。

② 例如，渡边海旭即主张这种说法（《大不列颠和爱尔兰皇家学会学报》，1907年，
p.663）；《南条文雄目录》，p.191。西藏《甘珠尔》中也有此两个经名，参见科洛斯：《吉
美博物馆年鉴》II，p.249。《集菩萨学论》也引述到的《首楞严三昧经》与这里说的《三
昧王经》是两回事。

③ 梵名*Suvarṇaprabhāsottama-sūtra*或*Śuvarṇa-Prabhāsa*（《金光明经》）。其与《法
华经》《仁王经》同为镇护国家之三部经。据称诵读此经，国家皆可获得四天王之守护。
本经重点在《寿量品》以下之四品，《寿量品》系记叙王舍城之信相菩萨怀疑佛之寿命
仅有八十岁时，四方四佛即现身说明佛寿之长远。《忏悔品》《赞叹品》则谓金鼓光明
之教法、金光明忏法之功德。此后之诸品则叙说四天王镇护国家及现世利益之信仰。古
代西域诸国对四天王之崇拜，以及中国金光明忏法之流行，均因信仰本经所致。本经译
本有五种：（1）《金光明经》，四卷，北凉昙无谶译；（2）《金光明帝王经》，七卷（或
六卷），陈真谛译；（3）《金光明更广大辩才陀罗尼经》，五卷，北周耶舍崛多（或阇
那崛多）译；（4）《合部金光明经》，八卷，隋代宝贵等糅编；（5）《金光明最胜王经》（略
称《最胜王经》），十卷，唐义净译。其中（1）（4）（5）收在《大正藏》第十六册中。（2）
（3）在诸藏中除圣语尚有保存，译本皆不传。本经之注疏较重要者有真谛之《金光明经
疏》十三卷、智顗之《金光明经玄义》2卷与《金光明经文句》6卷、吉藏之《金光明经
疏》1卷、宗晓之《金光明照解》2卷。据《出三藏记集》卷二，《开元释教录》卷一、
卷六、卷十一，《佛祖统纪》卷二十五。

Prabhāsa）①。本经内容涉及哲学与伦理，其中也有不少譬喻传说。本经已经带有怛特罗佛教（密教）的痕迹。

第 1 品说有婆罗门憍陈如求佛舍利。离车族王子便借佛的神力来开导他，讲述了大乘一切空的学说。经文引述如下：

> 是时大会有婆罗门。姓憍陈如。闻佛世尊寿命八十应般涅槃涕泪悲泣。顶礼佛足白言：世尊。若佛如来怜愍利益一切众生。大慈大悲欲令皆悉得大安乐。为众生作真实父母。最上无等及无等等。为世间作皈依覆护。令诸众生快乐清凉。如净满月作大光明。如日照于优陀延山。是时王子承佛神力。语婆罗门憍陈如言：大婆罗门，汝于世尊求何恩德？我能为汝施如意恩？婆罗门言：善哉王子。我等愿欲恭敬供养世尊之身，是故欲得如来舍利是芥子许。所以者何。如我所闻若善男子及善女人。恭敬供养如来舍利。六天帝主富贵安乐必得无穷。是时王子即便答言：大婆罗门，汝一心听，若欲愿求无量功德及六天报，此金光明诸经之王，难思难解福报无穷，声闻缘觉所不能知。此经摄持如是功德，无边福报不可思议。我今为汝略说之耳。婆罗门言：善哉王子，如是金光明微妙经

---

① 见本经校刊本，达斯、夏斯特里等合作校刊：Fasc.1，加尔各答，1898 年。（印度佛教经典学会）未见其他校刊本。本经之首页题记上，梵文经名为：*Suvarṇaprabhāsottama-sūtrenrarāja*，梵本第一分册含 I—IX 品。R. 密特拉的《尼泊尔佛教文献》（pp.241f.）列有本经的 27 品目录。参见 E. 布努夫：《导论》，pp.471ff.，490；本达尔：《目录》，pp.12f.；姊崎正治：《宗教伦理百科全书》卷 4，p.839。学者南条文雄生前整理了《金光明经》的一个刊行本，现正由其学生泉芳璟氏将于高楠氏的《青年东方》（1928 年 5 月，p.404）发表。

典功德无边难解难觉，乃至如此不可思议，我等边国婆罗门等作如此说，若善男子及善女人，得佛舍利如芥子许置小塔中，暂时礼拜恭敬供养功德无边，是人命终作六天主，受上妙乐不可穷尽。汝今云何而不愿乐供养舍利求此报耶？如是王子，以是因缘，我今从佛欲求一恩。

是时王子即以偈答婆罗门言：

设河驶流中，可生拘物华。世尊身舍利，毕竟不可有。
假使乌赤色，拘枳罗白形。世尊真实身，不可成舍利。
设使阎浮树，能生多罗果。佉受罗树等，转生庵罗实。
如来身无灭，不可生舍利。设使龟毛等，可以为衣裳。
佛身非虚妄，终无有舍利。假令蚊蚋脚，可以作城楼。
如来寂静身，无有舍利事。假令水蛭虫，口中生白齿。
如来解脱身，终无系缚色。兔角为梯橙，从地得升天。
邪思唯舍利，功德无是处。鼠登兔角梯，蚀月除修罗。
依舍利尽惑，解脱无是处。如蝇大醉酒，不能造窠穴。
于佛无正行，不能至三乘。如驴但饱食，终无有伎能。
歌舞令他乐，凡夫二乘等。能说及能行，自他无是处。
假使乌与鵄，同时一树栖。和合相爱念，如来真实体。
舍利虚妄身，俱有无是处。如波罗奈叶，不能遮风雨。
于佛起虚妄，生死终不灭。如海大舶船，具足诸财宝。
新生女人力，执持无是处。法身无边际，不净地烦恼。
不能摄如来，其义亦如是。譬如诸鸟雀，不能衔香山。
烦恼依法身，不为烦恼动。如是如来身，甚深难思量。

若不如法观，所愿不成就。①

于是，憍陈如陈述了他所以想要求佛舍利的理由：事实上若欲求得佛舍利，哪怕仅仅芥子许实不可能。以如来之身实在无骨无血。成就大觉悟的如来只有法身尚在。②如来只是法所成身，并非色身，绝对胜义，难可譬拟，唯是心法，绝非色法。世尊本无所生，亦非所灭；只是为了化度众生，才示现入寂涅槃相。

第4品站在很高的伦理起点上。文字章句写得相当漂亮。分别叙述了何以有忏罪的必要③，何又要对众生怀有慈悯之心④。第6品则发挥了有关"空"的教义。但本经的主要宗旨还在于颂扬《金光明经》的无量功德。其一再宣称诵读《金光明经》便会有不可思议的利益。第8品有辩才天女（Sarasvati）出场。她宣布了本经

328

---

① 所有这里列举的不可能之事都是成双成对的。《本生经》第425篇的经题意思就是"不可能事之本生"。参见《民间故事》，波恩，1920年，pp.70f.。W.L.坎贝尔校译，龙树所撰《三菩提》（亦名《三智赞》），加尔各答，1919年，p.98 vs p.194；彭泽尔-陶纳：《故事海》IX, p.152。

② 佛陀的三身是大乘理论之一。佛有法身（绝对身）、报身（佛之超人身，其享受荣耀、净德与智慧）以及应身（佛在人间实现解救众生的伟业而呈现的人身）。关于三身，可参见浦山：《宗教伦理百科全书》卷1, pp.97f.。姊崎正治：《宗教伦理百科全书》卷4, pp.839f.。P. 马森-奥塞尔：《亚洲学报》，1913年，s.11, t.I, pp.581ff.。罗森堡：《佛教哲学诸问题》，pp.236ff.。W.M.麦戈：《大乘佛教导论》，伦敦，1922年，pp.75ff.。《金光明经》的义净汉译本中有一品专说"三身"，该品似未见梵本。姊崎正治在其书中说此应该是世亲后学添加的。至于"法界"，参见 Th. 舍尔巴茨基：《佛教的中心概念》，pp.59, 97。

③ 刊行本第12页及以下。《集菩萨学论》中亦有引述。见该经刊行本第160—164页。本段文字由 H. 斯丹纳（《普鲁士科学院会议通讯》，1904年，pp.1310ff.）引用发表，原出于新疆西部 Idikuchari 发现之木刻本。

④ 本经刊行本第19页。《集菩萨学论》中亦有引述，见该经刊行本第217页。

就是陀罗尼神咒。第 9 品出场的是室利摩诃天女（Sri-Mahādevi，即圣天女，汉译《金光明经》中译为"耀善女天"），其也称赞了本经的神咒功能。① 第 13 品（汉译本排在第 16 品）有《王正论》（*Rājaśastra*，为诸王讲说）。所有这些王都属于帝释天的家族。所谓的《王正论》是父王力尊相在为他的太子信相灌顶时作的唱赞。②

《金光明经》中的譬喻故事，说到有舍身饲虎的某太子③留下的遗骸，被其父王保存下来，贮于金箧，起塔供养。经中的其他地方又教授了怛特罗的密仪。其中处处提到许多女天，如像呵利帝（Harītī，鬼子母）、地神坚牢（Pīthivī）、乾帝伽（Caṇḍika）等。

在大乘佛教流行的地区和国家，《金光明经》都曾有极高的声誉，广泛地为当地的人们所崇奉。在中亚也发现了梵文的本经残篇。④ 据说在中国，汉明帝时最先入华的梵僧摄摩腾（Kāsyapa-Māgata）就已经在讲说本经了。⑤ 假若此说不虚，大概那个时代的

———————

①　浦山：《佛教：研究及材料纪念文集等》，1897 年，p.127；人们称《金光明经》为某种"广大陀罗尼"是有一定道理的。

②　要想弄明白为什么在这里的经文中加入这么一段王论主张的确令人费解，但它令我们想到了《往世书》中的类似情形。

③　参见本书边码第 263 页。依据 I.J. 施密特从蒙文本译出的该经：《蒙语语法》，圣彼得堡，1831 年，pp.142f.。

④　此片断原为和田语文，参见 E. 劳曼：《北亚及德国所藏佛教文献》，1920 年，pp.53f.。F.W. 托马斯也已经发表了好几个中亚发现的本经残篇的校刊本及翻译本，参见洪里：《梵文写本残篇》，pp.108ff.。回鹘文本残篇的一个译本也有发表，参见《佛教文库》（列宁格勒），1914 年。了解其他的回鹘文写本经文残篇，可参见 F.W.K. 缪勒：《回鹘文抄本》，载《柏林科学院哲学史部论文集》，1908 年，pp.10ff.。吕岱司：《普鲁士科学院会议通讯》，1914 年，p.99。该经题记说，此经原出天竺语，又从汉语再译成突厥语。

⑤　参见巴格契前所引书 I，p.4。

流行经本也不是我们今天所见的本经模样。本经保存至今的汉译本有三：昙无谶译本（414—423）、真谛及其弟子共译本（552—557）及义净译本（703）。①

① 巴格契前所引书 I, pp.220, 422。弗尔克：《北京版藏文大藏经目录》，pp.121, 127。藏文《甘珠尔》可见《吉美博物馆年鉴》II, pp.315f.。霍恩里希刊行了一个西蒙古语的本经（*Altan Geral*），莱比锡，1929 年。

第八章 大乘的论师和诗人

1. 龙树

多罗那他说 [1]，小乘佛教徒所称的"八千颂般若"，属于大乘新经，出于龙树之手 [2]。因此，未尝不可以说般若经是龙树一派的作品，因此可认为属于"伪经"。当然，也还有另外一种可能，即多罗那他并不以为般若波罗蜜大经同《大智度论》有什么区别。实际上，《大智度论》是对《二万五千颂般若经》的疏释解说。不管怎么说，大乘佛教并非始于龙树，把他当成大乘佛教的创始人，在以往曾经是寻常之谈。这是因为在龙树之前，可以肯定地

330

---

[1] A.席夫纳德译：《多罗那他西藏佛教史》德译本，圣彼得堡，1869 年，p.71。

[2] 关于龙树，参见 A.格伦威德尔：《西藏和蒙古的佛教神话》，莱比锡，1900 年，pp.29ff.；艾略特：《印度教和佛教》II，pp.84ff.；S.C. 维迪亚布萨那：《国际东方学大会会议公报》第 2 辑，pp.125ff.；瓦勒塞尔：《藏汉资料中的龙树传》，《亚洲专刊》卷 1，pp.421ff.；P.L.拜迪耶：《提婆及其四百论研究》，巴黎，1923 年，pp.46ff.；凯思：《佛教哲学》，pp.229f.。[鸠摩罗什译有《龙树菩萨传》，载《大正藏》第五十册，pp.184ff.。另相关材料者《付法藏因缘传》，载《大正藏》第五十册，pp.297ff.；《大唐西域记》卷十，载《大正藏》第五十一册，pp.929ff.。藏译材料中可见《布顿佛教史》，以及同书之 E. 奥伯米勒译本：《布顿佛教史》，海德堡，1931 年，pp.122ff.；《多罗那他西藏佛教史》德译本（A.席夫纳，S.69f.；L.钦巴之英译本，pp.106ff.）。——日译者]

说，还没有大乘经这回事。[①] 按玄奘的说法，马鸣、龙树、圣天和
鸠摩罗多都是同时代的人。[②] 他称这四位是"照世四日"；而如果
按卡尔哈纳（Kalhana）的《克什米尔王统纪》（*Rājatarangini*, I,
173），龙树菩萨是"该国唯一的大师"。龙树一生经历了胡斯迦、
鞠斯迦和迦腻色迦三王的统治时代。多罗那他认为龙树应是迦腻
色迦王时代的人。这的确也能够给许多事件的历史背景以合理说
明——如果将龙树的生期定在二世纪后半期的话。[③] 另一方面，关
于龙树人们编织了太多的传说，以至于让人生疑：历史上是否真
的有这么一个人？

　　在鸠摩罗什所译的汉文本《龙树传》中（约 405 年译出），
龙树生在南印度，其家世为婆罗门。他自小即穷通四吠陀，深谙
诸明，包括占星、卜筮之术。他又有隐身的神通，曾经与三位道
友潜入王宫，在那里淫乱嫔妃。事发以后，那三友被处死，独龙
树得以脱免。为了当初立下的誓愿，他便出家为僧。出家后，他
在九十天中通读三藏经典，寻求其中的根本意义。虽然他已经掌握
了佛教三藏，但仍然未感到满足。于是，他又开始搜寻其他的经典，
直到最后他得到了大乘经。向他提供这些大乘经典的是某位雪山
的老比丘。他又得到龙王的帮助，取得了大乘的论释书。自此之后，

331

---

　　① 龙树在他的《大智度论》和《十住毗婆沙论》中引述不少大乘经。这两部论的
汉译本由鸠摩罗什在 405 年左右完成。此参见木村龙宽：《印度历史季刊》卷 3, 1927 年，
pp.412ff.。

　　② 据 S. 比尔所译玄奘《大唐西域记》（II, pp.97ff., 302f.）和慧立《慈恩寺三藏
法师传》（1911 年，p.199）。

　　③ 参见 H. 克恩：《印度佛教纲要》，pp.122ff.；凯思：《佛教哲学》，p.229；
瓦勒塞尔：《佛教论文集》卷 6, 1924—1925 年，pp.25ff., 237ff.。

龙树在南印度狂热地传播大乘教。《龙树传》的作者说他住世传教 300 年。[①] 西藏方面的材料则说，龙树的寿命竟达 600 岁。

鸠摩罗什说龙树不但擅长方术，而且精通占星、医药、勘宝等世间技艺。七世纪的诗人巴纳（Bāṇa）在其作品《戒日王所行赞》（*Harṣa-carīta*）中说，龙树曾经从龙王那里得到一串真珠璎珞。而这个真珠宝贝能够医治百病，包括被毒蛇、毒蝎所咬。在藏传佛教中，龙树则完全是咒术大师的形象。[②] 神通虽然大，但关于龙树，我们还是接受以下的说法比较稳妥：他是南印度文德巴（Berar，比拉尔）人，家世为婆罗门。他的著作显示他是精通婆罗门教的种种学问的。由于他的名声太大，所以在他死后始终有许多撰书立说的人都要冒用他的大名。[③] 他之所以被奉为大乘中观学派（最重要的大乘佛教宗派之一）的祖师，就正说明了他在印度以及中亚享有崇高的威望。他亲手撰写了《中观经》（*Mādhyamika- Sūtra*）或称为《中观论颂》

[①] 瓦西里耶夫：《佛教》，pp.232ff.。据瓦勒塞尔（*Birth Anniversary Volume*, pp.443ff.），鸠摩罗什本传提及文本未是确凿的。

[②] 例如，可参见 A. 格伦威德尔所译西藏《八十四咒师本事》中的第 16 篇（《龙树咒师本事》V, 1916 年，pp.161ff.），作为药师的龙树又被认为是 Suśruta 的无上瑜伽密典的作者。J. 乔里：《概要》（*Medizin*），pp.16, 125。《德国东方学论文集》卷 53，1899 年，p.378。欲了解作为恒特罗密典作者的龙树，可以参见以下资料：距今约有百年的《诗歌宝山》一书作者阿伯努尼说龙树是炼金术师；P.C. 拉易则认为阿伯努尼是七八世纪时人。《诗歌宝山》一书中我们读到龙树与夏里婆哈那王的对话（后者是龙树的朋友，见后文）。在该书讲炼水银的第 8 品开头处，我们读到般若母（多罗女神）托梦给龙树，告诉他炼金的配方。参见 P.C. 拉易：《印度化学史》I，加尔各答，1903 年，pp. xxiv., xciiff.; II, pp.xx, xxiiiff., xxxviiiff., 6ff.。很有可能炼金术士、医药师、咒术师和佛教哲学家只是同名的四个人，被混为一谈了。

[③] 关于佛教哲学家龙树的作品，参见《南条文雄目录》，pp.369ff.。

332　（*Mādhyamika-Kārikās*）[①] 的书，应当是确定无疑的事。该经或是大乘佛教经典中系统阐述空论学说的作品。

　　《中观论颂》有 400 个偈颂，分为 27 品。针对本论，龙树自己曾作过注释，世称为《无畏注》。龙树可能是印度第一个真正地用这种方式表达自己论书主旨的大师。以后的印度学术文献中，这种论释方式被继承下来，仿效者甚多。《无畏注》的结构是在每一段记诵性的伽陀之后，都有跟随相关的疏释解说。《无畏注》今天已经佚亡，仅从藏译本中可以得窥大概。佛护（Buddhapālita）和清辨（Bhāvaviveka）对《中观论颂》所作的注释也通过藏译本

333　保存至今。月称（Candrakīrti）其人也撰有解释《中观颂论》的《明句论》（*Prasannapadā*）。[②] 月称在书中许多地方对前面两位论师加以驳斥。《明句论》梵本今存。龙树和他的弟子提婆（Āryadeva）所教授的中观学说体系，在月称这里遭受了严厉的批判。中观学

---

　　① 浦山刊行本：龙树的《中观论颂》及月称《明句论》，圣彼得堡，《佛教文库》（列宁格勒）IV, 1903 年。浦山还翻译了《明句论》第 24 品，发表于《哈雷兹的查理纪念文集》（*Mélanges Charles de Harelz*），莱顿，1896 年，pp.313ff.; Th. 舍尔巴获茨基又译有月称《明句论》的第 1 因缘品及第 25 涅槃品，载《佛教的中心概念》，列宁格勒，1927 年，pp.63-212。S.Ch. 维迪亚布萨那又撰《月称明句论摘要》以及第 1、2、5、7 品的翻译，发表于《佛教经典学会学报》卷 5, 1897 年，第 4 部分，pp.7ff.; M. 瓦勒塞尔从藏文译出的《中观论颂》及龙树自己的首品《无畏疏》，书名为《龙树中论学说》，海德堡，1911 年。同一位学者还将鸠摩罗什作汉译的《中论》也译成德文（海德堡，1912 年），并且依北京版的藏文大藏《丹珠尔》中《无畏疏》加以翻译，又将藏文原件拍照附在书中。该书名为《佛教文化资料》第 2 辑，海德堡，1923 年。

　　② 舍尔巴茨基在其《佛教的涅槃概念》（英文本，p.67，注 1）中说："《明句论》为哲学著作之首，实在当之无愧，其简明与明晰，就整个北传佛教体系而言，找不出任何一部作品像它这么明晰地讨论这种极端的辩证性（哲学）的。"M. 瓦勒塞尔对佛护的藏译本论释作了校刊，载《佛教文库》XVI。

说结集为《中论》①，就因为它宣布无有一法是有，亦无有一法是无，一切存在均是相对性的。《中论》一书，上来便说著名的"八不偈"（《中论·观因缘品》）。这种说法在这里便宣称为因果缘起的理论。② 该偈颂说：

> 不生亦不灭，不断亦不常。不一亦不异，不来亦不出。
> 能说是因缘，善灭诸戏论。我稽首礼佛，诸说中第一。

对上面偈颂的意思，显然有人是不同意的。龙树因此才在本论第 24 品中加以反击：

> 若一切皆空，无生亦无灭。如是则无有，四圣谛之法。
> 以无四谛故，见苦与断集。证灭及修道，如是事皆无。
> 以是事无故，得向者亦无。若无八贤圣，则无有僧宝。
> 以无四谛故，亦无有法宝。以无法僧宝，亦无有佛宝。
> 如是说空者，是则破三宝。

龙树于是出来宣布：

---

① 在波罗奈斯初转法轮时就有"中道"的说法，不过那主要是就伦理而言的，即不要偏于苦行，也不要偏于放纵。（在《中论》）这方面的"中道"则是玄学上的，既不要执着于"存在"，也不要执着于"非存在"。

② 那种把中观论都斥为断灭论者或虚无主义者的说法是遭受月称坚决否定的（《中论疏》刊行本，p.368）。关于《中论》的理论体系，参见浦山：《佛教》，pp.189f.，290ff.;《宗教伦理百科全书》卷 8，pp.235ff.; 姊崎正治:《宗教伦理百科全书》卷 4，p.838; 山上曹源:《佛教思想系统》，pp.194ff.; P.L. 拜迪耶:《圣天研究》，pp.34ff.。

　　　佛法有二谛，两重真实义。一以世俗谛，中有深藏义。

　　　深藏第一义，即是真实谛。若人不能知，分别于二谛。

　　　则于深佛法，不解真实义。不依世俗谛，不得第一义。

334　　　不得第一义，则不得涅槃。

　　最高的真理必得依据日常生活中的道理来表明。但若没有最
高的真理（真实），佛教也就失去了终极的目标。

　　中观学说的道理，龙树又以非常简明的手段，借两部小论书
来加以阐述。其一是《六十颂如理论》（*Yuktiṣaṣṭikā*）①，另一本
小书则是《空七十论》（*Śūnyatā-Saptati*）②。还有一部《缘起心论》
（*Pratītya-Samutpādahṛdaya*），它用七个圣颂③讲述了"缘起而
生的秘密义"。《大乘二十论》（*Mahāyāna-Vimśaka*）④是一篇短
小的哲学论文。它解释道：若依最高的真理立场，可以认为没有
轮回，没有涅槃，一切诸法如梦如幻。龙树还有一部书叫《回诤论》
（*Vigraha-Vyāvartanī*）。这部论述因明学问的小书后来被月称频
加引述。挂在龙树名下的论书还有许多，但都极靠不住。例如，
有一部叫《法集名数经》（*Dharma-Saṃgraha*）的，虽然作者也

───────

　　①　《六十如理论》，载谢弗所译的《龙树六十如理中论汉译本》（*die sechzig
Satze des Negativismus nach der chinesischen Version ubersetzt von Phil. Schaeffer*），
海德堡，1923 年（《佛教文化资料》第 3 辑），本论藏文本今存。

　　②　《空七十论》藏文本今存。本论似为世亲撰《真实七十论》以及自在黑撰《金
七十论》的原型。

　　③　其藏文本连同浦山的法译收在其《佛教：研究与材料·十二因缘论》中，
参见《佛教：研究与材料·十二因缘论》，1913 年，pp.122ff.。

　　④　山口益整理并刊行了本论的藏译本及汉译本并附英译。见《东方佛教徒》IV,
pp.56ff., 160ff.。

署名龙树，梵本也流传下来了。① 这是一部非常实用的佛教术语的
汇编小册子。不过它是任何一位佛教义学比丘都能完成的作品。②

　　另有一篇《与友人书》（*Suhṛllekha*）③，通常也被人们认为　335
是出自这位伟大论师之手。但它中间没有一句话是说大乘中观道
理的。实际上这样的书信所说的东西在一般的巴利经文中是寻常
可见的。有的地方可以逐字逐句地同巴利佛典中的经文对得起来。
而有的偈颂明显是来自婆罗门教文献。中国来印度求法的僧人义
净，对于龙树尊崇备至。他也记叙了在印度所见龙树论著流行五
天竺的盛况。④ 汉文史料显示，《与友人书》是写给叫沙塔婆哈那
（Sātavāhana）的某个朋友的。⑤ 不过，沙塔婆哈那也并不只是某

---

　　①　本经刊行者为笠原研寿、缪勒以及 H. 文泽尔（《亚洲季刊》卷 1，第 5 部分，
1885 年）。《法集名数经》中有一半的用语也可见于《法身经》，后由格伦威德尔在伊
迪库特发现并携回的木刻本，再由 H. 斯通纳加以整理刊行（《普鲁士科学院会议通讯》
1904 年，pp.1282ff.）。《法集名数经》与《翻译名义大集》非常类似。后者由 J.P. 米纳
耶夫整理刊行，见《佛教文库》XIII，1911 年。但《翻译名义大集》的成书时代及作者
均不明。不过经中因提到迦腻色迦和马鸣，又提到希腊占星术，故不可能早于三四世纪。
此可参见 F.W. 托马斯：《印度历史季刊》卷 2，1926 年，pp.501ff.。
　　②　汉译本未署作者名。参见笠原研寿刊行之《法集名数经》，p.68。
　　③　本篇全名应为《圣龙树菩萨与友人书》，由罽宾沙门求那跋摩译成汉文（424—
431）。S. 伯第作英译，载《印度古籍》卷 16，1887 年，pp.169ff.。另有僧伽跋摩之汉译
本（约 433）和义净译本（约 700）。以上参见《南条文雄目录》，pp.1440，1441；H. 文
泽尔自藏文本译成英文，发表于《巴利圣典学会学报》，1886 年，pp.1ff.；又译成德文，
莱比锡，1886 年。"与友人书"之梵本今不存。
　　④　义净：《南海寄归内法传》，高楠顺次郎有英译，该书第 158 页及以下。
　　⑤　参见慧立所撰，S. 比尔英译：《大慈恩寺三藏法师传》，p.135。Th. 瓦特士：《玄
奘在印度的纪行》II，pp.200ff.，206。诗人巴纳所撰的作品中也提到沙塔婆哈那王是龙树
的朋友，见巴纳《戒日王行传》之英译本，译者为 E.B.C 考威尔和 F.W. 托马斯（伦敦，
1897 年，p.252）。

人或某国王的名字，也是一个朝代前后诸王系的称呼。他们都是南印度案达罗王朝的统治者。从公元前 300 年到公元 300 年初，该王朝统治南印度达五六百年。这个王朝的君主就自称是沙塔婆哈那。他所倚重的宗教既有婆罗门教也有佛教。该王在史料中被称为乔答弥补特拉（Gautamiputra，乔答弥子，119—128 年在位）。他的继位者是室利·普鲁摩耶大王（全名 Rājā Vasisthi Śri Pulumāya, 意为瓦希斯替家族的室利普鲁摩耶王）。该王治世约为 30 年。我们讨论的龙树便生活在这一时期。但若如此假定为真，则那位叫作"乔答弥子耶鞠那室利王"（Gautamīputra Yajñāśri, 166—196 年在位）的断代也就成了问题。①

　　否定龙树是《大智度论》和《十住毗婆沙论》的作者是没有根据的。②他还有一篇短论，名为《壹输卢迦论》（*Ekaśloka Śāstra*，意为"一偈颂之论"）。论中以中观见地谈论了"自性本无生"的道理。它极有可能正是龙树的作品。此论今天仅见汉文译本。与此相应，藏文译本中也有一部短论叫《般若棒论》336 （*Prajñādaṇḍa*）。③它由 260 句格言组成，但内容与佛教不太相关。

---

　　① 参见《早期史》，pp.221ff.。M. 瓦勒塞尔（《佛教论文集》卷 6，pp.96ff.）认为西藏译本的那种说法极有可能是误传，那个传说认为这封信是写给 Udayana 王的。瓦勒塞尔假定了（前所引书，p.103）在 213 年践位的 Vijaya Śri Sātakarṇi 才是龙树的朋友。

　　② 《中论》及它的两个注释本（即《大智度论》和《十住毗婆沙论》）都由鸠摩罗什译成汉文。参见巴格契前所引书 I, pp.197f., 423。

　　③ 即汉译本的《壹输卢迦论》，一卷，龙树菩萨著，后魏瞿昙留支洛阳译。H.R. 伊楞加尔自汉文本译成英文，发表于印度的《迈索尔大学艺术科学学报》I, 1927 年，p.2。梵文本有一篇九个偈颂所成的小论，冠以"入瑜伽行"的名称，署名为龙树。它在藏译本中却署名陈那。参见 V. 巴塔恰里耶：《印度历史季刊》卷 4, 1928 年，pp.775ff.。

虽然也声称是龙树所作,但缺乏证据。论中所述多同印度有名的《故事五篇》有所牵涉。这样的作品不像是龙树感兴趣的东西。①

龙树的弟子中有叫提婆(或曰圣天)的,外号"独眼天"或"碧眼者"。②

2. 提婆

提婆之成为龙树的嗣法者,玄奘是这么告诉我们其中原委的③: 337

> 时提婆菩萨自执师子国来求论难,造门请通,门司为白。龙猛素知其名,遂满钵盛水令弟子持出示之。提婆见水默而投针。弟子将还,龙猛见已,深加喜叹曰:水之澄满,以方我德。彼来投针,遂穷其底。若斯人者可与论玄议道。嘱以传灯。即令引入坐讫。发言往复,彼此俱欢,犹鱼水相得。龙猛曰:吾衰迈矣,朗辉慧日,其在子乎。提婆避席,礼龙猛足曰:某虽不敏,敢承慈诲。④

---

① 藏名:*Shc-rab Dong-bu or*。梵名:*Prajna Danda*,题为 Lu-Trub(Nagarjuna,龙树)著。坎贝尔少校作刊行本并英译,加尔各答,1919 年。

② 据说他之所以得"碧眼者"的名,因为两腮各有一蓝色斑块。传说他之所以成了独眼,是因为年轻时到印度教大自在天神庙中,宣布神像本身并不真是天神本身,所以他胆敢剜去自在天像的左目。第二天,自在天神显现在他面前。他为自证不是因为渎神才有此行为,所以也自剜一目以谢罪。

③ 慧立:《大慈恩寺三藏法师传》,S. 比尔英译本,p.135。Th. 瓦特士《玄奘在印度的纪行》II, pp.200ff.。

④ 《大慈恩寺三藏法师传》卷四。

提婆其人有本传。它的汉译者是鸠摩罗什（译成于约405年）。罗什同时还译出了《龙树传》和《马鸣传》。所有这些传记，当然都是后世的传述。据《提婆传》，他死于论敌一方的谋杀。被提婆辩论所挫败的外道师弟子衔恨报复，因此将他杀死。以下引自汉译《提婆传》：

提婆菩萨者南天竺人。龙树菩萨弟子婆罗门种也。博识渊揽，才辩绝伦，擅名天竺，为诸国所推。赜探胸怀，既无所愧。以为所不尽者，唯以人不信用其言为忧。其国中有大天神，铸黄金像之座身长二丈，号曰大自在天。人有求愿能令现世如意。提婆诣庙求入拜见。主庙者言：天像至神，人有见者既不敢正视，又令人退后失守百日。汝但诣问求愿何须见耶？提婆言：若神必能如汝所说，乃但令我见之。若不如是，岂是吾之所欲见耶？时人奇其志气伏其明正，追入庙者数千万人。提婆既入于庙，天像摇动，其眼怒目视之。提婆问：天神则神矣，何其小也。当以威灵感人智德伏物，而假黄金以自多，动颇梨以荧惑非所望也。即便登梯，凿出其眼。时诸观者咸有疑意：大自在天何为一小婆罗门所困？将无名过其实，理屈其辞也。提婆晓众人言：神明远大，故以近事试我，我得其心故登金聚出颇梨。令汝等知，神不假质，精不托形。吾既不慢神，亦不辱也。言已而出。即以其夜求诸供备。明日清旦敬祠天神。提婆先名既重加以智参神契。其所发言，声之所及，无不响应。一夜之中，供具精馔，有物必备。大自在天贯一肉形高数四丈，左眼枯涸而来在坐，遍观供馔叹未曾有。嘉其德力能有所致。

而告之言：汝得我心，人得我形。汝以心供人，以质馈知而敬
我者，汝畏而谄我者，人汝所供馔尽善尽美矣。唯无我之所
须能以见与者真上施也。提婆言：神鉴我心，唯命是从。神言：
我所乏者，左眼能施我者便可出之。提婆言：敬如天命。即
以左手出眼与之。天神力故，出而随生，索之不已，从旦终朝，
出眼数万。天神赞曰：善哉摩纳真上施也。欲求何愿，必如汝意。
提婆言：我禀明于心，不假外也。唯恨悠悠童蒙，不知信受我言。
神赐我愿，必当令我言不虚设。唯此为请，他无所须。神言：
必如所愿。于是而退诣龙树菩萨。受出家法剃头法服周游扬化。
南天竺王总御诸国，信用邪道，沙门释子一不得见。国人远近，
皆化其道。提婆念曰：树不伐本则条不倾，人主不化则道不行。
其国政法王家出钱雇人宿卫。提婆乃应募为其将。荷戟前驱，
整行伍勒部曲，威不严而令行，德不彰而物乐随。王甚喜之
而问是何人。侍者答言：此人应募。既不食廪，又不取钱，
而其在事恭谨闲习如此。不知其意，何求何欲。王召而问之：
汝是何人？答言：我是一切智人。王大惊愕而问之言：一切
智人旷代一有。汝自言是，何以验之？答言：欲知智在说王
当见问。王即自念：我为智主大论议师。问之能屈，犹不足名。
一旦不如，此非小事。若其不问，便是一屈。持疑良久，不
得已而问：天今何为耶？提婆言：天今与阿修罗战。王得此
言，譬如人噎，既不得吐，又不得咽。欲非其言，复无以证之。
欲是其事，无事可明。未言之间，提婆复言：此非虚论求胜
之言，王小待须臾有验。言讫，空中便有干戈来下。长戟短兵，
相系而落。王言：干戈矛戟虽是战器，汝何必知是天与阿修

罗战？提婆言：构之虚言，不如校以实事。言已，阿修罗手
足指及其耳鼻从空而下。王乃稽首伏其法化。殿上有万婆罗门，
皆弃其束发受成就戒。是时提婆于王都中建高座立三论言：
一切诸圣中佛圣最第一。一切诸法中佛法正第一。一切救世
中佛僧为第一。八方诸论士有能坏此语者，我当斩首以谢其
屈。所以者何？立理不明，是为愚痴。愚痴之头，非我所须。
斩以谢屈，甚不惜也。八方论士既闻此言亦各来集，而立誓
言：我等不如亦当斩首，愚痴之头亦所不惜。提婆言：我所
修法仁活万物。要不如者，当剃汝须发以为弟子，不须斩首
也。立此要已，各撰名理，建无方论，而与酬酢。智浅情短者，
一言便屈。智深情长者，远至二日则辞理俱匮，即皆下发。
如是日日，王家日送十车衣钵。终竟三月，度百余万人。有
一邪道弟子凶顽无智，耻其师屈形虽随众，心结怨愤啮刀自誓，
汝以口胜伏我，我当以刀胜伏汝。汝以空刀困我，我以实刀
困汝。作是誓已，挟一利刀，伺求其便。

诸方论士英杰都尽，提婆于是出就闲林，造百论二十品，
又造四百论以破邪见。其诸弟子各各散诸树下，坐禅思维，提
婆从禅觉经行。婆罗门弟子来到其边，执刀穷之曰：汝以口破
我师，何如我以刀破汝腹，即以刀决之。五藏委地，命未绝间，
悯此愚贼而告之曰：吾有三衣钵盂，在吾坐处，汝可取之。
急上山去，慎勿下就平道。我诸弟子未得法忍者，必当提汝，
或当相得，送汝于官。王便困汝，汝未得法利，惜身情重，
惜名次之，身之与名，患累出焉，众衅生焉。身名者，乃是大
患之本也。愚人无闻，为妄见所侵，惜其所不惜，而不惜所应惜。

不亦哀哉。吾蒙佛之遗法，不复尔也，但念汝等为狂心所欺，愤毒所烧，罪报未已，号泣受之。受之者，实自无主。为之者，实自无人。无人无主哀酷者，谁以实求之，实不可得。未悟此者，为狂心所惑，颠倒所回，见得心着，而有我有人，有苦有乐。苦乐之来，但依触着，解着则无依，无依则无苦，无苦则无乐，苦乐既无，则几乎息矣。说此语已，弟子先来者，失声大唤。门人各各从林树间集，未得法忍者，惊怖号咷捗丏扣地，冤哉，酷哉，谁取我师乃如是者？或有狂突奔走追截要路，共相分部号叫追之，声聒幽谷。提婆诲诸人言诸法之实，谁冤谁酷，谁割谁截，诸法之实，实无受者，亦无害者；谁亲谁怨，谁贼谁害[1]；汝为痴毒所欺，妄生着见而大号咷，种不善业。彼人所害，害诸业报，非害我也。汝等思之，慎无以狂追狂，以哀悲哀也。于是放身脱然无矜遂蝉蜕而去。初，出眼与神故，遂无一眼。时人号曰，迦那提婆也。

玄奘及义净在说到马鸣与龙树时，也都提到了提婆（圣天）其人。他们称其为"昔时的卓越之人"。极有可能，提婆生活于二三世纪之交。[2]

---

① 参见瓦西里耶夫德译本《佛教》，pp.234f.。山上曹源：《佛教思想系统》，pp.187ff.。

② 见本书边码第247页。按鸠摩罗什的说法（据宇井伯寿的《胜论哲学》，伦敦，1917年，p.43），龙树生期在113—213年，提婆为163—263年，师子铠（诃梨跋摩）在260年或270年尚在世。诃梨跋摩是鸠摩罗多的弟子，诃梨跋摩所撰的《成实论》今仅存汉文本。

宇井伯寿（1882—1963），日本曹洞宗学僧。现代日本印度哲学、佛教学权威。爱

338　　　署名圣天的经典很多。^①最负盛名的作品当属《四百论》（Catuh-Śataka）。^②其篇幅也同《中观论颂》一样，也是 400 个偈颂。月称为《四百论》撰有疏释。提婆以《四百论》这样的著作捍卫龙树的主张，广作破斥，他的论敌不但有佛教内部的其他部派，更有婆罗门教的诸宗派。提婆特别抨击了胜论派的学说。下面的一段偈颂是提婆专门为澄清真谛与俗谛的差别而拟就的偈颂，而

知县人。十二岁入檀那寺。明治三十九年（1906）入东京帝国大学专攻印度哲学。大正二年（1913）留学欧洲。四年后回国，任曹洞宗大学教授。十二年任东北帝国大学教授。昭和五年（1930）任东京帝国大学教授。十六年九月，出任驹泽大学校长。在治印度哲学及佛学积五十余年、终生教学，著译颇众，弟子遍在日本各大学，对日本曹洞宗贡献至巨。其研究方法属于近代西方学术一路，研究印度哲学史及中国、日本佛教史问题大有推陈出新的成果。其主要著作有：《印度哲学史》《支那佛教史》《摄大乘论研究》《禅宗史研究》三册、《佛教思想研究》《印度哲学研究》《参考论理学》等。另与久保勉共译之书有《哲学概论》《巴利文梵网经》《阿育王法敕》《大乘起信论》《传心法要》《顿悟要门》《禅源诸诠集都序》《宝庆记》《因明入正理论》《中论》《百论》《十二门论》《成实论》《中边分别论》等。此外，尚编纂《西藏大藏经总目录》，及著作《佛教论理学》《佛教泛论》《安慧护法唯识三十颂论释》《四译对照唯识二十论研究》《陈那著作研究》《瑜伽论研究》《宝性论研究》《大乘庄严经论研究》《瑜伽论菩萨地索引》《释道安研究》等。——日译者

①　参见《南条文雄目录》，p.369。

②　月称《中论疏》中经常引此论，称其为"百论"。可见浦山发表的文章，载《博物馆》，N.S.I, 1900 年，pp.236ff.。《四百论》有藏译全本，梵文原本之片断及注疏由学者 H. 夏斯特里整理刊行发表于《亚洲学会孟加拉分会纪念刊》卷 3，第 8 号，pp.495-514，加尔各答，1914 年。另外，《四百论》第 7 品及所附月称释文，由巴塔恰里耶据藏译本回译成梵文，载《国际东方学者大会学报》卷 2，pp.831-871；因梵本今已不存，L.P. 拜迪耶（《提婆及其四百论研究》，巴黎，1923 年，pp.69ff.）依据藏文本把后面九品回译为梵文，还添加了相应的法译部分（刊行本第 129 页）。《四百论》汉译者为玄奘法师。G. 图齐（Tucci）教授据汉译本译出意大利文本。发表于《出自宗教故事的研究材料》（Studie materiali di storia delle religioni），1925 年；该教授还有一个梵文本与汉藏本对勘的研究，发表于《东方研究评论》X（罗马），1923 年，pp.521ff.。

这一点正是提婆的理论意义之一：

> 彼依如来善教者，世尊许其可生天。彼求第一义谛者，
> 为立涅槃得解脱。
>
> 彼欲求取功德者，非一切时可说空。譬如有人执良药，
> 设有滥用反成毒。
>
> 适如交接边鄙人，开口莫非迦鄙舌。如来布教凡夫中，
> 若舍世俗不成教。①

时至今日，东亚日本的佛教三论宗，其基本经典就是龙树的《中观论颂》及圣天的《四百论》或《百论》（ *Śata-Śāstra* ），以及《十二门论》（ *Dvadaśa-Nikaya-Śāstra* ）。②

（提婆的）《心清净论》（ *Cittaviśuddhi-Prakaraṇa* ）今犹存有数页梵文残篇。③ 本论属诗歌体的说教，其中有对婆罗门教祭祀仪轨的抨击。这种宗教批判可见于以下这些句子：在恒河中沐浴并无任何功德，如果恒河的水可以除罪，那么恒河上的渔夫天生都已经除罪解脱了。至于恒河中的那些鱼类，岂不是日日夜夜都在除罪么？不过，我们现在读到的本论，其中包含了许多密教的观念，又有关于"七曜"和"十二宫"的说法。七曜十二宫，应

339

---

① P. L. 拜迪耶刊行本中偈颂第 192—194。

② 参见南条文雄：《日本佛教十二宗纲要》，pp.44ff.。W.M. 麦高文：《大乘佛教导论》，pp.205ff.。

③ 发现这些梵文残篇的是 H. 夏斯特里，参见他的文章，载《孟加拉亚洲学会学报》卷 67, 1898 年，pp.175ff.。

当是从希腊人的占星术传递过来的, 不过被归到古昔圣天的名下。[①]

汉文《大藏经》中有菩提流支在 508—535 年所译的两个短论。两论都题名为圣天所造。两论又都是对《入楞伽经》中一些章句的疏释解说。《入楞伽经》中的这些章句所谈的正是外道的离系论 (Nirvāṇa, 即解脱理论)。[②] 圣天还有一篇短论, 叫作《解捲论》(*Hastavāla-Prakaraṇa* 或 *Musti-Prakaraṇa*)。W.F. 托马斯依据汉文和藏文的译本力图恢复本论的梵文原文模样[③]。本论以五个偈颂来说明诸法如幻的道理。第六个偈颂则意在显示真俗二谛的根本区别。

3. 弥勒

迄今为止, 人们认为大乘佛教瑜伽行派的祖师是无著或者叫圣无著的。不过, 现在还有一种说法, 认为作为瑜伽行派的根本经典

---

① 浦山: 《佛教》, p.383, 注释 1。H. 夏斯特里, 《印度历史季刊》卷 1, 1925 年, p.464。此书后来经某位圣天改订, 书末提到的一些人物是圣天时代尚不知晓的。在孟加拉另有一位圣天 (提婆), 他的写作活动也只在孟加拉一地。因为如此, 所以像 H. 雅各比那样, 以本书作标准而推导一系列年代顺序也是不可能的事。雅各比的推导, 可参见《美国东方学会学报》卷 31 ,1910 年, p.2; 另外, 又可参见浦山: 《伦敦学院东方学校学报》卷 6, 1931 年, pp.411ff.。

② 《南条文雄目录》, pp.1259, 1260。参见 G. 图齐: 《通报》卷 24, 1926 年, pp.16ff.。

③ 《大不列颠和爱尔兰皇家学会学报》1918 年, pp.267ff.。托马斯依据的汉文本是真谛和义净的译本。两个译本 (《南条文雄目录》, pp.1255, 1256) 由宇井伯寿审订出版。陈那针对本论的本颂有注释, 所以藏文本中本论放在陈那名下。〔汉译两个本子, 真谛本称为《解捲论》, 义净译本称《掌中论》, 均作陈那所著。但藏文译本中 (《东北目录》, pp.3844, 3848, 偈颂, pp.3845, 3849, 注释) 均以圣提婆为作者。——译者〕

的几部论书，是由无著的老师弥勒宣示给弟子的。传说中的这位弥勒就是居住在兜率天的未来佛。抛开神话且不谈，如果弥勒真是一个历史人物，那么瑜伽行派便应该由他创立。[①]瑜伽行派所教授的是唯识理论。这种理论的核心论点是，心识之外没有任何实在性。因此，该派论师也像中观论者一样，否认了现象世界的任何真实性。但与中观论者不同，他们在一定程度上承认观念与意识中有不同程度的实在性。即是说，作为菩提的绝对唯一者（绝对精神）包含阿赖耶识。后者反过来又在自身中囊括了所有的心理过程。菩提本身是真实无妄的独一不二的存在。它是由无量诸佛所揭示与证明的。但如果想要达到这个大菩提，必须遵循瑜伽行派的理论和实践。修瑜伽行的人，只能渐次地逐一地经历十个阶段（十地）的菩萨修持，最终才能达到根本解脱。修瑜伽行需要修习禅法。小乘佛教也有修禅的要求，但它对禅（瑜伽）不及前者那么强调。[②]大乘的瑜伽行派除了瑜伽行实践，更有大乘的佛理。[③]

340

---

① 《布顿佛教史》把以下五部论书的作者归到弥勒名下：（1）七品的《大庄严经论》；（2）《中边分别论》；（3）《法法性分别论》；（4）《究竟一乘宝性论》；（5）《现观庄严论》。而归为陈那名下的有三部论：（1）《瑜伽师地论》；（2）《阿毗达磨集论》；（3）《摄大乘论》。参见舍尔巴茨基：《博物馆》，N.S. VI，1905 年，pp.144ff.。汉文大藏中则完全都归到弥勒名下。《南条文雄目录》，第 368 页。诚然最先将无著从兜率天弥勒受法的传说传到中国的是真谛（499—569），而后来相信这一传说的论师有护法（528—560）、对《大庄严经论》作汉译的光友以及玄奘、义净诸人。见本书边码第 341 页注释 2。

② 例如 F.L. 武德沃德编写的一部叫《瑜伽行手册》的书就从巴利文及僧伽罗文资料中选编出来，作为修行密者的手册。该书经李斯·戴维斯夫人刊行出版（伦敦，巴利圣典学会，1916 年），是小乘方面的禅定（瑜伽）书。

③ 关于瑜伽行派的教义，可以参见浦山：《佛教》，pp.200ff.；铃木大拙：《大乘佛教概论》（*Outlines of Mahā—yāna Buddhism*），伦敦，1907 年，pp.60ff.；S. 烈维的

不管怎么说，《现观庄严论颂》（*Abhisamayālamkāra-Kārikās*）这部论书，即通常也被称为《般若波罗蜜多优婆提舍论》（*Prajñā-Pāramitopadeśa-Śāstra*）的本经，可以肯定就是弥勒所撰。本论通常可见于《二万五千颂般若经》写本的开头部分。

341 它被译成汉文是 261—316 年的事。[①] 还有一部《大乘庄严经论》（*Mahāyāna-Śūtrālamkāra*），也是弥勒的作品。该经完全由记诵体的偈颂所成。其发现者是烈维，后者将其断为无著的作品。[②] 可以肯定，如果这些作者不是杰出的诗人，他们是不可能写出这样的记诵体的宗教诗歌的。无疑，他们娴熟地掌握了佛教经典的梵

《大庄严经论》译本的导言；山下曹源：《佛教思想系统》，pp.210ff.；奥托·卢森堡：《佛教哲学问题》，海德堡，1924 年（《佛教文化资料》第 8 辑），pp.235f.；J. 马苏达：《瑜伽行派的主观唯心论》（*Der individualistische Idealismus der Yogacara Schule*），载《佛教文化资料》第 10 辑，海德堡，1928 年；舍尔巴茨基：《佛教的涅槃概念》，pp.31f.。

① 参见 H. 夏斯特里，载《孟加拉亚洲学会学报》，1910 年，pp.425ff.。《梵文写本解说目录》，载《亚洲学会孟加拉分会辑本 I》，1917 年，pp.7ff.。《现观庄严论释》第 4 品中有关三身说部分，由 P.M. 乌尔塞尔法译，载《亚洲学报》，1913 年，s.2, t.I, pp.598ff.；烈维（《印度和日本外方传教使团报告》，载《文书和书信科学院全译本》，巴黎，1899 年，p.83）说到十世纪的师子贤曾经对《现观庄严论》有过注疏。但据 H. 奥斯特里（《比哈尔及奥利萨研究会学报》卷 5, 1919 年，pp.176f.），师子贤是波罗王朝第二位君主护法时代的人。他所撰写的《现观庄严论颂》是《八千颂般若经》的疏释。

② 参见烈维刊行和翻译的《瑜伽行派系统中的大乘论解释》，t. II（《法国高等师范学校文库》，t.159, 190），巴黎，1907 年、1911 年。关于本书的内容及风格，参见 St. 夏耶尔：《印度-伊朗论文集》2, 1923 年，pp.99ff.；宇井伯寿（《印度-伊朗论文集》6, 1928 年，pp.215ff.）提出，极有可能是弥勒而不是无著撰写了《大乘庄严经论》，尽管在他之前有 H. 夏斯特里（《印度历史季刊》卷 1, 1925 年，pp.465f.）明白地宣称弥勒是瑜伽行派的创始人，并将其生期判定在 150—265 年。但《大庄严经论》经文中并没有说到是谁撰写本论，没有提到过无著的名字。只是说"本论由说清净菩萨诵出"。这也许是无著或者弥勒的尊号之一。按烈维的说法，本颂以及疏释两者都出于无著之手。宇井伯寿则认为疏释应当是世亲所撰。

文写作技巧，又善于运用诗歌创作的韵律与节奏，无论是四八体的记诵性的输卢迦，还是通常的圣教诗歌（赞颂性的和说理性的佛教诗歌）。当然就这些诗人自身而言，他们表现得尤其突出的是其哲学的思辨，而不是诗歌的技巧。《大乘庄严经论》的最后两品，哪怕作者的用意是在歌颂佛陀的功德，仍然表现出远较信仰热忱更为清晰的思想能力。虽然在这里他主要是用偈颂来总结佛世尊的波罗蜜多功德成就（偈颂 43—61）。仅看第 9 品，弥勒就已经展现了他强大的精神力量。其对菩提与佛性的解说是如此清晰，其中哪怕略有一些枯燥的说教语言，经他表述而仍然显得生动。这样的语文风格透出了强烈的想象力和呈现出栩栩如生的譬喻。例如，歌颂佛以菩提照耀世间的功行，采用了一系列的譬喻事物。①

　　《菩萨师地论》（*Yogacara-Bhumi-Śāstra*）或《十七地经论》（*Saptadaśa-Bhumi-Śāstra*）据称也是神秘的弥勒向无著启示的。今天我们仅能见到其中的一部分，即菩萨地品这个部分。② 不过本

342

---

　　① IX, pp.20ff.。汉译本《大庄严经论》中（《大正藏》第三十一册）这一段譬喻在第 10 品中。谓如来实现大转依，便成就了大菩提和般涅槃，因而有十种功德：他利及无上、不转及不生、广大与无二、无住与平等、殊胜与遍授。为显示这十种如来成就的利益，本经举出种种譬喻：其润泽众生，有若虚空无处不满；有若水大可显月相；有若火聚可烧烦恼；有若天鼓和宝珠，自然天成……——译者

　　② 《菩萨十地》是瑜伽行派的经典。C.本达尔和浦山纂有提要并作英译，载《博物馆》，N.S. VI, 1905 年，pp.38ff., VII, 1906 年，pp.213ff.; XII, 1911 年，pp.155ff.。获原云来：《无著菩萨地经》，斯特拉斯堡，莱比锡，1908 年。菩萨地的本文由 J. 罗赫得尔整理刊行，作为《十地经》刊行本的附录一分（1926）。另外参见获原氏文章，载《德国东方学论文集》卷 58, 1904 年，pp.451ff.。关于瑜伽修行及瑜伽修行诸地，参见获原氏前面所引书，pp.224ff.。

论也许真是弥勒所撰，其中的散文长行悉遵阿毗达磨论释的风格。这部大论中，修行者的次第分为十七个等级。菩萨地则落在第15地上。行者若至菩萨地，一切烦恼都已经消灭殆尽。①

4. 无著

西藏人将《瑜伽师地论》的著者归到弥勒名下。就汉文《大藏经》而言，最先将无著诸论带到汉地的是玄奘法师。显然他也认为本论的作者就是无著。不管怎么说，作为瑜伽行－唯识学派的大论师②，无著的名声显然要超过他的老师弥勒。事实上，无著的著作保存下来的也只有汉文译本。这些作品有真谛（Paramārtha）汉译的《摄大乘论》（*Mahāyāna-samparigraha*，563 年译出）。③将其他无著作品携至汉地的玄奘也认为《摄大乘论》的作者正是无著。玄奘所译的《阿毗达磨集论》（*Prakaraṇa-Āryavāca*，又称 *Mahāyānabhidharma-Saṃgīti-Śāstra*，625 年译出）④也是无著的

① 参见 E. 劳曼：《德国东方学论文集》卷 62, 1908 年，pp.89ff.。

② 关于无著，参见姊崎正治：《宗教伦理百科全书》卷 2, p.62; 荻原云来前所引书; 烈维：《大乘经庄严论》，导论; N. 佩里：《关于世亲的生期》，pp.31ff.; 温特尼茨文，载《维也纳东方文化论文集》卷 27, 1913 年，pp.33ff.。

③ 此论为摄论宗基本经典; 参见麦高文：《大乘佛教导论》，p.209。

④ 《南条文雄目录》，p.1199。[《阿毗达磨集论》，玄奘在 652 年译出，并非在 625 年。本书的梵文本由 R. 珊克里替亚耶那在西藏发现（1934）。V.V. 戈卡尔名其为《无著阿毗达磨集论残篇》，载《皇家亚洲学会孟买分会学报》卷 23, 1947 年，pp.13-38。而后 P. 普拉丹更作增补刊行，发表名为《阿毗达磨集论精校研究》，《四海一家学术研究丛书》第 12 辑，圣迪尼克坦，1950 年。藏译本中有本论（《东北目录》，p.4049）。又本论的注释书名为《阿毗达磨集论释》，其梵本也在西藏发现（N. 塔提亚

作品。达摩笈多（Dharmagupta）所译无著的《能断金刚经注》　343
（*Vajracchedikā*，590—616 年译出）① 亦颇为重要。

5. 世亲

　　无著的本名叫婆薮盘豆无著（Vasubhadu-Asaṅga），是他们
家三兄弟中的长兄。其家世为婆罗门，籍贯为西北印度的丈夫城
（Purusapura，今日巴基斯坦之白沙瓦）。其家为当地名为憍尸迦
（帝释天）望族。无著生期大约在四世纪。② 三兄弟起初都信奉说

刊行，载《西藏梵文作品系列》17，1976 年）；本论释藏译见《东北目录》，p.4053，
4054，藏译者为最胜子。汉译《阿毗达磨集论》收在《大正藏》第三十一册，p.1606，
据说为师子觉作，杂糅了安慧释。——日译者）]

　　①　《南条文雄目录》，p.1168；巴格契前所引书 I，p.258。［无著著《金刚般若
论》2 卷（《大正藏》第二十五册，p.1510，达磨笈多之同本异译 3 卷，p.1511）。
本论藏译本中有（《东北目录》，p.3816），但被当作世亲的作品。（宇井伯寿：《金
刚般若经论释研究》，载『大乘仏典の研究』，岩波书店，昭三十八年，109—480）以
往印度、中国西藏两方面均以为本书是世亲所著，但宇井氏考订结论为无著所作。《金
刚般若经》之无著注释书与无著菩萨所撰之《能断金刚般若波罗蜜多经论颂》1 卷有别，
后者为义净所译，收在《大正藏》第二十五册，p.1514。——日译者］

　　②　N. 佩里在其《关于世亲生期》（《法国远东学院学报》卷 11，1911 年，第 3—
4 页）中有充分的论证，其确判世亲为四世纪人。高楠（《大不列颠和爱尔兰皇家学会
学报》1905 年，pp.33ff.）将世亲的生期定为 420—500 年，但他后来（《大不列颠和爱
尔兰皇家学会学报》1914 年，pp.1013ff.）又说"并非完全赞成佩里的说法，他倾向于
认为世亲的生期要更早一些"。宇井伯寿（《无著菩萨地论》，p.16）认为世亲生期为
390—470 年；无著则是 375—450 年，不过在《宗教伦理百科全书》（卷 12，1921 年，
pp.595ff.）中，他又认为 420—500 年是世亲的生期。烈维认为世亲应该活动于五世纪的
上半叶。不过，看样子应该有两位世亲，他们可都撰写过阿毗达磨论书，但年长的那位
是老师，年轻的那位则是学生。持这种见解的人也有充分的理由依据。早在 1922 年日本
学者木村泰贤访问布拉格时就发表过这个观点，以后又在一封长信中细说了理由。不过

一切有部教说。他家最小的弟弟名比邻持子（Virincivatsa，比邻持是他们的母姓）。老三在学术上较平庸。

三兄弟中的老二便是世亲（Vasubhadu，婆薮盘豆），名声最大，成就最高，是印度佛教文献史上最杰出的人物之一。[1]

世亲思想卓然独立，且积学广博，几无不擅之学。《阿毗达磨俱舍论》是其代表作之一。本论梵文已佚。但本论的称友（Yaśomitra）注释本的梵文却保存下来了。[2] 本论现今有汉文本

344

我们不太同意他关于后一个世亲的生期应为420—500年的判定。参见瓦特士：《玄奘在印度的纪行》I, pp.211ff。浦山：《佛教：研究及材料》，载《宇宙学》，pp.viiiff。《俱舍论翻译及札记》，第一品札记至 I 之 13，第二品札记至 II 之 27，第三品札记至 IV 之 3。舍尔巴茨基：《佛教的中心概念》，p.2，注释 2。按照 K.B. 帕塔克（《印度古籍》卷 41,1912 年，p.244）的说法，世亲生活在鸠摩笈多王和犍陀笈多王的时代。碑铭中提到的某位比丘叫作佛友的被认为就是世亲的老师。因为真谛也说世亲的老师名叫佛友。另史密斯（《早期史》，pp.330,注释 2, 325, 346f.）同意 N.Pévi 主张的（写俱舍论的）世亲的生期，认为他生活在月护一世和海护王（280—360）治下。但玄奘认为世亲写俱舍论时，正当勇日王或他的儿子大力王治世的时候。

① 义净在"内法传"（高楠氏英译本，p.181）中，将无著、世亲列为"中古"的杰出人物。义净说的中古，谓从马鸣、龙树住世以后，到义净当世这段时间。真谛撰写了《世亲传》，其中也写到他的哥哥无著。本传的高楠氏的英译本载于《通报》（卷 5,1904 年，pp.1ff.）；W. 瓦西里耶夫对本传作提要翻译，载于他的《佛教》（pp.235ff.）中。相对于汉译本，多罗那他的《佛教史·世亲传》（pp.107f.）更荒诞些。真谛在 539 年自摩揭陀携无著和世亲的经本至中国。玄奘也讲述过无著、世亲的故事。参见瓦特士前所引书，I, pp.354f.。

② 烈维和舍尔巴茨基对称友所著有刊行本：《俱舍论分别事》，称友对《俱舍论·界品第一》的解说，载《佛教文库》（列宁格勒）XXI, 1918 年；浦山依据藏文本《俱舍论·世亲自注》和真谛、玄奘两个汉译本，把称友的《俱舍论分别明》译成法文。参见：《世亲俱舍论译注》（迄于第 5 卷），巴黎，1923—1926 年。另外可参见 E. 布努夫，pp.397ff., 502ff.; R. 密特拉：《尼泊尔佛教文献》，pp.3ff.; C. 本达尔：《目录》，pp.25ff.; S. 烈维：《宗教伦理百科全书》卷 1, p.20；浦山：《宗教伦理百科全书》卷 4, pp.129ff.

及藏文本存世。汉文本初译者是真谛论师，译于 563—567 年。第二次汉译的是声名显赫的玄奘法师（译于 651—654 年）。《阿毗达磨俱舍论》本论有 600 个偈颂，附有作者自己的解释。本论所说涉及本体论、宇宙论^①、心理学、伦理学、解脱论等。本论正文分八品，也有将第 9 品作为第 8 品附分的。第 9 品是世亲单独写作的，与本论前八品无内在联系。此品名为《破执我品》，其主旨在专论诸法无我中的"无补特伽罗实我"这一意义。世亲撰此品的目的在于批判佛教内部有部分人相信灵魂不灭的补特伽罗实有我说。^②

　　虽然俱舍论的基本立场是说一切有部的，基于有部的实在论

345

　　译补：1935 年 R.珊克里替亚耶那在西藏淖尔寺发现《俱舍论本颂》和《世亲释》的写本。后本颂由戈卡尔校订出版，书名《世亲俱舍论本颂》，载《皇家亚洲学会孟买分会学报》卷 22, pp.73-102, 1946 年）；而世亲的注释则由普拉丹刊行（P. 普拉丹：《世亲俱舍论颂》，藏文本系列之 VIII，巴特那，1967 年）；又最近将本颂及《世亲释》和《称友注释分别明》合并刊行的文本出版（参见夏斯特里：《俱舍论语句分别疏》三册本，疏含《俱舍论》之 1—6 分，载《印度佛教丛刊》第 5—7 辑，瓦拉纳西，1970—1972 年）。——日译者

　　① 浦山依据藏译本，已将讲此论的第 3 品完全回译成梵文，载《佛教研究及材料：世品之众生世间与器世间》（*Cosmologie: Le Monde des Êtres et le Monde—Réceptacle*），载《比利时皇家科学院纪念文集·丛刊二之六》，1914—1919 年。浦山本书的附录中，对目犍连的《般若论》残篇中的世智和所作智作了分析，认为它们属于说一切有部的见地。[俱舍论第二之根品（到根品众同分部分）由荻原云来、舍尔巴茨基和奥伯米尔共同校刊行，参见三氏：《佛教文库》（列宁格勒），1931 年。藏译本的《阿毗达磨本颂》及称友《分别明》有舍尔巴茨基刊行本。[《佛教文库》（列宁格勒）XX, 1917 年，1930 年，界品和根品之 46 个偈颂）；另纳称友之《俱舍论注释》全文由荻原云来出版。而宇井伯寿将本论全本也汇总整理出版，称《俱舍论释论事分别》（*Sphut-ārthābhidharma-kośa-vyākhyā*, 1—7, 1932—1936 年，东京）。该本集合了作底本的加尔各答写本与巴利文本的对校，更对校于剑桥藏写本（其刊行者为 N.N. 罗：《俱舍论注释》，I—IV，加尔各答，1949—1955 年，至业品。——日译者）]

　　② 舍尔巴茨基依据藏文译本英译：《补特伽罗论》，载《俄国科学院公报》，彼得格勒，1919 年，pp.824ff., 937ff.。这里的补特伽罗实我说被认为是犊子部的见地。

立场发言。但本论在佛教各个部派中仍享有权威地位。相比其他的佛教作品，我们能够从俱舍论释中获得更多的古代佛教的教义信息。例如，本论向我们展示了毗婆沙师（Vaibhāṣikas）和经量部论师之间的争论。不仅如此，本论还保存了大量古代佛教经典的引文，使我们得以管窥早期佛教文献的面貌。①七世纪俱舍论在印度是被广泛传习和讲论的。诗人巴纳（Bāṇa）描写某座佛教大寺院时，曾经说那里的一只鹦鹉都能够复诵俱舍论！②俱舍论本颂带动了诸多注释本的产生。在中国和日本，俱舍论是许多宗派必修的基本经典。甚至在不同教派之间发生争论时，俱舍论会被用来作为最终的判断标准。③

在西藏有一个据称是世亲所撰的格言集，被称作《偈颂集》

---

① 浦山将称友释中的部分段落同巴利本相应部分加以对比（参见其《佛教伦理》，巴黎，1927年），他的研究所依据文本基本上是俱舍论。另外可以参见山上曹源：《佛教思想系统》，pp.109ff.。

② 《戒日王行传》。E.B. 考威尔和 F.W. 托马斯的英译本，p.236。

③ 参见罗森伯格：《佛教哲学诸问题》，pp.xv, 37ff., 41, 93。慧立（据 S. 比尔英译之《大慈恩寺三藏法师传》，p.80）这么谈到世亲（以及与他对论的众贤）：论师（众贤）本迦湿弥罗国人。博学高才，明一切有部毗婆沙。时世亲菩萨亦以睿智多闻，先作《阿毗达磨俱舍论》，破毗婆沙师所执。理奥文华，西域学徒莫不赞仰。爰至鬼神亦皆讲习。众贤览而心愤。又十二年覃思，作《俱舍雹论》二万五千颂八十万言。造讫，欲与世亲面定是非，未果而终。世亲后见其论，叹有知解。言其思力不减毗婆沙之众也。虽然甚顺，我义宜名《顺正理论》。遂依行焉。众贤死后，于菴婆林中起窣堵波。今犹见在。林侧又有窣堵波，是毗末罗蜜多罗（唐言无垢称）论师遗身处。论师迦湿弥罗国人。于说一切有部出家。游五印度学穷三藏。将归本国，涂次众贤之塔，悲其著述未及显扬，奄便逝殁。因自誓更造诸论破大乘义，灭世亲名，使论师之旨永传遐代。说此语已心智狂乱，五舌重出遍体血流。自知此苦原由恶见，裁书忏悔，劝诸同侣勿谤大乘。言终气绝，当死之处，地陷为坑。（《大唐大慈恩寺三藏法师传》卷二起阿耆尼国终羯若鞠阇国）

或《伽陀会集》（*Gāthā-Samgraha*）。偈颂的解说语言非常优美。
席夫纳（S.Schifner）曾经摘取其中的部分加以介绍。① 这个格言 346
集也不见相应的梵本或汉译本。它的藏文本由 24 个偈颂组成。其
真实风格颇类似《法句经》。假如其作者真是世亲的话，那我们
还可以从它了解到世亲论师同时也是一位富于幽默感的法师。以
下所示仅仅是本集中一个格言故事的样本：

　　一只胡狼跟随狮子游走各处。狮子凡有捕食，所余残分，
都由胡狼捡食。某日狮子捕杀野猪，让胡狼驮负。胡狼弱小，
不堪重负。但它害怕狮子发怒，不得已勉强从命，吭哧吭哧地，
边走边呻吟，半驮半拖地载着野猪。胡狼深知狮子平素骄傲，
便对后者说：大王，我实在难于同时做两件事——一边吭哧
呻吟，一边还要驮负重物。要不请您帮我做其中的一件吧？
狮子瞧不起吭哧呻吟，所以便把野猪扛了过去。于是狮子驮
着野猪走在前面，胡狼仍然跟在后边继续呻吟。（讲经说故
事的人在这里停顿一下，便对听众说：）诸位善信之人，你
们是不是也吭哧呻吟一声，回应我所说的道理呢？②

　　世亲论师在他的俱舍论中便已经引用了许多论据，以驳斥婆
罗门教中各学派的哲学见解。其中用力较多的是对胜论派的批判。

---

　　① 《世亲伽陀会集》，载《亚洲研究撰文集》卷 8，圣彼得堡，1878 年，s.559f.（《东
北目录》，pp.4102, 4103）。
　　② 席夫纳前所引书，p.582。

他为破斥数论哲学，专门写过一部《七十真实论》（*Paramārtha-*
Saptati）。本论的梵文已佚。本论似乎被混淆于另外一部叫《金
七十论》的数论作品，后者是一位叫自在黑（Īśvakṛṣṇa）的数论
师所写。不过，据汉译《金七十论》的真谛论师说，该论的作者
名叫频阇诃婆娑（Vindhyavāsa）（汉文《婆薮槃豆传》中亦有此
说法）。正是为了驳斥他的外道学说，世亲才撰写了《金七十论》。
不过，有点奇怪的是，中国人又认为世亲曾经为《金七十论》作
过注疏。[①]

347

　　世亲之归信大乘，是在中年以后。劝化他的是他的兄长无著。
按《婆薮槃豆传》的说法，其归信之后深为早年宣扬小乘见解的
事后悔，甚至有自割其舌的打算，无著对他百般劝解，鼓励他为
弘扬大乘尽力。他的本传这么记载：

　　　　法师既遍通十八部义，妙解小乘执小乘，为是不信大乘。
　　谓摩诃衍非佛所说。阿僧伽（即无著）法师既见此弟聪明过
　　人识解深广该通内外。恐其造论破坏大乘。阿僧伽法师住在
　　丈夫国。遣使往阿緰阇国报婆薮盘豆云：我今疾笃，汝可急
　　来。天亲即随使还本国与兄相见，咨问疾源。兄答云：我今

---

　　① 高楠顺次郎：《通报》卷5，1904年，pp.15ff., 461ff.。《法国远东学院学报》
卷4，1904年，pp.1ff.。《大不列颠和爱尔兰皇家学会学报》，1905年，pp.16ff.。高楠
认为 Vindhyavāsa 的别名是自在黑，但这并无根据。参见 S.N. 达斯古布塔：《印度哲学
史 I》，剑桥，1922年，p.218，注释3。

　　窥基所撰的《成唯识论述记》中说，真谛所译《金七十论》三卷本（《大正藏》第
五十四册，p.2137）的长行注释部分为天亲（世亲）所注。金仓圆照对此有专文论及，见《东
北大学文学部研究年报》7，1956年，p.174，注1。——日译者

心有重病，由汝而生。天亲又问：云何？赐由。兄云：汝不信大乘恒生毁谤。以此恶业必永沦恶道。我今愁苦命将不全。天亲闻此惊惧。即请兄为解说大乘。兄即为略说大乘要义。法师聪明殊有深浅，即于此时悟知大乘理应过小乘。于是就兄遍学大乘义。后如兄所解悉得通达解意即明思维。前后悉与理相应，无有乖背，始验小乘为失，大乘为得。若无大乘，则无三乘道果。昔既毁谤大乘，不生信乐，惧此罪业，必入恶道。深自咎责，欲悔先过。往至兄所，陈其过迷，今欲忏悔先愆，未知何方得免？云我昔由舌，故生毁谤。今当割舌，以谢此罪。兄云：汝设割千舌，亦不能灭此罪。汝若欲灭此罪，当更为方便。法师即请兄说灭罪方便。兄云：汝舌能善以毁谤大乘。汝若欲灭此罪，当善以解说大乘。阿僧伽法师殂殁后。天亲方造大乘论，解释诸大乘经：华严、涅盘、法华、般若、维摩、胜鬘等。诸大乘经论，悉是法师所造。

　　无著辞世以后，世亲撰写了大量大乘经论释说之书，如《妙法莲华经优婆提舍》①《大般涅槃经优婆提舍》②《金刚般若波罗蜜经论》③。与此同时，世亲又写了两部唯识经典：《（唯识）三十

---

①　508—535年完成的汉译，见《南条文雄目录》，pp.1232, 1233。巴格契前所引书，I, pp.250, 258。《大正藏》第二十六册，pp.1519, 1520。

②　386—556年完成的汉译，见《南条文雄目录》，pp.1206, 1207。《大正藏》第二十六册，pp.1527, 1528。

③　386—534年完成的汉译，见《南条文雄目录》，p.1231。天亲菩萨著《金刚般若波罗蜜经论》3卷本，菩提流支译（《大正藏》第二十五册，p.1511）。义净也有异译（《大正藏》第二十五册，p.1513）；另无著菩萨《造金刚般若论》2卷（亦有3

论颂》（*Trimsikā*）和《（唯识）二十论》（*Vimśatikā*）①。他在

───────

卷本），达磨笈多译（《大正藏》第二十五册，p.1510）。本论亦存藏文译本中（《东北目录》，p.3816）。

　　①　《（唯识）三十论颂》及作者自注，以及《（唯识）二十论》及安慧注释的梵文本已经由烈维发现并刊行。《成唯识论：世亲二十论及三十论法译》，巴黎，1925年，载《法国高等师范学校文库》（历史哲学分部）。依据（梵本）《（唯识）二十论》及作者自注及藏译本作法译的是浦山，见《博物馆》，1912年，pp.53-90。关于此二重要论著的哲学讨论可见 S.N.达斯古布塔：《印度历史季刊》卷4，1928年，pp.36ff.；至于《（唯识）三十颂》，在印度至少有十种注释本。正是根据这些不同的本子，玄奘以护法的论释为底本糅合而撰译了《成唯识论》。护法论师是玄奘的老师的老师。参见宇井伯寿：《胜论哲学》，伦敦，东方翻译基金会，1917年，p.2；浦山：《玄奘的〈成唯识论〉》，巴黎，1928年。

　　又，《（唯识）二十论》有三种汉译：瞿昙般若流支译，《大正藏》第三十一册，p.1588；真谛译，《大正藏》第三十一册，p.1589；玄奘译，《大正藏》第二十一册，p.1590。另有藏译本（《东北目录》，p.4056）存世。又藏译中有世亲的自注（《东北目录》，p.4057）、调伏天（《东北目录》，p.4065）。汉译中还有护法所注释的《成唯识论宝生论》（《大正藏》第三十一册，p.1591）。《（唯识）二十论》又有多种译本。烈维：《唯识学研究材料：法译世亲二十论及三十论》（*Matériaux pour l'étude du system Vijñāptimātra, traduction de la Vimśatikā et de la Trimśika*），巴黎，1932年；E. E. 弗洛瓦尔纳：《佛教哲学》，柏林，1958年，s.366-383；宇井伯寿：《四译对照唯识二十论研究》，岩波书店，昭和二十八年；山口益：《唯识二十论的原典解明》，录于《世亲唯识的原典解明》，法藏馆，昭和二十八年；安井广济：《唯识二十论讲义》，安居事务所，昭和三十九年；梶山雄一：《二十诗篇的唯识论》，载《世界名著2，大乘佛典》，中央公论社，昭和四十二年；《大乘佛典15·世亲论集汇纂》，中央公论社，昭和五十一年；等等。又关于宇井伯寿有（《成唯识宝生论研究》，载《名古屋大学文学部研究论集》VI，1953年，pp.103-120）相关详细研究。另一方面，有关《（唯识）三十颂》，汉译有两种：玄奘译（《大正藏》第三十一册，p.1586）以及真谛译（《大正藏》第三十一册，p.1587）；藏译本亦存（《东北目录》，p.4055）。安慧的本论注释（《东北目录》，p.4064）及调伏天对安慧注的复疏（《东北目录》，p.4065）亦传于世，前说有烈维刊行本论。至于本论的翻译：烈维有法译，E. 弗劳瓦尔纳有德译（S.384-390）以外，尚有 H. 雅各比：《金刚智所释世亲唯识三十颂疏》，载《印度语言学和宗教学文丛》第7辑，斯图加特，1932年；宇井伯寿：《安慧·护法唯识三十颂释论》，岩波书店，昭和二十七年；野泽静证：《唯识三十颂的原典解明》，收于《世亲唯识的原典解明》，法藏馆，昭和

论中以细致入微的辨析手法简明地破斥了对外部世界执为实有的实在论态度，捍卫了唯识无境的大乘有宗立场。《布顿佛教史》上说世亲有以下这些著述：《大乘五蕴论》（*Pancaskhanda-Prakaraṇa*）、《解脱如理论》（*Vyākhyā-Yukti*）、《成业论》（*Karmasiddhi-Prakaraṇa*）等；又对弥勒的《大乘庄严经论》作了疏解注释，还疏释了《缘起经》和《中观分别论》。世亲晚年 ① 虔信无量光佛，撰有《无量寿经优婆提舍》（*Aparimitāyuh-sutropadeśa*），并在论中表达了对极乐佛土的无限憧憬。② 为《婆薮槃豆传》作汉译的真谛论师在译后的段落中加上了自己对世亲的评价：

348

> 凡是法师所造，文义精妙，有见闻者靡不信求。故天竺及余边土学大小乘人，悉以法师所造为学本。异部及外道论师闻法师名，莫不畏伏。于阿綸阇国舍命，年终八十。虽迹居凡地，理实难思议也。③

二十八年；荒牧典俊：《唯识三十论》，收录于《大乘佛典 15·世亲论集汇纂》，中央公论社，昭和五十一年；等等。——日译者

①　参见舍尔巴茨基：《博物馆》，N.S.VI，1905 年，pp.144ff.；G. 图齐对于《缘起经注释》的梵文残片的研究，可见《大不列颠和爱尔兰皇家学会学报》，1930 年，pp.611ff.；H.R. 伊楞加尔对于《缘起经注释》的梵文残片的研究，参见《印度历史季刊》卷 5，1929 年，pp.81ff.；又 G. 图齐的研究（《印度历史季刊》卷 4，1928 年，pp.630ff.）证明《论轨》是世亲所撰。A.B. 凯思（《印度历史季刊》卷 4，1928 年，pp.221ff.）等同意 S.C. 维迪亚布萨那的意见，竭力想证明它不是法称的作品。

②　参见宇井伯寿：《宗教伦理百科全书》卷 12，p.596。

③　高楠顺次郎：《真谛的世亲传》（A.D. 499—569），摘要本，载《通报》卷 5，1904 年，p.27。

6. 马鸣

　　有一部意在综合大乘中观与唯识两家教学的著作，名曰《大乘起信论》，作者为马鸣。不过著有《佛所行赞》的诗人马鸣会撰写这么一部哲学论著吗？甚不可能。此论书究竟系无名氏所述为让人信服而假托马鸣之名呢，还是真的有第二个马鸣呢？这是历来有争论而难以判决的问题。无论如何，《大乘起信论》足可证明大乘佛教的哲学发展到了非常高级而精微的地步①。本论在中国前后两次译出：真谛论师在 553 年首译，实叉难陀在 700 年左右第二次翻译②。本论至今未见有梵文本。玄奘本传《大慈恩寺三藏法师传》中说，起信论乃马鸣大师所作。据说玄奘曾经将此论

349

----

　　① 高楠教授早在 1912 年就说过："姑且不论诗人马鸣与哲学家马鸣是不是同一个人（佛教徒通常都同意有不止一个马鸣），或者起信论之归到马鸣名下，是不是因为要借他的大名。就我而言，我相信多半只是借马鸣的名声而流行本论。因为早期的汉文译经录从来没有马鸣这个名字。再从起信论的内容看，也在马鸣的其他作品中从未显示。从时间上看，起信论比《入楞伽经》要晚，因为《入楞伽经》中有佛陀为龙树作预记的话。起信论只比唯识论见地要早一点点。"木村龙宽（《大乘与小乘这两个术语的历史研究》，加尔各答，1927 年，pp.41, 180ff.）将本论所成时代断在五世纪。关于《大乘起信论》的思想内容，参见山上曹源：《佛教思想系统》，pp.252ff.；S.N. 达斯古布塔：《印度哲学史》I, pp.129ff.；K.J. 绍德斯：《佛教史分期》，pp.97ff.；舍尔巴茨基：《佛教的涅槃概念》，p.32；麦戈文：《大乘佛教导论》，pp.60ff.。

　　② 第二次英文翻译是由铃木贞太郎完成的，参见《〈大乘起信论〉中马鸣的话》，芝加哥，1900 年。铃木认为诗人马鸣也是起信论的作者。对真谛的汉译本作英译的是李提摩太：《高佛教中的新约全书》，pp.37-125。关于汉译本的讨论，参见铃木上所引书，pp.60ff.。

回译为梵文，使其流通于五天（五印度）^①。直到今天，起信论仍
然在亚洲许多佛教宗派中，例如在日本的众多佛教寺院中，为人
们宗奉，广受研习，是非常重要的基本经典。

7. 佛护与清辨

　　属于龙树－圣天一系的中观派之佛护、清辩^② 对他们祖师的著

<hr>

　　① 参见 J. 诺贝尔：《鸠摩罗什》，载《普鲁士科学院会议通讯》1927 年，p.231，
注释。诺贝尔的报告立场是赞成以村上专精为首的少数日本学者的意见，即认为起信论
是中国人所作，并无梵文本可稽。在日本就起信论国籍发生的争论非常激烈，参见日本
的《东方佛教徒》I, 1921 年，pp.88, 103ff.。
　　《大乘起信论》产生的根源历来就是一个复杂的问题。P. 戴密微对此已有相当深入
的研究：《大乘起信论真伪》（*Sur l'authenticité du Ta Chen K'I Sin Louen*）（载《法
日会馆通报文摘》卷 2，东京，1929 年），氏之否定本论源自印度的理由似不可取。不
过其断言本论晚于《入楞伽经》大致不违，其认为本论应早于世亲与无著时代。另外氏
之本书所引用的理由亦不充分。总之，本书在中国与日本无论汉藏资料均未提及其梵文
原文状况，此亦为颇奇怪的一件事。有关《大乘起信论》的起源争论，可以参见武邑尚邦：
《赶集论入门》，pp.128ff.；另宇井伯寿：《印度哲学研究》，pp.6, 58ff.。——日译者
　　② 参见 P.L. 拜迪耶：《提婆及其四百论研究》，pp.26ff.；舍尔巴茨基：《佛教的
涅槃概念》，pp.66f.。
　　另，佛护著作之《中论颂疏释》有藏译本，见缪勒之刊行本：《佛教文库》（列宁格勒）
XVI（《东北目录》，p.3842）；清辨对《中观论颂》之疏释亦有藏译本称《般若灯论》
（见缪勒刊行本之注 13），其他有《中观心论》（《东北目录》，p.3855）之注释，称
《思择焰论》（《东北目录》，p.3856）；汉译中有玄奘所译《大乘掌珍论》（《大正藏》
第三十册，p.1578）。关于此二人作品，可以参见浦山之法译说明：《汉学及佛教研究文集》
（*Mélanges chinois et buddhisques*）II, 1932—1933 年。《中观心论》之第 5 品有自大
乘空有二家立场来诤论的中观与唯识见地，具体可见，山口益：『仏教における无と有
との对论——中观心论与瑜伽行真实抉择章の研究』，山喜房佛书林，昭和三十九年再版。
另外，《思择焰论》第 7 品之研究有宫坂宥胜：『论理の炎：清辨哲学』，《高野山大
学论丛》第一卷，昭和三十三年。——日译者

作写过不少疏释作品。此二位的生期大约在五世纪。佛护创立了
中观随应破派（Prasangika），其对于论敌的主张采用归谬的方法
将对手驱入无以自辩的境地。清辨则是中观学派中的自立宗义派
（Svatantra），其论争的方法在于用逻辑手段（因明论式）建立
自己的主张（宗旨、宗义）。他们的著作今天仅仅保存在藏文译本中。

8. 安慧、陈那与护法

　　五世纪，在印度有安慧[①]、陈那及年纪更轻一些的护法，他
们都属于世亲门下弟子辈。安慧著有《迦叶品论释》（*Kasyāpa-
Parivatra*）或称《宝积经论释》[②]，并针对世亲的《唯识三十颂》
撰有《成唯识论》（*Vijñāpti-Mātra-Siddhi*）。世亲门下，最为杰
出者自然是陈那。其为深有卓见的论师，又是佛教因明的奠基人
和创造者。他是印度哲学史上数一数二的哲学家。[③]陈那著述甚丰，

---

　　① 安慧生期讨论甚为复杂，极有可能，安慧并非只是一人。德慧弟子中有一个安
慧生在 425 年以前。参见 N. 佩里：《关于世亲的生期》，载《法国远东学院学报》，
1911 年，pp.46ff.；宇井伯寿：《印度－伊朗论文集》6，1928 年，pp.218ff.；A.V. 钢和泰：
《宝积经迦叶品》，pp.xviff.。
　　梶山雄一对于历来有关清辨、安慧及护法三论师的年代的各种说法进行了详细地批
判思考。由于安慧对清辨的《般若灯论》（其讨论的是《中观论释》观点）持批判态度，
清辨不可能是安慧学说的继承人。玄奘《西域记》第十卷上说，护法死去（561）后第九
年，清辨亦亡。所以清辨生期下限不出 570 年。这样其与安慧卒年也就一致。E. 弗洛瓦
尔纳将安慧年代定在 510—570 年是妥当的。——日译者
　　② 本文现存汉藏译本中，参见 A.V. 钢和泰前所引书，pp.xivff.。
　　③ 按多罗那他的《印度佛教史》，陈那是世亲的弟子。其著作译成汉文在 557—
569 年。兰德尔之《陈那残篇》（p.3）中说，依据所有的情况来考虑，将陈那生期定在
350—500 年的某个时段是有把握的。此可参见 Th. 瓦特士：《玄奘在印度的纪行》II，

但唯一今存梵本的只有《因明入正理门论》（*Nyayapraveśa*）。
藏译本佛典中他的作品还要多一些。[1] 继承陈那哲学的主要是法称 351
（Dharmakirti）。[2] 他的因明著作《正理滴论》（*Nyayabindu*）的
梵文本流传下来了。

9. 月称

护法门下有月称其人。其生期多半在六世纪，而非人们以往
说的七世纪。[3] 多罗那他的佛教史说他出生于南印度的萨曼达。护
法自幼天资过人。早入僧伽，穷究三藏。其师事佛护与清辨的弟
子鸠摩罗菩提（Kumalabuddhi），学龙树诸论书，学修圆满后位
列那烂陀寺大班智达中。他撰写了不少中观论著。他是中观随应
破派的重要代表，在发扬龙树、提婆学说方面有至伟之功。[4] 他主

---

pp.209ff.；凯思：《佛教哲学》，pp.305ff.；舍尔巴茨基在 1929 年 4 月 26 日就此评论
过："我们会发现在印度人中间，特别在陈那这人身上，体现出全面的批判哲学。很久以
来我一直坚信这点：这是杰出的印度思想成就。现在这种信念比以往任何时候都要强烈，
而我希望能够将它清晰地陈述出来。"

　　① 藏译本的《因明入正理门论》刊行本，可见《维杜塞伽罗·巴塔恰尔作品集》
（*Vidhusekhara Bhattāchar*）卷 39，巴罗达，1927 年。梵文本刊行者为 A.B. 布鲁瓦，
文章载《加尔瓦东方丛书》（巴洛达）；陈那的梵文残篇已经由 H.N. 兰德尔整理出版，
见《陈那残篇》，伦敦，1926 年；《因明入正理门论》有尼洛诺夫的刊行本，载《通报》，
1931 年，pp.1-24。

　　② 参见凯思：《佛教哲学》，pp.308ff.，在西藏有前三士后三士的说法。前者为龙树、
圣天及无著，后者指世亲、陈那及法称。他们合称"阎浮提洲六庄严"。参见格伦威德尔：
《西藏和蒙古的佛教神话》，p.36。陈那与法称的学说更接近世间的哲学史。了解这方
面的更详细资料，参见《印度文学》。

　　③ 参见 P.L. 拜迪耶：《圣天研究》，pp.52ff.。

　　④ 舍尔巴茨基的《涅槃》将他称为"建设性的一元论的纯粹否定方法的巨擘"。

要的作品为《入中观论》（*Madyamakāvatāra*）。在《丹珠尔》有
藏译本。① 月称又为中观作论释，名为《根本中观论颂》（*Mūla-
Madhyamika-Kārikās*）。他自己在其他的著述中也多引用其《根
本中观论颂》。月称论释充分显示了其博学多识。其著作中的引
述对读者有提纲挈领的作用。尤其可贵者，他所引述的梵文原书
今多不存。作为学者，他不单积学深厚，他的写作语言也非常明晰。
他在论释中，每一品末了都有总结性的记忆偈颂。这使他的叙述
文字非常生动。他曾经针对提婆的《四百论》撰有注释。他的注
释文字甚至比原论更加优美。在这部论释中，他随处举譬，辅以
寓言故事，通俗而优美地介绍了佛教教义及哲学思想。②

　　例如，为解释世间何以苦多乐少，他这么写道，就像女王自
选其夫，受苦必定不少。因为其所喜之人只有一位，而其所厌恶
之求婚者太多太多；而来求婚者，心存冀望的也多，能够遂愿的
只会有一个。以是故，乐者太少，悲者更多。

　　又如，为解释何以自我并无不净，他这么写道，有某星相术
士对国王预言，说将有大雨来临。凡饮用了这雨水的都会发狂，
成为疯子。于是，国王下令将宫中所有的水井都盖上井盖，以不
让水井受到污染。大雨降下以后，凡饮用雨水的都成了疯子。但
疯子既多且自以为不疯。事情变成了这样：国王为不被指为疯子，
也只好饮用那雨水。但那些没有饮用雨水的，又都认为国王是疯子，

352

　　① 浦山的藏文刊行本，见《佛教文库》IX，1912 年。浦山对本论又作法译。《博物馆》，
N.S. VIII，1907 年；N.S. XI，1910 年；N.S. XII，1911 年。《博物馆》，N.S. I，1900 年，
pp.226ff.。
　　② 同样地，《数论经》第四卷包含的也都是小故事。

嘲笑他甚至杀死了他。

又如，世间若只有一个人要小便，人们会把他当作麻风病人。但若世间人人都要小便，就不会有人认为要小便是不洁之事。[①]

10. 月官

与月称同时代的论辩对手之一便是月官。其人在佛教界中享有极高的声誉。他既是语法家（声明学者），又是哲学家和诗人。多罗那他[②]说此人有好多传奇逸闻。他也写过大师的赞颂诗歌以及学术著作。他的诗艺作品中，有一篇写给门人的篇章。这是我们所读到的他唯一的宗教诗歌。这篇作品名为《与弟子书 – 论诗艺》（*Siṣyalekha-Dharma-Kāvya*）。[③] 这是用诗歌来讲述宗教道理的作品。他还有一部戏曲作品流传到今天，但梵文原文已佚。仅藏译本保存在藏文《丹珠尔》（论疏部）中。[④]

353

---

① 提婆的《四百论》梵文刊行本由 H. 夏斯特里完成，见刊行本第 458 页。

② 多罗那他：《印度佛教史》，pp.156ff.。

③ I.P. 米纳耶夫：《年鉴》IV。H. 文泽尔：《大不列颠和爱尔兰皇家学会学报》，1889 年，pp.1133ff.。C. 本达尔：《目录》，pp.31ff.。H. 克恩：《印度佛教纲要》，p.11。

④ 义净（《南海寄归内法传》，高楠顺次郎英译本，pp. 164, 183）说月官是菩萨圣者（大士）："又东印度月官大士。作《毗输安呾啰太子歌》。词人皆舞咏遍五天矣。"（《南海寄归内法传》卷四）义净到印度时（673）月官犹在世。参见烈维：《法国远东学院学报》卷 3，1903 年，pp.4f.。烈维认为这个 Candra 也就是月官。不过他的这个说法受到 B. 里比奇的反驳（见后者的《月官和拉丽塔莎》，1903 年）。里比奇（《维也纳东方文化论文集》卷 13，1899 年，pp.308ff.）认为月官的生期在 465—544 年，这同我们大致判定的他之同时代人法称的生期相洽。月官是安慧的门人。佩里前所引书，（p.50，注释）将其放到七世纪前半叶之初。不过在七世纪前 50 年中，加斯卡的诸作者已经引用了月官文法著作。作为文法家的月官，参见《印度文学》。

11. 寂天

晚期大乘佛教最杰出的巨匠，并且兼具诗人身份的要算是寂
天。其人大约生活在七世纪。多罗那他说他出生在索拉斯特拉
（Saurastra，在今古吉那特邦）城的某国王家。其弃世出家因缘是
由于得度母（Tara，多罗女神）的启示。其又在修习瑜伽定中得到
文殊菩萨的指点而立志走上学问之途。他因为学成了神通法术而
在一个时期成了旁庶辛哈（Pancasinha）王的大臣。不过最终弃官
进入僧伽。初出家时他是迦衍天（Jayadeva）的弟子。以后在那烂
陀寺成为护法的嗣法弟子。多罗那他说他撰有《大乘集菩萨学论》
（*Śikṣa-samuccaya*）、《集经论》（*Sūtra-samuccaya*）以及《入
菩提行经》（*Bodhicaryāvatāra*）[①]。

《大乘集菩萨学论》意为"菩萨修行学处的汇总"[②]。这是修

[①] 席夫纳的德译《多罗那他西藏佛教史》，s.162ff.。H. 夏斯特里（《印度古籍》
卷 42, 1913 年，pp.49-52）在一部尼泊尔写本上发现寂天的传记，其中说法与多罗那他
相符。该写本上说，寂天的父亲名叫文殊铠（Mañjuvarmā）。别名叫布萨迦（Bhusaka）。
此别名的意思是娴于禅定冥思的人。据称他是一部怛特罗密续的作者。H. 夏斯特里发现
有些金刚乘的作品和古孟加拉方言的赞歌都是一位叫作布萨迦的人写的。上面说的这部
寂天传记认为他撰有三部书。P.L. 拜迪耶（《圣天研究》，p.54）提出这三部书应该是《大
乘集菩萨学论》，这里应该指的仅仅是本颂，而称作《诸经要集》应当是引用诸佛教经
典的注释书。这个假设应当很有可能性。不过关于寂天的三部论著，更有可能是因为对
《入菩提行经》（V，第 105 页的偈颂）的误解而产生的。经中该处寂天只是在劝人研
习他自己的《大乘集菩萨学论》或者龙树的《诸经集论》。参见温特尼茨：《维也纳东
方文化论文集》卷 26, 1912 年，pp.246ff.。另见 P.L. 拜迪耶前所引书，pp.54ff.；凯思：
HSL, pp.72ff., 236。

[②] 本达尔刊行本，载《佛教文库》（圣彼得堡）I, 1903 年。本达尔又与 W.H.D. 劳

学大乘佛教的指导书。书中有 27 个记忆性偈颂，并附有详细的疏 354
释性散文。解说随偈颂之后。长行与偈颂都出自寂天之手。我们
所以说本论是寂天的集录，是因为本论差不多完全是诸经引文的
连缀。寂天只是用偈颂把它们的内容进行了总结，并且作了分品
的安排工作。

　　本论展示出寂天惊人的广博学识。其虽然博览群经，但缺少
独立性的裁断。本论序品中，寂天自谦道：

　　　　我之于此所述无甚新义。我之所以形之笔墨，并非因为我
　　　长于文学创作。因此，我不敢说为利益众生的话，而仅仅是
　　　把我心中所想的直接道出来。虽非最善，然必最真。凡有下笔，
　　　总以清楚明白为目的。若有同志能从本论中读出吾之苦心，
　　　便是大幸。是为不负我心。①

　　因此，本论乃是非常适当的学佛入门书。特别对于那些发心
修菩萨行的人，它讲述了发菩提心的道德意义。他在本论中引述
的许多原经文，今已不存。更为重要的是。寂天的引述往往准确，
内容可靠，所以对后人理解相关经文本意尤有帮助。

　　本论书的根本思想以及作为大乘伦理核心的发菩提心，都表
现在最初的两个偈颂中：

斯合作英译（伦敦，1922 年，载《印度文献系列》）。《大乘集菩萨学论》译为藏文在
816—838 年，但很有可能七世纪中期已经有初译（见本达尔英译本的导言，pp.vf.）。
本达尔又对本经的内容写过导言和提要（pp.xxxiff.）。本论英译所据的是某个手写本。
　　①　同样的偈颂可见于《入菩提行经》的导言。

希有难解诸法宝，原乐刹那听我说。

我今集解大仙言，遍乐投诚恭敬礼。

我于往昔无少解，无教无言非善七。

亦无利乐及含生，唯自一心为法支。

然我意乐清净法，为令长养诸善根。

355

如我等比睹斯文，于义未习应为说。

　　从诸大乘经中采撷妙文，显示如何达致菩提之心（发愿成就
菩提觉悟）。菩提心是争取成就解脱志向的菩萨修行法，未来因
以成佛之道。无论何人，修行者只要发菩提心，就必须少欲知足，
勇于舍身乐于舍命，为他人肝脑涂地也在所不辞。发心的行者不
仅要毫无难色地舍弃世财，就是下地狱为众生担荷罪过也没有退
缩。菩萨行者必然会说：

　　　取着世间无利事业，或于自身所获义利，起不平等，悉
　　皆弃舍……于诸菩萨所行正行，当勤修作，于诸有情起增上
　　心多所饶益，于诸佛所发大精进作大善利……如诸众生所作
　　善业，我亦如是悉当不辞，及诸菩萨从初发心所修诸行，我
　　亦当行……若为众生之所损害，不生厌患心无退转……若复
　　众生为邪见垢之所染污，菩萨于彼不生厌恶，心无退转；若
　　见众生常为瞋恚之所缠缚，菩萨于彼亦不远离……何以故？
　　菩萨大悲不见众生有过失故……是时菩萨见彼众生造是业已，
　　心不动摇亦不拣择，无有惊畏，发坚勇心，不生退转，决定
　　代彼受诸苦恼。所以者何？我当负荷彼诸众生，乃至世间生

老病死苦恼之难，八无暇难，诸轮回难，诸恶见难，坏善法难，我当毕竟解脱是难。是诸众生，无明所蔽，爱网所缚，诸苦笼系，不自觉了，无求出离，常怀疑惑，与愿相违。于轮回海一向漂流。我当安住一切智王，令诸众生成就义利，皆得解脱。唯我一人能作救护。假使世界一切悉为恶趣，受苦众生充满其中。以我所集一切善根，平等回向无不与者，乃至最后边际所经时分，一一恶趣消灭无遗，一一众生皆得解脱，若使一人未离苦者，我当以身质而出之。①

除此大悲心，修行菩萨清净道，还必须有其他的波罗蜜多。比如，深观一切诸法空性；笃信佛陀世尊，礼敬崇拜，起塔造像等。但即令在修此诸波罗蜜多时，菩萨心中仍然深怀解脱众生的念头，时刻不忘"愿我导此一切众生入于涅槃之城"的菩提心愿常系念中。②

356

《大乘集菩萨学论》③中引用的佛经相当多，这里我们可以指出几部。它们之所以引人重视，是因为被明确地标示了出处的缘故。从《虚空藏经》（*Ākāśa-Garbha-Sūtra*）中，本论有一段长长的引文专门讨论罪过一说。其中说到国王的五种重罪；初发心菩萨可能有八种罪等④；有从《优波离所问经》所引的罪及忏罪的一长一

———————

① 本经刊行本，pp.208ff.。引文出自《金刚幢经》。参见浦山：《佛教》，pp.322f., 337ff.。

② 依据《宝云经》。

③ 参见本达尔刊行本，pp.367ff.。

④ 同上书，p.59。

短两处经文 [1]；又有自《郁伽长者所问经》[2] 中所引几段，谈论的是在家婚姻生活的责任以及林栖生活的修行益处 [3]。

本论中还几次引用了《说无垢称经》（《维摩诘经》）[4]。寂天还将《观察世间经》当作单行经典引用，后者是《大事经》的一部分 [5]。寂天还从《宝光明陀罗尼》引用过一长段讲菩萨功德的内容。这使我们知道，陀罗尼也不尽是咒语，也同讲义理的经文一样。此段引言之所以使我们感兴趣，因为它向我们显示了社会中的不同行当与职业，以及修头陀行的不同的宗教团体 [6]。《大乘集菩萨学论》中还引用了许多别的经典，如《如来秘密藏经》《十地经》《法集经》，各种异行本的般若经、《悲华经》《华严经》《月灯三昧经》《宝积经》[7]《宝雨经》《入楞伽经》《普曜经》《稻秆经》[8]《法华经》《金光明经》等。

357　《大乘集菩萨学论》算不上一部独创性的作品，而另一部叫《入

①　参见本达尔刊行本，pp.164, 168。

②　同上书，pp.319ff.。

③　同上书，p.198。

④　英译本据汉文本译出，译者为大原氏，载日本月刊杂志之《反省》XIII, 1898年；IV, 1899年。另有泉芳璟英译，载《东方佛教徒》II—IV, 1922—1928年。本经首次在406年由鸠摩罗什汉译。另可见巴格契前所引书 I, p.188。

⑤　刊行本，p.327。本达尔：《大不列颠和爱尔兰皇家学会学报》，1901年，pp.122ff.。

⑥　参见本达尔刊行本，p.331。

⑦　这些经典的情况可以参见本书边码第312页及以下。

⑧　本经为缘起理论的重要依据之一。浦山曾有校刊和翻译，发表时文为《十二因缘》，发表于《甘德大学学刊》，1913年，pp.68ff.。浦山：《大不列颠和爱尔兰皇家学会学报》，1901年，pp.307ff.。E. 哈代：《大不列颠和爱尔兰皇家学会学报》，1901年，p.573。

菩提行经》（*Bodhicaryavatāra*）的[①]则肯定是一部杰出的作品。两部论书差别甚大，但的确出自同一位作者之手。其中，除了外部原因[②]，即除了外部形式的差别，若单就其内在的宗教内容而言，则又是相当一致的。两部书都有同样的道德理想，即追求菩萨行的修持。修行者发了菩提心，要在将来成就涅槃。为达到这个目的，发心的菩萨首先要培养对一切有情的无量大悲之心，其次是对待佛祖的无限崇拜，透过现象世间的非实在性（空性）而树立最高的般若智慧。

不过，《大乘集菩萨学论》因为旁征博引诸经，摘抄略显泛滥；而《入菩提行经》则一再地显露其宗教情怀，因之成为宗教诗歌

---

① I.P. 米纳耶夫刊行本，载《年鉴》IV，1889 年。《佛教经典学会学报》，1894年。浦山整理校刊之《入菩提行经》疏释本，载《印度文库》，1901—1914 年；其中第 IX 品又载《佛教：研究及材料》，载《比利时皇家科学院纪念文集》，t.55, 1898 年，pp.253-388。本经翻译本有浦山法译本（摘译），巴黎，1920 年（《宗教史评论》第10—12 辑，1905—1907 年）。菲诺特法译本，巴黎，1920 年（《东方经典》II）。英译有 L.D.Barnett 缩略译本，伦敦，1909 年（《东方智慧》）。德译有 R. 施密特本，帕德博恩，1923 年（《宗教文献》卷 5）。意大利译本有 G. 图齐本，都灵，1925 年。汉译三藏中《入菩提行经》被误归属到龙树名下。参见烈维文，载《法国远东学院学报》卷 2，pp.253ff.。

蒙古文译本的《入菩提行经》有 B.J. 弗拉基米洛奇译本，载《佛教文库》（列宁格勒）XXVIII, 1929 年。P.L. 拜迪耶曾将本经与注释两者合刊，题名为：《寂天入菩提行经智作慧释》（*Bodhicaryāvatāra de Śāntideva eith the Commentary of Prajñākaramati*），载《佛教梵语文献》卷 12，达尔班加，1960 年。日译本有金仓圆照：『悟りへの道』，平樂寺书店，1958 年。——日译者

② 参见 C. 本达尔：《大乘集菩萨学论刊行导言》，pp.iiiff.。寂天把《入菩提行经》中的几段放在《大乘集菩萨学论》中当作引语。例如：刊行本的《大乘集菩萨学论》第155 页，又可见于《入菩提行经》VI.120；又在《入菩提行经》V.105 中寂天劝人修学《大乘集菩萨学论》。

的巅峰之作。①

　　这里我们应当说明，就寂天自身而言，他之所以写作论书，并没有要博取文学桂冠的动机。但他在抒发自己的宗教感情时，
358 采用了激情洋溢的语言，因此意外地使自己成为一代大诗人。

　　《入菩提行经》上来便是称叹发菩提心的《赞菩提心品》，其表现了决意证成涅槃的志向。而为达此目标，他要拯救一切众生，因而我们在其中（初品第8偈颂）读到：

> 思维无量无边劫，见佛咸说此真实。
> 若不快乐得快乐，增长救助无边众。
> 为诸有情处众苦，令离百千诸恐怖。
> 普受快乐百千种，恒不离失菩提心。

　　诗人满怀激情地抒发他发起菩提心之后的感情。为令一切众生离苦得乐的善行而欢欣鼓舞，又向十方世界的一切诸佛祈祷，愿他们作大光明大火炬，照亮无明黑暗中的有情；他祈请诸大菩萨引导众生趋向涅槃；他祈愿一切有情众生终得解脱，表示自己愿为众生奉献身命而完成弘誓：

---

　　① 巴斯：《宗教史评论》第42辑，1900年，p.55（即《文集》卷2，p.338）。其称《大乘集菩萨学论》的诗句啰唆冗长令人气闷，但他高度评价了《入菩提行经》，并将后者譬之于托马斯的《效慕基督》（《宗教史评论》，1893年，p.259。即《文集》卷2，p.172），诚然，《入菩提行经》不是说如何效仿佛陀，但的确教人如何成佛。参见浦山：《佛教》，pp.259ff.；C.H. 陶纳：《大不列颠和爱尔兰皇家学会学报》，1908年，pp.583ff.；A. 福涉尔：《宗教史评论》第57辑，1908年，pp.241ff.。

我所获功德，及一切善行。愿回向群生，令得以离苦。

我欲作医药，亦欲作医护。众生但有病，悉令离病苦。

彼若求依怙，我为其依怙。彼旷野迷途，我为作引导。

作船作津渡，令彼得登岸。作灯作火炬，令彼脱黑暗。

彼若需坐卧，我即为凳榻。彼若需佣作，我供其驱使。①

359

《入菩提行经》第4—8品专门讲述菩萨担负的责任。若有人发菩提心，求出离轮回苦，他就成了他们的希望，他们的利益也就系在他身上。这样的人必须乐于实行诸种波罗蜜多，首先是檀波罗蜜，即能布施一切，乃至不惜身命；不过，持戒的波罗蜜也是重要的，必须服从一切佛教的教诫，履行波罗提木叉的一切戒规，因为所有这些都是佛典上清楚晓谕了的。此外，他还必须精进地学习。②

　　我等众生最坏的怨敌莫过贪瞋痴，三毒必须拔除。三毒所伤害者乃我等众生，而非我等怨敌。因之我等若爱众生，亦当爱护怨敌。爱护众生亦即喜乐佛世尊；伤害众生，即是伤害佛世尊。若受他人侵害，皆是吾之宿业所致，我何怨怼之有？即令有人轻坏佛之塔像，乃至诋毁佛教，我亦不当生出怨恨。彼之善待众生者，即是礼敬佛教，即是礼敬菩萨；彼之常自捐身自害其命不避地狱，亦为救助众生。因是之故，我等不

---

① 刊行本 III，pp.6, 7, 17, 18。

② 此处（刊行本 V, pp.103ff.）特别推荐了一些应该阅读的经文。

但当乐行其善，理当乐受他人加害。[①] 无始之初，菩萨所行道即是无我无他、无利无害，一切平等一如。如是修行波罗蜜多，才是最胜波罗蜜行。

我当为他除却苦，如同其苦在我身。

我当行善利于他，众生无别于我故。

若人对待众生，犹如看待自己手足，以一切众生皆是大我之手足，故一切众生皆当得受爱护。以一切众生皆是此众生界之一员故。人当善作此观：众生之无我，如同补特伽罗无我，以一切无我，我即众生，众生即我矣。[②]

这种惊人的雄辩来自最深沉、最诚挚的信念。寂天将这种自他平等悲悯一切的观念表达为自然之理。任何虔诚的菩提心愿也都包含了这样的平等心。因而至此，这样的发心者便达到了最终的"别他向胜义自我（大我）的转换"。[③]

《入菩提行经》的第9品文字稍稍有些枯燥，但内容则完全是学理性的——其中根据大乘中观的立场来阐释一切诸法空幻不实的道理。尽管从逻辑上讲，它未必与中观论的否定主义完全吻合。但寂天仍然利用这些我们在前几品中便已经熟悉了的、舍自身命利乐有情众生的主张，尽其可能地圆洽诸法如幻空、无自性以及自他等同无别的价值。在此世间，一切现象事物无常而不可久恃，

---

①　特别见刊行本 VI，pp.19, 33, 68, 120, 124, 126。

②　刊行本 VIII, pp.90ff.。

③　参见浦山：《宗教伦理百科全书》卷 2，pp.749, 752f.。

久恒的观念仅仅是自性的幻觉，而我幻极其有害；相对而言，有
益于行者的是"业幻"。① 不过令我们有些吃惊的是，经过了一番
有关能动的大悲菩提的理论说教，诗人却在本经的末后说：

> 一切诸法，空幻无常。云何可得，云何可失。
>
> 云何可荣，云何可辱。云何可乐，云何可悲。
>
> 云何可爱，云何可憎。贪与无贪，任汝所求。
>
> 归根结底，无有所获。②

　　寂天的议论至此，进入了一切不可说的渊默的哲学。自然，
空而无有自性，最终必然导向沉默无语的境地。彻底的否定主义
仅有沉默可以应答。诗人于是进入第10品，再回复到他的根本立场。361
本论的结束是为一切众生祈福，哪怕此诸众生已经沉沦到阿鼻地
狱。之所以如此，有文殊菩萨的劝谕作为理由。③

　　《入菩提行经》的注释本有 11 种。完全可以称为大众性的佛
教诗歌作品，虽然所有这些注释本都仅存在于藏译本中。④

----

　　① 参见浦山：《佛教：研究及材料》，载《比利时皇家科学院纪念文集》，1898 年，
pp.109ff.。

　　② 刊行本 IX，pp.152ff.。

　　③ 在多罗那他的时代人们对于本经第 10 品是寂天所著感觉值得怀疑。《入菩提行
经》的疏家明知本经有此一品，但却没有为它作疏释。然而现在所见的梵文写本中都有
此品。（从结构上看）本经有第 10 品远比结束于第 9 品要完美。参见浦山：《入菩提行
经》译本，pp.56f.。

　　④ 注疏本的各品小标题为 P.L. 拜迪耶所加，见其《圣天研究》，pp.143f.。

12. 寂护

八世纪寂护所撰写的《摄真实论》（*Tattvasamgraha*）① 是一部哲学大论。该书的立场是自续瑜伽行见地。寂护在论书中批驳了各种异己思想，有佛教内部的，也有外道的。寂护在批判这些异端见解时，并未指明它们属于某派某论师。作这种主张的人具体是谁，我们可以从寂护弟子莲花戒（Kumalaśīla）的本论注疏本中读到。那些遭受寂护驳斥的佛教论师有：世友（Yaśumitra）、法救、妙音（Ghoṣaka）、觉天（Buddhadeva）、众贤、世亲、陈那以及法称。除此之外，对佛教以外诸"外道"，诸如顺世论者耆那教哲学、数论派、正理派及弥曼差派，他们的哲学都受到寂护的批判锋芒所指。寂护还有一部短论《中观庄严论颂》（*Madhyamakālamkaka-Kārikās*），他自己为本论作了注疏。但承传至今的只有藏译本 ②，梵文已佚。对于这位佛教哲学家的生平，我们也仅能根据藏文资料才有一些了解。寂护从那烂陀寺来到西藏。他在 749 年建立了西藏第一座佛寺桑耶寺（Sam-Ye Temple）。他在该寺中住持十三 362 年，讲学授徒，传播佛教。寂护逝于 762 年。据称，那位创立西藏喇嘛教（藏传佛教）的莲华生便是当初辅助他在西藏传教的人。

----

① 寂护《摄真实论》及莲花戒的本论疏释已经有刊行本，校刊者 E. 克里希那马恰利耶，载《加尔瓦东方丛书》卷 30—31，巴洛达，1926 年。在序言中刊行本的总编辑巴塔恰里耶详细地讨论了寂护和莲花戒的生平与著作，以及后者的注疏中引用过的作者。参见温特尼茨：《印度学通讯》I，1929 年，pp.73ff.。

② 参见 P.L. 拜迪耶前所引书，pp.57ff.。

莲华生又是寂护的妹夫。①

最后，关于晚期佛教的论师，我们还必须提到不二金刚（Advayavajra）。其人生活在十一世纪末或十二世纪初。他所撰写的主要著作都是佛赞诗歌，借赞颂来宣说佛理教义。内容既有大乘的，也有密教的。②

① 参见 B. 巴塔恰里耶：《加尔瓦东方丛书》卷 30, pp.xff., xviff.。
② H.夏斯特里整理的《不二金刚汇集》刊行本，载《加尔瓦东方丛书》卷 40, 巴洛达, 1927 年。参见 V. 巴塔恰里耶文，载《印度历史季刊》卷 6, 1930 年, pp.757ff.。

第九章　密教的经典与仪轨

1. 大叙

本书前面已经反复提到，大乘佛教经典与印度的婆罗门《往世书》多有相似。我们已经知道《往世书》中，许多文本均涉及印度教的诸神。所有这些相关经文都保存在大叙（Mahātmya）、歌赞、咒以及仪轨之中，或者作为它们的附分保留下来。[①] 同样佛教中也有它的《往世书》，它称作自生往世或大觉往世（Svayaṃbhū Purāṇa）。但它并不真的是叙前代往世之书。正确地说，它应该称为 Mahātmyas（大事或大仪），其中所包含的是一些赞礼文。所赞礼的是尼泊尔加德满都附近一个叫自生塔（Svayambhū-Caitya 善逝塔、大觉塔）的圣地。该书最先是为朝山晋香的巡礼僧们所准备的手册，因而其中有一些仪轨描写（例如向龙王求雨时应行的科仪）；而在涉及一些圣地时，也会讲述一些相关的当地传说。例如，第 4 品中的摩尼鸠陀譬喻事（Maṇicūḍavadāna）[②]，便是在

---

① 参见《吠陀文献》之《叙事诗与往世书》。

② 浦山有英译本，载《大不列颠和爱尔兰皇家学会学报》，1894 年，pp.297ff.。这个自献祭的故事也可见于一部记叙譬喻故事的写本，也可见于《天譬喻庄严经》的一个写本。参见 R. 密特拉的《尼泊尔佛教文献》（pp.162ff., 314）以及彻曼德罗的《譬喻经如意释》，参见《佛教经典学会学报》卷 1，第 3 部分，1893 年。

叙述传说故事时大大地赞叹了玛尼罗希尼河（Manirohini）的神圣。
《自生往世书》（*Svayamhū Purāṇa*）中的自生者，原本为印度教
创世大梵天的诸名号之一。他是这个世界的创造者、最高统驭者及
导师。他安坐在宝莲花座上，而那株莲花则是过去佛中的某一位
在久远大劫中植下的。本经有五个不同传本。内容相同但章品分
目有差别。[①] 所有的五个异行本，年代都不算古老，不会早于十六
世纪。

2. 歌赞

正如佛教的大叙之风格与印度教的毗斯奴或湿婆的事迹殊无
二致，佛教的歌赞与印度教中奉献给毗斯奴和湿婆的颂赞也无区
别。可以认为两种宗教中的颂歌仅仅是被称赞的主神名字不同而
已。密教的颂赞，有一些作者是有名的佛教诗人。诗歌的风格是
传统的赞叹体，韵律相当讲究；有的赞歌完全模仿《往世书》中
称叹神灵的腔调。诸如此类的赞歌，有几首已经被收进早期密教
性质的经文，例如《大事》和《普曜经》中都可以看到这样的作品。

---

① 据烈维说，巴黎某写本的《自生大往世书》是很好的本子。其中有散文，也有
不同韵律的偈颂。烈维有专文详细地分析了此书（《吠陀文献》，pp.208ff.）。全文载《尼
泊尔》一书中。后者载《吉美博物馆年鉴》，pp.17-19，巴黎，1905 年。H. 夏斯特里整
理刊行的《布利哈特自生往世》，载《印度文库》（1894—1900）。该书完全为偈颂体，
其写作的梵文水平非常糟糕。此本子的第十卷有浦山编校本（《甘德大学哲学部等刊行
作品集》，甘德和鲁汶，1893 年）；另外参见 R. 密特拉之《尼泊尔佛教文献》，第 249 页；
夏斯特里刊行本，载《佛教经典学会学报》卷 2，1894 年，第 2 部分，pp.33ff.；《霍吉
森论文集》，pp.115ff.。

以前我们提到过印度诗人摩咥里制吒的赞颂。藏文译本中又有龙树的《四赞歌》[①]。戒日王诃里沙跋陀那（Harsavardhana, 600—647 年在位）曾经因为玄奘的劝导而归信佛教。他在晚年对佛教颇有心得，甚至写下了赞诗《黎明佛赞》（*Suprabhata-stotra*）。[②] 这是一首早晨赞叹佛陀的颂歌。全诗有 24 个偈颂，是五行一小节的"八大灵塔梵赞"。[③] 生活在九世纪的提婆波罗王时代的诗人金刚授（Vajradatta），撰写过《世自在百赞》（*Lokeśvara-Śataka*）。[④] 传说中这位诗人因遭受怨咒而身患麻风病。他只得求观世音菩萨帮助。为此他每天撰写一首赞诗歌颂观音。这种赞歌体称为"持花鬘"。三个月以后，如他所愿，大病霍然而除。[⑤] 这是一篇曲尽

364

---

① 本书有浦山法译本，载《博物馆》，1914 年；但所有印刷品均毁于鲁汶大轰炸中；另可见 P.L. 拜迪耶：《圣天研究》（四赞的开头及末尾之梵文和藏译正文有 G. 图齐作英译，载《大不列颠和爱尔兰皇家学会学报》，1932 年，pp.309ff.。——日译者）。

② 米纳耶夫校刊本，发表于：《考古学会年鉴》第 2 辑，第 3 册，pp.236f.。

③ 本赞歌有烈维依据汉译本回译成之梵文本，载《国际东方学者大会学报》卷 2，日内瓦，1894 年，pp.189ff.。[收在《大正藏》第三十二册，p.1684。——译者]

④ 苏珊那·加比勒斯校刊本及法译本载《亚洲学报》，1919 年，s. 2, t.XIV, pp.357-465。

⑤ 这个传说故事也同样发生在撰写苏利耶赞的诗人马尤拉的身上。诸如此类的歌颂佛菩萨的赞歌都同本生经赞是分不开的。按义净在天竺所见，他描述了那里社会上流行的佛教歌赞，其叙曰：（天竺）社得迦摩罗（本生鬘），亦同此类（社得迦者，本生也。摩罗者，即贯焉。集取菩萨昔生难行之事，贯之一处也）。若译可成十余轴。取本生事而为诗赞。欲令顺俗妍美读者欢爱教摄群生耳。时戒日王极好文笔，乃下令曰：诸君但有好诗赞者。明日旦朝咸将示朕。及其总集得五百夹，展而阅之。多是社得迦摩罗矣。方知赞咏之中，斯为美极。南海诸岛有十余国，无问法俗，咸皆讽诵，如前诗赞。而东夏未曾译出。又戒日王取乘云菩萨以身代龙之事，缉为歌咏，奏谐弦管，令人作乐，舞之蹈之，流布于代。（义净《南海寄归内法传·第三十二赞咏之礼》）——译者

笔至的诗歌，它详细地赞美了观世音菩萨的相好庄严，从形象上它描写了菩萨的手指、脚趾，列举了菩萨的 50 个名号和功德禀性，尽情称颂了菩萨的仁慈与悲悯。

《最胜名赞集》（*Paramārthanāmasangiti*）[①] 这样的赞颂是最古老形式的赞诗，早在夜柔吠陀集的那个时代就已经出现了。经过《摩诃婆罗多》史诗，而到了奥义书的时代 [②]，这种赞颂诗歌更是宗教中习以为常的作品。其最为鲜明的特点是，在诗歌吟唱中不厌其烦地罗列神的种种名号，从各方面表现神的功德属性。另外还有一种诗歌形式，当初的目的也是体现对神圣者的膜拜。这样的诵诗有九个小节，通称为"七佛赞"。它在其中称扬了过去的六位佛——从毗婆尸佛到迦叶佛，再落到对释迦牟尼佛及未来佛的称叹上。诗歌一一称赞诸佛，呈请他们的佛力加被；类似于这个七佛赞的还有"真净遍吉祥诸天二十五赞"，它是某身世不详的叫甘露喜（Amṛtanada）的"诗人"的作品。这首歌赞由二十五个小节组成，其中称扬了所有"泥波罗（尼泊尔）的诸佛"——简直是一个庞大的佛名系统。启首的是本生佛，随后是诸菩萨、或男或女的印度教众神，以及佛教化了的大小神祇、各个圣浴场的神主、众多佛塔的供主。歌赞中一一呼唤各神圣的名字，请他们慈力加被，以获吉祥。[③]

---

① 参见 R. 特拉：《尼泊尔佛教文献》，p.175。

② 参见《吠陀文献》，pp.172, 381, 397。

③ H.H. 威尔森已将两歌赞译成英文，参见其《著作集》（II, pp.5ff.）；另见温特尼茨及凯思：《梵文写本目录》，载《波德莱文库》卷 2，p.257；又见 R. 密特拉：《尼泊尔佛教文献》，p.99。

许多赞颂都是献给度母的，度母是西藏人的称呼，即是救度
365 者的意思。她们是拯救世人的女神。度母又是观世音菩萨在世上
的不同权化。这首诗称作《圣度母持花（供养）赞》（*Ārya-Tārā-*
Sragdhāra-Stotra），该诗作者是八世纪的迦湿弥罗（克什米尔）人，
名叫一切智友（Sarvajñāmitra）。此人乐善好施，因此遐迩闻名——
多罗那他 [①] 说他是罽宾（克什米尔）国王的女婿。他在散尽家财以
后，成为了苦行的头陀。某日他在游行途中，遇见一位老婆罗门。
后者向他哭诉，自己无钱为女儿作嫁资陪送。当时正值国王欲作
人祭，张榜征求一百名愿作供品牺牲的人。于是一切智友自卖其
身，把钱给了那位婆罗门。诗人在一堆将做人祭者中间，听见大
呼小叫者有之，呼天抢地者有之，于是作歌赞向观世音菩萨求救。
度母于是当场现身，解救了这些人。持花鬘本身可以说有一定的
诗歌艺术价值。还有一类只称颂佛名或菩萨名号的歌赞，称为《百
零八圣度母名号赞》（*Ārya-Tārā-Nāma-Stottaraśataka-Stotra*）和
366 《二十一伽陀赞》（*Ekaviṃśatikā-Stotra*），它们是一种松散而有
韵脚的歌赞，赞颂的是度母女神的各种名号。[②]

---

① 《印度佛教史》（德文刊本），pp.168ff.。《（克什米尔）王统记》（IV，p.210）
中提到过一位僧人叫一切智友。他是卡毗耶王施建的王寺的第二圣者。该王是拉达国统
治者，臣服于八世纪统治克什米尔的拉利塔迭多。参见 S.Ch. 维迪亚布萨那：《孟加拉
亚洲学会学报》卷 1，1905 年，pp.156ff.。

② 此三个伽陀赞颂有 G. 德·布洛奈法译刊行本，见《佛教度母历史研究材料》（*Bibl.*
de l'ecole des hautes études, fasc.107），巴黎，1895 年。《圣度母持花（供养）赞》连
同注释和两个藏译本已经由维迪亚布萨那纳刊行出版，书名《佛赞集》（Vol.I），载《印
度文库》（1908）。译者在前言中介绍有关度母的赞颂不下 96 篇。其中被译为藏文的
仅有 62 篇。炽热信奉度母的诗人月官在本书中已经提到过了（本书边码第 352 页）；《圣
度母持花（供养）赞》中（布洛奈前所引书，p.17）亦提到此人。度母崇拜大约在六世

《虔敬百赞》（*Bhakti-Śataka*）① 也是颂赞诗歌，其作者是一位叫 Rāmacandra Kavibharati 的。这个名字就可以知道他是当世的著名诗人——Rāmacandra 是"喜月"，而 Kavibharati 是"诗歌女神的舌头"。其人是孟加拉地方的婆罗门出身，在锡兰帕拉伽巴护王（King Parākramabāhu，约 1245 年在位）统治时期来到楞伽岛，并在那里出家为僧。他的经历可作为一种代表，说明源出于印度婆罗门文化的虔信主义和炽烈的敬神观如何转化为对佛陀的崇拜。他的这首赞歌中，洋溢着优美的诗风，韵律也细腻委曲，极尽对佛祖的礼赞。佛被称作世间唯一的伟大导师、救苦救难者、大悲无限者。这样的称赞，其热烈程度与婆罗门教中献给罗摩、克里希那和湿婆等大神的赞歌是没有任何分别的。赞歌作品可以是大乘佛教的，但也不是小乘佛教打算拒绝的。从根本上说，它们的崇拜观念来自同一个源头，即都受到印度教的滋养。举例而言，可以试看以下几行诗歌：

　　　　求你慈护，仁爱之主，世间的支配者，诸神的统驭者；

纪开始。玄奘提到他在印度见到过多罗（度母）菩萨像。778 年在爪哇已有圣度母崇拜。当地有为女神所建的大庙。参见瓦德尔：《大不列颠和爱尔兰皇家学会学报》，1894 年，pp.63ff.；《东亚研究期刊》卷 1，pp.178ff.；布洛奈前所引书，pp.3,5,17；H. 克恩：《东亚研究期刊》卷 2，1914 年，p.481，注释 1。

　　① 戒犍度（*Śīlaskandha*）刊行本，锡兰，1885 年；印度佛经刊行会出版，大吉岭，1896 年；夏斯特里刊行本及英译：《佛教经典学会学报》卷 1，1893 年，第 2 部分，pp.21-43；鲁道夫·奥托作德译：《印度密教神之经文》II，耶拿，1917 年，pp.141-160；夏斯特里：《孟加拉亚洲学会学报》，1890 年，pp.125ff.；《佛教经典学会学报》卷 1，1893 年，第 III 部分，pp.ivff.。

你是征服者，啊，佛世尊。你乃世间当礼敬者，一切善信当
礼敬者；啊，世尊，你是无常的敌者，你是贪瞋的敌者，你
是黑暗的敌者！你是我唯一皈敬者，我身我语及我心，完全
匍匐在你足前。

　　彼为你圣家族的儿子，彼投身你之足前，荷戴你的教诲，
甘作你的弟子，从你而得依怙；彼是你的仆人，亦为你的奴隶；
顶戴你的教诫，无有片刻懈怠。

　　啊，我佛世尊，在世间行善，便是向你致敬；在此世间作恶，
便是加害佛身。啊，永远的胜者，若我作一不善，何敢不作
忏罪而犹能声言：我愿投身于你之莲花足前。

　　设我行一不善，设我但作一恶，何可面对佛祖你，
百千万般饶益呵护之世间；何可面对你布施财产、人民、权
柄、身命、城国、众生；何敢能言我之慈怙、我之悲悯、我
之爱恋？ [①]

3. 陀罗尼

陀罗尼 [②] 是大乘佛教文献中的重要部分。作为宗教仪轨的工具，

　　①　《虔敬百赞》，第31—34偈。
　　②　参见 E. 布努夫：《导论》，pp.466, 482ff.；瓦西里耶夫：《佛教》，pp.153ff.，
193ff.，217；浦山：《佛教：研究及资料》，载《比利时皇家科学院纪念文集》，1898年，
pp.119ff.；L.A. 瓦德尔：《东亚研究期刊》卷1, 1912年, pp.155ff.；《印度古籍》卷
43, 1914年, pp.37ff., 49ff., 92ff.；J. 豪尔：《北传佛教中的陀罗尼》，图宾根，1927年；
G. 图齐：《印度历史季刊》卷4, 1928年, pp.553ff.。

它是诸如禳灾、祈福和作法施咒时不可或缺的手段。① 最初的陀罗尼来自吠陀经中的真言。古典吠陀典籍中，特别是阿闼婆吠陀中，这样的咒语很常见。②

在印度人眼中，陀罗尼有不可代替的通神的功能。在佛教，自然亦莫能外。我们已经知道，在锡兰，那里的佛教徒是如何把最优美的经文当作护咒来使用的。③ 同样在印度，那里的大乘佛教徒也会把某些经文当作真言咒文。除了一些具有防护功能的经文，还有数不尽数的乞请佛教或印度教的神祇以作役使的咒语。这些有着神奇魔力的语词甚至音节、音素，不仅仅司空见惯于大乘佛教；若探究其根源，它的源头就在夜柔吠陀④ 这样神秘主义的祭仪中。佛教所期待的陀罗尼咒的魔力有两个方面：特别的保护作用和特别的礼赞作用。它的魔力来自陀罗尼字母音节中包含着的无可言喻的般若（智慧），而同这些语词或字母本身的表面所指并无太大关系——虽然陀罗尼中的确也包含有"神咒语句"。

例如，最短小的般若经就具有陀罗尼的功用。这里特别指的是《心经》。⑤ 例如，《少字般若波罗蜜多经》的功用就如同陀罗尼了。我们知道，在日本的法隆寺，从 609 年以来就一直保存着

---

①　陀罗尼（dhāraṇi）是护咒（rakṣa）和巴利语 paritta 的同义词，意为"防护咒"或"护符"。参见 H. 克恩：《东亚研究期刊》卷 2, p.481, 注释 2。据《妙法莲华经》刊行本第 399 页说，陀罗尼是为了让说法者有所保护、安稳和庇护。陀罗尼可以用作护身符。

②　可参见《吠陀文献》，pp.99, 109。在《虎母譬喻经》的故事中便说到有必要借助陀罗尼的护佑，参见《天譬喻经》刊行本，p.613。

③　参见本书边码第 77 页。

④　参见《吠陀文献》，p.172。

⑤　参见本书边码第 303 页。

一个《心经》的贝叶经本。它一直就被当成陀罗尼来使用。贝叶《心经》所教导的，便是般若波罗蜜多经的"核心"意义，即"精髓"义。只要把《心经》当成咒语念诵出来，它就具有"能除一切苦"的功能，所以该经的末尾也就附有纯粹的陀罗尼咒：揭谛揭谛，波罗揭谛，波罗僧揭帝，菩提萨婆诃。而这咒语的字面意思则是，"啊，渡脱，走向渡脱，去到彼岸，完全地渡脱而去到彼岸，去吧"[①]，唯愿如是。这里虽然有所呼唤召请，但在某种程度上仍然体现了般若经的根本否定主义本质，仍然是指向对现实世界的否定。其精神境界仍然没有超越《佛顶尊胜陀罗尼经》（ *Uṛṇiṣavijaya-dhāraṇi-S.* ）的水平。《佛顶尊胜陀罗尼经》在日本法隆寺也有一个贝叶经本。不过从语文形式上看，它只是记录了一组一组的没有字面意义的声音。这样的有力量的字音便是咒语。[②] 西藏《大藏经》中，有许多般若经本也是陀罗尼咒形式的。[③] 藏文《甘珠尔》中也有专门的咒语，其作用之一便是帮助修行者理解像《十万颂般若经》或其他一些长篇幅的般若经的意义。[④]

---

① 将波罗蜜多解说为"去""渡去"之类是一种伪词源学的做法。

② M.缪勒和南条文雄整理刊行了《般若心经》和《佛顶尊胜陀罗尼经》的古代贝叶经写本，参见《牛津亚洲文献·雅利安丛书》卷1，第3部分，牛津，1884年。《东方圣书》卷49，第2部分，pp.145ff.。L.费尔将《般若心经》从藏文本译成法文，参见《吉美博物馆年鉴》V，pp.176ff.。另参见 H.夏斯特里：《印度历史季刊》卷1，1925年，pp.469ff.。

③ 参见科洛斯：《吉美博物馆年鉴》II, pp.305, 307, 312, 314; III, pp.368f.。

④ 陀罗尼抄本中也有二十五偈颂的《般若心经》（见 R.密特拉：《尼泊尔佛教文献》，p.292）；另外类似这样的当陀罗尼使用的般若经还有《百五十颂般若经》，后者的残篇发现于和田附近，主体为梵文，夹杂有和田文之字。该和田残篇已经由 E.劳曼整理刊行：《北方语言及文献》，斯特拉斯堡，1912年，p.84; 姆尾祥云依据藏汉文本作对刊重新印

实际上，在佛教中经文与陀罗尼咒之间并无严格的区分界线。大乘佛教的经典在某种意义上只是对于陀罗尼咒的解说注释。因此，那部《无量寿（陀罗尼）经》① 其实只是对一部陀罗尼咒经的称赞之文。虽说该经不但有梵文的、和田文的，也有汉文的、藏文的。《大乘集菩萨学论》中引用过的《宝光明陀罗尼经》完全是一部大乘经典。该经作为一部篇幅可观的经文，其中对佛理的发挥，也借菩萨之口宣布了修行菩萨不欲当下取证，而希望今后世再来人间，从事各种行业并奉行不同佛教宗派以取得证悟，一心一意为众生福祉服务的主张。而经中所列举的职业和不同的佛教宗派，正像是陀罗尼咒语一样。②

369

刷，东京，1917 年；还有一种陀罗尼经叫作《缘起陀罗尼》，似乎诵此咒是为了让人容易懂得缘起的道理。（《百五十颂般若经》为玄奘所译《大般若经》之第 10 会，第 578 卷之般若理趣分，在《大正藏》第七册，pp.987-991。此经除玄奘译本，有梵文 1 种、藏译本 3 种、汉异译本 5 种，合有 10 种。在日本作为理趣经通常诵读的译本是不空的汉译本《大乐金刚不空真实三摩耶经》。——译者）

　① 这部古和田语文的抄写本及梵文本和藏译本由 S. 科诺夫校刊出版；洪里：《梵文写本残篇》I, pp.289-329（附有英译）；M. 缪勒亦有一个尼泊尔梵文本及藏译本和汉译本的本经异行本出版：《尼泊尔梵文无量寿智名大乘经》［*Aparitāyur-Jñāna-Nama-Mahāyāna-Sūtra nach einer nepalesischen Sanscrit HS. Mit der tibetischen und chinesischen Version herausgegeben und übersetzt*, Heidelberg (Sitzungsber. Der Akademic), 1916］。若按本经汉文名称直译，则应为《圣无量寿决定光明王如来陀罗尼经》，《大正藏》第十九册，p.937。可见霍恩勒：《大不列颠和爱尔兰皇家学会学报》，1910 年，pp.834ff., 1293; 1911 年，pp.468ff.。E. 劳曼：《北方语言及文献》，pp.75, 82f.。

　② 参见 C. 本达尔：《大不列颠和爱尔兰皇家学会学报》，1901 年，pp.122ff.。在《大乘集菩萨学论》中多次被引用过的《那罗延所问经》在一个现存梵文写本的题记中也被称作陀罗尼，参见 H. 夏斯特里：《梵文写本解说目录》，载《亚洲学会孟加拉分会辑本 I》，pp.16f.。关于梵、藏、汉、日四种文字的《（佛说）大忿怒明王秘密陀罗尼经》，可见 C. 普依尼：《意大利亚洲学会学报》卷 3, 1889 年，pp.38ff.。

　　《大云经》（*Megha-Sūtra*）①也是一部典型的陀罗尼咒经的代表。写作本经的目的也就是要拿它当陀罗尼咒使用的。同其他大乘经一样，本经开头，上来便说："如是我闻，一时佛在难陀和优波难陀龙王宫中……"如是等等。然后经文接下来讲诸神龙众如何向佛祖礼敬，向众位菩萨致礼。其中有一位龙王，名叫无边庄严海威德轮盖的向佛世尊启问道：

370

　　　　"云何能使诸龙王等灭一切苦得受安乐？受安乐已又令阎浮提内，时降甘雨，生长一切树木丛林、药草苗稼，皆生滋味，使阎浮提内一切人等悉快乐？"尔时世尊闻是语，心生欢喜，即告彼龙王："善哉善哉，汝今为彼众生等作利益故，能问如来如是如是等事。谛听谛听，善思念之。我有一法，汝等若能具足行者，能令一切龙等除灭诸苦，具足安乐。"（龙王问：）"云何一法？"（世尊答：）"谓行大慈。汝诸龙若有天人行大慈者，火不能烧，水不能溺，毒不能害，刃不能伤，内外怨贼不能侵掠。若睡若寐皆得安稳……是故汝龙王身、口、意业常应须行彼大慈行。复次龙王，有陀罗尼，名施一切众生安乐，汝诸龙王等，常须读诵系念受持，能灭一切诸龙苦恼，与其安乐。彼诸龙等既得安乐已，于阎浮提内始能依时降雨，普令一切树木丛林药草苗稼皆出滋味。"

---

　　① 参见 C. 本达尔：《大不列颠和爱尔兰皇家学会学报》，1880 年，pp.286ff.。《大云经》之译成汉文早在 397 年和 439 年，别译在 589—618 年，以及 746—771 年。参见《南条文雄目录》，pp.186-188, 244, 970。藏译本《甘珠尔》类中本经属经部，参见科洛斯：《吉美博物馆年鉴》II, pp.264ff.。

尔时龙王复白佛言："何者名为放一切乐陀罗尼句？"尔时世
尊即说咒言如次……此陀罗尼实际上是对一切女性神祇的启请（以
她们作依怙）。然后又吁请诸佛菩萨（乞请他们灭除罪过，清整
众生诸界），以陀罗尼咒役使诸龙王等（比如吩咐：来啊，兴大
龙之云，降大龙之雨）；本咒经的最末部分便诵出了不同的字音
（诸如娑罗输勤、输勒输卢、输卢那迦兰、阇婆阇婆、阇毗阇毗、
鞠兀鞠兀等）。之后是对使用这些陀罗尼咒并行密法仪式的场合
加以描述。经的末尾则向读经人担保，若是遇到旱魃，需要向龙
王求雨，只要诵读本陀罗尼经文，绝对没有不灵验的。[①]

与此相仿，那些宣称无论对什么样的灾异厄难都有对治的经
典，其中都会有相应的陀罗尼咒语。因此，陀罗尼是禳灾除难经
典中非有不可的有机组成部分。不过，更多的陀罗尼经文是单行
的写本。这样的流行写本一多，自然有必要产生汇集各类咒语的
集子。[②] 念诵各种陀罗尼咒以应付不同灾祯的巫祝手法非常广大。
例如，天上的星辰呈现异相，要想求得平安就需要使用镇护的陀

371

---

① 不过，《律藏·小品》（卷5，p.6）中有一种更简单的驱蛇的陀罗尼。驱走而
不是咒杀它，是因为佛教徒出于其慈悲之心。参见《本生经》第203篇，《长部》第32经，
《增支部》卷4，第67经（见本文献第二卷第72页等）。类似《大云经》的回鹘文本《二十
颂本》残篇在吐鲁番地区已发现［W.拉得洛夫、钢和泰整理：《三十颂本》，载《佛教
文库》（圣彼得堡）XII，1910年］。

② 通常名为陀罗尼集或真言集，见R.密特拉，《尼泊尔佛教文献》，pp.80f.；
其他的单行陀罗尼或陀罗尼咒合集可见上书第93、174、267、291页等。残篇的陀罗
尼写本也可见于C.本达尔：《目录》。据浦山（《大不列颠和爱尔兰皇家学会学报》，
1895年，pp.433f.）说，有两部书——《新业灯》（《新学入门指引》）和《大乘集菩
萨学论》（刊行本，p.142）中，都提及了明咒藏，那指的就是陀罗尼藏。玄奘说陀罗尼
藏是大众部的三藏内容之一（参见H.克恩：《印度佛教纲要》，p.1）。

罗尼经文。至于被毒蛇咬伤、遇见鬼魅作祟、久病不愈，也都各有咒语的处方；更有求财运、求长生、求克敌制胜、求征伐凯旋等的陀罗尼；相应地为让陀罗尼发挥最大的作用，必须通过相应的仪轨。日常生活中，家族内求添丁生男以继香火，求女儿出阁嫁个好婆家，求自己内心洗罪而作忏悔，求让他人归信佛法，都是有章可循、有咒法可依的——都可以举行相应的陀罗尼念诵仪。在尼泊尔民间，通常流行五类陀罗尼咒，辑在一部叫作《五护陀罗尼》（*Pañcarakṣā*）的汇编本中。

　　一曰大防护，可以防止犯罪、罹病和其他大不吉祥；二曰防诸鬼邪；三曰防蛇蝎毒害；四曰防灾星、野兽和蚊虫啮咬；五曰防一切病恼不安。[①] 防蛇蝎毒害的大咒仪名为 Mahā-Mayūrī，常常前面再加一个 Vidhyārājñi（女明王，秘密法女王）的尊号。[②] 依据印度民

---

　　① 参见 R. 密特拉：《尼泊尔佛教文献》，pp.146ff., 173f.; 温特尼茨及凯思：《梵文写本目录》，载《波德莱文库》卷 2, pp.257ff.。在尼泊尔的法庭起誓时要以《五护咒》为凭据。〔还有一些重要的梵文陀罗尼经。例如：《大随求陀罗尼经》，藏译本一种，《东北目录》，p.561；汉译本两种，《大正藏》第二十册，pp.1153, 1154；《守护大千国土经》有梵、藏、汉三种本，藏译参见《东北目录》，p.558；汉译在《大正藏》第十九册，p.99；梵本（附日译本）译者为岩本裕，京都，1937 年；重刊为岩本裕：《密教经典》（《佛教选》第七卷）读卖新闻社，昭和五十年，pp.271-350；《大孔雀明王经》，奥登堡梵文刊行本，载俄国科学院：《远东考古研究年鉴》第 11 辑，pp.218-161，彼得堡，1897—1899 年；田久保周誉：《梵文孔雀明王经》，山喜房佛书林，昭和四十七年。《大寒林陀罗尼经》）藏译本，参见《东北目录》，pp.606-958；汉译本《大正藏》第二十一册，p.1392；《大护明大陀罗尼经》，藏译本，《东北目录》，p.563；汉译本（法天译）名《佛说大护吸大陀罗尼经》，收录于《大正藏》第二十册，p.1648。鸠摩罗什所译《孔雀明王经》外尚有三译。关于本经情况，可参见 G. 图齐：《孟加拉亚洲学会学报》卷 26，1930 年，pp.129f.。——日译者〕

　　② 参见 J. 普里齐鲁斯基，《法国远东学院学报》卷 23, 1923 年，pp.308f.。

间传说，毒蛇的克星便是孔雀。专门制伏怨敌的凶神便称孔雀明王，相应的女性神祇便是女明王或明王女。《戒日王行传》（*Harṣacarita*）第 5 品中，诗人巴纳告诉我们，当初戒日王的父亲临终时，进宫为其除病的做法祭祀奉献牺牲的仪轨，其中就有唱念大咒仪的程序。① 372

极有可能，这里所念诵的陀罗尼，究其最初来源，大约与摩哈本生（Moha-Jātaka，本生第 159 篇）是同一的。而防治蛇毒的咒语也类似鲍尔写本中的陀罗尼医方。②

另外，在古代大乘佛教经典中，陀罗尼明咒可以说是无处不在。以知名的《妙法莲华经》来说，其第 21 品和第 26 品中就有这样的明咒。当然，我们知道这两品经文不是从一开始就有的。而《入楞伽经》中的最后两品中也载有明咒。该经最初在中国译出是 443年，当时还没有这两品。由此我们认为，陀罗尼明咒是晚期大乘中的成分。话虽如此，我们又不可以将陀罗尼当成佛教文献中的晚近产物。因为早在四世纪在中国译出的经典中就已经可以读到

---

① 《戒日王行传》由 E.B. 考威尔和 F.W. 托马斯合译，见该本 p.137。在贾哈纳的作品 *Suktimuktavali* 中提到了孔雀明王咒：一当传至人们的耳际，（诗人）马裕罗的话语挫败了所有诗者的骄傲；一如孔雀祛蛇毒的灵药达到它们的耳边。参见 P. 奎肯波斯：《马裕罗梵语诗歌》，《哥伦比亚大学印度－伊朗丛书》，1917 年，导论，p.5。

② 参见瓦德尔：《东亚研究期刊》卷 1，pp.166ff.。《孔雀明王经》的篇幅有长短两种，汉文本中有数译：帛尸黎密多罗（307—342）初译；僧护二译（516）；义净三译（705）；不空作第四译（746—771）。参见渡边海旭：《大不列颠和爱尔兰皇家学会学报》，1907 年，pp.261ff.。S. 烈维：《亚洲学报》，1915 年，s.2, t.V, pp.19ff., 26。巴格契前所引书，I, pp.320, 417。（《孔雀明王经》在汉译中除两种失译，尚有四译。可见《大正藏》第二十册，pp.982, 984-988。明版大藏中此经译者作"东亚西域沙门帛尸黎蜜多罗"。《孔雀明王经》的篇幅本身有一历史发展过程。参见渡边海旭：《真言密经的起源和发展实例》，载《壶月全集》上卷，昭和八年，pp.357-404。伊原照莲：《小乘咒和密教经典》，载《智山学报》6，pp.24-37。岩本裕：『*Mahāmāyūri* の成立について』，载《密教学密教史论文集》，高野山大学，pp.391-396。——日译者）

它们了。① 如果在二世纪译出的《大经》（*Shukavatī-Vyūha*，《无量寿经》）中（VIII，33）就已经有这样的语句，其中说到极乐净土的众生可以受持陀罗尼，那么我们恐怕就可以有把握地相信这样的结论：至少在二世纪，佛教中便已存在陀罗尼信仰。但是要想把陀罗尼的最初开端放到佛教中，哪怕放到佛陀本人在世的时代，也是不对的。② 毫无疑问，陀罗尼思想要比初期佛教还要早，佛陀时代的印度人就已经相信明咒可以制服外在的不祥。我们确信，就佛陀本人而言，他的确希望自己的新宗教与传统的旧婆罗门教祭祀仪轨与巫术咒语拉开距离。在此意义上，陀罗尼进入佛教应在稍晚的时期，即印度佛教逐渐被印度教所吸收的时期③。正是在这一时期，在印度以外的地区和国家，佛教日益同当地的民间信仰折中退让，接受了后者的熏染。在此过程中，陀罗尼明咒

---

① 帛尸黎蜜多罗（307—342）所作汉译经典，多半都是陀罗尼咒（据巴格契前所引书 I，pp.319f.）。

较帛尸黎蜜多罗早约百年的支谦（222—253）曾独立译出《华积陀罗尼咒经》（《大正藏》第二十一册，p.1356）、《持句神咒经》（卷21，p.1351）等。——日译者

② 这也是瓦德尔的意见，参见其《东亚研究期刊》卷1，pp.155ff.。"陀罗尼"一语最先出现在《普曜经》和《妙法莲华经》中。瓦德尔在专文中（载《亚洲评论季刊》，1913年，pp.293ff.）对比了佛教陀罗尼与基督教聂斯托里派的魔法书。他的意见是：无论基督教还是佛教，其对咒语魔法的了解都来自迦勒底（巴比伦）和伊朗。但我们如果考虑人们对保护性魔法的普遍性期待的话，只需稍加比较，就可以知道他的说法不太合乎情理（参见《宗教伦理百科全书》卷3，pp.392-472；卷8，pp.245-321）。J.W. 豪尔已经指出了密特拉宗教的礼拜仪和陀罗尼之间的相似性。但他正确地认为：至多这只是相互平等的发展而已，逾此所作的任何猜测都不免言过其实。

③ 清楚这一点是非常重要的，佛教中有一种"諏拿钵底陀罗尼"，据称它是佛陀"亲口所说"，但却是对湿婆大神諏拿钵底的教诲。参见 R. 密特拉：《尼泊尔佛教文献》，pp.89f.，292。

与属于怛特罗的真言（Mantras）的差别日趋消融。最终，陀罗尼完全被真言所取代。大藏文《大藏经》的《甘珠尔》部类中，称作经（Mdo）和密续（Rgyut）①的两个分类中都有陀罗尼。在中亚，已经发现了多种当地不同文本的陀罗尼写本残篇，在中国的新疆也有此类发现。②藏文《甘珠尔》及汉文三藏中，陀罗尼都占有相当分量。这就充分说明，此类明咒文献在所有的佛教国家都被民间广泛地信奉和传承。

374

4. 成就法与怛特罗

真言乘（Matrayāna）和金刚乘（Vajrayāna）是大乘佛教的分支。它们同大乘之间不可能有明显的泾渭差别。真言之所以为"乘（车或途径）"，是因为其中的真言——语词及字母音节——具有神秘的力量，可以运载信徒到彼岸世界，让其达到涅槃解脱。而金刚乘之"乘"，就因为不但要用真言，而且也采用"金刚"一语所代表

---

① 科洛斯：《吉美博物馆年鉴》II, pp.249, 318ff., 561ff.。

② M.A.斯坦因在中亚发现过一部叫作《青首（孔雀明王）陀罗尼经》的梵文残篇，使用的是婆罗迷字体，有的也转写成粟特文了。浦山和 R. 戈提欧整理刊行了这些写本残片（见《大不列颠和爱尔兰皇家学会学报》1912 年，pp.629ff.）。在中国 650—750 年，这种陀罗尼已经非常流行了。参见烈维：《大不列颠和爱尔兰皇家学会学报》1912 年，pp.1063ff.。从中亚出土的回鹘语文木刻本的陀罗尼经也已经有 F.W.K 缪勒的刊行本（见《回鹘文抄本》II，刊于《柏林科学院哲学史部论文集》，1911 年，pp.27ff., 50ff.）；E. 劳曼也对发现的和田语文《慧炬陀罗尼》写本有整理发表：《北亚及德国所藏佛教文献》，莱比锡，1920 年（《东方文化研究论文集》卷 15, p.2），pp.151ff.；洪里也刊行了中亚发现的梵文《大光明神陀罗尼》残篇。其中有对多罗女神的呼求。参见霍恩勒：《梵文写本残篇 I》，pp.52ff.。

的一切事物与手段，也可以导人出离烦恼，至清净界。既然金刚有
多种含义，首先它表示"金刚宝石"。这是一种坚硬无比的自身坚
不可摧而又无坚不摧的利器。它代表的法义是不可破坏、不可焚毁、
不可消灭的；金刚，以可以代指闪电即金刚杵——天神因陀罗的武
器。因陀罗是佛教中充当重要护法的帝释天，又被称为执金刚者或
金刚手，金刚杵又代表了佛教法器。就修瑜伽定的苦行者和佛教比
丘而言，是他们赖以对抗邪恶力量的武器。更重要的是，在抽象意
义上，金刚代表着般若智慧，象征着绝对不可说的"空性"本身。
它成为佛教中观派所教导的唯一真实，以可以是般若或者根本意识。
这根本的意识在佛教瑜伽行派那里，也是根本真实的。因此，"空"
也好，"识"也好，都是金刚那样的坚硬无比和不可朽坏的存在。
最后，对于那些修炼金刚乘的行者而言，在他们的神秘语汇中，对
虔信性力的人来说金刚就是男根；相对于此，女根则是莲花。不仅
如此，就金刚乘来说，其所教导的不二论哲学中，一切众生都是金
刚萨埵的存在。而根本的唯一的金刚萨埵性内在于众生及万有。除
了大乘佛教通常所说的"三身"，性力派的金刚乘还主张有第四身，
即喜乐身。通过所谓的喜乐身，久远佛拥抱（融摄）了他的性力女
神、度母和薄伽伐提。这种融合所带来的最高喜乐是金刚乘中修习
无上瑜伽密的行者才可以获得的。印度教中的密教源流也有类似的
密修。[①] 他们的修行仪轨中许可食肉喝酒乃至性交。因此，金刚乘是
融合了多种宗教成分的一元论哲学，其中包括巫术作法、性技巧等，
当然也有少量的佛教成分。

---

① 参见《吠陀文献》，p.564。

我们已经指出，大乘与真言－金刚乘之间并没有严格的分界。它们共同的东西既有大乘经也有怛特罗密续典籍。[①] 而后者是真言－金刚乘的特色。我们也已经了解到，大乘经中有的本来就包含了怛特罗。[②] 而所谓怛特罗密续，不只是讲述金刚乘的仪轨，也涉及许多大乘佛教的祭祀供养方法（例如起塔造像、赞佛赞菩萨的相关仪式）。金刚乘的密典也会讲述大乘教的哲学。唯一不共法的内容是怛特罗佛教及性力派怛特罗（即无上瑜伽密教）[③]，尤其不共的是后者中神秘的有关性的做法。怛特罗佛教分为四个部分：375 事密指在寺院中寻常举行的各种仪式，像如何供养佛像只是其中的一部分；行密指行者的修持方法；瑜伽密涉及瑜伽技巧；最后即第四，无上瑜伽密是最高阶次的密仪作法。[④]

第一类事密的经典称作"不二作法集"。[⑤] 本集中的经典风格　376

---

① 参见 E. 布努夫：《导论》，pp.465 ff., 486 ff.; 瓦西里耶夫《佛教》，pp.201ff.。浦山：《佛教：研究及材料》，载《比利时皇家科学院纪念文集》，t.55, 1898 年，pp.162ff., 72ff., 130ff.。《佛教》，pp.343ff., 378ff.。《宗教伦理百科全书》卷 12, pp.193ff.。J. 武德洛夫：《性力与性力崇拜者》，第 2 版，马德拉斯，1920 年，pp.30, 116ff.。J.N. 法夸尔：《印度宗教文献概况》I, pp.209ff., 272ff.。巴塔恰里耶：《印度历史季刊》卷 3, 1927 年，pp.733ff.。《成就庄严》II, 绪言。C. 本达尔所编校整理的一个经文集叫《善说妙说会集》（*La Muséon*, 1903 年，1904 年）的，其中有许多密教经典的提要。

② 本书边码第 296、327 页。

③ 本书《吠陀文献》，p.564。

④ 参见浦山：*IRAS*, 1901 年，pp.900f.。

⑤ 浦山刊行本及导言和内容说明，载《佛教：研究及材料》，载《比利时皇家科学院纪念文集》，t.55, 1898 年，pp.177-232ff.。库拉达塔的《作法集解明》可能也是同样性质的作品，其中也详细地解释了如何建庙起塔的要求（参见 R. 密特拉：《尼泊尔佛教文献》，pp.105ff.）；另外可以了解的仪式作法密典，可以参见 H. 夏斯特里：《梵文写本解说目录》，载《亚洲学会孟加拉分会辑本 I》，pp.119ff.。

一如婆罗门教的祭祀应供等仪式的指导书。婆罗门教中的家族经
（Gṛhya-Sūtra）或作法集（Karma-pradīpas）便属此类。它们所
描绘的都是"初发心菩萨"应该举行的那些作法仪式。换言之，
只要是一般的大乘佛教徒或入初位的菩萨行者，应该履行的责任
义务都在此类经文中。本书是附有通疏解说的根本经典。其中包
含为修密法的弟子们（或在家人或比丘）灌顶的各种规则，例如
洒水点净、淋浴净洁、祈祷、漱口、净齿、晨晚上供、水施饿鬼、
布施、用斋、赞佛、礼众圣、唱般若经、沉思冥想等。总之，凡
是初发心的行者——此相对于得成就的瑜伽士而言，每日必须在
不同时辰中履行的仪式和操作规则，都在经中记载。

有一部称为《第八日誓戒仪轨》（Aṣṭamīvrata-Vidhāna）的经书，
专门讲述了每半月一次的第八日的仪轨程序。该书属于事密经典。
在第八日，必须布置曼荼罗（坛场）并要以手指结成各种契印（手
印姿势）。仪式过程中还要作爊祭并且辅以相应的念诵（亦即是
念诵真言，如 hrum hrum hrum phaṭ phaṭ phaṭ svāha），面对祈祷
的神灵不仅有诸佛菩萨，也有湿婆教的诸天。

密教的仪轨文献中有专门讲咒法的成就法典籍。执照这些经
书所讲的方法做，修行者便可以成为得成就者。这里的"成就"，
指的是"波罗蜜多"或其他的某种神通；所成就者，也就是叫瑜
伽士的。据说这些成就包括随意变化身形，或大或小，或飞行空
中，或能进入他人的身体内，或同诸天神龙对面说话，总而言之，
想做什么便做什么，无有愿望不能满足。甚至可以役使男天女天、
男人女人；可以善观气色，看人面容可以诊断治病；只要愿意可
以随时进入涅槃。而成就法中教授的手法，不外是真言密咒。当

然具体配套的规定则非常细密。手势应当如何，这叫结手印契；
应该保持什么坐姿，才能有效地或内观或通气脉。此中尤其重要
的是冥想禅定，它强调将心思忆念集中在某位神灵身上，起先是
那神灵如对面在前，末了则完全同神灵同一，结为一体。[①]要与神
合体，就必须在观想中一一默念对象的特征细节。为了取得直观
的效果，就需要制作木制的佛菩萨像，或者悬挂或纸或绢的幡像。
为此目的，将种种成就法汇编起来，辑成了叫《成就庄严》或《成
就法汇集》的经集。[②]这些合集对于佛教造像的有效性具有重大意
义。为修成就法而特别要观想的神祇有"禅定佛"或相关的佛之
世家。当然也有借助不同的女神度母的，或者借助女性修瑜伽而
得圆满成就的。吁请给自己修行作加持的也可能是观世音菩萨、
密迹金刚或者作为文殊菩萨化身之一的密迹金刚。《成就法汇集》
中（第59、60）得他力加持的事，比如如何控制某位瑜伽女修士
作助行。在本质上讲，《成就法汇集》也就是巫术的技巧。诚然，
这一套巫术做法在预备阶段包括了瑜伽体操、禅定冥想及供养仪
式，还有作为必要前提的忏罪悔过、行慈行悲。因此，我们在《多

　　①　参见浦山：《宗教伦理百科全书》卷8，p.406。
　　②　B.巴塔恰里耶刊行的《成就庄严》，参见《加尔瓦东方丛书》卷26、41，巴洛达，
1925年，1928年。参见 F.W.托马斯：《成就法的梵文及藏文两种集子》，《博物馆》，
N.S. IV, 1903年，p.1。V.巴塔恰里耶和 K.S. R.夏斯特里：《印度历史季刊》卷2, 1926
年，pp.626ff.; III, pp.161ff.。A.福泽尔：《佛教造像研究》，载《法国高等师范学校文
库》第13辑，1905年。B.巴塔恰里耶的《印度佛教造像》主要也就依据的是《成就庄严》
及另一部同类性质的《密教仪轨及经典》，牛津，1924年。又可参见 P.C.巴格契：《印
度历史季刊》卷6，1930年，pp.576ff.。

罗成就法》（*Tārā-Sādhāna*）[①]中，不仅发现了有禅定和真言，也有忏悔文。此外，还有皈依誓证，即声称坚定不移地依赖"三宝"，永远不背离佛道，始终住于清净梵行；保持慈悲喜舍的"四无量心"，细大不捐地遵守成就法中的每一个规定。《成就法汇集》的语文不是规范的梵文，其伽陀偈颂也不那么合辙押韵。《成就庄严》中的成就法有 312 则，有的是散文长行，篇幅也短；其余的篇幅较大，中间夹杂了真言偈颂。也有少数的成就法完全以伽陀写成。每一种成就法都是一种单行作品，多半是没有署名的，偶尔也会宣称此法出自某某成就者。就指名道姓的成就法而言，大都产生于七至十一世纪。成就法的汇编本成书于 1165 年，因此其反映的修行活动属于前一世纪，即十一世纪的情况。

《成就庄严》中提到的成就法作者的名字在他处也能见到。在那里他们是某些密续（怛特罗）的撰写者。有一个成就法（第159 则）讲修持般若波罗蜜多的，作者据称是圣无著。说法本身当然未必确凿，因为无著不太可能会写关于秘密修持成就的书。尽管从历史渊源上讲，瑜伽行派同金刚乘也会有一些联系。[②]龙树（龙猛）也被认为是某些秘密成就法的创始人，有许多密续经典都署他的名。依据这些传说，这个龙树便不只是中观论师和中观派祖师。

---

① 第 98 页之经文及英译为 B. 巴塔恰里耶耶整理完成，参见其《印度佛教造像》（pp.169f.）。

② 多罗那他《印度佛教史》（p.201）说密教以隐秘的方式自无著传到法称一系，而 B. 巴塔恰里耶（《印度历史季刊》卷 3，pp.736ff.；刊行本《成就庄严》II，pp.xxiiiff., 27f.）则认为无著所传下来的只是金刚乘来。多罗那他的说法表明的似乎仅为这么一个事实，即金刚乘信徒乐于声称他们的理论源头更古老一些。烈维认为他可以在《大乘庄严经论》找到密教的根源。但我们并未发现这种痕迹。

据传，秘密成就法是龙树从波丹（Bhotan，不丹或西藏某地）携来的。藏文《丹珠尔》部中有许多署名龙猛的密续。[①]

　　秘密成就法的大导师之一是称为因陀罗菩提（Indrabhuti）的。其人生活在687—787年。他的作品是智成就法（Jñānasiddhi）和别的怛特罗经文。[②] 他原先是乌地衍那国（Uddhiyana，今奥利萨邦？）的国王。在西藏创立喇嘛教的莲华生便是这位因陀罗菩提的儿子。与因陀罗菩提同一时代的还有一位叫莲花金刚（Padmavajra）的[③]，亦即是《秘密成就法》（Guhyasiddhi）的作者。此书的梵文本一直流传到今天。此书原为乾陀语（Candha）写成[④]，其中详细地描写了种种金刚乘密仪。作者又对它们加以抉择分别。名为拉克希米罗（Lakṣimimkarā）的瑜伽女撰写了《不二成就论》（Advayasiddhi）。该书揭橥了一种新颖的一元论哲学。作为秘密成就修行方法，它又叫"俱生乘"。直到今天俱生乘密法仍然流行于孟加拉的波尔人（Bauls）中间。这位瑜伽女是前面的因陀罗菩提的姐姐。她猛烈地抨击了苦行主义的修持，也反对注重仪式

379

---

　　① 参见 B. 巴塔恰里耶：《成就庄严》II，pp.xlvi, cviff.。

　　② 参见 B. 巴塔恰里耶前所引书，其书中的 pp.xliff., liff., xcviiif., 23 上的经文都有藏译在《丹珠尔》。梵文本今天可见的也只有《幻佛母禅定法》（第174页）以及《智成就法》。后一部经的情况可见《加尔瓦东方丛书》，参看 B. 巴塔恰里耶前所引书，pp.liif.。

　　③ B. 巴塔恰里耶前所引书，pp.xxvii, xlviiff.。

　　④ H. 夏斯特里把这种语言称为 Sandhyā-bhāṣā，也就是"黄昏的语言"的意思。P. 班内季（《四海一家季刊》，1924年，p.265）认为这是古代的圣语，现代仍然流行在孟加拉边境。然而，V. 巴塔恰里耶（《印度历史季刊》卷4，1928年，pp.287ff.）则证明 Sandhya-bhasa 这个名称的正确写法应该是 Sandhyā-bhāṣā。它的意思是"内部的圈内的话语"，也就是"晦涩地包含了秘密义的话语"。

及崇拜佛像。她力主通过观想禅定而与本尊神合体。^①另外还有一位密教大师，也是瑜伽女，人称"俱生瑜伽女辛达"。密教的怛特罗密续经典中，像这样的得成就瑜伽女的作品颇多。^②

早期的怛特罗密续很难与大乘经区别开来。在那个时期，很有可能大乘教理与密教仪式是混杂在一起的，也有可能初期的密续经典是用大乘经来改写的。在早期密续中，我们知道的有《如来秘密经》（*Tathāgata-Guhyaka*）或者《秘密集会》（*Guhyasamāja*）。早在七世纪，该经便是密教的权威本子。即令因陀罗菩提这样的修行者也对它十分膺服称叹。^③著名的《大乘集菩萨学论》中多次引述过这部密续。^④不过，《大乘集菩萨学论》中所引的内容都属于纯粹的大乘戒内容。显然寂天并未将它看成密典，而只是当作大乘经。试看其所引例子：

> （尔时阿阇世王白佛言：）世尊，彼菩提心当云何发？佛言：大士，谓深心不退。王言：云何深心不退？佛言：谓能发起大悲。王言：世尊，云何能发大悲？佛言：大王，谓于

---

① B. 巴塔恰里耶前所引书，pp.livff.。

② B. 巴塔恰里耶前所引书，pp.livff., liviif.。

③ 有一种说法是，无著菩萨写作了本经的序分。参见 B. 巴塔恰里耶前所引书，pp.xxviiff., xxxv.。

④ 据沃特斯，见 C. 本达尔《大乘集菩萨学论刊行本》第 274 页的注释，寂天在此处所引的本经相当于 1000 年汉译的那部经典（《南条文雄目录》，pp.23, 1043，其经题中有相应的"如来密义不可思议广说分别"字样，但汉译的此经只是大乘经典而非 R. 密特拉所谓的密典。渡边海旭（《大不列颠和爱尔兰皇家学会学报》，1907 年，p.664）说《南条文雄目录》之第 1027 页经典相当于施护所译之《佛说秘密三昧大教王经》。渡边又补充道："原经的有些与 R. 密特拉的刊行本对不上的……因汉译时被删掉了。"

诸众生不起厌舍心。王言：世尊，云何于众生得无厌舍？佛言：大王，谓若不中着已乐得无厌舍。

另外一段经文解说道：

如秘密大乘经云：菩萨于大城邑大冢旷间，以无数百千众生充满其中，而菩萨摩诃萨示死灭相现旁生趣大身众生，乃至令食身肉，于命终时得生天界及余善趣，以是因缘乃至最后入于涅槃。所谓菩萨宿愿清净，于此长夜酬其宿愿作利益事，临命终时……乃至最后入于涅槃，谓若成就持戒、成就思维，宿愿如是……譬如活命医王，集诸妙药筛捣和合成女人相[1]，姝妙端正，人所乐见，而善安立施作等事……诸有国王王子、大臣官长、长者居士，而或来诣活命医王。时彼妙药所成女人相与给侍，一切轻安得无烦恼。

之后又有一段引述《如来秘密经》的内容：

时阿阇世王白佛言：世尊具修几法能获如是胜力？佛言：大王，菩萨若修十法获此胜力。何等为十？一者菩萨宁舍身命不弃无上正法。二者于一切众生作谦下心不增慢心。三者于彼劣弱众生起悯念心不生损害。四者见饥渴众生施妙饮食。五者见怖畏众生施其无畏。六者见疾病众生施药救疗。381

---

① 这种"药女"的说法在口头文学中是经常可以看到的。

七者见贫乏众生惠令满足。八者见佛塔庙形象图拭拂圆净。
九者出欢喜言安慰众生。十者见彼负重疲困苦恼众生为除
重担。[①]

　　诚然，学者那伽因陀罗拉纳·密特拉（Rajendralala Mitra）
所介绍的怛特罗[②]，上来也先说禅定观想一类的修持法。但从整体
上看，重要的还是在真言和曼荼罗这样的手段上。而作为最高成
就的喜乐法，也并没有离开食肉、与年轻美丽的旃陀罗女双修这
样的寻常做法。诸如此类的怛特罗，到底是依据某个比较早期的
大乘经改写的呢，还是本身就完全不同于《大乘集菩萨学论》所
引的经文，俨然自成一系呢？恐怕确定的结论还有待于把梵文写
本和汉文译本进行仔细地对照研究后才能有所判定。[③]

　　《五步作法》（Pañca-krama）[④] 一书据说从《如来秘密经》中
抄撮而成，属于无上瑜伽密法。它主要讲密仪作法而不是真言密咒。

---

　　① 　刊行本《大乘集菩萨学论》，pp.7ff, 158ff., 274。

　　② 参见《尼泊尔佛教文献》，pp.261ff.。

　　③ H.夏斯特里：《梵文写本解说目录》，载《亚洲学会孟加拉分会辑本 I》，
1917 年，pp.17-21, 72。该氏说有三篇写本残篇上都可以看到秘密主金刚手与寂慧的问
答。《大乘集菩萨学论》中也有对寂慧所问作答的经文引述（p.242）。H.夏斯特里认
为三个片断中的第一个片断属于一部《大方广大乘经》，另外两个片断则属于金刚乘
经文。另外参见 B.巴塔恰里耶：《印度历史季刊》卷 3，pp.737, 742f.；《成就庄严》
II，pp.xxviif., xxxv.。

　　④ 浦山撰导论之刊行本：《密教研究和经文：哲学系发表论文及书信》，第 16 辑，
鲁汉，1896 年；另外参见 E.布努夫：《导论》，pp.497ff.；浦山：《国际东方学者大会学报》
卷 1，日内瓦，1894 年，pp.137-146；《佛教：研究及材料》，载《比利时皇家科学院
纪念文集》，1898 年，p.146，作为《秘密大教王经》中摘要或摘要的手册。

本经如其名称所示，讲修瑜伽的五个步骤。至最后一个步骤则可以达到圆满瑜伽，而之前的四个阶段都只是准备基础，通过身业、语业、意业的净化，去获取"金刚性"①，也就是完全彻底的三业清净。不过，看其所列的五步修行法，仍然是结坛城（曼荼罗）、诵念真言经文以及某些不可思议的音声，还有必不可少的，便是礼敬大乘佛教及密教的诸神灵。依据这样的修持，在达到最高阶次后瑜伽士也就可以舍除一切分别，达到不二的真实境界。此时的瑜伽行者据说是这样的：

382

觉得自我如同怨敌，母亲如同妻女，娼妓如同生母，婆罗门长者妇如同倡优（贱种姓出身的歌女）；虽披覆兽皮如同绫罗在身，虽稻草一根却能视同摩尼宝，又视美酒如同尿溺，美食仅为粪土；荣辱赞誉在他无有区别，因陀罗天神犹然鲁德拉的阿修罗身；白天如同黑夜，眼中所现皆是梦幻；一切生法亦是灭法，虽刀斧加身犹然不离喜乐；视亲儿子如同弃儿；天堂地狱善恶恩仇无差无别。

本经第3品的作者据说叫释迦友（Sakhyamitra）。此品分五节。其中，第四节据称是龙猛所作。这应该是一位也叫龙猛的密教作者。至于释迦友其人，《多罗那他佛教史》也提到过此人。他与孟加拉的天护（约850年在世）应该是同时代的人。②

---

① 了解这种金刚性，可以参见本书边码第374页。

② E.B.考威尔和J.埃林格编写皇家亚洲学会所出版的《佛教梵文写本目录》中列有这部《五步作法解说吉祥钟》，参见《大不列颠和爱尔兰皇家学会学报》，1876年，重印本，p.28。

　　还有一部名叫《大方广大乘经》的经典,据说属于华严类经文。本经汉译名为《大方广菩萨藏文殊师利根本仪轨经》[①],但看它的内容,则完全是密教真言乘气息。本经主体部分是释迦牟尼佛在大会中说法,但其听法者又往往只有文殊回应。前面的三品中,文殊自己也往往说法。最后两品中出场的则是一切胜(Vijaya,维迦耶)女神。释迦牟尼向文殊菩萨教授了种种密法仪轨,如何使用真言、曼荼罗、手印等。例如,在第9品中佛传授了"明咒王",即文殊师利真言。其所以称"明咒王",因为它中间包含了一切知识手段,是一切咒语的最高境界。借助它可以知道一切法,可以灭除一切邪行者的毒咒,可以解除一切罪恶。因此,文殊师利真言是除罪的真言。而在第14品中,则吁请获得忿怒真言。在专门讲究密法的本经中,实在看不出佛教的痕迹,虽然它的第47品也说到了"礼敬三宝"的话。本经的汉文本译出是在980—1000年,译者是天息灾。此密典被译成藏文是在十一世纪。[②]

　　《一切最上旃陀女大忿怒密续》(*Ekallavira-Caṇḍamah-āroṣaṇa-Tantra*)[③]这部经,一方面从大乘佛教的角度来讲一切缘

383

---

　　① T.G. 夏斯特里刊行本:《特里班卓梵文丛书》卷70、77,1920年、1922年。参见 J. 普里齐鲁斯基:《法国远东学院学报》卷23,1923年,pp.301ff.；B. 巴塔恰里耶刊行本之《成就庄严》II,pp.xxxivf.。

　　② 参见科洛斯:《吉美博物馆年鉴》II,pp.313f.,西藏学者经常引用本经。文殊师利菩萨又出现在其他甚多密教经典的标题当中。米纳耶夫刊行了《文殊师利名号集经》,收在其俄文著作中。对本经可以从两个角度来解说,一是纯粹哲学的含义,一是密教怛特罗中性力崇拜仪的含义。浦山在他的书中就是这样解说的(《宗教伦理百科全书》卷12,pp.194f.)。

　　③ H. 夏斯特里对本经内容作了许多提要性说明。参见其《梵文写本解说目录》,载《亚洲学会孟加拉分会辑本I》,pp.134-141。大忿怒旃陀女是不动尊的另一别名。对此尊的秘密崇拜可以参见 B. 巴塔恰里耶:《印度佛教造像》,pp.60ff.。

生的道理（第 16 品）[①]，另一方面又宣扬瑜伽女的性力崇拜，诸如无明金刚女、恶口金刚女和王金刚女。这样的女性神，经中特别推荐与她们性交的功德。这部经宣称通过与这些瑜伽女的性交可以获得六种波罗蜜多成就。其中一段经文说，婆伽婆蒂[②]问曰：啊，世尊。若无女子，行者亦能抵达乾陀大忿怒女（Caṇḍamahāroṣaṇa）之境界否？若无女子，此事可行否？世尊答曰：不可。若无女神，此事决不可成。又说：若无喜乐，菩提不成；若无女子，喜乐亦无。又说：我是摩耶子（大幻所生），我现乾陀大忿怒女之身形。汝乃至尊明妃戈帕。[③]得般若波罗蜜成就者，当视此世间一切女子 384 为彼大忿怒女之化身。亦当视此世间一切男子为大幻化身。

《圣轮座助道秘续》（*Śricakrasambhāra-Tantra*）是一部专门述修习大乐的仪式密典。[④]本经今仅存藏译本。经中说到行三昧定须用真言咒加持、观想中念念系于男女合抱之双身像。本经解说了祭祀牺牲的仪程，说明了与大乐实践相关的种种符号（真言、曼荼罗、衍特拉）的象征意义。

关于此类密典和修行仪轨的伤风败俗，我们既犯不上夸大其

[①] 参见浦山：《十二因缘论》，1913 年，pp.125ff.；《大不列颠和爱尔兰皇家学会学报》，1897 年，pp.466ff.；《国际东方学者大会学报》卷 11，巴黎，p.244；《宗教伦理百科全书》卷 12，p.196。

[②] "婆伽婆蒂"意为女性的"世间所尊或世尊"，是般若母的拟人化，这也就为了神祇的智慧。关于这种女性崇拜参见 H. 夏斯特里：《大不列颠和爱尔兰皇家学会学报》卷 67，1898 年，p.175。

[③] 戈帕是乔达摩的妃子，在成佛前的乔达摩太子，尚未弃世求道之前一直与她快乐地相伴后宫，因此向此类修法的人推荐男女共修的方法。

[④] 见加哲·达哇·桑笃：《密教经典》卷 7（导论及英译），卷 11（藏译本）。参见 H. 齐默尔：《印度宗教崇拜中的艺术形式及瑜伽》，柏林，1926 年，pp.67f., 74ff.。

词，也不用刻意遮掩。毫无疑问，金刚乘中有的修行实践肯定会导向粗俗鄙陋的泛滥。但另一方面，我们也不能忘记，许多东西有着其神秘主义的哲学背景，也只是象征意义的。金刚乘所教说的是一元论哲学，如同湿婆之与雪山神女（Parvati，波罗和底，即湿婆妻子）形虽二而实为一的存在；佛陀与夏克蒂（Sakti，性力女神）也是形二实一。所有的女性神祇——多罗女、婆伽婆蒂和般若女神（prajñā-paramitā，明妃）都同佛本身是形异而实为一体的。男女的合抱只是从象征角度来表现二者的同一性与统一性。梵语中，象征阴阳合一的男女亲密称为 yuganaddha，而在藏语中就叫 Vabhyu。在很大程度上，这种男女合抱形象（俗称的欢喜佛）仅仅是似人化了的对立统一。通过性结合的譬喻，男性表征了佛陀，女性则是婆伽婆蒂。二者将仪式中的哲学观念借图像而表现出来。[①]

385　　　多罗那他在其《印度佛教史》中，给我们描绘了怛特罗密教的精神观念。[②]虽然他在书中也谈大乘与三藏，也谈佛教的学问（内明）和佛教的自我牺牲，但他更赞誉和肯定的仍然是成就。所谓成就，也就是通过真言咒语以及各种神秘仪式来获得的神异能力（神通）。追求"成就"，是怛特罗佛教的核心价值。怛特罗密教是非常复杂的宗教文化，其中交织着佛教与印度教的精神成分，有宗教的

---

① 参见浦山：《佛教：研究和材料》，载《比利时皇家科学院纪念文集》，1898年，pp.141ff.。

② 多罗那他生于1573年。其依据印度中国西藏的资料来完成的《印度佛教史》写作在1608年。本书有A.席夫纳所作德译本。依多氏在书中的描写，借神通来斗法是常见的事。

也有哲学的关心，也有神秘主义的巫术成分；有粗鄙的民间信仰，也有精微的经院哲学；有精密的论证，也有泛滥于民间的淫祀祭拜；有本土的迷信传统，也有来自异邦的宗教习俗。所有这些复杂性透过怛特罗密续本身都可以反映出来。按多罗那他的说法，孟加拉的波罗王朝时，即九至十一世纪，瑜伽修炼与真言咒语在佛教中盛极一时。多氏的话大致符合历史真实。极有可能在七八世纪 [①]，正当湿婆密续大量涌现时，佛教的密教也应运而生。在此过程中，佛教迅速地向印度教靠拢并被后者所同化。我们只需看看各种密续中神灵鬼怪的名字，就可以知道湿婆教给了它多大的影响。密典《摩诃迦罗密续》（*Mahākāla-Tantra*，《大黑天怛特罗》）记录了释迦牟尼佛与某女性神的问答，据称本经是佛本人亲口所授。但本经却主要在解说梵字的秘密意义，例如那些组成摩诃迦罗湿婆神的名称中的各个梵语字母的秘义；经中又讲述了如何获取"伏藏（秘密财宝）"；如何攻城夺国；如何获取所欲的妻妇；如何借助咒语和密仪降伏怨敌，驯服人民；如何使后者浑浑噩噩，并心甘情愿地被役使甚至被杀死。[②]

《妙正黎明怛特罗》（*Samvaroday-Tantra*）也是一部借佛陀与金刚手问答来说密教教义的经文，其中的内容更接近湿婆教教

---

① 有学者认为密教的历史源头远在此之前。如 G. 图齐就持这样的观点（见《孟加拉亚洲学会学报》卷 26，1930 年，pp128ff.）。但无论如何说，在七世纪以前并不见密续经典。《金光明经》《大孔雀经》都不能称为密续经典。卡帕力卡派（Kāpālika）并不是密教宗派。——日译者

② E. 布努夫：《导论》，p.480；R. 密特拉：《尼泊尔佛教文献》，pp.172ff.；E.B. 考威尔、J. 埃格林：《梵文写本目录》，pp.37ff.。

义。本经中特别推崇了对林伽（Linga，男根）的崇拜，同时又主
张奉祀湿婆教的众神灵。[①]

386　　　　密教最为兴盛的地区也许正是它发生的地区。这里指的是阿
萨姆和孟加拉地区。[②]自八世纪以降，怛特罗密教成功地从印度
移植到了中国西藏和中国内地，同那里的民间信仰结合起来。720
年，金刚智和善无畏来到中国，致力于传播密教。[③]日本方面也有
密教，但它只有真言乘而没有金刚乘的内容。密教在日本依据真
言和仪轨形成了真言宗。[④]晚期的密教经典已经可以看出藏地和汉
地的文化影响痕迹。《度母秘密经》（*Tārā-Tantra*）将佛陀和最
善富圣仙（Vasiṣṭha，湿婆的别称）都当作怖畏之神。佛陀现身为
毗斯奴，是世界的创造者。他接受了乌尔伽度母（Urga-Tārā）的
真言灌顶。被称作度母的多罗女是佛陀的夏克蒂，也就是般若母。
不过，据说湿婆是在中国从佛陀亲口所受多罗女神的教义。而一
位叫梵喜（Brahmānanda）所撰的《度母世家》（*Tārāhasya*）中，
认为崇拜度母是中国的习俗。[⑤]到了下一个时期，可以看到佛教方

---

　　① E. 布努夫：《导论》，pp.479ff.。

　　② 参见 B. 巴塔恰里耶：《印度历史季刊》卷 3，p.744；《马德拉斯东方学大会会
议公报》，p.133：《成就庄严》。

　　③ 参见 L. 威格尔：《中国的宗教史及哲学观》，1922 年，pp.535ff.。在中国最
真言佛教最重要的经典是《大日经》。本经由善无畏（逝于 735 年 . 此年代参见姊崎正
治《宗教伦理百科全书》卷 4，p.840）携至中国。关于密教中的非印度成分，参见 P.C. 巴
格契：《印度历史季刊》卷 7，1931 年，pp.1ff.。

　　④ 南条文雄：《日本佛教十二宗纲要》， pp.72ff.。

　　⑤ 有关度母密续经典或度母秘密系统，参见 H. 夏斯特里：《梵文写本解说目录》，
第 2 辑，I，1900 年，pp.xxxiif.。比如，文殊师利崇拜虽是从印度传到中国，但在中国备
受人们信仰，以至于印度人也说文殊菩萨长住在中国。而传到尼泊尔的文殊信仰则是从

面对于印度教也有影响。[①] 印度教的秘密经典——《鲁德拉世家》（*Rudrayāmala*）及《大梵世家》（*Brahmayāmala*）都叙述了湿婆的学道经历。一开始都是专心于苦行修炼，但始终未求得雪山神女现前。他的老师于是指示他到摩诃至那（Mahācina），那里是诸佛的国土。遵从老师的指点。他在西藏乞求大天神佛身（Mahādeva　387
Buddharūpa）的开示，后者于是给湿婆讲授了《五种真实仪轨经》（*Pañcatattva*）。[②] 诸如此类的经典直到晚近仍然有人在不断编写。例如，《时轮秘密经续》（*Kalacakra-Tantra*）[③] 甚至还提到了麦

中国过去的。义净（《南海寄归内法传》，第169页）认为应注意一部有关文殊的印度经典。该经书多半是密典。经中盛赞了中国，因为它是文殊的家乡。参见浦山：《宗教伦理百科全书》卷8，pp.405f.。

　　另外，义净原话是称赞中国的医药隐约地将神州与文殊联系起来，本书引此语是想说明义净时代，天竺人都认为中国是文殊的故乡。《南海寄归内法传》的那段话如下："自离故国向二十余年，但以此疗身颇无他疾。且如神州药，石根茎之类，数乃四百有余，多并色味精奇香气芬郁，可以蠲疾，可以王神。针灸之医诊脉之术，赡部洲中无以加也。长年之药唯东夏焉。良以连冈雪岭接岭香山，异物奇珍咸萃于此，故体人像物，号曰神州，五天之内谁不加尚？四海之中孰不钦奉？云文殊师利现居其国。所到之处若闻是提婆弗咀攞僧，莫不大生礼敬。提婆是天，弗咀攞是子，云是支那天子所居处来也。"（《南海寄归内法传》卷三）〔女神（Lāmā）崇拜在密教中与 Dakini 和 Yogini 关系很密切。Lāmā 即同藏语中之 "Lha-mo"（女神）。关于 Lāmā 及其对密教的影响，参见 G. 图齐：《孟加拉亚洲学会学报》卷26，1930年，pp.155ff.。关于度母信仰的起源，参见 N.N. 巴塔恰利耶：《度母信仰之中国来源》；D.C. 西卡尔刊行之《性力崇拜和度母》（*The Śakti Cult and Tārā*），加尔各答，1967年所收论文。此外，西藏的度母仪礼，详见拜耶尔的《时轮宗教》（*The Cult of Tārā*），载《西藏的密仪作法》（*Magic and Ritual in Tibet*），加利福尼亚，1973年。——日译者〕

　　① 不过，与正文中这些事实相反的说法也有：B. 巴塔恰里耶（《成就庄严》II，pp.lxviff., lxxviii）以为有此可能：怛特罗最先出现在佛教中，以后才传到印度教。

　　② 参见武德洛夫：《性力与性力派》，pp.104ff.。

　　③ 此经现仅存于藏译本中。参见布努夫：《导论》，pp.480f.。另外，梵文的密教经典刊行出版近年来已有不少进展。以下略举一二：钱德拉父子：《时轮秘密经》，载《百

迦和伊斯兰教徒。

　　按照一般的规则，密教经续都是用梵文撰写的。密教经典的
内容非常芜杂甚至鄙俗。从文学角度看，它们中间根本没有典雅
的上乘作品。但因为它们特有的通俗性却能在民间广泛流传，因
此其重要性绝不容轻视。密教经典对于整个西印度乃至亚洲全体
的广袤世界都产生了很大的影响。

────────────

学经典系列》第 69、70 号。注释书有：M.E. 卡勒里：《三身赞》，载《百学经典系列》
第 70 号，p.18。研究书则有洛里奇之《时轮研究》，载《洛里奇博物馆喜马拉雅研究所
乌鲁室伐论学刊》第 2 辑，p.154。H. 霍夫曼：《拉达帕德〈三身赞〉的文献历史根源》，
载《印度语言学和宗教学文丛》（沃特海苏布林分卷）卷 70，即《德国印度学纪念集》，
汉堡，1951 年，S. 140-147；羽田野伯猷：『時輪タントラ成立に關する基本的課題』，
载《密教文化》8 号。

第十章　佛教文学与世界文学

正如佛教之成为世界上数种大宗教之一，佛教文学也成为世界文学的一个重要组成部分。我们已经在不同的场合下注意到，佛教的寓言、逸话、童话和故事不仅随佛教传播而达到远东地区，就是在欧洲文学中也有许多类似佛教的题材，虽然我们还不能就此得出结论，说这是佛教的故事从印度传到了欧洲。原因很清楚，欧洲人可以从印度带回佛教的故事。① 我们也已经注意到，佛教故事与耶稣的生平传奇，两者之间有许多共同的特点。② 至于读佛教三藏中的经文，或者大乘的经典，我们往往会发现其中的议论、谈话和寓言，多少让我们惊奇的是，像是福音书中的某些片断。③

在多大程度上存在着佛教与基督教文学之间的共同性呢？两者之间的相似性有什么指示意义呢？解决这些问题本身，决定着我们怎样从整体上来看印度佛教与世界范围内文学之间的联系。两者之间具有的相似性是完全偶然的吗？这种相似性的出现，是 388

---

① 参见本书边码第 62 页注 1、第 105 页注 1、第 122 及以下、第 126 页、128 页注 1、第 129 页及以下、第 145 页注 2 及注 3、第 146 页注 1、第 187 页、第 193 页、第 207 页。

② 参见本书边码第 94 页注 1 及 2、第 242 页注 1、第 275 页注 1。

③ 参见本书边码第 29 页注 1、第 72 页注 1、第 287 页注 1。

因为两种宗教文化的历史环境与精神气质相同，因此才产生了类似的传奇故事、譬喻故事甚至相同的比拟说明方式吗？或者这两种宗教文化或文学之间是某种能生与所生、影响与被影响的关系？基督教的福音书受到过佛教圣典的影响吗？因为后者在时间上显然要早于前基督的时代。或者，换一个说法，有没有可能，晚期的佛经，像《普曜经》或《妙法莲华经》是受到了福音书的影响呢？对于这些问题，我们知道的是：研究纷纭各呈，而答案则莫衷一是。

　　特别是鲁道夫·西德尔（Rudolf Seydel）①，他认为可以证明佛本生故事与福音书上的耶稣传之间有许多相似点。据此，他假设道：初期的使徒们在传教活动中除了使用像圣马太和圣马可的"原始经文"，还会用到某些歌谣体的福音书。像这样的歌谣体福音书就是受佛教影响的结果，尽管基督教使徒们借鉴的还有类似佛教经文中的传奇、寓言和故事。西德尔认为这种假设是有必要的，因为——按他的说法，这中间不谋而合的相似处实在太多了，肯定不止一星半点。因此，这些相似实际上构成了一大堆的类同，形成了整体上的可比较性。西德尔说，单独的一根棍子当然容易折断，但如果是一捆木棍呢？如果是许多木棍成为一束呢？这个譬喻说得太棒了！可我们要说，这里的木棍并非真的木棍，而只是木棍的影子吗？只要它们还是影子，那么，一根也好，一捆也好，对我们来说就没有一点作用了。实际上不难看出，如我们反复指出的，西德尔所说的大多数"类似相近"的证据，都是经不起严

————————

　　① 《耶稣福音活动与佛陀及其生平比较》，莱比锡，1882年。马丁·西德尔：《佛陀传和耶稣及其福音：其传记本之再审查》，《评论》第2期，维也纳，1897年。

格的考校的。

　　就印度对基督教福音书的影响而言，与西德尔相比，另外一位学者冯·伊辛伽（G.A.van de Bergh van Eysinga）[①]的态度要谨慎得多。他首先剔除了可以用大环境的相似性来说明文本间相似性产生的做法。他不采取所有宗教在发展过程中会有的那种相似性，也不采用人类生活基础上的一般共性。虽然有这么一些大背景条件的排除，但据这些学者说，仍然存在着一些证据，舍此无从解释两者之间的相似性。进而，他提出这样的看法：我们有理由相信，西方对于东方的书写文本有某种依赖性，而且从罗马时代以来，就存在着从印度传来的口头传播影响。印度的官方和民间、印度的故事题材及至思想观念，都是西方人可以接触到的。西德尔所认可的相似性共有 51 个，而伊辛伽只承认其中的 9 个值得讨论，多少有价值的则只有 6 个。

　　姑且不论西德尔的工作基础依据的是极不完备的材料。因为在他那个年代，人们所了解的佛教文献实在太有限了。至于作为一种研究课题的"佛教–基督教福音书之偶和性"再次引起人们的关注，是后来的事。到这个时候，人们对于巴利文和梵文的佛教经本有了更多更准确的了解。从事这一扎实研究的是美国学者埃德蒙（Albert F.Edmunds）。[②]他明确表示，自己的研究不是为证明基督教的《圣

389

---

　　① 《福音故事的印度影响》，哥廷根，1904 年，第 2 版，1909 年。
　　② 《从根本源头比较佛教与基督教》，著者 A.J.埃德蒙，参见《论文集》，姊崎正治主编，第 4 版，费城，1908—1909 年；A.J.埃德蒙：《约翰福音中的类佛教经文章句》，第 2 版，费城，伦敦，1911 年；以及该氏的《佛教对基督教一元论的借鉴》，1912 年 1 月，pp.129f.。

经》对于佛教经典有所依赖。他只是对两者的文本进行比较，"因为这样的比较最终使两者相互尊重对方"。尽管如此，埃德蒙仍然倾向于认为基督教之作为更有折中性质的宗教，借鉴了印度的佛教。特别是在我们阅读《路加福音》时，就又可以看到佛教《本生经》的影子。另一方面，正是因为埃德蒙几无遗漏的全面搜集工作——他从两方面的文献中汇拢了所有可资比较的章句段落。他的对比研究也显示出清晰的路线。首先，基督教四福音书中任何一处都看不出（有对佛教的）确定依赖性；其次，充其量佛教－基督教之间也只有观念上的相似性。而这种相似性绝不能说明文本的关联。第三，在最为一厢情愿的情况下，也仅仅可以承认两者之间存在相互的影响。在非常罕见的几种场合，影响的可能性始终也还是可能性而已。实际上，埃德蒙的工作显示，文本之间的相异往往远超出相似。

我们只需阅读埃德蒙比较过的文本[①]，留意一下基督与佛陀的出生以及相关的神异观念，就可以看出两者之间的差异。诚然，两位圣者的降世都伴随了异象发生。但这样的神异，在东西方都是司空见惯了的。宗教史也好，神话和民间故事也好，只要有伟大的人物出世，不都会有一些特殊的异相发生吗？耶稣基督从处女而入胎的事，与其说相似于佛本生故事，不如说更相近于希腊神话[②]。实际上，佛陀的入胎和降生都不是通过处女完成的，他是已

[①] 氏之比较文集 I 册，pp.107, 167：《路加福音》I, p.35；佛教《相应部》经典第38、123 经。

[②] 参见 H. 巩克尔，《对新约的宗教学理解》，哥廷根，1903 年，pp.65ff.；《印度与基督教》pp.31f.；H. 昆特：《外国故事中的佛陀》pp.194ff.；H. 哈斯：《外国故事中的佛陀》，pp.17ff.；参见 W. 佩茨文，载《德国东方学论文集》卷 78, 1925 年，pp.119ff.。

婚的摩耶王后生产的。另一方面，再看佛陀成道以前被魔罗（魔军）引诱的事，与耶稣在旷野遭受撒旦的诱惑[①]，两者之间的差别也大于相似。再联系琐罗亚斯德曾经被魔鬼阿希曼（Ahrinman）引诱，可以说这种觉悟前的受惑只是宗教史中的相关事件——如果我们回顾到远古宗教发生阶段的话。同样，如果说到耶稣变容的传说，与佛陀在《大般涅槃经》中呈现的身体发光，两者之间哪怕有惊人的相似性，也仍然只是可以从宗教史的视角来考察的有趣现象，而不能认为前者借鉴了佛教文献。[②]

391

理查德·加尔比（Richard Garbe）有一部专门研究基督教对印度宗教，以及印度宗教对基督教影响的著作。[③] 在这部巨著中，加尔比认为福音书中的故事受到了佛教经典的启发。但这种启发只体现在四处：神庙中西面的故事、关于魔鬼诱惑的事、圣彼得在

---

① 埃德蒙前引书 I，pp.198ff.；另见皮谢尔：《佛陀生平及学说》，pp.25f.；否认两者在此有什么关联。同样参见戈茨：《天主教》，1912 年，（IV，9），pp.435ff.；K.柏思：《神学研究及批评》，1916 年，pp.202f.；卡彭特：《佛教与基督教》，p.180.；以及 E.纽曼：《佛陀与大雄》，依据《佛教论文集》重印本，1921 年，pp.60ff.；另一方面，伽尔比前所引书第 50 页认为相似之处颇为醒目，他以为可以追溯福音书中的叙述与佛教中关于诱惑的说法之根源关系——"因为圣经中肉身魔鬼的形象并非处处可见，但在佛经中比比皆是"。参见恰彭吉耶：《德国东方学论文集》卷 69，1915 年，pp441ff.。

② 埃德蒙前所引书 II，pp.123ff.；《马可福音》IX，p.2；《路加福音》IX，p.30；李斯·戴维斯：《佛陀的言教》II，pp.146ff.；杜彭瓦：《佛陀生平》，pp.283ff.；B.伊辛伽前所引书第 73 页联想到摩西的变形（《出埃及记》XXVI，p.29）。

③ 《印度教与基督教》，图宾根，1914 年。在《早期研究》（卷 144，1910 年，pp.73ff.；卷 149，1911 年，pp.122ff.）以及《佛教对基督教的贡献》（芝加哥，1911 年）一文中，伽尔比表现出怀疑态度。另外，J. B. 奥豪森在《佛陀与耶稣的相似文本》（波恩，1926 年）中指出了希腊文本经文与印度佛陀故事的德文本中文字的冲突，文本的相似性本来是伽尔比想要证明的。

海面行走和几张饼供千人食饱的奇迹。至于说到"寡妇捐两个铜板"
的事，其相似性倒是佛教借鉴了基督教。后者才是原生的情节。

　　所有这些问题，大概永远不会有一个铁定的答案。任何一种
判定，都多少会具有主观性。因为佛教－基督教之间的这种相似
性绝对不是半斤八两对等而平衡的。无论如何，相似性与差异性
是相并存在的。对这些问题的讨论固然积累了大量的文献材料，
但几乎没有任何一种文献可以引出压倒性的结论。[①] 有的学者首

----

　　① 参见 H. 哈斯：《有关佛－基关系的文献目录》（莱比锡大学宗教出版社，第
6 期）；以及 Joh.B. 奥豪森：《佛陀与耶稣的相似文本》，导言；除了西德尔、伊辛
伽、埃德蒙和伽尔比，支持基督教福音书受到佛教方面影响的学者还有一些。如：H. 克
恩：（《德国文学》，1882 年，col.1276）和奥托·弗朗克（《德国文学》，1901 年，
col.2757ff.），他们在思想有着前历史的（"雅利安的"）的成见；还有 O. 普莱得列尔，
《基督教的形成》，第二版，慕尼黑，1907 年，pp.198f.；E. 库恩：《伊辛伽著作附录》，
pp.102ff.；R. 皮谢尔在其文（《德国文学》，1904 年，col.2938ff.）中说：究竟在我们
现在所见的福音书文献中看到的这些有无印度的影响，已经不再是需要争论的事。另外，
还可参见 K.E. 纽曼译：《乔达摩佛陀言教》卷 3，pp.112, 256 注释，258 注释，260 注释，
334 注释；以及他人的著作，如 H. 昆特的批评《佛陀》（pp.259ff.）；K. 塞登斯塔克在
其《自说经》德译本（卷 2, p.8；卷 7, p.9；卷 8, pp.5, 9, 10）以及导言（p.xxii）中，还
有 H. 哈斯也在好几个地方言及本问题（参见《"寡妇的铜板"及其同三藏中的关系》，
莱比锡，1922 年，宗教出版物，第 5 期）；以及《外国故事中的佛陀》，莱比锡，1923
年（宗教出版物，第 9 期）。A. 韦伯（《印度的希腊人》，《普鲁士科学院会议通讯》，
1890 年，pp.928ff.）以及 H. 奥登堡（《神学文献文集》，1905 年，pp.65ff.，《古代印
度思想》，pp.47f.）都认为这个问题是不会有一锤定音的结果。至于执否定或者差不多
是否定态度的，则有 J. E. 卡彭特：《前三福音书：起源及关系》，第 2 版，伦敦，1800 年，
pp.136ff., 160ff., 161ff., 174ff., 203ff., 237f.。《佛教与基督教相似点》，载《宗教史研究》，
纽约，1912 年。以及《佛教与基督教》，伦敦，1923 年，pp.179f.。E. 哈代：新版《佛
教》。R. 施密特：《明斯特 I. W.》，1919 年，pp.175ff.。E.W. 霍普金斯：《古今印度》，
纽约、伦敦，1902 年，pp.120ff.；E. 文第希。《魔罗与佛陀》，pp.60ff., 214ff., 312。《佛
陀诞生》，S.195ff.。浦山：《书评》，1906 年，pp.353ff.。《佛教》，pp.5ff.。《印
度史及护论论》，伦敦，1912 年（此文未见）。S. 烈维：《批评评论》，1908 年，N.S.65,

先注意到的是不同之处，而另外的则强调其间相同的地方。另 392
外，如果想要借助时间上两者孰先孰后来判断，究竟谁给予了谁
以影响，也是做不到的。无论如何，我们可以有把握说的话也只
是 [①]：早在耶稣诞生之前数百年，印度和西方之间就已经有了商 393
贸联系，也就有了多方面的精神与文化的联系。从这个意义上来
说，基督教完全可能受到佛教的影响。我们还知道，从二三世纪
以来，各大宗教的代表们——叙利亚的基督徒、袄教徒和佛教徒
之间已经有所接触，他们特别在中亚一带相互际遇。也正是这一
时期，基督教的神学主题有可能进到佛教故事中。而佛教的观念
也被基督教的传奇故事所吸收。另一方面，基督教的神学观念在
一世纪进入印度是绝不可能的事。诚然，达赫曼（J.Dahlmann）[②]

---

p.382。AB. 凯思：《大不列颠和爱尔兰皇家学会学报》，1910 年，p.213。《梵语文
献史》。Edv. 勒赫曼《作为世界宗教之一及印度诸教之一的佛教》，图宾根，1911 年，
pp.78ff.。G. 法伯尔：《佛教故事与新约故事》，莱比锡，1913 年。A. 戈茨：《天主教》，
1912 年 (IV, 9), pp.74ff., 254ff.; (IV, 10), pp.16ff.; 1915 年，pp.363ff.。卡尔·伯思：《德
国文学》，1915 年，pp.893ff.，957。《神学研究与批评》，1916 年，pp.169ff.。卡尔·克
莱门：《新约研究论文集》，1916 年，pp.128ff.。《德国文学》，1917 年，pp.668ff.。《东
亚研究期刊》卷 9, pp.185ff.。《历史与现实中的宗教》I（图宾根），pp.1332ff.。Joh.
B. 奥豪森：《基督教与佛教在远东的交涉》，波恩，莱比锡，1922 年，pp.349ff.。E.J. 托
马斯《佛陀传》，1927 年，pp.237ff.。J. 肯尼迪（《大不列颠和爱尔兰皇家学会学报》，
1917 年，pp.209ff.）详尽搜寻了在西方的相关传说的起源。H. 昆特（《外国故事中的
佛陀》，莱比锡，1922）则倾向于"在现实生活的基础上"来解释佛－基之间的这种
相似性。也就是说，宗教之间如果有什么相似性的话，那是宗教情绪和体验的共同性
造成的。而菲克（《哥廷根科学通报》，1924 年，pp.172ff.）则同意他的这个判断，
但更强调两者的不相关（"non liquet"）。

　　① 　参见伊辛伽前所引书，p.88。埃德蒙：《佛教的与基督教的福音》I, pp.111-
164。R. 斯丢柏：《印度与西方》，载 M. 克恩的《东方之光》，pp.242ff.。

　　② 　《印度影响》II, 弗莱堡，1908 年，pp.100, 129ff., 152ff.；《托马斯传奇》，

不遗余力地想要证明圣托马斯敕令（Acts of St. Thomas）的颁布是有历史原因的，因此才早在一世纪就向印度派遣了一个基督教的传教团。而大乘佛教的发展正是受到了基督教的影响——不过，达尔曼提出来的论据又都完全没有说服力。他所提及的那些历史名称，诸如 Gundaphorus 或者 Gad 之类，只不过说明了那个传说的背景可能有历史真实性，而传说本身的核心则未必一定发生过。基督教的传教团在一世纪到过印度的事，是没有一丝一毫的证据。那种认为基督教对于大乘佛教的发生有过影响，更是子虚乌有的事①。三世纪之前的印度人根本不可能听说过基督教的名称。②

当然我们必须承认，佛教经典中的时间背景基本上没有确定性可言。虽然我们总是不得不这样考虑其可能性：某种历史的传说一定是发生在较早的时期，直到很晚才记录下来。因此，我们认为，所有这些复杂的问题都有待于真实背景的澄清。只有通过扎实的专门论述——像汉斯·哈斯（Hans Haas）那样的讨论"寡妇的两个铜板"③、像布劳恩（William Norman Broan）讨论"海面行走的神迹"④——才能提供差强人意的研究结果。

佛教中类似"寡妇的两个铜板"的故事，是贫女向佛陀布施

弗莱堡，1912 年；瓦特：《使徒托马斯》，亚琛，1925 年；J.恰彭吉耶：《印度的使徒》，载《教会史文献》，1927 年，pp.21ff.。

① 参见温特尼茨：《德国文学》1913 年，pp.1750ff.；加德：《印度与基督教》，pp.128ff.，159ff.。

② 参见哈马克：《三世纪东方基督教传教团及其传播》，莱比锡，1924 年，p.698。

③ 《寡妇的食罐》（见本书边码第 391 页注 3）。

④ W.N. 布劳恩：《印度和基督教的有关水面行走的神迹》，公庭出版公司，芝加哥，伦敦，1928 年。

第十章 佛教文学与世界文学 *521*

她全部财产"两钱"而得厚报的譬喻。那贫女的两个钱还是从"粪中"拾出来的。贫女因此得到佛陀的称赞，认为虽然只有两钱，但其功德却完全等同于富贵长者捐施其全部的家产应得的回报。贫女所得的厚报立即得以兑现。有某王子路过，见她一眼便喜欢上她了，娶她做了王后。我们是从汉文译经《大庄严经论》[①] 读到这个故事的。仅从形式上看，佛教的这个故事的宗教含义要低于福音书的用意出发点。后者的"寡妇的两个铜板"大有质朴的美丽。汉译这个故事在 402 年，那么，原本形成不可能早于二世纪。虽不敢断言佛教绝不能从基督教借用这个故事，再将它写进童话一样的故事。佛教的确也有可能有更早、更好的佛教传说。但这两个故事在细节上的惊人相似——两钱和两个铜板，因此佛教－基督教之间各处独立地产生了相同故事的可能性极小，总有一方借鉴了另一方。

同样，关于圣彼得在海面行走的故事，也有佛本生事迹中的注释书提供了类似的叙述。佛教中的这个故事出现在晚期大乘佛教经典形成期间。《马太福音》（XIV, pp.28ff.）中讲到彼得在海面行走，其信心刚一有动摇，便沉了下去；同样，《本生经》第190 篇上的"现在本缘"故事说，某优婆塞一心念佛而生欢喜心，

---

① 《庄严经论》有胡伯尔之法译本（pp.119ff.）；《马可福音》XIII，p.41；《路加福音》XXI，p.1；B.v.伊辛伽前所引书，p.50；勒赫曼前所引书，pp.88ff.；戈茨：《天主教》，1912 年（IV, 10），pp.18f.；克莱门：《东亚研究期刊》卷 9，pp.186ff., 199f.；伽尔比：《印度与基督教》，pp.33f.；哈斯前所引书。

另补：鸠摩罗什所译的《大庄严经论》（二十二）有"两钱布施果报难量"的故事；《杂宝藏经》（四十一）也有这个故事。但前者译出于五世纪初，比后者早七八十年。——译者

395 因而不知不觉中平稳地踏上河面走向对岸，但后来因为见到海上的大波涛而心生惊恐，欢喜心减退，于是沉了下去。两者之间也有惊人的相似。在东西方之间，这两个故事大概是不可能独自产生的。从这个佛教故事的流传情况看，它并非孤立地流行于某个地区。相对于基督教当时的状况，可以认为后者的源头是在印度。我们不得不这么考虑：《本生经》的注释虽然是较晚时期形成的，但它所依据的传说故事应该早得多。[①]

还有一个故事，说的是因行神迹而令大众仅食少量的面饼而饱足。福音书中所记的这个故事，时间上不会比佛教《本生经》注释更早。福音书说，有五千人食用五个面饼和两条鱼，居然都吃饱了。佛本生故事说，有 500 个僧人连一个饼都没有吃完，也都吃饱了。不过两者之间仍然有大的差别。福音书中耶稣行神迹是为了穷苦的一群人。他举目望天静心祈祷；而本生故事注释中，故事虽然不能说有点傻气，但过于喜剧性，像是童话。故事的起因是某比丘为了向一位吝财之人劝募。事实上耶稣的行为很像是《出埃及记》（XVI; XI, pp.31f.）中为以色列人求吗哪和鹌鹑的事，与上面的佛教童话无关。[②] 大乘经典中还有一个神迹让人吃饱的故

---

① 参见 W.N. 布劳恩前所引书。《埃德蒙集 II》（*Edmunnds II*），pp.257ff.；B. 伊辛伽前所引书，pp.52ff.；卡彭特：《前三福音书：起源及关系》，pp.203ff.；《佛教与基督教》，p.180；伽尔比：《佛教对基督教的贡献》，pp.12f.；戈茨前所引书，pp.19ff.；K. 伯思：《德国文学》，1915 年，col.1900；《神学研究及批评》，1916 年，pp.214f.；克莱门：《新约全书研究论文集》，1916 年，p.137；恰彭吉耶：《德国东方学论文集》卷 69，p.441；冈特：《外国故事中的佛陀》，pp.218ff.；哈斯：《外国故事中的佛陀》，pp.25f.。

② 《马太福音》XIV，p.16；XV，p.21；《本生经》，第 78 篇。参见：埃德蒙 II，pp.253ff.；伽尔比：《印度和基督教》，pp.59f.；恰彭吉耶：《德国东方学论文集》卷 69，

事，出在《维摩诘经》中 ①，诸大菩萨集会一处讲论问答佛法。食 396
时已至，维摩诘以其神通示诸大众，过恒河沙佛土，往香积佛土，
国号众香。香积如来以众香钵盛满香饭，须臾之间来至维摩诘舍。
众会菩萨悉饱而饭犹不尽。这个供饭的神奇事既不同于本生故事，
也不同于福音书中的故事。最后如果我们还记得德国童话中的"桌
子啊，请摆满餐食吧"的咒语——它在印度的史诗《摩诃婆罗多》
中成为了一个会自动盈满的食罐。② 太阳神通过这罐子赐予饭菜。
我们结论是：在所有的国家和地区，让人吃饱的神迹都是同一主
题的变种。在不同的时代不同的民族，只要有这样的基本需求，
就会有这样满足需求的想象应运而生。

佛教–基督教之间还有一个更引人注目的类同故事：佛教关于
阿私陀仙人为佛的诞生作预言，以及神庙中的西面为耶稣作预言。
不可否认，两者之间应该有不同之处。但我们仍然倾向于认为基
督教方面的故事制作者是知道佛教中这一传奇的 ③。同样在佛陀和

---

p.441；卡彭特：《佛教与基督教》，pp.180f.；克莱门：《东亚研究期刊》卷9, pp.185f.；
泽谢尔：《新约研究杂志》，1916年，pp.137f.；K.伯思：《德国文学》，1915年，pp.900f.；
《神学研究及批评》，1916年，pp.219ff.；冈特：前所引书，pp.214f.；哈斯：《寡妇的食
罐》，pp.37f.；劳曼前所引书，p.90。其中的罗沙瓦希尼故事也与此相似。那显然是后来
的作品。该书中"婆罗门和乞士"，莱比锡，1923年，p.68；J.A.绍特讲了一个喂饱的奇
迹。他称亲眼得见：Dayanandi Swvami 只用两把米让二十人吃饱。
　① 哈斯转述的故事，参见《寡妇的食罐》。
　② 参见本书边码第 327 页。
　③ 参见本书边码第 93 页。参见 B.v.伊辛伽前所引书，pp.28ff.；埃德蒙前所引书，I,
pp.181ff.；皮谢尔文，载《德国文学》，1904年，pp.2938ff.；伽尔比前所引书 pp.43ff.；
恰彭吉耶文，载《德国东方学论文集》卷 69, p.441；冈特在他的书中（《天主教》IV,
1912年，p.49）强调了两个故事之间的差异；参见 K.伯思文，载《德国文学》，1915
年，pp.898f.；《神学研究及批评》，1916年，pp.192ff.；《新约研究杂志》，1916年，

耶稣童年的奇异表现之间，是存在某种联系的。还在孩提时代的
乔达摩曾经避开追随的奴仆，在家人不知道的僻静处独自坐禅，
并进入过深定；而年仅十二岁的耶稣没有随父母回拿撒勒，独自
留在耶路撒冷，在神庙中同有学问的老师们交谈。[①] 这种相似性关
联还包括《路加福音》（XI, pp.27ff.）中的某妇人向耶稣的母亲
马利亚的祝福，以及因缘故事中佛陀生母的类似遭遇。[②]

　　至于《法华经》中"浪子回家"的故事，与《路加福音》中
浪子的譬喻不应当有什么关系，虽然西德尔这么说："（莲华经）
关于莲花的寓言实际上与基督教故事完全无关。除了那个贫困潦
倒而归家的浪子的寓言。最重要的是，两个寓言故事的用意太不
一样了。"[③]《约翰福音》中耶稣同撒马利亚妇人的谈话，同《天

397

---

pp.134f.；卡彭特：《佛教和基督教》；以及冈特前所引书，pp.203f.（另外的意见可以
参见哈斯：《外国故事中的佛陀》，p.24）。

　　① 《路加福音》II，pp.41ff.；《普曜经》XI；《因缘故事》；《本生故事》，p.58；
李斯·戴维斯：《佛教本生故事》，p.75；H. 克恩：《佛教》I，p.39f.。另外参见 B.v. 伊
辛伽前所引书，pp.33ff.。

　　② 《本生经》I，p.60；李斯·戴维斯：《佛教本生故事》，pp.79f.；西德尔：《佛
陀故事》，pp.26f.；B.v. 伊辛伽前所引书，pp.48ff.。诚然这样的祝福也可以出现在诗歌中（见
纽曼：《长老偈和长老尼偈》，p.309 注释；劳曼：《佛教》，p.85）；尽管如此，佛陀
与基督二人都对祝福有所言论并且又作了祝福的许诺，这就不只是某种巧合了。但戈茨
在他的《天主教》一书中否认二者有何联系（《天主教》，1912 年，IV, p.10），只是表
示怀疑（其前所引书，第 32 页）。

　　③ 参见《耶稣的福音》，p.230；参见本书边码第 230、286 页；J.M. 卡尔特：《大
不列颠和爱尔兰皇家学会学报》，1893 年，pp.393f.；B.v. 伊辛伽前所引书，p.67；埃德
蒙前所引书，II，pp.260ff.；西德尔前所引书，p.232。比较了那位生来就眼瞎之人（《约
翰福音》IX）同《法华经》（本书边码第 287 页）中的故事。虽然印度寓言与基督教没
有什么关系，相同之处也就只是生盲而已。

譬喻经》中阿难与淫女的对话也完全没有可比性。① 顺便提一句，上面的两种状况，相关的佛教经典都是基督纪年以后的产物。

耶稣基督的死与佛陀的入寂，也被加以比较。西德尔指出两种事件发生时，都伴随了地震出现。而埃德蒙更为细心地指出两位圣人在死时都置身旷野。② 然而，两大宗教在这里显示出来的差别是再大不过的了。《大般涅槃经》与《马太福音》第二十七章读上去简直天壤之别。一边是令人心碎的殉道者死难的悲剧，是受某种宗教狂热的迫害；另一边是一位贤睿者的平静辞世，甚至可以说是灿烂的极乐往生。《马太福音》中，大地裂开，天摇地动，坟墓发生可怕的呻吟，一切都因为面对的是耶稣的罪行；而《大般涅槃经》中的大地震动象征着某种欢呼——世尊完成了他的大涅槃的使命，终于发生了一个壮丽的事件。

如果我们讨论的话题，仅仅涉及耶稣或佛陀所说的孤立的言论，或者涉及他们讲过的譬喻与寓言，那么，相形于用故事的内在结构和意义来作比较，揭示佛教-基督教之间可能的联系就更为困难了。因为我们往往只能说二者间有某种相似。③ 或者我们也只能说，这些泛泛的谈话在实际生活中随处可遇，于是也就这么发

398

---

① 参见本书边码第 275 页；B.v. 伊辛伽前所引书，pp.57ff.。

② 西德尔前所引书，pp.280ff.；埃德蒙前所引书，II, pp.169ff.；参见文第希：《魔罗与佛陀》，pp.60ff.。

③ 例如本书边码第 29 页注 1、第 72 页注 1、第 105 页注 1；另见 K.E. 纽曼译：《长老偈和长老尼偈》，p.359 注释。还有一个比较大的相似之处：《马太福音》（XVII, p.19）中说到信心可以移山，而佛教方面的《增支部》（VI, 24）中也说到比丘入定可以搬运雪山（埃德蒙前所引书，II, p.40）。虽说有些惊人的相似，但也多半仍属偶然巧合。参见伽尔比：《印度与基督教》，pp.39ff.。

生了，哪怕它们是由圣典记录下来的。例如，《中部》（第110经）提到的人之作善业，如同种地，播下什么，收获的也就是什么。与这个说法令我们联想作比较的是《马太福音》（XII, pp.18ff.）关于播种的比喻；或者那篇说"真实财宝"①的经文中，说到某种颇类似《马太福音》（VI, pp.19ff.）的思想："不要积攒财宝在地上，而要积攒财宝在天上。"如是等等，都很难说两个宗教之间有什么谁借鉴了谁的联系。

我们把四福音书同佛教进行全面的比较和对照之后，可以了解到，两种宗教间的差别要远远大于相同。即令是那些被认为有可比价值的故事，其总体的特性也有着根本的差别。就佛教方面而言，所有神迹的显现，都依靠的是宿因前业，行为造作是贯穿了前生、今世和未来的；而基督教中的神迹则只能因为上帝的全能和慈爱才显示出来。关于这点，莱曼（Edv. Lehmann）②说得非常妥帖："依印度人的口味，基督教故事中的所有事件总是显得理由不够充分；而我们基督教眼中的印度故事，哪怕从无神论的立场看，也显示出过分的几乎是难以忍受的因果必然性。"

399　　尽管我们已经意识到，依据福音书中摘引出来的与佛经中的相似点，其实至多是让人心存疑惑而非言之成理，但我们充其量也可以说两种宗教之间的某种联系是有可能的。不但如此，我们还可以说，在二三世纪产生的基督教伪福音书中，也发现了一系列

---

① 温特尼茨所作德译本《小诵》（VIII），载《古代佛教》，《宗教史读本》2, 1929年，pp.105f.；另参见埃德蒙前所引书 I, p.222。
② 见《佛教》，p.92。

的故事传说，肯定是从佛教那里移借的，但这些并不能改变我们的结论：那种认为两大宗教间存在相互借鉴参照的说法是无从成立的。菩萨本生传奇中，还是孩童的乔达摩被带到神庙中，殿堂内所有诸神都纷纷走下台座，匍匐在这孩子的脚下向他致敬；在他往学塾发蒙的第一天，学塾的老师也反过来向他致礼。这样的情况下发生在《伪马太福音》（XXIII）和《多玛福音》（VI—VII）中，只有那些在任何情况下都不相信有文化借鉴影响的人，才会始终断言，基督教完全不曾受到过佛教的影响；或者他们会按下面的方式来接受这些传说：《伪马太福音》中（XII）所说的耶稣在胎中发出一道光，照亮圣母进入的一个暗窟，使那里明如白昼；又如说圣母产下圣婴时丝毫不受胎血的玷污，同时不曾受一点痛苦；圣雅各的原始福音书（VI）说过，年龄才半岁的圣母进入她母亲的身体，走了七步；同一部福音书（XVIII）又说，当耶稣诞生的那一刻，天地的自然力量都静止下来，全人类的活动也都凝固了；《伪马太福音》（XX）又说，有一棵棕榈树听命于圣婴将巨大的枝干弯下来，俯就孩子以便他采摘果子。任何只要读过本生故事的，都会指出这些故事的来源应是印度。所有这些，即令是基督教的神学家，也没有几个人会否认其中的历史联系。[1]

400

---

[1]　参见本书边码第 241 页；B.v. 伊辛伽前所引书，p.75；伽尔比：《佛教对基督教的贡献》，pp.19ff.；《印度与基督教》，pp.70f.；恰彭吉耶：《德国东方学论文集》卷 69，p.422；E. 亨尼克：《新约伪经》，图宾根，1924 年，pp.95f.；即令戈茨也在其《天主教》（1912，IV, 9）中说："某种对印度方面的影响大概也是佛教传统对于西方的半基督教因素的伪经文字的影响，应该是历史的事实吧。"J. 肯尼迪（《大不列颠和爱尔兰皇家学会学报》，1917 年，pp.508ff.）把伪经中耶稣童年与佛陀童年的相似性解释成可以假定基督教-诺斯替思想对于佛教的影响。而在那些认为否认佛-基之间有任何联系

　　通过中世纪流传的某些基督教圣徒的传奇，我们也可以回溯到印度。在有关佛陀的两个本生缘起中，都说到魔罗幻现出佛陀的形象。其中一次魔罗是为了诓骗某位善信居士，但他未能如愿；另外一次是优婆鞠多劝化魔鬼，而后者变化成了佛陀的形象。[1] 基督教的圣徒传奇中好几个故事都讲到魔鬼变成救主来蒙骗修道士。基督教传说中的那位傲慢而自大的瓦伦士就遭遇了变成基督的魔鬼。结果，瓦伦士向魔鬼加以礼拜。伽尔比[2] 将这个故事的源头追溯到佛教的譬喻因缘事中，特别强调了"魔鬼以救主形象出现于世的恶魔观念只能是佛教特点的，而不可能在任何基督教文献中找到"。不过，甘特认为，其实这样的恶魔观念在基督教中也还是寻常可见的。[3] 因此，如果说佛教与基督教各不相干地独自发展出此类故事，或者说从印度向西方传递过来的信息，都完全是可能的。正是这种从印度向外部世界的传递，以译成汉文的经文来作例子，这种事早在401年就已经有了。[4]

　　伽尔比和他的前辈学者曾指出，圣·欧斯塔斯和圣·克里斯托夫的故事都源于佛教的《本生经》。只是，虽然他们也都列举

是基本原则的人间，哪怕是像这里的这个情况，也仍然如此，我们不妨以克勒芒为典型代表，参见其泽谢尔：《新约研究杂志》，1916年，pp.131ff.，以及H.昆特同前所引书，pp.74, 78, 79。不过H.哈斯（《外国故事中的佛陀》，pp.12f., 22）提到，早在1762年圣奥古斯丁修会的修士乔治亚斯就已经指出：与托马斯福音书中所讲述的五岁的耶稣和扎卡约斯的故事，在西藏是当作佛陀的事迹来叙述的。参见L.孔拉迪：《托马斯福音》，载《神学研究及批评》，1903年，pp.403ff.。

① 参见本书边码第195、277页。
② 参见《印度与基督教》，pp.111ff.。
③ 甘特之前所引书第234页及以下；另见H.哈斯：《外国故事中的佛陀》，p.32。
④ 沙畹：《汉文三藏中的五百故事》，t. II, p. 86（206）。

了一些理由，但我们觉得还不好确定是否真的如此。①

　　再从另一面看，依据确凿的事实，中世纪基督教世界中有一部非常有名的传奇作品，叫作《巴拉姆和约沙发的故事》（*Barlam and Josaphat*）。它的确是某位基督徒依据佛传故事来改写的。从内容看，此人很熟悉《普曜经》②这个故事，作品虽然散发出浓郁的基督教气息，但背景仍是极其佛教化的。首先，它具有佛教的主要特征，说到了主人公三次出城游观，见证了老病死的苦难；故事中又一再出现关于三魔的观念；故事展开的过程中，又不断插入一些譬喻故事（如《井中人》的寓言），这种手法是印度文学中屡见不鲜的，而且故事本身也数次提到印度这个名称。③

---

　　①　本书边码第 132 页注 2、第 152 页注 2。伽尔比：《印度与基督教》，pp.86ff.，101ff.。H. 哈斯前所引书，pp.7ff.。恰彭吉耶：《德国东方学论文集》卷 69，pp.422ff.。柏思：《神学研究及批评》，1916 年，pp.197ff.。

　　②　M. 缪勒：《论文集》III，pp.538ff.。福科：《出曜经》（译本）II，pp.43ff.。所引的几段似乎可以作为证据，说明作者不仅仅是像他说的那样，亲耳听那些从印度来的人讲述了这个故事，而且他面前就真有这么一部《普曜经》的经书。

　　③　早在 1612 年葡萄牙人孔托就已经拿巴拉姆和约沙发的故事同《佛陀传》作过比较（《印度古籍》卷 12，pp.288f.）。不过第一个断定故事来源于印度的是拉布拉耶（参见《辩论》杂志，1859 年 7 月 26 日）；进一步作此证明的是利布莱希，见其《拉丁语及英语文学年鉴》（II，1860 年，pp.314ff.）以及他的《民间故事》（黑尔布隆，1879 年，pp.441ff.）一书。E. 库恩追溯了整个故事在世界文学范围内的传播历程，参见《巴拉姆和约沙发：其文献学和文学意义研究》，载《拜尔科学院哲学部论文集》卷 20，慕尼黑，1897 年。不过库恩本人相信（见该书第 39 页）作者完全不受印度原始材料的局限，因此很难说可以同《普曜经》中的哪一段对应得上。另外，可见 V. 查文：《阿拉伯作品目录 III》，1898 年，pp.83ff.。H.G. 罗林森：《皇家亚洲学会孟买分会学报》卷 24，1915 年，pp.96ff.。即令 H. 昆特前所引书第 92 页也还是承认"约沙发"是菩萨的讹音转变，尽管他更焦急的是要减少佛教传奇对于基督教的影响。他宁可采用的说法是"这是一种间接的遥远的影响"。

402　　通过斯坦因爵士、格伦威德尔、勒科克等人，我们还知道了在伊朗东部和中国新疆的和田、吐鲁番，那里曾有琐罗亚斯德（祆教）教徒生活，他们同佛教徒、基督教徒和摩尼教徒毗邻而居，栖息繁衍。因此，如果有这么一位修道士①接触到佛教故事，就不是什么稀罕的事。而他受到启发要想编写一部传播基督教教义的书，也就不会让人觉得意外。《巴拉姆和约沙发的故事》可能写在六七世纪，起先采用巴拉维语流通，以后又有了阿拉伯语和叙利亚语的译本。再后来出现的高加索语和希腊语文本大约依据的是叙利亚本子译出的。从希腊文本再辗转译成了阿拉伯文本、希伯来文本、埃塞俄比亚文本、亚美利亚文本、教会斯拉夫语文本和罗马尼亚文本，这一不断翻译流传的过程一直继续到非常晚近的时代。许多欧洲语文本和校订本——维加（Lopede Vega）将故事改成了剧本——都可以看出是以阿拉伯文本作底本译出的。而阿拉伯文本又译自希腊文本。德文本的该故事完成于十三世纪（1220）。经过了千百年的流传，故事中的主人公越来越成为基督教世界中人们所熟悉的角色。他们被当成了虔诚的基督徒，人们也相信历史上真有这两个人。因此，罗马教廷还对他们封圣，使其成为天主教的圣徒。但约沙发这个名字其实是从菩萨（Bodhisattva）音变而来的。②

---

① A.v. 勒科克认为最初将佛传故事带到欧洲的并不是基督徒而是摩尼教徒（见其《普鲁士科学院会议通讯》，1908 年，p.1205）。话虽如此，但《巴拉姆和约沙发的故事》的作者肯定是基督教徒，而且故事中说的道理也是基督教的。唯一的可能是写作者当初认识这个故事时是将他当作摩尼教的主题。

② 希腊语中的"王子"叫 Joasapha，阿拉伯语则称为 Jūdāsaf，它们的发音都来自 Bodhisattva（菩萨）。从书写的角度看，阿拉伯文、叙利亚文和巴拉维文中的 f 与 b 是很容易弄混的。故事中的贤人巴拉姆（Barlaam）阿拉伯语叫 Balauhar，它也可能是

　　从印度向西方世界流传的故事，不仅有像吉萨·乔答弥 ① 这样的善信女传奇，也还有许多世俗的寓言、逸闻、传奇和故事，许多故事的主题也都是在《本生经》《法句经》注释和觉音的注释书中可以找到。② 尽管历经沧桑，印度的佛教故事今天读起来，仍然是那么活泼、生动、清新，充满生活气息。而且一再地给予后世的作家、诗人以启迪、灵感，产生出史诗与戏剧，令那些不朽的话题再再常新。③ 例如，阿诺尔德（Edwin Arnold）的《亚洲之光》（*The Light of Asia*）自十九世纪问世以来，一直是让读者心潮澎湃的诗歌作品。仅在英国它就被再版六十余次，在美国更是再版百余次。诗人的名声随这篇诗作蜚声全球。④ 阿诺尔德的这篇诗歌传记还尽量地贴近印度故事原型，而德国诗人魏德曼的《佛陀传》也基本上保持了佛传的印度模样，几乎没有什么偏移⑤。与前面两部作品的创作意图不同，当魏德曼在写作《圣者与动物》

从 Bhagavan（薄伽梵）变化来的（参见库恩前所引书，pp.17, 19, 34ff.）。巴拉姆和约沙发这两个人已经列名在那塔里布斯的彼特鲁斯的《圣徒名录》中。写名录的这位死在1370 年。哪怕到了非常晚近的时代，在德国，巴拉姆和约沙发仍然是儿童故事的浪漫主角，也是德国戏剧的浪漫题材。参见施莱塞维奇：《德国文学中的佛教》，pp.33ff.。

　　① 见本书边码第 56 页。

　　② 关于佛教对于德国文学的影响，参见施莱塞维奇《德国文学中的佛教》，瑞士弗莱堡大学艺术论文，维也纳，1920 年。

　　③ 关于佛教对于德国文学的影响，参见施莱塞维奇：《德国文学中的佛教》，瑞士弗莱堡大学艺术论文，维也纳，1920 年。

　　④ 参见 E.F. 奥吞：《概述英－印文学》，伦敦，1908 年，pp.84ff.；里昂·凯尔纳：《维多利亚女王一朝的英国文学》，莱比锡，1909 年，pp.404ff.；《贝尔公共文献》，1889, Nos.30ff.《亚洲之光》的德译者是 A. 普冯斯特（莱比锡，1887 年）。

　　⑤ 《二十歌集序曲》，波恩，1869 年。如诗人自己写的（其 1905 年 8 月 27 日的一封信）（《亚洲之光》）："这首诗歌的眼光是穿上了东方袍子的现代自由思想。"参见施莱塞维奇前所引书，p.556。

（*The Saint and Animal*）时，其所倾心的是要表现出佛教的根本精神与气质。而将佛传故事搬上舞台的是费迪南·霍恩斯坦（Feidinand Hornstein），他编写的《佛陀传》在慕尼黑的首演是在 1900 年。[①]

　　由于叔本华的哲学影响，理查德·瓦格纳（Richard）被佛教的解脱主张和慈悲观念深深地吸引。1859 年 2 月 22 日，他在写给马蒂尔德·韦森东（Mathilde Wesendonk）的一封信中写道："你知道的，我克服了自我才成为佛教徒。"而在同年的 7 月 9 日，他给这位朋友的另一封信中热情地说到佛教："是的，孩子，与其他的任何宗教相比较，佛教的哲学科太伟大、太高尚，也太完美了。"[②]此前三年瓦格纳就一直在酝酿着创作一部音乐剧《胜利者》。这部剧的主要情节便是佛弟子阿难陀与旃陀罗种姓出身的妓女曾拉克利特的故事。第二年，他的构思形之于《帕西法》（*Pasifal*）的初稿，但这部音乐剧最终并未完成。佛教对于瓦格纳的影响，并只限于这部作品。他其他的许多音乐作品也都受到了佛教人生观的影响。例如，《诸神的黄昏》（*The Twilight of the Gods*）中布隆希尔德（Bruhilde）如是说道：

　　　　汝知否，我去到了何处？我已经放弃了欲望之国。

　　　　我已经永远逃离了幻梦之乡，关闭了身后无尽反复的生门。

----

　　① 《霍恩斯坦作曲之三幕故事剧》，慕尼黑，1899 年。参见施莱塞维奇前所引书，p.69。古柏那提克与 A. 奥布隆斯基之《悉达多太子》（5 幕 22 场景剧都尔，1899 年）已将《佛陀传》改编为戏剧。

　　② 《瓦格纳与韦森东》，第 21 版，柏林，1904 年，pp.59, 77, 105, 161。

　　　我已经不会再生而重返此世，那获得了觉悟的她将坦然
离去。

　　这些话显然是完全的佛教观念。瓦格纳的晚年完全沉浸在对
佛陀人格力量的向往中。尽管我们找不到充分的文字说明他的这
种心境与思想，但据他死后发布的回忆录所言，他一直在致力于《佛
陀传》的音乐剧写作。[①]

　　此外，还有一位丹麦诗人卡尔·格勒鲁卜（Karl Gjellerup），
他也像瓦格纳一样，通过阅读叔本华而成为了佛陀的崇拜者。他
借助纽曼的翻译介绍再加上自己的独立研究，成为了深谙佛教的
学者与诗人。他创作的散文诗《朝圣者卡玛尼塔》（*The Pilgrim
Kamankta*）[②] 可谓匠心独具。诗人依据原始资料塑造出他心仪的佛
陀形象。尤其值得肯定的是，他的诗歌本能性地把握了佛陀的精神。
其诗句的描写非常细腻，读他笔下的极乐世界，处处是扑面而来
的优雅与高雅的气息。虽然他声称所用的是巴利文材料，但这丝
毫不妨碍他在场景的描写中注入了大乘的宏大气魄。

　　格勒鲁卜创作的《觉悟成就者的妻子》[③] 是对佛陀生平——从
出场时的悉达多·乔达摩王子到最后得成正觉——事迹的描绘。

　　① 参见本书边码第276页注1；H. 李希腾伯格：《理查德·瓦格纳》，慕尼黑和莱
比锡，1899年，pp.357ff.；科希：《比较文学史研究》3，1903年，pp.412ff.；施莱塞维
奇前所引书，p.40。

　　② 《朝圣者卡玛尼塔》，哥本哈根，1906年；德译本：《朝圣者卡玛尼塔》，载《传
奇故事》，pp.7-10，国森、法兰克福及慕尼黑，1917年，此书也有英译本。

　　③ 《完美的妻子》，哥本哈根，1907年；《完美的妇人》，载《话剧》，奎尔（Qulle）
和梅耶尔，莱比锡，该剧已搬上德国舞台。

405

这一展示过程中，这位伟大的宗教创立者被注入了更多世俗的普通人的特点。首先佛陀是一位深切挚爱其家人的男性。这在原始佛教中是不存在的。在佛教的经本中，恐怕我们也看不到这样的场景：佛陀将王位让给了他的堂弟难陀。佛经中的佛陀似乎从来没有往这方面想过。寻遍佛教经文，我们也读不到类似最后一幕这样的情景：佛陀将佩剑交付难陀，一边教导后者：

> 只有在面对不义之人时才可以拔出王剑，
>
> 一旦挥剑，汝必要决心取胜，
>
> 切不可使邪妄者得以见逃。

实际上，真正得到觉悟的人是不会手执刀剑的。对于佛陀这样的得正觉者，世间已经没有只能用暴力来解决的事，哪怕是不义的恶行。因为佛陀肯定深深地了解，我们往日所说的"正义"与"不义"，都只是出于"自我执见"的判断。觉悟之前的是非再不会是觉悟以后的是非。

弗利茨·莫什纳（Fritz Mauthner）在其散文作品《乔达摩佛的涅槃》①中也让佛陀说了许多佛根本不可能说的话。

在那些弘扬佛教的作品中，也许可以说说保罗·卡鲁斯（Paul Carus）的《佛陀的福音》。该书辑入了各种各样来源的材料——早期到晚期的巴利文经典、各种佛本生传记，还有欧洲人所写的

---

① 《乔达摩佛的寂灭》（*Der letzte Tod des Gautama Buddha*），慕尼黑和莱比锡，1913 年。这个长诗所依据的是 K.E. 纽曼所译的《大般涅槃经》。

佛教作品。因之这是一部芜杂的大书。从学者的眼光来看，里面的微言之处不多，但它仍然能够获取人们的宗教同情，倒也并非乏善可陈。因此，自 1894 年其在美国首次出版以来，一再重印，并被译为多种语言。在锡兰和日本，它是佛教学校和寺庙中的弘教读本。[①]

　　保罗·卡鲁斯的这本书算不上通俗明白，因此最近（1924）有意大利印度学学者鲁易奇·萨乌里（Luigi Sauli）依据准确的原始材料，新撰了一部佛陀传，书名《觉悟》（*Il Inu-mination*）。[②] 作者用优美的诗体语言来重新讲述佛陀的传奇故事。萨乌里并未刻意传教，但他自己是深浸在佛陀传奇性的高尚精神中的，他用充满挚爱的语言，刻画了佛陀既是普通人又是超人，甚至是超神的面貌。他赞叹佛陀，虽然已在人类历史上生活了两千五百年，而至今仍在人们心目中备受景仰，佛的形象日新日日新，永不凋谢。407

　　我们还要提到拉卡迪欧·赫恩（Lafcadio Hearn）[③]，正是他的随笔和故事使我们了解了日本佛教。同样，他没有传教的用意，但他的爱意与同情，以及臻于炉火纯青的艺术表现力，使我们得

---

　　① 参见保罗·卡鲁斯著、O. 科佩茨基（Kopetzky）插画的《古代故事中佛陀的福音》（*Das Evangelium des Buddha nach alten Quellen erzahlt*），卡尔·塞德斯塔克（Karl Seideastucker）的德文版；芝加哥和伦敦，公开法庭出版社，1919 年，其依据原文本为第 13 版英文本。保罗·卡鲁斯逝于 1919 年 2 月 12 日。

　　② 我们只见过该书的德文译本 *Der Erleucuchtete, das Leben des Buddha*（《佛陀生平问题辨析》），此处转引自多拉·米兹基的意大利译本，法兰克福和慕尼黑，1928 年。意大利文本，1925 年出版于米兰。

　　③ 其诗歌《在佛陀田中拾穗》（*Gleanings in Buddha's Feilds*）、《远离东方》（*Out of the East*）等集子。在德国这些诗集也都人所熟知。

窥日本佛教的思想殿堂，也体会到至今仍然深居日本人心底的佛教情怀。在新佛教运动中产生的许多弘法作品中，我们尚未发现很重要的作品。若要说的话，巴利文《大藏经》的翻译真是一件大成果。保罗·达尔克（Paul Dahlke）的《佛教故事集》[①]也许不应忽略，再有就是汉斯·慕赫（Hans Much）[②]的佛教抒情诗。不过，尽管后者在情绪上是佛教信徒的，但仍然是欧洲的修道诗歌。如果把它们同古代出家男女修道者们的诗歌——《长老偈》和《长老尼偈》作比较，就显得太纤弱了。

408

话虽如此，且不论我们对于新佛教运动有什么样的看法，仅就佛教这个历经千百年保持着旺盛生命力的宗教及其佛教文学而言，就足以令我们钦羡不已。正是这些作品和宗教观一再地激励着世界各民族中的思想者和诗人，并且今天仍然令人神往。我们只是希望，前面各章中介绍的佛教文献，能够成为无尽活水的来源，永久滋养着欧洲和世界的文学宝库。

---

① 《佛教故事》，德累斯顿，1904 年。

② 《吾寻庇护之所……终得在佛陀花园中过夜》，莱比锡，1920 年；《佛手：旷野正觉之歌》，1917 年，载乔治·格林和汉斯·穆希合著的《佛教智慧》，1920 年。

附录一　佛陀的生期

关于佛陀的生期，已经有很多讨论，但确定的结论仍然没有。按僧伽罗的传统，公元前 544 年是佛陀终焉之年。但此说欧洲学者多不同意，因为它与摩揭陀朝的诸王统治年代无法对应。据 M.de Z.Wickremasinghe 的说法，以往习惯上认为佛陀去世之年往上回溯 483 年就是锡兰的时代开端。但若以前 483 年为佛陀去世的年代，那么从十一世纪往前回溯锡兰历史，根本对应不上。[①] 就我们所掌握的证据而言，想要证明佛陀逝于公元前 477 至公元前 487 年，都不能令人免除疑惑。[②]

---

① 参见盖格的《大史》英译本，p.xxviii。

② J. 弗里特：《大不列颠和爱尔兰皇家学会学报》1903 年，pp.1ff., 323ff., 987ff.；1910 年，p.1307；1912 年，pp.239ff.。H. 奥登堡：《佛教文献》，1910 年，pp.161ff.。V. 戈帕拉·艾耶尔：《印度古籍》卷 37，1908 年，pp.341ff.。W. 盖格：《大史》英译本，pp.xxiiff.。J. 恰彭吉耶：《印度古籍》卷 43，1914 年，pp.130ff.。T.W. 李斯·戴维斯：《剑桥史 I》，pp.171ff.。E. 呼尔希：《阿育王刻文》，1925 年，pp.xxxiiff.。H. 雅各比：《佛陀与大雄 – 涅槃与死：摩揭陀王鼎盛时期的政治交涉》（*Buddhas und Mahaviru as Nirvana und die politische Entwicklung Magadhas zu jener Zeit*），载《普鲁士科学院会议通讯》，1930 年，pp.557ff.。K.P. 贾亚斯瓦尔：《比哈尔及奥利萨研究会学报》卷 1，1915 年，pp.67ff., 97ff.；卷 3，1917 年，pp.425ff.；卷 4，1918 年，pp.264ff.。他再次竭力想要证明，从《卡拉维拉刻文》看，佛陀逝世年应为公元前 544 年。而同意这种主张的有 V.A. 史密斯（《大不列颠和爱尔兰皇家学会学报》1918 年，pp.543ff.。《早期史》，第 4 版，pp.49ff.）。后者虽然赞成公元前 544 年之说，但也不能不补充一句："我们仍

　　自然我们理所当然地认为佛陀是真正实有其人的。弗朗克[1]、塞纳特和巴斯却不以为然。弗朗克的意见是，所谓佛陀的教义也许只是哲学思想宝库中的一堆辩证思想因素的集合。这些思想因素都是基督纪年以前数百年中在印度形成的思想产物。弗朗克在另一处又说："对我而言，乔达摩佛的神秘性不比他之前的六佛行者更少。七佛都不过是某种形式，是涉及古代神祇的模糊的雾团。"按他的说法，佛陀不过是某种教理的观念化。而所有的七佛只是"教理性的佛陀的范式类型""也许就是多神格的哲学观念化"。这个神格的特征与自然中的树木有特别的联系。而将乔达摩视为历史人物是不可能的，也是站不住脚的。佛之享有极大的尊崇，围绕他生成了许许多多的谜团和传奇。但真正说起来，我们对真实佛陀的生平其实几无所知。但另一方面，佛教的传统和印度佛教的遗迹又提供了无从怀疑的证据。奥登堡[2]的看法是正确的：我们没有理由怀疑这样的一些说法，即佛陀是释迦族人，出生在迦毗

然觉得无论如何也不能确凿无疑地断定就是这个年代。"而对 K.P. 贾亚斯瓦尔的说法加以驳斥的也大有人在，例如马宗达（《印度古籍》卷 47,1918 年，pp.223f., 248; 1919 年，pp.187ff.。另见 R.P. 钱德拉：《印度古籍》卷 48, pp.214ff.）。K.G. 商羯罗、艾耶尔（《印度古籍》卷 49, 1920 年，pp.43ff.）。A.B. 凯思（《佛教哲学》，pp.32ff.）也驳斥贾耶施瓦尔的论证。不过他甚至也不接受通常的公元前487—公元前477 年的说法。他还说："反对传统说法的这方面，其提出的理由并不充分，仍然无从证明他们所执相反意见的正当性。"前一种意见，可以参见 E.J. 托马斯：《佛陀传》，pp.27ff.; P. 马拉拉塞克拉：《锡兰巴利文献》，伦敦，1928 年，p.15；李斯·戴维斯夫人：《释迦与佛教的起源》，伦敦，1931 年，pp.434ff.。如果我们把这种情况考虑进去，即佛陀是瓶沙王和阿阇世王的同时代人，而后者肯定都是公元前六世纪的人。因此，最行得通的假设便是：佛陀也应当生活在这个时代。后一种意见，可以参见附录四。

① 弗朗克：《德国东方学论文集》卷 69, 1915 年，pp.455f.。
② 奥登堡：《佛陀言教》（*Reden des Buddha*），pp.xxff.。

罗卫国。无论从哪个方面看，该地作为佛陀的出生地是没有疑问的。所有这些事实，早在公元前250年就是当时人们的共识，所以才有阿育王去佛陀出生地朝觐的历史事件。这件事毫无悬疑地铭刻1896年在尼泊尔帕得里亚（Paderia）村发现的一个石柱上。该铭文是：当天所眷顾的大王受戒灌顶第20年时，王亲往此地朝礼。故以此地乃佛陀圣诞之地。

在迦毗罗卫城的郊外尼泊尔边界上的庇普拉婆（Piprāvā）村，W.C.Peppé在1898年发现过一个藏有舍利的盒子。盒子中有一个盛装舍利的水晶钵①，上镌刻的文字析读如下：此为释迦族的佛陀的遗骨。即令刻文真的写的就是这个意思，我也不相信这就是佛陀舍利的"权威性"鉴定。它至多可以证明，在阿育王时代（这是这个钵上的刻文如是自明的），当时的人们的确相信它就是佛陀的舍利。②但在这种信念形成之前，则一定是佛陀被神化的过程。因此，这只能是佛陀成为圣者之后才有的观念。但也就在这里，我们得出了这样的结论：如果在阿育王时代之前根本没有一个创教的历史人物，神化的佛陀也就无从说起。

哪怕我们不采信传统中所有传说的神秘性东西，佛教经典也会提供一个历史上实有佛陀这个人的证据。经上对于佛陀的生平事迹和乔达摩的人格都有生动的描写，而有关他悟道和传道生涯的描写也还是可以相信的。③

---

① 如R.皮谢尔所述，见其《佛陀生平及教义》，第4版；T.诺贝尔，1928年，p.48。

② 参见B.R.奥托·弗朗克：《东亚研究期刊》卷4，1915—1916年，pp.1ff.；E.J.托马斯：《佛陀传》，pp.160ff.。

③ 参见E.J.托马斯：《佛陀传》，pp.225ff.。

　　"如果历史上没有个人，也就不存在因其强大人格在同时代人们的心目中留下的深刻印象，佛经中所记叙的栩栩如生的佛陀原型，对这位大师音容举止的生动描写，也就根本无从言及。"《印度教与佛教》[①]如是说："佛陀是印度宗教文献中最为生动的人物。他在我们心目中的形象，远比耶鞠那伐基亚和商羯罗还要显得鲜活与真实。他甚至比那些近现代的宗教教师，如那纳克（Nānak）和罗摩努阇（Ramānuja）都要鲜活。我认为这样的鲜明性、鲜活性，只能来自他留给同时代人的那种强烈的个人色彩。"

　　此外，佛教中对于乔达摩佛及佛的同时代人都有描写，它同耆那教祖师大雄（Mahāvīra）对佛陀的印象也是吻合的。两大宗教的材料可以相互佐证。[②]最后，在我们头脑中有这样的印象：任何宗教的创始人，甚至早在生前就已经受到热情的崇拜，从而被推向神化。这是古代印度也是晚近世界司空见惯的宗教现象。历史宗教材料中的记叙可能不免有所夸张，但无疑地，乔达摩佛与克·乾德尔·逊（Keshub Chunder Sen，近代印度的梵社创始人）这样的人都是真实的历史人物。后者早在 1868 年还健在时就成为追随者所崇奉的神一样的领袖。[③]如果我们希望像弗朗克一样，将佛教视为"印度的一般教义的一堆集合"，我们也就不能解释，为什么在佛教经历了一系列的变化之后，它这个"一堆集合"仍然显示出某种个人的特征。如果历史上根本没有这么一个人，这

---

　　①　《查尔斯·埃略特》I，p.297。

　　②　H.奥登堡：《佛陀：其生平、学说和教团》，第 5 版，柏林，1906 年，p.95。该书认为佛陀是真实的历史人物。

　　③　J.C.欧曼·布拉马那：《印度的信徒与穆斯林》，伦敦，1907 年，pp.122ff.。

么一个创造性的人格，"他"又如何可能将"一大堆"教理说法"集
合"起来，使其成为新颖的独特的思想体系，并在上面留下鲜明
的人格痕迹呢？尽管我们不相信佛教的史家，也不能准确地厘定
佛陀的出生年代，但我们不得不承认：佛陀的教义是阿育王之前
的时代就形成了。我们也不应当怀疑这个宗教教义的发明人的人
格存在。①

---

① 　B.R. 奥托·弗朗克在他后来的议论中也承认（《德国东方学论文集》卷 69,
1915 年 , pp.456f.）：让我们满足于这样的信念——我们所称之为原始的最初佛教的是
一种不同寻常的思想。事实上，佛陀是前基督的而非基督之后的某一个百年中（姑且称
为人格化了的）某位印度雅利安人。我们实在觉得困惑的是：为什么这样一位"雅利安人"
就不能直接称作佛陀或者乔达摩呢？

附录二　何谓巴利语?

　　盖格在其《巴利文献和语文》（第 5 页）中并未像该经 [①]
译者那样解释这句话：anujānāmi bhikkhave sakāya niruttyā
buddhavacam pariyāpunitam [②] "啊，比丘们，我许可你们各各以
自己的方言来学习佛陀的教说。"但据觉音的注释，这句话的意
思应该是：我命你们以他的方言学习佛的教说（亦即是说，应当
以佛所操持的摩揭陀语为标准）。因此，盖格认为巴利语也就是
用佛陀的口语来恢复佛陀教说的一种努力。这么一来，巴利三藏
就不仅在内容上，而且在语文上也同华氏城结集的经典是完全一
样的。不过，我并不认为盖格对《小品》的这句解说是站得住脚的。
盖格自己在解释中是这么说的："我许可你们"云云，他认为应该
在 anujānāmi 再加上 vo 才对。通常在体格后都会这样联结的。但我
以为这个 vo 对于呼格的 bhikkhuve 是顺理成章地添加上去的。特
别是当我们记住，anujānāmi bikkhuve 这样的形式在巴利语律藏中
几乎是每一页都可以见到的，这已经是固定的套话。如果盖格所
说的真的没有错，那就不单是佛经译成梵文不许可，即令各地比

[①]　《东方圣书》卷 20，pp.150f.。
[②]　《小品》V，p.33。

丘用各自的方言来宣说也都是不合法的。接下来还有，佛陀的原话，如果逐字逐词地死抠，它禁止使用任何吠陀语来复述，或者不可以用吠陀中的术语来表达。因为佛陀的意思是，这种语汇借用无助于那些尚未皈依的人，又不能增加已经皈依者的人数。这就附带地证明了一点：佛陀的关注点仍然是尽可能扩展佛教教义的宣传。既然要如此，各地的比丘用他们自己的方言来宣传佛的教说，就是理所当然的事。①

　　E.J. 托马斯 ② 对这段话另有解说。他把 nirutti 释为"句法"，又把 Chando 释为"韵律"，这样一来，佛的这句话便成了："诸比丘，我命你们把握佛的教说语句，循其原本的规范（符合句法）。"托马斯似乎不认为有这样一种可能性，即 sakāya niruttiyā 可以释为"各以其方言"。因此，他认为这段讨论只有一个意思，即"禁止用诗歌"来改述圣言。哪怕我们接受他的这个说法，也还是看不出用方言来改述圣言有什么不可以的。因为对于佛教宣传而言，这并无任何害处。再说，nirutti 也没有"句法"的意思，而只是"语言表达、表述"。③ H.奥登堡和李斯·戴维斯也都同意它有"吠陀方言"的含义，并且指出拜尼尼曾将它用作 Chandasi。觉

————————

　　①　盖格在这里对觉音解释的理解，也受到了韦勒（《佛教论文集》，1922 年，pp.211ff.）和凯思（《印度历史季刊》卷 1，1925 年，p.501）的反驳。盖格把韦勒的文章发表在《佛教论文集》（1922 年）。

　　②　托马斯：《佛陀传》（*The Life of the Buddha*），pp.253ff.。

　　③　《长部》卷 1，p.202。《相应部》III，71。恰尔德的《巴利语辞典》中的 nirutti 条，其释义为"语言的使用或表述"。《巴-英辞典》上同一条则释为"讲说的方法、表达"。至于 Chandas 是可以释为"韵律或音步"的，也可以指"吠陀"。在 Savitthi chandaso mukham 这里也的确有后一种意义（《律藏·大品》卷 6，pp.8, 35；《经集》，第 568 偈）。

音也说过，"chandaso āropemā ti vedam viya sakkaṭa-bhāayā cācanā maggam āropema"[①] 的释义是：诸比丘，我许可汝等各以自家方言学习佛之教说。这样解释，与《中部》第 139 经（III, pp.234f, 257）上的语句完全相符。因此，可以说"中道（适恰不偏失）"的方式。换言之，它只是要求人们不要不恰当地坚持自己的本地方言，同时也不要通常的语言表达。[②]

"巴利"一语在注释书中，通常会被用来指"经文"的含义，相对于"论释"而言。有的时候它也可以指"经文所使用的语言"。在《本生经》中，"巴利"指经中的偈颂（伽陀）；很有意思的地方还在于，巴利这个词今天还在使用：东孟加拉的乡下人使用"巴利"时，意指夹杂在散文中的诗行（Rūpa-kathās 或者 Gita-kathās，直译就是色论、花论或歌论的意思）。[③] 库恩[④] 和缪勒[⑤] 以及皮谢尔[⑥] 都已经指出了巴利语中的摩揭陀方言的语音特点。而文第希[⑦] 竭力证明了巴利语的基础就是摩揭陀语。烈维[⑧] 尽力追溯

---

① Chandoso 与中性词 Chando 根本是两回事。

② 例如，这里们以"碗"这个词来举例：在不同的方言中，它可以是 pātīpatta、vittha、sarāva、dhāropa、pona、pisīla 等。依各地的方言，那里的人只以为自己的说法是正确的。但为了不起争端，不妨允许各人在各自家乡使用方言好了。

③ 《印度历史季刊》卷 4，1928 年，pp.6ff.。钱德拉·森：《复活节孟加拉诗歌》卷 3，第 1 部分，加尔各答，1928 年，pp.lxvff.。

④ E. 库恩：《巴利语文集》（*Beitrage zur Pāli-Grammatik*），柏林，1875 年，p.9。

⑤ E. 缪勒：《巴利语语法》（*Grammar of the Pāli Language*），伦敦，1884 年。

⑥ R. 皮谢尔：《普鲁士科学院会议通讯》（*SBA*），1904 年，p.807。

⑦ E. 文第希：《国际东方学者大会学报》（*OC*）卷 14，1906 年，pp.252ff.。

⑧ S. 烈维：《亚洲学报》（*JA*），s.10, t. XX，1912 年，pp.495ff.。

了早期摩揭陀经典的语言形态。如果按吕岱司^①的意见，更恰当的说法应该是：古摩揭陀语才是巴利语的基础。"这种方式与阿育王法敕刻文中使用的摩揭陀语根本是一致的。但其中也反映了一些后来发展起来的特点。"^②巴帕特^③则要证明，巴利语不可能是从古摩揭陀语发展来的。因为所谓的古摩揭陀语已经是普拉克里特梵语较晚的发展成果，与它相关的只可能是耆那教的古摩伽地（Ardha-Māgadhī）。

巴利语中的 Paiśāci（恶弊语）成分已经由科诺夫^④和格里尔森^⑤、杜特^⑥指出来了。科诺夫框定了巴利语及 Paiśāci 的流行地带在文迪亚山区。这就令我们联想到了乌阇因（Ujjein）地区。参见威斯特加德、库恩和弗朗克等人的观点^⑦，格里尔森认为 Paiśāci 是 Kekayat 和东犍陀罗地区的方言。因此他得出结论，巴利语是摩揭陀语的文雅书面语形式，在当时的印度被视为 Koiné，在旦叉尸罗地区它是经典教诫语^⑧。

按恰特季^⑨说法，从词汇学和语音学看，巴利语与 Śaurasenī 语极为接近，但其形式上采取西北印度和其他雅利安方言的模样。

---

① 吕岱司：《佛教戏剧残篇》（*Bruchstucke Buddhischtichen Dramen*），p.41。

② 吕岱司：《普鲁士科学院会议通讯》（*SBA*），1927 年，p.123。

③ P. 巴帕特：《印度史季刊》第 4 辑，1928 年，pp.23ff.。

④ 科诺夫：《德国东方学论文集》（*ZDMG*）卷 64，1910 年，pp.114ff.。

⑤ 格里尔森：《班达卡尔社区》（*Bhandarkar Comm*）卷 1，pp.117ff.。

⑥ 纳林纳克莎·杜特：《佛教早期传播史》（*Early History of the Spread of Buddhism*），pp.249ff.。

⑦ 《梵语与巴利语》（*Pali und Sanskrit*），斯特拉斯堡，1902 年，pp.127ff.。

⑧ 艾略特：《印度教与佛教》I，pp.282ff.。

⑨ S. K. 恰特季：《孟加拉语言的起源及发展》（*Origin and Development of the Bengali Language*）卷 1，1926 年，pp.55ff.。

H.奥登堡 [①] 认为锡兰的佛教并不是摩哂陀传过去的。那是僧伽罗传统材料中的说法。他以为佛教进入锡兰是从南印度羯陵迦地区逐步传入岛内，巴利语是羯陵迦地区的方言。但这个看法没有证据。

李斯·戴维斯 [②] 认为，巴利语是公元前六七世纪憍萨罗地方的语言。但我们对那个世纪的情况实在说不出知道些什么。

缪勒 [③] 曾经从辞源学的角度对巴利语的发源地进行过不成功的研究。他认为这是华氏城的方言。这种看法遭受了托马斯 [④] 的驳斥。

所有的争论意见中，没有任何人支持巴利语起源于岛的说法——虽然僧伽罗语与巴利语之间有诸多的相似性。[⑤]

[①]　奥登堡：《律藏》I，导言，pp.1ff.。

[②]　T. W. 李斯·戴维斯：《巴利语词典》（*Pal.Dic.*），前言。

[③]　M. 缪勒：《罗马皇帝波利卡努斯的语言和故乡》（*Sprache und Heimat des Palikanus*），海登堡，1924 年；《佛教论文集》（*ZB*）卷 7，1926 年，pp.56ff.。

[④]　E. J. 托马斯：《印度史季刊》（*Ind.Hist.Qu.*）第 4 辑，1928 年，pp.773ff.。

[⑤]　盖格：《僧伽罗文献和语言研究》（*Ziteratur und Sprache der Singhalesen*）卷 1，第 10 分册，pp.91f.；盖格：《巴利文献和语言》（*Pali Litteratur und Sprache*），pp.1-5；H. 吕谢特：《维尔海姆·斯特雷伯纪念文集》（*Festschrift für Wilhelm Streitberg*），1924年，pp.244ff.；A. B. 凯思：《印度史季刊》（*Ibd.Hist.Qu.*）第 1 辑，1925 年，pp.501ff.；N. 努斯特：《印度－日尔曼语言和古代风俗的印度根源》（*Indisch: Grudriss der indogermanischen Sprach und Altertumskunde*）卷 2，第 4 分册，pp.44ff.；李斯·戴维斯夫人：《释迦或佛教的起源》（*Sakya or Buddhist Origins*），pp.429ff.。

附录三　巴布-拜拉特的阿育王法敕铭刻

　　加尔各答的孟加拉学会保存着一块不大的石头铭刻，上面是有名的阿育王法敕。呼尔希（E.Hultzsch）摹写了石头上的刻文。[①]这个就叫"加尔各答-拜拉特刻文"。石头最初于 1840 年发现于拜拉特附近的一座小山坡上。发现者说拜拉特距离巴布不远，因此这个法敕也被称为"巴布拉法敕"。但巴布拉只是巴布的讹音。实际上巴布拉也只距拜拉特 12 英里。许多学者都对石刻敕令中提到的佛教经文进行了研究，尽力想在佛教三藏中找到原名，从而估量这些经文在当时的历史价值。[②]

---

　　① 《印度碑铭大全》（*Corpus Inscriptionum Indiscarum*）第 1 辑，载《阿育王的敕令铭刻》（Inscriptions of Asoka）（新版），p.xxv。

　　② 此刻文摹本载 E. 呼尔希前所引书，pp.xliiif., 172ff.。E. 塞纳特：《亚洲学报》1884 年，s.8, t.III, pp.478ff.; 1885 年，t.V, pp.391ff.; 1887 年，t.IX, pp.498ff. 等。H. 奥登堡：《律藏》（刊行本），Vol.I, p.xl 注释。K.E. 纽曼：《乔达摩佛陀言教》I, pp.135, 567。《维也纳东方文化论文集》卷 2, 1879 年，pp.159f.。T.W. 李斯·戴维斯：巴利圣典学会《巴利圣典学会学报》，1896 年，pp.93ff.。《大不列颠和爱尔兰皇家学会学报》，pp.639f.。《印度佛教》，pp.169f.。《佛陀的言教》，载《佛教圣书》II, 1899 年，前言，pp.xiiif.。S. 烈维：《亚洲学报》，1896 年，s.9, t.VII, pp.475ff.。E. 哈代：《大不列颠和爱尔兰皇家学会学报》，1901 年，pp.311ff.。《阿育王》，pp.58ff.。V. A. 史密斯：《大不列颠和爱尔兰皇家学会学报》1901 年，p.574。《阿育王》，第 3 版，p.157。克恩：《印度佛教纲要》，pp.2, 113。皮谢尔：《普鲁士科学院会议通讯》，1904 年，pp.807f.。A.J. 埃德蒙：《大不列颠和爱尔兰皇家学会学报》，1913 年，pp.385ff.。乔赏必：《印度古籍》，pp.41, 40。巴鲁阿：《大不列颠和爱尔兰皇家学会学报》，p.805。《印度古籍》，pp.48, 8ff.。艾略特：《印度教和佛教》I, pp.290f.。F. 韦勒：《亚洲专刊》卷 5, 1930 年，p.166。

阿育王的法敕中向臣民推荐学习的佛教经文有：

Vinaya-samukase，大约是"律藏有根本讲道"，也即是通常说的"波罗奈斯初转法轮"的说法。这段讲道存在于律藏中多处[①]，法敕中称其为"最好的说法"。按 A.J. 埃德蒙和奥登堡与李斯·戴维斯的说法[②]，其解释本名为"律藏纲要"。因此，我们猜想它应该指的是《波罗提木叉经》。B.M. 巴鲁阿把 Vinaya-samukase 释为"关于律藏的伦理规则的最好教说"。

Aliya-vasāṇi，又名《清净圣者生活的十种轨范》。本经在《等诵经》（*Saṅgīti-Suttanta*）、长部[③]、增支部[④]之中。

Anāgata-bhayani（《五种未来的危险》），在增支部[⑤]之中。

Munigāthā（《牟尼伽陀》），大约为《经集》（206—220）的《牟尼经》（*Muni-Sutta*）。

Moneyasute，可以肯定指的是《如是语经》（*Itivuttaka*, 67），也可见于增支部。[⑥]

Upanisa pasine（《优婆帝沙所问经》）中的优婆帝沙是舍利弗的名字。《经集》中第 955—975 偈称此为《舍利弗经》。内容为舍利弗启问而佛陀为之作答。纽曼和现今的瓦勒塞尔证实法敕中所说与《舍利弗经》相符。

---

① 《不问自说经》，V.3。

② 埃德蒙：《大不列颠和爱尔兰皇家学会学报》（*JRAS*），1913 年，pp.385f.；奥登堡和李斯·戴维斯：《东方圣书》（*SBE*）卷 13，pp.xxvif.。

③ III, pp.269, 291。

④ X, 19, 卷 V, p.29。

⑤ V, 77—78, 卷 III, pp.100ff.。

⑥ III, 120, 卷 I, p.273。

Lāgulovāde masāvādam adhigichya bhagavatā Budhena bhāsite（《教诫罗睺罗经》），亦即《中部》的第 61 经，下一部即 62 经称《教诫罗睺罗大经》，内容正是告诫罗睺罗为人正直不可妄语。阿育王在法敕中说不要撒谎的告诫，说明他显然知道这两部经典。

对于拜拉特法敕的意义，我们不必夸大也不宜小看。在学者中，巴鲁阿（在前面提及的书中）对它的评价过高："作为罕见的历史文献，它证明了公元前三世纪便已经存在佛教的圣典集。其经典形式，从经的题目到内文章句，都同我们今天所见的一样。"也有低估这个法敕的历史意义的，如巴斯[①]宣称，仅此一个经名并不能证明当时已经有佛教圣典存世，相反它倒证明了虽然当时有佛教经文存在，但那尚不是经藏。对此，浦山[②]表达了赞同的意见。他认为仅凭这个经的名称并不足以证明巴利三藏的古老性质。他说，这只能说是与巴利文献相关的律藏与经藏起源很早。阿育王的法敕并未说明他那时便已经有了佛教三藏。法敕中有这样的话：世尊所说皆是善说。[③]法敕中这句话看来很有可能显示：当时已经有了三藏性质的经典存在。其中，凡是被认为是佛所说的话都搜集起来。因此，对于佛教的追随者而言，这本身就足以成为真实性的印鉴。阿育王说凡世尊所说的都是真实善好，于是他向臣民们推荐了几

①　巴斯：《宗教史评论》第 5 辑，1882 年，pp.239ff.。《文集》I，p.342。
②　浦山：《佛教：研究及材料》，载《比利时皇家科学院纪念文集》55，1898 年，pp.32f.。
③　《增支部》（卷 4，p.164）有此名句：一切善说，皆为佛语。《大乘集菩萨学论》（p.15）亦有类似说法，这代表了原始佛教晚期发展阶段的观念。

篇挑选出来的佛经。他的推荐对象不仅仅是比丘和比丘尼，也还有在家的男女二众。因此，看来阿育王已经知道不少的佛教经文。不过，我们似乎也不必因此便认定，法敕本身可以成立这样的结论：那个时代一定有摩揭陀语的律藏和经藏的佛教圣典总集。至于阿育王所推荐的那几篇经文，因为出现在不同的圣典分部中，我们至少可以说，包括律藏和经藏的圣文很有可能一定同那个摩揭陀语圣典集的原始形态非常接近。米纳耶夫①对此抱有非常过激的怀疑态度，但他的立场已受到 H. 奥登堡②的反驳。

按布洛克③的说法，拜拉特刻文法敕的目的是要在臣民中建立集体会诵阿育王推荐经文的制度。但仅从法敕文字本身，我们看不到这样的证据。

关于如何释读拜拉特刻文法敕，可以参见瓦勒塞尔的《巴布拉石刻法敕》等④。我们多少倾向于相信诺贝尔⑤的说法和 E. 劳曼⑥的看法。

① 米纳耶夫：《佛教研究》，pp.84f.。

② H. 奥登堡：《德国东方学论文集》卷 52, 1898 年，pp.634ff.。

③ T. 布洛克：《德国东方学论文集》卷 63, 1909 年，pp.325ff.。

④ 《佛教文化资料》第 1 辑，莱比锡，1923 年，p.1;《巴布拉摩崖石刻文》(*Mochmals das Edict von Bhabra*) 第九分册，海德堡，1925 年；《印度-伊朗论文集》3, 1924 年，pp.113ff.。

⑤ J. 诺贝尔：《东方学文献报》，1924 年，pp.361ff.。

⑥ 劳曼：《印度-伊朗论文集》2, 1923 年，pp.316ff.。

附录四　觉音的时代和生平

　　Th. 福尔克斯曾经推测，根本就没有觉音这个人。目前所有巴利文论释之书，当初只是归属为"佛的声音"而已。[①] V.A. 史密斯也说，我个人并不相信真的有觉音这个人，即并不存在一个叫"Buddhaghosa"的人。[②] L. 费诺特则进一步地想要证明所谓觉音自摩揭陀国来到锡兰的这段旅程根本就是无稽之谈。[③] 所有的觉音论释之书都只是几个僧伽罗学问僧译者的作品。在锡兰传统中，这几个人就被称为"佛的声音"。我们不得不说有关觉音撰书的说法，到我们今天已经有八百多年的历史。整个事件充满了传奇性。例如，还有的说到他曾经到过缅甸和勃固（Pegu），然而这是没有历史根据的。同样还有许多与他无关的注释书也都附到他的名下。与此相同的情况也发生在别人身上。例如，附属在商羯罗身上的"传记"也都有不少只是传闻，他的名下也有许多根本与他无关的著作，但似乎就没有人怀疑商羯罗其人的真实性。不管怎么说，觉音这

---

　　① Th. 福尔克斯：《印度古籍》卷 19, 1890 年，p.122。

　　② 史密斯：《印度古籍》卷 34, 1905 年，p.184。

　　③ 费诺特：《法国高等师范学院五十周年纪念文集中的佛音事迹》（*La Légende de Buddhaghoṣa in Cinquantenaire de l' école practique des hautes études*），巴黎，1921 年，pp.101ff.。

个人的名字应该是真实的。早在一世纪马土腊的铭文中出现过这个名字①。伯希和②和佩貌丁③都曾经指出，五世纪初到印度游学的中国僧人法显在华氏城邂逅的那位婆罗门教师赖婆多（Raivata），正是觉音的老师。事实上，觉音自己也非常熟悉婆罗门教的经典学问，吠陀诸典不说，他还深解数论哲学和瑜伽派学说。这本身就证明觉音的婆罗门出身。④

　　锡兰的大名王统治时期通常被判定在 410—432 年或者 413—435 年。觉音的生期又被厘定在五世纪上半叶。主张并始终坚持这个说法的是伯林伽默。⑤按盖格的《大史》英译本⑥——该编年史认为佛灭于公元前 483 年，而大名王的统治在 450—480 年，觉音在世也当此时。但这个编年史对于盖格而言，是他讨论问题的"权宜依据"，在我看来它本身的可靠性值得怀疑。中国人有关于锡兰方面入贡的记录，他们认为大名王遣使入华在 428 年（按烈维在他的书中所引中国史料）。烈维说大名王曾遣使往（印度）海护王（Samudragupta）入贡。后者在位时间应是 326—375 年⑦，但若按旧的年代厘定，云彩王（Meghavaṇṇa）的统治期在 304—

① 参见福尔克斯前所引书，p.105。

② P. 伯希和：《通报》卷 21，1922 年，p.243；《法国远东学院学报》卷 4，pp.149，412。

③ 佩貌丁：《大不列颠和爱尔兰皇家学会学报》，1923 年，pp.265ff.。

④ 参见佩貌丁前所引书。

⑤ 参见其《哈佛东方丛书》卷 25，p.58。

⑥ 《大史》（译本），p.xxvi。

⑦ 史密斯的《早期史》（第 4 版）订此时间为 330—380 年。译者补：《晋书·列传》卷五十七载：师子国元嘉五年（428）国王刹利摩诃南奉表……（元嘉）十二年（451）又复遣使奉献。

332 年。这倒无悖于中国人的历史记录。因为该王遣使入贡中国在
330—332 年。史密斯所厘定的大云王遣使入华在 360 年 [1]，但他
显然依据的是盖格的《大史》英译本年表。

---

① 《早期史》，第 4 版，p.345。

附录五　迦腻色迦王的统治时期

　　研究印度史和印度文献史，迦腻色迦王一朝的统治时间至关重要。尽管我们已经看见了迦王时记有年代的钱币和明确言及迦王名称的石刻铭文。但至今仍然没有笃定的方法来确定该王的统治年代。藏文及汉文的记载也有关于迦王的统治年代，再对照印度史料来看，还是中国人的记载更有启发性。但它也还是无法同中国的纪年年表建立同步关系。因此，直到目前我们的年代厘定仍未逾出假定的范围。碑铭、钱币和考古的材料以及汉文的记载，所有这些都越来越指向这一可能：迦王的统治在二世纪。其即位年代大约应为 125 年。至今仍有不少学者坚持这样的看法，迦王所建立的塞种人（Sāka）王朝始于 78 年。但现在看，这个说法有点站不住脚了。

　　考虑到问题的关键性和解决的难度，我总结了以下的这些材料，它们几乎包括了所有可能的文献来源。虽然如此，但问题的最终解决仍然非常困难，因为可能实际上有两个迦腻色迦王。

　　1.一种看法认为迦王开创维克拉玛（Vikrama）时代在 58 年。今天支持这种说法的人越来越少了。这种主张的代表人物是坎宁

汉 ①。J. 弗里特在为《布勒尔书》所写序言 ②；另有 O. 弗朗克 ③、J. 肯尼迪 ④、S. 烈维 ⑤。烈维所据中国史料，此材料也为 Ed. 斯佩克所引用过。后者 ⑥ 将迦王开国时间定在一世纪末二世纪初。这些人都主张迦王统治时期开始于公元前一世纪至一世纪初。L.D. 巴尔内特 ⑦ 也持这样的看法。

2. 一种主张认为迦王塞种人一朝开始于 78 年。最先提出这种主张的是费古森。⑧H. 奥登堡也是这种立场。⑨ 今天仍然有一些人作此主张，如 E. J. 如拉普森 ⑩、沙赫尼 ⑪、L. 巴霍哈夫 ⑫、戈

---

① A.坎宁汉：《印度考古调查报告》，Vol.II, 1871 年，pp.68 注释，159ff.; III. p.31。坎宁汉的主张以后有改变，他认为这个年代应当是 80 年。

② G.布赫勒：《印度古代文献》，载《印度古籍》卷 33, 1904 年。《大不列颠和爱尔兰皇家学会学报》1906 年，pp.979ff.; 1903 年，p.334; 1913 年，pp.95ff., 965ff.; 1914 年，pp.922ff.。

③ 弗朗克：《柏林科学院哲学史部论文集》（*ABA*），1904 年，pp.61ff.。

④ 肯尼迪：《大不列颠和爱尔兰皇家学会学报》（*JRAS*），1912 年，pp.665ff., 981; 1913 年，pp.369ff., 661ff., 1054ff.。

⑤ 烈维：《亚洲学报》，s.9, t.VIII, 1986 年，pp.444ff. s.9,t.IX; 1897 年，pp.1ff.。

⑥ 《亚洲学报》，s.9,t.X, 1897 年，pp.152ff.。

⑦ L.D.巴尔内特：《大不列颠和爱尔兰皇家学会学报》，1913 年，pp.193ff.;《加尔各答评论》，1926 年 2 月，p.252。

⑧ 费古森：《大不列颠和爱尔兰皇家学会学报》，1880 年，pp.259ff.。

⑨ 《钱币学杂志》（*Zeitschrift für Numismatik*）卷 8, 1881 年，pp.289ff.;《古代印度》卷 10, 1881 年，pp.213ff.。

⑩ 如拉普森：《柬埔塞史》（*Cambridge History*）卷 1, pp.581, 583ff.。

⑪ 达耶·兰姆·沙赫尼：《大不列颠和爱尔兰皇家学会学报》，1924 年，pp.399ff.。

⑫ 巴霍哈夫：《东亚研究期刊》（*OZ*），1927 年，pp.21ff.; 1930 年，pp.10ff.。

希^①等人。L.A. 瓦德尔^②依据考古材料，J.Ph. 沃格尔^③依据古写本上的材料将迦王的统治时代定在一世纪。

3. 还有许多学者主张迦王一朝应在一世纪末二世纪初。例如，H. 奥登堡^④、Ed. 斯佩克^⑤、A.M. 波耶尔^⑥、H. 吕岱司^⑦、F.W. 托马斯^⑧以及 M.A. 斯坦因^⑨。后者宣称："碑铭材料结合别的资料来综合考虑，迦王的统治时代拟应放在塞种人一朝之初且稍稍晚一点。"而据 R.D. 巴勒吉^⑩，则认为这个迦王一朝统治时间应该再往前挪一点。即该王进入印度河流域在 91 年，而其去世的时间则在 123 年。

4. A. 富勒尔等人依据考古材料断定迦王统治时代在二世纪^⑪。；科诺夫（Sten Konow）对此他具有决定意义的支持。他

---

① 哈里·真纳·戈希：《印度史季刊》（*Ind.Hist.Qu.*）第 4 辑，1928 年，pp.760ff.；第 5 辑，1929 年，pp.49ff.。

② L.A. 瓦德尔：《大不列颠和爱尔兰皇家学会学报》，1913 年，pp.947ff.。

③ J. Ph. 沃格尔：《印度铭刻》（*Ep.Ind.*）卷 8，pp.173ff.。

④ H. 奥登堡：《学术论文集》（*NGGW*），1911 年，pp.427ff.；《巴利经典学会学报》（*JPTS*），1910—1911 年；《宗教史档案》卷 17，1914 年，pp.646ff.。

⑤ Ed. 斯佩克：《亚洲学报》，1897 年，s.9, t.X, pp.152ff.。

⑥ A. M. 波耶尔：《亚洲学报》，1900 年，s.9, t.XV, pp.526ff.。

⑦ 吕岱司：《亚罗的刻文》（Die Inschrift von Āra），载《普鲁士科学院会议通讯》，1912 年，pp.824ff.；《古代印度》卷 42，1913 年，pp.132ff.。

⑧ F.W. 托马斯：《大不列颠和爱尔兰皇家学会学报》，1913 年，pp.627ff., 1011ff.；1914 年，pp.748ff.；《哥廷根科学通报》（*GGA*），1931 年，pp.1ff.。

⑨ M. A. 斯坦因：《古代印度》（*Ind.Ant.*），卷 34，1905 年，pp.77ff.。

⑩ 巴勒吉：《古代印度》，卷 37，1908 年，pp.27ff.。

⑪ 他在《大不列颠和爱尔兰皇家学会学报》（1903 年，pp.3ff.）讨论了此前关于这个时间的各种主张。此等意见可参见：福涉尔：《犍陀罗希腊佛教艺术》（*L'Art Gréco-buddhique du Grandhāra*）卷 1，1905 年，p.623；卷 2，1918 年，pp.505ff.。马歇尔爵士：《大不列颠和爱尔兰皇家学会学报》，1914 年，pp.973ff.；1915 年，pp.191ff.。《且叉尸罗手册》（*Guide to Taxila*）第 2 版，加尔各答，1921 年，pp.17f.。V.A. 史密斯：《印度和锡兰美术史》（*History of the Fine Art in India and Ceylon*），牛津，1911 年，p.99。

认为迦王践位不能早于 125 年。其统治时期宜开始于 128—129
年 ①。V.A. 史密斯 ② 把这个时间定在 120—160 年。而木村龙宽 ③ 则
将此时间定为 140—180 年。另外，施特尔·霍思因 ④、文第希 ⑤ 再
次综合评估了以往的诸种主张。⑥

　　5. 还有主张迦王统治期在三世纪。他们有：D.R. 班达卡尔 ⑦、
R.G. 班达卡尔 ⑧、R.C. 马宗达 ⑨。

　　至于说到第二位迦腻色迦，他可能是前者的孙子，生活在三
世纪 ⑩。

---

　　① 　《德国东方学论文集》卷 68，1914 年，p.97。《普鲁士科学院会议通讯》，
1916 年，pp.787ff.。《印度碑铭集》卷 14，1918 年，pp.130ff.。《东方学报》卷 2，
1923 年，pp.130ff.；卷 3，1924 年，pp.52ff.。《皇家亚洲学会孟买分会学报》卷 1，1925
年，pp.1ff.。《印度史季刊》第 3 辑，1927 年，pp.851ff.。《印度碑铭史·卡洛斯刻文》
（*Corpus Inscriptionum Indicarum*）卷 2，第 1 部分，加尔各答，1929 年，pp.lxxvff.,
lxxxff., xciiif.。

　　② 　史密斯：《早期史》（*Early History*），pp.271ff.。

　　③ 　R. 木村：《印度史季刊》第 1 辑，1925 年，pp.415ff.。

　　④ 　A. V. 施特尔·霍思因：《普鲁士科学院会议通讯》（*SBA*），1914 年，pp.643ff.。

　　⑤ 　E. 文第希：《印度哲学与古代世界》（*Philologie und Altertumskunde in
Indien*），莱比锡，1921 年 (AKM, XV, 3)，pp.26ff.。

　　⑥ 　参见 A.B. 凯恩的意见。A.B. 凯思：《梵语文学史》（*Hist.Sansk.Lit.*），p.xxvii.。

　　⑦ 　D. F. 班达卡尔：《皇家亚洲学会孟买分会学报》（*JBRAS*）卷 20，1899 年，
pp.269ff.。

　　⑧ 　R. R. 班达卡尔：《皇家亚洲学会孟买分会学报》卷 20，1900 年，pp.385ff.。

　　⑨ 　马宗达：《古代印度》，卷 46，1917 年，pp.261ff.。《加尔各答大学文学部学
报》（*JDL*）卷 1，1920 年，pp.65ff.。

　　⑩ 　参见吕岱司前所引书、萨蒂斯·乾德拉前所引书、哈里·乾德拉·戈希的研究、
科诺夫的研究。

附录六　耆那教大雄的入寂时间

据耆那教的《诸圣编年史》（*Chronology of the Śvetambara Jainas*），大雄死于维克拉玛朝开国前470年，也就是公元前527年。但若据耆那教徒自述则死于公元前605年。这两个年代都可能是计算错误的结果。因为它们都与另外一个比较确凿的事实相矛盾，即我们都知道佛陀与大雄作为同时代人都生活在瓶沙王和阿阇世王的统治时代。这些都是耆那教材料中说到的。耆那教自己的传承世系可以一直延续到十一世纪左右，按这个世系来推算，旃陀罗笈多（月护）王加冕灌顶在大雄死后第155年。但现在我们无法确定该王的加冕年代。奥托·斯坦因[①]已经指出月护王不可能在公元前318至公元前317年行灌顶礼。假若我们将其加冕的时间定在公元前317年，则大雄的涅槃时间就到了公元前473至公元前472年，佛陀入寂也就到了公元前480至公元前479年。所有时间上有这两种可能，取决于我们把瓶沙王在位的时间定为25年还是28年。

恰彭吉尔[②]都想要证明佛灭于公元前477年，大雄示寂于公元

---

　　①　奥托·斯坦因：《东方文献》（*Archive Orientalni*）卷1，1929年，pp.354ff.，368ff.。

　　②　恰彭吉尔：《古代印度》（*Ind.Ant.*）卷43，1914年，pp.118ff.，125ff.，167ff.；《剑桥史》（*Cambridge History*）卷1，pp.150ff.。

前 467 年。H. 雅各比 ① 原先似乎主张大雄逝于公元前 467 年，但现在他则主张 ② 佛灭于公元前 484 年，以及大雄逝于公元前 477 年。这两个年代又成为摩揭陀国历史断定的"可信基础"。但他厘定的月护王的加冕时间在公元前 322 年。S.V. 文卡特斯瓦罗 ③ 竭力证明大雄的逝年不会早于公元前 437 年。

所有这些估定的年代都与巴利文圣典上三处说到两位圣者去世的经文不符。④

H. 雅各比 ⑤ 认为，此信息不确，是杜撰出来的。其目的是要显示大导师逝后其教团内部的纷争和分裂。当然这样的可能性不是没有。但我认为这样的信息是空穴来风，因为汉文《大藏经》可以证明这种说法来自较早时期的佛教材料。要我说，毋宁认为大雄的死期还有待进一步落实。⑥

---

① 　雅各比：《巴尔护特石刻敕令中的〈大劫经〉》（*The Kalpasutra of Bhadrabahu Ed.*），导言一，I，pp.6ff.。

② 　《佛陀与大雄 – 涅槃与死：魔揭陀王国鼎盛时期的政治交涉》（"Buddha und Mahaviras Nirvana und die politische Entwicklung Magadhas zu jeuer Zeit"），载《普鲁士科学院会议通讯》，1930 年，pp.356ff.。

③ 　S. V. 文卡特斯瓦罗：《大不列颠和爱尔兰皇家学会学报》（*JRAS*），1917 年，pp.122ff.。

④ 　这三处分别是：《长部》卷 3，pp.117f.，210f.。《中部》卷 2，pp.234ff.。同时也与汉文《大藏经》中长阿含的记载不符（S. 贝辛：《大亚洲》卷 7，1931 年，pp.1ff.），依据传统说法所称的大雄先于佛陀前不久入寂。

⑤ 　雅各比：《普鲁士科学院会议通讯》（*SBA*），1930 年，pp.558ff.。

⑥ 　可以参见 K.B. 帕塔克（《古代印度》卷 12，1883 年，pp.31ff.）、洪里（《宗教伦理百科全书》卷 1，p.261）、史密斯（《早期史》，第 4 版，pp.34，48f）以及奎林诺（《耆那教》，p.41）。

附录七^①　巴利语三藏目录

一、律藏

（一）《经分别》

此经的核心部分是戒本。所谓"经分别"就是对经文即戒本的解释。《经分别》分为"大分别"和"比丘尼分别"。"大分别"讲述有关比丘的 227 条戒规，"比丘尼分别"讲述有关比丘尼的 311 条戒规。这些戒规分为八类。

1. 波罗夷（Pārājikā）：行淫、偷盗、杀人（包括怂恿他人自杀）和妄称上师，均属大罪，犯此逐出僧团。比丘 4 条，比丘尼 8 条。

2. 僧残（Saṃghādisesa，僧伽胝施沙）：故意遗精、故意触摸女人、充当男女私通的牵线人、私自违章建屋、毁谤其他比丘、挑拨离间、不听忠告等，均属于重罪。犯者受罚另外住宿，接受六夜"摩那"灭罪法，然后在僧团大众（至少 20 人）面前认罪忏悔，方能恢复僧尼资格。比丘 13 条，比丘尼 17 条。

3. 不定（aniyata）：独自与妇女一起坐在隐蔽处，犯此戒定

---

① 此附录编写的基础是国内梵文和巴利文学者郭良鋆的《佛陀和原始佛教思想》和已故巴利语专家邓殿臣所译的《长老偈》和《长老尼偈》的附录。——译者

为波罗夷、僧残或舍堕。比丘 2 条。

4. 舍堕（nissaggiy-pcittiy，尼萨耆波逸提）：衣钵卧具超过应有的数量或不按规定获得和使用衣钵卧具，犯此戒须当众忏悔，衣钵卧具没收。比丘 30 条，比丘尼 30 条。

5. 单堕（pācittiya，波逸提）：说谎、谩骂、与妇女同屋住宿、比丘和非亲比丘尼结伴而行、比丘和比丘尼一起坐在隐蔽处、饮食过量，贪吃鱼肉乳酪、饮酒、杀害牲畜和饮用有虫之水等，犯此戒应当众忏悔。比丘 92 条，比丘尼 166 条。

6. 波胝提舍尼（pāṭidesanīya）：比丘从非亲比丘尼手中接受食物、未受邀请而自取食物或住处危险而不事先向前来送食的施主说明，犯此戒应忏悔。比丘 4 条，比丘尼 8 条。

7. 众学（sekkhāya）：日常生活中对比丘服装、饮食、说法等的规定。例如，衣着整齐；进屋坐下时，要保持安静，不能大声戏笑，不能摇晃身体、手臂或头，吃饭不能挑食，不能含食谈话，不能大口吞食，不能撒落食物，不能伸舌咂嘴，不能舔手指、舔钵或舔嘴唇；不能站着为坐着的人说法，不能坐着为躺着的人说法，不能坐在低座为坐在高座的人说法，不能为手持刀剑的人说法，等等。比丘 75 条，比丘尼 75 条。

8. 灭净（adhikaraṇa-śamathā）：调节僧团内纷争的方法，共有七种。一现前止净，即争议双方当面对质。二忆念止净，即验证当事人有无记忆，无记忆则免之。三不痴止净，即验证当事人是否精神正常，精神失常则先治病。四自言止净，即令当事人自己坦白。五觅罪相止净，即当事人不坦白，则揭发其罪状。六多觅罪相止净，即召集有德之僧。依多数裁定是非。七如草覆地止净，即当事人自悟是非，如草覆地，互相告解，亦即忏悔。《犍度》中"犍度"的原意是躯干或集合体，引申为汇编而成的篇章。因此，《犍度》是有关僧团和僧尼戒规的汇编。《犍度》分成《大品》和《小品》两部分。

（二）《大品》

《大品》包括十种犍度。

1. 大犍度：有关出家和受戒的规定。

2. 布萨犍度：有关每月望日或朔日说戒忏悔的规定。

3. 入雨安居犍度：有关每年雨季比丘安居修行的规定。

4. 自恣犍度：有关雨季安居结束时比丘自恣忏悔的规定。

5. 皮革犍度：有关穿鞋和使用皮革的规定。

6. 药犍度：有关药物和食物的规定。

7. 迦缔那衣犍度：有关雨季安居结束后比丘接受迦缔那衣的规定。

8. 衣犍度：有关比丘所穿三衣（袈裟）的规定。

9. 瞻波犍度：有关僧团活动合法和非法的规定。

10. 拘睒弥犍度：有关比丘分裂和合的规定。

（三）《小品》

《小品》包含十二种犍度。

1. 羯摩犍度：有关呵责和处分犯戒比丘的规定。

2. 别住犍度：有关比丘接受别住处分的规定。

3. 集犍度：有关处分犯僧残罪比丘的规定。

4. 灭净犍度：有关平息比丘纷争（即七灭净法）的规定。

5. 小犍度：有关比丘日常生活用品的规定。

6. 卧坐具犍度：有关房舍和卧坐具的规定。

7. 破僧犍度：有关提婆达多反逆之事。

8. 仪法犍度：有关各类比丘的威仪。

9. 遮说戒犍度：有关犯戒比丘不参加布萨的规定。

10. 比丘尼犍度：有关比丘尼的规定，如八重法、二十四障法等。

11. 五百结集犍度：有关佛教第一次在王舍城结集之事。

12. 七百结集犍度：有关佛教第二次在吠舍离结集之事。

（四）《随附》

《随附》是律藏的附录部分，主要是提供《经分别》和《犍度》的概要，或者分类叙述有关戒律，共分十九章。

1. 大分别：论述比丘戒。

2. 比丘尼分别：论述比丘尼戒。

3. 等起：论述比丘戒和比丘尼戒以及罪过的产生。

4. 无间省略和灭诤分解：论述罪过的产生、四诤事和灭诤之法。

5. 问犍度：论述各犍度的罪数。

6. 增一法：按照一至十一的数目递增，分类论述《经分别》和《犍度》中的各种事项。

7. 布萨初解答以及制戒义利论：论述布萨活动和制戒的十种利益。

8. 伽陀集：论述制戒处的七城、四种破坏以及比丘戒和比丘尼戒的异同。

9. 诤事分解：论述四诤事。

10. 别伽陀集：论述呵责法等。

11. 呵责品：论述诃责法和布萨等。

12. 小净。

13. 大净：论述僧团中裁定犯罪的准备事项。

14. 迦缔那衣分解：论述迦缔希那衣的受持和舍弃。

15. 优波离五法：论述佛陀回答优波离询问的五法。

16. 等起：论述比丘戒的产生。

17. 第二伽陀集：论述六种身罪、语罪乃至十二种波胝提舍尼。

18. 发汗偈：论述与比丘尼不共住。

19. 五品：论述四种羯磨、二种义利、九种聚会等。

二、经藏
《长部》或《长尼迦耶》

（一）《戒蕴品》

1. 《梵网经》共分三品。第一品讲述佛陀带着五百比丘在王舍城和那烂陀之间游行，游方僧须俾耶（Suppiya）及其弟子梵授（Brahmadatta）跟随在他们后面。一路上，须俾耶以种种方式诋毁佛法僧，而梵授则以种种方式赞扬佛法僧。第一品末后至全经结束，佛陀评述当时沙门思潮中流行的关于世界和灵魂的过去和未来的各种观点。这些观点可以归纳为二见（anudiṭṭhi）、十论（vāda）和六十二理由（vatthu）。二见为过去劫过去见和未来劫未来见。过去劫过去见有五论：①灵魂和世界永恒论，有四种理由；②半永恒半非永恒论，有四种理由；③世界有限无限论，有四种理由；④鳝鱼油滑论，即既不认为是这样，也不认为是那样，有四种理由；⑤灵魂和世界偶然产生论，有两种理由。未来劫未来见有五论：① 死后灵魂有思想论，有十六种理由；② 死后灵魂无思想论，有八种理由；③ 死后灵魂既不有思想也不无思想论，有八种理由；④ 死后灵魂断灭论，有七种理由；⑤ 现世涅槃论，有五种理由。佛陀对所有这些观点持否定态度。佛陀作比喻，如同梵网无所不包，本经中也完全包含了沙门、婆罗门关于过去劫和未来劫的所有见解。最后阿难询问佛陀本经说法应取何名，佛陀回答说："你记住这次说法，名为利网、法网、梵网、见网，无上的战斗胜利。"

2.《沙门果经》（*Sāmññaphala-Sutta*）。佛陀在王舍城时，摩揭陀国王阿阇世在一个月明之夜前来求教。阿阇世王希望佛陀告诉他，沙门的修行能否也得现世果报。阿阇世王曾经转述了他以往请教过的富兰那迦叶、末伽黎拘舍罗、阿耆多翅舍钦婆罗、婆浮陀、迦旃延、尼乾陀、若提子和珊阇夜毗罗胝子的意见。然后，佛陀详细讲述了比丘通过戒定慧获得更加微妙殊胜的现世界报：比丘恪守各种戒律，戒行具足，则无所畏惧，内心清净安稳。比丘守护感官之门，正念正智，寡欲知足，摆脱五盖（即五种精神障碍：贪欲、瞋恚、昏眠、掉悔和疑惑），心生喜乐，修习四禅定，获得五神通，证得四圣谛，达到解脱。

3.《阿摩昼经》（*Ambaṭṭha-Sutta*），共分二品。佛陀在憍萨罗时，婆罗门青年阿摩昼遵照老师波伽罗沙提（Pokkharasāti）的吩咐，前来察看佛陀是否具有三十二相。他见到佛陀后，傲慢无礼，指责释迦族出身卑下，不敬重婆罗门。于是，佛陀询问阿摩昼的出身，指出阿摩昼的祖先是乾呵（Kaṇha）。佛陀告诉阿摩昼，释迦族祖先俄迦格王（Okkāka）为了让宠妃的儿子继承王位，放逐了四个年长的儿子。这四兄弟住在雪山湖边的释迦树下，为了保持种姓纯洁，兄弟姐妹结为配偶。由于他们在释迦树下与自己的姐妹通婚，故而得名释迦族。然而，阿摩昼的祖先乾诃是俄迦格王的一个婢女生的儿子。阿摩昼听后感到羞愧，沉默不语。而佛陀安慰他，乾诃是位大仙人，凭借法力求得俄迦格王的公主为妻。佛陀进而向阿摩昼说明在一切种姓中刹帝利最优秀，而在一切人和神中知识和德行圆满者（明行足）最优秀。于是，阿摩昼询问佛陀何谓知识和德行。佛陀告诉他，知识和德行与嫁娶、出身和种姓无关。首先要摆脱嫁娶、出身和种姓观念的束缚，才能成就知识和德行，途径是实践戒定慧。经的末尾，阿摩昼和他的老师都归信了佛法。

4.《种德经》（Soṇadaṇḍa-Sutta）。佛陀在鸯伽国时，婆罗门种德慕名拜见佛陀。佛陀问他熟悉的问题：真正的婆罗门应该具备哪些品格？ 种德回答说有五个条件：① 七代血统纯净；② 通晓吠陀、咒语和各种学问；③ 相貌端庄；④ 遵守戒律；⑤ 聪明睿智。佛陀告诉他这些都不是必要而充足的条件，最重要的是应该具备戒定慧。种德听完佛陀说法，表示皈依佛法僧。

5.《究罗檀头经》（Kūṭadanta-Sutta）。佛陀在摩揭陀国时，婆罗门究罗檀头准备了许多牲畜，要举行大祭。他慕名拜见佛陀，请教三种祭祀态度和十六种祭法。佛陀向他讲述，所谓十六种祭法是：四种臣民——刹帝利、官吏、婆罗门和家主表示同意；国王具备八种品质——血统纯洁，相貌端庄，财富充盈，武力强大，乐善好施，知识广博，通晓语义，聪明睿智；国王的祭司具备四种品质——血统纯洁，通晓吠陀、咒语和各种学问，遵守戒律，聪明睿智。所谓三种祭祀态度是国王在祭祀前、祭祀中和祭祀后，都不为自己耗费财富而后悔。佛陀表明自己前生某世就是婆罗门祭司。佛陀向究罗檀指出，更简易、有效且能获得大果报的祭祀，除了施舍出家人、建造寺庙、皈依佛法僧和恪守五戒，最理想的祭祀是实行戒定慧，以达到解脱。究罗檀头听完佛陀说法，决定放弃杀生祭祀，皈依佛法僧。

6.《摩诃梨经》（*Mahāli-Sutta*）。佛陀在毗舍离讲经说法时，离车族人摩诃梨询问天眼通和天耳通的问题。佛陀证实禅定能获得天眼通和天耳通，但比丘修习梵行并非为了获得这些神通，而是有更高的追求。那就是断灭三结，入预流果；减少贪瞋痴，入一来果；断灭五结，入不还果；灭尽诸漏，获得解脱。达到这些目标的途径是八正道——正见、正思、正语、正业、正命、正精进、正念和正定。接着，佛陀讲述自己在憍赏弥时，出家人孟提摄（Maṇḍissa）和阇利（Jāliya）来问他生命和身体是一还是异？佛陀借此详细讲述通过戒定慧可证得四圣谛，并达到解脱。

7.《阇利经》（*Jaliya-Sutta*）。佛陀在憍赏弥时，出家人孟提摄和阇利来问他生命和身体是否同一的问题。内容与上述《摩诃梨经》后半部分相同。

8.《迦叶狮子吼经》（*Kassapasīhanāda-Sutta*）。佛陀在憍萨罗国委若镇时，裸体苦行者迦叶与他讨论苦行的问题。迦叶讲述了各种苦行，诸如一日一食、二日一食、七日一食乃至半月一食；食糠米比，食野草，食牛粪，食树根落果；穿树皮衣，穿草衣，穿兽皮衣，穿粪扫衣；长期站立，长期蹲踞，卧荆棘，卧硬地。佛陀认为只有苦行，而戒不具足，心不具足，慧不具足，远非真正的沙门婆罗门。除了苦行之外，还要修行，灭尽诸漏，达到解脱，才是真正的沙门婆罗门。迦叶询问佛陀何谓戒、心和慧具足？

佛陀详细讲述戒、心和慧。迦叶听完佛陀说法，出家为比丘，最后修成阿罗汉。

9.《布咤婆楼经》（*Poṭṭhapāda-Sutta*）。佛陀在舍卫城给孤独园时，在末梨园遇见以布咤婆楼为首的游方僧。布咤婆楼向佛陀提出"想灭"的问题，说有人认为无因无缘生，无因无缘想灭；有人认为想是人的灵魂，灵魂在时有想，灵魂去时无想；有人认为具有大神通的沙门、婆罗门或天神操纵人的想。佛陀回答说，想生想灭是有因缘的，因修习而想生，因修习而想灭。布咤婆楼询问佛陀何谓修习？佛陀详细讲述如何通过戒定慧达到"想灭"。然后，布咤婆楼又问佛陀灵魂与想同一与否、世界永恒与否、世界有限与否、生命与身体同一与否和如来死后存在与否这些问题。对此，佛陀未作解答，认为这些问题无助于离欲、灭寂、平静、觉悟和涅槃。佛陀给他解答苦、集、灭、道（"四谛"）的道理，使他归信而成为优婆塞。

10.《须婆经》（*Subha-Sutta*），共分两品。在佛陀涅槃后不久，阿难应婆罗门青年须婆之请说法。阿难讲述如何修习戒定慧，如实知苦、集、灭、道，从而达到解脱。须婆听后，皈依佛法僧，成为优婆塞。

11.《坚固经》（*Kevaddha-Sutta*）。佛陀在那烂陀，一位年轻的家主坚固来见佛陀，建议佛陀指派一位比丘显示神通，这样就会使那烂陀居民更加信奉佛陀。佛陀表示他对比丘从未有这样的要求。佛陀也说他本人通晓三种神通：神足通、他心通和教诲神变。神足通是能以一身化作多身，又以多身还作一身，或显或隐，穿行墙壁山岳，出没大地，步行水面，趺坐空中，手触日月，身至梵天。他心通是能洞察他人的心思。但是，不相信神通的人会说神足通是犍陀罗咒术，他心通是摩尼迦咒术。鉴于这种危害，佛陀厌弃显示神足通和他心通。而佛陀倡导教诲神变，即教诲他人通过戒定慧达到解脱。佛陀还告诉坚固，过去曾有个比丘心生疑惑："地水火风四大成分在何处灭尽？"他入定通天，但问遍天道诸神，直至梵天大神都回答不了。最后，还是回来问佛陀。佛陀告诉他说："识灭皆灭。"

12.《露遮经》（*Lohicca-Sutta*）。佛陀在憍萨罗国时，应邀到婆罗门露遮家吃饭。露遮怀有一个错误的看法，认为沙门、婆罗门证得善法后，不应该告诉他人。于是，佛陀教导他，有三种老师应受指责：不自觉也不觉他，不自觉而觉他，自觉而不觉他。真正的老师应该是自觉而觉他，就像佛陀本人那样。露遮听完佛陀说法，皈依佛法僧，成为优婆塞。

13.《三明经》（*Tevijja-Sutta*）。佛陀在憍萨罗时，有两个婆罗门青年互相争论怎样才能获得解脱，与梵天会合。争执不下，便去请教佛陀。佛陀询问他们通晓三吠陀的婆罗门、婆罗门的老师和老师的老师见过梵天吗？他们回答说没有。于是，佛陀说，古代仙人创作三吠陀颂诗以来，婆罗门代代相传，但都没有面见梵天。这正如盲人依次相传，虚妄不实。也如欲求美女，而不知美女为谁；也如造梯登楼，而不知高楼何在；也如徒呼彼岸而欲渡河，或者，手臂受缚而欲渡河。并且，依据婆罗门传说，梵天没有爱欲、愤怒和仇恨，纯洁自制，而婆罗门陷身色、声、香、味和触五欲，蒙有五盖，死后怎么能与梵天共住？然后，佛陀教导他们说，比丘修习戒定慧，住于慈心、悲心、喜心和舍心（"四梵住"），这才是与梵天住之道。这两个婆罗门青年听完佛陀说法，皈依佛法僧，成为优婆塞。

（二）《大品》

1.《大本经》（*Mahāpadāna-suttanta*），共分三品。佛陀在舍卫城给孤独园时，凭天耳通得知众比丘在法堂议论前生事，于是前往法堂向众比丘讲述过去佛的事迹。

毗婆尸、尸弃、毗舍婆、拘楼孙、拘那含、迦叶，加上佛陀本人（瞿昙）共有七佛。佛陀讲述了原来的种姓、族姓、寿数、成道之树、大弟子、僧会、常随弟子、父母和王都。继而又向众比丘讲述毗婆尸佛传。毗婆尸菩萨从兜率天降入母胎。母怀菩萨，十月分娩，不坐不卧，立而生产。菩萨诞生后七日，母死后往生兜率天。菩萨生下就能站立，朝北行走七步，环视四方，说道："在这世上，唯我至尊。"占相婆罗门宣布这位王子具有三十二相，将来在家则成为转轮王，出家则成为阿罗汉、正等觉。父王为王子建造三座宫殿，供雨季、冬季和夏季居住娱乐。后来，王子驾车出宫游园，先后见到老人、病人、死人和出家人。于是，王子剃除须发，身着袈裟，离宫出家。王子于僻静处，潜心修行，因慧而悟："识灭故名色灭，名色灭故六处灭，六处灭故触灭，触灭故受灭，受灭故爱灭，爱灭故取灭，取灭故有灭，有灭故生灭，生灭故老死、忧悲、苦恼灭。"由此，王子获得解脱，成为阿罗汉、正等觉。然后，毗婆尸佛应大梵天的请求，向世间宣法。

2.《大缘经》（*Mahānidāna-suttanta*）。佛陀在俱卢国时，阿难说："世尊啊，此甚奇妙！缘起法甚深，虽然看上去深邃，然我感觉明白易懂。"佛陀语阿难："不可如是说啊，阿难！此缘起法确实深邃，看上去深邃。然众生不解、不能穷悉此法，因之纠缠不清，如同乱麻，因此不能脱离恶道、毁灭与轮回。"于是，佛陀向阿难解说缘起法："缘名色有识，缘识有名色，缘名色有触，缘触有受，缘受有爱，缘爱有取，缘取有有，缘有有生，缘生有老死，缘老死有愁悲苦忧恼，于是有一切苦蕴集。"佛陀又向阿难讲述了四种计我者、七种识住和八种解脱。

3.《大般涅槃经》，共分六章，是长尼迦耶中最长的一部经，讲述佛陀涅槃前后的事迹。第一章讲述了佛陀在王舍城灵鹫山时，摩揭陀王阿阇世准备攻伐跋祇国，并派人传递此消息给佛陀。佛陀听后，向阿难了解跋祇国的情况，又对来人说："往昔我曾向跋祇国人讲七不退法。他们遵行七不退法至今，因此不衰亡，而得繁荣。"佛陀召集众比丘，向他们讲述比丘的各种不退法。佛陀告诫他们说："只要遵行不退法，比丘们便不会衰亡，只会繁荣。"然后，佛陀往菴婆罗提迦园说法。又往那烂陀波波利菴婆林和波吒利村说法，告诫优婆塞们犯戒者有五祸，持戒者有五利。佛陀出波吒利村，至恒河边。犹如力士手臂屈伸，佛陀与众比丘从此岸消失，站到彼岸。第二章讲述了佛陀往拘利村说法。在那提迦为阿难说法"法镜"。又往毗舍离，住在妓女菴婆波梨的园林，为众比丘说法。又往贝卢婆村，度雨安居。其间佛陀生重病，剧痛濒死。但佛陀以顽强的意志，熬过病痛，活了下来。佛陀自知不久于人世，病体恢复后，嘱咐阿难说："你们要以自己为岛屿而安住，以自己为庇护，不以别人为庇护；以法为岛屿，以法为庇护，不以别人为庇护。"第三章讲述了佛陀在遮波罗塔庙告诉阿难，说自己如果愿意，可以活上一劫。而当时阿难的心为魔罗所障，没有请

求佛陀活上一劫。接着，魔罗前来请求佛陀入般涅槃，佛陀允诺
自己三个月之后入般涅槃。佛陀做出这个决定时大地剧烈震动。
佛陀向阿难讲述大地震的八因缘，又讲述八众、八胜处和八解脱。
阿难请求佛陀活上一劫，佛陀说自己已经决定入般涅槃，不能食言。
佛陀前往大林讲堂，向众比丘宣布自己不久将入般涅槃，嘱咐众
比丘为了众生的利益，继续努力学法和宣法。第四章是佛陀往般
荼村说法。又往薄伽城说法。又往波婆城，住在铁匠纯陀的菴婆林。
佛陀吃了纯陀供养的软猪肉而发赤痢，剧痛濒死。佛陀忍住病痛，
又往拘尸那罗，途中身疲口渴，请阿难取水解渴，浑浊的河水顿
时澄清。遇阿罗逻迦罗摩的弟子末罗子布古沙，佛陀为他说法。
然后，佛陀返回菴婆林休息。佛陀嘱咐阿难，请纯陀不要为供养
食事而悔恨，告诉他："如来最后接受你的供养食，入般涅槃，
你做了善事，积了功德。"第五章是佛陀往熙连禅河对岸拘尸那
罗城末罗族的沙罗林，吩咐阿难在沙罗双树间铺床，并使床头向北。
佛陀向右侧卧，双足相叠，作狮子卧。佛陀嘱咐阿难，他逝世以后，
诸比丘可于"四处"礼佛，即"如来生处""如来成正等觉处""如
来转无上法轮处"和"如来入无余涅槃处"。阿难问如何安置如
来舍利？佛陀嘱咐建塔供奉。佛陀请阿难通知末罗族人来与他见
最后一面。末罗族人哀伤悲痛，前来礼佛。游行僧须跋陀赶来问
法，佛陀为他说法。须跋陀听后，皈依佛法僧，成为佛陀的最后
一位弟子。第六章的内容是佛陀嘱咐阿难："不要认为'导师言毕，
我们不再有导师'。在我逝世后，我所教导的法和律便是你们的
导师。"佛陀又对僧伽规则作了一些指示，然后，对众比丘说："诸
行是坏法，你们要精勤努力，心不放逸。"这是佛陀最后的说法。

随后，佛陀从初禅入二禅、三禅和四禅，入般涅槃。佛陀入般涅槃时，大地震动。此后，末罗族人火化佛陀。佛舍利分送各地，建塔供奉。

4.《大善见王经》（*Mahāsudassana-suttanta*），共分二品。佛陀在拘尸那罗城末罗族的沙罗林中入般涅槃时，阿难劝他不要在这偏僻荒芜的小城入般涅槃，而去大城入般涅槃。佛陀劝阿难不要这样说。他告诉阿难，此城过去曾是大善见王的都城，人口众多，富庶繁华，有十种声、七种城墙、七种多罗树、七种宝、四种如意德等。大善见王想到自己是凭布施、和顺和自制获得这样的大威严。于是，他摒弃诸欲，修习四禅，住于慈、悲、喜和舍，命终生于梵界。最后，佛陀向阿难点明大善见王是自己的前生。佛陀教导阿难说："诸行无常，生灭为法，生灭灭已，解脱为乐。"

5.《阇尼沙经》（*Janavasabha-suttanta*）。佛陀住在那提迦时，阿难鉴于佛陀曾经讲述那提迦信众命终再生事，要求佛陀也讲述摩揭陀信众命终再生事。于是，佛陀沉思摩揭陀信众命终再生事。这时，有一位名叫阇尼沙的药叉前来告诉佛陀：常童子梵天为三十三天诸神讲述四神通、三径路、四念处、七定具，皈依佛法僧，循此就能像摩揭陀信众那样，命终断除三结，进入预流，不堕恶趣，达到正觉，或者进入一来。

6.《大典尊经》（*Mahāgovinda-suttanta*），共分二品。佛陀在王舍城灵鹫山时，一位乾达婆青年来见佛陀。他告诉佛陀，帝释天为三十三天诸神讲述佛陀的八无等法。然后，常童子梵天出现，为三十三天诸神讲述佛陀前生曾是婆罗门祭司，名为大典尊。大典尊想要见到梵天，在雨季独居静处，修悲禅定。梵天显身，指示大典尊应该出家修行。于是，大典尊出家修行，住于慈、悲、喜和舍，并向诸弟子授道。诸弟子命终皆能升天，道高者与梵天共住。乾达婆青年说完，询问佛陀是否还记得此事。佛陀说记得。但佛陀告诉他，这只是生于梵界之法。若要证涅槃，则要修行八正道。

7.《大会经》（*Mahāsamaya-suttanta*）。佛陀在迦毗罗卫城大园林时，众天神从十方世界前来集合，拜见佛陀。佛陀向众比丘描述众天神的名称和特征。最后，佛陀告诉众比丘，魔军也来聚于此。众比丘警醒，于是魔军只得退走。

8.《帝释所问经》（*Sakkapañha-suttanta*），共分二品。佛陀在王舍城东因陀罗沙罗石窟时，帝释天在乾达婆青年般遮翼的陪同下，前来拜见。佛陀正入禅定。在等候之时，般遮翼弹琴吟唱恋歌。然后，般遮翼向佛陀引见帝释天。帝释天告诉佛陀，迦毗罗卫城释迦族女子瞿毗皈依佛法僧，舍女子心，起丈夫心，命终升天，成为天神之子，名为瞿波。帝释天为佛陀吟诵了瞿波伽陀。然后，佛陀按照帝释天所问，为帝释天说法。帝释天听完佛陀说法，以手触地，向佛陀三次致礼。

9.《大念处经》（*Mahāsatipaṭṭhāna-suttanta*）。佛陀在拘楼国时，教导众比丘说："净化众生，摆脱忧愁，灭寂苦恼，获得正理，达到解脱，唯一之路是修行四念处。"四念处是身念处、受念处、心念处和法念处，佛陀对此作了详细讲解。身念处是结跏趺坐，控制呼吸，观察身之生灭和不净。受念处是观察受之苦乐生灭。心念处是观察心之生灭。法念处是观察五盖、五取蕴、六处、七觉支、四谛和八正道。

10.《弊宿经》（*Pāyāsi-suttanta*）。佛陀弟子鸠摩罗迦叶在憍萨罗国尸舍婆林时，弊宿王不信来世、再生和善恶果报。他慕名前来与鸠摩罗迦叶辩论。鸠摩罗迦叶以种种譬喻回答弊宿王的质问。弊宿王问为何他的作恶或行善的亲朋好友都没有如约从地狱或天道回来向他报告消息？鸠摩罗迦叶回答，正如刑吏不会准许死刑犯回家探亲，地狱的看守也不会准许恶人回到人间；而升入天道的善人不愿再返回污秽的人间，犹如从粪坑中被救出的人不愿再坠入粪坑。如果善人升入忉利天，寿命为一千年，而那里的一日一夜相当于人间一百年。即使他们停留两三昼夜后，回来报告消息，凡人的寿命也等不及。弊宿王表示不信有忉利天，也不信有如此长寿。鸠摩罗迦叶回答说，正如有人生而盲目，不见有黑白青黄、星宿日月，便不予承认。鸠摩罗迦叶以诸如此类的譬喻驳斥弊宿王的观点。弊宿王最后表示叹服，皈依佛法僧，成为优婆塞。

（三）《波梨品》

1.《波梨经》（*Pāṭika-suttanta*），共分二品。佛陀在末罗国阿（少／兔）夷时，离车族比丘善宿（Sunakkhatta）脱离僧团，理由是佛陀不显示超人的神通和解释世界的起源。游方僧薄伽婆（Bhaggava）向佛陀问起此事。佛陀告诉薄伽婆说，他曾先后向善宿预言三位裸体苦行者的结局，都得到应验。佛陀也向薄伽婆解释了四种世界起源说——梵天说、戏嬉说、意乱说和无因说。但佛陀认为显示神通和解释世界的起源并非他说法的目的，因为这些不能达到灭苦和解脱。

2.《优昙婆逻狮子吼经》（*Udubarika-sīhanda-suttanta*）。佛陀住在王舍城灵鹫山时，居士散陀那（Sandhāna）访问优昙婆逻园林，游方僧尼俱陀（Nigrodha）讽刺佛陀喜欢离群独处，未必具有高深的智慧。随后，佛陀来到须摩揭陀池边孔雀食地，向尼俱陀讲述了各种污秽苦行的害处，教导他应该修习纯洁的苦行：守四戒（不杀生、不偷盗、不妄语、不贪欲），断五盖，住于慈、悲、喜、舍，获得天眼通，达到正见。尼俱陀听完佛陀说法，惭愧不已。

3.《转轮圣王狮子吼经》（*Cakkavatti-sīhanāda-suttanta*）。佛陀在摩揭陀国马土腊村说法，嘱咐众比丘以自己为岛屿而安住，以自己为庇护，不以别人为庇护；以法为岛屿而安住，以法为庇护，不以别人为庇护。怎样以自己和以法为庇护呢？那就是修习身、受、心和法四念处。这样，就能抵御魔罗的侵扰。接着，佛陀讲述转轮王达尔诃奈密（Daḷhanemi）的故事。从前，达尔诃奈密依法治国，统一天下，享有七宝：轮宝、象宝、马宝、珠宝、女宝、居士宝和臣宝。当空中转轮开始下沉时，达尔诃奈密便把王位交给儿子，自己出家隐居。转轮消失时，达尔诃奈密告诉儿子，转轮不能作为遗产继承，只有依法治国，才能成为转轮王。此后，一代一代的国王依法治国，都成为转轮王。后来，有一位国王登基后，没有询问父王怎样成为转轮王。从此出现乱世，贫困、偷盗、行凶、谋杀、说谎、淫逸盛行，一代一代的罪恶递增，而人寿递减，由八万岁、四万岁、二万岁一直减至百岁，将来会减至十岁，其时人类与禽兽无异。然后，一些人会悔悟，改恶从善。这样，人寿会由十岁渐次增至八万岁。到那时，又会出现转轮王，享有七宝，社会繁荣，人民幸福。同时，弥勒佛出世，作为人和神的导师。

4.《起世因本经》（*Aggñña-suttanta*）。佛陀在舍卫城东园鹿母讲堂外，与请求出家的婆罗门婆悉吒（Vseṭṭha）和婆罗堕

（Bhradvja）谈论种姓问题。佛陀认为在四种种姓中，都有作恶的人和行善的人。因此，婆罗门种姓最高贵的说法不能成立。无论什么种姓的人，成为比丘，成为阿罗汉，获得解脱，就是优秀的人。无论在今生还是在来生，人世间最高贵的是法。接着，佛陀讲述种姓的起源。从世界劫尽再创造讲起，一直讲到众生分田地、立疆界。此后，出现偷盗和争执。于是，有的人被推举为王，主持争讼，世间便有了刹帝利。而有的人想避开世间的罪恶，进入林中沉思，便有了婆罗门。有的人经商，成为吠舍。有的人狩猎，成为首陀罗。后来，这四种种姓中都出现了出家人，就形成了沙门。但无论哪种种姓，只要修得阿罗汉果，便是优秀的人。

5.《自欢喜经》（Sampasādanīya-suttanta）。佛陀在那烂陀附近波波利菴婆林时，舍利弗赞叹佛陀宣说的诸法，如四念处、四正勤、五神足、五根、五力、七觉支、八正道、六入、四入胎、四记心、四见定、七人施设、四通行、言正行、戒正行、四教诫、他人解脱智、常住论、宿住随念智、有情生死智等。

6.《清净经》（Pasādika-suttanta）。佛陀住在释迦族弓术园时，阿难带着沙弥周陀（Cunda）来告诉佛陀：尼乾子（Nigaṇṭha Nāthaputta）在波波城去世后，其弟子发生分裂，互相攻讦。佛陀以自己为例，说明什么是理想的导师和弟子。佛陀说他达到正等觉，获得阿罗汉果，而成为人间的导师。他善于宣法，度化弟子。虽然他现在已经年老，走到人生尽头。但他的那些上座弟子也能宣法，如果有人谤法，他们能够反驳。佛陀强调自己宣讲的法是四念处、四正勤、四神足、五根、五力、七觉支和八正道。佛陀告诫他们说，为了众生的利益和幸福，保证这些法常存世间，众比丘要互相团结、共同诵读、切磋讨论,而不要发生争吵。佛陀还讲述了四安乐、四禅、四果位和四圣谛。他要求比丘不为九事:不杀生、不偷盗、不淫欲、不妄语、不蓄财、不随欲、不随恚、不随痴和不随怖,也不要陷入灵魂和世界起源之类无谓的思辨。

7.《三十二相经》(*Lakkhaṇa-suttanta*),共分二品。佛陀在舍卫城给孤独园时,向众比丘讲述三十二相。佛陀指出,生而具备三十二相,在家则成为转轮王,统治天下,享有七宝;出家则成为阿罗汉、正等觉,驱除世间的蔽障。佛陀具体说明了三十二相及其宿因,有时一宿因获得一相,有时可获得二相或三相。

8.《尸迦罗越经》(*Singālovāda-suttanta*)。佛陀在王舍城附近松鼠食处竹林时,看见一位家主的儿子尸迦罗礼拜东西南北上下六方,告诉他正当的礼拜之法不是这样的。作为家主的儿子,应该克服四不善处:贪、瞋、痴和怖畏;摒弃四恶业、杀生、偷盗、淫欲和妄语;堵住六种财产流失的漏洞:酗酒、浪荡、沉迷伎乐、赌博、结交恶友和懒惰。而所谓礼拜六方,实际是善待父母(东方)、师尊(南方)、妻儿(西方)、朋友(北方)、仆佣(下方)和沙门、婆罗门(上方)。

9.《阿吒曩胝经》(*Āṭānāṭiya-suttanta*)。佛陀住在王舍城灵鹫山时,四天王带着夜叉军、乾达婆军、鸠槃茶军和龙军前来拜见。北天王毗沙门说,虽然佛陀教导不杀生、不偷盗、不淫欲、不妄语和不酗酒,但大多数夜叉不信奉佛法。因此,他向佛陀吟诵了《阿吒曩胝经》,告诉佛陀说,任何比丘、比丘尼、优婆塞和优婆夷,只要记住这部护经,无论夜叉、乾达婆、鸠槃茶或龙前来骚扰,都不会得逞。然后,佛陀吩咐众比丘记持本经。

10.《等诵经》（*Saṅgīti-suttanta*），共分三品。佛陀住在末罗国波婆城铁匠纯陀家的菴罗林时，末罗人新建了一座会堂，请佛陀去说法。佛陀为末罗人说完法，感觉背痛，吩咐舍利弗继续为众比丘说法。舍利弗的说法分成十部分，按照数字顺序编排教义，共讲了 230 种法，即一法 2 种、二法 33 种、三法 60 种、四法 50 种、五法 26 种、六法 22 种、七法 14 种、八法 11 种、九法 6 种、十法 6 种。

11.《十上经》（*Dasuttara-suttanta*）。佛陀住在瞻婆城伽伽罗池边时，舍利弗为众比丘说法。他按照数字序顺编排教义，共讲了 100 法，即一至十法各 10 种。

《中部》或《中尼迦耶》

《根本五十经编》（*Mūlapaṇṇsam*）

（一）《根本法门品》（*Mūlapariyya-vagga*）

1.《根本法门经》（*Mūlapariyya-Sutta*）。佛陀讲述一切法的根本法门。他指出当时社会流行的观点是将万物（包括涅槃）与自我联系起来。而正等觉如来则认为地是地，不认为自己是地或地是我，不以地为快乐。他知道快乐是痛苦之根，知道从有产生生、老和死。因此，他灭贪断欲，达到无上正等觉。

2.《一切漏经》（*Sabhāsava-Sutta*）。佛陀指出能知能见的人能摆脱一切"漏"（烦恼）。摆脱"漏"的七种方法是见、护、用、忍、离、除和思维。这样的人不会陷入"有我说"和各种邪见，而能摒弃贪欲、摆脱束缚、断灭烦恼。

3.《法嗣经》（*Dhammadāyāda-Sutta*）。佛陀向众比丘讲述食嗣和法嗣两种比丘，前者注重求食，后者注重求法。佛陀赞扬法嗣比丘，因为这样的比丘少欲知足，勇猛精进。然后，舍利弗为众比丘讲述隐居之法，教导众比丘排除贪、瞋、痴等罪恶，遵循中道（即八正道），获得知见，导致平静和神通，达到正觉和涅槃。

4.《怖骇经》（*Bhayabherava-Sutta*）。佛陀以自己在林中修道的亲身体验说明心中有贪、瞋、痴的人才会产生恐惧，而心中无贪、瞋、痴的人能降伏恐惧，进入四禅，领悟四谛，达到解脱。

5.《无秽经》（*Anaṅgana-Sutta*）。舍利弗讲述世上有四类人：一是自身有污秽，并意识到自己有污秽；二是自身有污秽，却没有意识到自身有污秽；三是自身无污秽，并意识到自身无污秽；四是自身无污秽，却没有意识到自身无污秽。舍利弗认为第一类和第三类人是优者，第二类和第四类人是劣者。舍利弗还向目犍连解释污秽是指嗔怒和不满，也就是恶、不善和欲境。

6.《愿经》（*Ākankheyya-Sutta*）。佛陀教导众比丘，要实现心中愿望，就要奉守戒律，内心寂静，修习止观。

7.《布喻经》（*Vatthupama-Sutta*）。佛陀教导众比丘要常使心净，勿使心秽。心秽堕恶，心净趋善。贪、瞋、痴等是污秽。只有清除这些污秽，才会虔信佛法僧。这犹如染布，布若洁白，染色则鲜明；布若葬污，染色则黯淡。佛陀还教导婆罗门孙陀利埵迦·颇珠罗堕瓦遮说，在圣河中沐浴并不能涤除恶业，只有守戒修善，才能清净纯洁。

8.《损损经》（*Sallekha-Sutta*）。佛陀教导众比丘要摒弃世间流行的种种我论和世界论，依据正智如实认识到"这不是我的，这不是我，这不是我之我"。然后，佛陀讲述排除杀生、偷盗、妄语、贪、瞋、痴等罪恶的五种法门：损损、发心、回避、上升和般涅槃。

9.《正见经》（*Sammādiṭṭhi-Sutta*）。舍利弗讲述正见就是正确认识善恶及其产生的根源。恶是杀生、偷盗、淫欲、妄语、两舌、恶语、粗语、绮语、贪婪、瞋恚和邪见。恶的根源是贪、瞋、痴。善就是摆脱这些恶。善的根源是不贪、不瞋、不痴。达到正见的途径是正确认识食、苦、老死、生、有、取、欲、受、触、六处、名色、识、行、无明和漏的产生和灭寂之道。

10.《念处经》（*Satipaṭṭhāna-Sutta*）。佛陀讲述身、受、心、法四念处，也就是身随观身而住，受随观受而住，心随观心而住，法随观法而住。佛陀指出四念处是净化众生、克服忧愁、摆脱苦恼、理解正理、达到涅槃的唯一途径。

（二）《师子吼品》（*Sīhanāda-vagga*）

1.《师子吼小经》（*Cūḷasīhanāda-Sutta*）。佛陀讲述沙门与外道的区别。外道也可能认为自己与沙门一样信奉导师、信奉法、戒行圆满亲近同法者。但是，两者在教义上存在差异。例如，外道不能全面认识四取：爱取、见取、戒禁取和我论取。而沙门能全面认识四取及其因缘，从而不取而达到涅槃。

2.《师子吼大经》（*Mahāsīhanāda-Sutta*）。佛陀讲述如来十力、四无畏、四生、五趣和涅槃之道。佛陀还详细讲述了自己过去曾修习的种种外道苦行，如贪秽苦行、厌离苦行、孤独苦行、住可怖丛林苦行和少食苦行，但都不能导致无上智慧，借以灭苦而解脱。

3.《苦蕴大经》(*Mahādukkhakkhandha-Sutta*)。佛陀讲述欲味、欲患和欲出离，色味、色患和色出离，受味、受患和受出离。欲味是依色、声、香、味和触而生喜乐。在佛陀所列举的种种欲患中，提到国王的刑罚，除了鞭抽、棍打、截手、截耳、截鼻外，还有"粥锅""贝秃""罗睺嘴""火环"等惨烈酷刑。

4.《苦蕴小经》(*Cūḷadukkhakkhandha-Sutta*)。佛陀讲述了五欲味少而苦多、患多。佛陀还讲述了自己在王舍城灵鹫山时，曾与尼乾子派(耆那教)苦行者对话。尼乾子派崇尚苦行，主张以苦得乐，说道："如果以乐得乐，那么，尊者瞿昙比不上摩揭陀国频毗沙罗王之乐多。"佛陀以禅定之乐说明自己比频毗沙罗王之乐多。

5.《思量经》(*Anumāna-Sutta*)。大目犍连讲述难于教诲和易于教诲两种人的表现，教导众比丘要善于自我思量、自我观察，做易于教诲之人，而不做难于教诲之人。

6.《心秽经》(*Cetokhila-Sutta*)。佛陀教导众比丘要排除五种心之荒秽，斩断五种心之束缚，才能在佛法和戒律上长进和成熟。五种心之荒秽是于师怀疑、于法怀疑、于僧怀疑、于学怀疑和于同行不和。五种心之束缚是贪染、意欲、爱着、渴望和热恼。

7.《林薮经》(*Vanapattha-Sutta*)。佛陀讲述有些比丘无论住林中、村中或都市中，都不能安心入定，断灭烦恼，因为他们念念不忘衣食床座医药资具。而有些比丘无论住在林中、村中或都市中，都能安心入定，断灭烦恼，因为他们认为自己出家修行并不是为了追求衣食床座医药资具。

8.《蜜丸经》(*Madhupindika-Sutta*)。佛陀告诉释迦族执杖

者（Daṇḍapṇi），他的学说能止息神、魔和婆罗门各界中的争论。执杖者听后，摇头缩舌，拄杖而去。然后，佛陀对众比丘宣讲自己的学说：人间盛行种种妄想，如果不生欢喜、不执着，就消除了贪、瞋、见、疑、骄、有欲和无明，也消除了棍棒刀剑、斗争、论争、恶语和妄语，这样就能灭尽罪恶。大迦旃延对佛陀所说法作了阐释，得到佛陀的认可。

9.《双思经》（Dvedhāvitakka-Sutta）。佛陀讲述自己在成佛以前修行时，运用成双思维。在产生欲念、瞋念和害念时，便思考欲念、瞋念和害念的恶果，由此消除欲念、瞋念和害念。

10.《息思经》（Vitakkasanthāna-Sutta）。佛陀讲述比丘追求增上心时（更高的思想境界），应该注意五个特征：① 恶念产生时，应该思考善念；② 恶念仍产生时，应该观察这些恶念的危害；③ 恶念仍产生时，应该忘却思念，不起思念；④ 恶念仍产生时，应该止息思念；⑤ 恶念仍产生时，应该咬住牙齿，舌抵上颚，以心制心，由此降伏邪心，摒除贪、瞋、痴，内心安静，凝思入定。

（三）《第三品》（Tatiya-vagga）

1.《锯喻经》（Kakacūpama-Sutta）。佛陀以譬喻说明比丘应当摒弃不善，犹如大娑罗树应该修剪曲干朽枝，才能挺拔高耸。以温顺静淑闻名的女居士韦提希迦禁不住婢女的故意激怒，动手殴打婢女。因此，比丘应当于法崇敬、真心顺从。正如铁锹无法铲除大地，虚空无法绘画显像，火炬无法煮沸恒河，比丘应胸怀博大、布满慈悲。即使遇到盗贼、利锯加身，也不改慈悲心、不发恶语。

2.《蛇喻经》（Alagaddūpama-Sutta）。比丘阿黎吒（Ariṭṭha）将佛陀说的障碍法理解为非障碍法。佛陀据此指出，有些愚痴人学法,不以智慧理解真义,而徒资论辩,逞快口头。他们于法不得要领,容易招致不幸。这犹如捕蛇不抓头而抓尾,反让蛇回首咬伤致死。接着,佛陀又以筏喻法,说明欲求度脱,不应执着。譬如有人编筏渡河,到达彼岸后,不必再扛着筏走,而应将筏抛在岸边。佛陀以此教导众比丘,法尚可舍,何况非法。

3.《蚁垤经》(*Vammīka-Sutta*)。鸠摩罗迦叶长老向佛陀询问蚁垤之谜。佛陀解答说,蚁垤是四大组成的身体;贤者持剑发掘蚁垤,剑是智慧,发掘是精进努力;发掘过程中,遇见的门闩是无知,蛙是嗔怒,叉道是疑惑,容器是五盖,乌龟是五取蕴,屠宰场是五欲,肉脔是贪染;最后遇见的龙(蛇)是漏尽比丘。

4.《传车经》(*Rathavinīta-Sutta*)。舍利弗与富楼那弥多罗子(Puṇṇa Mantniputta)互相问答,说明涅槃需要经过不同的阶段,不能一蹴而就。戒清净、见清净、心清净、断疑清净、道非道知见清净、道迹知见清净和知见清净,本身都不是目的,而是达到涅槃的方法,犹如波斯匿王从王舍城至萨甘陀城,要乘坐七驿传车。

5.《撒饵经》(*Nivāpa-Sutta*)。佛陀将沙门、婆罗门比作鹿群,魔罗比作猎师,五欲比作猎师撒下的饵食,教导众比丘要摒除五欲,修习四禅,这样就能使魔罗目盲,不陷入魔罗的视界。

6.《圣求经》(*Ariyapariyesana-Sutta*)。佛陀讲述有两种追求:圣求和非圣求。非圣求是追求各种世俗生活之法。圣求是追求无上安稳涅槃。佛陀自述青年时代为圣求而出家,先后从师阿罗逻迦罗摩和郁头迦罗摩弗,未能得道。后来,在优楼毗罗的斯那聚落独自修行,获得无上安稳涅槃。然后,经梵天劝请,在鹿野苑初转法轮。

7.《象迹喻小经》（*Cūḷahatthipdopama-Sutta*）。佛陀以捕象师能凭象迹识别真正的大象为喻，指出如来的足迹是戒、诸根防护、念、知、四禅、忆宿命智、生死智和漏尽智。

8.《象迹喻大经》（*Mahāhatthipādopama-Sutta*）。舍利弗告知众比丘，正如一切动物足迹可以纳入大象足迹中，一切善法也可以纳入四圣谛中。他着重解释了苦谛中的五取蕴（色、受、想、行、识）和四大（地、火、水、风）。

9.《心材喻大经》（*Mahāsāropama-Sutta*）。佛陀讲述有些人出家而得利养、恭敬和名闻，于是心满意足，自赞毁他，骄慢放逸，由此陷入苦境。这些人犹如入林选材，截取枝叶，抛弃树干。

10.《心材喻小经》（*Cūḷasāropama-Sutta*）。本经内容与前经类同。佛陀讲述出家而得利养、恭敬和名闻，不应以此为满足，而应精勤努力，修习戒定慧，达到不动心解脱。

（四）《双大品》（*Mahāyamaka-vagga*）

1.《牛角林小经》（*Cūḷagosiga-Sutta*）。本经佛陀赞美三位长老：阿㝹楼驮、那提耶（Nandiya）和金毗罗（Kimbila）。他们三人结伴住在牛角娑罗林中，友善和睦，精进努力，修习四禅定，皆得漏尽。

2.《牛角林大经》（*Mahāgosiga-Sutta*）。大目犍连、大迦叶、阿难、阿㝹楼驮、离婆多（Revata）和舍利弗一起谈论，在这风光秀丽的牛角娑罗林中，应该居住怎样的比丘才能使它增添光辉。阿难说于一切法多闻多记，离婆多说乐于禅定，阿㝹楼驮说具有天眼通，大迦叶说安于林居，大目犍连说互相问法，舍利弗说能降伏心。

佛陀肯定了这些说法，也提出一种比丘：不达漏尽，决不起座。

3.《牧牛者大经》（*Malāgopālaka-Sutta*）。佛陀讲述牧牛十一法：知色、通相、除虫卵、治疮痍、放烟熏蚊、知渡处、知饮处、知道路、知牧处、挤干牛奶、尊敬老牛和带头牛，借以譬喻修行之法。

4.《牧牛者小经》（*Cūḷagopālaka-Sutta*）。佛陀以牧牛者驱牛过河为譬喻，说明择师的重要性。正如愚蠢的牧牛者驱牛渡河时，不观察此岸彼岸有无渡头，横遭灭顶之灾。任何沙门、婆罗门不明此界彼界、魔界非魔界和死亡界非死亡界，也会导致信众不幸。

5.《萨遮加小经》（*Cūḷasaccaka-Sutta*）。尼乾子（耆那教徒）萨遮迦（Saccaka）能言善辩，闻听佛陀宣说"诸行无常，诸法无我"，率众与佛陀辩论。萨遮迦提出："色是我之我，受是我之我，想是我之我，行是我之我，识是我之我。"佛陀作出答辩：（1）我对色、受、想、行、识并无支配力；（2）色、受、想、行、识无常；（3）无常者为苦。因此，它们都不能说成是我之我。萨遮迦听后，只得表示认同。

6.《萨遮迦大经》（*Mahāsaccaka-Sutta*）。佛陀与萨遮迦谈论身修习和心修习。佛陀讲述自己的修行经历，先后从师阿罗逻迦罗摩和郁头迦罗摩弗，未能得道。然后，独自前往优楼毗罗的斯那聚落修习止息禅，又实行绝食，以致身体瘦弱，仅剩皮骨。后放弃绝食，修习四禅，得宿命智、生死智和漏尽智，领悟四谛，达到解脱。

7.《爱尽小经》（*Cūḷataṇhsamkhaya-Sutta*）。帝释天下凡询问佛陀爱尽解脱法，佛陀为他说法。然后，目犍连升入三十三天观察帝释天是否理解此法。帝释天向目犍连夸示最胜殿。目犍连为挫其傲气，运用神通，以脚拇趾力震撼最胜殿。帝释天惊恐不已，遵从目犍连的旨意，复述佛陀所说爱尽解脱法。

8.《爱尽大经》（*Nahātaṇhāsankhaya-Sutta*）。渔夫之子比丘嗏帝认为识虽然流转轮回，但始终保持同一性。佛陀批驳嗏帝的这种错误见解，指出识依缘而生：缘眼于色而生眼识，缘耳于声而生耳识，缘鼻于香而生鼻识，缘舌于味而生舌识，缘身于触而生身识，缘意于法而生意识。已生者由四食（抟食、触食、思食和识食）所成。而四食也是依缘而生。佛陀详细讲述了十二因缘说，指出嗏帝身陷爱（贪）之大网中。

9.《马邑大经》（*Mahā-assapura-Sutta*）。佛陀讲述名副其实的沙门、婆罗门应该有惭愧心，身、口、意清净，守护诸根，饮食适度，保持警觉，具备正智，结跏趺坐，排除五盖，进入四禅，得宿命智、生死智和漏尽智，领悟四谛，达到解脱。

10.《马邑小经》（*Cūḷa-assapura-Sutta*）。佛陀讲述作为沙门、婆罗门，不在于穿袈裟、裸形或涂泥，住于露天或树下，诵咒或束发，而在于摒弃贪欲、愤怒、恼恨、妒忌、欺诳等一切恶欲和邪见，住于慈、悲、喜、舍，漏尽而得解脱。

（五）双小品（*Cūḷayamaka-vagga*）

1.《萨罗村婆罗门经》（*Sāleyyaka-Sutta*）。佛陀讲述行非正道非正法者堕入地狱，行正道正法者升入天道。佛陀按照身、口、意列举了各种非正道非正法行为和正道正法行为。

2.《鞞兰若村婆罗门经》（*Verañjaka-Sutta*）。本经内容与前经相同，只是听众对象不同。

3.《有明大经》（*Makāvedalla-Sutta*）。本经说大拘絺罗

（Mahākotthita）和舍利弗问答，论题涉及慧、识、受、想、清净意识、慧眼、正见、有、再生、五根、心解脱等。

4.《有明小经》（Cūḷavedalla-Sutta）。本经说优婆塞毗舍佉（Visākha）和比丘尼法授（Dhammadinnā）问答，论题涉及有身即五取蕴、有身见和佉非有身见、八正道、三行、受想灭、三受、涅槃等。

5.《得法小经》（Cūḷadhammasamdna-Sutta）。佛陀讲述四种获取之法：（1）现在乐得未来苦，如陷于淫欲者；（2）现在苦得未来苦，如裸形苦行者；（3）现在苦得未来乐，如常受苦忧而修习梵行者；（4）现在乐得未来乐，如不受苦忧而修习四禅者。

6.《得法大经》（Mahādhamma-samādāna-Sutta）。佛陀讲述四种获取之法，论旨与前经基本相同。

7.《思察经》（Vimamsaka-Sutta）。佛陀讲述观察如来是否正等觉的方法：观察如来依眼依耳可识之法是否纯净，是否无畏而寂静，断灭贪欲，无所执着。只有依据这样的观察，才会坚信如来和如来之法。

8.《憍赏弥经》（Kosambi-Sutta）。憍赏弥众比丘发生争论，互相攻击。佛陀劝导他们要互相尊重，和合一致，教给他们六法：作慈身业、作慈口业、作慈意业、共食、共戒和共见。

9.《梵天请经》（Brahmanimantanika-Sutta）。有一位名为婆伽（Baka）的梵天，认为世界永恒，没有转生，佛陀运用神通，升入梵天界，向婆伽宣示无常说。然后，佛陀在婆伽前隐形，而婆伽不能在佛陀前隐形。婆伽自认不如佛陀，接受佛陀的说法。魔罗要求佛陀不要向他人宣示此法，佛陀予以拒绝。

10.《呵魔经》（*Māratajjaniya-Sutta*）。魔罗，化作细形进入目犍连腹中，目犍连便告诉魔罗，自己前生曾是名为杜辛（Dsin）的魔罗，由于骚扰持戒比丘，用石块打伤尊者弟子毗陀罗（vidhura）的头，而堕入地狱，备受煎熬。因此，他奉劝魔罗不要骚扰佛陀和佛弟子。魔罗听后，隐没不见。

《中分五十经编》（*Majjhimapaṇṇāsam*）

（一）《居士品》（*Gahapati-vagga*）

1.《乾达罗伽经》（*Kandaraka-Sutta*）。佛陀讲述世上有四种人：（1）折磨自己；（2）折磨他人；（3）折磨自己和他人；（4）不折磨自己，也不折磨他人，无欲清凉，幸福快乐。

2.《八城经》（*Aṭṭhakanāgara-Sutta*）。阿难讲述达到涅槃的过程：进入初禅、二禅、三禅和四禅，住于慈、悲、喜和舍，达到空无边、识无边和无所有。八城居士陀萨摩（Dasama）听后，说这好像通向宝库的十一个入口，又好像一座住宅有十一扇门，一旦着火，就能安全逃出。

3.《有学经》（*Sekha-Sutta*）。佛陀应邀在迦毗罗卫城释迦族新落成的会堂中说法至深夜。佛陀感到背痛，需要休息，请阿难继续说有学法。于是，阿难讲述持戒、守护根门、饮食有节、保持警觉、七正法和四禅。

4.《哺多利经》（*Potoliya-Sutta*）。佛陀讲述断绝俗事八法：不杀生、不偷盗、不妄语、不两舌、不贪婪、不恼恨、不愤怒、不骄慢。佛陀还以七个譬喻（狗啃骨头、兀鹰争肉、火把逆风、推入火坑、梦中乐园、租借荣华和砍倒果树）说明欲乐招致祸患。

5.《耆婆迦经》(*Jivaka-Sutta*)。佛陀讲述食肉问题。佛陀指出，比丘如果听到、看到或怀疑这肉是特意为他宰杀的，那就不能食用这肉。否则，便能食用。佛陀也指出，杀生供奉比丘不是善行。

6.《优婆离经》(*Upāli-Sutta*)。尼乾子（耆那教徒）长苦行（Dīghatappasin）认为身、口、意三业中，身业罪过最大。佛陀向他说明意业罪过最大。长苦行回去报告尼乾陀·若提子。优婆离自告奋勇地前来驳斥佛陀的观点，结果反被佛陀说服而皈依佛陀。尼乾陀·若提子听说后，来见优波离，优波离为佛陀大唱赞歌，尼乾陀·若提子听后口吐鲜血。

7.《狗行者经》(*Kukkuravatika-Sutta*)。波那（Puṇṇa）是模仿牛生活的苦行者。塞尼耶（Seniya）是模仿狗生活的裸体苦行者。佛陀警告他俩将来会堕入地狱或转生为畜生。佛陀讲述业有四种：黑业生黑，白业生白，黑白业生黑白，不黑不白业生不黑不白，即业的灭寂。波那和塞尼耶听后，皈依佛陀。

8.《无畏王子经》(*Abhayarājakumra-Sutta*)。尼乾陀·若提子指使无畏王子向佛陀询问一个难题：如来说令人不快的话吗？如果佛陀认可，就问他与普通人有何不同；如果佛陀否认，就问他为什么责骂提婆达多，并与提婆达多闹翻了。佛陀看见王子抱在怀中的小孩，便问王子，如果石子或小棍含进小孩嘴中，怎么办？王子说，赶紧把它掏出来，即使出点血也不怕。于是，佛陀说，如果有必要，他也会说令人不快的话。王子听后佩服佛陀，并皈依佛法僧。

9.《多受经》(*Bahuvedaniya-Sutta*)。优陀夷（Udāyin）和

钵遮甘伽（Pañcakaga）为受分三种还是两种，争执不一。佛陀告诉阿难，他按照各种分类说法，受可以有多种分类，不必为此争吵不和。接着，佛陀讲述欲乐有五种：色、声、香、味和触，但这不是至高的幸福。比这更高的幸福是进入四禅，达到空天边、识无边和无所有。

10.《无戏论经》（Āpaṇṇaka-Sutta）。佛陀向萨罗村众婆罗门讲述无戏论法。佛陀列举了世上流行的各种互相对立的戏论，最后指出应该成为这样的人：既不折磨自己，也不折磨他人，无欲清凉，幸福快乐。

（二）《比丘品》（*Bhikkhu-vagga*）

1.《教诫罗睺罗菴婆罗林经》（*Ambalaṭṭhikārāhulovda-Sutta*）。佛陀教导罗睺罗戒妄语。他譬喻说，说谎者像泼掉的水那样毫无价值，像奋不顾身的大象那样无恶不作。他告诫罗睺罗要像照镜子那样，经常自我反省，保持身、口、意的纯洁。

2.《教诫罗睺罗大经》（*Mahārāhulovāda-Sutta*）。佛陀向罗睺罗讲述五蕴无常，教导罗睺罗厌弃地、水、火、风和空；不让感觉印象执着于心，犹如地、水、火、风和空对于加在它们身上的任何东西无动于衷；住于慈、悲、喜、舍，作不净观、无常观和入出息念。

3.《摩罗迦小经》（*Cūḷamluṅkya-Sutta*）。比丘摩罗迦子要求佛陀解答世界永恒与否、世界无限与否、命与身同一与否和如来死后存在与否这类问题，否则他就要还俗。佛陀劝告他，解答这些问题无助于达到正觉和涅槃。譬如有一个人被箭射中，医生正准备把毒箭拔出，他却喊道："等一等，别忙着拔，让我先弄

清楚：是谁射的箭？是刹帝利，还是婆罗门？是吠舍，还是首陀
罗？他出身哪个家族？长得高还是矮？这支箭是哪一类？哪一种
的？"结果会怎么样呢？没等弄清楚这些问题，他就会死去。因此，
佛陀说要自己解答的问题是如何通向正觉和涅槃的四谛（苦、集、
灭和道）。

4. 《摩罗迦大经》（*Mahāmāluṅkya-Sutta*）。佛陀讲述束缚
众生的五下分结：有身见、疑惑、戒禁取、欲贪和瞋恚，指出摆
脱五下分结的途径。

5. 《跋陀利经》（*Bhaddāli-Sutta*）。跋陀利不遵守佛陀规定
的一坐食（一日一餐）。佛陀向他讲述持戒的必要性，正如一匹
马要经过各个阶段的训练，具备了十种品质，才能成为国王的宝马。
同样，一个人只有遵行八正道，获得正智和正解脱，才能享有无
上福田。

6. 《鹑喻经》（*Laṭukikopama-Sutta*）。佛陀讲述有些人像鹌
鹑不能摆脱枯朽的蔓藤的束缚，而有些人像大象能挣脱牢固的皮
带的束缚，佛陀教导修习四禅。达到空无边、识无边、无所有、
非有想非无想、灭受想，从而摆脱任何束缚。

7. 《车头聚落经》（*Cātumā-Sutta*）。舍利弗和目犍连带着
五百比丘到车头聚落来见佛陀。佛陀听见众比丘发出喧哗之声，
打发他们离去。后来，佛陀向这些比丘说法，告诫他们出家者依
然存在四种恐怖：愤怒、贪食、五欲乐和女人，犹如入水者会遇
到波浪、鳄鱼、漩涡和鲨鱼。

8. 《那罗伽波那村经》（*Naḷakapāna-Sutta*）。佛陀告诉众比
丘，他宣传自己已经达到漏尽，他的一些信徒已经获得各种成就，

并不是哄骗别人，为自己谋取利养、恭敬和名声，而是给青年人树立榜样。

9.《瞿尼师经》（*Gulissāni-Sutta*）。舍利弗讲述林住比丘进入僧团后，尊重和关心其他僧众，不侵占他人座位，不过早入村乞食，不骄慢，不嚼舌，守护根门，节制饮食，保持警觉，精进努力，正念正智，学法学律。

10.《积吒山邑经》（*Kīṭāgiri-Sutta*）。积吒山邑的两位比丘不遵行佛陀规定的一坐食。佛陀告诫他们，他的教导全部依据经验和智慧，他们应该遵行。佛陀讲述了七种人：俱分解脱、慧解脱、身证、见到、信解、随法行和随信行。佛陀勉励他们遵行他的教导，以期获得智慧和不还果。

（三）《普行者品》（*Paribbājaka-vagga*）

1.《婆蹉衢多三明经》（*Tevijjavacchgagotta-Sutta*）。游方僧婆蹉衢多对佛陀的学问怀有误解。佛陀向他解释自己具有的"三明"不是一般的"三明"（三吠陀），而是宿命智、天眼智和漏尽智。

2.《婆蹉衢多火喻经》（*Aggijja-vacchagotta-Sutta*）。佛陀告诫游方僧婆蹉衢多，思考世界是否永恒、是否无限、命与身是否同一和如来死后是否存在这类问题无助于正觉和涅槃。这正如燃烧的火是可见的，一旦熄灭，谁也说不清消失在何方。因此，唯有如实认识五蕴及其断灭之道，才能达到正觉和涅槃。

3.《婆蹉衢多大经》（*Mahāvacchagotta-Sutta*）。佛陀对游方僧婆蹉衢多讲述善法和不善法。婆蹉衢多皈依佛门后，佛陀又向他讲述止法和观法。最后，婆蹉衢多修成具有大神通的"三明"比丘。

4.《长爪经》(*Dīghanakha-Sutta*)。佛陀讲述有些人认为一切于我皆可，有些人认为一切于我皆不可，有些人认为一切于我有可有不可。佛陀要求游方僧长爪不要执着这些观点，陷入争论和烦恼。佛陀向长爪解释身和受的缘起，指明解脱之道。

5.《摩犍提经》(*Māgandiya-Sutta*)。摩犍提说佛陀是"扼杀者"。佛陀予以否认，说明他教导的是调伏诸根。他讲述自己年轻时享有各种欲乐，后来认识到它们无常，便摒弃一切欲乐，内心平静。他不再贪恋欲乐，犹如麻风病人治愈后，不会留意麻风病。

6.《逊陀迦经》(*Sandaka-Sutta*)。阿难讲述四种非梵行(不净行)观：(1)认为善行恶行无关紧要；(2)认为自己做或引起他人做，都不造成恶业；(3)或恶或善，没有原因；(4)七身(地、水、火、风、乐、苦和命)既不创造，也不被创造，永恒不变。人只有到轮回完毕时苦才结束。阿难还讲述了四种不能令人满意的梵行：(1)自称全知和全见；(2)按照传说和典藏说法；(3)依据思辨哲学说法；(4)思想迟钝和混乱。最后，阿难讲述佛陀所说法。

7.《善生优陀夷大经》(*Mahāsakuludāyi-Sutta*)。游方僧善生优陀夷将佛陀与外道师相比，认为佛陀受弟子尊敬的原因是少食、少欲、知足、隐居等。佛陀告诉他，主要原因是具有无上戒、无上知见和无上智慧，说四谛和四念处以及四正勤、四神足、五根、五力、七觉支、八正道、八解脱、八胜处、十遍处、四禅和六神通。

8.《沙门文祁子经》(*Samanamandika-Sutta*)。游方僧乌伽诃摩那(Uggahamāna)告诉木匠般遮甘伽，成为最上沙门的四种品德是：身不作恶业，口不出恶言，心不怀恶念，不以邪恶方式谋生。而佛陀告诉般遮甘伽，成为最上沙门需要具备十种品德：正见、正思维、正语、正行、正命、正精进、正念、正定、正智和正解脱。

9.《善生优陀夷小经》（*Cūḷasakuludāyi-Sutta*）。游方僧善生优陀夷认为通过不杀生、不偷盗、不淫欲、不妄语和修苦行能达到极乐世界。佛陀指出善生优陀夷所谓的极乐世界是虚妄之谈，只有修习四禅，获得宿命智、生死智、天眼智、漏尽智和解脱，才是真正的极乐世界。

10.《鞞摩那修经》（*Vekhanassa-Sutta*）。佛陀告诉游方僧鞞摩那修，唯有阿罗汉才真正了解五欲、欲乐和最上欲乐。鞞摩那修感到恼怒。佛陀向他说法，并令他信服。

（四）《王品》（*Rāja-vagga*）

1.《陶师经》（*Ghaṭikra-Sutta*）。佛陀路过一个地方，发出微笑。阿难问他为何微笑？佛陀便讲述自己的一个前生故事。阇帝波罗（Jotipla）和陶师听迦叶佛说法后，阇帝波罗出家成为比丘，而陶师为了侍奉双目失明的年老父母，不能出家。但他极端虔诚，履行居士的一切职责。因此，迦叶佛辞谢了迦尸国王，来到陶师那里度雨安居。佛陀点明阇帝波罗是自己的前生。

2.《赖吒和罗经》（*Raṭṭhapāla-Sutta*）。赖吒和罗皈依佛陀，出家修行，证得阿罗汉果。后来，他回家看望父母。他的父母拿出大量钱财，并让他的诸位妻子盛装打扮，劝他还俗。赖吒和罗毫不动心。拘罗婆那国王询问赖吒和罗：你既不衰老，也无疾病，又不贫穷，也没有失去亲人，为何出家？赖吒和罗便向他宣讲佛陀的教诲：世界无常，世界无庇护，世界无所有和世界不知餍足。

3.《大天柰林经》(*Makhādeva-Sutta*)。佛陀向阿难讲述自己前生曾为弥底罗国的大天王,在享尽人间荣华富贵后,弃世出家,以求得天道的快乐。此后,子子孙孙都遵循大天王的成规,一旦发现生出第一根白发,便出家入大天柰林修行,得以转生梵天界。但是,在传到尼弥王的儿子竭那迦王时,他没有这样做,这个传统便中断了。佛陀告诉阿难,他过去创立的那个成规,只是转生梵天界,并不能达到涅槃。只有他现在创立的八正道,才能达到涅槃。因此,佛陀希望阿难不要像竭那迦王那样,让涅槃之道失传。

4.《摩陀罗经》(*Madhura-Sutta*)。大迦旃延向摩陀罗国王阿文堤波多(*Avantiputta*)说明,无论哪个种姓,只要拥有财富,都会受人侍奉;只要作恶,都会堕入地狱;只要出家,都会受人尊敬。因此,四种姓平等,不能说婆罗门是最高种姓。

5.《菩提王子经》(*Bodhirājakumāra-Sutta*)。佛陀告诉菩提王子,凭苦行不能获得幸福。佛陀讲述了自己出家得道的经验。菩提王子询问出家得道需要多长时间,佛陀为他讲述了五精勤支。

6.《鸯掘摩罗经》(*Angulimāla-Sutta*)。强盗鸯掘摩罗持刀追杀佛陀,而佛陀施展神通,鸯掘摩罗追赶不上。于是,鸯掘摩罗皈依佛陀。波斯匿王派兵捉拿强盗鸯掘摩罗,发现他在佛陀的僧团中,便赞叹佛陀调伏凶贼的能力。鸯掘摩罗改邪归正,精勤修行。有人向他投掷石头、土块或棍棒,以致他头破血流,衣破钵毁。但佛陀告诉他这是现世业报,必须忍受。最后,鸯掘摩罗修行成为了阿罗汉。

7.《爱生经》(*Piyajātika-Sutta*)。佛陀劝导一位失去爱子而悲泣的居士,要控制感官和心,一切痛苦和悲哀产生于爱。佛陀也向波斯匿王的王后派来的婆罗门那利鸯伽讲述了这个道理。

8.《鞞诃提经》（*Bāhitaka-Sutta*）。阿难向波斯匿王讲述了为智者责难和不为智者责难的身、口、意三方面的行为。波斯匿王听后十分高兴，把鞞诃提衣施舍给阿难。

9.《法庄严经》（*Dhamma-cetiya-Sutta*）。波斯匿王拜访佛陀，盛赞佛法僧。他说在国王、沙门、婆罗门、家主的生活中总是存在冲突和争吵，而比丘们生活在平静和谐之中。波斯匿王还讲到自己和佛陀都是憍萨罗国的刹帝利，年龄都是八十岁。

10.《普棘刺林经》（*Kaṇṇaktthala-Sutta*）。佛陀为波斯匿王解答问题，佛陀否认全知全见，肯定四种姓平等，认为邪恶的梵天仍会再生人间，而仁慈的梵天不会再生人间。

（五）《婆罗门品》（*Brhmana-vagga*）

1.《梵摩经》（*Brāhmayu-Sutta*）。婆罗门梵摩得知佛陀具有三十二相，亲自前往大天奈林拜见佛陀。佛陀用神通显示了两个不为常人所见的广长舌相和阴马藏相。然后，又向梵摩解释"牟尼""佛陀"的含义以及四圣谛。最后，梵摩皈依佛法僧，成为优婆塞。

2.《赛勒经》（*Sela-Sutta*）。婆罗门赛勒看到佛陀身上有三十二相后，皈依佛法僧。此经与《小尼迦耶》中的《经集》第3品第三章的《赛勒经》相同。

3.《阿摄和经》（*Assalāyana-Sutta*）。婆罗门青年阿摄和询问佛陀对婆罗门种姓高贵论的看法。佛陀询问阿摄和，刹帝利和婆罗门用好木钻取的火和旃陀罗等用糟木钻取的火有何区别？阿摄和说没有区别。佛陀以此说明一切种姓皆平等。佛陀还说到当时在瑜那、甘蒲（Yona-Kamboja）等地并无四种姓，而只有贵族和奴仆两种种姓。

4.《瞿哆牟伽经》（*Ghotamukha-Sutta*）。优陀那（udena）长老向婆罗门瞿哆牟伽讲述世上有四种人：一是折磨自己的人；二是折磨他人的人；三是折磨自己和他人的人；四是不折磨自己、也不折磨他人的人，无欲清洁，幸福快乐。

5.《商伽经》（*Caṅki-Sutta*）。佛陀指出婆罗门自称掌握绝对真理是徒然的。婆罗门传承的真理犹如一队前后互相牵拉的盲人。佛陀讲述应该如何信奉和获得真理。

6.《郁瘦歌逻经》（*Esukāri-Sutta*）。郁瘦歌逻婆罗门认为出身是区别人的唯一标准，所以婆罗门受四种姓侍奉，刹帝利受三种姓侍奉，吠舍受二种姓侍奉，首陀罗受一种姓侍奉。而佛陀认为任何种姓的人都能行善，这是真正的侍奉；任何种姓的人都能求法，这是真正的财富。

7.《陀然经》（*Dhānañjāni-Sutta*）。舍利弗劝导婆罗门陀然不要放逸，不要借口供养家庭而作恶，要依法行善，以免堕入地狱。后来，陀然病重。他按照舍利弗的教导，修习四梵住，死后得以再生梵天界。

8.《婆塞特经》（*Vāsaṭṭha-Sutta*）。佛陀讲述怎样的人才是真正的婆罗门。婆罗门并不是由出身决定的，而是由品行决定的。本经与《小尼迦耶》中的《经集》第3品第九章的《婆塞特经》相同。

9.《须婆经》（*Subha-Sutta*）。佛陀向婆罗门青年须婆说法，指出修习四梵住，能再生梵天界，与梵天共住。

10.《伤歌逻经》（*Saṅgārava-Sutta*）。女婆罗门陀那奢尼

（Dhānañjānī）赞叹佛陀。婆罗门青年伤歌逻指责陀那奢尼，作为婆罗门不应该称颂削发的出家人。后来，伤歌逻见到佛陀，听了佛陀说法后，也皈依佛陀。

《后分五十经编》（*Uparipṇṇāsam*）

（一）《天臂品》（*Devadaha-vagga*）

1.《天臂经》（*Devadaha-Sutta*）。佛陀批驳尼乾子（耆那教）的"依苦行灭一切苦"的观点。尼乾子认为人的任何经验——苦、乐、不苦不乐都源自前生之业，所以通过苦行、排除旧业、不作新业，并不能灭除一切苦。

2.《五三经》（*Pañcattaya-Sutta*）。佛陀讲述沙门、婆罗门关于未来的各种观点：（1）死后我（灵魂）有想；（2）死后我无想；（3）死后我非有想非无想；（4）死后断灭；（5）现在涅槃。前三类又统称为"死后有我"。这样，五类又可说成三类。因此，经名为《五三经》。佛陀是超越这些观点的。

3.《如何经》（*Kimti-Sutta*）。佛陀教导众比丘要努力修习四念处、四正勤、四神足、五根、五力、七觉支和八正道，和睦相处，不要争吵。如果出现分歧，要妥善处理。

4.《舍弥村经》（*Sāmagāma-Sutta*）。尼乾陀·若提子去世后，弟子们分成两派，互相争论。阿难将这消息告诉佛陀，担心佛陀去世后僧团也会发生分裂。佛陀便讲述六净根、四净事、七灭净和六调停法。

5.《善星经》（*Sunakkhatta-Sutta*）。离车族善星询问有关比丘自认所证的问题。佛陀解释说，有的比丘注重世俗利益，有的比丘摆脱世俗束缚，有的比丘注重禅定，有的比丘注重涅槃。佛陀又以譬喻说明，医生拔出毒箭后病人还只能缓慢行动，直至伤口痊愈。贪欲是箭，六根是伤口，无知是毒，念处是医生的诊视，正智是医生的手术刀，如来是医生。

6.《不动利益经》（*Aṇañjasappāya-Sutta*）。佛陀讲述依不动利益行道，铲除由欲望产生的种种障碍，达到内心的宁静，然后超越无所有处想和非想非非想，达到无取着的涅槃和无取着的心解脱。

7.《算数家目犍连经》（*Gaṇakamoggallāna-Sutta*）。佛陀讲述比丘修行也像世间诸事和婆罗门修行那样是循序渐进的。比丘修行的顺序为：（1）持戒；（2）守护六根；（3）饮食有节；（4）保持警觉；（5）持念正知；（6）独坐修行；（7）排除五盖；（8）修习四禅。佛陀说他已经指明通向涅槃之道，但能否达到涅槃，全靠比丘自己。

8.《瞿默目犍连经》（*Gopakamoggallāna-Sutta*）。阿难讲述佛陀去世后，没有一个比丘具足佛陀的品质和教诲，僧团没有推举出众比丘皈依的对象，而是以法为师、以法治教。佛法是比丘行为的准则，也是僧团和睦的依据。阿难列举了十种可喜法：受持学戒、广学多闻、少欲知足、精通四禅、神足通、天耳通、他心通、宿命通、天眼通和漏尽通。

9.《满月大经》（*Mahāpaṇṇama-Sutta*）。佛陀解释五取蕴和有身见，指出通过认识诸蕴无我而达到解脱。

10.《满月小经》（*Cūḷapaṇṇama-Sutta*）。佛陀讲述怎样依

据人的思想、言语和行为识别恶人和善人。

（二）《不断品》（*Anupada-vagga*）

1.《不断经》（*Anupada-Sutta*）。佛陀称赞舍利弗学问渊博、智慧深邃，能观"不断的法观"，依次完成戒定慧，达到解脱。佛陀说舍利弗是法的继承人，能继续转动无上法轮。

2.《六净经》（*Chabbisodhana-Sutta*）。佛陀讲述对自称获得解脱的人既不要赞颂，也不要指责，而是要提出问题，进行考察，断定真伪。考察的问题包括四说、五取蕴、六界、十二处、去我见、出家动机和修道过程。

3.《善士经》（*Sappurisa-Sutta*）。佛陀讲述以自己的出身、名声、利养、多闻、持律、说法、头陀（苦行）和禅定为荣耀，自赞毁他，不是善士法。

4.《应习不应习经》（*Sevitabba-asevitabb-Sutta*）。佛陀提出在身、口、意等方面应该修习和不应该修习的行为。舍利弗予以详细解释，得到佛陀的赞许。

5.《多界经》（*Bahudhātuka-Sutta*）。佛陀讲述智者没有恐惧、麻烦和不幸。而作为智者，必须精通十八界、三界、二界、六内外处、十二缘起和处非处（合理性和不合理性）。

6.《仙吞山经》（*Isigili-Sutta*）。仙吞山是摩揭陀国王舍城周围的五座山之一。佛陀讲述过去曾有五百辟支佛在此山居住，达到涅槃，并列举了一些辟支佛的名字。

7.《大四十经》（*Mahācattarīsakā-Sutta*）。佛陀讲述正定以正见为前提。正定有十法，即八正道、正智和正解脱。前七正道是正定的方法，正智和正解脱是正定的结果。

8.《入出息念经》（*Ānāpanasati-Sutta*）。佛陀讲述修习入出息念，可以达到四念处，进而达到七觉支和明解脱。

9.《身行念经》（*Kāyagatsati-Sutta*）。佛陀讲述身念处的修习法和功德。身念处的修习法主要是对身体作不净观。

10.《行生经》（*Samkhāruppatti-Sutta*）。佛陀讲述比丘具足信、戒、闻、施和慧，便能依随自己的意愿，来世转生刹帝利或婆罗门，或再生天道，或达到涅槃。

（三）《空品》（*Suññata-vagga*）

1.《空小经》（*Cūḷasuata-Sutta*）。佛陀讲述人的烦恼是由想引起，要消除烦恼，便应消除各种想，诸如村庄想、人想、树林想、地想、四无色处想（无限空想、无限意识想、一无所有想、非想非非想）、六处身想等。如能将欲漏、有漏和无明漏化为空无，便能获得真正的解脱。

2.《空大经》（*Mahāsuññata-Sutta*）。佛陀讲述比丘应该乐于独住远离之处，潜心空无，进入四禅，身、口、意纯洁，摒弃五欲。比丘追随导师，并不是为了听取对经文的解释，而是为了求得正觉和涅槃。

3.《未曾有法经》（*Acchariyabhutadhamma-Sutta*）。阿难讲述佛陀由兜率天进入母胎而降生人间的种种奇迹。佛陀诞生后，双脚站立，面朝北方，行走七步，环视各方，说道："我是世上最杰出者，我是世上最优秀者，我是世上最年长者。这是我的最后一生，不会再有转生。"

4.《薄拘罗经》（*Bakkula-Sutta*）。薄拘罗告诉朋友阿支罗迦叶（Acelakassapa）自己在八十年的比丘生涯中，没有犯过任何过错，始终过着纯洁的生活。阿支罗迦叶听后，也出家修行。

5.《调御地经》（*Dantabhūmi-Sutta*）。佛陀讲述沉迷于欲乐的人无法修行，正如沉迷于树林的野象无法调御。驯象师首先要把野象带离树林，然后才能用各种方法驯服它。同样，对人的调伏也应该首先让他出家，摒弃在家生活的欲念，然后，才能循序渐进，精勤修行。

6.《浮弥经》（*Bhūmija-Sutta*）。佛陀讲述要获得修行的功果，首先要有正见。缺乏正见，犹如榨沙取油，挤牛角取乳，凝水取酪，钻湿木取火。

7.《阿那律经》（*Anuruddha-Sutta*）。阿那律向木匠般遮甘伽解释了大心解脱和无量心解脱。大心解脱是以大心充满一树、两树乃至整个大地。无量心解脱是以慈心充满一方、两方乃至整个世界。

8.《随烦恼经》（*Upakkilesa-Sutta*）。佛陀想调停憍赏弥地区比丘们的争论，但比丘们说由他们自己解决。然后，佛陀到阿那律、难提耶和金毗罗三人修行的树林，向他们讲述排除烦恼和三昧修习法。

9.《贤愚经》（*Bālapaṇṇḍita-Sutta*）。佛陀讲述愚者死后堕入地狱或畜生道，贤者死后升入天道。愚者在地狱中将受到各种酷刑惩处，而贤者在天道则享受连人间转轮王也无法得到的快乐。

10.《天使经》（*Devaduta-Sutta*）。佛陀讲述行善者升入天道，作恶者堕入地狱。每个堕入地狱的人，首先由阎摩王询问他有没有见到过五天使：生、老、病、刑罚和死，然后由狱卒带入种种地狱，接受惩处。

（四）《分别品》

1.《一夜贤者经》（*Bhaddekaratta-Sutta*）。佛陀为众比丘作"一夜贤者"偈，强调不要留意过去，不要想未来，而要把握现在，精勤努力。

2.《阿难一夜贤者经》（*Ānandabhaddekaratta-Sutta*）。阿难向众比丘讲述"一夜贤者"偈的由来。佛陀又为阿难解释此偈。

3.《大迦旃延一夜贤者经》（*Mahākaccana-bhaddekaratta-Sutta*）。一位天神向比丘三弥提（Samiddhi）询问"一夜贤者"偈。三弥提请教佛陀，佛陀说出此偈。大迦旃延为众比丘解释此偈。佛陀对他的解释表示赞赏。

4.《卢夷强耆一夜贤者经》（*Lomasakagiyabhaddekaratta-Sutta*）。天神旃檀（Candana）向比丘卢夷强耆询问"一夜贤者"偈。卢夷强耆请教佛陀，佛陀为他解释此偈。

5.《小业分别经》（*Cūḷakamma-vibhaṅga-Sutta*）。婆罗门青年苏巴（Subha-Todeyyaputta）询问佛陀为何世人有长寿有短命、有多病有少病、有美有丑、有富有穷、有贵有贱、有智有愚，佛陀解释这一切都由前生的业所决定。业属于自己。众生是业的继承人。业是子宫，业是亲属，业是仲裁。

6.《大业分别经》（*Mahākamma-vibhaṅga-Sutta*）。佛陀讲述善业有善报，但也有受苦的情况；恶业有恶报，但也有得乐的情况，因为善恶的业报可能出现在现世、来生或别的时间。

7.《六处分别经》（*Saḷāyatana-vibhaṅga-Sutta*）。佛陀讲述六内处、六外处、六识身、六触身、十八意行、三十六有情句、三念住和无上调御士。

8.《总说分别经》（*Uddesa-vibhaṅga-Sutta*）。佛陀讲述比丘在观察时，外识不分散，内识不松懈，不受取着干扰，将来就不会有生、老、死和苦。大迦旃延对此作出详细解释。

9.《无诤分别经》（*Araṇa-vibhaṅga-Sutta*）。佛陀讲述既不要追求欲乐，也不要折磨自己，而应该遵行中道（即八正道）、达到正觉和涅槃。佛陀还讲述不要说秘密话，不要说令人难堪的话，说话要慢不要急，不要偏爱方言俚语，不要违背通用术语。

10.《界分别经》（*Dhātu-vibhaṅga-Sutta*）。佛陀在陶师家住宿，为热心求道的出家青年波古沙底（Pakkusati）解说六界。波古沙底听后，请求佛陀授具足戒。佛陀告诉他，无衣钵者不能受具足戒。于是，波古沙底出外寻找衣钵，不幸途中被牛撞死。佛陀告诉众比丘，波古沙底已摆脱五下分结而达到涅槃。

11.《谛分别经》（*Saccavibhaṅga-Sutta*）。佛陀讲述四圣谛并称赞舍利弗和目犍连。然后，舍利弗为众比丘详细解说四圣谛。

12.《施分别经》（*Dakkiṇā-vibhaṅga-Sutta*）。佛陀姨母摩诃波阇波提将亲手织成的新衣献给佛陀，佛陀劝她施舍给僧团。由此，佛陀讲述十四种施舍对象，上至佛陀，下至畜生类。进而讲述七种对僧团的施舍，并认为此类施舍比前十四种施舍功德更大。

（五）《六处品》（*Saḷyatana-vagga*）

1.《教给孤独经》（*Anāthapiṇḍikovāda-Sutta*）。给孤独长者病危时，舍利弗在阿难陪同下为他说法，勉励他不要执着六根、六境、六识、六触、六受、六界、五蕴和四无色处。给孤独长者死后升入兜率天。

2.《教阐陀经》（*Channovāda-Sutta*）。比丘阐陀得了重病，舍利弗和大周那前去探望，发现他想自杀。他们劝他不要自杀，与他讨论六根、六识、无我，无执着便无苦。后来，阐陀还是自杀了。舍利弗把这个消息告诉佛陀。佛陀认为如果为了再生而自杀，应该受到责备，但阐陀不是这种情况。

3.《教富楼那经》（*Puṇṇovāda-Sutta*）。佛陀教导比丘富楼那，不执着六境，便不会有烦恼。佛陀听说富楼那准备前往输那国（sunāparonta），就告诉他那里的人强悍凶暴。富楼那说不管遇到什么伤害，他都会以善待人。后来，富楼那果然在那里获得五百信徒。

4.《教难陀迦经》（*Nandakovāda-Sutta*）。难陀迦向众比丘尼宣讲六根、六境、六识是苦和无常、无我，教导她们修习七觉支，求得解脱。佛陀见众比丘听法后，还没达到成熟。第二天，难陀迦遵照佛陀的吩咐，又对众比丘尼重说一次。然后，佛陀说这五百比丘尼中，最低者也能得预流果。

5.《教罗睺罗小经》（*Cūḷarahulovāda-Sutta*）。佛陀向罗睺罗讲述一切感官享受瞬息即逝，认识了一切无常，便会厌离各种感官享受，由此达到解脱。罗睺罗听从佛陀教诲，达到漏尽解脱。

6.《六六经》（*Chāchakka-Sutta*）。佛陀讲述六六法门：六根、六境、六识、六触、六受和六爱。佛陀教导众比丘不要执着这些自以为我的东西，而是要摒弃它们。

7.《大六处经》（*Mahāsaḷāyatanika-Sutta*）。佛陀讲述要如实理解六根、六境、六识、六触、六受都是瞬息即逝的。贪恋执着这些，便会产生身心烦恼。如实理解这些，便能遵行八正道，并达到解脱。

8.《频头城经》（*Nagaravindeyya-Sutta*）。佛陀讲述应该尊敬这样的沙门和婆罗门：摒弃贪瞋痴，内心平静，一视同仁。

9.《乞食清净经》（*Piṇḍapātapārisuddhi-Sutta*）。佛陀讲述比丘乞食应该注意的事项。在乞食时，要保持自我反省，摒弃恶念，增强善念。

10.《根修习经》（*Indriyabhāvanā-Sutta*）。婆罗门青年郁多罗讲述自己老师的根修习法："眼不见色，耳不闻声。"佛陀告诉他说，若是这样，盲人和聋人则是最好的根修习者了。然后，佛陀宣讲"根修习法"，即对一切所见所闻漠然处之，住于舍、平静、警觉和清醒。

《相应部》或《杂尼迦耶》

（一）《有偈品》（*Sagāthā-vagga*）

1.《诸天集》（*Devatā-saṃyutta*），含81经。此处的"集"指"相应汇集"，亦即 Saṃyutta。该书记述诸神前来问法，佛陀一一予以解答，如怎样灭除对欲乐的贪恋、再生、邪见以及由无知产生的欲望，怎样摒弃贪欲和五蕴，摆脱邪恶、执着、不幸和烦恼。

2.《天子集》（*Devaputta-saṃyutta*），含30经。该书记述诸神之子向佛陀问法。佛陀教导他们应该摒弃愤怒，与善人交往，生活才会愉快。

3.《憍萨罗集》（*Kosala-saṃyutta*），含25经。该书记述憍萨罗国波斯匿王与佛陀的二十五则对话。波斯匿王原先是印度教徒，婆罗门巴婆利是他的导师。他曾准备举行大祭，后来成为佛陀的热情支持者。波斯匿王和摩揭陀王阿阇世为争夺迦尸城而打仗。波斯匿王初战失利，后反败为胜，并俘虏了阿阇世。最后，波斯匿王把自己的女儿婆吉拉（Vajirā）嫁给阿阇世，并把迦尸城赐给阿阇世。

4.《魔罗集》（*Māra-saṃyutta*），含 25 经。该书记述魔罗如何诱惑和破坏佛陀或佛弟子修行。魔罗或幻化成公牛，企图捣碎比丘们的托钵；或幻化成大象或蟒蛇，恐吓佛陀；或站在山顶，推下巨石，威胁佛陀；或唆使钵遮沙罗的家主不要向佛陀施食。魔罗还派自己的三个女儿用贪瞋痴诱惑佛陀。但不管魔罗怎样施计破坏，最后都以失败而告终。

5.《比丘尼集》（*Bhikkhuṇī-saṃyutta*），含 10 经。该书记述魔罗诱惑比丘尼脱离修行之道，但比丘尼都能识破他的诡计，并挫败他的阴谋。例如，比丘尼吉萨·乔答弥化缘回来，坐在树下，魔罗前来扰乱她的思想。她回答魔罗道："失子之痛，已成过去；一切男子，皆不属我；没有悲伤，毋庸掉泪；哪怕是你，我亦无惧；世俗之乐，早已抛却；无知黑暗，一刀两断；击败死神，憩息于此；泰然自若，一尘不染。"

6.《梵天集》（*Brāhma-saṃyutta*），含 15 经。该书记述大梵天劝请佛陀说法。佛陀降魔得道后，并不准备宣法，因为他担心世人未必能理解此中真谛。大梵天怜悯众生，劝请佛陀说法，以便世人摆脱烦恼和痛苦。最后，佛陀经过认真考虑，接受大梵天的请求，在鹿野苑初转法轮。

7.《婆罗门集》（*Brāhmaṇa-saṃyutta*），含 22 经。该书记述

婆罗门婆罗豆婆遮（Bhāradvāja）的妻子达南阇尼（Dhānañjāni）
虔信佛陀，经常赞颂佛法僧。婆罗豆婆遮感到腻烦，去见佛陀。
但他听了佛陀说法，深受感动，决定皈依佛陀。后来，他的家族
中其他一些婆罗门也效仿他皈依了佛陀。

8.《婆耆沙集》（Vaṅgīsa-samyutta），含 12 经。该书记述婆
耆沙长老摒弃情欲的事迹。婆耆沙刚出家时，在寺庙里见到一些
衣着华丽的女子来访。他心旌动摇，困惑不安。但他自己认识到
错误，摆脱了淫欲之心。

9.《树林集》（Vana-samyutta），含 14 经。该书记述一些林
中之神指导比丘遵行正道。例如，有位比丘住在林中，但他迷恋
世俗的谬论和邪见。于是，林中之神心怀怜悯，前来劝他抛弃错误，
遵行正道。

10.《夜叉集》（Yakkha-samyutta），含 12 经。该书记述夜
叉与佛陀或佛弟子的对话。例如，有位夜叉对佛陀说："我想问
你一个问题。如果你不回答，我就会搅混你的思想，或撕裂你的心，
或拎起你的脚，把你扔进恒河。"佛陀说："在这世上，无论是
魔罗或梵天，神或人，婆罗门或沙门，都不可能对我做到这样。
尽管如此，你还是提问吧？"于是，夜叉问道："什么是人最宝
贵的财富？遵行什么会带来幸福？什么是最甜蜜的味？什么是最
好的生活？"佛陀回答说："信仰是人最宝贵的财富，遵行正法
会带来幸福，真理是最甜蜜的味，智慧的生活是最好的生活。"

11.《帝释集》（Sakka-samyutta），含 25 经。该书记述帝释
天如何凭借功德而成为三十三天众神之主。例如，诸神与阿修罗
交战，击败了阿修罗，并俘虏了阿修罗王吠波质底（Vepacitti），

把他带到帝释天面前。吠波质底辱骂帝释天，而帝释天静默对之。车夫摩多利困惑不解，帝释天便向他宣讲忍辱法。又如，面貌丑陋的夜叉占坐了帝释天的宝座，他也不发怒，而是整衣合掌，连说三声："我是众神之王帝释天。"夜叉自惭形秽，隐而不现。帝释天还经常双手合十，礼拜佛陀。

（二）《因缘品》（Nidāna-vagga）

1.《因缘集》（Nidāna-samyutta），含93经。佛陀向众比丘讲述缘起说，一切烦恼和痛苦皆产生于无明。无明、行、识、名色、六处、触、受、爱、取、有、生、老死，这十二因缘和苦、集、灭、道四谛是佛教的核心教义。

2.《现观集》（Abbisamaya-samyutta），含11经。佛陀讲述圣弟子如果认为自己已经完全灭除从前的苦，剩下的苦已不多，这是更大的苦。圣弟子应该不断努力，灭除剩下不多的苦。否则，他不能说已经获得智慧，通达现观。只有达到现观，具备法眼，才能获得大利。

3.《界集》（Dhātu-samyutta），含39经。佛陀讲述各种界，如眼、色和眼识，耳、声和耳识，鼻、香和鼻识，舌、味和舌识，身、触和身识，意、法和意识，等等。佛陀还讲述由界生起触，由触生起受，由受生起爱。

4.《无始集》（Anamatagga-samyutta），含20经。佛陀讲述轮回的起始不可知。人受无知蒙蔽，受贪欲束缚，在无数次转生中受苦受难。如果将一个人无数次转生中的白骨堆积起来，比山还高。

5.《迦叶集》（Kassapa-samyutta），含13经。佛陀称赞迦

叶对任何衣、食、住和药都知足满意。他进入别人家里，犹如温柔的月光，思想和行为谦恭。佛陀劝导众比丘以迦叶为楷模。

6.《利养和名闻集》（*Lābhasakkāra-samyutta*），含 43 经。佛陀讲述如果比丘追求世俗的名闻利养，犹如鱼儿吞食鱼钩，必然招致不幸。

7.《罗睺罗集》（*Rāhula-samyutta*），含 22 经。佛陀向罗睺罗讲述五根、五境、五识、触、受、想、爱、界、蕴、苦和无我。诸法无常，不要误认为这是"我""我的"或"我的我"。如果能理解这一切，就能达到真正的平静。

8.《勒叉那集》（*Lakkhaṇa-samyutta*），含 21 经。该书记述一些本生故事。勒叉那与迦叶一起乞食，路过某处，迦叶发笑。勒叉那问他为何发笑，由此引出本生故事。例如，迦叶讲他凭天眼通看到一些老鹰、乌鸦和秃鹫追逐、撕咬一具正在空中行走的骷髅，感到很奇怪。于是，佛陀解说：那个人前生是个屠夫，由于业报，他要受这种惩罚几百甚至几千年。

9.《譬喻集》（*Opamma-samyutta*），含 12 经。佛陀讲述一切罪恶产生于无明。佛陀也教导众比丘要精进努力，否则会被魔罗打败。

10.《比丘集》（*Bikkhu-samyutta*），含 12 经。目犍连讲述进入第二禅时享受的"圣默"。佛陀教诲难陀、帝沙等比丘要严格遵循戒律修行。

（三）《犍度》

1.《蕴集》（*Khandha-samyutta*），含 158 经。佛陀讲述五蕴：色、受、想、行、识。它们都是瞬息即逝的。不懂得这个真谛的人，总是执着五蕴，认为色是我的，受是我的，想是我的，行是我的，识是我的。一旦五蕴离散变化，人们就会陷入烦恼和伤心。知道五蕴无常、无我，自然除却烦恼。

2.《罗陀集》（*Rādha-samyutta*），含 46 经。佛陀向罗陀讲述色（身）即魔罗，哪里有色，哪里就有魔罗，就有毁灭；有情即贪欲，与色、受、想、行和识纠缠；五蕴无常。

3.《见集》（*Ditthi-samyutta*），含 96 经。佛陀讲述执着五蕴，产生种种邪见："这是我""这是我的""这是我之我"；没有善恶业报，没有今生来世；世界有限或无限，命与身同一或不同一。只有认识五蕴无常，懂得苦、集、灭、道，才能摆脱痛苦烦恼，获得无上菩提。

4.《入集》（*Okkantika-samyutta*），含 10 经。佛陀讲述确信眼、耳、鼻、舌、身和意无常的人，称作"入正位"。

5.《生集》（*Uppāda-samyutta*），含 10 经。佛陀讲述诸法无常，苦、病、老、死缘眼、耳、鼻、舌、身和意而起。

6.《烦恼集》（*Kilesa-samyutta*），含 10 经。佛陀讲述六根、六境和六识产生欲望，并带来心的烦恼。

7.《舍利弗集》（*Sāriputta-samyutta*），含 10 经。舍利弗回答阿难的问题，讲述自己的修禅体验。舍利弗讲述自己摆脱欲望，内心平静，充满喜乐，渐次进入更高的禅定境界。

8.《龙集》（*Nāga-samyutta*），含 50 经。佛陀以龙为例，讲述四种生：卵生、胎生、湿生和无父母生（即化生）。

9.《金翅鸟集》（*Supanna-samyutta*），含 46 经。佛陀以金翅鸟为例，讲述四种生：卵生、胎生、湿生和无父母生（即化生）。

10.《乾达婆集》（*Gandhabbakāya-samyutta*），含 112 经。佛陀讲述乾达婆住在树根、树心、树枝、树汁、树叶和花朵的芳香中，并说明他们的受生因缘。

11.《云集》（*Valāha-samyutta*），含 57 经。佛陀讲述各种云神，他们化身为冷云、热云、雷云、风云和雨云，由此产生风、雨、雷、冷和热各种自然现象。

12.《婆差种集》（*Vacchagotta-samyutta*），含 55 经。游方僧婆差种询问佛陀各种问题，诸如世界是否永恒，世界是否无限，命与身是否同一。佛陀回答说，那是出于对五蕴的无知，才产生这些异学邪见。

13.《禅定集》（*Jhāna* 或 *Samādhi-samyutta*），含 55 经。佛陀讲述有四种修禅者：一是善于三昧，不善于等至（samāpatti）；二是善于等至，不善于三昧；三是既不善于三昧，也不善于等至；四是既善于三昧，又善于等至。其中，第四种修禅者最为优秀。

（四）《六处品》（*Saḷāyatana-vagga*）

1.《六处集》（*Saḷāyatana-samāyutta*），含 207 经。佛陀讲述六根（眼、耳、鼻、舌、身、意）和六境（色、声、香、味、触、法）都是无常、苦和无我。将六根和六境视为"我""我的"或"我的我"，是虚妄之见。认识到六根和六境无常，认识到它们是束缚、是烦恼，就能摆脱无知，根除烦恼，获得智慧。

2.《受集》（*Vedanā-samyutta*），含 29 经。佛陀讲述受有三种：苦、乐、非苦非乐。应该依乐受而摒弃染欲随眠，依苦受而摒弃瞋恚随眠，依非苦非乐而摒弃无明随眠。应该视乐受为疾病，视苦受为倒钩，视非苦非乐为无常。受产生于触，触灭即受灭。

受灭之道即八正道。

3.《女人集》（*Mātugāma-samyutta*），含 34 经。佛陀讲述女人的品行和来世的命运。一个女人如果有五种优点：貌美、有财、有德、勤劳、能生育，便能获得男人喜欢。每个女人都要经历五种痛苦：嫁夫、离别亲属、怀孕、分娩、侍奉丈夫。一个女人如果早上有悭贪之心，中午有嫉妒之心，傍晚有染欲之心，死后必定堕入地狱。一个女人如果没有信仰、不知羞耻、肆无忌惮、愤恨恚瞋、愚昧无知，死后也会堕入地狱。反之，则能升入天道。

4.《阎浮车集》（*Jambukhādaka-samyutta*），含 16 经。游方僧阎浮车向舍利弗询问涅槃、阿罗汉等十六事，舍利弗一一解答。舍利弗讲述只有遵行八正道，铲除贪瞋痴，才能成为阿罗汉，达到涅槃。正是为了理解苦谛，才追随佛陀修行。受有三种：苦、乐、不苦不乐；漏有三种：欲漏、有漏、无明漏。只有遵行八正道，才能认识三受，断灭三漏。

5.《沙曼陀迦集》（*Sāmandaka-samyutta*），含 16 经。游方僧沙曼陀迦向舍利弗询问涅槃、阿罗汉等十六事，舍利弗一一解答。内容与前经相同。

6.《目犍连集》（*Moggallāna-samyutta*），含 15 经。目犍连向比丘讲述修禅的经验：有寻、无寻、乐、舍、虚空、识、无所有、非非相和无相。又向众天神讲述皈依佛法僧三宝的功德。

7.《质多集》（*Citta-samyutta*），含 10 经。质多居士向众比丘解释六根和六境互相并不构成束缚。只有当六根与六境接触，产生欲望和贪欲，六根和六境才构成束缚。他还与比丘伊犀达多、摩诃迦、迦摩浮、戈达多互相问答。他还批驳尼乾陀·若提子和裸形迦叶的邪见。质多居士临死前，众天神劝他转生为国王，他予以拒绝，因为他已摒弃一切无常之物。

8.《聚落主集》（*Gāmaṇi-samyutta*），含 13 经。佛陀讲述人或粗暴或温和，在于是否摒除贪瞋痴。佛陀否认歌舞伎、战死的兵士、象师和马师死后能升天，否认沙门可以接受金银，反对纵欲和苦行两个极端。

9.《无为集》（*Asaṅkhata-samyutta*），含 44 经。佛陀讲述涅槃就是灭除贪瞋痴。止观、四念处、四正勤、四神足、五根、五力、七觉支和八正道是通向涅槃之道。

10.《无记说集》（*Avyākata-samyutta*），含 11 经。波斯匿王询问比丘尼识摩，如来死后存在与否？识摩回答说，佛陀本人没有解答过这个问题。实际上，也不可能界定如来，因为如来像大海一样深广，不可测量。佛的诸弟子阿那律、舍利弗、目犍连等也对这个问题做出同样的回答。

（五）《大品》

1.《道集》（*Magga-samyutta*），含 180 经。佛陀讲述八圣道：正见、正思维、正语、正业、正命、正勤、正念、正定。

2.《觉支集》（*Bojjhaṅga-samyutta*），含 175 经。佛陀讲述七觉支：念觉支、择法觉支、精进觉支、喜觉支、轻安觉支、定觉支、舍觉支。

3.《念处集》（*Satipatthāna-samyutta*），含 102 经。佛陀讲述四念处：身念处、受念处、心念处、法念处。

4.《根集》（*Indriya-samyutta*），含 185 经。佛陀讲述五根：信根、精进根、念根、定根、慧根。

5.《正勤集》（*Sammappadhāna-samyutta*），含54经。佛陀讲述四正勤：努力使未生之恶不生，努力使已生之恶断除，努力使未生之善能生，努力使已生之善增长。

6.《力集》（*Bala-samyutta*），含110经。佛陀讲述五力：信力、精进力、念力、定力、慧力。

7.《神足集》（*Iddhipāda-samyutta*），含86经。佛陀讲述四神足：欲神足、勤神足、心神足、观神足。

8.《阿那律集》（*Anuruddha-samyutta*），含24经。阿那律讲述通过四念处，获得神通。

9.《静虑集》（*Jhāna-samyutta*），含54经。佛陀讲述四禅定：初禅、第二禅、第三禅、第四禅。

10.《入出息集》（*Ānāpāna-samyutta*），含20经。佛陀讲述怎样调节入出息（吸气和呼气）才有成效。

11.《预流集》（*Sotāpatti-samyutta*），含74经。佛陀讲述圣弟子虔信佛法僧，奉守戒律，尽管乞食为生，衣衫褴褛，却能摆脱地狱和再生的苦难。

12.《谛集》（*Sacca-samyutta*），含131经。佛陀讲述四圣谛：苦、集、灭、道。

《增支部》或《增一尼迦耶》

1.《一集》（*Ekata-nipāta*）。讲述盖障、调伏、守护、控制、精进、放逸、非法，如来，一些著名的比丘、比丘尼和居士的特殊品质、随念、禅定等。

　　2.《二集》（*Duka-nipāta*）。讲述两种恶行业报：现世业报和死后业报；两种布施：物布施和法布施；两种僧团：认识四谛和不认识四谛；两种天生的善人：正觉者和转轮王；两种不动摇者：佛陀和狮子；两种愚人：不履行自己的职责和行使他人的职责；等等。

　　3.《三集》（*Tika-nipāta*）。讲述三种业：身业、口业和意业；三种美德：布施、出家和赡养父母；三种受：苦、乐和不苦不乐；比丘的三种品质：控制感官、节制饮食和保持警觉；三种解脱：信解脱、定解脱和慧解脱；三种恶因：贪、瞋和痴；等等。

　　4.《四集》（*Catukka-nipāta*）。讲述四种愚行：赞扬不该赞扬者、指责应该赞扬者、喜欢不该喜欢者、厌恶应该喜欢者；四种人：聪明而不虔诚、不聪明也不虔诚、不聪明而虔诚、既聪明又虔诚；比丘应该在衣、食、住、药四事上少欲知足；四种光：月光、阳光、火光和智慧光；四种本质：戒、定、慧和解脱；四种力：信、勤、念和定；四种尊者：如来、辟支佛、声闻和转轮王；四种回答问题的方式：肯定、有保留、反问和否定；四种邪见：视无常为常、视苦为乐、视非我为我、视污秽为纯洁；四种善人的美德：即使问起也不说别人坏话、即使不问起也说别人好话、即使不问起也承认自己的缺点、即使问起也羞于说自己的优点；四个圣地：佛陀诞生处、得道处、初转法轮处和般涅槃处；四正勤：努力断除已生之恶、努力使未生之恶不生、努力使未生之善能生、努力使已生之善增长；等等。

　　5.《五集》（*Pañcaka-nipāta*）。讲述五种学习：信念、羞愧、避恶、精进、智慧；五盖：爱欲、瞋恚、昏眠、掉悔、疑惑；比丘的五恶：不离贪、不离瞋、不离痴、虚伪、恶狠；人应该记住的五事：肯定会老、难免会病、终究会死、肯定会与亲爱之人别离、自己的行为决定自己的命运；女人的五恶：狂怒、报复、狠毒、两舌、不贞；五种婆罗门：如同梵天、如同天神、尊重传统、不尊重传统、粗俗卑贱；等等。

6.《六集》（Chakka-nipāta）。讲述最高的见是见如来，最高的听是听如来说法，最高的获得是获得对如来的信仰，最高的学习是学习如来的教诲，最高的侍奉是侍奉如来及其佛弟子，最高的忆念是忆念如来及其弟子。比丘应该控制六根，体验六神通，具备六根和六力。比丘六法：不热衷业、不热衷争论、不贪睡、不热衷聚会、温文尔雅、与善人交往；学者的六种缺点：热衷业、热衷争论、贪睡、热衷聚会、放纵感官、饮食无度；等等。

7.《七集》（Sattaka-nipāta）。讲述七种财富：信仰、戒行、羞愧、避恶、多闻、舍弃、智慧；七结：爱、恚、见、疑、慢、有、无明；居士安乐的七个条件：勤于拜访比丘、聆听说法、行善、虔诚、不挑剔比丘、不向别处寻求教诲、供奉僧伽；真朋友的七种品质：随时作出最大奉献、随时提供最好的服务、不挑毛病、不透露秘密、保守秘密、危难不疏远、贫困也关心；等等。

8.《八集》（Aṭṭha-nipāta）。讲述慈心的八种好处：安稳入睡、安稳醒来、不做恶梦、受人喜欢、受神喜欢、受神保佑、免除火、毒或武器伤害，至少再生在梵天界；世界的八种方式：得、失、荣、辱、褒、贬、苦、乐；八种本领；小孩的本领是哭叫、妇女的本领是谩骂、强盗的本领是杀人、国王的本领是治民、愚者的本领是傲慢、贤者的本领是谦虚、学者的本领是深思、沙门和婆罗门的本领是恭顺；等等。

9.《九集》（*Navaka-nipāta*）。讲述九种人：获阿罗汉果者、获阿罗汉向者、获不还果者、获不还向者、获一来果者、获一来向者、获预流果者、获预流向者、普通人；九次第定：初禅次第定、二禅次第定、三禅次第定、四禅次第定、空处次第定、识处次第定、无所有处次第定、非想非非想处次第定、灭受想次第定；等等。

10.《十集》（*Dasaka-nipāta*）。它讲述十想：无常、无我、死、食不净、一切世间不可乐、枯骨相、虫聚相、青瘀相、脓烂相、断坏相；十净：正见、正思维、正语、正业、正命、正勤、正念、正定、正智、正解脱；等等。

11.《十一集》（*Ekādasa-nipāta*）。它讲述善行的十一种福泽、通向涅槃的十一种门径、慈心的十一种好处等。

《小部》或《小尼迦耶》

（一）《小诵》（*Khuddaka-pāṭha*）

这是一部短篇经文的汇编，用于新教徒诵读，也用于比丘礼赞祈祷。共有九部经文。

1.《三皈依》（*Saraṇattaya*）。它表达对佛法僧的虔诚。

2.《十戒》（*Dasasikkhāpada*）。内容是不杀生、不偷盗、不淫欲、不妄语、不饮酒、不观歌舞、不香花严身、不坐卧高广大床、不蓄金银财宝、不非时食。

3.《三十二身分》（*Dvattimsākara*）。它讲述身体三十二个部位，以引起对肉身的厌弃感和无常感。

4.《沙弥问》(*Kumārapañha*)。它回答新戒者的问题，主要涉及佛教的一些重要术语，例如四谛、五蕴和八正道。

5.《吉祥经》(*Maṅgala-Sutta*)。它讲述各种吉祥的行为。既有在家人的吉祥行为，如"侍奉父母，爱护妻儿，做事有条不紊，这是最高的吉祥"，也有出家人的吉祥行为，如"苦行、梵行，洞悉圣谛，实现涅槃，此为最高吉祥"。

6.《三宝经》(*Ratna-Sutta*)。它赞颂佛法僧三宝。例如，赞颂佛："这个世界或另一个世界的财富，或天道的珍宝，都不能与如来相比。在佛陀那里，能找到这种珍宝。但愿凭借这一真理获得幸福。"

7.《户外经》(*Tirokudda-Sutta*)。它讲述亡灵在故地游荡，亲属应该适时祭供饮食，并以亡灵的名义向比丘布施，使亡灵得以安乐。

8.《伏藏经》(*Nidhikaṇḍa-Sutta*)。它讲述世人埋藏财宝以备急用，而对于智者来说，世上最宝贵的财富是善行。

9.《仁慈经》(*Karaṇīyametta-Sutta*)。它讲述要对一切众生施以仁慈。例如，"凡有生命者，或强或弱，或长或短，或大或小，或粗或细，或可见或不可见，或近或远，或生下或有待生下，让一切众生都快乐！""犹如母亲用生命保护自己唯一的儿子，对一切众生施以无限的仁慈心。"

（二）《法句经》(*Dhammapada*)

这是一部格言诗集，分26品，共有423颂。

1.《双品》(*Yamaka-vagga*)。它讲述为人应该从善，才能在今生和来世获得幸福；沉溺于感官享受，将被魔罗制服；以恨制恨，达不到目的，只有以爱才能制恨。

2.《不放逸品》（*Appamāda-vagga*）。它讲述精进努力是通向永恒之路，懈怠放逸是通向死亡之路。比丘精进努力，修习禅定，便能达到涅槃。

3.《心品》（*Citta-vagga*）。它讲述控制自己的心，以智慧战胜欲望的诱惑；信仰不坚定，思想骚动，不可能获得完美的智慧。

4.《花品》（*Puppha-vagga*）。它以花为喻，赞美善人的品质。善人的声誉犹如花香，充溢四方和天道。

5.《愚者品》（*Bāla-vagga*）。它讲述愚者即使由智者开导，也终身领悟不了正法；而智者只需由智者点拨，须臾便能领悟正法。愚者总把恶行视作蜜糖，一旦业报来临，愚者便要受苦。

6.《智者品》（*Paññdita-vagga*）。它赞颂智者聆听正法，内心清净；善于克己，不为毁誉所动；摒弃诸欲，不为苦乐所动；灭尽烦恼，证得涅槃。

7.《阿罗汉品》（*Arhanta-vagga*）。它赞颂阿罗汉诸根寂静，摆脱一切欲乐，断灭一切烦恼，超越轮回，获得解脱。

8.《千品》（*Sahassa-vagga*）。它赞颂持戒修行的价值。一个破戒、无慧、懒惰之人活一百岁，也不如精进修习禅定慧的人活一天。

9.《恶品》（*Pāpa-vagga*）。它讲述人应该趋善避恶。恶业未成熟时，恶人以为乐；善业未成熟时，善人以为苦。但终究恶有恶报，善有善报。

10.《刀杖品》（*Daṇḍa-vagga*）。它讲述人人都害怕惩罚，人人都爱生惧死，因此不能为了自己的快乐而伤害他人。

11.《老品》（*Jarā-vagga*）。它讲述身体总会老朽，唯善人之法不会老朽。愚者生长如蠢牛，唯增筋肉，不增智慧。

12.《自己品》（*Atta-vagga*）。它讲述自己要做自己的主人，最难控制的是自己。首先要把住自己，然后才能教导他人。作恶容易行善难，作恶行善全在自己。

13.《世品》（*Loka-vagga*）。它讲述人应该依法行善，不要堕入邪见而放逸。不要执着世俗生活，应视尘世为水中泡沫、海市蜃楼。改恶从善的人犹如摆脱乌云笼罩的月亮。

14.《佛陀品》（*Buddha-vagga*）。它讲述得生为人难，生而寿终难，遇佛出世而得闻正法难。因此，应该皈依佛法僧，遵行四谛和八正道，解脱一切苦。

15.《安乐品》（*Sukha-vagga*）。它讲述人应该摆脱怨憎和贪欲，追求宁静和涅槃。健康是最好的收益，知足是最大的财富，信赖是最亲的人，涅槃是最高的幸福。

16.《爱好品》（*Piya-vagga*）。它讲述不见所爱之人苦，见所憎之人也苦，不爱也不憎，也就摆脱一切束缚。忧愁恐怖由爱欲而生，摒弃爱欲，也就摆脱忧愁恐怖。

17.《忿怒品》（*Kodha-vagga*）。它讲述应该制服身、心、意三方面的怨愤；以不怒制服怨愤，以善制服恶，以布施制服悭吝，以真实制服虚妄。

18.《垢秽品》（*Mala-vagga*）。它讲述只要清除垢秽，就能升入天道，超越生死。妇女的垢秽是不贞，施主的垢秽是吝啬，而最大的垢秽是无明。发现别人的垢秽易，发现自己的垢秽难。

19.《法住品》（*Dhammaṭṭha-vagga*）。它讲述智者名为智者不在言多，长老名为长老不在白头，比丘名为比丘不在乞食，牟尼名为牟尼不再沉默，关键在于依法而住。

20.《道品》（*Magga-vagga*）。它讲述最高的道是八正道，最高的真理是四谛。以慧观照"诸行无常""诸行是苦""诸法无我"，这是清净之道。

21.《杂品》（*Pakiṇṇaka-vagga*）。它讲述智者抛弃小乐，获得大乐。佛弟子永远清醒自觉，无论昼与夜，心系佛法僧。

22.《地狱品》（*Niraya-vagga*）。它讲述说妄语者、淫人妇者、身穿袈裟而作恶者，都将堕入地狱。因此，应该像守护城那样守护自己，不要疏忽放逸。

23.《象品》（*Nāga-vagga*）。它讲述人应该堪忍谤言，犹如大象堪忍箭射；不要与愚人为友，宁可像大象那样独游林中。

24.《爱欲品》（*Taṇhā-vagga*）。它讲述放纵自己的人，爱欲像蔓藤那样增长。降服爱欲，忧苦自会消失。铲除贪瞋痴和爱欲这些田地中的杂草，就能获得大果报。

25.《比丘品》（*Bhikkhu-vagga*）。它讲述比丘善于控制眼、耳、鼻、舌、身，少欲知足，心喜禅定，依靠自己，调伏自己，达到涅槃。

26.《婆罗门品》（*Brahmāṇa-vagga*）。它讲述一个人不是靠出身和束发而称作婆罗门。只有身、口、意三方面都不作恶业，持戒修行，证得涅槃，才能称作婆罗门。

（三）《自说经》（*Udāna*）

它共分八品，每品含 10 经，共 80 经。经文包含偈颂和散文。偈颂为佛陀所说，散文是说明偈颂的故事缘起。

1.《菩提品》（*Bodhi-vagga*）。它讲述佛陀得道后的一些事。按照佛陀的缘起观，在这世上唯一值得追求的理想是阿罗汉，通过摒弃贪爱可获得解脱。

2.《目真邻陀品》（*Macalinda-vagga*）。它也是讲述佛陀得道后的一些事。蛇王目真邻陀张开头冠，挡住暴雨，保护佛陀。佛陀教导众比丘不要争论一些无谓的问题，诸如频毗沙罗王和波斯匿王谁最富有等。

3.《难陀品》（*Nanda-vagga*）。佛陀的堂弟难陀想要还俗。佛陀让他认识到世俗生活的卑微苦恼和出家的快乐，他也就不还俗了。

4.《弥醯品》（*Meghiya-vagga*）。佛陀的侍从弟子弥醯不听佛陀的劝告，坚持要去金尼迦罗河畔的芒果林修行，结果在那里始终摆脱不了种种邪念，又回到佛陀那里。佛陀向他解释了原因。

5.《苏那长老品》（*Sonathera-vagga*）。它讲述波斯匿王访问佛陀，麻风病人善觉（Suppabuddha）皈依佛陀，苏那成为高级比丘。

6.《生盲品》（*Jaccandha-vagga*）。它讲述波斯匿王访问佛陀；佛陀向阿难表示自己即将入般涅槃；佛陀批驳外道邪见，其中包含"瞎子摸象"的寓言。

7.《小品》（*Cūḷa-vagga*）。它讲述各种论题，其中包括舍利佛说法和侏儒巴提耶（Bhaddiya）摆脱邪恶。

8.《波吒利村人品》（*Pāṭaligāmiya-vagga*）。佛陀讲述涅槃的含义。佛陀吃了纯陀的供养食，发赤痢剧痛濒死。佛陀默默忍过病痛，又前往拘尸那罗。佛陀在波吒利村为众优婆塞讲述犯戒五祸和持戒五利。

（四）《如是语经》（*Itivuttaka*）

这分四集，共112经。每集中的经文按照法数顺序编排。每经一般由经序、本文、偈颂和结尾组成。

1.《一集》(*Eka-nipāta*)，分三品，共 27 经。佛陀讲述贪、瞋、痴、愤怒、虚伪和骄慢的恶果，贪爱是轮回之因，心污的恶果，心净的功果，施舍的功德，等等。

2.《二集》(*Duka-nipāta*)，分二品，共 22 经。佛陀讲述诸根的诱惑；身、口、意的恶业；懈怠放逸是达到无上智的主要障碍；比丘应该具备的各种品质；等等。

3.《三集》(*Tika-nipāta*)，分五品，共 50 经。佛陀讲述三受是苦、乐和不苦不乐；三漏是欲、有和无明；贪瞋痴是魔罗的主要武器，抛弃这些罪恶，就能摆脱轮回；身、口、意的善业恶业及其善报恶报；遵行八正道，摆脱生、老和死；等等。

4.《四集》(*Catukka-nipāta*)，一品，共 13 经。佛陀讲述比丘的简朴生活；知道苦恼生灭的原因，就容易摆脱世俗束缚；等等。

（五）《经集》(*sutta-nipāta*)

它分 5 品，含 72 经。

（甲）《蛇品》(*Uraga-vagga*)

1.《蛇经》(*Uraga-Sutta*)。它讲述比丘摒弃贪瞋痴，抛弃此岸和彼岸，犹如蛇蜕去衰老的皮。

2.《特尼耶经》(*Dhaniya-Sutta*)。它讲述牧人特尼耶与佛陀对话，最后他皈依了佛陀。

3.《犀牛角经》(*Khaggavisāṇa-Sutta*)。它讲述抛弃世俗生活，像犀牛角士一样独自游荡。

4.《耕者婆罗豆婆遮经》(*Kasibhāradvāja-Sutta*)。佛陀以耕种比喻修道，向耕者婆罗豆婆遮说法。

5.《贡陀经》（*Cunda-Sutta*）。佛陀向金匠贡陀的解释有四种沙门：胜道者、示道者、命道者和污道者。

6.《毁灭经》（*Parābhava-Sutta*）。佛陀向一位天神解释各种毁灭的原因。

7.《无种姓者经》（*Vasala-Sutta*）。佛陀讲述成为无种姓者或婆罗门，不是由于出身，而是由于业。

8.《仁慈经》（*Metta-Sutta*）。佛陀讲述怀有仁慈心的人能摆脱轮回。

9.《雪山夜叉经》（*Hemavata-Sutta*）。佛陀为雪山夜叉说法。

10.《林主夜叉经》（*Āḷavaka-Sutta*）。林主夜叉以威胁的方式向佛陀问法，佛陀仍然向他说法。

11.《胜经》（*Vijaya-Sutta*）。它讲述对身体作不净观，从而抛弃对身体的渴望。

12.《牟尼经》（*Mani-Sutta*）。它讲述出家修行的牟尼的种种特征。

（乙）《小品》（*Cūḷa-vagga*）

1.《宝经》（*Ratana-Sutta*）。它讲述皈依佛法僧三宝，能获得幸福。

2.《荤腥经》（*Āmagandha-Sutta*）。它迦叶讲述荤腥的意思是指各种恶行，而不是指食肉。

3.《羞耻经》（*Hiri-Sutta*）。它讲述什么是真正的朋友。

4.《大吉祥经》（*Mahāmaṅgala-Sutta*）。佛陀讲述各种能称之为最高吉祥的行为。

5.《针毛夜叉经》（*Sūciloma-Sutta*）。它讲述针毛夜叉以威胁的方式向佛陀问法，佛陀仍向他说法。

6.《法行经》（*Dhammacariya-Sutta*）。它讲述要避开那些邪恶的假沙门。

7.《婆罗门法经》（*Brāhmanadhammika-Sutta*）。佛陀讲述婆罗门法古今不同，由纯洁变得污浊。

8.《船经》（*Nāvā-Sutta*）。它讲述要与知法的善人交往，才能像登上坚固的船，从而安全渡河。

9.《戒行经》（*Kimsīla-Sutta*）。它讲述应该奉守戒行，追随正法。

10.《起来经》（*Uṭṭhāna-Sutta*）。它讲述要精进努力，拔除自己的苦恼之箭。

11.《罗睺罗经》（*Rāhula-Sutta*）。佛陀向罗睺罗说法，教导他出家修行。

12.《文基娑经》（*Vaṅgīsa-Sutta*）。佛陀讲述迦波长老灭除了对世上名色的贪欲，超脱生死，达到涅槃。

13.《正确游行经》（*Sammāparibbājaniya-Sutta*）。佛陀讲述比丘应该怎样正确地在世上游行。

14.《如法经》（*Dhammika-Sutta*）。佛陀讲述出家的比丘和在家的优婆塞的行为准则。

（丙）《大品》（*Mahā-vāgga*）

1.《出家经》（*Pabbajjā-Sutta*）。佛陀向频毗沙罗王讲述自己出家的原因。

2.《精进经》（*Padhāna-Sutta*）。佛陀讲述自己在尼连禅河边精进努力，专心修禅，挫败魔罗的阴谋。

3.《妙语经》(*Subhāsita-Sutta*)。佛陀讲述比丘应该说妙语、合法之语、动听之语和真实之语。

4.《孙陀利迦婆罗德婆阇经》(*Sundarikabhāradvāja-Sutta*)。佛陀讲述值得供奉的人不在于他是不是婆罗门，而在于他是否有品行。

5.《摩伽经》(*Māgha-Sutta*)。佛陀讲述婆罗门想积功德，应该将祭品布施给修行的出家人。

6.《娑毗耶经》(*Sabbiya-Sutta*)。游方僧娑毗耶向诸外道师问法，不能解惑。后来，他从佛陀那里得到圆满回答，便皈依佛法僧。

7.《赛罗经》(*Sela-Sutta*)。它讲述婆罗门赛罗看到佛陀具有包括阴马藏和广长舌在内的三十二相，并皈依佛陀。

8.《箭经》(*Salla-Sutta*)。它讲述人生充满痛苦，一个追求幸福的人应该拔掉自己的箭，摒弃自己的悲伤、欲望和忧愁。

9.《婆塞特经》(*Vāsettha-Sutta*)。佛陀讲述一个人不是凭出身，而是凭苦行、凭梵行、凭自制、凭柔顺，才能成为婆罗门。

10.《拘迦利耶经》(*Kokāliya-Sutta*)。它讲述拘迦利耶比丘对舍利弗和目犍连心怀恶意，口出恶语，死后堕入地狱。

11.《那罗迦经》(*Nālaka-Sutta*)。它讲述佛陀诞生时，阿私陀仙人预言他会成佛，并勉励自己的外甥那罗迦皈依佛陀。

12.《二重观经》(*Dvayatānupassanā-Sutta*)。佛陀讲述产生和灭寂的二重观。

（丁）《八颂经品》(*Atthaka-vagga*)

1.《爱欲经》(*Kāma-Sutta*)。它讲述应该永远避开爱欲。

2.《洞窟八颂经》(*Guhatttha-Sutta*)。它讲述要摆脱对生存的贪恋。

3.《邪恶八颂经》（*Duṭṭhaṭṭhaka-Sutta*）。它讲述无所执着、无所争论，涤除一切世俗观点。

4.《纯洁八颂经》（*Suddhaṭṭhaka-Sutta*）。它讲述不执着所见、所闻、所想，抛弃一切所得，达到净化。

5.《至高八颂经》（*Paramaṭṭhaka-Sutta*）。它讲述对于世上所见、所闻、所想毫无人为的名想，毫无执着。

6.《衰老经》（*Jarā-Sutta*）。它讲述人总会丧老而死，不要执着自我。

7.《提舍弥勒经》（*Tissametteya-Sutta*）。它讲述牟尼认识过去、未来和现在的危险，独自游荡，坚持不懈，不沉湎淫欲。

8.《波修罗经》（*Pasūra-Sutta*）。它讲述不要热衷集会和争论。

9.《摩根提耶经》（*Māgandiya-Sutta*）。佛陀向摩根提耶解释"内在的宁静"。

10.《毁灭以前经》（*Purābheda-Sutta*）。佛陀解释什么样的人能称作平静者。

11.《争论经》（*Kalahavivāda-Sutta*）。佛陀讲述争论来源于所爱以及所爱的缘起，说明不应参与争论。

12.《小集积经》（*Cūḷaviyūha-Sutta*）。它讲述抛弃一切抉择，就不会参与世间的争论。

13.《大集积经》（*Mahāviyūha-Sutta*）。它讲述牟尼理解世上各种观点，但超越争论，不崇尚任何观点。

14.《迅速经》（*Tuvaṭaka-Sutta*）。佛陀讲述隐居和寂静之道。

15.《执杖经》（*Attadaṇḍa-Sutta*）。佛陀讲述不要陷入世上种种束缚，看透了爱欲之后，应该自己学会涅槃。

16.《舍利弗经》（*Sāriputta-Sutta*）。佛陀向舍利弗讲述比丘应该怎样持戒修行。

（戊）《彼岸道品》（*Pārāyana-vagga*）

1.《引子》（*Vatthugāthā*）。佛陀向婆罗门巴婆利解释"头"是无知，能使"头裂"的是知识、信仰、思想、禅定、决心和精进努力。

2.《阿耆多问》（*Ajitamāṇa-vapucchā*）。佛陀回答阿耆多询问的"世界被什么遮蔽"等问题。

3.《提舍弥勒问》（*Tissametteyamāṇa-vapucchā*）。佛陀回答提舍弥勒询问的"在这世上，谁是知足者"等问题。

4.《布那迦问》（*Puññakamāṇa-vapucchā*）。佛陀回答布那迦询问的"根据什么供奉天神"等问题。

5.《弥德古问》（*Mettagūmāṇa-vapucchā*）。佛陀回答弥德古询问的"痛苦产生于何处"等问题。

6.《陀多迦问》（*Dhotakamāṇa-vapucchā*）。佛陀回答陀多迦询问的"怎样学会涅槃"等问题。

7.《乌波湿婆问》（*Upasīvamāṇa-vapucchā*）。佛陀回答乌波湿婆询问的"依靠什么越过水流"等问题。

8.《南德问》（*Nandamāṇa-vapucchā*）。佛陀回答南德询问的"什么人称为牟尼"等问题。

9.《海摩迦问》（*Hemakamāṇa-vapucchā*）。佛陀回答海摩迦询问的"铲除贪爱的法门是什么"。

10.《都提耶问》（*Todeyyamāṇa-vapucchā*）。佛陀回答都提

耶询问的"有什么样的解脱"等问题。

11.《迦波问》（*Kappamāṇa-vapucchā*）。佛陀回答迦波询问的"什么是屹立水流中的岛屿"。

12.《阇多迦尼问》（*Jatukaṇṇimāṇa-vapucchā*）。佛陀回答阇多迦尼询问的"法门是什么"。

13.《跋陀罗弗达问》（*Bhadrāvudhamāṇa-vapucchā*）。佛陀回答跋陀罗弗达询问的"法门是什么"。

14.《乌德耶问》（*Udayamāṇa-vapucchā*）。佛陀回答乌德耶询问的"怎样凭智慧获得解脱和铲除无知"等问题。

15.《波娑罗问》（*Posālamāṇa-vapucchā*）。佛陀回答波娑罗询问的"怎样理解已知过去色，抛弃一切身，视内在和外在为一无所有"。

16.《摩伽罗阇问》（*Mogharājamāṇa-vapucchā*）。佛陀回答摩伽罗阇询问的"一个人怎样看待世界，死神才不会找到他"。

17.《宾吉耶问》（*Piṅgiyamāṇa-vapucchā*）。佛陀回答宾吉耶询问的"法门是什么"。

18.《彼岸道经》（*Pārāyana-Sutta*）。16 位婆罗门对佛陀的解答表示满意，皈依了佛陀，并按照佛陀的教诲生活，从此岸走向彼岸。因此，这个法门被称作"彼岸道"。

（六）《天宫事经》（*Vimānavatthu*）

它分 7 品，共 85 个故事，文体为偈颂体。这些故事都是目犍连、文基萨或其他比丘从天道听天神讲述后报告佛陀的。这些天神由于前生行善，死后升入天道，享受荣华。他们前生做的善事主要是虔诚信佛，供养佛、比丘、僧伽、塔庙、舍利等。

（七）《饿鬼事经》（*Petavatthu*）

它分 4 品，共 51 个故事，文体为偈颂体。这些故事讲述各种饿鬼的悲惨情形以及他们生前所作的恶业。例如，那罗陀比丘问一个饿鬼："闪闪金身，照遍四方，却为何故，长有猪嘴？"饿鬼答道："信口雌黄，言行不一，就为此故，长有猪嘴。"这些饿鬼也像活人一样有肉体需要，忍受着饥渴和爱欲的折磨。他们变得温和，不再侵害他人。

（八）《长老偈颂》（*Theragāthā*）

它是比丘诗集，共有 107 首，1279 颂。这些诗歌反映比丘们的宗教理想，摒弃贪瞋痴，追求心灵的宁静和至高的幸福——涅槃，描写他们的生活经历，表现他们的内心体验。

（九）《长老尼偈颂》（*Therīgāthā*）

它是比丘尼诗集，共有 73 首，522 颂。这些诗歌描写比丘尼的生活经历。她们来自社会各个阶层，其中不少是丧子的母亲、寡妇、弃妇和妓女。她们在世俗生活中备受痛苦和压抑，出家后以清净为乐，信仰坚定。

（十）《本生经》（*Jātaka*）

讲述佛陀释迦牟尼前生的故事。按照佛教轮回教义，释迦牟尼在成佛以前是一个菩萨，经历了无数次的转生，最后才得道成佛。《本生经》共有 547 个佛本生故事，分成二十二编。第一编由 150 个故事组成，分成 15 品，每品 10 个故事，每个故事有 1 首偈颂诗；第二编由 100 个故事组成，分成 10 品，每品 10 个故事，每个故事有两首偈颂诗；第三编有 50 个故事，分成 5 品，每品 10 个故事，每个故事有 3 首偈颂诗；依次类推，越往后面，每编中的故事数目越少，而故事中的偈颂诗数目越多。

《本生经》的每个故事都由五个部分组成。（1）今生故事，以问答形式说明佛陀讲述前生事的地点和缘由；（2）前生故事，讲述佛陀的前生故事；（3）偈颂，对故事进行总结或重复描述；（4）注释，解释偈颂中每个词的词义；（5）对应，把前生故事中的人物与今生故事中的人物对应起来。佛陀在前世的无数次转生中，既可转生为人，转生为神，也可转生为动物。因此，《本生经》是一部包含各种世俗故事、神话故事和动物故事的佛教故事总集，它以故事形式宣说各种佛教教义。

（十一）《义释》（*Nidesa*）

它分为《大义释》和《小义释》两部分。《大义释》注释《经集》第4品《八颂经品》，《小义释》注释《经集》第1品《蛇品》中的《犀牛角经》和第5品《彼岸道品》。这部注释性经文列入经藏，可能因为它是早期的注释性经文，作者是舍利弗。注释方法是对每个词做出词义或语法解释，常常罗列一系列同义词。

（十二）《无碍解道》（*Patisambhidāmagga*）

它分3品，每品含10个论题。此经论述佛教各种教义，具有论藏的性质。它列入经藏可能是由于它的经文常常以"如是我闻"起首，保留有经藏文体的特征。

1.《大品》（*Mahā-vāgga*）。十个论题为智论、见论、入出息论、根论、解脱论、趣论、业论、颠倒论、道论、醍醐味论。

2.《俱存品》（*Yuganandha-vagga*）。十个论题为俱存论、四谛论、七觉支论、慈论、离欲论、无碍解论、法轮论、出世问论、力论、空论。

3.《慧品》（*Paññā-vagga*）。十个论题为大慧论、神通论、现观论、离论、所行论、示导论、齐首论、四念住论、正观论、论母论。

（十三）《譬喻经》（*Apadāna*）

它讲述佛陀、辟支佛、长老和长老尼的业绩，尤其是 547 位长老和 40 位长老尼的业绩。每则譬喻都采取偈颂体，包含长老或长老尼的前生和今生故事。他们的业绩主要表现在供养、恭敬、布施等方面，由此获得善报，最终成为阿罗汉。

（十四）《佛种姓经》（*Buddhavamsa*）

它分 28 品，采用偈颂体，讲述佛陀以前 24 位过去佛的传说。第 1 品讲述佛陀在迦毗罗卫域应舍利弗之请，宣讲《佛种姓经》。第 2—26 品讲述从燃灯佛至佛陀 25 位佛的事迹。在每个过去佛时期，佛陀作为菩萨，都被过去佛预言将来成佛。第 27 品讲到比燃灯佛还要早的 3 个过去佛。这样，包括佛陀在内，共有 28 佛。第 28 品讲述佛陀入灭后，舍利分送诸国，建塔供奉。

（十五）《所行藏经》（*Cariyāpiṭaka*）

它讲述佛陀前生的故事。全经共有 35 个佛本生故事，采用偈颂体。这些故事都已见于《本生经》，而且在叙述上比《本生经》简略。

论藏（Abhidhammapiṭaka）

（一）《法集论》（*Dhammasagani*）

序言部分列出善法、不善法、无记法等 122 种论本母（abhidhammamātikā）和明分法、无明分法等分 42 种经本母

（suttantamātikā），作为论述诸法的分类标准。以下正文分为四品。

1.《心生起品》。它依据善法、不善法和无记法的分类，论述99种心法、心所法及其与心识的关系，也就是一切法由心生起。

2.《色品》。它将一切色分为一至十一法，依据论本母加以说明。

3.《概说品》。它依据论本母和经本母说明诸法。

4.《义释品》。它对有关论本母的法数名目加以说明。

（二）《分别论》（*Vibhaṅga*）

此经分为18分别。

（1）蕴分别；（2）处分别；（3）界分别；（4）谛分别；（5）根分别；（6）缘行相分别；（7）念处分别；（8）正勤分别；（9）神足分别；（10）觉支分别；（11）道分别；（12）禅定分别；（13）无量分别；（14）学处分别；（15）无碍解分别；（16）智分别；（17）小事分别；（18）法心分别。

前15分别一般分成经分别、论分别和问难三部分加以论述，后3分别则分成论本母和广释两部分加以论述。

（三）《界论》（*Dhātukathā*）

"界"的原意为要素和成分，引申义为特性、原则、范畴、条目等。此经分为14品，论述五蕴（色蕴、受蕴、想蕴、行蕴和识蕴）、十二处（眼处、耳处、鼻处、舌处、身处、色处、声处、香处、味处、触处、意处和法处）、十八界（眼界、耳界、鼻界、舌界、身界、色界、声界、香界、味界、触界、眼识界、耳识界、鼻识界、舌识界、身识界、意界、意识界和法界）、四念住（身念住、心念住、受念住和法念住）、四谛（苦谛、集谛、灭谛、道谛）、四禅（初禅、第二禅、第三禅和第四禅）、五力（信力、精进力、念力、定力和慧力）、七觉支（念觉支、择法觉支、精进觉支、喜觉支、轻安觉支、定觉支和舍觉支）、八正道（正见、正思维、正法、正业、正命、正精进、正念和正定）等，以及诸法摄不摄及相应不相应的关系。

（四）《人施设论》（*Puggalapaññati*）

"人"是指具体的个人，或者说是按照俗谛理解的具体的个人。"施设"的意思是概念或命名。此经第 1 品中提及六施设：蕴施设、处施设、界施设、谛施设、根施设和人施设。此经则专论人施设，按照一至十人的数目递增方式，分为 10 品。

1. 一人：论述学人、阿罗汉、辟支佛、正等觉、随信者、随法者、预流者、一来者、不还者等五十种人。

2. 二人：论述具有两种品质的人。

3. 三人：按照三种品质论述各种人。

4. 四人：论述善人、圣人以及非善人、非圣人，有四种说法人、四种言行如云的人。

5. 五人：论述行动的人、不行动的人、悔恨的人、不悔恨的人、不知善法和不善法的人。

6. 六人：论述六种人，有三种人通过自己的努力彻底理解真谛，在此生就获得功果，摆脱苦难，成为不还者；另外三种人与此相反。

7. 七人：论述七种人，他们接触不善法，犹如在大海中浮沉。

8. 八人：论述八种人，他们处在预流、一来、不还和阿罗汉四个阶段。

9. 九人：论述智慧完全、未来成佛、身体纯洁、思想纯洁、随法而行等九种人。

10. 十人：论述十种成就功德的人。

（五）《论事》（*Kathāvatthu*）

此经站在上座部立场，批驳其他部派的种种见解。此经分成23品，每品十论左右，共有217论。例如，第1品有十论：人论、阿罗汉退论、梵行论、分断论、舍离论、一切有论、过去等蕴论、一分有论、念处论和如是有论；第3品有十二论：力论、圣论、解脱论、正解脱论、第八人论、第八人根论、天眼论、天耳论、如业所往智论、律仪论、无想论和非想非非想处论；第5品有十论：解脱论、无学智论、颠倒论、决定论、无碍解论、世俗智论、心所缘论、未来智论、现在智论和果智论；第21品有八论：教论、不远离论、结论、神通论、佛通论、一切方论、法论和业论；第23品有五论：同意趣论、阿罗汉外形论、自在欲行论、相似论和非圆成论。

（六）《双论》（*Yamaka*）

此经分为10品，论述诸法相互关系，说明诸法的定义。

1. 根本双论：论述善根、不善根、无记根、名根与善法、不善法、无记法、名法的相互关系。

2. 蕴双论：论述五蕴的相互关系。

3. 处双论：论述十二处的相互关系。

4. 界双论：论述十八界的相互关系。

5. 谛双论：论述四谛的相互关系。

6. 行双论：论述身语行三行的相互关系。

7. 随眠双论：论述欲贪、瞋、慢、见、疑、有贪和无明七随眠的相互关系。

8. 心双论：论述心之生灭的相互关系。

9. 法双论：论述善、不善、无记三心的相互关系。

10. 根双论：论述二十二根的相互关系。

（七）《发趣论》（Paṭṭhāna）

此经以 122 论来详述本母和二十四缘的关系，也就是将诸法关系分成二十四缘：因缘、所缘缘、增上缘、无间缘、等无间缘、俱生缘、相互缘、所依缘、近依缘、前生缘、后生缘、习缘、业缘、异熟缘、食缘、根缘、禅缘、道缘、相应缘、不相应缘、有缘、非有缘、离去缘和不离缘。此经内容浩繁，论述方法分为顺发趣、逆发趣、顺逆发趣和逆顺发趣以及三法发趣、二法发趣、二法三法发趣、三法二法发趣、三法三法发趣、二法二法发趣等。

附录八　人名对照表 [①]

A.Attenhofer	A. 阿腾霍费
A.B.Keith	A.B. 凯思
A.Barth	A. 巴斯
A.Chiefner	A. 奇夫纳
A.Coomaraswamy	A. 库马拉斯瓦密
A.Cunningham	A. 坎宁汉
A.Gawronsky	A. 戈隆斯基
A.Grünwedel	A. 格伦威德尔
A.O.Ivanovski	A. O. 伊万诺夫斯基
A.P.Buddhadatta	A.P. 佛授
A.Pfungst	A. 普冯斯特
A.Schiefner	A. 席夫纳
A.V.During	A.V. 杜灵
A.V.Gutschmid	A.V. 古施密特
A.Weber	A. 韦伯
Alb.Wesselski	Alb. 维塞尔斯基
Alberuni	阿伯努尼
Alexander Csoma de Koros	亚历山大·乔马·科洛斯
Alfons Vāth	瓦特

---

① 本附录为中译本所加。

Alfred Charles Auguste Foucher	A. 福涉尔
Alfred Forke	弗尔克
Alice Getty	A. 格提
Angelo de Gubernatis	古柏那提克
Ashwa Ghosu	戈苏
B.B.Bidyabinod	B.B. 比迪亚宾诺
B.Bhattacharya	B. 巴塔恰里亚
B.C.Mazundar	B.C. 马宗达
B.H. Hodgson	霍吉森
B.Liebich	B. 里比奇
B.Meissner	B. 梅斯纳
B.R.Otto.Franke	B.R. 奥托·弗朗克
Benfey	本费
Benimadhab Barua	B.M. 巴鲁阿
Betty Paolli	宝林
Bhandarkar	班达卡尔
Bimala Charan Law	B.C. 罗
Bishop P.Bigander	比甘德大主教
Bohtlingk	波特林克
C.A.Foley	C.A. 弗雷
C.Bendall	C. 本达尔
C.de Harlez	C. 德·哈勒兹
C.Duroiselle	C. 杜洛瓦舍尔
C.Formichi	C. 福尔米奇
C.H.Tawney	C.H. 托内
C.Leemans	C. 里曼斯
C.M.Pleyte	C.M. 普雷特
C.M.Ridding	C.M. 里定
C.Puini	C. 普依尼
Carpenter	卡彭特

Cecillia Dibben Mary	第朋·玛丽
Chalmers	R. 恰尔默斯爵士
Chandra Das	钱德拉·达斯
Charpentier	恰彭吉耶
Chaucer	乔叟
Coomaraswamy	库马拉斯瓦密
Csoma de Koros	乔马·科洛斯
Culalankarana	朱拉隆功
D.Anderson	D. 安德森
D.M.Strong	D.M. 斯特朗
de Lorenzo	G. 德洛伦佐
Dharma Adhitya Dharmacarya	达玛恰里亚
Dharmananda Kosambi	乔赏必
Die Kluge Dirne	克鲁格·第尔默
Dines Andersen	第纳斯·安德森
Dinesh Chandra Sen	钱德拉·森
E.Abegg	E. 阿伯格
E.B.Cowell	E.B. 考威尔
E.F.Oaten	E.F. 奥吞
E.H.Brewster	E.H. 布鲁斯特
E.H.Johnson	E.H. 约翰逊
E.H.Johnston	E.H. 琼斯顿
E.Hardy	E. 哈代
E.Hultzsch	E. 呼尔希
E.J.Rapson	E.J. 拉普森
E.Julius van Good	E. 朱利叶斯
E.Kuhn	E. 库思
E.Lang	E. 朗
E.Leumann	E. 劳曼
E.Lilley	E. 利雷

E.Müller	E. 缪勒
E.Obermiller	E. 奥伯米勒
E.Pavolini	E. 帕沃里尼
E.Senart	E. 塞纳特
E.Sieg	E. 席格
E.Waldschmidt	E. 瓦尔德施密特
E.W.Burlingame	E.W. 伯林伽默
E.Windisch	E. 文第希
Ed.Foucaux	Ed. 福科
Edouard Huber	Ed. 胡伯尔
Elliot	艾略特
Erica Hoenisch	霍恩里希
Eugene Burnouf	尤金·布努夫
Eugene Watson	E. 瓦特森
F.C.Maisey	F.C. 梅西
F.D.K.Bosch	F.D.K. 波希
F.Heiler	F. 海勒尔
F.Kielhorn	F. 基尔洪
F.L.Woodward	F.L. 武德沃德
F.O.Schrader	F.O. 施罗德
F.Spiegel	F. 斯皮格尔
F.W.Thomas	F.W. 托马斯
Fausboll	福司波尔
Fernado Hu	费尔兰多·胡
Frankenstein	弗朗肯斯坦
Friedrich Max Müller	M. 缪勒
Friedrich Weller	弗里德里希·韦勒
Friedrich.W. K.Müller	F.W.K. 缪勒
G.Bühler	G. 布赫勒
G.de Blonay	G. 德·布洛奈

G.F.Hunter	G.F. 亨特
G.Jerson da Cunda	G. 孔达
G.L.M.Clauson	G.L.M. 克劳森
G.Lansberg	G. 朗斯伯格
G.P.Malalasekara	G.P. 马拉拉塞克拉
Gardner	加德勒
Gasteon Paris	G. 帕里斯
George de Roerich	洛里奇
George Turnour	G. 图穆尔
Georgius	乔治亚斯
Gokuldas De	戈库尔达斯·德
Gooneratne	古纳拉特纳
Guillaume d' Anletere	奎洛默
Gunter	H. 昆特
H.Baynes	H. 拜恩斯
H.Beck	H. 伯克
H.Beckh	H. 贝克赫
H.C.Norman	H.C. 诺尔曼
H.Gaidoz	H. 盖多
H.Gunkel	H. 巩克尔
H.Jacobi	H. 雅各比
H.Kern	H. 克恩
H.Kunike	H. 库尼克
H.Oldenberg	H. 奥登堡
H.Rangaswamy Irengar	H.R. 伊楞加尔
H.Raychaudhur	H. 罗易夏杜尔
H.Stonner	H. 斯东纳
H.T.Francis	H.T. 弗朗西斯
Haraprasāda	哈拉普拉沙达
Hari Mohan Vidhyābhūṣaṇa	维迪亚布萨那

Harnack	哈马克
Henry Clarke Warren	H.C. 瓦伦
Herbert Baynes	赫尔伯特·拜恩斯
Herodotes	希罗多德
Hertel	赫特尔
Hoernle	洪里
Hotoku Idzumi	泉芳璟氏
Hultsch	哈尔希
I.P.Minaeff	I.P. 米纳耶夫
J.B.Yataware	J.B. 耶塔瓦里
J.Block	J. 布洛克
J.Edkins	J. 埃金斯
J.Eggeling	J. 埃林格
J.F.Dickson	J.F. 狄克森
J.G.v.Hahn	J.G. v 哈恩
J.H.Marshel	J.H. 马歇尔
J.H.Moore	J.H. 摩尔
J.H.Theisen	J.H. 泰森
J.J.M.De Groot	J.J.M. 德·格鲁特
J.J.Meyer	J.J. 梅耶尔
J.Fleet	J. 弗里特
J.N.Farquhar	J.N. 法夸尔
J.Nobel	J. 诺贝尔
J.Ph.Vogel	J.Ph. 沃格尔
J.R.Ware	J.R. 韦尔
J.Rahder	J. 拉赫得尔
J.S.Speyer	J.S. 斯佩耶
J.Takakusu	高楠顺次郎
J.W.Hauer	J.W. 豪尔
James Gray	詹姆斯·格雷

James Legge	理雅各
Jayaswal	贾亚斯瓦尔
Joh.B.Aufhauser	Joh.B. 奥豪森
John Griffiths	约翰·格里菲斯
Johnnes Rahder	J. 拉罗赫得尔
Jolly	乔里
Julius Dutoit	J. 杜图瓦
K.B.Pathak	K.B. 帕塔克
K.E.Neumann	K.E. 纽曼
K.J.Saunders	K.J. 绍德斯
K.Kohle	K. 科尔
K.M.Jogkekar	K.M. 约克卡尔
K.Simrock	K. 辛洛克
Karl Beth	卡尔·伯思
Karl Seidenstncker	K. 塞登斯塔克
Kenjin Kasawara	笠原研寿
Kṣemendra	彻曼德罗
L.A.Waddell	L.A. 瓦德尔
L.Chimpa	L. 钦巴
L.Comrilla	L. 孔里拉
L.de La Vallée Poussin	浦山
L.Finot	L. 菲诺特
L.Leer	L. 里尔
L.Scherman	L. 舍尔曼
L.v.Schroeder	L.v. 施罗德
Lakshmana Sastri	L. 夏斯特里
Lakshmana Shastri Tailang	泰朗
Lancelot Wilkinson	维尔金森
Lanman	兰曼
Leon Feer	列昂·费尔

Lepzig Verlag	莱比锡·施普林格
Lüders	吕岱司
M.Anesaki	姊崎正治
M.de Z.Wickremasinghe	M.de Z. 维克拉马辛加
M.E.Carelli	M.E. 卡勒里
M.E.L.van Goor	M.E.L. 古尔
M.Gaster	M. 加斯特
M.Grimbolt	M. 格林波
M.Przyluski	M. 普里齐鲁斯基
M.Ranga Acharya	阿恰利耶
M.Walleser	M. 瓦勒塞尔
M.Winternitz	M. 温特尼茨
Mabel Bede	M. 比德
Mabel H.Bode	H. 波德
Mabel Hunt	亨特
Magdalene	马德林
Mahendra Lal Dās	摩亨德拉·L. 达斯
Marcelle Lalou	马塞尔·拉露
Maria E.Julius van Goor	玛丽·E. 朱利叶斯
Matilede Wesendonk	韦森顿克
Maung Tin	貌丁
Max Koch	科希
May Smith	梅·史密斯
Mrs.Rhys Davids	李斯·戴维斯夫人
N.D.Mironov	N.D. 米洛诺夫
N.Gerastimov	N·杰拉斯蒂莫夫
N.J.Krom	N.J. 克朗
N.M.Persen	N.M. 皮尔森
N.Saddhananda	N. 妙喜
Nalinaksha Dutt	H. 杜特

Nicodemus	尼可迪姆斯
O.Bohtlingkr	O. 波林克
O.O.Rosenberg	O.O. 罗森伯格
O.Pfleiderer	O. 普莱得列尔
P.Banejee	P. 班内季
P.C.Ray	P.C. 拉易
P.Dahlke	P. 达尔克
P.E.Pavolini	P.E. 帕沃里尼
P.Masson Oursel	P. 马森·奥塞尔
P.Oltramare	P. 奥尔特马
P.Pradhan	P. 普拉丹
P.Quackenbos	P. 奎肯波斯
P.Steitntal	P. 斯腾达尔
Paul Stenthal	保罗·斯腾达尔
Pe Maung Tin	佩貌丁
Pelliot	伯希和
Penzer Tawney	彭泽尔·陶纳
Petrofussky	彼得洛夫斯基
Phanindranath Bose	波斯
Prabhatkumar Mukherjee	穆克季
Pratapacandra Ghosa	P. 戈萨
Pro-bodhichandra Bagchi	巴格契
R. Chavannese	沙畹
R.A.Neil	R.A. 奈尔
R.C.Mazumdar	R.C. 马宗达
R.Engel	R. 恩格尔
R.Fick	R. 菲克
R.G.Bhandarkar	R.G. 巴达卡尔
R.Garbe	R. 伽尔比
R.Gauthiot	R. 戈提欧

R.Kimura	R. 木村龙宽
R.Kohler	R. 科勒尔
R.Morris	R. 莫里斯
R.Pischel	R. 皮谢尔
R.S.Copleston	R.S. 科尔斯顿
R.Schmidt	R. 施密特
R.Spence Hardy	R. 斯宾塞·哈代
Radhakrishnan	拉达克里希南
Raghu Vira and Lokesh Candra	钱德拉父子
Rajendralala Mitra	R. 密特拉
Rapon	拉朋
Rasavālini	罗沙瓦里尼
Revata	拘律陀
Richard Fleming St.Andrew	R.F.St. 安德鲁
Richard Wagna	R. 瓦格纳
Robert Caesar Childers	R.C. 恰尔德
Rohana	罗汉那
Ryukan Kimura	木村龙宽
S. K.Śastri	夏斯特里
S.A.Strong	S.A. 斯特朗
S.C.Vidyābhūṣaṇa	S.C. 维迪亚布萨那
S.J.Warren	S.J. 瓦伦
S.K.Chaterji	S.K. 恰特季
S.Levi	S. 烈维
S.Maitra	S. 迈特拉
S.N.Dasgupta	S.N. 达斯古布塔
Sailendranath Mitra	S. 密特拉
Samuel Beal	S. 比尔
Satakopa Acharya	D.S. 阿恰利耶
Sauders	绍得斯

Schefterlowitz	谢夫特诺维奇
Sergey Oldenburg	S. 奥登堡
Shew Zan Aung	瑞赞昂
Shoun Toganoo	姆尾祥云
Siegfried Behrsing	伯赫辛
Slepcevic	施莱塞维奇
Soobajee Bapoo	巴普
Specht	斯派克
St.John	St. 约翰
Staël-Holstein	钢和泰
Stanislas Julien	日玉连
Sten Konow	S. 科诺夫
Sukumar Sen	马尔·森
Susumu Yamaguchi	山口益
Swami Dwarikadas Shastri	夏斯特里
T.Kimura	木村泰贤
T.Rogers	T. 罗杰斯
T.W.Rhys Davids	T.W. 李斯·戴维斯
Th.Foulker	Th. 福尔克尔
Th.Schultze	Th. 舒尔茨
Th.Stele	Th. 斯代尔
Thomas à Kempis	托马斯
Tikapatthana	趣三界
Timothy Richard	李提摩太
Tsrumatsu Tokiwai	盘井鹤松
Tuxen	图克森
Unland	温兰地
V.Bhattacharya	V. 巴塔恰利耶
V.Gopala Aiyer	V. 戈帕拉·艾耶尔
V.S.Ghate	V.S. 迦特

Vilhelm Trenckner	V. 特伦克纳
Vincent Arthur Smith	V.A. 史密斯
W.H.D.Rouse	W.H.D. 劳斯
W.H.I.Bleck	W.H.I. 布勒克
W.Hoey	W. 霍厄
W.L.Campbell	W.L. 坎贝尔
W.McGovcn	W. M. 麦高文
W.N.Broan	W.N. 布劳恩
W.R.S.Salsto	W.R.S. 萨尔斯托
W.Seigling	W. 席格林
W.Stede	W. 斯泰德
W.W.Rockhill	W.W. 洛克义
W.Wassilijef	W. 瓦西里耶夫
Wallesser	瓦勒塞尔
Wassiliew	瓦西里耶夫
Wijendra Lal Barua	W.L. 巴鲁阿
Wilhelm Geiger	W. 盖格
Wohlgenmath	沃根玛特
Zachanriae	查恰里亚
Zacharie	查恰里
Zakchais	扎卡约斯
Zeitschr	泽谢尔
Zimmer	齐默尔

附录九　术语对照表 ^①

Adam's Peak	亚当峰
Ākhyāna	吠陀叙事体
Ākhyāyikās	小故事
Alitavatuth	过去事
Aṅgas	九分
Anukamanis	吠陀经索引
Anuradapura	阿鲁拉达普罗
Apocryphal gospels	伪福音书
Ārimūlasarvāstivāda	圣根本说一切有部
Ārisarvāstivādah	圣说一切有
Asita Devala	阿私陀·提婆罗
Atīthavatthu	过去事
Atthakathā	注释本
Avadāna	即阿波陀那
Avalokitasimha	自在狮子
Bactria	大夏
Bālāditya	大力
Bhadra-cari-pranidhana	普贤行愿赞
Bhikkhu Nyānatiloka	智三界比丘

---

① 本附录为中译本所加。

Bhusuka	布萨迦
Buddhadatta	佛授
Buddhaghoṣa	觉音
Buddhamitra	佛友
Buddharakkhīta	佛护
Cadragomin	月官
Caṇḍamahāroṣaṇa	大忿怒旆陀女
Candragupta	月护
Caryāpiṭaka	所行藏经
Culavamsa	小王统
Cyros	赛洛其
Dasaratha-jātaka	第461篇本生故事
Denarius	第纳尔
Dhammadinna	法授
Dhammapala	护法
Dhāraṇi	陀罗尼
Dharmakāya	法身
Dharmarakṣa	昙无谶
Dharmatrāta	法救
Dhātusena King	界军王
Dhutangas	头陀行
Diogodo Conto	孔托
Dsanglun	西藏的智者
Dukkaṭa	突吉罗
East Indian	东印度语
Epic poetry	史诗
Gaṇapati-Dharāṇī	誐拿钵底陀罗尼
Gāthā	伽陀
Gāthā Dialect	伽陀方言
Geyya	祇夜

Gooneratna	E.R. 古纳拉特纳
Gopā	戈帕
Gopalpur	戈帕浦尔
Guṇavṛddhi	求那毗地
Haraprasāda	哈拉布拉萨达
Harivarman	师子铠
Hemachandra	金月
Himavat	雪山边
Īśvarakṛṣṇa	自在黑
Ithihāsa	如是说事
Jalhana	贾哈纳
Jamālgarhi	贾马伽里地方
Jātakamālā	社得迦摩罗
Jinamitra	胜友
Jinamitra	最胜子
Kalmuks	卡尔梅克人
Kamalaśila	莲花戒
Kammavācā	仪法规则分说
Kanchepuram	建志补罗
Karaka	迦洛卡
Kāraṇaprajñāpti	所作智
Kasika	加斯卡
Kaśyapiyas	饮光部
Khandhaka	犍度
Kharoṣṭhi	古佉卢文
Khuḍḍaka-nikāya	小部
King Pusyamitra	补沙蜜多罗王
King Śankaradeva	商羯罗天王
Kŏhotanes	和田语
Konakamana	拘那含佛

Kṛṣṇa	克里希那
Kṣemendra	安稳天
Kśtyayaputra	迦旃延离子
Kṣudrakavastu	小事
Kuchean	库车语
Kumagupta	鸠摩笈多
Kuṇal-jātaka	库纳罗本生
Lāmā	女神
Lata	拉达
Ledi	来地
Loka Kṣema	支娄迦谶
Lokaprajñāpti	世智
Mahākotthita	大拘缔罗
Mahanama	摩诃南
Mahāvāgga	大品
Mahavaṃsa	大王统
Mahinda	摩哂陀
Mahiśāsaka	化地部
Majjihima	末示摩
Manipadme	宝莲花
Manoratha	愿求
Mātṛkā	本母
Maudgalyayana	目犍连子
Mayūra	马尤拉
Menon	《美诺篇》
Metta/ Maitri	慈悲之心
Mirmāṇakāya	应身
Mukham	解脱
Mūlasarvāstivādah	根本说一切有部
Nānatiloka/Nyānatiloka	智三界

Nāstika	断灭论者
Nihilists	虚无主义者
Nikāya	尼柯耶
North Aryan	北雅利安语
Paccekabuddhas	独觉者
Paramis/Paramitas	波罗蜜
Pariśiṣṭas	随附部分
Paritta	护佑经本
Parivāra	随附
Pātācāra	她人
Pātayantika	波夷提
Pātikavagga	波梨品
Pātimokkhasapadesāya	说戒
Prajāpati	生主
Prajñā-varman	智慧铠
Prakrit	莲花实女
Prākrit	普拉克里特语
Purāṇa	往世书
Rājā Manjuvarmā	文殊铠
Rakṣa	护咒
Sadaksarā vydyā	六字明
Sagāthāvarga	有偈品
Śaikṣa	众学处
Sakian	塞种语
Sakimuni	萨基牟尼
Sakkhāya	有身
Sakta rites	崇拜仪
Śālibahana	夏里婆哈那
Sambogakāya	报身
Sammitiyas	正量部

Samudragupta	海护王
Samyaksambodhi	无上正等正觉
Samyuttanikaya	相应部
Sangapala	僧护
Sanghapāla	僧护
Saṅghasena	僧伽斯那
Sanghavarman	僧伽跋摩
Śankara	商羯罗
Śantideva	寂天
Śāntideva	寂天
Śāntimati	寂慧
Sarabhāṇakā	领唱者
Sarvajnamitra	一切智友
Sarvāstivādin ācarya	有部阿阇梨
Sayana	萨耶那
Sekhiya dhammas	众学法
Shahbaz-Garhi	伏沙弗
Siddhatta	悉达多
Sikkhāpadas	戒叉跋陀
Sila	德
Silakkhandhavagga	德聚品
Simeon	西面
Skandagupta	犍陀笈多
Śloka	首卢迦
Somendra	月天
Śrāvakapṭtaka	声闻藏
Sri Pada	圣足峰
Śrimitra	帛尸黎蜜多罗
Sthiramati	安慧
Strīipūjā	女性崇拜

Śubakarasimha	善无畏
Sūdana	须大拿
Sumangala	果善
Sunnata	空
Surendrabodhi	天主慧
Sūryataka	苏利耶赞
Suttavibhaṅga	经分别
Taranatha	多罗那他
Tārā-Rahasya	度母秘密系统
Tārā-Tantra	度母密续经典
Tathā	如来密义不可思议广
Tatth' etam vuccati	颂如次
Thera Sumaṅgala	善果上座
Tissa	帝沙
Tokharian	吐火罗语
Triṣṭubh	一种韵步
Udāna	诗颂
Upali	优波离
Upasampadākammavācā	出家仪法说事
Upatissa	优波帝沙
Uposatha	布萨
Uttaravihara	北寺
Vaddha	跋陀
Vajiryana	金刚乘
Vajrapāni-Guhya- kādhipati	秘密主金刚手
Valāhaka Jātaka	雨云本生
Veyyākaraṇa	释义
Vhusaka	毗萨迦
Vidhyādhara-Piṭaka	明咒藏

Vidura	毗杜罗
Vikramāditya	勇日
Vimutti	解脱
Vinitadeva	律天
Vinitadeva	调伏天
Viññāṇa	识
Visākha	毗舍佉
Visuddhi	清净
Vibhaṅga	分别
Yājñavalkya	耶鞠那伐基亚
Ye-śes-sde	智慧军
Yoga-Vāsiṣṭha	瑜伽谱系

附录十　文献译名对照表 [①]

A Brief Account of Bushman Folklore　　　《布须曼人的民间故事》

A Buddhist Manual of Psychological Ethics　《佛教心理学伦理手册》

A Burmese Historian of Buddhism　　　《一位缅甸佛教史家》

A Descriptive Catalogue of Sanskrit　《孟加拉亚洲学会管理之政府收
Manuscripts in the Government Collection　集梵文写本目录概况·佛教部
under the care of the Asiatic Society of　分·一》
Bengal I. Buddhist Manuscripts

A Guide to Sanchi　　　　　　　　　《山奇介绍》

A Historical Study of Hīinayāna and　《大小乘历史研究及大乘起源》
Mahāyāna and the origin of Mahayana
Buddhism

A Historical Study of the Terms Hinayana　《大乘与小乘这两个术语的历史
and Mahayana　　　　　　　　　研究》

A life of Hsu/an-tsiang　　　　　　《玄奘》

A Note on the Mahavastu in Law's Book　《关于罗刊行大事的一条札记》

A propos de la date de Vasubhandu　　《关于世亲生期》

A propos de la date de Vasubhandu　　《关于世亲的生期》

---

① 本附录为中译本所加。文献对照表中所列为本书脚注中出现的各类文献，不涉及正文。其内容包括：学术期刊、会议文集、著作、古代经集、个人纪念文集等。因各类文献所属语言不同，德语、英语、法语保留原貌，梵语和巴利语一律采用罗马转写。此外，部分文献虽有多种不同译本但中文译名相同，表中出现的同名文献并非翻译有误。

A Record of the Buddhist Religion by I-tsing	《南海寄归内法传》
A Second Handful of Popular Maxius	《民间格言二辑》
A Study of the Mahavastu	《大事研究》
Abhidhāmmacintāmani	《阿毗达磨心宝》
Abhidhammatta- samgaha	《阿毗达磨摄论》
Abhidharmakośavyākhyā	《俱舍论解明》
Abhiniṣkaramaṇa-Sūtra	《出家经》
Abhisamayālamkāra-Kārikās	《现观庄严论颂》
Adikarma-Pradipa	《新业灯》
Advayavajra- samgraha	《不二金刚汇集》
Ait. Ār.	《爱多勒耶森林书》
Aitareya-Brāhmaṇa	《爱多列雅梵书》
Akutobaya	《无畏疏》
Alamkāraśāstra traduit en Français sur la version chinoise de Kumārajiva	《大庄严论经鸠摩罗什译本的法译》
Amerika- nische und asiatische Mondbilder	《美洲和亚洲的月亮神话》
Amida Buddha unsere Zuflucht	《阿弥陀佛吾之救护者》
Amita-āyuṣa-vyūha	《无量光经》
Amitayur-dhyana-sūtra	《观无量寿经》
Amytāyus-Sūtra	《无量寿经》
An Buddhas Hand	《因佛陀之力》
An Eastern Love Story	《东方爱情故事》
An Introduction to Mahayana Buddhism	《大乘佛教导言》
Anāgatavamsa	《未来者史》
Andra-Aṭṭhakathā	《安达罗本论事》
Annuels du Musée Guimet	《吉美博物馆年鉴》
Antiquities of Indian Tibet	《西藏印度文物》
Apadāna of Mahāpajāpatī Gotami	《大爱道尼譬喻事》
Âpaṇṇaka-Sutta	《无戏论经》
Ardha śatikā Pr.	《百五十颂般若经》

Ariyapariyesara-Sutta	《圣求经》
Arthavāda	《说事》
Ārya-Aparimitāyuhsuviniścita-tejo-rāja-dhāraṇi-sūtra	《圣无量寿决定光明王如来陀罗尼经》
Ārya-Nāgārjuna-Boddhisattva-Suhṛllekha	《圣龙树菩萨与友人书》
Ārya-Tārā-Sragdhāra-Stotra	《圣度母持花供养赞》
Ashvaghosha's Buddha-carita	《马鸣佛所行赞》
Aśivagoṣa's Discource in the Awakening of Faith	《大乘起信论中马鸣的话》
Aśoika	《阿育王》
Aspects of Mahayana Buddhism and its relation to Hinayana	《大乘诸相及与小乘的关系》
Aśvagoṣa, poeta del Buddhismo	《佛教诗人马鸣》
Attasalini	《法集论注》
Atthakavagga	《八颂经品》
Atthasālini	《法集论注释》
Atthasālinī	《殊胜义》（《法集论》注释）
Aus der indidchen Kulturwelt	《印度文化世界》
Aus der indischen Kultrwelt	《印度文化的世界》
Ausdem alten Indien	《古代印度思想》
Avadāna	《因缘譬喻经》
Avadāna Kalpatalatā	《譬喻经如意释》
Avadāna- śataka	《撰集百缘经》
Avadāna-sūtra	《出曜经》
Avalokita-Sūtra	《观音经》
Bharhut Inscriptions	《巴尔护特刻文》
Beiträge zur indischen Kulturgeschicte	《印度文化史论集》
Bericht über archaolog. Arbeiten in Idikutsari	《考古发掘现场报告》
Bhābru-Bairat	《巴布－拜拉特法敕刻文》

Bhagavagita	《薄伽梵歌》
Bhikkuni-Samyutta	《比丘尼相应品》
Bhiksunika-dharma-vacara	《比丘尼法仪说》
Bibliothéques d'études	《佛教研究材料》
Bodhicaryavatara	《入菩提行经》
Book of the Kindered Sayings or Grouped Suttas	《经藏中的格言分类》
Boro-Boudour dans L'île de Java	《爪哇的波罗浮屠》
Boudhisme, Études et Matériaux	《佛教：研究及材料》
Brahmanimantanika-Sutta	《梵天请经》
Brhadaranyaka	《大林间奥义书》
Bṛhat-Svayambhu-Purāna	《布利哈特自生往世》
Bruchstücke der Kalpanāmanditikā des Kumāralāta	《童受的〈大庄严论经〉》
Bruchstucke des Bhiksuni- Prātimoksa der Sarvasti- vadins	《有部比丘尼戒本研究》
Bruchstucke des Bhiksuni Pratimoksa der Sarvastivadins	《比丘尼戒本分析》
Buddha in der abendlandischen Legende	《外国故事中的佛陀》
Buddha und Jesus in ihren Paralleltexten	《佛陀与耶稣的相似文本》
Buddha,his work, his teachings and his community	《佛陀：其生平、学说和教团》
Buddhagosa's Dhammapada Commentary and the Titles of its three hundred and ten Stories	《觉音法句经注及其中 310 个故事》
Buddhagosa's Parables	《觉音的故事》
Buddhagosasuppti	《觉音逸事》
Buddhas Gebuht	《佛陀诞生》
Buddha-Stotra	《佛陀赞》
Buddha-Stotra-Samgraha	《佛赞集》

Buddhavamsa	《佛种姓经》
Buddhism	《佛教》
Buddhism in Translations	《译文中的佛教》
Buddhism，Its History and Literature	《佛教：其历史和文献》
Buddhisme, Études et Matériaux	《佛教：研究及材料》
Buddhismus in A. Bertholet, Religion-schichtliches Lesebuch	《宗教学研究论文集》
Buddhismus in der deutschen Literatur	《德国文学中的佛教》
Buddhist and Christian Gospels	《佛教的与基督教的福音》
Buddhist and Christian Gospels	《佛教和基督教福音》
Buddhist and Christian Gospels now first compared from the Originals	《从根本源头比较佛教与基督教》
Buddhist and Christian Parallels	《佛教与基督教相似点》
Buddhist Art in its Relations to Buddhist Ideals	《佛教艺术及其与佛教理想的关系》
Buddhist Birth Stories	《佛教本生故事》
Buddhist India	《印度佛教》
Buddhist Kunst in Indien	《印度佛教艺术》
Buddhist Lieder Psychology	《佛教心理学》
Buddhist Loans to Christianity in Monist	《佛教对基督教一元论的借鉴》
Buddhist Parables and Similes	《佛教故事及寓言》
Buddhist Philosophy	《佛教哲学》
Buddhist pilgrims from China to India	《从中国到印度的求法之旅》
Buddhist Texts as Scripure by the Gospel of John	《约翰福音中的类佛教经文章句》
Buddhist Texts in the Uigurian Language	《回鹘文佛经》
Buddhistische Anthologie	《佛教论集》
Buddhistische Erzahlungen	《佛教故事》
Buddhistische Kunst in Indien	《印度佛教艺术》
Buddhistische Literatur, Nordarisch und Deutsh	《北亚及德国所藏佛教文献》

Buddhistische Märchen, mit einer Einlleitung von H.Luders	《吕岱司作导读的佛教故事》
Buddhistische Philosophie	《佛教哲学》
Buddhistische Studien	《佛教研究》
Buddhistische und Neu- testamentliche Erzahlungen	《佛教故事与新约故事》
Buddhistische Weisheit	《佛教智慧》
Cambridge, History I	《剑桥史 I：柬埔寨》
Cariyapiṭaka	《圣行藏》
Catalogue of Buddhist Sanskrit Manuscripts in Cambridge	《剑桥所藏佛教梵语写本目录》
Catalogue of the Chinese Translations of the Buddhist Tripitaka	《佛教三藏汉文译经目录》
Catalogus Sanctorum	《圣徒名录》
Catena of Buddhist scriptures from the Chinese	《汉文佛教经藏索引》
Catholic Versper	《晚祷书》
Catuhśatikā	《四百论》
Chaucer's Works	《乔叟故事集》
Chavanns, Cinq Cents Contes	《汉文三藏中的五百故事》
Chinese Origin of the Cult of Tārā	《度母信仰之中国来源》
Cinq Cents Contes et apologues exraits du Tripitaka Chinois et traduit en Français	《汉文三藏中的五百故事及寓言摘要》法译本
Conciles Bouddhiques	《佛教结集》
Contemporary Review	《现代评论》
Contes et Apologues Indiens	《印度的故事及赞颂》
Contribution of Buddhism to Christianity	《佛教对基督教的贡献》
Cūla-assapura-Sutta	《马邑小经》
Cūla-dhamma-samādāna-Sutta	《得法小经》
Cūladukkhakkhadha-Sutta	《苦蕴小经》

Cūḷataṇhāsamkhaya	《爱尽小经》
Cūḷataṇhāsamkhaya-Sutta	《爱尽小经》
Cūḷavedalla-Sutta	《有明小经》
Culla Niddesa	《小部·义释经》
Cullagandhavamsa	《小书史》
Dākkiṅa-vibhaṇda-Sutta	《施分别经》
Das Evabgelium von Jesus	《耶稣的福音》
Das Evangelium des Buddha nach alten Quellen erzahlt	《古代故事中佛陀的福音》
Das Evangelium von Jesus in seinen Verhāltnissen zu Buddha-Sage und Bhuddha-Lehre	《耶稣福音活动与佛陀及其生平比较》
Das Gluck von Edenhal	《伊甸之运》
Das Leben des Ashvaghosha, Tibetisch und Deutsch	《藏文及汉文的马鸣传》
Das Licht des Osten	《东方之光》
Das Scherflein der Witwe	《寡妇的食罐》
Dasabhumika-sūtra	《十地经》
Daśabhumikleśāvachedika- Sūtra	《破除十地烦恼经》
Daśabhūmi-Vibhāsā-Śāstra	《十住毗婆沙论》
Daśakumāracarita	《十王子行迹》
Daśasahāsrikā-Pr.	《十万颂般若经》
Dasasuttara-suttanta	《十上经》
Dātukathā	《界论》
De Buddhistiche Non	《佛教比丘尼》
de legende van Jimutavāhana in de Sanskrit-Literature	《梵语文学中的云乘菩萨本事》
Der Buddhimus als indische Sekte als Weltreligion	《作为世界宗教之一及印度诸教之一的佛教》
Der Buddhismus	《佛教》德译本

Der Buddhismus und Seine Geschicht in Indien	《佛教及其在印度的历史》
Der Erlecuchtete，das Leben des Buddha	《佛陀生平问题辨析》
Der gute Köning in der Hölle	《善科宁往地狱记》
Der hl. Thomas der Apostel	《使徒托马斯》
Der Messiasglube in Indien und Iran	《印度和伊朗的弥赛亚》
Des Leben Buddha	《佛陀传》
Des Sārasamgaha erstes Kapitel	《摄精要论首章》
Description of Sukhāvatī	《无量寿经述义》
Descriptive Catalogue of Sanscrit MSS	《梵文写本解说目录》
Deux Collections Sanskrites et Tibetaines de Sādhanas	《成就法的梵文及藏文两种集子》
Deux traductions Chinoises du Milinda-pañhe	《那行比丘经的两个汉文译本》
Devadaha-Sutta	《天臂经》
Dhammapada	《法句经》
Dhammapada, Pali Edit.	《法句经》巴利校刊本
Dhammapada-atthakathā	《法句经注》
Dhammasamgani	《法聚论注》
Dharma- Sarira-sūtra	《法身经》
Dharmapadāvadāna-sūtra	《法句譬喻经》
Dharma-Samgraha	《法集名数经》
Dialogues of the Buddha	《佛陀的言教》
Dick Whittington and His Cat	《迪克·怀廷顿和他的猫》
Die archaeologischen und literarischen Funde in Chinesisch Turkestan und ihre Bedeutung fur die orientalistische Wissenschft	《中国新疆的考古及文献发现及其对东方学研究的重要意义》
Die Buddalegende in den Skulpturen des Temples von Boro Budur	《波罗浮屠佛寺中的佛经故事》

Die Buddha-Legend und das Leben Jesus nach den Evangelien	《佛陀传和耶稣及其福音》
Die Buddhist Philosophie	《佛教哲学》
Die deustchen Volkslieder	《德国民间故事》
Die Dhāraṇi im noedlichen Buddhismus	《北传佛教中的陀罗尼》
Die englische Literatur im Zeitalter der Konigin Viktoria	《维多利亚女王一朝的英国文学》
Die Gespenstergeschiten des Petavatthu	《饿鬼事经中的鬼类》
Die Griechen in Indien	《印度的希腊人》
Die indischen Märchen von den klugen Rätsellosen und ihre Verberitung über Asien und Europe	《克鲁格的印度故事及亚欧之间的交流》
Die Legende von Kisagotami	《吉萨·乔答弥故事》
Die Mission und Ausbreitung des Christentums in den earssten drei Jahrhunderten	《三世纪东方基督教传教团及其传播》
Die mittlere Lehre（*Madhyamikaśāstra*）*of Nagarjuna*	《龙树中论学说》
Die Sektem des alten Buddhismus	《古代佛教部派》
Die soziale Gliederung im nordostlichen Indien zu Buddhas Zeit	《佛陀时代东北印度社会结构》
Die Thomas-Legende	《托马斯传奇》
Die Turfan-Recensionen des Dharmapada	《法句经吐鲁番遗本》
Dignikāya	《长部》
Dīpavaṃsa	《岛史》
Diśa-Svāstika-Sūtra	《大云经》二十颂本
Divyāvadana	《天譬喻经》
Divyavādānamālā	《天譬喻庄严经》
Dvāvimśatyavadāna	《二十二品譬喻因缘》
Études sur Aryadeva et son Catuhsataka	《提婆及其四百论研究》

Early Buddhist Monachism	《早期佛教修道制度》
Early History	《早期史》
Early History of the Spread of Buddhism and Buddhist Schools	《早期佛教传播史及其部派》
Early History of the Spread of Buddhism and the Buddhist Schools	《佛教早期传播史及派别》
Eastern Monachism	《东方修道实践》
ein buddhistische Legendenkranz	《佛教传奇》
Eka-nippata	《一集》
Ekotta-Agama	《增一阿含经》
Epische Dichtung in 20 Gesangen	《二十歌集序曲》
Epochs of Buddhist History	《佛教历史分期》
Essays on the Languages, Literature and Religion of Nepal and Tibet	《尼泊尔和西藏的语言、文献和宗教》
Etude et Textes Tantriques, Recueil de Travaux publiés par faculté de philosophie et lettres, Univrsité de Grand	《密教研究和经文：哲学系发表论文及书信》
Étude sur l'iconographie buddhique	《佛教造像研究》
Extraits du Paritta	《护佑经文提要》
Fa-hiens 或 *Fo-kue-ki*	《法显传》
Festschrift Kuhn	《库恩纪念文集》
Festschrift Windisch	《文第希纪念文集》
Folklore Journal	《民间故事杂志》
Foucher on the Chaddanta-jataka	《福涉尔论本生经》
Fragments from Dignaga	《陈那残篇》
Fragments from the Abhidharma-samuccaya of Asanga	《无著阿毗达磨集论残篇》
Fragments of a Prajnaparamita Ms from Central Asia	《中亚所见般若经写本残篇》

Gamdhavaṃṣa	《香史》
Gandhavaṃsa	《典籍史》
Gang nach dem Eisenhammer	《铁锤之歌》
Geschichte der indischen Literatur	《印度文献研究》
Geschichte Irans und seiner Nach-barlander	《伊朗及其邻邦历史》
Gesta Nomanorum in Sindbad	《辛巴达漫游记》
Gesta Romannorum	《类型小说》
Ghotamukha-Sutta	《瞿哆牟经》
Gleaning from Aśvagoṣa's Buddhacarita	《佛所行赞撷英》
Gleanings in Buddha's Feilds	《在佛陀田中拾穗》
Gṛhya-sūtra	《家祭经》
Griechische und Albanesische Märchen	《希腊童话和阿尔巴尼亚童话》
Grimm.Kinder und Hausmärchen	《格林：童话与民间故事》
Guhya-Samaja-Tantra	《秘密大教王经》
Gurupūjākaumudi	《供养尊长解说》
Handbook of Pāli	《巴利手册》
Harṣacarita	《戒日王行传》
Herbert Lectures	《赫伯特讲演》
Hinduism and Buddhism	《印度教与佛教》
Hippokleides	《希波克里特故事集》
Hisory of Sanskrit Lit.	《梵语文献史》
Histoire des croyances religieuses et des opinions philosophiques en chine	《中国的宗教史及哲学观》
Historical Study of the Terms Mahāyāna and Hinayāna	《大小乘名称的历史研究》
History of Bengali Language and Literature	《孟加拉语言文学史》
History of Indian Buddhism	《印度佛教史》
Hodgson Essays	《霍吉森论文集》

Ich nahm meine Zuflucht...Flugsamen aus einem abendlandischen Buddhagarten	《吾寻庇护之所……终得在佛陀花园中过夜》
Imitatie Chistti	《效慕基督》
India Old and New	《古今印度》
Indian Literature Abroad	《境外印度文献》
Indian Philosophy	《印度哲学》
Indian Teachers of Buddhist Universities	《印度佛教大学的老师》
Indien und das Christentum	《印度与基督教》
Indische Einflüsse auf evangelische Erzahlungen	《福音故事的印度影响》
Indische Erzahlungen	《印度故事》
Indische Kunstler- anekdoten	《印度戏剧故事》
Indische Sprüche	《印度谚语》
Indische Streifen	《印度之旅》
Inscriptions of Aśok	《阿育王法敕刻文》
Introduction à L'Histoire du Buddhisme Indien	《印度佛教史导论》
Introduction to the edition of the Śikṣa Samuccaya	《集菩萨学论刊行导言》
Introduction to the Edition of Vimānatthu commetory	《天宫事经注释校刊本导言》
Intruoduction to Buddhagosa's Parables	《觉音寓言故事集·导言》
Jātaka	《本生经》
Jātakamālā	《本生鬘》
Jātakaṭṭhavaṇṇana	《本生诸事释义明》
Jātakazitate in den Jatakatexten	《本生经故事摘录》
Jinālaṅkāra	《胜者庄严》
Jñānolka-dhāraṇi	《慧炬陀罗尼》
Journal des savants	《科学杂志》
Kandaraka-Sutta	《乾达罗迦经》

Kāraṇda-Vyūha	《功德篋庄严经》
Karkaṇdeya-puruna	《迦堪德耶往世书》
Karmaśataka	《因缘果报故事百则》
Kaśyapaparivarta	《大迦叶所问宝积正法经》（《宝积经·迦叶品》）
Katalog des Pekinger Tripitaka	《北京版藏文大藏经目录》
Kaṭh.Up.	《羯陀奥义书》
Kathākosa	《故事宝藏》
Kathāsaritsāgara	《故事海》
Kathā-vatthu	《论事》
Kathāvatthuppkarana-atthakathā	《论事诸事明解》
Kavindravacana Samuccaya	《赞诵合集》
Kāvyasamgraha	《贤明集》
Kevadha-Sutta	《坚固经》
Khudda-kapatha	《小集注释》
kimti-Sutta	《如何经》
Kinder und Hausmarchen	《童话与民间故事》
Kleine Schriften	《民间文学》
Koniglich Preussische Turfan-Expeditionen, *Kleinere Sanskrit-Texts*	《王家普鲁士吐鲁番探险队：卑俗梵文写本》
Kryā-Samgraha-Panjikā	《作法集解明》
Kuchean	《库车残片》
Kukkuvatika-Sutta	《狗行者经》
Kumarajiva	《鸠摩罗什》
Kunstform und Yoga im indischen Kultbild	《印度宗教崇拜中的艺术形式及瑜伽》
Kusa-Jatāka	《库萨本生事》
Kūṭadantasutta	《究罗檀头经》
L'art Greco Bouddhique	《希腊佛教艺术》
L'art Greco bouddhique du ghandāra	《犍陀罗希腊佛教艺术》

L'histoire de l'Inde et l'Apologétique	《印度史及护教论》
La Fontain Fables	《拉封丹寓言》
Lalitavistara	《普曜经》
Le Buddhacarita d'Awsvaghoṣa	《马鸣的佛所行赞》
Le Canon boudhique en Chine, les tranductions	《汉文佛教圣典·译文》
Le Code du Mahayuna en Chinese, son influence sur la vie monacale et sur le monde laïque	《中国大乘戒规：对修道生活和世俗界的影响》
Le Mort et le Mourant	《死与垂死》
Le Prince-Siddhartha	《悉达多太子》
Le Sutra des causes et des effects du bien et du mal,ed. et trad. D'après les texts sogdiens, chinois et tibétains par R.Gauthiot et Pelliot	《粟特文抄本善恶因缘经及 R. 戈提欧及伯希和所发现汉藏本对勘翻译》
Leben des Buddha	《佛陀生平》
Leben und Lehre des Buddha	《佛陀生平与教义》
Legend of Asoka	《阿育王传》
Legende in 3 Akten, Musik von Robert v.Hornstein	《霍恩斯坦作曲之三幕故事剧》
Les élements de formation du Divyāvadāna	《天臂喻经的结构成分》
Les Jātakas dans les memiries de Hionen Thsang	《玄奘记忆中的本生经》
Le-Siam ancient	《古代暹罗》
Life and Works of Buddhagosa	《觉音生平及著作》
Life of Caudama the Buddha of the Burmese	《缅甸人的乔达摩佛陀传》
Linguistic Survey of India	《印度语言概览》
Literaturdes alten Indien	《印度古代文献》
Literature of Ancient India	《古代印度文学》

Literature on Jātakas	《本生经文学》
Lotus de la bonne Loi	《法华经》
Madhura-Sutta	《摩杜罗经》
Mādhyamakāvatāra	《入中论论颂》
Mahā-sītavatī	《大寒林陀罗尼经》
Mahā-Aṭṭhakathā	《大事》
Mahābhaṣya	《大分别论》
Mahādukkhakkhadha-Sutta	《苦蕴大经》
Mahagmandhava	《大典籍史》
Mahāhatthipadopama-Sutta	《象迹喻大经》
Mahājātakamālā	《大本生鬘》
Mahākarunapundarika	《悲华经》
Mahākrodharāja-Guhya-Dhāraṇi- Sūtra	《佛说大忿怒明王秘密陀罗尼经》
Mahānidāna	《大因缘譬喻》
Mahāpadhāna-Sutta	《大有经》
Mahā-Parnibhāna-Sutta	《大般涅槃经》
Mahāparitta	《大护佑经》
Mahāpradisarā	《大随求陀罗尼经》
Mahā-rakṣa- mantrā- nusāriṇī	《大护明大陀罗尼经》
Mahāsaccaka-Sutta	《萨遮迦大经》
Mahāsahasrapramrdinī	《守护大千国土经》
Mahāsīnhanāda-Sutta	《狮子吼大经》
Mahāsudassanasutta	《大善见王经》
Mahāvāga	《律藏·大品》
Mahāvaṃsa	《大史》
Mahāvaṃsa Transl.	《大史》英译本
Mahāvastu-Avadāna	《大事因缘》
Mahāvedalla-Sutta	《有明大经》
Mahāvyutpatthi	《梵本翻译名义集》
Mahayana Sutralamkara	《大乘庄严经论》
Mahayana-Vaipulya-Sūtra	《大方广大乘经》

Mahāyāna-sutrālamkāra	《大乘庄严经论》
Mahīmīyūrī	《大孔雀明王经》
Maitreukunftsideal der Buddhism	《弥勒传说：佛教中的未来理想》
Maitreyasamiti	《弥勒续》
Maitreya-samiti Das Zukunftsideal der Buddhisten	《弥勒经续——佛教的未来理想》
Makhādevasutta	《大天奈林经》
Mangalasutta	《吉祥经》
Mañjuśri-Buddha-Kṣetra-Vyūha	《文殊师利佛土功德庄严》
Manjusrinama-samgiti	《文殊师利名号集经》
Manorathapuraṇī	《增支部论释》
Manu	《摩奴法典》
Manual of Buddhism	《佛教纲要》
Manual of Indian Buddhism	《印度佛教纲要》
Manuscript Remains of Buddhist Literature found in Easter Turkestan	《东突厥斯坦的佛教文献梵文写本残篇》
Manuscript Remains	《梵文写本残篇》
Māra und Buddha	《魔罗与佛陀》
Markata-Jataka	《马尔卡塔本生》
Materialen zur Kunde des Buddhismus	《佛教文化资料》
Matériaux pour server à l'histoire de déese Buddhique Tārā	《佛教度母历史研究材料》
Materilien zur geschichte der indisten Visionliterature	《印度异相文学研究材料》
Medicine	《医药》
Memoir of the Asiatic Society of Bengal	《亚洲学会孟加拉分会纪念刊》
Memoir on the History of the Tooth-Relic of Ceylon	《锡兰佛牙史中保存的记忆》
Memoires...publié par l'Académie roy. Des sciences...de Belgigue	《比利时皇家科学院纪念文集》

Mettasutta	《仁慈经》
Milindapanha	《复数词》
Milindapañham	《中性词》
Millindapanha	《弥兰王问经》
Mula-Aṭṭhakathā	《根本论事》
Mysterium und Minus Im Rgveda	《梨俱吠陀中的神秘与空无》
Nāgānanda	《龙喜记》
Nāṇodaya	《上智论》智识的黎明
Nārāyaṇa-Paripṛcchā	《那罗延所问经》
Nepal Buddhist Literature	《尼泊尔佛教文献》
Netti	《指导论》
New ed. C.H.Tawney's translation of Kathāsaritsāgara	《新版编托内译故事汇海》
Nidāna-Kathā	《譬喻故事》
Niddesa	《义释》
Nigrodhamika-jātaka	《尼拘陀密伽本生》
Nilakaṇtha-Dhāraṇi	《青首孔雀明王陀罗尼经》
Note on the Saundaranada, Critical and Explanatory	《美难陀赞梵本批评及解说本的札记》
Notes of Sanskrit MSS	《梵文写本解说目录》
Notes on Early Economic Conditions in Northen India	《关于北印度早期经济状况的说明》
Oeuvres II	《文集》II
Old French	《古代法国》
On Buddhist Literature in China	《中国佛教文献》
On the Origin of Indian Brahmi Alphabet	《婆罗迷字起源》
On Yuan Chwang's Travels in India	《玄奘在印度的纪行》
Orient and Okzident	《东方和西方》
Origin and Development of the Bengali Language	《孟加拉语言的起源及发展》

Out of the East	《远离东方》
Outline of the Rel.Lit of India	《印度宗教文献》
Pacchekabuddha-geschichten I	《辟支佛故事》
Padmāvvatī-Avadāna	《莲花譬喻》
Padyacūdāmaṇi	《宝顶颂》
Pali Buddhismus in Ubersetzungen	《译文的巴利语佛教》
Pali Literature and Sprache	《巴利文献及语言》
Pali Literature of Burma	《缅甸巴利语文学》
Pali Literature of Ceylon	《锡兰巴利文献》
Pañca- kramopadeśa Śrīghaṇṭa	《五步作法解说吉祥钟》
Panca- śatikā Pr.	《五百颂般若经》
Pañcarakṣa	《五护咒》
Pañcavimśati-sāhasrikā Pr.	《二万五千颂般若经》
Pantschantantra	《故事五篇》
Papañcasūdanī	《破除疑障》
Paramartha-Saptati	《真实七十论》
Paramatthajotikā	《胜义光明》
Parsifal	《帕西法尔》
Patanñjali	《波檀迦腻》
Pāṭika-suttanta	《波梨经》
Patisam-bhida	《无碍解》
Pattāna-Pakaraṇa	《发趣论释》
Peṭakopadesa	《饿鬼释义》
Petavatta-Sutta	《饿鬼事经校勘本》
Petavatthu	《饿鬼事》
Points of Controversy	《论事》
Political History of Ancient India	《古代印度政治史》
Poññapotthakāni	《一类列有诸多宗教圣所名称的书》
Prajñāpamitā-hṛdaya-sūtra	《般若心经》
Prajñā-Pāramitā-Sūtra	《般若波罗蜜多经》

Prajñā-Paramitā-Sūtra-Śāstra	《大智度论》
Pratīya-Samutpāda-Dhāraṇi	《缘起陀罗尼》
Prefatory Note to Indexes of Angutt.	《增支部索引前言说明》
Psams of Brethern	《修道兄弟的诗歌》
Psams of Sisters II	《修道姊妹的诗歌 II》
Psams of the Early Buddhists I	《早期佛教徒的诗歌 I》
Psams of the Sisters	《长老尼偈》
Puggala- paññatti-attakathā	《人施设论注释》
Puggalapaññati	《补特伽罗施设论》
Raghuvaṃsa	《罗摩世家》
Rājataranginī	《克什米尔王统记》
Rama Story	《罗摩故事》
Ramayana	《罗摩衍那》
Rasaratnākara	《诗歌宝山》
Rasavāhini	《真味蕴含》
Rāṣṭnapāla-Paripṛcchā	《护国菩萨所问经》
Ratnakūta-Samadhi	《宝积三昧经》
Ratnamegha-Sūtra	《宝云经》
Ratnasutta	《三宝经》
Ratnāvadānamālā	《宝石譬喻鬘论》
Raṭṭhapāla	《赖吒和罗经》
Recherches sur Le Bouddhisme	《佛教研究》
Record of Buddhistic Kingdoms being an account of the Chinese monk Fa-hsein of his Travels in India and Ceylon	《佛国记：中国僧人法显游天竺和锡兰之纪行》
Records of Buddhist Kindom	《佛国记》理雅各译本
Reden des Buddha	《佛陀言教》
Reden Gotama Buddhos	《乔达摩佛陀言教》
Reference to descriptions of same or similar things in Raghuvamsa, Buddhacarita, and Padyacūdāmaṇi	《有关〈罗摩家世〉〈佛所行赞〉及〈宝顶颂〉中相似或相同的事迹》

Reineke Fuchs in Afrika	《非洲的狐狸故事》
Religionsgeschitl Lesebuch	《宗教史读本》
Religionswissenschaft III	《宗教学档案 III》
Revue critique	《批评评论》
Saddharmapuṇḍarika	《妙法莲华经》
Sādhanamālā	《成就庄严》
Sakkapañha	《帝释所问经》
Samādhirāja	《三昧王经》
Sāmagāma-Sutta	《舍弥村经》
Samanta-Pāsādika	《普光微妙》
Saṅgīti-Sutta	《等诵经》
Sāmkhy-Saptati	《金七十论》
Sāmkhy-sūtra	《数论经》
Sammoha-vinodani	《分别论释》
Samyukta-Agama	《杂阿含经》
Sanatsujatya	《萨那素贾提亚》
Sanchi and its Remains	《山奇及其遗迹》
Saptaśatikā Pr.	《七百颂般若经》
Sārasamgaha	《摄精要论》
Śatapatha Brāhmaṇa	《百道梵书》
Satippaṭṭhāṇasutta	《大念处经》
Ṣaḍpāramitā-sannipāta-Sūtra	《六波罗蜜多般若经》
Satyasiddhi- Śāstra	《成实论》
Selasutta	《塞罗经》
Shakti and Shākta	《性力与性力崇拜者》
Sieger	《西格尔》
Sihalatthakatha-Mahavamsa	《僧伽罗释大王统记》
Śikṣa-samuccaya	《大乘菩萨集学》
Si-yu-ki, the Records of the Western Kingdoms	《西域记》
Sketch of Anglo-Indian Literature	《概述英－印文学》

Social Organizatio in North-East India	《东北印度社会组织》
Some Problems of Indian Literature	《印度文献中的几个问题》
Some Sayings of the Buddha	《佛陀格言集》
Some Sayings of the Buddha according to the Pali Canon	《巴利三藏中所出的佛陀语》
Songs of Monks and Nuns	《比丘和比丘尼的诗歌》
Soziale Gleidrung	《社会结构》
Sragdhanā-Stotra	《持花供养赞》
Stories of the 84 Magicians	《八十四咒师本事》
Studien zur vergleichenden Litteraturgeschichte	《比较文学研究》
Studies about the Sanskrit Buddhist Literature	《梵文佛教文献研究》
Studies in Divyāvadāna	《天譬喻经研究》
Studies in the History of Religions	《宗教史研究》
Studies in the Kalacakra	《时轮研究》
Subāṣita-Samgraha	《善说妙说会集》
Sukhavātī-Vyūha	《极乐庄严》
Sumaṅgalāvilasinī	《善法吉祥光》
Sumangalavinasini	《善吉祥光》
Sundarikabhādvāja-ssuta	《孙陀利迦婆罗婆阇经》
Śuraṅgamasamādhi	《首楞严三昧经》
Sūtrālamkāra	《庄严论经》
Sutra-Samuccaya	《诸经要集》
Suttanipata	《经集注释》
Suttapiṭaka	《经藏》
Suttasamgaha	《诸经会聚》
Suvarṇavarṇa-Avadānam	《金色譬喻经》
Svayambhū Purāṇa	《自生往世书》
Śvetaketa Up.	《白净识者奥义书》
Syādvādamañjar Uttarājjhayana	《耆那教典》

Tales	《故事集》
Tantrākhyāyika	《古代故事大集》
Tantrik Texts	《密教经典》
Tarkajivālā	《思择焰论》
Tattvasangraha	《摄真实论》
Texte zur indischen Gottesmystik	《印度密教神之经文》
Texts from the Buddhist Canon commonly known as Dharmapada	《通常被认为是法句经的佛教三藏中的经文》
The Abhiniskramana-sūtra	《离世出家经》
The Apostel of India	《印度的使徒》
The Appendix to Bergh van Eysinga's work	《伊辛伽著作附录》
The Beginnings of Buddhist Art	《最初的佛教艺术》
The Buddhist Conception of Spirit	《佛教的鬼怪精灵》
The Buddhist Tripitaka as it is known in China and Japan	《中国和日本所见佛教三藏》
The Chronicles of Ladakh and Minor Chronicles	《拉达克编年史及诸小年表》
The Conception of Buddhist Nirvana	《佛教的涅槃概念》
The Expositor	《论释者》
The First Three Gospels, their Origin and Relations	《前三福音书：起源及关系》
The Fo-sho-hing-tsanking, a life of Buddha by Asvaghosha Bodhisattva	《佛所行赞》
The Four Buddhist Agamas in Chinese	《汉文四部佛教阿含》
The Gods of Northern Buddhism	《北传佛教诸神》
The Historical Romance of Buddhagosa	《觉音逸事》
The Indian and Christian Miracles of Walking on the Water	《印度和基督教的有关水面行走的神迹》
The Indian Buddhist Iconnography	《印度佛教造像》
The Indian Teachers in China	《在华的印度老师》

The Jātakas or Stories of the Buddha's Former Births	《佛陀的前生故事》
The Journal of Philology	《语言学学刊》
The Life of Buddha on the Stupa of Barabudu from the Lalitavistara Text	《波罗浮屠佛塔上的普曜经佛传》
The Life of Gotama the Buddha	《乔达摩佛传》
The Life of Nagajuna from Tibetan and Chinese Sources	《藏汉资料中的龙树传》
The Life of Vasubhandu by Paramartha	《真谛的世亲传》
The Love of Nature in Buddhist Poems, in The Quest Review Synoptical Table of Repeated Padas and Repertory Phrases	《迭句和复唱语句的对照表》
The Milinda Questions—An Inquiry into its Place in the History of Buddhism with a Theory as to its Author	《弥兰王问经：关于其在佛教史上的地位及其作者等》
The Origin of the Indian Brahmi Alphabet	《论印度婆罗迷字母的起源》
The Paitings in the Buddhist Cave Temple of Ajantā	《阿旃陀佛窟壁画》
The Pali Literature of Burma	《缅甸巴利文献》
The Philosophical Dialogue from Hiob to Plato	《哲学对话：从约伯到柏拉图》
The Philosophy of Relations	《论关系缘的哲学》
The Pilgrim Kamankta	《朝圣者卡玛尼塔》
The Sanskrit Buddhist Literature of Nepal	《尼泊尔梵语佛教文献》
The Sanskrit Poems of Māyūra	《马裕罗梵语诗歌》
The Smaller sukhāvatī-vyūha	《小无量寿经》
The Social Organization in Northe-east in Buddha's Time	《佛陀时代东北印度社会组织》
The Stupa of Bharhut	《巴尔护特佛塔》
The translation of Dammapada	《法名经》英译本

Theolog. Studien und Kritiken	《神学研究及批评》
Theologische Studien und Kritiken	《神学研究与批评》
Theories des douze	《十二因缘》
Theragāthā	《长老偈》
Therigāthā	《长老尼偈》
Tibetan Buddhist Birth-Stories	《西藏的本生故事》
Tibetan Tales derived from Indian Sources	《源自印度的西藏故事》
Transanctions of the Asiatic Society of Japan	《日本亚洲学会学报》
Translations of the Internetional Congress for the History of Religions	《国际宗教史大会译文集》
Travels of Fa-Hian and Sung Yun	《宋云、法显及玄奘》
Trimśika	《唯识二十论》
Twelve Japanese Buddhist Sects	《日本佛教十二宗纲要》
Uber den Stand der indischen Philosophie zur Zeit Marāviras und Buddhas	《大雄和佛陀时代的印度哲学立场》
Uber die chinesissche Version von Ashvaghosha's Buddhacarita	《关于马鸣佛所行赞的汉文本》
Uber die liter- arischen Funde von Ostturkestan	《东突厥斯坦的文献发现》
Uber die Vajrasūcī	《关于金刚针论》
Über Vasubahandu's Gāthā-samgraha	《世亲伽陀会集》
Udāna	《自说经》
Udanavatthu on Dhammapada	《法句经郁陀那事》
Uigurica I and II	《回骼文抄本 I 和 II 集》
Umangalavināsili	《沙门果经释义》
Urkunden zum Verstāndnis des Japanischen Sukhāvati-Buddhismus	《如何理解日本净土佛教》
Uṣṇiṣa-vijayadhāraṇi	《佛顶尊胜陀罗尼经》
Vādavidhi	《论轨》

Vaipulya-Parinirvāṇa-Sūtra	《大方广般涅槃经》
Vajracchedikā pr.	《金刚般若》
Vajradhvaja-Sūtra	《金刚幢经》
Vāsaṭṭha-Sutta	《婆塞塔经》
Vāseṭṭhasutta	《婆塞特经》
Verhandlugen der 30, Versammlung deutscher Philologen und Schulmänner zu Rostock	《三十故事集》
Verzeichnis der tibetischen Handschriften	《西藏抄本索引》
Verzeichnis der tibetischen Handschriften I, Hands-schriftenverzeichnis der Konigl. Bibl.zu Berlin	《柏林皇家图书馆藏西藏写本目录 I》
Vijñāptimātratāsiddhi La Siddhi de Hiuan Tsang	《玄奘的成唯识论》
Vijñāptimātratāsiddhi-śāstra	《成唯识论》
Vimanāvatta-Sutta	《天宫事经校刊本》
Vimānavatthu	《天宫事》
Vimśatikā	《唯识三十论颂》
Vinayapitaka, Cullāvagga	《律藏·小品》
Vinayapitaka, Introductionm	《律藏·导言》
Vision Literature	《幻相文学》
Visudhi-Magga	《清净道论》
Vratāvadānamālā	《众聚譬喻鬘》
Wife of Bath	《洗澡的妇人》
Wisdom of the East	《东方智慧》
Women Leaders of the Buddhist Reformation	《佛教改革的女性领袖》
Wujra Soochi	《金刚针论》
Yamakappakaranaṭṭhakathā	《双论诸事明解》

Yuktiṣaṣṭikā, die sechzig Satze des Negativismus nach der chinesischen Version ubersetzt von Phil. Schaeffer	《六十如理论》
Zeischrift fur die Geschichte der Juden in Deutchland	《德国犹太人的希腊因素》
Zeischrift für die Neutstamentliche	《新约研究论文集》
Zeitschft fur Volkskunde	《民间故事集》
Zeitschrift fur vergleichende Literatur- schrichte	《比较文学杂志》
Zum religionesgscchichtlitchen Verstandnis des Neuen Testtaments	《对新约的宗教学理解》
Zur Geschichet der altindischen Prose	《古代印度散文史》
Zur Geschichte des Caryāpiṭaka	《有关所行藏的问题》
Zur Geschichte des Śloka	《关于偈颂的故事》
Zur nordarischen Sprache und Literatur	《北印度语言及文献》

图书在版编目（CIP）数据

印度文献史：佛教文献 /（奥）莫里斯·温特尼茨
著；宋立道译 .—北京：商务印书馆，2023（2023.11 重印）
（宗教文化译丛）
ISBN 978-7-100-20869-7

Ⅰ.①印…　Ⅱ.①莫…　②宋…　Ⅲ.①佛教—文献—
史料—印度　Ⅳ.B948

中国版本图书馆 CIP 数据核字（2022）第 045083 号

宗教文化译丛

印度文献史

佛教文献

〔奥〕莫里斯·温特尼茨　著

宋立道　译

商 务 印 书 馆 出 版
（北京王府井大街 36 号　邮政编码 100710）
商 务 印 书 馆 发 行
北京新华印刷有限公司印刷
ISBN 978 - 7 - 100 - 20869 - 7

2023 年 5 月第 1 版　　　开本 880×1230　1/32
2023 年 11 月北京第 2 次印刷　　印张 21⁷/₈

定价：125.00 元

"宗教文化译丛" 已出书目